全国教育科学“十一五”规划重点课题研究成果

# ZHONGGUO JICHUJIAOYU XUEKENIANJIAN

# 中国基础教育学科年鉴

# 化学卷

## HUAXUEJUAN

## 2010

北京师范大学出版集团
BEIJING NORMAL UNIVERSITY PUBLISHING GROUP
北京师范大学出版社

**图书在版编目(CIP)数据**

中国基础教育学科年鉴．化学卷．2010/陆真主编．—北京：北京师范大学出版社，2011.1
ISBN 978-7-303-11597-6

Ⅰ.①中…　Ⅱ.①陆…　Ⅲ.①基础教育—中国—2010—年鉴②化学课—教学研究—中学　Ⅳ.①G639.2-54②G633.82

中国版本图书馆 CIP 数据核字(2010)第 263024 号

出版发行：北京师范大学出版社　www.bnup.com.cn
北京新街口外大街 19 号
邮政编码：100875
印　　刷：江苏凤凰盐城印刷有限公司
经　　销：全国新华书店
开　　本：140 mm×260 mm
印　　张：49.5
字　　数：764 千字
版　　次：2011 年 3 月第 1 版
印　　次：2011 年 3 月第 1 次印刷
定　　价：163.00 元

责任编辑：刘秀兰　　装帧设计：揽胜视觉
责任校对：张春燕　　责任印制：马鸿麟

# 全国教育科学“十一五”规划
# 重点课题

| | |
|---|---|
| 课题负责人 | 曹志祥　夏锦文　刘　军 |
| 专家组组长 | 夏锦文 |
| 专家组副组长 | 张连红　刘　坚　郭宁生 |
| 年鉴总主编 | 刘　军 |
| 核心组成员 | 李水平　严华银　马　复 |
| | 王晓英　钱再见　吴小晴 |
| | 仇奔波　吴　伟　陆　真 |
| | 汪　忠　韩中健　周　兵 |
| | 姚　红　李　艺　朱家雄 |

# 学科年鉴编写委员会

学科主编　陆　真　龙　琪

本卷主编　陆　真　龙　琪

核心成员　陆　真　龙　琪　宋　怡　陈　凯
　　　　　周海花　孙维陵　李　娟　陈欢欢

本卷作者　陆　真　龙　琪　宋　怡　陈　凯
　　　　　周海花　孙维陵　李　娟　陈欢欢
　　　　　刘秀兰

# 总　序

21 世纪初启动的基础教育课程改革，从实验到推广，已经走过十年的历程了。十年改革，促进了先进教育理念的广泛传播，推动了教育教学实践的深刻变革，对我国基础教育的改革与发展、教育现代化水平的提高产生了重大而深远的影响。

伴随着课程改革的不断推进，我国基础教育课程资源的开发与建设工作受到了前所未有的重视，得到了前所未有的发展。十年来，经国家审查通过的基础教育教材已经覆盖义务教育 22 个学科、普通高中 16 个学科，共 330 余种，彻底改变了计划经济时代一纲一本的局面。不仅资源的数量种类空前丰富，而且质量和水平明显提升；现代信息技术推广使用，呈现方式和传输方式发生巨大变化；开发主体多元，社会参与资源开发的积极性日渐提高；国家和地方的基础教育资源中心相继成立。一大批具有中国特色、富有时代特点、体现素质教育要求的课程资源得到开发与应用，受到广大师生的喜爱，得到社会的好评，为培养青少年的创新精神和实践能力，为亿万学生的德、智、体、美全面发展，作出了重要贡献。课程资源开发、建设与应用的丰硕成果，既是课程改革成就的生动体现，也是课程改革得以健康、顺利开展的有力支撑。

当前，我国基础教育已经发展到一个新阶段。为了坚持教育的公益性和普惠性，保障人民群众享有接受良好教育的机会，最近颁布的《国家中长期教育改革和发展规划纲要（2010～2020年）》提出了努力办好每一所学校、教好每一个学生的奋斗目标。提高质量是基础教育改革发展的核心任务，促进公平是国家坚持的基本教育政策。面对基础教育改革发展的新形势、新任务，基础教育课程改革也进入总结经验、完善制度、突破难点、深入推进的新阶段。要在总结经验的基础上，清醒地分析课程改革面临的困难和问题，着力加强课程改革保障机制建设，深化基础教育课程改革。

对于与课程改革紧密相连的基础教育课程资源的开发、建设与应用，在充分肯定成绩的同时，也要客观地分析面临的困难和问题。比如，从总体上看，新开发的资源水平参差不齐，优质教育资源缺乏；资源的开发与深刻变革的教学模式不相适应，能为教学提供有效服务的资源不足；资源开发与应用缺乏规范的管理，资源分散，难以集中共享；即使是基于网络的资源，也由于缺乏协调机制，共享不充分；对于面广量大的学科资源，缺乏必要的汇总、分类、整理，更缺乏深入系统的研究，大大影响了资源的保护和综合开发应用。对这些问题，全国教育科学“十一五”规划重点课题“基础教育学科资源保护开发与应用研究”给予了关注。课题组的专家团队通过调查取样，对课程改革以来我国基础教育课程资源，主要是学科资源开发建设工作现状作了深入分析，并开展了实验研究和比较研究，总结课程改革以来我国基础教育课程资源开发与应用的成绩、经验，分析问题与不足，为我们全面把握和衡量基础教育学科资源开发与应用的状况与发展动态提供了富有价值的研究成果。尤为可贵的是课题组的专家们研究的步伐并未止于对现状的分析与总结，而是针对基础教育课程资源分散、难以为广大教师及专业工作者有效利用的突出问题，提出了编纂《中国基础教育学科年鉴》的对策性构想，并且直接参与编纂工作。这个课题从立项至今，两年有余，课题成果除了有关基础教育学科资源保护开发与应用的研究报告外，还包括语文、数学、英语、政治、历史、地理、物理、化学、生物、音乐、美术、体育与健康、信息技术、通用技术和学前教育煌煌十数卷的《中国基础教育学科年鉴》（以下简称《年鉴》），可喜可贺。

《年鉴》对我国基础教育课程改革与建设中产生的浩如烟海的资源与信息进行了分类与整理，对优秀资源和重要信息进行了汇总和推介。同时，拓宽视野，放眼世界，介绍了国外基础教育课程资源开发与应用的动态。提供的信息量大，覆盖面广，时效性强。《年鉴》对信息与资源不仅进行了汇总，同时也进行了梳理、分析、比较、鉴别。《年鉴》的编写不仅是资源收集聚合的过程，也是总结研究的过程。

《年鉴》的编纂和出版，是一项开创性的工作。《年鉴》不仅可作为从事课程资源开发的专业工作者的参考材料，而且将为教育行政管理者、教研人员和科研工作者的管理、决策和教研、科研工作提供资料和依据，对广大中小学教师从事教育和研修，也是有益的帮手。关注中国教育改革的国外同行和专家，也会把《年鉴》作为了解中国基础教育的一个重要窗口，开展交流的一个重要平台。

正因为《年鉴》的编纂是一项开创性的工作，它富有探索性，必定会留下不少需要完善和提高的空间。我想，走进这个平台，利用这个载体和工具的专业工作者和教育工作者，也一定会像关心基础教育课程资源开发和应用一样，关心《年鉴》，促进它的提高与成长。

王 湛

2010 年 9 月 30 日

王湛，教育部原副部长，现任教育部总督学顾问、国家基础教育课程教材专家工作委员会主任.

# 总 前 言

课程改革以来，我国基础教育领域发生了巨大的变革，语文、数学、英语、政治、历史、地理、物理、化学、生物、音乐、美术、体育与健康、信息技术、通用技术和学前教育等学科在课程与教学方面都有了重大发展，涌现出一大批优秀的成果。对这些成果进行分类、整理与总结是十分必要的。为此，“基础教育学科资源保护开发与应用研究”课题应运而生，并且被列为全国教育科学“十一五”规划重点课题。

《中国基础教育学科年鉴》是该课题的重要成果之一，通过对我国基础教育学科资源进行搜集、整理、归纳，从而实现资源的综合应用、开发和保护。依据我国课程的设置，《中国基础教育学科年鉴》设置语文、数学、英语、政治、历史、地理、物理、化学、生物、音乐、美术、体育与健康、信息技术、学前教育等学科分卷，自 2008 年始，每学科每年出一卷，主要内容包括专家视野、政策文件、概况与摘要、学科动态、研究机构、学术团体、名校名师、大事记、著作及论文索引等。2008 年之前的学科资源将以回顾版的形式进行整理保护。

《中国基础教育学科年鉴》的出版弥补了我国基础教育各学科一直以来没有年鉴的缺憾，意义重大。

**1. 收集基础教育学科资料，总结基础教育课程改革过程中的经验**

各级教育行政部门为指导课程改革下发了系列规范性文件，各级教研部门做出了许多有创意的举措，课程专家研究出了众多的理论成果，一线教师积极探索、勇于实践，积累了宝贵的经验。科学、全面、系统地总结经验，认定和推广优秀成果，推进国家基础教育发展，是一项重大历史使命。《中国基础教育学科年鉴》对浩如烟海的各学科信息资源进行分类、整理和总结，为基础教育课程改革提供翔实的资料，为各级行政管理者及教研人员提供有效的信息，为学校之间加强交流搭建平台，促使教育工作者及时总结基础教育课程改革过程中的经验。

**2. 促进基础教育学科教学的发展**

基础教育课程改革要求教师成为研究型的教师。要成为一名研究型的教师，就必须做一个终身学习者。《中国基础教育学科年鉴》有利于我国基础教育教师及时了解国内各地以及国外基础教育动态，开阔视野，完善自己的知识体系，提高自身的教学和科研能力，同时也为学生自主学习提供了丰富的素材，有利于提高学生的自主学习能力。

3. ***有利于推进中外教育文化交流***

胡锦涛总书记在党的十七大报告中明确提出“加强对外文化交流”“增强中华文化国际影响力”的要求。《中国基础教育学科年鉴》总结我国基础教育学科教学发展状况，同时借鉴国外基础教育学科教学经验，加强中外文化教育特别是基础教育领域的交流与合作，向世界传播中华文明。

《中国基础教育学科年鉴》的编写是一个规模宏大、涵盖我国基础教育各个学科的工程，由南京红色历程文化教育有限公司策划，得到了教育界诸多专家、学者和一线教师的热情支持，特别是得到教育部基础教育课程教材发展中心和南京师范大学、北京师范大学等高校以及各省市教育部门的支持与帮助。参加编写的人员包括教授、副教授、研究员、副研究员，中学特级教师、高级教师和一级教师数百人。北京师范大学出版集团北京师范大学出版社担负了繁重的出版工作，付出了大量人力、财力和辛勤劳动。在此，向关心和支持这项工作的单位和个人，向工作在第一线的所有同志表示衷心感谢!

《中国基础教育学科年鉴》涉及我国基础教育学科资源的搜集、整理、总结，所以书中有大量已发表论文的摘要。因涉及范围太广，故无法一一通知原作者。如有稿费问题，请作者与教育部基础教育课程教材发展中心基础教育学科资源保护开发与应用研究课题办公室①联系，稿费将按国家标准支付。

尽管我们已经付出了极大的努力，但疏漏和谬误在所难免，敬请专家和广大教师指正。

**《中国基础教育学科年鉴》编写委员会**

2010 年 12 月 14 日

① 江苏省南京市宁海路 122 号南京师范大学专家东楼一楼．联系电话：025－83200848.

# 前　言

本年鉴是教育部基础教育课程教材发展中心和全国教育科学规划重点课题“基础教育学科资源保护开发与应用研究”的研究成果之一。

这是我们编写的第二本年鉴。在编写2008年度年鉴时，我们编委会就不断反思与总结，积累编写经验，搜集编写资料，总结可取经验，同时展开2009年度年鉴的研究与编写工作。

本年鉴一共设置以下几个栏目，主要内容如下：

一、专家视野，共由两部分组成。一是站在化学科学的角度，分析描述了2009年化学科学研究的发展动态；二是化学学科教育的角度，对2009年度国内化学教育的发展状况作了简要描述。

二、政策文件，以摘要方式描述了一些地区化学新课程改革所颁布的主要政策。其他地区的新课改政策编入另册化学年鉴。

三、概况与摘要，主要内容选自2009年度发表的化学教育类期刊论文，按照研究主题的不同归属，共分为化学教育学理探讨、化学课程教材教法、化学教学评价、化学实验改进与创新、化学信息技术进展、化学课程资源开发六大类。

四、学科动态，主要涉及化学教育相关的会议和交流活动、重大课题、化学教师教育、中国港澳台及海外化学教育发展动态。

五、学术机构、学术期刊、中学名校介绍。由于栏目内容极其丰富，所以本年鉴将逐年分批介绍。

六、大事记，主要记录了国内化学教育研究机构和社团举办的重要活动。

七、著作、论文索引，包括著作索引和论文索引，方便读者查询检索相关代表性论著。

本册年鉴由陆真、龙琪、宋怡、陈凯、周海花、孙维陵、李娟和陈欢欢合作完成。特别感谢年鉴丛书总编写委员会的指导和支持，感谢北京师范大学出版社的编辑们为本年鉴付出的辛勤劳动和汗水。

年鉴的编写工作意义深远，但是任务艰巨，责任重大。由于编写人员较少，编写经验不足，所以付梓出版之时，我们仍觉有进一步改进之必要。期待广大读者能提出宝贵意见，我们的联系方式为 lqlqlq3@126. com，收到意见我们一定及时回复。诚挚邀请有志于此的专业人士加入编写团队，将化学教育年鉴编写工作一直延续下去。

编　者

2010 年 12 月 15 日

# 目　　录

## 专家视野



## 政策文件

# 概况与摘要

## 学科动态

# 学术机构



# 学术期刊

## 中学名校



## 大事记

# 著作、论文索引

# 专 家 视 野

## 化学科学研究进展

瑞典皇家科学院宣布，万卡特拉曼·莱马克里斯南（Venkatraman Ramakrishnan）、托马斯·施泰茨（Thomas Steitz）和阿达·尤纳斯（Ada Yonath）获得2009年诺贝尔化学奖。三位科学家因为“核糖体的结构和功能”的研究而获得2009年的诺贝尔化学奖。

《化学教学》2009年第12期

## 化学家想知道什么——什么是化学学科的大问题

宋心琦

文章指出化学是否仍然是一门基础的自然科学，是否绝大部分的重要化学问题通过融入其他学科领域后，仅仅保留为一种“化学”视角？这已经成为一个迫切需要面对并回答的问题。如果化学界和化学教育界能够就此达成共识，必将对化学专业建设和人才培养起到发聋振聩的作用。不仅如此，它对于初等化学教育和教学改革也有重要的指导作用。

《化学教学》2009年第3期

## 组合化学的研究进展

曾国平　陈建萍

组合化学是近二十几年来兴起的一门新学科，其发展趋势引起了世界科技界的关注，目前组合化学已渗透到药物、材料、有机、分析等诸多领域。本文综述了组合化学的起源、发展历史及原理，介绍了化合物库建立的基本方法；同时重点阐述了固相组合化学、液相组合化学、动态组合化学、微波组合化学、催化组合化学的研究进展及其各自在药物、催化剂、材料等领域中的应用情况，并对组合化学的发展做出展望，作者认为其未来发展趋势可能如下：（1）实用化；（2）多功能化；（3）计算机化；（4）产业化。

《化学教育》2009年第2期

### 点击化学简介

罗　璇　林　丹　孙玉婷

点击化学是2001年诺贝尔化学奖获得者美国化学家Sharpless提出的一种快速合成大量化学物的新方法。点击化学反应必须是模块化、应用范围宽、高产率和立体选择性的，通常还具有较高的热力学驱动力，使反应迅速，并得到单一产物。点击化学的主要反应包括四类反应：(1)环加成反应；(2)亲核开环反应；(3)非醇醛的羰基化合物温和的缩合反应；(4)碳碳多键的加成反应。综述了点击化学作为一种新的合成方法在药物开发、聚合物合成和表面修饰等领域的应用，并对其发展前景进行了展望。

《化学教育》2009年第10期

## 化学教育研究进展

### 高中化学新课程面面观

胡久华　王　磊　王秀忠

高中化学新课程已经实验5年多，广大老师对高中化学新课程有了丰富的认识。对高中化学新课程的典型观点和认识主要包括以下五个方面。1. 关于高中化学新课程的整体观点；2. 关于高中化学新课程理念和目的的认识；3. 关于高中化学新课程具体优势的认识；4. 关于高中化学新课程实验区学校、教师和学生的变化的认识；5. 关于高中化学新课程实施中遇到问题的认识。笔者在将众多老师的观点进行梳理的基础上，探讨了高中化学新课程的研制背景和改革目的，明确了形成对高中化学新课程客观的、整体性认识的必要性和重要性。

《化学教学》2009年第9期

### 化学教学与科学素质教育——纪念《化学教学》创刊三十周年

吴俊明

拓宽视野，从多种角度认识科学的内涵并加以综合，准确地建立现代科学的整体概念，才能全面认识科学教育的功能。培养科学素质是科学教育最重要的使命。科学素质和科学教育内容是有层次的，科学精神是最为重要的。化学教学是科学教育的一部分，要自觉地服从科学教育的规定，服务于科学教育的使命，努力培养学生的科学素质。建立正确的学科教学观。

《化学教学》2009 年第 8 期

## 对中学化学教育和教学改革的启示——《化学家想知道什么》一文读后感

宋心琦

该文指出了化学学科的六大问题分别是：1. 如何设计出具有特定功能和动态特性的分子？2. 什么是细胞的化学基础？3. 怎样制造未来在能源、空间或医药领域所需要的材料？4. 什么是思维和记忆的化学基础？5. 地球上的生命起源问题，以及在其他星球上出现生命的化学的前提条件。6. 怎样才能够查明化学元素间所有可能的组合？分析了对中学化学教育和教学改革的启示。

《化学教学》2009 年第 11 期

# 政 策 文 件

## 新课程化学学科教学实施指导意见

### 福建省普通高中新课程化学学科教学实施指导意见<br>（征求意见稿摘要）

为贯彻落实教育部《基础教育课程改革纲要（试行）》《普通高中课程方案（实验）》和《普通高中化学课程标准（实验）》，结合我省实际，特提出福建省普通高中新课程化学学科教学实施指导意见。

**一、领会课程理念**

(一)构建有助于学生全面发展的课程目标体系。(二)确立了适应不同学生发展需要的课程结构。(三)课程内容体现时代性、基础性和选择性 。(四)强调养成多样化的学习方式 。(五)注重发挥评价的教育功能，建立发展性评价观 。(六)充分利用课程资源，促进教师专业发展。

**二、理解课程结构**

普通高中化学新课程由 8 个课程模块构成，分为必修、选修两类。

**三、把握内容标准**

与高中化学教学大纲相比，新课程的内容标准具有如下特点，实施时应注意把握：

1. 综合反映学生发展、社会发展和学科发展的需求，充分体现知识与技能、过程与方法、情感态度与价值观三个课程目标维度的要求。

2. 注重重要的化学观念、基础知识、基本方法和积极态度的学习与养成，构建科学素养在义务教育基础之上新的发展平台。用较为准确的相关行为动词从“认知性学习目标”“技能性学习目标”“体验性学习目标”三个方面描述学习目标，指向明确。

3. 配合内容标准，以“活动与探究建议”为基础通过“查阅资料”“实验探究”“交流讨论”“调查访问”等活动内容，体现学习主题内容时所提倡的多元化学习方式。

**四、课程教学实施**

（一）课程模块开设的建议

1. 指导学生自主选择课程模块

给学生提供课程设置说明和选课指导手册，对学生选择学习课程模块和安排学习顺序给予指导，鼓励学生根据国家规定的课程方案和毕业要求，以及已有的化学知识水平、能力发展水平、兴趣、爱好和潜能，制订化学学习计划。

教师在指导学生选课时应避免两种倾向：一是以高考为中心，“考什么、选什么”，学生没有选择其他课程的自由；二是按学校和教师的现有条件选择统一课程模块，而不考虑高中化学课程对学生未来发展的价值。

2. 必修模块开设的建议

必修模块开设的原则是：从高一上学期开始连续安排化学必修课程。现提供几种教学计划供参考：

（1）每个学段 1 个模块，每周 4 学时，共 9 周学完。第 10 周经考试（或其他评价方式）合格得 2 学分。两个学段内完成化学必修模块的学习。

（2）每 2 个学段 1 个模块，每周 2 学时，共 18 周学完。第 19 周、第 20 周经考试（或其他评价方式）合格得 2 学分。两个学期内完成化学必修模块的学习。

（3）6 个化学学分统筹考虑安排，两个学期内学完两个必修模块和一个选修模块。每周 3 学时，每 12 周学完 1 个模块。第 13 周经考试（或其他评价方式）合格得 2 学分。

3. 选修模块开设的建议

选修模块开设的基本原则是：有条件的学校应开设所有的选修课程模块，条件暂不具备的学校应积极创造条件，力争早日开齐所有的选修课程模块。

学生在选择化学选修课程时，根据自己的兴趣和未来发展的专业志向，一般有三种情况。即分别修习 1 个、2 个或 4 个化学选修模块。因此，针对这三种情况，分别提供三种高中化学选修模块的教学计划供参考。

（1）对选择只修习一个化学选修模块的学生，这些学生大多今后从事的工作与化学专业关联不大，建议他们选择学习《化学与生活》模块（当然，除了《化学与生活》模块外，这部分学生也可按自己的意愿选择学习其他任何一个化学选修模块）。该模块内容主要围绕日常生活中的常见物质和常见化学现象，与人类生活息息相关，有利于提高学生生活中的化学素养。学起来不单调、不枯燥，学生学习兴趣较高。《化学与生活》模块可紧接《化学 2》后，安排在两个学段内学习，每周 2 学时。或者按必修模块开设建议中的第（3）种教学计划学习。这样，学完选修模块后，他们高中阶段的化学课程结束。在以后的高中学习中，可以集中时间和精力选择学习其他与自己专业志向有关的科目。

（2）对有理工类专业发展倾向的学生，考虑到他们的专业意向，需具备较前一类学生有更多的化学基础知识。在学完化学必修模块后，应再选修两个化学选修模块。但由于他们未来的发展中，所需化学知识不一定如第三类学生那么专业。所以，在选择化学选修模块时，建议多考虑选择学习理工类学科相对共通的基础知识和基本技能。如选择学习《化学与生活》《化学与技术》《实验化学》等模块。当然，从学生个体的特长和学习特点出发，也可从其他模块中选择。选修模块最好紧接必修模块之后不间断地学习，每个模块安排两个学段，每周 2 学时。也可按必修模块开设建议中的第(3)种教学计划，学完必修模块和一个选修模块后再安排两个学段学习另一个选修模块。

（3）对有志于向化学及其相关专业方向发展的学生，从他们今后专业发展角度看，需要相对较完整的化学学科体系系统知识。建议选择学习《物资结构与性质》《化学反应原理》《有机化学基础》《实验化学》四个化学选修模块。而《化学与生活》《化学与技术》的相关内容可能在学习上述四个模块时有机融入，或在他们今后的学习中得到补充。每个模块安排一个学段完成。

（二）教学实施建议

1. 课程模块的教学设计

注意教学内容以模块为一个整体对应 36 课时，把握每一个模块的功能和内容特点，做好四个层面的教学设计：基于模块的整体教学设计；基于模块的单元教学设计；基于模块的节课题教学设计；基于模块的课时教学设计。

在上述四个层面的教学设计中，要充分考虑三维教学目标的实现。教学设计时应注意：

（1）深入研究《标准》，正确理解不同模块的不同设置意图，同时，充分了解学生已有的化学知识与技能基础、学习能动性以及以学习为目标的人际交流情况等。使教学设计针对性明确。

（2）准确把握内容标准，尤其是必修模块的内容与选修模块相关内容之间的关系与衔接，不能为片面追求教学的深、广度而盲目拔高教学要求，盲目提高习题的难度。

(3) 应重视教师指导下的学生探究，关注学生在活动中提炼知识、形成观念，关注学生对知识的整理和归纳的过程，引导学生运用所学知识对一些实际问题做出分析和决策。

(4) 注意构建教学内容问题化，在各层面的教学设计中，设计问题情境，把学习的内容分解成若干个问题（问题串），提出学习和探究的主题，让学生在一个个问题的解决过程中习得内在的原理及思想方法，逐渐达成对模块主题全面、深入的认识。

(5) 要充分考虑教师自身的作用，重视对核心知识的讲解，通过实验启迪学生的科学思维，结合原理的应用培养学生的能力。

(6) 教师是课程的开发者，合理选择、利用不同的教学资源对教学主题进行加工处理，重新组织和构建教学内容。

2. 合理选择教学策略和教学方式

(1) 联系社会实际，贴近学生生活，拓宽学生视野。(2)灵活应用各种教学手段，引导学生转变学习方式。(3)突出学科特征，发挥化学实验的教育功能：①从学生已有的经验和将要经历的社会生活实际出发，设计和选择实验内容，以激发学生学习化学的兴趣，帮助学生认识化学与人类生活的密切关系，关注人类所面临的与化学相关的社会问题，培养学生的社会责任感、参与意识和决策能力。②通过典型的化学实验事实帮助学生认识物质及其变化的本质和规律。利用化学实验史实帮助学生了解化学概念、化学原理的形成和发展过程，认识实验在化学学科发展中的重要作用。③引导学生通过实验探究，学会运用观察、实验、查阅资料等多种手段获取信息，运用比较、分类、归纳、概括等方法对信息科学地加以处理，培养学生严谨的科学态度，提高实验能力。④引导学生综合运用所学的化学知识和技能，进行实验设计和实验操作，训练实验方法和技能，分析和解决与化学有关的实际问题。启迪学生的科学思维，更好地培养学生的创造性思维。(4)重视化学探究活动，发展学生的科学探究能力：①引导学生通过实验、观察、调查、资料收集、阅读、讨论、辩论等方式，充分调动学生主动参与化学探究活动的积极性，在提出问题、猜想与假设、制订计划、进行实验、搜集证据、解释与结论、反思与评价、表达与交流等活动中，体验科学探究的过程，增进对科学探究的理解。②帮助学生发现学习和生产、生活中有意义的化学问题，并进行实验探究，分析和解决问题，培养学生的探究意识，使学生在情感、态度与价值观方面得到良好的发展。③引导学生学会根据具体情况设计解决化学问题的实验方案，对实验现象做出合理的解释，学会运用比较、归纳、分析、综合等方法初步揭示化学变化的规律，不断提高科学探究能力。④让学生通过化学探究活动，进行分工协作，学会合作与分享，增强团队意识。

## 五、课程教学评价

### （一）发展性教师评价

1. 构建和实施化学课堂教学评价方案的原则：(1)评价功能的发展性原则。(2)评价方式的多样化原则。(3)评价内容的全面性原则。(4)以学论教的原则。

2. 化学课堂教学评价的基本要求：(1)教学要求不能忽视基础性。(2)教学设计要保证课程模块的整体性。(3)教学行为关注学生的差异性。(4)教学过程关注学生建构知识的自主性。(5)课堂教学的开放性与动态生成性。(6)课堂教学的情感性。

3. 化学课堂教学评价标准

下表为化学课堂教学评价标准，供各地、各校根据实际情况制定高中新课程化学课堂教学评价表时参考。

| 一级指标 | 二级指标 | 评价标准 |
| --- | --- | --- |
| 教师教学行为表现 | 教学基本理念 | 重视三维目标落实　关注学生已有经验　面向全体兼顾差异<br>激发学生学习兴趣　尊重关爱全体学生 |
| | 教学情景创设 | 以问题为中心　强调学生参与　重视合作交流　倡导教学民主<br>恰当使用媒体 |
| | 教学内容处理 | 准确把握教材，突出重点，突破难点<br>挖掘教材内涵，落实过程与方法、情感态度价值观教育<br>重视联系实际，拓展学生视野<br>帮助学生构建合理的认知结构 |
| | 教学基本技能 | 有效调控课堂，灵活处理问题<br>教学用语准确，板书清晰工整<br>教态亲切自然，实验操作规范 |
| 学生学习活动表现 | 自主性 | 主动参与教学活动　主动思考提出问题　主动发言自主探究 |
| | 探究性 | 积极探究实践　积极发现问题　大胆提出问题 |
| | 合作性 | 善于与人合作　善于倾听意见　善于表达交流 |
| 教学目标达成情况 | | 学生通过参与教学活动，三维目标得到顺利达成 |

### （二）发展性学生评价

1. 实施多样化评价　促进学生全面发展

(1)纸笔测验是一种重要而有效的评价方式。(2)学习档案评价是促进学生发展的一种有效评价方式。下表是化学学习档案袋的项目和内容。

| 项 目 | 内 容 |
|---|---|
| 学习笔记 | 预习记录、随堂笔记、课下笔记 |
| 探究活动过程记录 | 提出问题与猜想、探究方案、实验现象或调查记录、探究结论 |
| 信息、资料 | 通过查阅和调查获得的信息资料 |
| 作业、检测 | 作业、检测 |
| 课后感 | 对课堂学习的感受、尚未解决的问题 |
| 学习状况分析 | 对学习态度、学习方法、学习结果的反思和评价 |
| 其他活动 | 家庭小实验、小制作、辩论等 |
| 反思与评价 | 反思与自评、他人（学生或者教师）的评价 |

（3）活动表现评价是一种值得倡导的评价方式。这种评价是在学生完成一系列任务（如实验、辩论、调查、设计等）的过程中进行的。它通过观察、记录和分析学生在各项学习活动中的表现，对学生的参与意识、合作精神、实验操作技能、探究能力、分析问题的思路、知识的理解和应用水平以及表达交流技能等进行评价。活动表现评价的对象可以是个人或团体，评价的内容既包括学生的活动过程又包括学生的活动结果。活动表现评价要有明确的评价目标，应体现综合性、实践性和开放性，力求在真实的活动情景和过程中对学生在知识与技能、过程与方法、情感态度与价值观等方面的进步与发展进行全面评价。

2. 高中化学新课程学生评价的指标与内容

下表就高中学生在高中化学新课程学习中三维目标的全面达成，提出评价指标与内容，供学校、教师对学生进行评价或学生自评、互评时参照。

| 一级评价指标 | 二级评价指标 | 评价内容 |
|---|---|---|
| 知识与技能 | 化学基础知识的理解和应用 | 知道并能说出有关知识的内容<br>举例说明<br>应用有关知识解决相关问题 |
| | 实验技能的养成 | 认识基本实验仪器，掌握基本实验操作<br>设计简单的实验<br>独立操作并撰写实验报告，分析实验结果 |
| | 化学用语的理解和应用 | 知道相关的化学用语<br>会用化学用语进行描述或概括等 |
| | 化学、技术与社会 | 知道化学与技术、社会的关系<br>会用所学知识解决简单的实际问题 |

续表

| 一级评价指标 | 二级评价指标 | 评价内容 |
| --- | --- | --- |
| 过程与方法 | 提出问题 | 根据实验或生活现象发现与化学有关的问题<br>准确表达有关问题<br>认识发现问题和提出问题的意义 |
| | 猜想和假设 | 根据化学知识与经验对问题成因提出猜想<br>对探究方向和实验结果作出预测<br>认识猜想和假设在探究中的重要性 |
| | 收集整理信息 | 通过观察、调查、访问等手段收集信息、资料<br>尝试评价有关信息的科学性 |
| | 制订计划实验探究 | 根据探究要求和已知条件制订计划、设计实验<br>尝试选择探究方法和探究过程所需仪器和药品<br>具有初步控制变量进行实验研究的意识<br>具有安全操作的意识<br>认识制订计划、进行实验、收集数据在探究中的作用 |
| | 思考与结论 | 认真思考分析探究过程的问题<br>得出结论并进行描述和解释 |
| | 表达与交流 | 主动参与探究过程<br>善于合作与交流 |
| | 反思与评价 | 具有反思探究过程和探究结果的意识<br>注意探究过程中尚未解决的矛盾、发现新的问题<br>具有从评价中汲取经验教训的意识<br>认识反思与评价对探究的重要意义 |
| 情感态度与价值观 | 对化学及化学学习的兴趣、情感态度和行为；对化学知识与社会的关系、人类与自然的关系的理解等 | 喜欢化学学科，积极探究化学的奥秘<br>喜欢体验化学学习中的快乐和审美情趣<br>形成实事求是的科学态度<br>关心人类与自然、化学与社会的关系 |

（三）根据课程模块的特点选择有效的评价策略

高中化学课程需要多种评价方式和策略的相互配合，应充分考虑不同课程模块的具体特点，有针对性地选择合理有效的评价方式和评价策略。例如，对于必修课程模块及《物质结构与性质》《化学反应原理》《有机化学基础》等模块，应综合使用纸笔测验，学习档案和活动表现等方式对学生进行评价。《化学与生活》《化学与技术》课程模块的纸笔测验试题应提倡开放性、应用性，密切结合生活实际，考查学生对身边化学现象和生活中化学问题的分析能力。同时，提倡通过开展辩论、角色扮演、小型调查等活动对学生进行表现性评价。《实验化学》课程模块的学习评价应在实验过程中进行，从实验设计、实验过程、实验操作、实验报告、交流讨论、合作意识以及实验态度等方面予以考查。

（四）实施学分管理，进行综合评定

高中化学课程设有8个课程模块，每个课程模块2学分。高中化学课程实行学分管理，学生要达到高中化学课程学习的毕业要求，必须完成必修课程模块《化学1》《化学2》和一个选修课程模块，即至少要修满6学分的化学课程。对化学有兴趣的学生，可以再选学若干个化学选修课程模块。

根据学生在相应课程模块学习中的纸笔测验、学习档案记录和活动表现进行综合评定，以此决定学生是否获得相应课程模块的学分。建议参考下表采用“模块学分成绩报告单”的方式实施。

<table>
<tr><td colspan="7">课程模块名称：</td></tr>
<tr><td colspan="3">项 目</td><td>得分或等级</td><td>权重</td><td>总分</td><td>评 语</td></tr>
<tr><td colspan="2" rowspan="2">纸笔测验</td><td>单元测验</td><td></td><td>0.1</td><td rowspan="6"></td><td></td></tr>
<tr><td>模块测验</td><td></td><td>0.5</td><td></td></tr>
<tr><td rowspan="4">学习过程评价</td><td rowspan="3">活动表现</td><td>实验技能</td><td></td><td>0.1</td><td></td></tr>
<tr><td>活动探究</td><td></td><td>0.1</td><td></td></tr>
<tr><td>其他表现</td><td></td><td>0.1</td><td></td></tr>
<tr><td colspan="2">学习档案</td><td></td><td>0.1</td><td></td></tr>
<tr><td>综合评价</td><td colspan="6"></td></tr>
<tr><td colspan="7">获得学分： 教师签名： 年 月 日</td></tr>
</table>

## 六、课程资源开发与利用

（一）加强化学实验室的建设

（二）重视利用信息化课程资源

信息化课程资源主要来自图书、报刊、音像资料、广播、电视、网络等。图书馆是信息化课程资源开发与利用的重要场所。学校信息中心是教师、学生获取信息资源的重要渠道。

（三）充分利用社区学习资源

社区教育资源包括图书馆、科技馆、博物馆、科研单位、大专院校、工矿企业、消防环保部门以及农、林、牧、渔等生产单位的研究人员、技术资料、仪器设备和相关的信息、学生家长等。学校和教师要结合教学内容，组织学生开展参观、访问、调查、考察、实习以及邀请有关人员来校演讲、座谈等活动，开拓学生视野，引导学生在社会实践中学习，关心社区的建设和发展，参与社区的建设实践。

（四）正确使用教师手册和教学参考用书

注意选择使用配合教科书的教师手册、教学参考用书、教辅材料、多媒体教学资料光盘、教学影像资料、教学软件、教学案例等，以帮助教师正确理解教材，准确把握教学要求，有效开展教学活动。

（五）注意开发学生中的课程资源

学生已有的知识水平、认知结构、生活经验、学习兴趣及学生的差异等均为很好的课程资源，教学中应因势利导，加以利用。例如，探究活动中要注重学生的亲身体验，不可动辄以教材中的实验或教师的经验替代；教学设计中要善于利用学生的社会生活信息，把学生已经掌握的和能够发现的信息作为课程资源，使教学内容更丰富、更贴近生活、贴近学生；教学过程中要尊重和珍惜学生充满个性的思维方法，有意识地把这些个性化的思维方法和多样化的探究成果转化为课程资源，训练学生科学的思维方法。

**七、课程实施保障措施**

（一）建设管理、指导、评价、督察机制

做好实施高中化学新课程的各项准备工作，制定我省高中化学新课程管理制度，完成全省及各高中学校《普通高中化学课程计划》的制订和实验；建立由省、市、县教育行政、教科研有关人员和一线教师组成的高中化学新课程指导、评估、督察组织，指导、检查各市、县、学校为高中化学新课程开设所创造的条件，化学选修课开设的情况，化学师资状况，化学课程开设的水平，学生学习化学的兴趣、动机和发展情况，在实施化学新课程中遇到的问题等。及时发现典型经验和存在问题，对新课程的实施过程进行调控，不断提高我省化学新课程实验水平；建立新的评价与考试制度，探索与高中化学新课程相适应的高校招生考试模式。

（二）完善教师培训机制

高中化学新课程的培训分省、市、校本三级培训。省级培训重点是培训各市教研员、各高中校的骨干教师，经培训合格的教师将承担一定的研究任务，作为各地、各校实施新课程的骨干力量，并承担所在地、校的教师培训任务。市级培训注意面广、深入。各校要建立和健全校本培训机制，校本培训才是教师培训工作的根本。校本培训的重点是应用如教学经验交流、教学专题研究、教学论坛、观摩课、示范课、研究课等方式，解决课程实施过程中教师所要面对的各种具体问题。

各级培训中要多采用主体参与、任务驱动和案例分析等培训方式，充分调动每一位培训对象的积极性和主动性，提高培训的针对性和实效性。

1. 培训内容

(1)通识培训内容包括：《国务院关于基础教育改革与发展的决定》和《基础教育课程改革纲要（试行)》等有关文件精神；课程改革的背景、指导思想、目标和课程设置；课程与教学的新理念；教学方式与学习方式的变革；新课程与教师、学生的成长和发展；学生、教师发展性评价体系；新课程资源开发与建设；校本课程和校本培训的开发与规划等。

(2)学科培训内容包括：课程标准解读；课程标准实验教材整体介绍；课程标准实验教材各模块的编写意图和教学建议；教学案例分析和经验介绍；与课程标准相关的专业知识等。

2. 培训的方式、方法

(1)岗前培训。(2)校本培训。(3)专业研修：可采用适当的形式，如举办研修班、短训班等对教师进行培训；也可以通过自学与研讨、集体备课等形式，在教学过程中逐步解决相关问题。

（三）加强教学研究

健全我省三级化学教研网络，加强教研工作，提高各级教研部门和高中学校化学教研组指导、管理和实施化学新课程的能力。建立以校为本的教研制度，针对教学中遇到的实际问题开展教学研究，促进教师通过研究和实践，转变教学观点，经常反思自己的教学活动，进一步提高自身的素质，不断增强驾驭和开发新课程的能力。充分发挥课题研究在教学中的引领作用，鼓励广大教研员和化学教师积极开展课题研究。开发共享课程资源的工作机制，探索在不同条件下实施化学新课程的有效途径，积累经验、推出样本校、提供示范。建设独具特色的地方课程和校本课程，建立化学教研网站，实现全省高中化学教学资源的优化配置。

（四）建立教学支持系统

除省、市学科指导组外，各校要建立相应教学指导机构，紧密结合教学实际开展校本教研，解决教师在课程实施中遇到的实际问题。各级教学指导机构要积极创造条件，开通专门的网站，通过网络实现专家为教师提供在线答疑、教师之间在线讨论。建立课程资源库，实现学科课程资源共享。还要加强与高等学校“基础教育课程中心”等部门的合作与交流，以获得更多的专业支持。

## 浙江省普通高中新课程实验化学学科教学指导意见（征求意见稿摘要）

为了贯彻落实教育部《基础教育课程改革纲要（试行）》《普通高中课程方案（实验）》以及《浙江省普通高中新课程实验第一阶段工作方案》等文件的精神，便于广大教师更好地理解和把握《普通高中化学课程标准（实验）》（以下简称《高中化学课程标准》），特制定《浙江省普通高中新课程实验化学学科教学指导意见》（以下简称《化学教学指导意见》）。

《化学教学指导意见》是浙江省普通高中新课程实验工作专业指导委员会化学学科组在分析浙江省高中化学教学实际和总结其他省新课程实验经验的基础上，通过对《高中化学课程标准》和高中化学新课程实验教科书的研究制定的，是确定高中化学教学内容、教学深广度、学分认定、学业评价以及升学考试的基本依据。《化学教学指导意见》以专题为单位，分“课标内容”“教学要求”“教学建议”三个栏目编写。“课标内容”按专题直接从《高中化学课程标准》摘录，便于教师检索。“教学要求”以单元为单位，分“基本要求”“发展要求”与“说明”三部分。提出学生学习中要达成的三维目标，帮助教师把握教学的尺度。其中“基本要求”是指全体学生在模块学习中要达到的要求；“发展要求”是部分学生在模块学习后可以达到的较高要求；“说明”是对教学深广度的界定。“教学要求”表述中的行为动词与《高中化学课程标准》所采用的行为动词相同。“教学建议”则按专题对如何实施教学和达成教学目标提出指导性建议，供教师参考。《化学教学指导意见》是提纲挈领式的，对关键问题作了简要说明，也有一些具体明确的规定，教师应当根据教学实际，充分发挥自主创新的精神，积极推进普通高中化学课程改革。

《化学 1》教学指导意见

**一、《化学 1》教科书的编写意图、方法和使用说明**

《化学 1》是高中化学必修部分的第一个模块，承担着与义务教育阶段化学教育衔接、为高中学生学习化学打好基础和全面提高学生科学素养的任务，因而在整个高中化学教学中起着十分重要的作用。

从教材的宏观体系看，《化学 1》注重把学生学习的逻辑顺序与学生的心理发展顺序相结合考虑，因此不过分追求学科知识体系的系统性，而更多考虑其知识内容的切入、难易程度等是否符合学生的认知心理特点。其专题内容的选择不是单纯从化学学科知识体系的角度出发，而是从化学与社会发展的关系入手，其顺序的编排，体现了由具体到抽象、由简单到复杂的循序渐进的特点。《化学1》四个专题与社会生产生活及学科知识体系之间的联系如下表。

| 专　题 | 与社会生产生活的联系 | 学科知识体系 |
|---|---|---|
| 专题1　化学家眼中的物质世界 | 用化学家的眼光看世界 | 学习研究化学的方法思路 |
| 专题2　从海水中获得的化学物质 | 身边的化学：与海水、矿物、空气有关的物质的宏观性质 | 无机元素化合物知识 |
| 专题3　从矿物到基础材料 | | |
| 专题4　硫、氮和可持续发展 | | |

在《化学1》的教学中，教师还应正确处理好以下几个方面的问题：

一是与初中自然课程中化学部分内容以及选修课程之间的关系。二是正确把握基础知识与探究活动的关系。三是课时要求和教学容量的关系。

为了帮助教师把握新教材的教学要求，特制定本学科教学指导意见。我们按教材编排顺序将教学内容要求分三个层次要求：

基本要求：全体学生应在本节学习时掌握的内容。

发展要求：有条件的学生可在本节增补；全体学生在必修课程结束时应掌握的内容。

说明：不宜拓展（或留待选修学习）的内容；超纲的内容、已删除的内容、限定深广度的内容。

**二、各专题教学建议**

专题1　化学家眼中的物质世界

**一、课程标准内容**

**二、教学要求**

第一单元　丰富多彩的化学物质

| | |
|---|---|
| 基本要求 | ① 初步认识物质的科学分类方法，学会从不同角度对化学物质及物质间的转化进行分类的基本方法，在此过程中掌握根据物质的存在状态、根据分散质粒子大小、根据物质的导电状况等进行分类，掌握四种基本化学反应类型、能根据化合价的变化来判断氧化还原反应。<br>② 认识物质的量，并利用物质的量进行简单计算。<br>③ 知道不同聚集状态物质的一些特性，了解影响气体体积的主要因素，初步学会用气体摩尔体积进行简单计算。<br>④ 能用电解质的电离方程式表示电解质导电的原因。<br>⑤ 了解分散系的含义，知道胶体区别于其他分散系的本质特征和鉴别方法。 |

续表

| | |
|---|---|
| 发展要求 | ① 物质的量运用于化学方程式的简单计算。<br>② 化学反应基本类型与氧化还原反应之间的关系。<br>③ 阿伏加德罗定律及其推论。 |
| 说明 | 不宜拓展：<br>① 对氧化还原反应只要求学会判断，不要对其他概念（氧化反应、还原反应、氧化剂、还原剂等）进行扩展，也不对复杂氧化还原反应进行配平。相关内容将在后续课程中学习。<br>② 胶体的概念只要求了解其不同于溶液的特性，对胶体的凝聚、布朗运动等不宜扩展。 |

## 第二单元　研究物质的实验方法

| | |
|---|---|
| 基本要求 | ① 了解蒸馏、萃取、分液、过滤、结晶等实验方法。<br>② 初步学会 $NH_4^+$、$Cl^-$、$SO_4^{2-}$、$Na^+$、$K^+$ 的检验方法，能用离子检验法设计简单的实验方案，探究常见物质的组成。<br>③ 知道物质的量浓度的含义，初步学会溶液配制的实验技能，体会定量研究的方法对化学学习和科学研究的重要作用。 |
| 发展要求 | ① 物质的分离、提纯及物质检验的一般原则。<br>② 物质的量浓度应用于溶液中化学反应中的计算。 |
| 说明 | 不宜拓展：<br>① 物质的量浓度与质量分数之间的换算。<br>② 把物质、离子的检验过于具体化。 |

## 第三单元　人类对原子结构的认识

| | |
|---|---|
| 基本要求 | ① 通过了解原子结构模型演变的历史，体验科学家探索原子结构的艰难过程，认识实验、假说、模型等科学方法对化学研究的作用。<br>② 了解部分典型元素原子的核外电子排布，并能用原子结构示意图来表示。知道活泼金属和非金属原子在化学反应过程中通过电子得失使最外层达到稳定结构的事实。通过氧化镁的形成了解镁与氧气反应的本质。 |
| 发展要求 | 从氧化镁的形成推知其他常见离子化合物的形成原因。 |
| 说明 | ① 原子结构模型的演变、原子的构成、同位素知识在初中科学课程中已学习掌握。<br>② 对夸克等不宜做过多纠缠，只要有不断发展的概念即可。<br>③ 对离子键、共价键等不必深化，《化学 2》还要研究。 |

## 三、本专题教学建议

1. 课时分配建议

| 单元名称 | 内　容 | 建议课时 |
|---|---|---|
| 第一单元　丰富多彩的化学物质 | 物质的分类及转化 | 1 |
| | 物质的量 | 1.5 |
| | 物质的聚集状态 | 1.5 |
| | 物质的分散系 | 1 |
| 第二单元　研究物质的实验方法 | 物质的分离与提纯 | 1 |
| | 常见物质的检验 | 1 |
| | 溶液的配制及分析 | 1 |
| 第三单元　人类对原子结构的认识 | 原子结构模型的演变 | 1 |
| | 原子的构成 | |
| 专题回顾和小结 | | 1 |
| 合　　计 | | 10 |

2. 本专题教学方法建议

（1）注意与初中自然学科相关知识的衔接，要把握好教学难度，确保学生的可接受性。

（2）举例要适当、典型，不宜选用学生不太熟悉的反应实例。

（3）整个专题的教学设计要围绕“物质”中心，从物质的分类、变化到物质的处理（分离、提纯及检验）再到物质内在结构的研究，从而使学生对“物质”的整体知识有较为全面的了解。

（4）可引导学生结合生产生活中常见物质进行分析探究，从而培养学生全面研究物质、分析问题的能力。由于是高中化学的起始部分，因此，本专题的教学过程应努力创设学生自主学习、主动探究的学习情景，结合学生已有的知识和生活经验，让他们在学习活动中领悟一些新的概念如电解质、胶体、物质的量、物质的量浓度、气体摩尔体积及同位素等，从而使他们体验探究活动过程的乐趣，并使他们在学习过程中充分体验高中学习过程中知识不断丰富和充实的过程。

3. 实验教学建议

① 教师可以再适当补充一些溶液和胶体做光照对比实验，以便使学生归纳出鉴别溶液和胶体的方法。对教材中“氢氧化铁胶体有哪些应用?”的问题不作讨论。②溶液导电性实验，可

用并联装置，五种溶液同时进行，以便学生作对比观察。③从氯化钾和硝酸钾的混合物中提纯硝酸钾实验，课本只要求学生设计方案，相应的学生实验在《实验化学》模块中课题 3 安排，各校可根据本校实验条件，决定是否将该实验提前在本专题教学中进行。④学生物质分离（如蒸馏、萃取、分液等）的操作技能可在《实验化学》模块中再加以训练。

4. 案例：物质的分散系——胶体

本课题是在学习了纯净物的分类之后，学习混合物的分类方法。引入胶体的制备和丁达尔现象的目的是为了说明胶体的性质与溶液确实有所不同，因此本课题的教学目标应该是"理解以分散质粒子的大小为分类标准将分散系分为溶液、胶体、浊液的科学性"，而不是胶体的制备和性质。

探究活动应该围绕主要教学目标展开。为帮助学生理解分散系的分类标准，可设计下列活动：

[活动 1] 教师展示三瓶样品，分别是 $FeCl_3$溶液、$Fe(OH)_3$胶体、$Fe(OH)_3$ 浊液。提出问题：你能根据肉眼观察分辨出哪瓶是浊液，哪瓶是胶体，哪瓶是溶液吗？当学生对于胶体和溶液无法区分时介绍丁达尔现象。

[活动 2] 学生实验：取两个烧杯，第一个烧杯加入 40 mL 水，第二个烧杯加入 40 mL 热水（并继续加热至沸腾）。在第一个烧杯中逐滴滴入饱和的 $FeCl_3$ 溶液 10 滴，待第二个烧杯中的水加热至沸腾，向沸水中快速滴入 10 滴饱和 $FeCl_3$ 溶液，同时撤去酒精灯。观察两个烧杯里的混合物，分别用激光笔照射烧杯中的液体，观察表观现象和是否有丁达尔现象，填写实验记录表（略）。

[活动 3] 学生实验：把活动 1 中的 $FeCl_3$ 溶液倒掉一部分，留下约 10 mL，往其中加入一吸管 NaOH 溶液，摇匀，观察现象。把活动 1 得到的 $Fe(OH)_3$ 胶体和活动 2 制得的 $Fe(OH)_3$ 悬浊液进行过滤，观察过滤后的现象，填写实验记录表（略），得出结论和解释。

如果将探究的重点放在"胶体的制备方法和胶体的性质"，由于学生缺乏盐类水解等必要的知识基础，无法探究，教师必然要补充，不但增加了学生的负担，而且脱离了本课题原有的教学任务，是典型的为探究而探究。

专题 2　从海水中获得的化学物质

**一、课程标准内容**

**二、教学要求**

## 第一单元　氯、溴、碘及其化合物

| | |
|---|---|
| 基本要求 | ① 了解从海水中获取氯、溴、碘的基本原理和方法，理解实验室用氯酸钾和二氧化锰制取氯气的原理，初步掌握氯气的重要性质，了解溴、碘单质的性质，知道氯、溴、碘的性质差异，认识氯、溴、碘及其化合物在生产和生活中的重要应用。<br>② 知道如何区分氧化还原反应和非氧化还原反应，氧化还原反应的本质是反应中发生了电子转移，能简单分析氧化还原反应，指出氧化剂和还原剂、氧化产物和还原产物，表示出电子转移的方向和数目，能举例说明生产、生活中常见的氧化还原反应。<br>③ 了解实验探究的过程和方法，通过观察、分析实验现象，增强发现问题和解决问题的能力。<br>④ 认识海水是人类的宝贵资源，培养热爱大自然和保护大自然的情感。 |
| 发展要求 | ① 实地参观盐场、氯碱厂或利用海水资源的企业，了解其生产原理，让学生从实际社会生活中了解海水中主要物质的提取过程，培养与大自然友好相处的情感。<br>② 理解可逆反应概念。<br>③ 了解 $Br^-$、$I^-$ 多种方法的检验。<br>④ 增补用浓盐酸与二氧化锰反应制备氯气的实验。 |
| 说明 | ① 只局限于认识电解饱和食盐水的原理以及阴、阳极的产物，其他电解质溶液的电解以及电极产物的分析不宜拓展。电解原理及电极反应式等将在《化学 2》和选修模块《化学反应原理》中详细学习。<br>② 氧化还原反应只要求会分析简单氧化还原反应，会用双线桥表示电子转移的数目和方向，单线桥表示方法在后续的学习中逐步融合，不宜拓展复杂氧化还原反应配平和有关计算。 |

## 第二单元　钠、镁及其化合物

| | |
|---|---|
| 基本要求 | ① 能用实验的方法探索和理解钠的重要性质，了解镁及其化合物的主要性质和应用；能通过实验研究碳酸钠的性质，通过实验对比研究来比较碳酸钠、碳酸氢钠的性质，并知道其在生产生活中的应用。<br>② 了解钠的制取和海水中镁的提取。<br>③ 知道离子反应的本质及其发生的条件，学会用离子方程式表示溶液中的离子反应；能区分强、弱电解质，并能书写强、弱电解质的电离方程式。<br>④ 通过经历实验探究和问题讨论的过程，了解实验研究化学物质的一般方法，初步形成分析推理、综合归纳的能力。 |
| 发展要求 | ① 简单氧化还原反应型的离子反应及其离子方程式的书写。<br>② 镁与水的反应。 |
| 说明 | ① 不宜拓展钠与硫的反应。<br>② 不宜拓展过氧化钠的有关性质。<br>③ 只要求了解碳酸钠溶液呈碱性的事实，不宜用水解原理作解释，《化学反应原理》中将专门研究。<br>④ 外界条件对弱电解质电离平衡的影响在本专题中不宜拓展，《化学反应原理》中将专门学习。<br>⑤ 仅限于讨论复分解反应型的离子反应条件，不宜拓展复杂离子反应方程式的书写，如酸式盐与碱反应；不宜过多拓展氧化还原反应型的离子方程式的书写。<br>⑥ 合金的概念在初中已做介绍。 |

## 三、本专题教学建议

1. 课时分配建议

本专题共有两个单元，建议第一单元安排 5 课时，第二单元安排 4 课时，专题回顾与小结 1 课时。

| 单元名称 | 内　容 | 建议课时 |
|---|---|---|
| 第一单元　氯、溴、碘及其化合物 | 氯气的生产原理 | 1.5 |
| | 氯气的性质 | 1.5 |
| | 溴、碘的提取 | 1 |
| | 氧化还原反应 | 1 |
| 第二单元　钠、镁及其化合物 | 金属钠的性质与应用 | 1 |
| | 碳酸钠的性质及其应用 | 1 |
| | 离子反应 | 1 |
| | 镁的提取及应用 | 1 |
| 专题回顾和小结 | | 1 |
| 合　　计 | | 10 |

2. 教学方法建议

（1）在本单元的教学中，要充分运用实验探究这一认识和研究化学物质的方法，引导探究氯、溴、碘、钠、镁及其化合物性质。（2）通过卤素单质及其盐溶液间的置换反应中微粒结构发生变化，从电子转移的角度分析氧化还原反应的有关概念和表示方法；以碳酸钠性质探究为载体，帮助学生建立离子反应的概念，学会离子方程式的书写。

3. 实验教学建议

本专题共安排 9 个实验来帮助学生初步学习从海水中获得物质的化学性质。其中电解饱和食盐水和氯气的性质以教师演示为主，另外氯水的性质、溴和碘的提取、钠的性质、碳酸钠的性质、碳酸钠和碳酸氢钠的性质比较、电解质溶液导电性和镁的性质实验建议以学生探究为主。有条件的学校部分可以采用微型实验。①电解饱和食盐水的实验，初步掌握电解饱和食盐水的原理以及会写与电源正、负极相连电极的产物。其他电解质溶液的电解以及电极产物的分析不宜拓展。②化学史话中的“氯气制取”实验，建议教师在实验室里做好演示，它是继学生初中学习实验室制气装置后，高中学习实验室制气体开始的新装置，我们只要讲清实验器材的连接、尾气处理和实验时的注意事项即可，实验操作技能和原理方面都不宜拓展。③氯水的性质探究实验有一定难度，我们建议在教师的指导下，利用边讲边实验的方法由师生共同完成，只要求学生了解实验探究的过程和一般方法，认识卤素及其化合物在生产和生活中的重要应用。④溴、碘的提取原理探究实验，认识从海水中提取溴和从海带等海洋植物中提取碘的化学反应原理，让学生从实际社会生活中了解海水中主要物质的提取过程，培养与大自然友好相处的情感。⑤金属钠的性质探究实验，要充分利用学生已有的实验经验，让学生主动参与实验，感受实验中的物质变化，体验实验过程和乐趣，通过观察实验中产生的现象认识钠的性质。不要增加钠和盐溶液的反应实验。⑥碳酸钠的性质实验探究，经历实验过程，学会溶液 pH 的测定及试管和胶头滴管的正确使用。⑦碳酸钠和碳酸氢钠的性质比较，尝试通过对比实验，观察现象，获得实验结果，加深对碳酸钠和碳酸氢钠性质的了解。⑧电解质溶液导电性探究实验，主要是让学生通过感受实验中灯泡亮度差异，来比较电解质溶液导电能力，形成对溶液导电性差异的正确认识，因为是对照实验，实验中除电解质不同外，其他条件要尽可能相同，所以对四组电解质溶液进行并联同时实验，但不要进行量化比较，提升对学生能力的要求。⑨镁的性质实验探究，是学生自主完成的实验，体验实验过程，观察并描述实验现象，学会去除金属表面氧化物的方法。实验中不增加镁和冷水和热水中的反应，Mg 和 $N_2$的反应要在教师指导下进行。

专题 3　从矿物到基础材料

**一、课程标准内容**

**二、教学要求**

第一单元　从铝土矿到铝合金

| | |
|---|---|
| 基本要求 | ① 了解地壳中铝元素的含量，知道铝元素在自然界的主要的存在形式，了解从铝土矿获得铝的方法，从炼铝方法的变化体验化学科学的发展对人类生活的影响。<br>② 通过实验探究，理解铝的重要性质，如与酸、碱反应，钝化现象等。了解铝、氧化铝、氢氧化铝的性质，列举铝合金的应用，进一步认识化学与生活的关系。<br>③ 以铝的氧化物和氢氧化物为例了解两性氧化物、两性氢氧化物的概念和一般性质。 |
| 发展要求 | ① 知道明矾的组成和净水作用。<br>② 对铝热反应进行拓展，了解用其他金属氧化物如 $Cr_2O_3$、$MnO_2$ 等代替氧化铁也可发生铝热反应，并可用以冶炼铬、锰等金属。<br>③ 了解铝及其重要化合物之间的转化关系。 |
| 说明 | ① 不要拓展到明矾以外的其他净水剂。<br>② 不要求介绍其他种类合金。<br>③ 铝热反应的放热不需定量计算，化学反应热等在《化学 2》会详细介绍。 |

## 第二单元　铁、铜的获取及应用

| | |
|---|---|
| 基本要求 | ① 了解自然界铁、铜的存在形式和冶炼方法，体会铁、铜的冶炼对人类文明的影响。<br>② 通过生产、生活中的应用实例和实验探究，了解铁、铜、$Fe^{2+}$、$Fe^{3+}$的性质，$Fe^{2+}$、$Fe^{3+}$的相互转化，了解铁、铜及其化合物的重要应用。<br>③ 了解钢铁腐蚀的原理和危害性，应用已有知识进行钢铁防腐，了解合理开发自然资源的重要性，同时形成珍惜、保护自然资源的意识。 |
| 发展要求 | ① 了解 $Fe^{2+}$、$Fe^{3+}$的常用检验方法。<br>② 知道铬和镍与不锈钢的联系，并简单介绍不锈钢的重要用途。 |
| 说明 | 不拓展到铜的电解精炼，有关内容到《化学 2》中介绍。 |

## 第三单元　含硅矿物等信息材料

| | |
|---|---|
| 基本要求 | ① 了解硅在自然界的存在形式，了解硅及其化合物（以二氧化硅和硅酸钠为例）的重要性质。知道水泥、陶瓷、玻璃三大硅酸盐产品。<br>② 了解工业上高纯硅的制备方法。<br>③ 了解硅、二氧化硅在信息技术、材料科学等领域的应用和与人类文明发展的关系，激发学生研究、开发新材料的意识。 |
| 发展要求 | 了解分子筛的化学组成、结构和作用。对光导纤维的组成和作用有初步了解。 |
| 说明 | 不要拓展到硅的晶体结构，原子晶体在《化学 2》会介绍。 |

## 三、本专题教学建议

### 1. 课时分配建议

| 单元名称 | 内　容 | 建议课时 |
|---|---|---|
| 第一单元　从铝土矿到铝合金 | 从铝土矿中提取铝 | 1 |
| | 铝的性质 | 1 |
| | 铝的氢氧化物 | 1 |
| 第二单元　铁、铜的获取及应用 | 从自然界获取铁和铜 | 1 |
| | 铁、铜及其化合物的应用 | 1 |
| | 钢铁的腐蚀 | 1 |
| 第三单元　含硅矿物等信息材料 | 硅酸盐矿物与硅酸盐产品 | 1 |
| | 二氧化硅等信息材料 | 1 |
| 专题回顾和小结 | | 1 |
| 合　　计 | | 9 |

2. 教学方法建议

(1)结合原子结构的知识，认识铝、铁、铜和硅的性质。(2)结合前面专题学习的活泼非金属氯、溴和活泼金属钠、镁，了解铝、铁、钢、硅和它们的异同，逐步建立元素周期律的基础。(3)本单元内容中涉及较多的酸、碱、盐、氧化物间的转化关系。在教学中帮助学生归纳总结酸、碱、盐、氧化物的转化关系，并尝试用这种转化关系解决化学中的问题。(4)本单元涉及不少氧化还原反应，通过对这些反应的归纳，进一步巩固氧化还原及电解质的有关概念。(5)本单元 4 种元素的单质和它们的化合物与工业生产及我们的生活有着密切的联系。建议以我们周围常见的一些物质入手介绍它们，从而培养学生全面研究物质、分析问题的能力。

3. 实验教学建议

本专题以自然界的矿物为线索引导学生研究学习有关铝、铁、铜、硅等元素及其化合物的性质，了解重要元素及其化合物在社会、生产中的重要应用。教材中共安排了 6 个实验来帮助学生探究铝、铁、铜等元素及其化合物的重要性质。其中铝的稳定性、铁的腐蚀实验建议以教师演示为主，铝的化学性质、氢氧化铝的两性、$Fe^{2+}$ 和 $Fe^{3+}$ 转化实验、氯化铁腐蚀铜实验等建议以学生探究为主。(1)铝的稳定性实验的主要目的是要让学生理解由于铝表面的氧化膜，通常情况下铝比较稳定。教师可以从这个目的出发再选择补充一些实验。(2)铝的性质实验中，课本中要求学生通过铝分别与浓硝酸、浓硫酸、稀盐酸、氢氧化钠溶液反应，总结归纳出铝的性质特征（遇冷浓硫酸和冷浓硝酸钝化、跟稀酸或碱溶液都能反应）。本实验的操作要求比较低，教学中教师要重视从方法角度加以引导，指导学生学会从多个不同的实验现象中总结规律。(3)氢氧化铝的两性实验，目的是让学生通过实验过程"发现"氢氧化铝的两性。(4)$Fe^{2+}$ 和 $Fe^{3+}$ 转化实验有多个目的，一是实验方案的设计；二是 $Fe^{3+}$ 的检验。要求学生在有限定条件下根据实验目的设计实验方案，并验证自己的实验结果。由于课本对 $Fe^{2+}$ 和 $Fe^{3+}$ 转化的要求不高，不宜在 $Fe^{2+}$ 和 $Fe^{3+}$ 转化这个问题做过多的深化。(5)课本安排氯化铁腐蚀铜实验的目的是要求通过本实验活动，了解氯化铁在印刷电路板制作的应用，进而深入理解 $Fe^{3+}$ 离子的氧化性。(6)铁的腐蚀实验建议教师在课前做好，课堂上让学生观察实验结果。实验的目的是让学生理解钢铁腐蚀跟水、空气、电解质溶液等因素有关，不要涉及吸氧腐蚀、析氢腐蚀等概念。

4. 案例　铝的性质

本课题是在学习了铝土矿提取铝，并介绍了铝合金的用途后，从我们周围常见的生产实际和生活现象着手，通过一些实验介绍铝的性质，重点介绍铝的两性、铝热反应。

［活动 1］教师取出 4 片铝条，打磨后分别放置到 4 支洁净的试管中，再向各试管分别加入 3 mL 浓硝酸、浓硫酸、稀盐酸、氢氧化钠溶液，要学生观察实验现象，并填入 P65 表 3 - 1 中，通过学生回答、归纳出铝能与稀盐酸、氢氧化钠溶液反应，铝在浓硫酸、浓硝酸中均未反应，并引导学生写出铝与稀盐酸反应的化学方程式。

［活动 2］向铝与氢氧化钠溶液反应后所得的溶液中通入二氧化碳气体或者加入盐酸，观察是否有白色絮状沉淀生成，引导学生写出铝与氢氧化钠反应的化学方程式。

［活动 3］铝热反应实验（演示实验）。铝热剂的配制：将 5 g 氧化铁和 2 g 纯净的铝热粉混合均匀。引燃剂的配制：取约 1/3 药匙的氯酸钾和约 2/3 药匙的蔗糖分别研磨均匀。纸漏斗的折叠及装配：将两张圆形滤纸分别折叠成漏斗状，将其中之一底部剪一个小孔，用水润湿套在另一纸漏斗中，使得漏斗四周均有四层。将纸漏斗放在带铁圈的铁架台上，在其下方放一个盛满沙粒的蒸发皿。将铝热剂倒入纸漏斗中，用药匙将其摊平、压紧。在铝热剂中间用玻璃棒开一坑（约 0.5 cm 深），用药匙将引燃剂放在坑中。用一胶头滴管吸取浓硫酸，在引燃剂上方滴 2～3 滴。随着浓硫酸的滴入，白色粉末发黑冒烟，剧烈反应，火星射出，发出白光，并把纸漏斗的底部熔穿，随之有白炽熔物（铁水）落入蒸发皿沙层上，形成若干粒小球，用磁铁可以吸起。

此法也可将镁条除去氧化膜后直接插在铝热剂中间堆放的氯酸钾中，然后直接点燃镁条，由镁条燃烧后引燃反应。

演示该实验要注意安全，避免飞溅的火星伤人。

专题 4　硫、氮和可持续发展

**一、课程标准内容**

**二、教学要求**

第一单元　含硫化合物的性质和应用

| | |
|---|---|
| 基本要求 | ①了解硫的主要性质，认识二氧化硫的主要性质。<br>②实验探究硫酸型酸雨的形成过程，了解二氧化硫对空气的污染，知道硫酸型酸雨的形成原因和防治办法，形成良好的环境保护意识。<br>③知道工业生产硫酸的基本原理，认识浓硫酸的特性，了解硫酸的应用。<br>④形成硫及其化合物相互转化的知识网络。 |
| 发展要求 | |
| 说明 | 不宜拓展硫化氢在氧气不足和足量条件下的燃烧反应。 |

第二单元　生产生活中的含氮化合物

| | |
|---|---|
| 基本要求 | ① 认识氮氧化物的性质，了解氨、铵盐、硝酸的性质和用途，知道含氮化合物的应用对社会生产的积极作用和对人类环境的影响。<br>② 通过对含氮化合物性质实验的探究，让学生体验实验探究的过程和乐趣。<br>③ 了解氨的合成对氮肥生产的促进作用，知道氮肥的性质，认识科学使用氮肥的意义。 |
| 发展要求 | ① 形成氮及其化合物相互转化的知识网络。<br>② 全面、系统地了解元素化合物知识，形成元素化合物的知识网络。 |
| 说明 | 不宜拓展：<br>① 二氧化氮和四氧化氮的转化。<br>② 硝酸与活泼金属反应的还原规律。 |

## 三、本专题教学建议

### 1. 课时分配建议

| 单元名称 | 内容 | 课时建议 |
|---|---|---|
| 第一单元<br>含硫化合物的性质和应用 | 二氧化硫的性质和作用 | 1 |
| | 硫酸的制备和性质 | 1 |
| | 硫和含硫化合物的相互转化 | 1 |
| 第二单元<br>生产生活中的含氮化合物 | 氮氧化物的产生及转化 | 1 |
| | 氮肥的生产和使用 | 1 |
| | 硝酸的性质 | 1 |
| 专题回顾和小结 | | 1 |
| 合　　计 | | 7 |

### 2. 教学方法建议

（1）对氮、硫及其化合物性质的认识宜从物质的通性、氧化还原反应的规律及物质特性这三个角度去认识、理解。（2）采用实验探究法是本专题较为适宜的教学方法。课本安排了较多的实验来帮助学生认识物质的性质，要认真完成好每一个实验，做到使学生：①理解实验设计的原理；②学会通过对实验现象的分析去认识物质的性质；③体验实验探究的过程和乐趣。同时根据实验设计的需要，结合教师自身的教学特点可对实验进行改进。（3）本专题关注化学与社会的关系，将STS的思想引入教材，教师在教学中应引导学生充分认识氨的合成对人类文明的伟大贡献，体验化学科学的重要价值。通过对酸雨等环境污染产生原因的探究和如何保护环境等问题的探讨，让学生以更广阔的视野看待科学的价值，培养学生学以致用的意识和解决问题的能力，养成关心社会的积极态度，增强对社会的责任感。(4)课本设计有“你知道吗”“观察与思考”“活动与探究”“调查研究”“拓展视野”“交流与讨论”“问题解决”“整理与归纳”等栏目，教师应根据时间安排和教学内容的重点、难点，对这些栏目进行详略不同的处理，并合理利用这些栏目来设计教学思路。如“你知道吗”及书中的相关图片可用来进行问题的提出；“观察与思考”“活动与探究”“交流与讨论”等可用于对问题的探究；“整理与归纳”可用于对探究结果的反思与评价；“问题解决”可用于对知识的应用。(5)到本专题为止，基本完善了高中必修阶段无机化合物的知识体系，揭示了相应反应规律，教师在教学过程中要帮助学生构建元素化合物知识的网络，为《化学 2》及后续选修课的学习提供必要的基础。

3. 实验教学建议

(1) $SO_2$的漂白性实验，所用的品红溶液浓度要小，否则可能颜色变化不明显。教学时可与次氯酸的漂白作用进行比较。

(2) 浓硫酸的脱水性实验，在蔗糖中先加入少量水湿润，可加速浓硫酸的脱水作用。由于实验中同时有 $CO_2$ 和 $SO_2$ 放出，建议：①在盛品红溶液的试管口塞上一团浸有碱液（或碳酸钠溶液）的棉花团，以吸收挥发出的有毒的 $SO_2$ 气体。②由于此时还没有介绍浓硫酸的强氧化性，教学时可先留一些疑问，待学了浓硫酸的强氧化性性质后，再讨论此现象。也可根据教学需要，将此实验安排在浓硫酸的氧化性教学以后，这样会有利于学生懂得浓硫酸与蔗糖的作用，浓硫酸不仅显示了脱水性，还显示了强氧化性。

(3) 浓硫酸与铜反应的性质实验，建议将铜片改为下端卷曲上端通过橡胶塞的粗铜丝，这样可通过上下抽动铜丝来控制反应的进行。这个实验，在加热过程中铜的表面往往会出现黑色沉淀物，溶液也会变得发黑，持续加热一段时间，颜色会变浅。由于反应比较复杂，不宜向学生做过多介绍。

(4) 氮气与氧气放电反应的实验是氮氧化物的产生及转化教学的关键。由于这个实验大约需 10 min 时间，教学时在时间上要做好合理的安排。如果生成的氮的氧化物的量不多，实验现象不够明显，建议补充 $NO_2$ 溶于水的实验。

(5) 影响氨的喷泉实验是否成功的关键因素是圆底烧瓶要干燥，充满氨气，且装置要密闭不漏气。教学时要结合实验现象，引导学生分析喷泉实验形成的原理、氨气的性质。

(6) 氯化铵与氢氧化钙反应的活动与探究，要引导学生根据反应物的特点、反应的条件等对实验方案进行设计，并通过实验加深学生对实验原理的认识，初步学会氨气的检验方法，养成良好的实验习惯。

(7) 浓、稀硝酸与铜反应的实验，可采用比较的方法，通过观察比较两者实验现象的差异，让学生认识浓、稀硝酸性质的差异和还原产物的不同，但不宜介绍活泼金属与硝酸反应的还原产物。有条件的学校可补充浓硝酸的不稳定性、与碳反应的实验。

4. 教学案例（片段）：硫酸型酸雨的形成和危害

[教学设计说明] 在教学内容上，让学生了解二氧化硫对空气的污染、酸雨的防治，使学生树立环保意识。在教学设计上，要着重培养学生搜集、处理信息的能力；根据提供的信息结合所学知识分析、解决问题的能力。

[教学设计] 创设情景：观看有关影视录像，并向学生提供下例素材：

酸雨的发现。

近代工业革命，从蒸汽机开始，锅炉烧煤，产生蒸汽，推动机器；而后火力电厂星罗棋布，燃煤数量日益猛增。遗憾的是，煤含杂质硫，约百分之一，在燃烧中将排放酸性气体 $SO_2$；燃烧产生的高温尚能促使助燃的空气发生部分化学反应，氧气与氮气化合，也排放酸性气体 $NO_x$。它们在高空中为雨雪冲刷，溶解，雨成了酸雨；这些酸性气体成为雨水中杂质硫酸根、硝酸根和铵离子。1872 年英国科学家史密斯分析了伦敦市雨水成分，发现它呈酸性，且农村雨水中含碳酸铵，酸性不大；郊区雨水含硫酸铵，略呈酸性；市区雨水含硫酸或酸性的硫酸盐，呈酸性。于是史密斯首先在他的著作《空气和降雨：化学气候学的开端》中提出“酸雨”这一专有名词。

什么是酸雨？

未被污染的雨雪是中性的，pH 近于 7；当它为大气中二氧化碳饱和时，略呈酸性，pH 为 5.65。被大气中存在的酸性气体污染，pH 小于 5.65 的雨叫酸雨；pH 小于 5.65 的雪叫酸雪；在高空或高山（如峨眉山）上弥漫的雾，pH 小于 5.65 时叫酸雾。

什么是酸雨区？

某地收集到酸雨样品，还不能算是酸雨区，因为一年可有数十场雨，某场雨可能是酸雨，某场雨可能不是酸雨，所以要看年均值。目前我国定义酸雨区的科学标准尚在讨论之中，但一般认为：年均降水 pH 高于 5.65，酸雨率是 0%～20%，为非酸雨区；pH 在 5.30～5.60 之间，酸雨率是 10%～40%，为轻酸雨区；pH 在 5.00～5.30 之间，酸雨率是 30%～60%，为中度酸雨区；pH 在 4.70～5.00 之间，酸雨率是 50%～80%，为较重酸雨区；pH 小于4.70，酸雨率70%～100%，为重酸雨区。这就是所谓的五级标准。

酸雨地区分布为复杂因素所制约。从宏观来看，中国内地的酸雨分布取决于中国各地酸、碱性物质的排放量，促成大气中酸碱物质转化的物质；再加上当地的气象条件，如中国各地年均温度，中国各地年均雨量，中国各地年均大气湿度，中国各地年日照时数和中国各地土壤的酸碱性等。现在中国已是仅次于欧洲和北美的第三大酸雨区。我国的主要酸雨分布区为：一大块长江以南，包括江苏、上海、浙江、福建、江西、湖北、湖南、广东、广西、海南、贵州、四川、重庆、云南等省市大部分地区；及两小块胶东半岛和图们江地区，后两者“酸雨”孤岛的形成，一方面是由于附近较大城市（青岛、长春、吉林）有酸性物质强排放源；另一方面，它们濒临海洋，海洋性潮湿气候提供了产生酸雨的温床。

$SO_2$ 是如何变成硫酸的?

人类活动向大气排放的是 $SO_2$ 气体，即使它溶于雨水也只能成为酸性较弱的亚硫酸，然而我们在雨水中测到的是酸性较强的硫酸，$SO_2$ 是如何变成硫酸的? 这是通过三类反应实现的。气相光氧化反应。在纯净的空气中，$SO_2$ 难于光氧化。但在污染的空气中，烃类与 $NO_x$ 生成某些有反应能力的基团，后者在日光照射下，将 $SO_2$ 氧化为 $SO_3$，再溶于水成为硫酸。液相光氧化反应。日光下，大气中的烃类与 $NO_x$ 气相光氧化生成臭氧和过氧化氢，它们在水滴内表现出很强的氧化能力，$SO_2$ 在水滴内被液相氧化为硫酸。固相氧化反应。在污染的大气中悬浮着一定量颗粒物，颗粒物可能来自土壤，可能是烟囱排放的飞灰，成分相当复杂，但经化学分析，一般含有微量的过渡金属铁、铜的化合物，它们恰恰是 $SO_2$ 氧化为 $SO_3$ 的多相催化剂，在水滴内，在这些颗粒物的表面上实现了 $SO_2$ 向硫酸的转变。

提出问题一：①什么是酸雨? 酸雨是如何形成的? ②联系实际谈谈对酸雨危害的认识。

学生活动一：应用所学知识，小组讨论酸雨形成的原因，并写出有关的化学方程式。通过活动使学生认识到酸雨的形成主要是二氧化硫与空气中的氧气和水蒸气共同作用的结果。

通过阅读课本内容，结合实际共同探讨酸雨的危害，理解酸雨被人们称为“空中死神”的原因，使学生进一步懂得人类与环境的关系，领悟保护环境的重要意义，增强环保意识，意识到自己的责任和义务。

提出问题二：①防止或减少酸雨有何途径? ②我国目前主要利用的能源是煤，假如你是一位工程师，你将采取什么措施防止煤燃烧产生的二氧化硫排放到空气中去?

学生活动二：

根据二氧化硫的性质，并结合实际展开讨论、交流，通过评价得出结论。

讨论评价活动使学生对二氧化硫的性质有较全面的认识，同时也培养了口头表达能力。

提出问题三：我们这里的雨水是否是酸雨？主要成分是什么？

学生活动三：本活动在课外进行，要求学生利用雨天完成好实验，培养学生的实验技能和运用化学实验解决实际问题的能力。①测定雨水的 pH，②测定 $SO_4^{2-}$ 的存在。

《化学 2》教学指导意见

《化学 2》是高中化学必修部分的第二个模块，该模块的四个专题，既有《化学 1》相关内容的深化和拓展，又较好地揭示了化学反应的基本原理。《化学 2》四个专题与化学学科基本理论体系之间的联系如下表所示。

| 专题 | 与《化学 1》的关系 | 建构学科知识体系 |
| --- | --- | --- |
| 专题 1 微观结构与物质的多样性 | 对原子和物质结构认识的发展 | 物质结构理论 |
| 专题 2 化学反应与能量转化 | 以常见物质的反应为素材 | 化学反应原理 |
| 专题 3 有机化合物的获得与应用 | 我们身边另一类重要的物质 | 物质分类的丰富和发展 |
| 专题 4 化学科学与人类文明 | 化学与可持续发展 | |

从教材的微观结构看，《化学 2》实现了相关教学内容的合理深化和拓展。下表是初中《科学》《化学 1》《化学 2》及选修模块关于“原子结构”的不同层次要求。

| 教材 | 实施年级 | 核心概念 | 基本要求 |
| --- | --- | --- | --- |
| 《科学》 | 八年级、九年级 | 原子、原子核、核外电子 | 知道原子是构成物质的微粒之一；知道原子是由原子核和核外电子构成的。 |
| 《化学 1》 | 高一（上） | 原子核外电子排布示意图、质量数、同位素 | 了解原子结构模型的转变；了解常见元素原子核外电子排布示意图；了解原子的构成；知道质量数、同位素的含义。 |

续表

| 教材 | 实施年级 | 核心概念 | 基本要求 |
| --- | --- | --- | --- |
| 《化学 2》 | 高一（下） | 元素、核素、核外电子排布 | 知道元素、核素的含义；了解核外电子排布的初步规律。 |
| 选修《物质结构与性质》 | 高二或高三 | 核外电子的运动状态、原子核外电子的能级分布、核外电子的跃迁 | 了解核外电子的运动状态；了解原子结构的构造原理，知道原子核外电子的能级分布，能用电子式表示常见元素（1～36 号）原子核外电子的排布；知道核外电子在一定条件下会发生跃迁，了解其简单应用。 |

在《化学 2》的教学中，教师应正确处理好以下几个方面的问题：

一是在《化学 1》学习的基础上进行自然的延伸。一方面通过化学反应与能量变化等专题的学习，适当提升学生在学科知识科学性和系统性方面的要求，帮助学生逐步形成学科知识体系；另一方面通过常见有机化合物的学习，扩大学生对物质世界的认识范围，进而实现学生可持续发展的要求。这种自然的延伸还体现在对物质结构、常见金属和非金属元素性质的进一步认识和研究等方面。

二是更多地倡导学生的自主学习。通过《化学 1》的学习，学生已经初步学会用化学的眼光去看待和认识世界，初步掌握学习化学的一些基本方法，并已接触和了解一些常见物质的结构和性质。在此基础上，教师应鼓励学生运用已有的方法和技巧积极探究新的化学学习领域，并逐渐养成良好的化学学科素养。

三是继续正确把握教材内容的深度和广度。《化学 2》中部分教学内容是《化学 1》相关内容的深化和发展，更多内容则涉及化学学科中的重要思想如结构决定性质、化学反应中的能量问题、化学反应速率和反应限度等，而进一步的学习还将在相关的选修模块中进行。因此，教师应整体把握教学中的度，使之既符合教学设计和课时要求，帮助学生在头脑中建立初步的印象，又切合学生认知的实际水平。

四是充分运用教材中丰富多彩的探究活动素材。有了《化学 1》的体验和实践，师生对这类素材的运用已具备一定经验。在此基础上的探究活动也更具目的性和有效性，因而能促使学生全面提升对化学物质及其变化的认识水平。

与《化学 1》一样，为了帮助教师把握《化学 2》的教学要求，我们按教材编排顺序将教学内容分三个层次要求：

基本要求：全体学生在本专题学习时应达到的要求。

发展要求：部分学生在模块学习后可以达到的较高要求。
说明：本专题教学中对深广度的界定。
专题 1 微观结构与物质的多样性

**一、课标内容**

**二、教学要求**

第一单元 核外电子排布与周期律

| | |
|---|---|
| 基本要求 | ① 了解元素原子核外电子排布的基本规律，能用原子结构示意图表示 1～18 号元素原子的核外电子排布。<br>② 了解元素原子核外电子排布、元素最高化合价和最低化合价、原子半径、元素的金属性非金属性等随元素核电荷数递增而呈周期性变化的规律。<br>③ 了解元素周期表的结构，同主族、同周期元素原子核外电子排布、元素化学性质的递变规律；了解元素周期表中金属元素、非金属元素的分布；了解主族元素在元素周期表中的位置、原子结构、元素性质三者之间的关系。<br>④ 了解元素周期表的意义与作用。 |
| 发展要求 | ① 原子序数大于 18 的部分典型主族元素的核外电子排布。<br>② 利用教材中的“化学史话”查阅有关元素周期律发现和应用的史料，并从历史和发展的观点认识元素周期表的各种形式。<br>③ 体会模型、假说等方法在科学研究中的应用，培养学生通过交流研讨、实验探究等多种方式进行综合探究的能力。 |
| 说明 | 不宜拓展：<br>① 副族元素的原子结构及其性质递变。<br>② 核外电子的运动状态、核外电子排布式、电离能、电负性等。 |

第二单元 微粒之间的相互作用力

| | |
|---|---|
| 基本要求 | 知道构成物质的微粒之间存在不同的作用力，认识化学键和分子间作用力的含义。从微粒间相互作用的复杂性、多样性理解物质的多样性。<br>知道离子键的概念和成因，离子化合物的概念。<br>知道共价键的概念及其成因，共价分子的特点，了解共价化合物热稳定性差异的原因。<br>用电子式表示简单的离子化合物、共价分子，能将共价分子的电子式转换成结构式。<br>了解分子间作用力对由分子构成的物质某些物理性质的影响。<br>从碳的成键特点认识有机化合物的多样性。 |
| 发展要求 | 了解一些简单共价分子的空间结构，键能的概念。<br>以水为例认识一种特殊的分子间作用力——氢键。 |
| 说明 | 不宜拓展：<br>① 离子键、共价键的特点和键长、键角等参数。<br>② 极性共价键、非极性共价键的区分。<br>③ 离子半径大小的比较。<br>④ 形成氢键的条件和原因。 |

## 第三单元　从微观结构看物质的多样性

| | |
|---|---|
| 基本要求 | ① 从微观结构了解物质形态的多样性。<br>② 以碳、氧的同素异形体为例认识同素异形现象。<br>③ 以 $C_4H_{10}$ 和 $C_2H_6O$ 为例认识同分异构现象。<br>④ 了解金刚石、石墨、足球烯、石英的微观结构，知道晶体可以分成原子晶体、分子晶体、离子晶体、金属晶体。<br>⑤ 初步认识结构决定性质、性质反映结构的特点。 |
| 发展要求 | 知道四类晶体的主要特性。 |
| 说明 | 不宜拓展：<br>① 晶体、非晶态物质、液晶的区别。<br>② 同类型晶体的性质比较、晶胞的计算。 |

### 三、教学建议

1. 课时分配建议

| 单元名称 | 内容 | 建议课时 |
|---|---|---|
| 第一单元　核外电子排布与周期律 | 原子核外电子的排布 | 1 |
| | 元素周期律 | 1 |
| | 元素周期表及其应用 | 2 |
| 第二单元　微粒之间的相互作用力 | 离子键 | 0.5 |
| | 共价键 | 1.5 |
| | 分子间作用力 | |
| 第三单元　从微观结构看物质的多样性 | 同素异形现象 | 1 |
| | 同分异构现象 | 1 |
| | 不同类型的晶体 | 1 |
| 专题回顾和小结 | | 1 |
| 合　计 | | 10 |

2. 教学方法建议

（1）恰当把握概念原理知识学习的深广度，处理好与选修模块学习的关系，既打好基础、又留有余地。

（2）整个专题的教学设计要围绕“结构决定性质”的主线，从三个层面上来认识结构与性质的关系：

① 微粒结构：原子核外电子排布→元素的性质与原子结构的关系。

② 微粒间的作用力：化学键、分子间作用力→微粒间的作用差异与物质性质的关系。

③ 微粒的结合与排列：同素异形现象、同分异构现象、晶体

类型及其性质。

(3) 晶体类型仅从构成晶体的微粒、微粒间作用力的类型和晶体的某些特性作比较，使学生认识微观结构与物质多样性的关系。

(4) 注意直观教学，运用结构模型和多媒体技术帮助学生直观地理解离子键、共价键的形成与物质的微观结构，提高学生的空间想象能力。

(5) 充分利用教材提供的丰富素材，引导学生通过交流讨论和整理归纳，得出结论。

3. 实验教学建议

(1) 本专题涉及的化学实验较少，在教学中可以适当补充相关实验，如在元素周期律的教学中增补同主族金属单质活泼性比较的实验如钠、钾与水的反应；在钠、镁、铝金属性比较中可以增补氢氧化物与酸碱反应的实验：向新制得的 $Mg(OH)_2$、$Al(OH)_3$沉淀中分别加入足量 NaOH 溶液、稀 $H_2SO_4$。

(2) 对于钠、镁、铝单质活动性的实验，条件允许的话可设计成学生实验，既让学生亲身体验金属活动性差异，又可培养学生动手实验的能力。

(3) 钠与水反应的实验在《化学 1》中已经出现过，操作前可让学生先回顾以前实验时的细节、注意事项等。

(4) 进行镁与水反应的实验需擦净表面的氧化膜，某些实验室所配的镁条（表面褶皱）放入水中可在常温下看到使酚酞变红。

(5) 对于分子结构模型的制作，可以提供给学生一些器具，如橡皮泥、塑料棒等，由学生根据原子的成键方式、成键角度亲手制作。

## 天津市普通高中课程改革实验化学教学指导意见
## （征求意见稿摘要）

为贯彻落实教育部《基础教育课程改革纲要（试行）》《普通高中课程方案（实验）》和《普通高中化学课程标准（实验）》，结合我市实际，特制定《天津市普通高中课程改革实验化学教学指导意见（试行）》。

**一、课程的基本理念**

(一)构建有助于学生科学素养提升的课程目标体。(二)课程内容体现时代性、基础性和选择性。(三)倡导多样化的学习方式。(四)注重发挥评价的教育功能，建立发展性评价观。(五)发挥课题的引领作用，促进教师专业发展。

## 二、课程性质和目标

高中化学设置多样化的课程模块，使学生在知识与技能、过程与方法、情感态度价值观三个方面得到统一和谐的发展。

## 三、课程基本结构和内容

## 四、教学实施建议

1. 必修、选修模块的开设建议

根据课程标准，高中化学课程可按学年作如下安排。

| 学年 | 时间 | 学习内容 | 学时 | 周课时 | 学分 |
|---|---|---|---|---|---|
| 高一 | 上学期 | 必修 1 | 36 | 2 | 2 |
| | 下学期 | 必修 2 | 36 | 2 | 2 |
| 高二 | 上学期 | 化学与生活 | 36 | 2 | 2 |
| | 下学期 | 化学反应原理 | | | |
| 高三 | 上学期 | 有机化学基础 | | | |
| | 下学期 | 开设选修课程，同时安排总复习 | | | |

高中化学选修课程是在必修课程基础上为满足学生的不同需要而设置的。学生在完成共同必修模块化学“必修 1”“必修 2”，以及“化学与生活”的学习后，建议学校为有进一步学习愿望的理科学生开设“化学反应原理”“有机化学基础”；还可以开设“化学与技术”“物质结构与性质”；建议有条件的学校可以开设“实验化学”。

2. 教学建议

（1）教师要创造性地开发和使用新教材。

高中新课程，注重发挥教师的主动性和创造性，在保证基本要求的前提下，给予地方、学校根据实际需要选择、更新、拓展的余地，为教师留下了发挥教学才能和智慧的空间。教材只是为了达到课程目标而使用的教学材料，而不是课程的全部。教材不再是预先规定好的、等待学生去学习的固定的教学内容，而是一种师生开展教学活动、学生获得体验和形成价值观的教学资源。

对此，教师在教学过程中，要以促进学生发展为根本，依据课程标准的具体要求，遵循学生的认知发展规律，精心选择和组织学习内容；要紧密联系社会生活实际，突出化学、技术和社会的相互联系，关注人类面临的与化学相关的社会热点问题，体现化学的新观念、新思想、新应用；要引导学生学习化学的基本观点和基本方法，揭示化学科学的人文内涵，培养学生的科学世界观，体现课程学习的价值；要善于根据学生实际，合理调整教材体系，使不同学校、不同能力的学生有较大的选择空间，突出学生学习内容的自主性和教材内容的时代性。

教师只有创造性地使用教材，成为教材的开发者和研制者，才能使教材成为一种动态的、生成性的资源，使教学过程成为教材内容的持续生成与转化过程，成为学生学会学习和形成正确价值观的过程。

（2）构建课程内容问题化，培养学生的问题意识和解决问题的能力。

重视学生问题解决能力的培养是化学新课程的要求，问题解决必然以对存在的问题的认识为起点。高中学生心理发展和分析能力、思维能力明显增强，高中课程结构，使得创设问题情境，以问题组织教学内容，运用问题设计策略，培养学生发现问题、解决问题的能力等凸显出来。

化学问题设计所遵循的基础性原则应体现在问题设计的情境要贴近学生的生活，要从学生已有的经验出发，设计具有一定思维容量和思维强度，需要经过学生努力思考才能解决的问题，从而引起学生的认知冲突，激发学生探究的兴趣。

化学问题的设计要充分体现化学问题解决过程中的实践性和探究性，使学生在解决问题过程中运用化学实验、观察、调查、参观、讨论等多种方法解决问题，充分体验问题解决的探究过程。

（3）充分发挥实验的教育功能，培养学生的科学素养。

培养学生的科学素养，是化学课程与教学改革的根本性目标，而以实验为基础是化学学科的重要特征之一。化学实验对全面提高学生的科学素养有着极为重要的作用。化学实验有助于激发学生学习化学的兴趣，帮助学生更好地领悟化学知识，体验科学探究的过程，培养学生在实验情景中运用科学方法解决问题的能力。教师在各课程模块的教学中，都应结合模块的特点强化化学实验，并注意发挥实验的教育功能。

（4）采取合理的教学方式，转变学生的学习方式。

《普通高中课程方案（实验）》指出，为实现高中教育培养目标，普通高中课程要“引导实践与创新”，“创设有利于学生主动学习的课程实施环境，提高学生自主学习、合作交流以及分析问题和解决问题的能力”。根据这些要求，在高中教学中，自主学习、合作学习、探究性学习三种学习方式的运用就显得尤为突出。

转变学习方式，重要的是使学生树立明确的意识，化学学习可以通过多种渠道去获取自身发展所需要的信息，不能让学生沉浸于单纯的接受模式或练习模式中，不要过分追求记忆学习和重复演练，从脱离生活实际背景、为提高“计算技能”而虚构的计算题中彻底解脱出来，在分析问题和解决问题的实际过程中增长学生的才干。

(5) 模块教学内容的课时安排。

模块背景下的教学设计要考虑模块教学内容的整体安排，即对与一个模块的内容整体对应的36课时需要做出合理划分，以保证模块内容的科学实施。具体应注意以下几个问题：

第一，在开始模块教学前完成对该模块的整体教学设计，保证该模块教学内容在教学时间上的合理分配。如人民教育出版社出版的《化学1》教学总体安排如下：

| | |
|---|---|
| 第一章　从实验学化学 | |
| 　第一节　化学实验基本方法 | 3课时 |
| 　第二节　化学计量在实验中的应用 | 3课时 |
| 本章复习与测评 | 2课时 |
| 第二章　化学物质及其变化 | |
| 　第一节　物质的分类 | 2课时 |
| 　第二节　离子反应 | 2课时 |
| 　第三节　氧化还原反应 | 2课时 |
| 本章复习与测评 | 2课时 |
| 第三章　金属及其化合物 | |
| 　第一节　金属的化学性质 | 2课时 |
| 　第二节　几种重要的金属化合物 | 3课时 |
| 　第三节　用途广泛的金属材料 | 1课时 |
| 本章复习与测评 | 2课时 |
| 第四章　非金属及其化合物 | |
| 　第一节　无机非金属材料的主角——硅 | 2课时 |
| 　第二节　富集在海水中的元素——氯 | 2课时 |
| 　第三节　硫和氮的氧化物 | 2课时 |
| 　第四节　硫酸、硝酸和氨 | 3课时 |
| 本章复习 | 1课时 |
| 模块复习与测评 | 2课时 |

第二，要将模块再分解为若干个在内容上有内在连续性的单元（或主题），并对单元（或主题）的教学内容作进一步的划分，做到相对独立的问题与课时相对应，使之更有利于接近日常的教学安排，即课时教学安排。

**五、课程评价**

1. 学生评价

(1) 实施多样化评价，促进学生全面发展。

主要包括纸笔测验、学习档案评价和活动表现评价等。

**化学学习档案袋的项目和内容**

| 项　目 | 内　容 |
|---|---|
| 学习笔记 | 预习记录、随堂笔记、课下笔记 |
| 探究活动过程记录 | 提出问题与猜想、探究方案、实验现象或调查记录、探究结论 |
| 信息、资料 | 通过查阅和调查获得的信息资料 |
| 作业、检测 | 作业、检测 |
| 课后感 | 对课堂学习的感受、尚未解决的问题 |
| 学习状况分析 | 对学习态度、学习方法、学习结果的反思和评价 |
| 其他活动 | 家庭小实验、小制作、学科竞赛、辩论等 |
| 反思与评价 | 反思与自评、他人（学生或者教师）的评价 |

活动表现评价通过观察、记录和分析学生在各项学习活动中的表现，对学生的参与意识、合作精神、实验操作技能、探究能力、分析问题的思路、知识的理解和应用水平以及表达交流技能等进行评价。

（2）学生评价的指标内容。

下表就学生在高中化学新课程学习中三维目标的全面达成，提出评价指标与内容，供学校、教师对学生进行评价或学生自评、互评时参照。

| 一级评价指标 | 二级评价指标 | 评　价　内　容 |
|---|---|---|
| 知识与技能 | 化学基础知识的理解和应用 | 知道并能说出有关知识的内容<br>举例说明<br>应用有关知识解决相关问题 |
| | 实验技能的养成 | 认识基本实验仪器，掌握基本实验操作<br>设计简单的实验<br>独立操作并撰写实验报告，分析实验结果 |
| | 化学用语的理解和应用 | 知道相关的化学用语<br>会用化学用语进行描述或概括等 |
| | 化学、技术与社会 | 知道化学与技术、社会的关系<br>会用所学知识解决简单的实际问题 |

续表

| 一级评价指标 | 二级评价指标 | 评价内容 |
| --- | --- | --- |
| 过程与方法 | 提出问题 | 根据实验或生活现象发现与化学有关的问题<br>准确表达有关问题<br>认识到发现问题和提出问题的意义 |
| | 猜想和假设 | 根据化学知识与经验对问题成因提出合理猜想<br>对探究方向和实验结果作出预测<br>认识猜想和假设在探究中的重要性 |
| | 收集整理信息 | 通过观察、调查、访问等手段收集信息、资料<br>尝试评价有关信息的科学性 |
| | 制订计划<br>实验探究 | 根据探究要求和已知条件制订计划、设计实验<br>尝试选择探究方法和探究过程所需仪器和药品<br>具有初步控制变量进行实验研究的意识<br>具有安全操作的意识<br>认识制订计划、进行实验、收集数据在探究中的作用 |
| | 思考与结论 | 认真思考分析探究过程的问题<br>得出结论并进行描述和解释 |
| | 表达与交流 | 主动参与探究过程<br>善于合作与交流 |
| | 反思与评价 | 具有反思探究过程和探究结果的意识<br>注意探究过程中尚未解决的矛盾、发现新的问题<br>具有从评价中汲取经验教训的意识<br>认识反思与评价对探究的重要意义 |
| 情感态度与价值观 | 对化学及化学学习的兴趣、情感态度和行为；对化学知识与社会的关系、人类与自然的关系的理解等 | 喜欢化学学科，积极探究化学的奥秘<br>喜欢体验化学学习中的快乐和审美情趣<br>形成实事求是的科学态度<br>关心人类与自然、化学与社会的关系 |

（3）根据课程模块的特点选择有效的评价策略。

高中化学课程需要多种评价方式和策略的相互配合，应充分考虑不同课程模块的具体特点，有针对性地选择合理有效的评价方式和评价策略。

（4）学分认定的有关事项。

学分管理与基于模块的课程，是高中新课程的两个重要特征。学生学习完一个模块并通过考核，就可以获得相应的学分。《普通高中课程方案（实验）》规定，学分由学校认定。

学分认定内容及标准包括三个方面：参加课程修习的学时，学时不得少于规定学时的5/6；修习过程的表现，可包括修习过程中的态度、参与教学活动情况、完成作业及各项任务情况、从事与修习内容相关的实践活动、平时成绩等，修习过程的评定以等级形式呈现；修习课程的考核成绩，模块修习学时、过程评定等级和测试成绩，三项认定均合格者方能获得该模块的学分认定。

**化学模块学分认定表**

班级＿＿＿＿＿　姓名＿＿＿＿＿　模块（专题）名称＿＿＿＿＿＿

<table>
<tr><th rowspan="3">出勤（学时）</th><th rowspan="3">学习过程评价</th><th colspan="8">评定等级</th><th colspan="2">终结性评价</th></tr>
<tr><th colspan="4">自我评价</th><th colspan="4">小组互评</th><th rowspan="2">模块测验成绩（分数）</th><th rowspan="2">评定等级</th></tr>
<tr><th>A</th><th>B</th><th>C</th><th>D</th><th>A</th><th>B</th><th>C</th><th>D</th></tr>
<tr><td rowspan="6"></td><td>学习态度</td><td colspan="4"></td><td colspan="4"></td><td colspan="2" rowspan="6"></td></tr>
<tr><td>参与活动</td><td colspan="4"></td><td colspan="4"></td></tr>
<tr><td>实践活动</td><td colspan="4"></td><td colspan="4"></td></tr>
<tr><td>作业情况</td><td colspan="4"></td><td colspan="4"></td></tr>
<tr><td>单元测验</td><td colspan="4"></td><td colspan="4"></td></tr>
<tr><td>综合评定</td><td colspan="4"></td><td colspan="4"></td></tr>
</table>

获得学分＿＿＿＿＿＿＿＿　任课教师（签名）：

学校学分管理委员会（盖章）

年　　月　　日

（5）等级评定方法。

学习过程评定等级分A、B、C、D四个等级，等级标准由学校根据本校实际情况酌定。

模块测验评定等级依据测试成绩分A、B、C、D四个等级。其中分数在90～100分之间为A等（优秀）；分数在80～89分之间为B等（良好）；分数在60～79分之间为C等（合格）；59分及以下为D等（不合格），等级为D的学生不能获得学分。

2. 课堂教学评价

（1）天津市普通高中化学教学评价方案。

| 一级指标 | 二级指标 | 基本要素 |
|---|---|---|
| 教师的教学行为表现 | 教学目标的设置 | （1）以学生的发展为本，能从学生已有经验出发实施教学；既重视知识技能目标的落实，又重视过程与方法、情感态度与价值观的落实<br>（2）尊重和关爱学生，注意面向全体并兼顾学生的差异，正确评价学生，激发学生的学习兴趣 |
| | 教学情景的创设 | （1）以问题为中心，设计层次合理的具有一定思维容量的问题，引导学生学习<br>（2）强调学生的自主参与，重视学生自己发现和提出问题，主动搜集证据，作出推测，设计方案，进行探究<br>（3）重视合作交流，适时组织学生进行交流和讨论，获得对知识的理解<br>（4）倡导教学民主，教师是学生学习的促进者、合作者，要做到以情感人，以理服人<br>（5）恰如其分地运用各种媒体手段，真正体现教学手段为教学目的服务的思想 |
| | 教学内容的处理 | （1）正确把握教材内容，突出重点、难点<br>（2）深入挖掘教材内容在培养学生能力和情感态度与价值观方面的价值，创造性地运用教材<br>（3）问题和情境的设计要有利于学生的接受、理解和探究，有利于学生参与教学过程，有利于调动学生学习的积极性<br>（4）贯彻启发式原则，对学生的学习进行有效引导、点拨<br>（5）重视联系社会生活实际，拓展学生的视野<br>（6）深刻理解教学内容的内在联系，帮助学生构建合理的认知结构 |
| | 教学基本功表现 | （1）有较强的课堂调控能力，灵活处理课堂上各种问题<br>（2）语言准确，正确使用普通话<br>（3）板书清楚、工整，版面美观<br>（4）教态亲切自然<br>（5）基本操作熟练、规范 |
| 学生的学习活动表现 | 自主性 | 主动参与教学活动<br>主动思考并提出问题<br>主动发言、自主探究 |
| | 探究性 | 积极探究实践<br>积极发现问题<br>大胆提出问题 |
| | 合作性 | 善于与人合作<br>善于倾听意见<br>善于表达交流 |

续表

| 一级指标 | 二级指标 | 基 本 要 素 |
|---|---|---|
| 教学效果 | 三维教学目标的达成情况 | 学生通过积极参与教学活动，在知识与技能、过程与方法、情感态度与价值观等方面顺利达成学习目标 |
| | 课堂教学氛围 | 学生有学习的兴趣，交流讨论的积极性 |
| 教学反思或教学改进建议 | 有教学反思的意识，教学后重新审视教学设计是否科学，教学目标是否合理，教学内容是否恰当，学生是否取得了有效的学习结果等。在教学过程中出现了哪些和预期不一致的地方？自己是否采取了灵活的应对策略，修正、完善既定的教学方案？取得的效果如何？还存在哪些值得改进的地方？ | |

（2）新课程教学评价中应注意的问题。

课堂教学评价标准不应面面俱到，不是所有维度都必须体现在每一堂课中，评价时要有所侧重。

不要以一节课来衡量教师的优劣，要善于发现教师的进步，要用动态发展的眼光鼓励教师不断反思，不断进步，获取成功。对问题的反思，能够帮助教师发现自己在教学设计和处理教学事件时所存在的问题，促使教师将反思引向深入，找到提高教学设计水平和教学实施能力的方法。只有经过反思，教师的原始经验才能不断地处于被审视、被修正、被强化、被否定等思维加工中，这样的经验才会得到提炼与升华。

要把定量与定性评价，教师自身、学生及他人的多元评价，形成性与终结性评价有机地结合起来，使评价更加客观、真实、有效，发挥促进作用。特别需要提到的是，教学反思是教师课堂教学自评的方法之一，是提高教师专业化水平的有效途径，建议每位教师都养成对每节课进行教学反思、不断调整自己教学行为的良好习惯。

要突出体现现代课堂教学质量观和世界教学评价发展的趋势。关注人的发展，关注学生、教师和课程的内在发展动力，强调评价的民主化和人性化，重视被评价者的主体性与评价对个体发展的建构作用，具体研究教师行为、学生行为、学习内容、学习方式以及教学心理环境等对课堂教学质量的影响。

## 安徽省普通高中化学新课程实验实施指导意见
## （征求意见稿摘要）

为了贯彻教育部《基础教育课程改革纲要（试行）》的精神，落实教育部《普通高中课程方案（实验）》和《普通高中化学课程标准（实验）》的要求，根据《安徽省普通高中新课程实施指导意见（试行）》，结合我省高中化学教学实际，对我省普通高中新课程的化学教学提出如下实施意见：

**一、指导思想**

**二、领会高中化学新课程的基本理念**

（一）构建有助于学生全面发展的课程目标体系。(二)确立了适应不同学生发展需要的课程结构。(三)课程内容体现时代性、基础性和选择性。(四)强调养成多样化的学习方式。(五)注重发挥评价的教育功能，建立发展性评价观。(六)充分利用课程资源，促进教师专业发展。

**三、课程结构与选课及开设建议**

（一）课程结构

（二）必修及选修模块开设建议

1. 高一上、下两学期，分别开设必修 1 和必修 2，每周 2～3 课时（学生基础相对薄弱的学校可以开 3 课时），两个学期学完化学必修模块的学习；

2. 对于向人文方向发展的学生，可建议从选修 1《化学与生活》，选修 2《化学与技术》中任选一个模块，每周 2 课时，一学期完成；

3. 所有理科倾向的学生，在必修模块学习后，至少选择《化学反应原理》和《有机化学基础》两个选修模块进行学习，这两个模块可以作为理科学生的必选模块。

然后，可将理科学生再进行适当分流，一部分学生可以不再学习其他的模块；倾向于工科方向的学生可以推荐学习《化学与技术》，其他理科学生建议从《物质结构与性质》《化学与技术》和《实验化学》三个模块中任选 1～2 个模块学习。

对于化学特别感兴趣或将来准备学习化学相关专业的学生，从他们今后专业发展角度看，需要相对较完整的化学学科体系系统知识。建议学习《有机化学基础》《化学反应原理》《物质结构与性质》和《实验化学》四个选修模块。而《化学与生活》《化学与技术》的相关内容可能在学习上述四个模块时有机融入，或在他们今后的学习中得到补充。也可以在教师指导下进行自学或其他形式的学习。每个模块安排一个学段完成。

以上针对文、理科倾向学生开设的模块教学建议在高三上学期全部完成。具体方案如下：

安徽省普通高中化学课程设置方案（文科倾向）

| | 高一上 | 高一下 | 高二上 | 高二下 | 高三 | 高二至高三<br>自由选修 |
|---|---|---|---|---|---|---|
| 性质 | 必修 | | | 建议选修 | | |
| 内容 | 必修 1 | 必修 2 | 选修 1 化学与生活、选修 2 化学与技术在两模块中选一模块 | | | 选修 1 化学与生活<br>选修 2 化学与技术 |
| 课时 | 2 | 2 | 2 | | | |
| 学分 | 2 | 2 | 2 | | | 0～4 |

安徽省普通高中化学课程设置方案（理科倾向）

| | 高一上 | 高一下 | 高二上 | 高二下 | 高三上 | 高三下 | 高二至高三<br>自由选修 |
|---|---|---|---|---|---|---|---|
| 性质 | 必修 | | | 建议选修 | | | |
| 内容 | 必修 1 | 必修 2 | 选修 5<br>选修 4<br>任选 1<br>模块 | 选修 5<br>选修 4<br>任选另<br>1 模块 | 选修 3<br>选修 6<br>选修 2<br>中任选<br>0～1 模块 | 总复习 | 选修 1<br>选修 2<br>选修 3<br>选修 6 |
| 课时 | 2～3 | 2～3 | 2～3 | 2～3 | 2～3 | 4 | |
| 学分 | 2 | 2 | 2 | 2 | 0～2 | | 0～6 |

（三）加强学生选课指导

1. 尊重和满足学生发展需要，指导学生自主选择课程模块

2. 教师在指导选课上应遵循的基本原则

教师在指导学生选课时应避免两种倾向：一是以高考为中心，"考什么、选什么"，学生没有选择其他课程的自由；二是按学校和教师的现有条件选择统一课程模块，而不考虑高中化学课程对学生未来发展的价值。

**四、教学实施建议**

（一）体现新课程的三维目标，关注学生的全面发展。(二)以科学探究为突破口，倡导多元化的学习方式。(三)深刻理解课程标准和教材体系，准确把握知识深广度。(四)联系社会实际，贴近学生生活，拓宽学生视野。(五)突出学科特点，发挥化学实验在教学中的重要作用：①重视发挥化学实验的教育功能，提高教学效果。②通过实验训练实验方法和技能，提高实验能力。③通过实验培养问题意识，提高解决问题的能力。(六)加强现代信息技术与高中化学新课程教学的整合：现代信息技术与化学教学的整合主要包括三

个方面：一是以现代信息技术为学习对象；二是将现代信息技术作为教学工具；三是将现代信息技术作为学习工具。现代信息技术在新课程实施过程中的应用，不能仅仅局限于学校能在每个教室里配备现代化的多媒体教学设备和教师能应用一些软件制作化学教学课件上，还应包括学生能利用网络所提供的与化学有关的资源和信息进行学习，教师能利用网络资源进行教学设计、通过网络进行教学交流等多方面。(七)关注学生个体差异，促进全体学生的发展。(八)加强学生的学习指导：一是学习兴趣、学习目的性、学习态度的引导。二是学习方式多样化的引导。

**五、课程评价建议**

(一)发展性学生评价

1. 实施多样化评价　促进学生全面发展

主要包括纸笔测验、学习档案评价和活动表现评价等。

**化学学习档案袋的项目和内容**

| 项　目 | 内　　容 |
|---|---|
| 学习笔记 | 预习记录、随堂笔记、课下笔记 |
| 探究活动过程记录 | 提出问题与猜想、探究方案、实验现象或调查记录、探究结论 |
| 信息、资料 | 通过查阅和调查获得的信息资料 |
| 作业、检测 | 作业、检测 |
| 课后感 | 对课堂学习的感受、尚未解决的问题 |
| 学习状况分析 | 对学习态度、学习方法、学习结果的反思和评价 |
| 其他活动 | 家庭小实验、小制作、辩论等 |
| 反思与评价 | 反思与自评、他人（学生或者教师）的评价 |

2. 高中化学新课程学生评价的指标与内容

| 一级评价指标 | 二级评价指标 | 评 价 内 容 |
|---|---|---|
| 知识与技能 | 化学基础知识的理解和应用 | 知道并能说出有关知识的内容<br>举例说明<br>应用有关知识解决相关问题 |
| | 实验技能的养成 | 认识基本实验仪器，掌握基本实验操作<br>设计简单的实验<br>独立操作并撰写实验报告，分析实验结果 |
| | 化学用语的理解和应用 | 知道相关的化学用语<br>会用化学用语进行描述或概括等 |
| | 化学、技术与社会 | 知道化学与技术、社会的关系<br>会用所学知识解决简单的实际问题 |

续表

| 一级评价指标 | 二级评价指标 | 评价内容 |
|---|---|---|
| 过程与方法 | 提出问题 | 根据实验或生活现象发现与化学有关的问题<br>准确表达有关问题<br>认识发现问题和提出问题的意义 |
| | 猜想和假设 | 根据化学知识与经验对问题成因提出猜想<br>对探究方向和实验结果作出预测<br>认识猜想和假设在探究中的重要性 |
| | 收集整理信息 | 通过观察、调查、访问等手段收集信息、资料<br>尝试评价有关信息的科学性 |
| | 制订计划<br>实验探究 | 根据探究要求和已知条件制订计划、设计实验<br>尝试选择探究方法和探究过程所需仪器和药品<br>具有初步控制变量进行实验研究的意识<br>具有安全操作的意识<br>认识制订计划、进行实验、收集数据在探究中的作用 |
| | 思考与结论 | 认真思考、分析探究过程的问题<br>得出结论并进行描述和解释 |
| | 表达与交流 | 主动参与探究过程<br>善于合作与交流 |
| | 反思与评价 | 具有反思探究过程和探究结果的意识<br>注意探究过程中尚未解决的矛盾、发现新的问题<br>具有从评价中汲取经验教训的意识<br>认识反思与评价对探究的重要意义 |
| 情感态度与价值观 | 对化学及化学学习的兴趣、情感态度和行为；对化学知识与社会的关系、人类与自然的关系的理解等 | 喜欢化学学科，积极探究化学的奥秘<br>喜欢体验化学学习中的快乐和审美情趣<br>形成实事求是的科学态度<br>关心人类与自然、化学与社会的关系 |

3. 根据课程模块的特点选择有效的评价策略

高中化学课程需要多种评价方式和策略的相互配合，应充分考虑不同课程模块的具体特点，有针对性地选择合理有效的评价方式和评价策略。例如，对于必修课程模块及《物质结构与性质》《化学反应原理》《有机化学基础》等模块，应综合使用纸笔测验，学习档案和活动表现等方式对学生进行评价。必修模块的纸笔测验，要严格依据课程标准和水平性考试的特征，把握试题难度，适当设计开放性试题，考查学生利用所学知识解决实际问题的能力，坚决杜绝偏题、怪题。人教版教材中的“资料卡片”、“科学视野”和“科学史话”三个栏目的内容可暂不作为学分认定考查内容。《化学与生活》《化学与技术》课程模块的纸笔测验试题应提倡开放性、应用性，密切结合生活实际，考查学生对身边化学现象和生活中化学问题的分析能力。同时，提倡通过开展辩论、角色扮演、小型调查等活动对学生进行表现性评价。《实验化学》课程模块的学习评价应在实验过程中进行，从实验设计、实验过程、实验操作、实验报告、交流讨论、合作意识以及实验态度等方面予以考查。

实验考查是化学课进行非纸笔测试的主要形式。实验考查既可作为终结性评价，又可作为过程性评价。在模块学习结束时进行的实验考查，属于模块考核的内容，根据课标的要求，实验考查的试题应该比以往高中会考实验考查试题要求稍高，除了考查必要的实验操作技能，也要在一定程度上考查学生在完成具体探究实验时表现出的实验设计、分析和评价的实验能力；实验考查也可与过程评价结合，采用平时实验的综合表现。模块结束时的实验考查主要采用他评，即由教师平定成绩，过程性的实验考查，鼓励进行自评与互评结合的尝试。成绩在模块考查成绩中占的比例，可视模块内容、学校实验条件、生源起点而定。

活动表现评价是在学生完成某项任务的过程中进行的。现阶段，可利用教材中“实践活动”栏目所提供的主题，布置家庭实验、课题调查、收集资料等任务，或者结合开展“我与化学”活动，进行任务型的表现性评价。表现性评价可通过自评与他评结合的方式进行，每个模块至少进行一次，成绩可采用本模块学习过程中所有实践活动中的最好成绩，也可采用平均成绩。

对学生情感态度、价值观的评价，重点可放到热爱科学、关注化学与社会的科学精神和严谨求实的科学态度，主要用质性评价（如评语）的方式进行。

4. 实施学分管理，进行综合评定

高中化学课程设有 8 个课程模块，每个课程模块 2 学分。高中化学课程实行学分管理，学生要达到高中化学课程学习的毕业要求，必须完成必修课程模块《化学 1》《化学 2》和一个选修课程模块，即至少要修满6学分的化学课程。对化学有兴趣的学生，可以再选学若干个化学选修课程模块。

根据学生在相应课程模块学习中的纸笔测验、学习档案记录和活动表现进行综合评定，以此决定学生是否获得相应课程模块的学分。对化学课程模块学业成绩的量化评价，评价要素和比例建议如下：

| 评 价 | 项 目 | 比 例 | 总 分 |
|---|---|---|---|
| 终结性评价 | 纸笔考试 | 50%～70% | |
| | 实验考查 | 10%～30% | |
| 过程性评价 | 平时测验 | 10%～20% | |
| | 任务表现 | 5%～10% | |

由于不同模块的学习内容不同，学校生源状况不同，所以，“纸笔考试”“实验考查”“平时测验”“任务表现”4个评价项目的比例也应该有所不同。例如，目前学习的必修模块，比例建议为7∶1∶1.5∶0.5或者6∶2∶1.5∶0.5，而选修模块“实验化学”，比例则建议为5∶3∶1∶1，条件成熟的学校，也可以调整至5（纸笔）∶5（实验）。

（二）发展性教师评价

1. 构建和实施化学课堂教学评价方案的原则

（1）评价功能的发展性原则。(2)评价方式的多样化原则。(3)评价内容的全面性原则。(4)以学论教的原则。

2. 化学课堂教学评价的基本要求

（1）教学要求不能忽视基础性。(2)教学设计要保证课程模块的整体性。(3)教学行为关注学生的差异性。(4)教学过程关注学生建构知识的自主性。(5)课堂教学的开放性与动态生成性。(6)课堂教学的情感性。

3. 化学课堂教学评价标准的制定

下面列出的是在新课程理念下一堂好课的特点，供各地、各校根据实际情况制定高中新课程化学课堂教学评价表时参考。

（1）体现新课程的三维培养目标，关注学生的全面发展。

（2）准确把握教学要求，创造性地使用教科书（用教科书教）。

（3）突出以实验为核心的科学探究，倡导多元化的学习方式。

（4）密切联系学生生活、学习、社会发展、科技发展实际。进行新知识教学时关注学生已有知识与经验。

（5）体现课堂教学的生成性，展示课堂创新特点。

（6）建设新型的课程文化——民主、平等、科学、对话、协商、合作。

（7）课堂上充分体现师生交往、积极互动的过程。

（8）创设能引导学生主动参与学习的课堂学习情境。

（9）关注个体差异，满足不同学生的需要。

（10）促进学生发展的多元评价。

（11）体现学科知识与技能的教学特点。

（12）教师素养（语言、板书、教态、多媒体、实验、组织、教育机制等）。

**六、课程资源的开发与利用建议**

（一）充分发挥教师在化学新课程实施中的重要作用。（二）加强化学实验室的建设。（三）重视利用信息化课程资源。（四）充分利用社区学习资源。（五）教材使用建议。（六）正确使用教师手册和教学参考用书。

**七、保障措施**

（一）建设管理、指导、评价、督察机制

做好实施高中化学新课程的各项准备工作，制定我省高中化学新课程管理制度；建立由省、市、县教育行政、教科研有关人员和一线教师组成的高中化学新课程指导、评估、督察组织，指导、检查各市、县、学校为高中化学新课程开设所创造的条件，化学选修课开设的情况，化学师资状况，化学课程开设的水平，学生学习化学的兴趣、动机和发展情况，在实施化学新课程中遇到的问题等。及时发现典型经验和存在问题，对新课程的实施过程进行调控，不断提高我省化学新课程实验水平；建立新的评价与考试制度，探索与高中化学新课程相适应的高校招生考试模式。

（二）完善教师培训机制

新课程顺利实施的关键因素是教师。因此，高中化学新课程的实施必须坚持“先培训、后上岗，不培训、不上岗”的原则，确保所有化学教师、化学教研员接受培训，完成规定的培训任务。

高中化学新课程的省级培训重点是培训各市重点校的骨干教师，经培训合格的教师将承担一定的研究任务，作为各地、各校实施新课程的骨干力量，并承担所在地、所在校的教师培训任务。在培训中要多采用主体参与、任务驱动和案例分析等培训方式，充分调动每一位培训对象的积极性和主动性，提高培训的针对性和实效性。

要建立和健全校本培训机制，通过校本培训帮助教师建立新课程理念，树立新型的人才观、教学观、评价观、课程资源观等。校本培训的重点是解决课程实施过程中教师所要面对的各种具体问题。要组织各种参与式、探究式、互动式的培训活动，如教学经验交流、教学专题研究、教学论坛、观摩课、示范课、研究课等。

（三）加强教学研究

加强教学研究是保证新课程顺利进行的有效措施。在高中化学新课程的教学中，会遇到很多问题。例如，如何在课堂教学中实现三维教学目标，如何引导学生开展科学探究，如何实施对学生学习的多元化评价等。再如，某一课程模块教学的特点、某个单元教学的思路、某一课时的教学设计、某一教学难点的突破方法、某一实验的改进方法等，也是课程实施中需要解决的问题。发现存在的问题是进行教学研究的起点，设法解决存在的问题是展开教学研究的主要内容。在研究过程中，教师还需要不断反思问题解决的状况和取得的效果。

校本教研是教师开展教学研究的主要形式之一。校本教研紧密结合教学实际，强调解决课程实施中教师自己的问题、真实的问题和实际的问题。在校本教研过程中，教师要逐步学会在解决日常教学问题的过程中，捕捉一些关键的、值得研究的问题，要防止忽视教学中出现的“小问题”“微观问题”，一味追求“热点问题”“宏观问题”等脱离实际的倾向。校本教研常常是一种基于教师个体自主思考的合作研究，所以校本教研需要与集体备课、相互听课、研究讨论等教研活动相结合。开展校本教研，教师要有研究的意识，要能以研究者的心态置身于教学情境中，以研究者的眼光审视、分析和解决教学实践中的问题。把教学研究与教师的日常教学实践、在职学习培训融为一体，使之成为教师的一种职业生活方式。

（四）建立教学支持系统

高中化学新课程的实施除了需要各项政策、制度支持外，还需要建立一套完善的教学支持系统，及时帮助教师解决在课程实施中遇到的问题。省、市教研室成立高中化学课程改革研究中心组，集中精力研究解决高中化学课程改革中的重点、难点问题。加强与高等学校“基础教育课程中心”等部门的合作与交流，以获得更多的专业支持。各地、各校要建立专家咨询机构，实现课程管理者与课程实施者的互动。要积极创造条件，开通专门的网站，通过网络实现专家为教师提供在线答疑，教师之间在线讨论。建立课程资源库，实现学科课程资源共享。

# 新课程中考政策

## 天津市 2009 年初中毕业生学业考试说明（摘要）

**一、考试办法**

（一）考试科目、分值及试卷名称

考试科目为语文、数学、外语、物理、化学五科。语文、数学、外语满分各为 120 分，物理、化学满分各为 100 分，体育与健康满分为 14 分，总分满分为 574 分。

试卷名称“2009 年天津市初中毕业生学业考试××试卷”。

（二）考试形式

语文、数学、外语、物理、化学均实行闭卷考试。体育与健康由平时体育课成绩、阳光体育运动成绩、学生体质健康达标成绩和体育统一测试构成。具体要求详见（津教委体［2008］16 号）《关于印发〈天津市初中毕业升学体育考试改革实施方案〉的通知》。

（三）考试日期及时间

考试日期为 6 月 27～28 日。考试时间为：语文 120 分钟，数学、外语各 100 分钟；物理、化学各 70 分钟。

（四）题型及难度比例

选择性试题语文约占 22％；数学约占 25％；外语约占 63％；物理约占 32％；化学约占 30％。外语听力测试在外语总分 120 分中占 30 分。测试时间 20 分钟。

各科试题难度比例均为 7∶2∶1。

（五）考试组织

学业考试在市教委领导下，由市教育招生考试院统一组织实施。

**二、考试范围**

化学：依据教育部《全日制义务教育化学课程标准》，参考我市所选用的初中学段课程标准实验化学教科书。

**三、初中毕业标准**

初中毕业生学业考试、考查成绩是衡量学生是否达到毕业标准的主要依据。初中毕业合格标准为：语文、数学、外语、物理、化学、体育学业考试成绩的 40％，与平时成绩的 60％合并计算，总分达到 300 分；其他学科的考查成绩均达到合格（含补考）。

**四、物理、化学实验考查**

化学实验考查指导意见

1. 考查范围：依据教育部颁发的《全日制义务教育化学课程标准》的要求，以及我市初中化学实验课的开设情况，并考虑实验考查的可操作性，2009 年天津市初中化学实验考查将以下面 4 个实验中的部分内容为主：

（1）实验名称：加热高锰酸钾制取氧气、用排空气法收集氧气。

（2）实验名称：实验室制取二氧化碳，证明所制的气体是二氧化碳。

（3）实验名称：测定氢氧化钠和盐酸溶液的 pH、中和反应实验探究。

（4）实验名称：鸡蛋壳成分的探究。

2. 考查方法

（1）考查工作在区县教育局领导下组织统一命题，区县招办和教研室负责组织实施。

（2）准备工作，对全体九年级学生进行思想教育，要求学生认真参加实验操作复习和实验考查；考查前 1～2 周在强化教育（遵守实验室规则）和精心组织安排的基础上，对学生开放实验室。同时，教师应在场指导复习，做好示范和释疑工作。

3. 考查过程及评定

（1）学生在考前 5 分钟抽签认定考题，并到相应的实验台前做好准备。

（2）对学生不能完成的操作或错误操作，监考教师可以给予提示或纠正，以免影响其后面的操作。

（3）考查时间为 15 分钟。

（4）考查成绩分为及格和不及格两个等级。满分为 10 分，6 分以上为及格，否则为不及格。

4. 考查要求与要点

实验考查主要从实验操作和实验习惯两个方面进行成绩评定，重点考查实验操作技能。其中实验操作是指学生实验范围内的操作技能和观察技能，要求能准确描述主要实验现象和正确进行实验操作。实验习惯是指学生在实验中应达到的基本要求。包括遵守纪律、态度认真、爱护仪器、操作规范、实事求是、桌面整洁等。

（1）实验名称：加热高锰酸钾制取氧气、用排空气法收集氧气。

| 项　目 | 考 查 要 点 | 分　数 |
|---|---|---|
| 实验方案 | 实验操作、现象、结论 | 2分 |
| 实验操作 | ① 检查装置气密性 | 2分 |
| | ② 药品取用，棉花团使用 | 2分 |
| | ③ 仪器固定，有氧气生成 | 2分 |
| 实验习惯 | 爱护仪器、桌面整洁 | 2分 |
| 总　　分 | | 10分 |

（2）实验名称：实验室制取二氧化碳，证明所制的气体是二氧化碳。

| 项　目 | 考 查 要 点 | 分　数 |
|---|---|---|
| 实验方案 | 实验操作、现象、结论 | 2分 |
| 实验操作 | ① 检查装置气密性，仪器固定 | 2分 |
| | ② 固体、液体药品取用 | 2分 |
| | ③ 气体收集、气体的证明 | 2分 |
| 实验习惯 | 爱护仪器、桌面整洁 | 2分 |
| 总　　分 | | 10分 |

（3）实验名称：测定氢氧化钠和盐酸溶液的 pH、中和反应实验探究。

| 项　目 | 考 查 要 点 | 分　数 |
|---|---|---|
| 实验方案 | 实验操作、现象、结论 | 2分 |
| 实验操作 | ① 溶液的 pH 测定 | 2分 |
| | ② 液体药品取用、指示剂的使用、指示剂颜色的变化 | 2分 |
| | ③ 滴管的使用、试管的振荡 | 2分 |
| 实验习惯 | 爱护仪器、桌面整洁 | 2分 |
| 总　　分 | | 10分 |

（4）实验名称：鸡蛋壳成分的探究。

| 项　目 | 考 查 要 点 | 分　数 |
|---|---|---|
| 实验方案 | 实验操作、现象、结论 | 2分 |
| 实验操作 | ① 固体、液体药品取用 | 2分 |
| | ② 使用食醋的信息、滴管使用 | 2分 |
| | ③ 将澄清石灰水涂在玻璃片　气体的证明、主要成分的推断 | 2分 |
| 实验习惯 | 爱护仪器、桌面整洁 | 2分 |
| 总　　分 | | 10分 |

**鸡西市2009年初中毕业学业考试化学学科考试说明（摘要）**

**一、指导思想**

初中化学毕业学业考试是依据《全日制义务教育化学课程标准（实验稿）》（以下简称《化学课程标准》）进行的义务教育阶段化学学科的终结性考试。

**二、命题原则**

严格按照全日制义务教育《化学课程标准》（实验稿）的要求，以人民教育出版社出版的义务教育课程标准实验教科书《化学》九年级上、下册为依据，全面考查初中化学学科的学业水平、应用能力。试题应做到：(1)关注双基考核，体现能力立意；(2)关注生产生活，突出实践体验；(3)关注能力测试，基于实际问题；(4)关注学习过程，注重学习方法；(5)突出创新开放，确保科学严谨。

**三、命题依据**

（1）《中共中央国务院关于深化教育改革全面推进素质教育的决定》《国务院关于基础教育改革与发展的决定》《教育部关于积极推进中小学评价与考试制度改革的通知》、黑龙江省《2005年初中毕业、升学考试工作的通知》和《关于进一步做好2006年义务教育课程改革实验区初中毕业学业考试与普通高中招生制度改革的指导意见》（黑教基［2006］91号）等文件精神。（2）全日制义务教育《化学课程标准》（实验稿）。（3）国家对课改实验区考试内容和命题要求的说明。（4）义务教育课程标准实验教科书《化学》九年级上、下册（人民教育出版社）。（5）鸡西市学生的日常生活和社会经验，以及学习过程的经历和体验。

**四、考试范围及要求**

1. 考试范围

依据义务教育课程标准实验教科书《化学》九年级上、下两册（人民教育出版社）从知识与技能、过程与方法、情感态度与价值观三个方面来考查未来公民的科学素养。

2. 能力品质要求

（1）观察能力：能够通过对实验现象、实物、模型、图形、图表，以及自然界、生产、生活中的化学现象的观察，获取有关的感性知识和印象，并对这些感性认识进行初步加工和记忆。

（2）实验能力：①观察记录实验现象，分析实验结果和处理简单实验数据，得出正确结论的能力。②能识别典型的实验装置图和仪器的能力。③根据实验试题的要求，设计简单实验进行物质的制备、鉴别、分离和提纯的能力，能设计简单的化学实验研究方案，有对简单的实验方案做出正确评价的能力。

（3）思维能力：①对初中化学主干知识内容的掌握能融会贯通。作“意义记忆”和抽象“逻辑记忆”，有正确复述、再现、辨认的能力。②能将实际问题（或题设情境）分解，找出解答的关键。能够运用存储的知识，将它们分解，简单地迁移、重组，使问题得到解决的应用能力。③有通过简单计算解决化学实际问题的能力。

（4）自学能力：具备敏捷地接受和提取试题所给出的信息，结合课本内已学过的有关化学知识解决简单问题的能力。

3. 考试内容

根据全日制义务教育《化学课程标准》（实验稿）的要求，化学学科学业考试的考查内容包括“科学探究”“身边的化学物质”“物质构成的奥秘”“物质的化学变化”“化学和社会发展”五个方面。

**五、试卷结构**

1. 题型题量分值比率

| 题型 | 选择题 | 填空题 | 简答题 | 实验题 | 思考与感悟 | 计算题 |
|---|---|---|---|---|---|---|
| 比例 | 30% | 22% | 15% | 18% | 5% | 10% |

2. 课标内容的分值分布比率

| 内容项目 | 科学探究 | 身边的化学物质 | 物质构成的奥秘 | 物质的化学变化 | 化学和社会发展 |
|---|---|---|---|---|---|
| 比例 | 18% | 41% | 11% | 12% | 18% |
| 总分 | 100 | | | | |

（过程与方法目标、情感态度与价值观目标的试题为考题中渗透和考查该项目标。）

试题中主干知识考查覆盖率为100%。

全卷采用笔试，满分 100 分，考试时间 120 分钟。

## 2009 年凉山州初中毕业及升学考试化学考试说明（摘要）

**一、考试性质**

初中毕业生化学学业考试是义务教育阶段的终结性考试，目的是全面准确地反映初中毕业生在化学学习方面达到的水平。化学学业考试的结果既是衡量初中学生是否达到毕业的主要依据，也是高一级学校招生的重要依据。

**二、命题的依据与范围**

初中毕业生化学学业考试命题以《全日制义务教育化学课程标准》的要求为依据，不局限于教材。以中华人民共和国教育部 2002 年 3 月颁布的《全日制义务教育化学课程标准》中内容标准规定的内容为本次考试的范围。

**三、考试方式**

化学毕业及升学考试的纸笔考试采用闭卷考试，考试时间（理、化合卷）为 90 分钟，化学全卷满分 40 分。

实验操作考试满分 10 分，采用在规定的时间和地点、进场抽签的方式进行，考生根据抽到考签的要求，利用限定或可选择的仪器，独立进行实验操作。

实验操作考试主要考查实验操作技能和实验习惯。

**四、试卷结构**

（一）题型分布

试题分为选择题和非选择题，非选择题又分为若干大题。选择题占 35%左右，非选择题占 65%左右。

（二）试题难易度比例

容易题约占　　70%

中等题约占　　20%

较难题约占　　10%

（三）内容分布

根据课程标准的要求，考试内容分为“科学探究”“身边的化学物质”“物质构成的奥秘”“物质的化学变化”“化学与社会发展”五部分。其中，科学探究过程、实验与方法，情感态度与价值观等的考查融于对其余四部分内容考查之中。各部分的分值大体分布如下：

身边的化学物质　　约占 40%

物质构成的奥秘　　约占 15%

物质的化学变化　　约占 30%

化学与社会发展　　约占 15%

## 桂林市 2009 年初中毕业学业考试说明（摘要）

### 一、考试内容

根据 2001 年中华人民共和国教育部制定的《全日制义务教育化学课程标准》（实验稿）和人民教育出版社出版的《义务教育课程标准实验教科书化学》九年级上、下册内容，制定本学科考试内容。

（一）目标要求

1. 知识与技能：详见《全日制义务教育化学课程标准》（实验稿）第 6 页。

2. 过程与方法：详见《全日制义务教育化学课程标准》（实验稿）第 6 页、第 7 页。

3. 情感态度与价值观：详见《全日制义务教育化学课程标准》（实验稿）第 7 页。

（二）考试范围

主题一：科学探究

主题二：身边的化学物质

主题三：物质构成的奥秘

主题四：物质的化学变化

主题五：化学与社会发展

### 二、考试形式及试卷结构

1. 答卷方式：闭卷，笔试。

2. 考试时间和分值：100 分钟。试卷满分 100 分。

3. 题型及比例：

试卷包括选择题和非选择题，其中非选择题包括填空题、简答题、实验题、计算题。比例分配如下：

选择题：约占 50%

填空题：约占 16%

简答题：约占 12%

实验题：约占 12%

计算题：约占 10%

4. 内容比例：

（一）按主题分

科学探究：约占 25%

身边的化学物质：约占 30%

物质构成的奥秘：约占 15%

物质的化学变化：约占 15%

化学与社会发展：约占 15%

（二）按知识板块分

基本概念和基本理论：约占 25%

元素及其化合物：约占 40%

化学实验：约占 20%

化学计算：约占 15%

5. 试题难度

试卷包括容易题、中等难度题和难度题，比例为 6∶3∶1。全卷难度系数为 0.7±0.03。

## 2009 年大连市初中毕业升学学业考试说明（摘要）

**一、考试性质**

初中毕业化学学业考试是义务教育阶段终结性考试，属于水平性测试，兼顾选拔功能，因此考试结果既是衡量学生是否达到毕业标准的主要依据，也是高中阶段学校招生的重要依据之一。

**二、命题依据**

初中毕业学业考试化学学科命题的依据是：《教育部关于基础教育课程改革实验区初中毕业考试与高中招生制度改革的指导意见》（教基［2005］2 号文件）、《2009 年大连市初中毕业升学考试指导意见》和《义务教育化学课程标准（实验稿）》（以下简称《化学课程标准》）。

**三、命题原则**

1. 科学性；2. 导向性；3. 应用性；4. 适切性。

**四、考试内容与要求**

1. 科学内容与要求

考查的科学内容与要求见《化学课程标准》的第三部分“内容标准”。内容标准中有五个一级主题，其中“科学探究”将融入其他四个一级主题，即身边的化学物质、物质构成的奥秘、物质的化学变化、化学与社会发展中考查。

2. 学科能力要求

初中毕业化学学业考试不单纯考查知识的记忆，要通过对知识运用的考核来鉴别考生学业水平的高低。初中化学学科纸笔测试宜于考核的能力主要有以下几个方面：

（1）实验能力

实验能力既包括实验操作能力，也包括实验方案设计、实验数据分析处理等方面的能力。形成较强的化学实验意识，认识化学实验是获得化学知识、检验猜想、进行探究活动的重要手段，能理解实验目的、原理和基本程序；能按照实验目的选用实验方法、设计实验方案、改进实验条件并进行实验操作；收集、记录、分析、处理实验资料（事实或数据），对实验结果进行概括，得出结论，获得化学知识，并能正确地加以表述。

（2）科学探究的能力

以《化学课程标准》所设定的基本要求为依据，避免将科学探究分解为生搬硬套的知识和按部就班的程序进行考查的倾向，注重考查学生的科学思维方法和分析、综合能力。

① 发现和提出问题的能力：能从日常现象、化学学习中经过启发或独立地发现一些有探究价值的问题，并能比较清楚地表述所发现的问题。

② 提出猜想与假设的能力：能根据已有经验和知识对问题可能的答案做出猜想，并对探究的方向和可能出现的实验结果进行推测与假设。

③ 制订探究计划的能力：能明确探究目的和分析已有条件，提出活动方案，经历制订计划与设计实验的过程，能设计简单的化学实验方案。

④ 进行实验的能力：能积极参与化学实验，能控制实验条件，顺利完成实验操作，在实验中注意观察和思考相结合。

⑤ 收集数据、形成证据的能力：能通过观察和实验收集数据。能通过公共信息资源收集资料，具有实证意识。

⑥ 分析与论证的能力：能对事实与证据进行简单的加工与整理，初步判断事实证据与假设之间的关系，能对探究的问题做出合理的解释或结论，并能正确地表述。

⑦ 反思、评价和交流的能力：具有对探究结果的可靠性进行评价的意识，能对探究学习活动进行反思，尝试提出改进建议，初步学会通过比较、分类、归纳、概括等方法认识知识之间的联系，形成合理的认知结构。

（3）综合应用能力

会用化学知识解释简单的现象。会应用化学知识规律进行简单的计算，会分析和解决简单的实际问题。

**五、考试形式与试卷结构**

1. 答卷方式：笔试闭卷，限时完成。

2. 考试时间及分值：考试时间为 100 分钟，全卷满分为 100 分。

3. 试卷结构：

全卷共有五道大题，每一道大题为一种题型，即全卷有五种题型，它们分别是：选择题（单项选择）、填空题、简答题、实验题和计算题。

**六、实验操作考试内容与要求**

1. 考试内容

依据《化学课程标准》的要求，化学实验操作考试有两类试题：一是基本实验；二是探究实验。每个考生需做一个基本实验和一个探究实验。

基本实验，共有两个：①用氯化钠固体和水配制 50g 溶质质量分数为 5%的氯化钠溶液；②将 10g 溶质质量分数为 10%的氯化钠溶液稀释成溶质质量分数为 5%的氯化钠溶液。

探究实验，共有六个：①鉴别硬水和软水；②鉴别稀盐酸和氯化钠溶液；③鉴别稀硫酸和澄清石灰水；④鉴别氯化钠溶液和碳酸钠溶液；⑤鉴别澄清石灰水和氢氧化钠溶液；⑥检验一小块石头中是否含有碳酸钙。

2. 考试形式

采用现场独立操作的方式进行。考试时间为 10 分钟。两个实验的满分为 10 分，6 分（含 6 分）以上为合格。

# 新课程高考政策

## 福建省普通高中新课程实验后普通高校招生考试综合改革方案（征求意见稿摘要）

（一）建立和完善对普通高中学生的综合评价制度，并逐步纳入高校招生选拔评价体系。

1. 完善普通高中学生学业水平考试制度。建立学业水平考试制度有利于对普通高中教育教学质量进行有效监控，规范普通高中的教育教学行为，促进普通高中按照国家新课程方案和课程标准组织开展教育教学活动，促进学生全面而有个性地发展。

学业水平考试成绩评定采用等级制，其中书面考试科目按照 A、B、C、D（优秀、良好、合格、不合格）4 个等级评定；操作考查项目按照合格、不合格两个等级评定。学业水平考试成绩由学校记入学生学籍档案。

2. 建立普通高中学生综合素质评价制度。实施学生综合素质评价的目的是为了全面贯彻党的教育方针，努力实现普通高中教育的培养目标，促进学生全面而有个性地发展，为学生的终身发展奠定坚实的基础。综合素质评价内容包括道德品质、公民素养、学习能力、交流与合作、运动与健康、审美与表现 6 个维度。

根据综合素质的不同维度及其表现特点，对评价结果采用不同的呈现方式："道德品质""公民素养""审美与表现"的评价结果以优秀、合格、尚待改进 3 个等级呈现；"学习能力""交流与合作"的评价结果以 A、B、C、D 4 个等级呈现；"运动与健康"的评价结果以良好、一般、差 3 个等级呈现。

教育行政部门与学校应深化评价改革，加强制度建设，将其纳入普通高中电子学籍管理，使综合评价可信可用，发挥其为普通高校招生选拔提供参考依据的作用。

（二）深化普通高校招生考试内容改革，实现与高中新课程内容的有机衔接。

科目设置："3＋文科综合/理科综合"。"3"指语文、数学、外语 3 个科目，是所有考生的必考科目。其中数学科分为数学（文科）和数学（理科）。语文科考试时间为 150 分钟，数学科和外语科各为 120 分钟，各科满分分值为 150 分。

文科综合包括政治、历史、地理 3 个科目的综合，报考文史方向的考生必须参加文科综合的考试。文科综合考试时间为 150 分钟，满分分值为 300 分。

理科综合包括物理、化学、生物 3 个学科的综合，报考理工方向的考生必须参加理科综合的考试。理科综合考试时间为 150 分钟，满分分值为 300 分。

总分值满分为 750 分。

报考体育类、艺术类的考生文考科目可选择文科综合或理科综合，再加考相关术科。

## 辽宁省普通高中实施课程改革后普通高校招生考试综合改革方案（征求意见稿摘要）

### 一、指导思想和工作原则

普通高校招生考试综合改革方案以全面贯彻国家的教育方针、落实党的十七大精神和科学发展观、全面推进素质教育为指导思想，遵循有利于促进普通高校招生考试改革与普通高中课程改革相结合，有利于促进将对学生的综合评价与国家统一考试相结合，有利于促进考试改革与高校录取模式改革相结合的原则，坚持方案的科学性、基础性、公平性和可操作性，在完善普通高中学生综合评价制度基础上，建立科学、全面、多元化的考试评价制度和更加公平、多样化的普通高校招生录取选拔制度。

### 二、方案的具体内容

1. 实施普通高中学生综合素质评价

对普通高中学生实施综合素质评价的目的是为了全面贯彻国

家的教育方针，努力实现普通高中教育的培养目标，促进学生全面、有个性地发展，为学生的终身发展奠定坚实的基础。普通高中学生综合素质评价制度由教育厅制定统一的评价要求，由学校实施。评价内容包括学生在高中三年获得的各学科学分详细情况以及基本素养情况。基本素养评价包括道德品质、公民素养、学习能力、合作交流、运动与健康、审美与表现六个维度，评价结果采用不同的呈现方式：道德品质、公民素养的评价结果以合格、有待改进两个等级呈现；学习能力、合作交流、运动与健康、审美与表现以 A、B、C、D 4 个等级形式呈现（D 为不合格）。同时，学生参与研究性学习、社会实践、社会服务、学生的特长和在校期间的突出表现情况也有相应的记录，以全面、立体地反映学生的综合素质。

各地、各高中应以《辽宁省普通高中学生综合素质评价方案》为依据深化评价改革，加强制度建设，保证综合素质评价的真实性与可信度。综合素质评价从 2006 级普通高中学生开始实施，2009 年起向普通高校提供，但从 2010 年起正式作为高校招生录取的依据。

2. 实施普通高中学生学业水平考试

实施普通高中学生学业水平考试有利于普通高中按照国家课程标准要求开齐开足课程，有利于对普通高中教育教学质量进行有效监控，有利于促进学生全面而有个性地发展。学业水平考试成绩书面考试科目按实际分数呈现，操作考查项目按合格、不合格两个等级呈现。学业水平考试方案另行制定。鉴于目前重新组建全省统一的学业水平考试组织和队伍，让社会认同学业水平考试的意义与作用还需要一定的时间；考虑到大众的接受程度，社会的稳定因素，学业水平考试从 2009 年入学新生起逐步推进，2012 年起正式作为高校招生录取时的依据。

3. 深化普通高校招生考试内容改革

（1）科目设置：3＋$X$（文科综合／理科综合）

“3”指语文、数学和外语三科。数学分文科数学和理科数学。“$X$”（文科综合／理科综合）指文科考生同时考政治、历史和地理三科；理科考生同时考物理、化学和生物三科。

（2）普通高校招生分为文史类、理工类、体育类和艺术类四个报考类别。报考类别由学生自主选择确定。体育、艺术类考生在参加文化课考试时文／理综合任选其一，同时须参加专业课考试。

（3）考试时间和分值：辽宁省普通高校招生考试实行全省统一考试。考试时间为两天。

语文考试时间150分钟，满分值150分。

数学分文科和理科试卷，考试时间为120分钟，满分值150分。

外语考试时间120分钟，满分值150分。其中纸笔考试分值120分；听力测试分值30分，不纳入高考总分。去掉听力考试的内容，对其余试题分数总分加权为满分150分（即将考生外语试卷听力考试以外试题卷面原始总乘以150/120，加权之后的分数如果出现小数，采取四舍五入的方法取整数）。

政治、历史、地理；物理、化学、生物综合试卷考试时间均为150分钟，满分值均为300分。

3+X（文科综合/理科综合）科目的考试成绩除外语以外各科按卷面实际获得分数计入高考成绩总分，4科总分满分为750分。体育、艺术的专业课考试时间和计分、录取办法另行通知。

实行“三语”教学的少数民族考生仍然考民族语文和汉语文，各按50%折合成语文成绩；除汉语文以外的其他试题提供民族文字试卷，考生可用民族文字答卷，也可用汉文答卷，但一张试卷只能用一种文字答卷。

（4）考试日期：3+X（文科综合/理科综合）考试科目的考试日期为国家规定的高考时间。

（5）考试范围：语文、数学、外语及文科综合、理科综合的考试范围为教育部颁发的《普通高中课程方案（实验）》及相关学科课程内容。具体要求将依据《2009年教育部普通高等学校招生全国统一考试大纲》及《2009年辽宁省普通高等学校招生全国统一考试说明》等另行制定。考试试卷分为必修模块与选修模块两类试题，必修模块要求考生必做，选修模块提供超量试题供学生限量选做。数学（文）的考试范围为国家课程标准规定的必修模块。

文科综合和理科综合科目的考试范围为国家课程标准规定的必修模块。选修模块以学分认定的方式呈现在学生综合素质评价手册中。

（6）命题原则

① 注重科学性：根据国家课程标准和高中课程改革省考试大纲，结合辽宁省实际，制定学科考试说明，作为辽宁省高考命题依据。试题力求与课程评价目标一致，高考命题应切实体现高中课程改革理念。试卷力求有较好的区分度和适当的难度。

② 突出能力要求：试卷着重考查学生运用所学知识分析问题、解决问题的能力；着重考查学科能力与思想方法的运用；考试内容力求联系学生生活实际和社会实际。

③ 强调选择性。选修模块的试题可适当加大选择题题量，但

要求学生限量选做。同科目选做题难度应均衡。

④ 体现公平性。试题素材与解答对所有考生具有公平性，避免偏题、怪题，避免需要特殊背景知识和特殊答题方式的试题。

4. 推进普通高校招生录取方式改革

根据《教育部关于普通高中新课程省份深化高校招生考试改革的指导意见》，深入推进高校招生“阳光工程”，积极探索多元录取体制。2009 年起普通高校招生录取方式逐步做如下改革：

（1）2009 年起将普通高中毕业生的综合素质评价向普通高校提供，2010 年起正式作为普通高校招生录取时的依据；从 2012 年起，将普通高中毕业生的综合素质评价和学业水平考试结果同时纳入普通高校招生选拔评价体系。普通高校招生录取时，应届考生的综合素质评价材料以全省统一的表格形式、高中学业水平考试成绩以实际得分提供给高校，作为普通高校招生录取时的依据。随着中小学教育评价机制的不断完善，普通高校招生应逐步扩大对高中学业水平考试成绩、综合素质评价结果等在录取中的运用，其呈现形式也逐步过渡到电子档案形式。

（2）在实施各学科高中学业水平考试的基础上，经教育部、省教育厅批准，自 2012 年起部分高职高专院校可依据考生的高中学业水平考试成绩、综合素质评价结果进行招生录取主要改革。高职高专院校根据有关政策，制定招生章程并向社会公布，依据招生章程开展招生工作。

（3）建立社会对普通高中及其学生诚信监督的评价机制。

**三、组织保障**

1. 普通高校招生考试综合改革是一项复杂的系统工程，关系到千家万户的切身利益，社会关注度高。各级政府、教育行政部门要扎实开展普通高中课程改革工作，促进普通高中课程改革和普通高校招生考试改革的有机结合，逐步建立、健全科学有效的普通高中评价和教育督导制度。

2. 普通高校要结合办学目标和专业要求，探索普通高中课程改革后的选拔途径及办法，积极选拔综合素质高、有创新精神和专业发展潜质的人才。

3. 开展高考命题研究。成立辽宁省普通高中实施课程改革后普通高校招生考试综合改革工作领导小组，加强对高考改革工作、尤其是命题工作的领导和研究，组建例题专家队伍，培训命题教师，建立学科命题教师库。掌握中学教学现状，进行命题试测，把握试卷难度要求，使试卷具有一定的区分度，保障考试信度和效度。

4. 各级政府、教育行政部门要认真做好辽宁省普通高考综合改革的宣传工作，让社会充分了解改革的意图、内容，创造良好的舆论环境，确保辽宁省普通高中课程改革及普通高考综合改革的顺利推进。

## 安徽省 2009 年普通高等学校统一招生考试改革方案（摘要）

经教育部批准，从 2006 年秋季开始，安徽省进入普通高中新课程实验。为了与普通高中新课程相配套，根据《教育部关于积极推进中小学评价与考试制度改革的通知》（教基［2002］26 号）、《教育部关于印发〈普通高中课程方案（实验）〉和语文等十五个学科课程标准（实验）的通知》（教基［2003］6 号）、安徽省教育厅《关于印发安徽省普通高中新课程实验实施方案的通知》（教基［2006］02 号）、《教育部关于普通高中新课程省份深化高校招生考试改革的指导意见》（教学［2008］4 号）等文件要求，省教育厅研究制定了我省 2009 年普通高等学校统一招生考试改革方案。

**一、指导思想**

按照落实科学发展观和构建社会主义和谐社会的要求，结合安徽省经济、社会和教育发展的实际，全面贯彻党和国家的教育方针，实施素质教育；坚持公平、公正的原则，维护社会稳定；促进基础教育课程改革，提高教育教学质量；减轻学生学业负担，提高学生综合素质；扩大高校招生自主权，择优选拔人才。

**二、项目设置**

安徽省 2009 年普通高等学校统一招生考试模式为“3＋文科综合/理科综合＋学业水平测试＋综合素质评价”。

（一）统考科目

统考科目为“3＋文科综合/理科综合”。

“3”指语文、数学和外语三个科目，是所有考生的必考科目，其中数学分为文科数学和理科数学。

“文科综合”包括思想政治、历史、地理，是文科倾向考生的必考科目。“理科综合”包括物理、化学、生物，是理科倾向考生的必考科目。

艺术、体育类考生可选择文科倾向的科目组合，也可选择理科倾向的科目组合，再加考相关术科。

（二）学业水平测试

学业水平测试设语文、数学、外语、人文与社会基础、科学基础和技术素养六个科目。应届考生必须参加所有科目的测试。

语文、数学、外语测试范围为该科目必修学分所规定的学习内容。

人文与社会基础测试范围为思想政治、历史、地理必修学分所规定的学习内容。

科学基础测试范围为物理、化学、生物必修学分所规定的学习内容。

技术素养测试范围为信息技术、通用技术必修学分所规定的学习内容。

（三）综合素质评价

学生综合素质评价按公民道德素养、交流与合作、学习态度与能力、实践与创新、运动与健康、审美与表现六个基础性发展目标进行。评价以学生主要行为表现的实证材料为依据，按照各基础性发展目标的评价标准，由学生本人、同班同学、任课教师共同完成。学生自评权重为20%，学生互评权重为40%，教师评价权重为40%。每个基础性发展目标的评定结果以等级方式呈现，其中“公民道德素养”分为优秀、合格、不合格三个等级，其他五个基础性发展目标均分为A、B、C、D 4个等级。学生综合素质评价分学年进行，每个基础性发展目标的总评等级按高一占30%、高二占30%、高三占40%的比例合成。评价结果以电子表格的形式记入考生档案。

**三、考试及成绩呈现方式**

（一）统考科目

| 科目 | 考试时间（分钟） | 分数 |
|---|---|---|
| 语文 | 150 | 150分 |
| 数学 | 120 | 150分 |
| 外语 | 120 | 150分 |
| 文科综合/理科综合 | 150 | 300分 |

总分数：750分。

（二）学业水平测试

学业水平测试安排在每年的六月份进行，开考全部科目。在校学生每科目参加一次测试。测试成绩按全省所有考生成绩分布划分为A、B、C、D 4个等级，其中排名为前25%（含25%）的为A等级，前25%～60%（含60%）的为B等级，前60%～95%（含95%）的为C等级，余下的为D等级。成绩为D等级的学生可参加补测，补测时间安排在次年的一月份进行，补测成绩只分合格、不合格两个等级。

**四、命题工作**

考试内容改革是高考改革的重点。安徽省2009年普通高等学校统一招生考试继续试行自主命题，考试内容将实现与高中新课程内容的紧密衔接。

（一）命题原则

命题坚持科学性、公平性和创新性的原则。

1. 科学性。统考科目依据各学科课程标准和考试大纲及考试说明的要求命题；学业水平测试依据各学科课程标准和测试纲要的要求命题。试题设计应与课程评价目标相一致，分别体现统考科目考试和学业水平测试的功能和特点。

2. 公平性。命题要充分考虑全省各地教学条件的不同以及城乡的差异，试题素材和解答要求应尽可能适应所有考生，避免出现需要特殊背景知识和特殊解答方式的题目。

3. 创新性。试题设计尽量采用新情境、新材料，力求联系学生生活经验和社会实际，注重考查学生终身学习必备的基础知识与技能，以及综合运用知识分析解决问题的能力。

（二）试卷结构与内容

1. 统考科目考查国家课程方案规定的必修与选修 1 的内容，其中选修课程的总分值原则上不低于 10%，均设为必做题。考查的具体内容由国家制定的新课程《考试大纲》和《2009 年普通高等学校招生全国统一考试（安徽卷）考试说明》予以确定。

2. 学业水平测试考查国家课程方案规定的该科目必修学分所规定的学习内容，其中信息技术实行上机测试。

**五、招生录取**

根据不同层次、不同类型、不同特点高校的要求，分层次、分类别、按批次组织招生录取工作。各高等院校依据考生志愿，按统考科目成绩、学业水平测试等级和综合素质评价结果择优录取。

（一）学校招生章程

各高等学校应按规定制定招生章程，经其主管部门审核后，在考生填报志愿前向社会公布。学校可在招生章程中，提出对考生学业水平测试、综合素质评价的要求。有面试要求的高校，招生章程中应明确考核范围和规则等。

（二）划线和投档原则

根据不同录取批次学校招生计划总数，按照一定比例，依据统考科目成绩划定各批次全省最低控制分数线。

依据各高等学校招生计划数和考生志愿，按照统考科目成绩、学业水平测试等级和综合素质评价结果，按一定比例投档。艺术、体育类划线和投档原则另定。

（三）录取原则

1. 录取工作坚持公开、公平、公正的原则，依据统考科目成绩、学业水平测试等级和综合素质评价结果，统一标准，择优录取。

2. 应届考生的学业水平测试每科都达到C级或合格以上、综合素质评价每个基础性发展目标都达到C级或合格以上，方可被普通文理科本科第二批次以上院校录取；2008届及以前的普通高中毕业生，其学业水平测试成绩要求参考原会考成绩；社会考生仍参照原有录取办法，过渡期为3年，鼓励社会考生在过渡期内参加学业水平测试。艺术、体育类及特殊类型招生的应届考生必须参加学业水平测试，但录取时不设置等级要求。

3. 在同等条件下，高等学校可以优先录取学业水平测试、综合素质评价达到A级（或优秀）数多的考生。

4. 经批准实行自主招生试点的高校，可依据统考科目成绩、学业水平测试等级、综合素质评价结果和学校测试成绩，自主录取。

5. 经批准的高等职业院校，可试行以学业水平测试成绩、综合素质评价结果作为录取主要依据的录取模式，也可将考生的学业水平测试成绩与学校组织的测试成绩相结合作为录取依据。

**六、保障机制**

各级政府、有关部门、高校和中学应加强配合，齐心协力，做好此方案的实施工作。

（一）各级政府和教育行政部门要采取切实有力的措施，督促各普通高中全面贯彻党和国家的教育方针，纠正单纯以高考升学率评价学校的倾向，努力营造实施课程改革、推进素质教育的良好氛围。

（二）招生考试部门和各高校要适应高考改革的要求，与时俱进，开拓创新，加强报名、考试、评卷、录取等各个环节的管理，确保各项工作的质量和安全，逐步完善高考招生制度。

（三）各级教育行政部门要加强学业水平测试与综合素质评价工作的管理，建立严格的规章制度和诚信机制，确保各个环节的公平、公正。

（四）各普通高中要进一步深化高中课程改革，切实提高课程实施能力，重视学生综合素质、创新精神和实践能力的培养，按照目标多元、方式多样、注重过程的原则，努力探索建立新的评价体系，激励和促进学生全面、协调地发展。

## 天津市普通高等学校招生考试制度综合改革方案（摘要）

经教育部批准，天津市于2006年秋季开始进行普通高中新课程实验。根据《教育部关于普通高中新课程省份深化高校招生改革的指导意见》(教学［2008］4 号)文件精神，结合我市的实际情况，制定《天津市普通高等学校招生考试制度综合改革方案》(以下简称《方案》)。本《方案》在深入研究高校招生考试制度改革的同时，着意于普通高中综合素质评价制度和高中学业水平考试制度的设计，使其与高校招生考试录取制度共同组成合理的制度体系，形成有效的联动机制。《方案》在继承的基础上，通过制度创新、构建和完善德、智、体、美多元评价，多样化招生录取的综合政策体系。本《方案》于 2009 年开始实施。

**一、目标**

全面落实科学发展观，贯彻中国共产党第十七次全国代表大会报告关于“更新教育观念，深化教学内容方式、考试招生制度、质量评价制度等改革，减轻中小学课业负担，提高学生综合素质”要求和《中共中央、国务院关于深化教育改革全面推进素质教育的决定》，关于“改革高考制度是推进中小学全面实施素质教育的重要措施。按照有助于高等学校选拔人才、中小学实施素质教育和扩大高等学校办学自主权的原则，积极推进高考制度改革”的精神。根据我市教育发展的实际情况，逐步构建和完善以国家统一考试为主，与德智体美综合素质评价、多样化选拔录取相结合，国家宏观指导、高校自主自律、社会有效监督的现代高等教育招生考试制度。

**二、原则**

(一)适应建设创新型国家的需要，促进高等学校提高教育质量，培养创新人才；

(二)适应公民对高等教育的旺盛需求，为他们提供平等接受高等教育的机会；

(三)适应高中新课程改革的需要，积极引导基础教育全面、深入实施素质教育；

(四)充分考虑社会的可接受程度和实施的可操作性，稳步推进，分步实施，维护社会的安定和谐。

**三、普通高等学校招生全国统一考试(以下简称“高考”)**

(一)考试科目

1. 语文；2. 数学(文史类/理工类)；3. 外语；4. 文科综合/理科综合。

(二)考试内容和试卷命制

1. 各科目考试均以中华人民共和国教育部制定的《普通高

中课程标准（实验）》中必修模块和部分选修模块为主要考核内容；

2. 遵循《普通高等学校招生全国统一考试大纲》和《普通高等学校招生全国统一考试天津卷说明》命制各考试科目的试卷；

3. 试卷命制贴近社会、时代和考生生活，注重对适应终身学习和时代发展必须具备的经典知识和学习能力的考查；

4. 外语科目考试包括听力测试，报考英语类相关专业的考生须参加口语测试；

5. 文科综合考试科目包括历史、地理和思想政治，理科综合考试科目包括物理、化学和生物；文科综合/理科综合中各个考试科目分别命制试题；

6. 语文、文科综合/理科综合科目考试的限定时间为 150 分钟，数学、外语科目考试的限定时间为 120 分钟；

7. 艺术、体育类专业的专业考试和英语类相关专业的口语测试另行安排。

（三）试卷分值与成绩呈现

1. 文史类专业或理工类专业 4 个科目试卷的总分值为 750 分，其中语文、数学、外语科目的分值分别为 150 分，文科综合/理科综合科目的分值为 300 分；文科综合中历史、地理、思想政治科目试题的分值分别为 100 分，理科综合中物理、化学、生物科目试题的分值分别为 120 分、100 分、80 分。

2. 各科目考试成绩均以原始分数呈现。

（四）考试类别

1. 文史类专业考试科目：语文、数学（文史类）、外语、文科综合；

2. 理工类专业考试科目：语文、数学（理工类）、外语、理科综合；

3. 艺术类专业考试科目：语文、数学（文史类或理工类）、外语、文科综合/理科综合、艺术专业考试；

4. 体育类专业考试科目：语文、数学（文史类或理工类）、外语、文科综合/理科综合、体育专业考试。

（五）考试日期

按照教育部规定的全国普通高等学校招生统一考试的日期举行考试。

**四、普通高中学生综合素质评价**

普通高中学生综合素质评价是天津市普通高等学校招生考试

制度综合改革的有机组成部分。此项工作依据天津市教育委员会《关于印发〈天津市普通高中学生综合素质评价方案〉的通知》(津教委中［2008］5号）组织实施。文件强调从道德品质、公民素养、学习能力、交流与合作、运动与健康、审美与表现六个方面以写实性评语、资质认定、成果表达等形式记录和评价考生的表现、事迹、个性、专长等，为高校招生录取提供相关信息。

**五、普通高中学业水平考试**

普通高中学业水平考试是在国家指导下、由省级教育行政部门设立的，以国家普通高中课程标准为考核内容的统一考试。其主要功能为检测普通高中的教学状况，检测普通高中学生修业状况，为普通高等学校招生提供基本学业信息。普通高中学业水平考试的科目为语文、数学、外语、思想政治、历史、地理、物理、化学、生物、信息技术、通用技术。

为测试普通高中学生的学业发展倾向，在普通高中学业水平考试中设置选修课程的考查内容。选修课程考查首先在主干学科中进行，然后拓展到全部学科。

**六、普通高等学校招生录取**

（一）招生学校可在考生高考分数同等的条件下，优先录取普通高中学生综合素质评价结果或高中学业水平考试成绩较佳的考生。招生学校在以高考成绩为主要录取依据的前提下，自主规定普通高中学生综合素质评价结果、普通高中学业水平考试成绩的使用原则。

（二）经教育部批准的具有招收保送生资格和试点自主选拔录取的普通高等学校，在招收保送生和实行自主招生时，可根据本校办学宗旨、培养目标，自主规定普通高中学生综合素质评价结果、普通高中学业水平考试成绩的要求。

（三）本市部分高等职业技术学校（专业）试行自主招生，在普通高中学生综合素质评价结果、普通高中学业水平考试成绩达到试行自主招生学校（专业）基本要求的基础上，学校以自行组织的专业考试成绩为主要依据实施录取工作；被试行自主招生学校（专业）录取的考生可以不参加高考。

## 浙江省新课改高考方案（征求意见稿摘要）

为适应高中新课程改革需要，更好地选拔和培养社会发展所需要的各类人才，特制定从2009年开始实行的浙江省新课改高考方案。

**一、总体工作要求**

坚持以邓小平理论和“三个代表”重要思想为指导，以科学发展观为统领，以推进素质教育为宗旨，以服务就业创业为导向，积极全面贯彻党的教育方针。

坚持有利于推动基础教育课程改革，减轻学生过重的课业负担，扩大学生的自主选择权；有利于高校选拔新生，扩大高校的自主选择权；有利于高校招生的公开、公正、透明，促进和实现教育公平。

坚持从浙江实际和有利于培养、选拔人才出发，充分考虑基础教育的现实能力和条件，充分考虑学生、家长和社会的认同度和承受力，充分考虑社会的法治和诚信水平。

**二、选拔模式**

实行在全科会考基础上的分类测试、分批选拔、综合评价、全面考核、择优录取的选拔模式。逐步建立学业水平测试、综合素质评价和统一选拔考试三位一体的多元化的招生考试评价体系。

（一）学业测评，全科会考

继续实施和完善高中会考制度：(1)把会考作为分类测试的基础；(2)采集学生会考等第进入综合素质评价表；(3)由招生院校自主确定是否对学生相应学科的会考成绩提出等第要求，并在招生简章中明确。

（二）分类测试、分批选拔

在现有的文科、理科、艺术、体育等学科分类的基础上，根据高等院校、专业培养目标的不同，以文、理两大科类为主线，以“语、数、外”三门课程为主体，按考试科目、内容和高校人才培养目标将测试和选拔科目分为三类：

一类科目在保持原有“3+$X$”科目组合的基础上，增加测试综合运用知识解决问题的能力；二类科目维持原有“3+$X$”科目组合，重点测试获得通用型知识的能力；三类科目在保持共同科目“语、数、外”基础上，侧重测试实用技能。

考生自主选择报名和参加考试的相应类别，分批填报志愿，分批录取。

（三）全面考核、综合评价

为引导学生全面发展，体现高中新课程教育目标的全面性和评价的综合性、过程性理念，把高中学生综合素质评价作为高校选拔新生的重要内容，高校录取新生时对学生高考成绩、会考成绩和综合素质评价结果实行全面考核、择优录取。

## 三、考试科目与内容

### （一）考试科目

1. 文、理科考试科目

| 类别 | 考 试 科 目 | 其他评价项目 |
| --- | --- | --- |
| 一类 | 3[语 数(文/理)外]+X[综合(文/理)]+自选模块 | 学业水平测试综合素质评价 |
| 二类 | 3[语 数(文/理)外]+X[综合(文/理)] | |
| 三类 | 3[语 数(文/理)外]+技术(信息技术/通用技术) | |

2. 艺术、体育考试科目

在文、理两科的框架内，根据艺术、体育类院校、专业对考生专业技能的特殊要求，考试科目和内容分为两类。

| 类别 | 考 试 科 目 | 其他评价项目 |
| --- | --- | --- |
| 本科 | 3[语 数(文/理)外]+X[综合(文/理)]+艺术专业/体育术科 | 学业水平测试综合素质评价 |
| 专科 | 3[语 数(文/理)外]+艺术专业/体育术科 | |

### （二）考试内容

语文、数学、外语3门的考试内容，选自各科目必修模块和指定选修模块（IA）的内容。其中数学分文、理科两种。外语科目分英语、日语、俄语、德语、法语、西班牙语6种，由考生任选。英语听力测试单独安排，全省统考，使用全国英语等级考试（二级）听力试卷，一年提供2次考试机会，由学生自主决定参加考试的时间和次数（限定在2次以内），并从中选择一次考试成绩计入总分。考试成绩两年内有效。其他语种的听力测试根据教育部统一安排进行。

综合考试内容，文科为政治、历史、地理3门科目的必修模块和指定选修模块（IA）的内容；理科为物理、化学、生物3门科目的必修模块和指定选修模块（IA）的内容。

自选模块考试内容，选自语文、数学、英语、政治、历史、地理、物理、化学、生物9门学科的18个自主选修模块（IB）的内容。每个模块编制1道试题，共18题，每题10分，由学生任意选答6题。

技术考试包括信息技术和通用技术，先实行由学生在信息技术和通用技术中自主选考一科，以后待条件具备时过渡到两科必考，按一定比例合成总分。实行全省统考，一年提供2次考试机会，由学生自主决定参加考试的时间和次数（限定在2次以内），并从中选择一次考试成绩计入总分。成绩两年内有效。

**四、综合素质评价**

综合素质评价内容包括品质与素养、学习能力、审美与艺术、运动与健康、探究与实践、劳动与技能六个方面。

评价采用“写实性评价＋等第评价”的方式。全省统一标准，由学校在高中阶段学生成长记录、过程性评价的基础上，按照客观、公正反映的原则组织实施，评价程序公开、透明，评价结果经公示后采集确定的基本信息，形成《浙江省普通高校招生考生综合素质评价基本信息表》，进入考生电子档案，在学校投档分数线上，作为高校录取的重要依据。其中审美与艺术、运动与健康、探究与实践、劳动与技能四个方面采用等第评价，分A、P、E（分别表示好、合格、需努力）三等。学习能力主要通过会考等第（A、B、C、E，即优、良、合格、不合格）反映。

未参加新课改的学生和往届生的综合素质评价，按原思想政治品德考核办法实施。

**五、各考试科目的分值、考试时间与日期**

（一）分值与时间

| 考 试 科 目 | | 考试时间/分钟 | 分数/分 |
|---|---|---|---|
| 语文 | | 150 | 150 |
| 数学 | | 120 | 150 |
| 外语 | 英语（不含听力） | 120 | 120 |
| | 英语听力 | 30 | 30 |
| | 外语其他语种（含听力） | 120 | 150 |
| 文科综合/理科综合 | | 150 | 300 |
| 自选模块 | | 90 | 60 |
| 信息技术/通用技术 | | 90 | 100 |

（二）具体日期

6月7日：上午语文，下午数学（文科/理科）；

6月8日：上午文科综合/理科综合，下午外语；

6月9日上午：自选模块考试；

每年3月、9月：英语听力考试；

每年4月、10月：技术考试（注：从2009年开始，英语听力考试和信息技术、通用技术三项考试统一安排在3月和9月进行）。

**六、命题**

语文、数学（文科/理科）、外语、文科综合/理科综合依据《普通高等学校招生全国统一考试大纲》（以下简称《考试大纲》）和《浙江省普通高考考试说明》（以下简称《考试说明》）公布的内容范围命题，不超出《浙江省普通高中新课程实验学科教学指导意见》（以下简称《教学指导意见》）中规定的相应科目的必修模块和指定选修模块（IA）的范围。

自选模块考试依据教育部《考试大纲》和《考试说明》公布的内容范围命题，不超出相关课程《教学指导意见》中规定的自主选修模块（IB）的范围。

技术考试依据教育部《考试大纲》和《考试说明》公布的内容范围命题，不超出《教学指导意见》中规定的信息技术、通用技术课程的范围。

命题工作以推进素质教育为主旨，以准确、规范、科学、公平为目标，正确处理理论与实践、知识与能力的辩证关系，体现能力立意，确保质量。

**七、报名、填报志愿与录取工作**

（一）报名

实行社会化报名和学校报名相结合的报名办法，由学生自主选择报名方式。学生在报名时确定报考科类和考试类别，各类别可以兼报。

（二）划定分数线

分类分批划定分数线。根据当年招生计划数和考生的考试成绩，按不同类别考试科目组合计算总分，逐类逐批划定分数线，在上一批录取结束后，划定下一批分数线。

（三）填报志愿

分类分批进行。在上一批录取结束后，填报下一批志愿。

（四）录取

在每一批录取最低控制分数线上，按照有关规定，根据考生分数和志愿投档，由学校结合综合素质评价结果，择优录取。

## 浙江省普通高校招生考生综合素质评价基本信息表

<table>
<tr><td>姓名</td><td colspan="2"></td><td>性别</td><td></td><td>出生年月</td><td colspan="3"></td></tr>
<tr><td>政治面貌</td><td colspan="2"></td><td>民族</td><td></td><td>毕业学校</td><td colspan="3"></td></tr>
<tr><td colspan="2">学籍主号（身份证号）</td><td colspan="3"></td><td colspan="2">学籍辅号（会考证号）</td><td colspan="2"></td></tr>
<tr><td>家庭住址</td><td colspan="4"></td><td>联系电话</td><td colspan="3"></td></tr>
<tr><td rowspan="3">会考等第</td><td>语 文</td><td></td><td>物 理</td><td></td><td>思想政治</td><td></td><td>信息技术</td><td></td></tr>
<tr><td>数 学</td><td></td><td>化 学</td><td></td><td>历 史</td><td></td><td>通用技术</td><td></td></tr>
<tr><td>外 语</td><td></td><td>生 物</td><td></td><td>地 理</td><td></td><td>自选综合</td><td></td></tr>
<tr><td>所获学分</td><td>必修学分</td><td></td><td>选修 1 学分</td><td></td><td>选修 2 学分</td><td></td><td>总学分</td><td></td></tr>
<tr><td rowspan="3">自主选修<br>模块</td><td colspan="2"></td><td colspan="2"></td><td colspan="2"></td><td colspan="2"></td></tr>
<tr><td colspan="2"></td><td colspan="2"></td><td colspan="2"></td><td colspan="2"></td></tr>
<tr><td colspan="2"></td><td colspan="2"></td><td colspan="2"></td><td colspan="2"></td></tr>
<tr><td rowspan="6"></td><td colspan="2">项目要素</td><td colspan="2">测评等第</td><td colspan="4">重要特征（特长）</td></tr>
<tr><td colspan="2">审美与艺术</td><td colspan="2"></td><td colspan="4"></td></tr>
<tr><td colspan="2">运动与健康</td><td colspan="2"></td><td colspan="4"></td></tr>
<tr><td colspan="2">探究与实践</td><td colspan="2"></td><td colspan="4"></td></tr>
<tr><td colspan="2">劳动与技能</td><td colspan="2"></td><td colspan="4"></td></tr>
<tr><td colspan="2">行为规范</td><td colspan="2"></td><td colspan="4">（填遵守、基本遵守、需努力）</td></tr>
<tr><td>其他获奖情况</td><td colspan="8"></td></tr>
<tr><td>任职记录</td><td colspan="8"></td></tr>
</table>

# 概 况 与 摘 要

## 化学教育学理探讨

【概况】2009 年研究者主要从化学教学、化学课程与化学学习这三个角度探讨化学教育的学理问题。化学教学方面的研究除了关注教学模式、教材处理、教学设计等常规主题以外，生命教育的主题尤显突出。化学课程的研究略显单薄，主要关注校本课程的研发。化学学习的研究形式多样，视角多元化，但都紧扣学生学习过程中的常见问题，比如学生自我效能感，学习归因特点、学习习惯差异、元认知能力、高中生化学学习心理障碍因素等。

### 化学教学研究

**模糊表达，准确理解——**
**以教材“卤素单质的化学性质”内容为例解读**

王祖浩　张文广

作者首先提出了广大教师在备课、钻研化学教材时遇到的现象：因限于中学生的知识经验和认知能力，教材在描述某些比较复杂的化学知识时往往采取模糊性表达，而不苛求知识的精确性。本文以高中化学“卤素单质的化学性质”一节内容为例，展开讨论，以期广大的中学化学教师关注教材中的类似问题，并以此为线索进行研究。最后，作者强调，作为教师，在教学中既不能以“澄清知识”为由而超越课程标准和教材，一味“拔高”要求，加深难度，加大容量，从而影响学生的学习积极性和实际接受能力；同时，在教师备课时也不能对这些知识的背景“视而不究”，忽视对其“异常性”“合理性”“科学性”的考问，而应以此为线索，探究知识的“来龙去脉”。

《化学教育》2009 年第 1 期

**少数民族预科化学教学中引入研究性学习的尝试**

胡胜利　肖　雯　胡建桥

随着素质教育的广泛开展和深入研究，研究性学习已成为人们关注的热点问题。根据少数民族预科教育的特殊性，作者通过在2006级少数民族预科理科班的化学课程中，引入化学研究性学习的教学活动，并对其作用和效果进行了讨论和评价。作者通过这次在少数民族预科教学中实施化学研究性学习的尝试，发现这种教学模式在培养学生学习能力方面有许多优越之处，尤其在研究课题结束后，每个学生都有了对成就感、自信心提升过程的体验。但是在实际实施过程中也存在着一些具体困难，所以还需进一步去尝试、发展和完善。

《化学教育》2009年第1期

## 化学学科观念建构是单元教学的核心——“物质的分类”单元教学的思考

何彩霞

物质的分类是高一学生学习化学的一个重要内容，其中贯穿着分类方法。如何根据这部分知识内容的特点和学生的学习实际，引导学生从化学的视角对物质进行分类，促进学生化学学科基本观念如元素观、分类观、转化观等的初步形成，这无疑是极为重要的。本文从“物质的分类”单元教学的角度出发，分析了本单元内容的教学价值，从化学学科本质的角度阐述了对“物质分类”的理解，在此基础上提出了如下的基于学科观念建构的单元教学策略：(1)在已有知识经验的基础上形成“物质的分类”的化学视角；(2)在物质分类的实践中领悟“分类”方法的实质；(3)在新旧知识的联系中拓展“化学物质分类”的应用；(4)在把握宏观与微观的联系中发展认识“物质”的多种角度。

《化学教育》2009年第2期

## 一次区优质课后的反思

乌晓璐

宁波镇海区举行的优质课评比课题是江苏教育出版社出版的必修教材《化学2》中的“酯油脂”，6位教师上了6堂“酯油脂”，作者从引入手法、分享合作、知识建构和结课方式这几个方面，对区优质课6位教师的教学设计与授课情况进行了对比和分析，讨论了优质课让富有激情、实现互动、具有层次、学生难忘这些特点，作者还对优质课进行了一定的反思。

《化学教育》2009年第2期

## 在做学生调研中实现教学的实效性——以“燃烧及燃烧条件”概念教学为例

何彩霞

正确的调研方法，能帮助老师了解学生的认知发展水平，从而以学生的需要设计教学，这是实现教学实效性的基本前提。本文以“燃烧及燃烧条件”概念教学为例，对如何确定学生调研的内容、选择学生调研的方法进行了介绍，并就学生调研对实现教学实效性的意义进行了探讨。一、问题的提出。要解决教学针对性和实效性的问题，要清楚学生的“已知”“问题”“困难”，就需要进行学生调研。二、怎样进行学生调研。这主要涉及两方面问题，一是如何确定学生调研的内容；二是采用什么调研方法。1. 学生调研内容与问题框架的设计。先分析课标和教材中这部分有哪些知识内容，其学习要求是什么。再考虑关于这些知识，学生已有的知识经验是什么。2. 学生调研方法的选择。通过问卷调查获得大量信息，并进行一定数量的学生访谈和过程观察，找到个别学生学习中问题，并且教师应对学生的行为过程进行细致观察。三、学生调研对实现教学实效性的意义。体现在 3 个方面：1. 有助于确定合适的学习起点。2. 有利于制定合理的教学目标和有效的教学策略。3. 可以将“以学生发展为本”的教育理念落到实处。

《化学教育》2009 年第 4 期

## 初中化学教学中运用教育智慧传递学科智慧的探索

卢　巍　尤　霞　徐迎春

化学教育是要把化学学科中蕴藏的最有教育价值的内容最有效地传承给学生，这需要教育智慧，本文对初中化学教学中如何运用教育智慧传递学科智慧进行了探索。一、将多元化教学目标的预设提到课堂教学设计的首要地位，并在具体实施过程中重视即时生成的目标，实现教学目标 3 个维度的有机统一。1. 多元化教学目标的预设，应基于对学生、教材、教师、教育环境的认真分析。2. 在制定预设目标时，要注意描述的主体性、整体性、层次性以及可操作性。3. 准确理解和把握“预设”与“生成”之间的辩证关系。二、重视化学基本观念的引领作用，创设生动具体的学习情境，采用多样化的学习策略，提高学习活动的有效性。1. 重视化学基本观念的引领作用，努力超越具体知识的学习。2. 创设“源于生活、高于生活”的学习情境，加强化学与社会、生活、学生间的密切联系。3. 采用多样化的学习策略，倡导学生自主、合作、探究学习。

《化学教育》2009 年第 6 期

## 高中化学合情推理教学的初步研究

杨　健　吴俊明　骆红山

本文通过科学哲学、逻辑学讨论以及历史实例说明科学发现离不开合情推理，科学教育必须重视合情推理能力的培养，并对高中化学合情推理教学的可能性、对象和内容等问题进行了讨论。

一、合情推理的界定。合情推理是一种区别于演绎推理的推理形式，它带有猜想性质，并是一项可以通过练习学会的技能。二、合情推理的分类。1. 不完全归纳推理。2. 类比推理。三、对合情推理的进一步分析。1. 合情推理的科学哲学浅析。2. 合情推理的科学逻辑学浅析。四、合情推理在化学问题解决中的历史作用举例。五、合情推理与化学教学的几个问题。1. 合情推理可以传授吗？2. 合情推理的教育对象。3. 合情推理的教学内容。4. 合情推理例题解析。六、总结。

《化学教育》2009 年第 7 期

## 让化学课堂焕发生命教育的活力

王志高

本文阐述了新课程背景下化学课堂教学中渗透生命教育的途径和方法，引导学生热爱生活，和谐健康发展，让他们感受生命的意义和价值。

一、挖掘学科素材，展现人性的美丽。将化学家在研究中所展现的广博知识、相互协作合理地渗透到课堂教学之中，向学生展现人性中的真、善、美。二、突出教学民主，师生共同成长。教师为学生创造一个开阔的思想平台，鼓励他们参与到教学中来，充分表达自己的情感，在师生、生生互动中，碰撞出思想的火花，使课堂焕发出蓬勃向上的生命活力。三、教学中渗透美育，提升学生的情操。化学物质的五彩缤纷、化学仪器的整洁美、物质结构展现的对称美，都可以激发学生去探究微观世界的奥秘。四、实施成功教育，体验成长的快乐。使用多个标准来评价不同的个体，尊重学生的个体差异，帮助学生树立学习的信心，在快乐中实现有个性地发展。

《化学教育》2009 年第 7 期

## 中学化学课堂教学“生成”的价值例谈

刘辉波 秦自云

本文通过课例透视课堂教学“生成”的价值：1. “生成”是知识建构的方式。生成过程不仅把原来可能造成课堂尴尬局面扭转为有利的教育资源，也给学生的知识建构提供了良机。2. “生成”是知识的创新。生成的形象，是学习者融入个人的阅历、情感、想象等因素之后合成的一个新的形象。是原有知识的一种个人创造。3. “生成”是智慧的基石。在生成的过程中，学习者经历了思维的过程，获得了一种思维方法的感悟，获得了解决问题的策略性知识，这种感悟就成为一种解决问题的能力和智慧。

《化学教育》2009 年第 8 期

## 引领学生六读“元素周期表”

孙元亮

本文就如何在教学中引导学生将一张无声无息的周期表读成活灵活现的艺术品，以满足学生在化学学习过程中对元素周期表的需求进行了探讨。1. 读元素周期表的来源。学生分组查找关于元素周期表发展史的资料，以墙报形式展出交流。2. 读元素周期表的结构。学生按行、列观察元素周期表，讨论、汇报、概括总结。3. 读元素周期表中隐含数据。学生从元素周期表中获得数字信息，加工提炼信息，得出新结论。4. 读元素周期表中蕴藏的规律。学生通过思考交流，概括出元素周期律，并结合元素周期表，总结出元素性质、原子结构与周期表中元素位置关系。5. 读元素周期表的应用。联系实际、做调查、做练习，提出问题，寻找规律，应用规律，大胆推测，验证结果，解决问题。6. 读元素周期表的发展。学生上网查询、图书馆中找资料，相互讨论、交流，展示成果。

《化学教育》2009 年第 8 期

## 活动元教学设计在化学教学中的应用

周业虹

活动元，是指在教学中为完成某一学习任务中的一个或几个子任务而进行的相对独立的学习活动。在进行活动元教学设计时，必须遵循以学生发展为中心的教学原则，根据学生情况、教材特点设计教学目标。通过设计一个个活动元来展开教和学，同时尽可能多地为学生提供教学资源，让学生积极参与到活动中，最终完成教学目标。在“维生素C含量的测定”中，体现了以下特点：(1)为培养学生的多元智能提供了空间；(2)一是不单纯注重结果；二是强调了学生学习活动的过程；(3)最大限度地利用了教学资源；(4)体现了以学生为中心。

《化学教育》2009 年第 10 期

## 反思课堂教学行为　提高课堂教学效益——由“全国高中化学优质课（东北大区）观摩课暨实施新课程经验研讨会”引发的思考

关飞鹏　侯跃平

新课程改革带来了课堂教学的可喜变化，但是我们要冷静地看到课堂教学中仍存在着的许多问题。要真正提高课堂教学效益和质量，就必须看到和正视教学中的问题，并予以认真的反思，同时还应带着思考去观看同行的课，以期真正改进课堂教学行为，提高课堂教学效益和质量，提升教学境界。“全国高中化学优质课（东北大区）观摩课暨实施新课程经验交流研讨会”的亮点主要体现在：(1)听课教师积极性高；(2)参赛教师年轻有为；(3)课堂体现课改精神。其中的课改精神主要体现在：(1)创设生动的教学环境，把学生培养成学习的主人。(2)较好地将多媒体技术手段引入课堂。(3)教师们十分注重教学设计的科学化、程序化。课堂的感奋之处俯拾即是，但是高兴之余也明显感受到存在的许多问题，(1)教学设计质量还须提高，这包括一是设计的问题质量不高；二是多媒体预设与课堂生成关系处理得不好。(2)学生的思维参与不够，包括：①合作交流代替了独立思考；②生生互动评价不够；③问题意识不够。(3)教师教学方法的运用值得进一步思考，一是教师对学生的发言定位过早，对学生鼓励“度”把握不好；二是自问自答无意中限制了学生思维；三是教师不断重复学生的话语；四是不顾学生的感受；(4)虚假教学比较普遍，一是学生思考的虚假；二是学生交流的虚假；三是学生主体的虚假。

《化学教育》2009 年第 10 期

## 动态生成：化学课堂的生命力所在

程　俊

有意义的动态生成是课堂的生命力所在，这样的课堂是师生共同的学习历程，对教师和学生都具有个体生命价值。化学学科教学可以创造动态生成的课堂条件，也具备大量动态生成的契机，教师应该学会把握，如化学实验中的意外；课堂作业中的疑点；从实践到理论抽象的断层；开放探究活动中的多元化设计；经典习题与实验检验的矛盾。

《化学教育》2009 年第 10 期

### 试论化学教学情境创设中人文精神的渗透

姜建文

人文精神教育是养成道德责任感和义务感，建构人对社会的责任心观念的重要渠道，而化学教学情境创设则是渗透人文精神最为有效、最为重要的途径。在化学教学过程中应该做到以下几点：一、通过创设以人为本、尊重生命的教学情境来体现人文精神；二、通过创设展现化学史的教学情境来培植人文精神；三、通过创设学科知识探究的教学情境来激励人文精神；四、通过创设关注 STS 关系的教学情境来弘扬人文精神。

《化学教育》2009 年第 11 期

### 挖掘新教材习题教学潜在价值的方法研究

季红娟　刘成坤

在高中新课程实施过程中，习题教学是一个薄弱环节。其实，习题教学同样承载着重要的教学功能，有待于我们去发掘应用。挖掘新教材中习题教学的潜在价值的有效途径：一、充分发挥习题教学的潜在素材对提高课堂效率的作用；二、充分发挥习题教学对落实三维目标的促进作用；三、充分发挥习题教学对知识概括与整合的作用；四、充分发挥习题教学对课堂教学的延伸和拓展的作用；五、充分发挥习题教学对提高学生高考能力的作用。

《化学教育》2009 年第 11 期

### 试论化学教学中影响创新能力的认知特征

左香华

论述影响学生创新能力的认知特征有：比喻性思维、思维的灵活性、判断的独立性、应对新异性的能力、逻辑思维技巧、形象化、不因循守旧、在混沌中找到秩序。

《化学教育》2009 年第 12 期

## 例谈结合教材栏目指导学生开展化学课外探究活动的策略

温利广

分析了初中教师指导学生开展化学课外探究活动时存在五大困惑。结合初中化学教材中的“实验”“习题”“活动与探究”“调查与研究”“家庭小实验”和“讨论”等栏目指导学生开展化学课外探究活动的6个策略：1. 质疑“实验”，合理延伸；2. 实践“习题”，变纸上谈兵为实地考察；3. 拓展“活动与探究”，体验科学研究的过程；4. 深化“调查与研究”，从“可解决的问题”做起；5. 做“家庭小实验”，感受学习化学的快乐；6. 组织有效“讨论”，化心动为行动。

《化学教育》2009年第12期

## 新课程应教会学生更多程序性知识

张桂珍

现代认知心理学将知识分为陈述性知识、程序性知识和策略性知识。程序性知识和策略性知识是形成人各种能力的知识。传统的教学大都是以陈述性的方式施教，程序性知识、策略性知识变成了副产品。新课程标准从知识与技能、过程与方法、情感态度与价值观三个维度规定了教学的要求，因此新课程教学要扬弃传统教学的不足，采取切实有效的教学策略，帮助学生获得更多的程序性知识和策略性知识，以培养学生的能力。基于以上分析提出了教学中获取程序性知识的三点策略：采用发现法教学，尽量避免用陈述性的方法施教；实施问题导引式教学，在问题解决过程中引领学生学习程序性知识；引导学生不断反思，使陈述性知识演变为程序性知识。

《中学化学教学参考》2009年第1/2期

## 对“执行教案”不顺利现象的几点思考

黎　丹

针对“执行教案”过程中不顺利的现象，从“写教案”和“执行教案”两个过程进行了归因分析，提出了四点应对策略。“写教案”过程中存在的不良倾向有教学目标仅以知识目标为主，忽略三维目标的落实；教学设计只注重知识传授，忽略了方法渗透；照搬现成教案，忽略学情和差异；教案过于详尽，忽略预设的生成过程；缺乏妥当的问题方案设计，忽略提问质量；习惯于独立备课，忽略参加集体备课。在“执行教案”过程中的影响因素有教学成为不折不扣的教案执行过程；活动的实效性较差；无视学生问题价值，对问题避而不谈或生硬回避；课堂教学机制不够。与此同时提出应对策略有设计弹性教学方案，变计划性教案为指导性教案；珍视并挖掘教学中的生成性资源；积累教学智慧，灵活驾驭实施过程；从个人独立备课到集体备课。

《中学化学教学参考》2009 年第 1/2 期

## 高中化学图表题的类型及教学策略

张　惠　唐　羚　杨秀梅　周　青

纵观近几年我国化学高考试题，不难发现图表题逐渐成为考试的热点。图表题的类型依据不同的呈现形式分为图片题、表格题、图像题、框图题；依据有无数量关系分为定性图表题、定量图表题；依据考查知识点分为单一知识点图表题、综合知识点图表题；依据高中知识版块分为基础理论图表题、元素化合物图表题、有机化学图表题、实验图表题。图表题的教学策略主要有引导学生从图片获取信息，培养学生的观察能力；引导学生观察实验装置，联系实验原理，培养学生分析判断能力；引导学生回忆已学知识，培养学生对比、归纳能力；引导学生观察数据变化，培养学生信息加工能力；引导学生观察曲线走势，培养学生批判性思维；引导学生进行横向纵向推导，培养学生推理能力。另外，每一种图表题在教师引导学生共同完成后，都要先进行同类型图表题的训练，让学生有意识地模仿，并让学生说出自己的思路，再进行变式训练，让学生的解题思维变得灵活、深刻，这样才能更好地提高学生对图表题的分析和处理能力。其次，教师在教学中要多使用图表教学，让学生自己动手绘制图表并进行数据处理，培养学生良好的认知或学习习惯，帮助学生在平时的学习中积累有关的化学图表知识。

《中学化学教学参考》2009 年第 1/2 期

## 新课程下化学有效教学实施的基本策略

殷志宁

有效教学需要提高教师素养来奠基，教师新颖的观念、渊博的知识、娴熟的技能、燃烧的激情、敏捷的思维、精美的语言、灵活的机制、严谨的作风必然能为建构生动、高效、让学生流连驻足的课堂奠定坚实的基础。有效教学需要采用科学备课来支撑，要做到五点：备学生、备课程、备方法、备情境、备自己。有效教学需要建构有效课堂来保证，新课程积极倡导建构焕发生命活力的有效课堂，这样的课堂教学重心是学生，特点是以学定教、以学促教，提高三维目标的达成度，使学生得到和谐发展。有效教学需要彰显学科特点来配合，化学实验是化学学科赖以产生和发展的基础，是科学探究的主要方式，通过实验探究，可以学习化学知识，理解化学原理，研究化学问题，发展科学思维能力，培养学生的科学态度。有效教学需要多元化的习题来夯实，建立多元化的练习体系，让学生通过网络、媒体、课外书籍等了解科技动态，获得有用信息，通过综合实践活动进行研究性学习，以调查报告、小论文、实验报告等形式呈现。有效教学需要采用科学备课来支撑，新课程强调教师的自我反思，只有敢于否定自己、质疑自己，才能超越自己。建立在个人备课基础上的集体备课可以相互交流、探讨教法、切磋技艺，发挥群体优势，做到资源共享，达到共同提高的目的。

《中学化学教学参考》2009 年第 3 期

## “任务驱动”教学法在化学教学中的应用

王　春

“任务驱动”教学法体现了以任务为明线、以培养学生的知识与技能为暗线，在整个的教学过程中，教师是引导者，学生是学习的主体，它的基本特点就是“以任务为主线，以教师为主导，以学生为主体”。其基本教学流程如下图所示。另外，“任

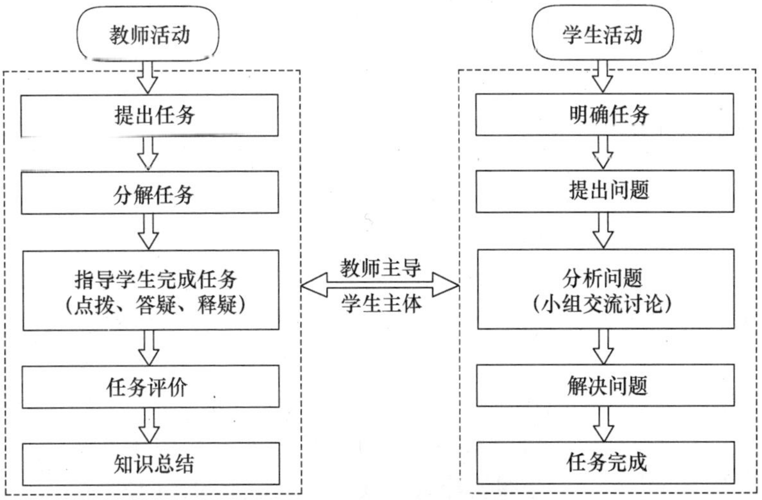


“任务驱动”教学法的一般教学流程图

务”的设计尽量贴近学生生活和经验，让学生置身于贴近自己生活的环境中，产生亲切感，积极主动地参与学习活动。在新课程理念下的化学课堂教学中运用“任务驱动”教学法有利于调动学生学习的积极性，有利于培养学生的实践和创新能力，有利于培养学生的合作学习精神和问题解决能力。

《中学化学教学参考》2009 年第 4 期

## 新课程化学教学方式的基本特征与有效设计

徐　宾

教学是师生、生生多边交往互动的过程，在教学过程中所采用的方式方法，从教师角度讲是教的方法，从学生角度讲是学的方法。某些方法，为教师所偏爱，不管教学内容、教学对象的变化而表现出持续一贯的稳定性和个性特点，则称为教学方式。新课程要求改变学生单一、被动、陈旧的学习方式，倡导以“主动、探究、合作”为主要特征的多样化学习方式。学习方式的转变是以教师教学行为的变化为前提的，研究新课程化学教学方式的基本特征，运用新课程理念进行有效设计并灵活运用，对于转变学生的学习方式具有重要意义。新课程化学教学方式以提高学生的科学素养为宗旨，具有开放性、异步性、有效性和多样性等基本特征。本文阐述的自主交往式、情境体验式、发现探究式、活动建构式等多样化的教学方式和所提供的案例，对于转变学生的学习方式具有一定的指导作用。

《中学化学教学参考》2009 年第 4 期

## 化学课堂教学线索的梳理与构建策略

徐洪俊

合理的教学线索是建立在教师对教材文本进行整体处理的基础上，结合学生的具体情况及教师本人的教学特长和教学风格提炼和构建而成的。教学线索能使教师于纷繁复杂的教学内容中找到教学头绪，使教学内容于散乱之中显现出完整，于单纯之中隐现出丰满，使文本信息流畅、有效地传递，帮助学生有效地构建知识网络。教学线索的梳理和构建大致有以下几种情况：以文本原有的呈现顺序为教学线索、以科学发现的时间顺序为教学线索、以学生认知过程为线索、以生活问题为背景构建教学线索、以学生探究活动为主线构建教学线索、以主干知识的发散构建教学线索。在组织教学内容、构建教学线索时要注意以下几方面问题：逻辑顺序与心理顺序的统一、直线式和螺旋式的统一、可操作性和有效性的统一。

《中学化学教学参考》2009年第4期

## 高中化学选修模块《化学反应原理》与必修模块的衔接及其教学策略研究

蔡文联　饶志明　陈燕华

在调查分析的基础上研究了选修模块《化学反应原理》与必修模块知识点的衔接，并提出了选修模块《化学反应原理》相应的教学策略，以期为新课标下的高二理科师生的教与学提供有益的帮助。高中化学的教学，要针对各模块的功能，有别于初中化学的教学。教师要理解新课程标准，吃透教材内容，采用灵活的教学方法，帮助学生掌握最基本的化学知识和技能。教学过程中，还要注意运用多种教学方式和手段，引导学生积极主动地学习，让学生了解化学科学研究的过程和方法，形成积极的情感态度和正确的价值观，提高学生的科学素养和人文素养，为学生的终身发展奠定基础。同时，教师在教学中应关注学生的已有知识，指导学生在旧知识体系的基础上进一步构建新的知识体系。在高中化学课程标准体系中，必修和选修课程是有序展开并互相依存的。因此，在选修课程的教学中，教师应密切联系必修课程的知识，紧扣必修课程展开教学。

《中学化学教学参考》2009年第4期

## 利用辩证法思想　提高化学课堂教学质量

王文阁

化学是一门研究物质的组成、结构及性质变化规律的以实验为基础的自然科学。在化学学科中所蕴涵的辩证法思想非常多，可以说是俯拾即是，只要教师善于挖掘和运用辩证法思想，就会极大地促进学生学习化学的兴趣，提高化学课堂教学效率。利用物质和意识关系的观点、利用事物之间普遍联系的观点、利用矛盾中对立统一的观点、利用内因与外因关系的思想、利用普遍性与特殊性的观点、利用量变引起质变的观点、利用动和静的观点、利用事物间因果关系的观点、利用狭义和广义的观点、利用内容和形式关系的观点、利用主要矛盾与次要矛盾的观点等可以提高化学课堂教学质量。只要能加强自己的辩证唯物主义思想修养，同时能与化学内容有机地结合起来，并在教学中不断地有意识地加以实施，就一定能提升教学水平，提高课堂教学效率，收到事半功倍的效果。

《中学化学教学参考》2009 年第 5 期

## 对化学新课程中知识教学的再认识

高细媛　汪拥军

怎样从知识教学中获得理智的益处，仍然是教育的一个最为重要的问题。通过知识，学生间接地获得过去人类的经验，拓宽并丰富目前的经验。尽管知识的学习也是课程改革的目的，但以科学素养为核心，重视学生生活经验，强调学习过程和方法、情感态度和价值观的化学课程改革，体现的不是知识多少的变化，而是关于对知识的认识理解和运用观念的改变。化学新课程并不轻视知识、否定知识，而是强调运用知识、提升知识并获得智慧。

《中学化学教学参考》2009 年第 6 期

## 硫元素及其化合物性质的教学

杨明生

高中化学课程标准在模块 1 的主题 3“常见无机物及其应用”中提出了“通过实验了解氯、氮、硫、硅等非金属及其重要化合物的主要性质”的内容要求。人民教育出版社出版的高中化学课程标准教科书分别以硫的氧化物、硫酸为课题，安排了具体的教学内容。硫元素及其化合物绝大多数的性质，都涉及元素化合价的变化，都能作为体现氧化还原反应规律的直接例证。因此，硫元素及其化合物性质教学最为有效的策略就是从氧化还原反应规律的应用角度去理解与认识硫元素及其化合物的性质。另外，物质的化学性质主要是从三个方面来体现的：一是由元素化合价态所决定的氧化性与还原性；二是物质本身所具有的酸性或碱性；三是有关物质所具有的特性。从以上观点出发，从实践的角度探讨了关于负二价硫性质的教学、关于硫单质性质的教学、关于二氧化硫性质的教学、关于浓硫酸性质的教学。

《中学化学教学参考》2009 年第 6 期

## 在硝酸教学中培养学生学习能力的教学策略管窥

戴珊玲

教材上的知识是静态的，它只是为知识的传递提供了可能。教材知识点的罗列，学生往往看到的只是前人思维的结果，而看不到知识的形成过程和思维活动的过程。这就要求课堂教学在设计、安排和组织教学过程的每一个环节里都应当有意识地突出探索知识的过程、内容和方法。具体地说，教师应该根据优化课堂教学的需要对课堂教学的内容进行适当的加工处理，根据教学要求，从学生的实际出发，按照学生的认知规律，把教材上的静态的书面知识转化为学生能够亲自参加的活生生的教学活动，使学生通过积极主动的亲身体验和学习，由知其然上升到知其所以然的境界，从真正意义上掌握所学的知识。一般来说，一个人所受的教育越多，他的知识也就越丰富，而丰富的书本知识则是创新的基础，但这并不意味着知识越多的人，创新能力就一定强。如果只会死读书，不会活用知识，在获得知识的同时，拘泥于书本，只限于从教科书的观点和立场出发去观察问题，深陷于片面的书山题海中不能自拔，成为知识的奴隶，那书本知识就不仅不能给人以力量，反而会消耗我们的创新能力。

《中学化学教学参考》2009 年第 6 期

## 初中化学启发式教学的策略研究

宋修明

所谓启发式教学，就是教师根据教学目的和内容以及学生的认知水平，通过一定的方式方法进行诱导，使学生积极主动地思考问题，激发学生的求知欲望，达到完成学习任务的目的。它是以发展学生能力、提高学生素质为目的，在教学结构上，师生之间、学生之间形成的是一种合作关系，而不是简单的“教师问学生答”模式。在教学过程中教师可运用问题启发、实验启发、对比启发、情景启发、联系生活启发。启发式教学作为传统教学的精髓部分，具有可发展性，它在以研究性学习、合作教育和创新教育为主导的当代教育中发挥着不可估量的作用。在化学教学中，教师如果能很好地运用启发教学，便可以改变以往教学中教师主宰课堂、学生被动接受的局面，使学生真正地参与到学习中，成为学习的主体，可以激发他们自主学习的热情，提高学习兴趣，而且他们的分析归纳能力和解决问题的能力都能得到锻炼和提高，从而增强他们学习化学的信心和勇气。

《中学化学教学参考》2009 年第 6 期

## 新课程视角下的中学化学概念教学策略研究

王　春

化学概念是有关物质的组成、结构、性质及变化的本质属性及其规律在人头脑中的能动反映，每个化学概念都有它的内涵和外延。在中学化学中，概念繁多且关系复杂，给学生理解、掌握以及应用化学概念带来不少困难，教学过程中教师可以根据具体概念的特点采用抓住关键字词、运用演绎法、运用比较法等不同的方法对概念进行剖析。新课程视角下的化学概念教学要求教师从学生的实际出发，根据化学概念的特点灵活运用相应的教学策略，从概念的内涵和外延着手，揭示概念的内在本质矛盾及概念间的相互关系，使概念明晰化、系统化，以使学生深刻理解概念，并提高自己灵活运用知识解决化学问题的能力。

《中学化学教学参考》2009 年第 7 期

## 以学案为载体　提高化学教学的有效性

房　宏

所谓“学案”是指教师依据学生的认知水平、知识经验，为指导学生进行主动的知识建构而编制的学习方案。学案是学生的学与教师的教之间的中介，是教师用以帮助学生掌握教材内容、沟通学与教的桥梁、培养学生自主学习和建构知识能力的一种重要媒介，具有“导读、导听、导思、导做”的作用。一份好的学案实际上就是教学内容的深化与延伸，它源于教材，又不拘泥于教材，并可超越教材构成知识网络，形成知识体系，它体现的是师生共同探索知识、方法、规律和被优化了的过程。经过反复实践和探索，编制的化学学案主要由学习目标、知识准备、情景引入、问题或实验探究、概念形成、典型例题、方法归纳、当堂训练、反思小结、拓展视野、分层作业等部分组成。教学中以此学案为载体，以学生的自主性、探究性、合作性学习为主体，以教师的指导或辅导为主导，师生共同合作完成教学目标。实践表明，以学案为载体，教师成为学生学习的组织者、支持者和引领者，通过有计划、有目的的“学案”，从基础知识结构的掌握、解题技能的培养到研究和创新能力的开发，对学生学习进行系统的指导；学生借助“学案”自主学习，真正成为认知知识、理解知识、感悟知识、体验获取知识乐趣的主人，增强了主观能动性，变得愿学、乐学，使得师生之间教与学的关系更为融洽，师生个性得到发挥，课改新理念得到落实，大大提高了教学的有效性。

《中学化学教学参考》2009 年第 7 期

## 建构主义理论在化学教学中的应用

韦作飞

建构主义认为，世界是客观存在的，但是对于世界的理解和赋予的意义都是每个人自己决定的。每个人的经验以及对经验的信念不同，于是每个人对世界的理解也是各不相同的，所以建构主义更关心如何以原有的经验、心理结构和信念为基础来建构知识。学习是建构内在心理表征的过程，是一种能动建构的过程，知识是通过学习者在一定的情景即社会文化背景下，借助他人的帮助，利用必要的学习资料，通过意义建构的方式获得的。这种学习方式更加强调学习的主动性、社会性、情景性、协作性，是一种更加开放的学习。学科中的概念、原理、规律、法则等虽然是一些语言和符号，但它们都代表了确定的意义。这些意义是科学家根据对客观事物属性的感知进行思维构造的结果。这些语言符号不过是这种思维结果的表达形式，也可以说是概念、原理、规律、法则的思维存在形式。学生获得这些概念、原理、规律、法则的意义，并不仅仅是要记住这些思维结果的表达形式，更是需要经过一个以自身为参照中心的思维构造过程。建构主义在学科教学中的应用主要有教学中的意义主动建构、建构主义中的合作学习、建构主义中的情境性学习。

《中学化学教学参考》2009 年第 7 期

## 高中化学新课程教学设计原则的思考

侯嘉梅

对高中化学新课程教学设计原则包括：忠实于课程标准的整体化设计原则具体有教学目标和内容设计的整体化、教学形式设计的整体化、学习时空设计的整体化。忠实于化学学科特征的探究性学习原则；坚持学生主体参与的原则；促进学生之间在教学活动中的有效交往原则；坚持教师的主导性原则。在新课程推进过程中，教师的多方面能力受到挑战，对模块化教学缺乏总体把握能力、教师的知识储备和实践经验、对课程资源的整合能力、教师在课堂上对学生的指导能力和评价能力等都受到了挑战。面对挑战，只有夯实基础，增强信心，顺应社会发展和新课程改革的要求，以积极的心态，带着研究的意识，在实践中不断反思，审视过去积累的方法、经验，审视我们正在实施及应用的方法和策略，确定自己努力的方向，科学地改变自己，稳健前行。

《中学化学教学参考》2009 年第 7 期

## 谈谈“物质的量”的教学

杨丽梅

在高中化学中，应用物质的量的计算贯穿始终，可见物质的量占有多么重要的地位。但对于初接触物质的量的高一新生来说，物质的量却是一个生涩难懂的概念。在教学的设计中，从能让学生听懂和理解的角度下工夫，不仅少走了弯路，也激发了兴趣，收到了不错的效果。在教学设计中要让学生理解物质的量引入的目的是使宏观和微观建立联系；要让学生理解物质的量是一个普通物理，摩尔是国际单位制中的一个基本单位；要讲清摩尔这个单位所代表的粒子集体中包含的粒子数目；要讲清阿伏加德罗常数和 $6.02\times10^{23}$ 的关系；通过练习让学生自己总结出物质的量及粒子数的计算方法，并加以巩固强化。通过这样的设计，学生不仅能掌握物质的量和微粒数目的计算，而且能真正理解物质的量。在整个教学过程中，举例子和类比的方法功不可没，它把遥远陌生的物质的量拉近到了学生熟悉理解的知识层次，起到了非常重要的作用。

《中学化学教学参考》2009 年第 7 期

## 简约朴实应成为优质常态课的不懈追求

何如涛

新课改的理念为传统的化学教学注入了生机与活力，化学课堂教学出现了许多新的教学设计和教学行为。但是，在为许多教师的教学大胆创新、张扬个性、追求独特风格而感到欣喜的同时，也发现有一些教师在课堂上耍弄“花拳绣腿”，变着法儿追求虚伪的美丽。尤其是对一些公开课、观摩课中“目标拟定得多维翔实、环节预设得精雕细琢、媒体运用得新颖奇特、课堂评价得激情澎湃”而津津乐道。正因为过分追求课堂教学的包罗万象、滴水不漏和完美无瑕，使得如今的化学课千头万绪、“枝繁叶茂却不见树干”，但繁华喧闹的外表却掩饰不住困惑虚弱的内心。课堂教学的“失真”现象比比皆是，在化学新课改不断深化的今天，呼唤课堂教学返璞归真，追求朴素的课堂，即简约而朴实的课堂。具体目标撰写应简明而透彻——清水出芙蓉，天然去雕饰；环节设计应简洁而厚实——冗繁削尽留清瘦，画到生时是熟时；媒体运用应简单而清新——删繁就简三秋树，标新立异二月花；课堂评价应简练而恰当——沾衣欲湿杏花雨，吹面不寒杨柳风。

《中学化学教学参考》2009 年第 8 期

## 论新课程理念下的化学教学设计

曾国琼

探究性学习是新课程大力提倡的重要的学习方式，但并不是唯一的学习方式。在进行教学设计时，教师的首要任务之一，就是要根据教学内容以及学生的实际情况选择重点内容、核心知识作为探究的重点，让学生在原有知识的基础上通过探究性学习，理解这些重点知识、核心知识的形成过程，并引导学生在原有知识、生活经验的基础上逐渐学会自主学习、探究学习、合作学习。在给学生解决问题的自主权、保障学习的主动性、独立性和自主性的同时，建构主义强调特定情境中学习活动的交往性、合作性、互助性，强调合作中的表现、交流、评价等群体互动对知识建构的内在意义与价值，希望通过社会化的交往在更高的水平上促成个体经验、方式与信念的内化与提升。这是因为以个体原有经验、方式、信念为基础的学习，对同样的现实问题会有多样化的理解，而理解的差异本身就是一种非常宝贵的学习资源；共享和交流对同一问题的不同看法、不同认识、不同理解和不同信念，并在此基础上，通过评价达成共识或达成谅解，更是一种广泛、深入而有效的学习—理解知识的产生和形成过程。这就需要我们无论是在课堂上，还是在课下都应做一个有心人：走近学生，了解学生，认识学生，知道他们的所思、所想、所惑、所需……并在教学过程中加以很好地利用。

《中学化学教学参考》2009 年第 8 期

## 浅谈“物质的量”教学难点及处理

陈献忠

“物质的量”作为基本物理量，是高中化学必须学习的概念，“物质的量”及其衍生概念是高中化学定量研究和化学计算的基石。在新课程下，无论是人教版、苏教版还是鲁科版，都安排在化学必修 1 教材的第一部分“认识化学科学”中，成为学生学习物质性质前最先接触的重要概念。其中，人教版安排在第一章“从实验学化学”第二节“化学计量在实验中的应用”；苏教版安排在专题 1“化学家眼中的物质世界”第一单元“丰富多彩的化学物质”；鲁科版安排在第一章“认识化学科学”第三节“化学中常用的物理量——物质的量”。可见，不同版本的教材编著者在新课标框架内对“物质的量”的处理大致相当，即把“物质的量”概念作为引领学生学习高中化学的开始。分析“物质的量”教与学难点的原因，提出在新课标下组织“物质的量”教学的建议。首先，用最少的时间突破这些概念理解中的困难期。其次，教学中不宜用“堆”“捆”等量词作为类比，而宜直接引入“集合体”，以免强化量词产生负迁移效应。最后，“物质的量”的应用需要渗透到化学教学的全过程，不宜一蹴而就，重在逐渐形成，不搞一步到位，讲究细水长流，在应用中强化，随着教学深入而逐渐加深应用难度。

《中学化学教学参考》2009 年第 9 期

## 高中化学难点突破——课堂教学片段例谈

张红俊

突破课堂教学难点，是教学活动中永恒的主题。教师只有突破教学中的难点，才能扫除学生学习上的障碍，解除学生心理上的困惑，增强学生学好化学的信念。在平常的教学中，我们经常用多媒体教学法来突破诸如微观粒子运动、有毒、有害以及在短时间内无法完成的实验、错误的实验操作后果、化学生产流程的宏观演示等难点，也经常用化学实验的方法来突破诸如化学反应原理、基本理论及概念、实验设计方案的优化等教学难点。但是教学是一门艺术，教无定法，善于打破常规，运用其他突破难点的方法一定会使学生耳目一新。采用了学生熟知的情境，建立了一个思维的中间站，不仅活跃了课堂气氛，缩短了师生认识上的差距，而且分解了知识的难点，便于学生进行知识的同化和顺应。强调手工制作，构建思维新模型。运用变式教学，开拓思维新天地。变式是指旨在突出所学知识的本质特征而变换直观材料或例证的呈现方式。化学教学中常见的有变换题材、变换题型、变换要求、变换条件、变换思考方向、变换思考范围等多种方式。适当地使用习题变式可以加深学生对化学反应原理的认识。

《中学化学教学参考》2009 年第 9 期

## 章节绪言的意义及教学策略

王秉珍

章节绪言是指写在章节内容前面用以说明章节主旨或内容提要的文字、图片等。正是由于绪言言简意赅的高度概括叙述或提纲挈领的列举，加之一般配有插图，从而使绪言具有丰富的内涵。而实际教学中，往往是开门见山，直入主题，忽视或轻视绪言教学的现象比较普遍。研读并领会绪言的意图，真正发挥它整合学科内容、体现认知水平、发展学生能力、促进教师创造性教学的作用，是提高单元教学效果、实现有效教学的前提之一。章节绪言的教学策略有：理清知识脉络，帮助学生构建知识网络；揭示认知规律，指导学生体会学习方法；贴近生活实际，激发学生提高学习兴趣。

《中学化学教学参考》2009 年第 9 期

## 高中化学教学中渗透绿色化学教育理念的行动研究

韩　峰　蒋道明

笔者结合上海市金山区建设上海国际化工城这一城市发展规划，思考如何让老百姓特别是青少年一代正确认识化工，了解现代化工生产中绿色化学理念，自觉树立环保意识。基于上述思考，由此产生开展高中化学教学中渗透绿色化学教育理念的行动研究。该行动研究主要通过三条途径：1. 充分挖掘教材中的绿色化学资源；2. 在化学实验教学中进行绿色化学教育；3. 结合习题进行绿色化学教育。绿色化学的理念和循环经济的思想在内涵上是相统一的，是我国经济可持续发展的必经之路。在高考化学试题中体现绿色化学的理念，必定是今后高考化学命题的趋势之一。

《中学化学教学参考》2009 年第 10 期

## 教学内容与课型选择和谐的思考

李永红

化学新课程的实施在课堂效率的研究上取得了不少令人满意的成果，但笔者在进行调研的过程中发现某些环节也出现了一些误区，如课型选择与教学内容的确定往往缺少了和谐。笔者认为应处理好如下几个问题：问题一，追求课堂效率过热效应；问题二，教学内容与课型要和谐共处、相辉互映；问题三，科学处理课型与学生素质培养的关系。总之，提高课堂教学效率，需要教师研究课型，准确的课型定位是课堂效率禔高的前提。提高课堂教学效率还需要教学管理者共同参与课型研究，这样听课和评课才更到位。

《中学化学教学参考》2009 年第 10 期

## 让板书设计成为化学课堂教学的亮点

张礼聪

板书是教学表达的重要形式之一，是教师在教学过程中，根据教学的需要用黑板以简洁的文字、符号或形象的图表传递教学信息的教学行为方式，也是每位教师必须掌握的一项基本教学技能。笔者结合自己的教学实践，对以下六个板书设计进行了一一简析：案例一苏教版《化学 1》“从铝土矿中提取铝”的板书设计；案例二苏教版《化学 1》“原子结构模型的演变”的板书设计；案例三苏教版《化学 2》“食品中有机化合物——乙酸”的板书设计；案例四苏教版《化学 2》“食品中有机物——糖类”的板书设计；案例五苏教版《化学反应原理》“强电解质和弱电解质”的板书设计；案例六苏教版《实验化学》“亚硝酸钠和食盐的鉴别”的板书设计，通过这些案例设计简析说明精心设计的板书有利于教学内容的精简化、结构化，有减轻学生记忆负担、加深学生对知识的理解等功能。

《中学化学教学参考》2009 年第 10 期

## 苏教版“活动与探究”栏目有效教学策略

陈心忠

有效教学的理念源于 20 世纪上半叶西方的教学科学化运动。教学的有效性就是追求用最少的教学时间获得最好的教学效果，即学生是否在学习过程中有大量的参与和自由表达的机会；通过教师的组织教学，学生是否对所学的知识真正感兴趣；学生质疑和评判的多少；学生的想象力有没有得到拓展；学生是否有丰富的内心情感世界和对真善美的热切渴望。笔者使用苏教版“活动与探究”栏目进行有效教学的策略主要分简约策略、重组策略、改进策略、微型化策略和趣味性策略。

《中学化学教学参考》2009 年第 10 期

## 对比实验在化学新课程教学中的应用

支　梅　潘鸿章　黎　敏

新课程实验课题的选择和内容设计与传统教材相比有了较大改变，不仅不再区分哪些是学生实验、哪些是教师演示实验，还增加了实验探究活动，以便使学生在学习知识过程中体验和感受知识形成的过程、学习科学研究的方法，同时也给教师提供了自主设计实验的广阔空间。经过一段时间的新课程教学实践，我们认为合理地使用对比实验在促进学生掌握各类化学知识、强化知识的形成过程、深入理解和掌握化学概念、实现在认识上的发展等方面效果显著。

《中学化学教学参考》2009 年第 10 期

## 新课程下的化学教学

翟远杰

新课程下的化学教学要求一切以学生为中心。由追求知识的完整性、全面性到更加关注学生人格的健全；由注重知识能力的培养到更加关注学生的心理需求；由传统共性和整齐划一的教育到更加关注学生的不同需求；由注重课堂教学环节到更加关注学情、氛围和师生、生生关系。在课前准备中要着眼课标，精心备课，目标定位多维化，包括备教材、备学生、备教学设计；在课堂教学中要转变教学方式，优化课堂结构，变“满堂灌”为恰当地引导、点拨，变“满堂看”为阅读、观察、感悟、表达的过程，变“满堂问”为以“问”为线，以“答”助教，变“满堂乱”为动而有序，活而不乱；在课后工作中要创新反思，总结和升华，包括对教学目标、教学技能和教学实施过程的反思。

《中学化学教学参考》2009 年第 11 期

## 教师如何把握教学难度——例析“水溶液中的离子平衡”

张红俊

“水溶液中的离子平衡”这一教学专题是中学化学基础理论的一个重要部分也是中学阶段学生学习的难点，更是高考化学必考的内容之一。在实际教学中应关注《课程标准》《考试说明》，从根本上把握教学难度；关注教材，从内容上把握教学难度；关注高考试题，从评价形式上把握教学难度；关注学生，从主体差异上把握教学难度。总之，在平时的教学中如果能做到关注课标、关注教材、关注学生、关注高考试题的走势，必定能准确把握教学的难点重点，更能够准确把握教学的难度，使教师教得轻松，学生学得愉快，如果在教学中再能潜心研究教法、学法，及时反思课堂得失，及时正确评价学生，不断地让学生获得成功感，那么必定会提升课堂教学的有效度。

《中学化学教学参考》2009 年第 11 期

## 新课程背景下让学生在对比中获取化学知识

刘雅峰

新课程改革突出化学教学要以有效教学为指导，追求教学有效果、有效率，而对比法是实现教学有效果、有效率的重要方法之一。所谓对比是将事物进行对照比较，确定各种事物之间的异同点、探寻事物间内在规律的一种思维方法。化学教学中合理运用实验对比、新旧知识对比、图表数据对比、结构模型对比等对比法，不仅能使学生准确理解物质的本质特征，把握物质间的相同点和不同点，区分相近物质，而且还能使学生更好地加深巩固已有知识，更快地掌握理解新学知识，使零散的知识系统化、杂乱的知识条理化、课堂教学效果明显化，使学生收到事半功倍的学习效果。

《中学化学教学参考》2009 年第 11 期

## 高一化学用语教学的调查研究

刘仲鹏　莫尊理

高一化学教学在整个中学化学教学中占有很重要的位置，它在衔接初、高中化学教学上起着承前启后的作用，是高中化学教学的基础。而新课程改革下，九年级学生升入高一级学校，面临新的发展时，便显得底气不足，缺乏后劲，暴露出许多问题，使得学生在学习高中化学时困难重重，最常见的困难是对化学用语的运用。通过对天祝藏族自治县第一中学高一年级两个班的学生进行问卷调查，以及教师和部分学生的走访调查，发现影响学生学习化学用语的因素主要有：学生学习方法因素、教材过渡及衔接的因素、教师教学技能的因素、学生学习的心理因素。基于以上分析，提出以下建议：了解学生，优化学情；把握教材，优化教法；深入研究，提高能力。

《中学化学教学参考》2009 年第 11 期

## 在初中化学复习中应用概念图教学策略的实践

魏林明

在化学复习教学中，有许多与某一主题相关的概念，它们之间既有联系又有区别，其相似性干扰着学生对概念的理解与知识的建构。复习时，为了帮助学生更好地理解众多的科学概念，可利用概念图进行教学，通过构建一个概念关系图，把某一单元中的所有概念用连接词及箭头连接起来，清楚地呈现出各概念之间的联系与区别，使概念学习显性化、可视化，从而有效地改变学生的认知方式，提升学生对科学知识的理解力，切实提高化学课堂教学的效益。应用概念图教学时要注意几点：概念图教学策略的应用有一定局限性；概念图教学策略适宜在复习时应用；要及时有效反馈；在制作概念图时，一个概念图只能有一个主题，要从涵盖范围最广的概念出发，根据概念之间的关系以箭头相连，连线旁写连接词。

《中学化学教学参考》2009 年第 11 期

## 中学化学教学中的概括与其能力的培养策略

邓永财

化学概括能力是个体从大量而繁杂的以及外表不同的化学材

料里抽出共同属性并扩展到同类其他化学事物或现象中去的过程中，所表现出来的个性心理特征。培养学生的化学概括能力，首先要通过典型的化学概括问题的教学，让学生懂得化学概括的基本过程和方法，培养学生基本的化学概括能力；其次要充分利用化学概括问题，加强化学概括训练，及时引导学生反思概括的过程、方法和结果，培养学生良好的化学概括深刻性、监控能力和良好的概括习惯，促进学生化学概括能力的整体提高。

《中学化学教学参考》2009年第12期

## 科学教学的人文情怀——新课程理念下的化学教学实践

乔中云

化学新课程标准在课程内容、教学方法、课程评价等诸多方面都明确了课程的人文目标。化学科学作为一门理科课程，课程的基本理念指出："在人类文化背景下构建高中化学课程体系，充分体现化学课程的人文内涵，发挥化学课程对培养人文精神的积极作用。"在理科教学中落实新课程理念的人文精神，关键在于寻找、整合和生成新课程教学中的人文资源。化学是一门实证性的自然科学，理论性强，比较枯燥和抽象，课程的人文教育资源可以从以下几个方面生成：可以从化学知识的本身挖掘人文内涵；浩瀚的化学科学历史具有无数感人的人物和事件；利用化学学科与人类密切联系来产生课程的人文教育资源也是非常重要的一种方法。

《中学化学教学参考》2009年第12期

## 高考命题与新课程化学模块教学的设想

钟建喜

高中化学新课程共八个模块，如何开设这些课程，如何兼顾每一位学生的需要，一直困扰着课改区的许多教师。新课程教学具有鲜明的模块特点。有的课凸显出理性认识，有的课强调方法过程，有的课重视潜能开发，有的课直面生活问题。必修模块是三维课程目标、三条内容线索均衡并进。此外，新课程不只是课程结构的改变，还包括课程内容的变化。新课程根据课程结构和课程理念，已经全面更新和重建了高中新课程内容和知识系统。若在编写高考试题时，让有些试题用不同模块的知识进行描述，使知识点的给出多元化，题设信息富余化。学生用不同模块的知识均可解出，且用多个模块的知识解可能更轻松。

《中学化学教学参考》2009年第12期

## 对化学习题变式教学有效性的探索

熊新华

随着新一轮课改的不断推进与深入，如何使课堂教学有效甚至高效备受关注。习题的变式教学是化学课堂教学的一种常用形式，它对课堂教学有着重要的导向和评价作用。越来越多的化学教师正尝试着利用变式这一“法宝”进行教学，这种形式的教学使得化学课堂变得丰富而又精彩，其效果也十分明显，如何设计有效的化学习题变式问题，一个有效的化学习题变式问题的任务是变式后的问题须有明确的目标取向，变式问题的设计安排要适时、合理，变式问题的设计须对目标的游离程度进行必要的掌控。一个有效的化学习题变式问题的解决过程须具备可参与性和可接受性。具备开放性和可探究性。一个有效化学习题变式问题应具有一定的生成性和发展性。总之，教师在设计化学习题变式问题时，必须精心准备，对设计的变式问题作出评价、预测，杜绝随意性，以提高教学效益，从而让变式在教学中越变越有味道，越变越精彩。

《中学化学教学参考》2009 年第 12 期

## 高中化学课堂教学 ATDE 模式的应用及案例研究

苗培玉

ATDE 是由问（Asking）、想（Thinking）、做（Doing）、评（Evaluation）四要素构成。该文指出其中“问”是中心，以问促想，以做证想，以评量做。一、问——利用化学史料设置问题；依据化学的实际应用引出问题；利用新旧知识之间的联系或认知矛盾冲突设计问题；通过化学实验现象创设问题；利用历史文献中的记载引入问题。二、想——创设想象情境，引发类比联想；启发联想思维，完善知识结构。三、做——组织学生进行各种有效的实践活动，让学生在学中做，做中学，做中议，议中悟出从实践活动中寻求解决问题的途径和办法。四、评——对化学课堂教学的教学进行评价与反思。

《化学教学》2009 年第 1 期

## 化学教学中动态生成课程资源的开发和利用

李小君　刘　曼

该文阐述了用“动态生成”观指导化学课堂教学，关键的问题是要“树立课堂教学应成为师生共同参与、相互作用、创造性地实现教学目标过程”的新观念并且要在营造优质“动态”上下工夫。一、巧妙利用课堂即时场景，有效合成学习探索载体。二、善待学生的错误。三、及时捕捉学生思维的闪光点，激发他们探索的兴趣和欲望。四、鼓励学生质疑，引导学生拓展思维空间，促进学生的合作探究，分析解决问题，从而激活学生的思维。

《化学教学》2009 年第 1 期

## 如何实现化学课堂的有效提问

冯新平

作者提出了实现“有效的提问”的几种方式：一、激趣性提问：创造生动愉悦的情景，令学生由于心生疑惑而造成悬念，产生学习的内驱力。二、迁移性提问：在学生回顾旧知识的基础上过渡到对新知识的提问。三、铺垫性提问：在新知识的学习过程中，为了降低思维的难度，给学生解决问题指明方向，可以进行铺垫性提问。四、探究性提问：通过探究的方法鼓励学生自己去寻找答案，加深印象。五、发散性提问：教师在教学中激发学生发散思维的问题，引导学生从正面、反面、侧面多途径思考。六、设“陷”性提问：在提问中恰当地设置“陷阱”，制造思维冲突。七、巩固性提问：在授完新课后，教师要针对本课的重点或难点变换角度提出问题。

《化学教学》2009 年第 1 期

## 刍议高中化学教学中的有序思维教学

张燕静

该文阐述了高中化学教学中实施有序思维教学的意义：合理的、科学的、优化的思维程序能够加速解决问题的思维进度，提高思维活动的实际效益，利于优化学生的思维品质，快速发展学生的思维能力。介绍了有序思维在高中化学教学中的运用：分析有序性、推理有序性和计算有序性。提出了高中化学培养有序思维的途径和方法：(1)加强基础知识教学是营造有序思维的前提。(2)精心设计问题，激发思维有序性。(3)通过适当练习，加强有序思维能力，要能够灵活运用，还必须经过适量的练习。

《化学教学》2009 年第 2 期

## “问题阅读法”在农村初中化学教学中的运用

何如涛

作者提出：“带着问题阅读”对培养农村初中学生的阅读能

力，发展他们的智力，是一种较好的教学手段。一、提出问题，指导初读，让学生在阅读中感悟化学知识。二、引导精读，质疑讨论，让学生在探讨中建构知识体系。三、再次深读，应用知识，让学生在归纳中提炼知识精髓。反思获取信息的过程，从新信息中提炼出思想、观点和方法。最后指出运用“问题阅读法”应注意以下几点：(1)设计的问题能激发学生的阅读兴趣；(2)设计的问题要符合学生的认知水平；(3)阅读之中应培养学生的问题意识。

《化学教学》2009 年第 2 期

## 浅析中学化学概念转变教学

洪燕珍

该文指出在错误概念转变教学中应注意：(1)创设开放、安全的课堂气氛。(2)了解学生的想法及其经验世界。首先需要教师积极与学生沟通，走进学生中，多研究学生，多积累学生经验。其次在教学过程中，教师可以先保留自己或者书本的见解，先了解学生对当前知识的想法。然后采用开放性的问题揭示学生的想法。(3)引发认知冲突。(4)鼓励交流讨论。

《化学教学》2009 年第 2 期

## 化学教学实现“双赢”的探索

程同森　盛丽英　刘桂军

为了追求化学教学“教师教得轻松，学生学得愉快，素质和升学成绩双丰收”的双赢目标，该文进行了一系列实验，得出了一些见解：一、教学内容的删繁就简。把化学用语教学作为化学启蒙教学的核心。二、形成生动活泼的学习局面。采用适合学生生命本能的教学方法。

《化学教学》2009 年第 2 期

## 重视板书设计，保障有效教学

经志俊

从板书设计的现状引发思考，展示板书的基本形式和特点，探索板书创新设计的策略。条理清晰、层次分明、重点突出的板书具有突出教学重点、体现知识结构和教学程序的功能；图文并茂、趣味横生、匠心独具的板书具有引起浓厚学习兴趣、加深理解和记忆、增强思维的积极性和持久性的功能；体现思维程序、符合逻辑顺序、形成知识网络的板书兼具传授知识的桥梁和开发智力的工具的功能。因此，新课程化学教学中，为保障有效教学，在更新教学理念、优化教学策略、引进现代化教学媒体的同时，必须重视板书设计。

《化学教学》2009 年第 3 期

### 论化学教学中对学生定量思想的培养

董　海

初中化学教学中引导学生用定量思想去思考、分析和解决问题，不仅能体现鲜明的时代特点和要求而且对学生思维品质的提升、化学基本观念的形成乃至科学素养的提高都具有重要意义。把定量思想的培养与实验教学的改革结合起来，与学习方式的转变结合起来，与培养学生化学基本观念结合起来，从阅读经典化学史实、学习定量实验方法和解决真实性问题三个方面去培养学生的定量思想。

《化学教学》2009 年第 3 期

### 让课堂焕发出生命活力

夏光明

生成性课堂教学是当前课程改革过程中出现的新的课堂教学理念，它强调学习的自主建构，更强调教学的动态生成。本文从生成性课堂教学的基本特征入手，结合教学实践，就如何促进课堂教学有效生成进行了探索。

《化学教学》2009 年第 3 期

### 化学教学中如何贯穿平衡思想

李永虹

通过教材分析就“化学平衡”内容进行了中学阶段整体设计，提出了以溶解平衡微观过程为铺垫，以水解和电离平衡学习强化思路。在此基础上精心设计教学，突破“化学平衡”的难点。

《化学教学》2009 年第 4 期

### 谈谈化学知识中的辩证法

周雪春

该文提出把事物变化的内因和外因、量变引起质变、矛盾的对立统一、主要矛盾和次要矛盾等常见的辩证唯物主义观点，融入化学知识中，在教学中培养学生的辩证思维能力。

《化学教学》2009 年第 4 期

## 课堂动态生成需要发散思维的支撑

秦自云

该文指出把传统的以既定的教学方案为本位的课堂变成过程开放、动态生成的“生成性课堂”，要把定向思维训练转换为发散性思维训练。也就是说，课堂动态生成需要发散思维的支撑。课堂动态生成需要思维的变通性。课堂动态生成需要思维的流畅性。课堂动态生成需要思维的独特性。课堂动态生成需要思维的多感官性。

《化学教学》2009 年第 4 期

## 新课程背景下高中化学开放性课堂教学的实践与研究

陈心忠

新课程背景下高中化学开放性课堂教学，是以国家的教育政策为导向，以社会对未来人才素质要求为依据，通过教师树立开放的教学观念，实行教学思想的开放，学习内容的开放，教学过程的开放，教学空间的开放，教学评价的开放，教学手段及学习方法的开放，教学方法的开放。笔者提出建立基于化学信息资源库和多媒体技术的化学开放性课堂教学模式，实施开放性课堂教学的目的就是要更好地实现教育教学目标，通过教学促进学生素质的全面提高，同时实现教师的不断进步、不断发展。

《化学教学》2009 年第 5 期

## 浅谈案例教学法在高中化学教学中的应用

周业虹

阐述了案例教学法的内涵，介绍了案例教学法在高中化学教学中实施的阅读感知、引发思考、小组合作、归纳整合、提升认识五个阶段，提出了在化学教学中实施的几点思考。

《化学教学》2009 年第 5 期

## 中学化学问题教学策略的研究

黄志忠

阐述了问题教学策略应包括问题情境的创设、问题分析的引导、问题解决的组织和问题结论的讨论，并介绍了中学化学实施问题教学所须注意的事项。（1）创建和谐的学习氛围。（2）充分发挥学生的主体性。（3）“问题教学”是一种开放式教学，向教师提出了新的挑战。

《化学教学》2009 年第 5 期

## 整合生活知识促进有效性化学教学

张 莉 金继波

在中学化学基础性课程教学中，应从教学策略和学生认知能力出发，整合生活知识，使课堂导入出奇制胜、课堂教学生动形象、课后作业充满趣味，提高学生学习兴趣，实现有效教学。教师应当通过展示实物，引发学生直观思考，以及悬念故事，吸引学生探索蕴藏的化学知识，魔术趣味实验，吸引学生探究奥秘，应用生活例子打比方，把抽象知识具体形象化。另外，还可让学生在课堂上做一些小型辩论。

《化学教学》2009 年第 5 期

## 高中化学探究课中教师引领的三重境界——以“卤代烃”教学为例

陆 莉

笔者以人教版化学选修 5 中“卤代烃”这一节知识的教学为例，就高中化学探究课如何达成教师引领的三重境界，谈谈自己的一些实践体会。境界一：学生独立探究，教师启发提升思维层次，实现感性认知向理性思维的飞跃。境界二：创设问题情境，教师引导学生探究，激发学生思维深度。境界三：教师通过“典型问题”演绎学科思想，学生“模拟探究”学科思维方法。

《化学教学》2009 年第 5 期

## 研讨课“盐类的水解”的教学评析

高兴邦

围绕有效教学的问题，以“盐类的水解”为对象，对课堂目标、新课引入、课堂系列活动进行了评析。

《化学教学》2009 年第 5 期

## 挥之不去的教学困惑

吴孙富

统考试题的答案是以教材和资料为依据制定的，统考试题的答案可以以教材和资料为依据作适当的修改，但不得依据杂志或实验进行修改。为了对学生的分数负责，对于一些无法回避的问题，只好照本宣科地向学生传授课本上或资料上的习题，这成了笔者中学化学教学生涯中挥之不去的困惑。

《化学教学》2009 年第 6 期

## 实现高效化学课堂教学的几种途径

窦晓明

笔者在长期的化学教学中总结了一些方法，教学实践也证明这些方法是行之有效的，例如紧紧抓住化学实验这一主线，使之成为激发学生学习欲望，培养学生思维习惯、思维品质和创造力的原动力；大胆地让学生走上讲台，实施“兵教兵”；寓教学于活动中，学以致用，让学生走向社会，关注社会，充分调动学生的学习积极性，激发学生的求知欲，使学生主动、高效地学习。

《化学教学》2009 年第 6 期

## 重实践重实效致力于能力培养

陈少康

笔者根据教学实践，提出培养学生的能力应根据学科从实际出发，重实践、重实效，把要求落实到课堂，融入教与学的活动中。

《化学教学》2009 年第 6 期

## 以任务为中心组织教学，改善教学内容的系统性

刘利强

针对新教材中知识系统性不强的弱点，可以“任务中心”实施高中化学的课堂教学。以“氧化还原反应”的教学为例，呈现了“任务中心”教学设计的思路与具体内容，总结了“任务中心”教学设计的优点及不足之处。

《化学教学》2009 年第 6 期

## 化学新课程教学中实施绿色化学教育的策略探讨

王　春

在中学阶段进行绿色化学理念的教育，有助于培养具有绿色化学和环保意识的高素质人才。本文以新课程标准下绿色化学的内涵

为基础，对如何在化学新课程教学中实施绿色化学教育进行了初步的探讨。新课程教学中实施绿色化学教育的策略研究：(1)深入研究和科学改进教材实验，消除实验污染源，为学生渗透绿色化学意识；(2)积极推行微型化学实验，有效控制环境污染，为学生增强绿色化学观念；(3)努力开发原子经济反应，合理选择物质制备路线，为学生树立绿色化学理念。

《化学教学》2009 年第 7 期

## 新课程理念下高中化学教学培育学生情感目标的策略

苏香妹

本文从三个方面介绍了新课程理念下高中化学教学培育学生情感目标及策略：1. 高中化学情感教学目标的定位。2. 高中化学情感目标的陈述。3. 高中化学情感目标达成的教学策略。其中包括：(1)创设活动情境，培育学生情感；(2)挖掘德育素材，培育学生情感；(3)渗透化学史，培育学生情感；(4)与学生生活、环境、生产、科技、社会问题的密切配合，培育学生情感；(5)应用活动表现评价学生情感发展，培育学生的情感。

《化学教学》2009 年第 7 期

## 论化学教育改革的创新与继承

孙元清

本文回顾几十年来化学教育改革的历程中，尤其是近三十年来所围绕的几个主要问题展开，包括化学教育的对象、化学教育的价值、化学教育的内容、化学教育的途径和方式等，探讨改革中创新和继承的情况，以便更好地促进化学教育改革，实施素质教育，提高化学教育质量，减轻学生过重的课业负担，促进学生的发展。

《化学教学》2009 年第 8 期

## 提高课时教学目标有效性的研究与实践

陈永良

通过对课时教学目标设计的调研分析，揭示课时教学目标设计中的目标失效的主要问题。结合作者实践探讨如何提高课时教学目标有效性。(1)把握整体性和分层性原则；(2)把握全面性原则；(3)把握目标陈述的准确性和简约性原则；(4)把握预设性与生成性原则。

《化学教学》2009 年第 8 期

## 高三化学教学中“师生有效互动”的探索与实践

张宏艳

通过创设真实教学情境、分组合作、学生实验、“学案”导学等教学环节，引导学生积极参与教学过程，自主学习，注重师生交流、积极互动、共同发展，探索化学教学师生有效互动的途径。

《化学教学》2009 年第 8 期

## 中学化学教学中提高学生批判性思维能力的实践

陈　兴

着重探讨了中学生批判性思维能力的现状、批判性思维的意义以及在中学化学教学中提高学生批判性思维能力的方法：(1)充分利用化学发展史进行教育，使学生树立批判的意识。(2)破除迷信、挑战权威，树立批判的勇气和信心。(3)教学中要充分运用多种方式和手段，提高学生的批判性思维能力。为提高中学生的素质提供一些借鉴。

《化学教学》2009 年第 8 期

## 高中化学课堂“生成性”教学的实践和思考

叶林美

笔者根据教学实践阐述课堂上教师如何捕捉有效的“生成性”教学资源，对有效的“生成性”教学资源整合的策略，以及要达到“生成性”教学的理想境界的几点思考。1. 课堂上教师善于捕捉和利用“生成性”教学资源，发挥引领作用，使课堂教学内容更加丰富。2. 对课堂“生成性”教学的思考：具有扎实的化学专业知识；积极积累，努力提升教学机智；具有与学生“分享课堂”的观念；具有热爱化学教育事业的品质。

《化学教学》2009 年第 8 期

## 刍议“互动式”化学教学的策略

何建军

“互动式”化学教学应充分体现教师在教学中的导学作用，积极引导学生参与动眼、动脑、动手、动口的学习活动。创设积极互动的教学情境，构建民主和谐的师生关系。教学过程真正成为师生共同构建新知、富有个性化发展的创造过程。常用的策略有：1. 启迪激趣——创设良好的学习情境；2. 引导读书——让学生学会学习；3. 巧妙安排——优化组合讨论小组；4. 巧用鼓励——创设愉悦互动情境；5. 以评促学——建立客观积极的评价标准。

《化学教学》2009 年第 9 期

## 浅谈化学教学“同理心”

林在昶

“同理心”是师生交往的基础，如果教学过程中，缺乏同理心，教师不能与学生“换位”，那就会脱离教学实际，难以进行有效的教学并有良好的教学效益。本文从以下几个方面探讨新课程教学的新策略和新模式：1. 打造充满诚信和积极主动的课堂氛围：诚实对待学生；培养诚信的价值观是最为重要的教学目标；努力创造积极主动的课堂氛围。2. 夯实掌握知识和发展能力的课堂根基：美感是激发兴趣的重要途径；从换位思考落实最近发展区原理。创造充满同理心的课堂气氛，为学生掌握知识、发展能力、提高素质、增强觉悟发挥更好的作用。

《化学教学》2009 年第 9 期

## 基于认知计算建模技术的科学探究活动模型构建研究

韦斯林　贾远娥　唐　力

探究是科学学习的核心，以认知理论为指导，设计、实施探究活动可以有效提高教学的效果。本研究利用认知心理计算模型与科学探究要素的耦合，建构了科学探究活动模型。多项实践证明，该模型实践性强，有效而可信，对促进青少年全面科学素养的提高具有积极意义。

《化学教学》2009 年第 9 期

## 课堂教学中“铺垫”的原则

王小莉

课堂教学中的铺垫，是指教师有意识地为学生学习后续内容“铺路”，使之形成合理认知结构的一种教学艺术，它不仅有利于开展师生之间的双边活动，也有利于促进学生学习能力的形成和发展。本文阐述了课堂教学中铺垫的常见类型有：导入型铺垫；概念型铺垫；比较型铺垫；难点型铺垫；体验型铺垫；拓展型铺垫。原则有：科学性原则；心理性原则；适度性原则；引导性原则；统一性原则。

《化学教学》2009 年第 10 期

## 加强人文素质教育遏制“反化学”蔓延

沈 峥

在科技迅猛发展的 21 世纪，有关化学的负面事件造成了人们的“反化学”倾向。教师应从多个角度、多种途径加强学生的人文素质教育：(1)适当增加人文知识，扩大知识视野；(2)加强心理素质教育，形成积极健康心理；(3)提高道德修养，构建高尚人格；(4)培养审美鉴赏能力，丰富情绪、情感；(5)注重动手能力的培养，适应社会需要。培养学生健康的思想、高尚的品格、良好的审美能力等，并以此引导正确合理使用化学，杜绝危害事件的发生，遏制“反化学”思想的蔓延。

《化学教学》2009 年第 10 期

## 浅谈化学教学中学生创造性思维的培养

陈阿民

该文介绍了通过以下几条途径来培养学生的创造性思维能力：1. 激发学生想象能力培养学生创新思维；2. 保持学生好奇心理激发学生创新潜能；3. 创设和谐学习氛围培养学生创新意识；4. 培养学生思维能力唤起学生创新欲望；5. 培养学生求异思维，鼓励学生探索创新。通过激发学生想象能力，创设愉悦和谐的教学氛围，保持学生的好奇心理，培养学生的思维能力及求异思维，引导学生探索性地学习，促进学生全面发展，唤起学生的创新意识，鼓励学生探索创新，最终在实践活动中提高创新能力。

《化学教学》2009 年第 10 期

## 初高中化学教学衔接问题的思考和建议

胡瑞英

该文对初高中化学教学的衔接问题涉及课程内容、教学方法等多个方面的成因和解决办法进行思考和探索。分析了初高中化学教学衔接问题的成因，包括：(1)教学目标和要求不同；(2)教学内容存在明显的断层和错层；(3)教学方法不同；(4)学生学习习惯不同。提出了处理初高中化学教学衔接问题的建议：在教学组织安排上，要提高衔接意识；在学科知识层次上，要认真钻研；在教学方法上，要有的放矢；在学习习惯培养上，要加强指导和帮助。

《化学教学》2009年第10期

## 化学教学呼唤“真探究”

杜稼勤

通过对初中化学“燃烧与灭火”一课教学模式的讨论，揭示了新课程理念下的教学呼唤“真”探究。可以从以下几个方面去寻求探究点：1. 从传统的实验中去挖掘；2. 从生活的细节中去探寻；3. 从熟悉的环境中去关注。

《化学教学》2009年第10期

## 泛黄的笔记，成长的足迹

林赛霞　林海斌

在回顾初中化学教学经历的基础上，整理并分析1991年、1998年和2006年的3节“二氧化碳的性质”课的教学思路，感悟教学改革的历程，回顾个人成长的足迹。(1)备课形式在变：刚刚踏上讲台的几年里备的是“详案”，接着往往是“简案”。但是，有些“简案”简约而不简单，其目的是将认识物质的任务留给学生，从而发现更多的问题，提出更多的方案。在量和质上提升课堂教学。(2)教学方法在变：从讲述到问答的变迁，从实验到探究的提升。实验是化学学科的特征所在，但实验的主体（教师还是学生）在发生变化，实验设计的主体也在发生变化。这些教学方法的改变，其根本原因在于教学理念的变革。这些变化正是教师认识与实践化学教学的发展过程。

《化学教学》2009年第11期

## 化学问题也需谨防“山寨版”

田长明

该文就教学中在化学问题的设计和解答中遇到的“山寨版”问题进行了阐述。(1) 根据通性，以偏概全：在设计化学问题时既要注意事物共性，更应该研究事物的个性，不能全盘“仿制”，否则就会犯错。(2) 根据规律，按图索骥：化学规律的运用是有条件的，我们在解决问题时要具体情况具体分析。(3) 根据类比，由此及彼：有些化学问题在设计时利用了类比，因为没有经过严格的逻辑论证，在解答过程中考虑问题不全面。从而解答不严密。(4)根据现象，蜻蜓点水：对于化学反应。我们只能观察到现象，而反应的本质，我们就必须进行探究，而不是作蜻蜓点水式的简单定论，但有些化学问题的设计就是如此。

《化学教学》2009 年第 11 期

## 缄默知识理论在化学教学中的运用

何如涛

缄默知识是非常重要的，它们事实上在支配着人的认识活动的整个过程，是人们获得显性知识的“向导”，研究缄默知识及其在教学中的应用，有着十分重要的意义。本文阐述了缄默知识理论对化学教学的几点启示。(1)教学过程应成为积累、发展缄默知识的过程。缄默知识是整个知识总体中的基石，应当在教学过程中受到重视。学生获取缄默知识可能通过两个途径：一是通过实践活动而获得；二是由于显性知识及其辩护理由的遗忘或记忆不全而形成。教学活动是一种实践活动，应成为学生获取缄默知识的重要渠道。教师在教学中应当为学生获取或发展缄默知识创设条件、提供机会。(2)让缄默知识显性化，提高学生的认知水平。认识和理解教育教学生活中缄默知识的关键一步就是使它们“显性化”，从而才能够加以检验修正或应用。(3)评价既要重视显性目标又不能偏废隐性目标。无论是化学的诊断性评价、形成性评价，还是终结性评价，都应该深入学生的缄默知识与潜意识。在评价方法上。应该采取多种评价技术。例如，通过自我陈述的调查表来分析学生能够意识到且能够用言语表达的缄默知识，通过试卷、作业或其他能够表现学习成果的作品来分析学生的缄默知识和认识模式对于他们分析问题和理解问题时的影响，而不仅仅是记录和判断他们犯了什么概念错误、用语错误。

《化学教学》2009 年第 11 期

## 化学“同课异构”析“异”“同”

江正玲

“同课异构”已成为当前中学化学教研的主流形式和课堂教学评比的重要方式，但是对于“同课异构”中的“同”和“异”尚存在着不同的认识。通过对“同课异构”的概念、原因和表现的分析，探讨“同课异构”的价值及发展方向，阐释“同课异构”中的“同”和“异”。目前的“同课异构”实质上是指基于相同教学课题的不同教学实施。“同课”之所以能够进行“异构”，主要有以下几个原因：首先是教师的个性差异。其次是学生的学力差异。最后是资源的处理差异。“同课异构”的表现在：(1)目标和内容层面——因材施教；(2)策略和方法层面——教无定法；(3)个性和风格层面——扬长避短。“同课异构”的价值在于求“同”求“异”，作为教学研究的方法，通过“同课异构”比较同一种教学策略或方法在不同学生、不同教师的实践中是否能够收到相同的效果，以检验教学策略和方法的适用性。

《化学教学》2009年第11期

## 学案导学教学模式的实践与思考

周业虹

学案导学教学模式是指以学案为载体，以导学为方法，教师的指导为主导，学生的自主学习为主体，师生共同合作完成教学任务的一种教学模式。在化学教学中运用学案导学模式设计合理的学案并发挥学案的作用，缩减教师的讲授时间以让学生更多地参与讨论和相互质疑，培养其自主学习能力。操作过程包括：示案自学，以案导学；自主探究，合作讨论；精讲点拨，归纳总结；扣标整合，形成网络；当堂达标，迁移拓展。

《化学教学》2009年第11期

## 对化学教学的人文思考

吴雪梅　徐峥嵘

本文对化学教学与教师人文素养的关系进行了理性的思考，并结合作者的教学经验进行了分析。化学人文课堂教学的策略主要有：创设人文性的情景，讲授人文性的理解，组织人文性的活动，体现人文性的习题。教师的人文底蕴促进化学教学，教师的专业化发展需要人文素质的支撑。

《化学教学》2009年第12期

## 让化学充满“绿色”——高中化学教学中渗透绿色化学教育理念的行动研究

韩　峰　蒋道明

本文探讨了在化学教学中如何渗透绿色化学的理念，通过行动研究把绿色化学理念贯穿于化学教学的始终，来帮助学生树立绿色化学思想，培养学生的绿色化学意识。从绿色化学的角度来看，中学化学中许多物质的制取反应、性质实验、化学工艺等都是值得讨论和重新考虑的。这给改革课堂教学、课程资源整合、培养学生的创新精神提供了良好的契机。(1)充分挖掘教材中的绿色化学资源，在化工生产的内容中、元素及其化合物教学中、在能源教育中渗透绿色化学理念；(2)在化学实验教学中进行绿色化学教育，改进实验方案和装置，优化实验效果，化学实验微型化处理，通过多媒体进行实验教学；(3)结合习题对学生进行绿色反应的教育，绿色化学的内涵在近几年高考试题中有所体现和渗透。

《化学教学》2009 年第 12 期

## 浅谈“比较教学模式”在化学教学中的应用

高兆芬

比较法是确定对象之间差异和共同点的逻辑方法，也就是对比两个或两类事物，确定它们之间的共同点和不同点的一种思维方法。应用比较法建立一种“比较教学模式”，并将其运用到教学中，既可以区分异同、深化知识、探讨方法、归纳知识，提高学生统摄知识的能力，又可以激发学生学习积极性和主动性，达到事半功倍的教学效果。比较教学模式在化学教学中的应用主要有：(1)在基础理论教学时，建立“比较教学模式”，加深学生对知识的理解；(2)在元素化合物知识的教学中，建立“比较教学模式”，区分知识的异同；(3)在实验教学中建立“比较教学模式”，提高学生探究知识的能力。

《化学教学》2009 年第 12 期

## 化学新课程中要注意“四个转变”

李　旻

一、由重视“结果”向重视“过程与方法”转变。真正让学生在化学科学探究中设计实验、观察现象、进行实验，自己得出结论。充分展现与教学相关的贴近学生生活实际的例子，引导学生把化学概念和规律同具体的化学情境有机结合起来。二、由重视“熟记型学习”向重视“感悟型学习”转变。在化学新知识、新规律、新方法的学习中去追寻“为什么”，在做好化学各种练习之后多问问自己做练习的目的和收获，练习中寄寓的化学思想和方法。想一想这些练习有什么启发。三、由重视“解题训练”向重视“理论联系实际”转变。做好做足实验，让学生在探究实验中亲自体验发现问题、提出问题、解决问题的乐趣。多给学生实践思考的机会，鼓励学生开展课外活动，引导学生多进行观察思考，多从生活、身边发现实际问题，及时应用化学知识解决实际问题。四、由重视“定向思维训练”向重视“发散思维培养”转变。要在教学中创设民主、平等、和谐的氛围，重视对同一化学实验的不同实验现象和结论的分析，对相同的化学问题，进行不同解决思路的思考。多设计一些开放性的问题，让学生有更多的假设可能和提出问题的方向。鼓励学生标新立异，培养敢于质疑问难，保持探索兴趣和创新意识。

《中学化学》2009 年第 1 期

## 高中化学探究式教学初探

周　艳　魏志刚

一、对探究式学习的认识：以建构主义理论为依据，强调以学生为中心、以探究为主的教学，倡导学生主动参与、探究发现、交流合作的学习方式。是一个充满创造性的教学过程。二、化学探究教学的方式：科学探究、实验探究、设计探究、习题探究。

《中学化学》2009 年第 1 期

## 中学化学演示实验的教学原则

李高艳　王存宽

高中化学必修教材人教版安排了 40 个演示实验，鲁科版 44 个，苏教版 25 个。教学中要注意如下原则：①目的性原则：要有利于突出教学重点、突破教学难点。在实验开始时，要求学生明确实验目的，知道观察什么、如何观察。②安全性原则。③直观性原则：实验现象、实验操作、仪器装置要直观。④互动性原则：教师通过提问、与学生共同操作或将演示实验交给学生操作等途径来促进学生主动参与。⑤启发性原则：首先，以趣激疑，将认知矛盾转化为思维动力，之后，在演示实验中不断引导思维，调动学生把观察和思维紧密结合起来积极思考，使学生的认识由表及里逐步深化。完整的实验教学过程为：介绍主要仪器的名称、用途、使用方法及装置原理，引导学生观察现象，启发学生把各种感知转化为积极的思维活动，并通过分析综合，揭示出蕴涵在现象后面的实质。⑥规范性原则。

《中学化学》2009 年第 2 期

## 论新课程背景下化学教学创新发展的途径

张章录

一、构建“教学生态”：以“金属与盐溶液反应验证金属活动性强弱”“合金”“钢铁的锈蚀及防护”为例阐述构建动态、和谐、发展的生态课堂。二、开发课程资源：以“把二氧化碳倒入放有燃着蜡烛的烧杯中的实验”“化石燃料的利用”为例阐述了重视课堂资源、用好网络资源、扩大资源范围。三、建立人本文化：尊重学生人格，给学生自由发展的空间。尊重学生主体意识，促进学生个性发展。平等对待学生，保证学生身心健康成长。

《中学化学》2009 年第 2 期

## 《学记》中的启发式与中学化学教学

王佳佳

《学记》中的启发式教学集中体现在“故君子之教喻也；道而弗牵；强而弗抑；开而弗达。道而弗牵则和；强而弗抑则易；开而弗达则思。和易以思，可谓善喻矣”。教师在教学中要树立两个意识：民主意识和人本意识。

《中学化学》2009 年第 4 期

## 让化学课堂焕发“思辨”的魅力

李文福

一、“换”——让学生换一个角度思考问题，比如习题教学。二、“引”——引导学生寻微探幽。三、“堵”——适时“堵”学生习惯的思维途径，比如化学平衡移动。四、“变”——变教案为预案，比如碱金属教学。

《中学化学》2009 年第 6 期

## 《化学 1》中元素化合物知识的教学设计

陆　军

一、在《课程标准》中元素化合物知识内容标准：选材重在典型，按性质不同分为金属和非金属两大类。教学要求适当降低，大多处于“列举”和“了解”层次。二、教科书中元素化合物知识的编排情况：三个版本的教科书主要介绍一些基本的或典型的化学事实，如物质的物理性质、化学性质、用途以及与生活、社会的联系等，注重知识的实用性和有效性。同时安排了许多实验及探究方案，通过提供实验事实、科学史话等感性材料，帮助学生学习。人教版和山东科技版在系统呈现元素化合物知识之前的第二章中集中安排了物质的分类、氧化还原反应和离子反应等概念与原理知识，为元素化合物知识的学习做好了铺垫。苏教版则在专题1中介绍了物质分类的思想，在专题2中结合卤素、钠及其化合物的性质穿插介绍了氧化还原反应和离子反应等知识。三、元素化合物知识的教学策略和设计案例：①在社会生活情境中认识物质的性质，例如氯气的性质。②以核心概念为指导学习物质的性质，例如钠与水反应的教学。③在已有知识基础上探究物质的性质，例如过氧化钠性质的教学。④按研究的一般思路探究物质性质，例如二氧化硫性质的教学。

《中学化学》2009年第7期

## 情感目标达成的有效策略

苏香妹

分析了高中化学情感教学目标的定位，列举了关于目标表述所用的动词和具体目标，提出了目标达成的有效策略包括：①创设活动情境，培育学生情感。②挖掘德育素材，培育学生情感。③渗透化学史，培育学生情感。④与学生生活环境生产科技社会问题的密切配合，培育学生情感。⑤应用活动表现评价学生情感发展，培育学生的情感。

《中学化学》2009年第9期

## 新课程背景下高一化学基础知识教学研究

赵凤玲

高中新课程改革在观念、目标、功能、结构、内容及评价等方面均有重大变革，其核心环节是课程实施，强调学习方式的改变。高一化学是学生学习化学基础知识的重要组成部分，包括氧化还原、元素周期律、物质的量等理论知识。本文针对目前高一学生在化学学习中存在的主要问题，提出了高一化学基础知识的教学建议：1. 加强教材研究；2. 加强对学情的研究；3. 坚持以学案为中心的课堂教学策略；4. 重视实验教学；5. 加强学生解题规范性、条理性的培养；6. 培养学生自省的习惯；7. 高度重视教材安排的家庭小实验。

《教育与教学研究》2009年6月第6期

## “铁的重要化合物”初高中课堂衔接教学

费伦猛

对比分析初高中的新课程标准，分析其中的三维目标。再具体结合“铁的重要化合物”的教与学，分析学生现有知识水平，在最近发展区确立课堂衔接的教学起点；渗透学科思考和方法，强化课堂衔接教学的学法指导。在此基础上，对初高中课堂衔接提出几点教学思考。并由此对布点教学法进行教学反思：1. 有利于学生主动地建构认知结构；2. 有利于教师顺利地完成角色转换；3. 有利于提高课堂教学的有效性。

《现代中小学教学》2009 年第 7 期

## 提高中学化学课堂教学有效性的新思路

陈加柱

新课程改革把如何促进学生学习方式的变革作为重点之一，倡导自主、合作、探究的学习方式。本文结合高一化学“氯气”（人民教育出版社“化学 1”）这一具体课例，介绍江苏省特级教师姚湘仁老师创立的布点教学法。介绍布点教学的教学过程——感知激图、布点优图、分层育图和反思评图。

《中小学教学研究》2009 年第 8 期

## 从生活经验到科学概念：化学教学起点的教学策略

王后雄

本文根据化学新课程中基本理念“要从学生已有生活经验出发”，阐述了教学起点设计的教学论依据：“生活经验”知识的存在形式和“生活经验”的教学起点设计。论述了戴尔在 1969 年提出的“经验之塔”，知识的起点应从直观的生活经验开始。在此基础上，提出了以生活经验作为化学教学起点的教学策略：1. 重视联系，促进同化；2. 合理筛选，满足教学；3. 有效迁移，促进学习；4. 纠正错误，实现转变；5. 挖掘已知，强化应用。

《教育科学研究》（京）2009 年第 4 期

## 新课程背景下高中化学课堂教学结构模型探析

沈旭东

本文通过对多个课堂教学设计优秀案例的统计分析，提出了高中化学课堂教学结构模型：认知结构、知识结构及能力发展是课堂教学的组成要素；学生的学、教师的教及教材知识三者间的和谐统一是课堂教学的高效保障。该教学结构模型强调了教学中“认知流”，并指出学生在其中是课堂教学的主体，而教师则是促进“认知流”建构的组织者、引导者与合作者，起着主导的作用。

《现代中小学教育》（长春）2009年第3期

### 基于认知策略的“物质的分类与提纯”教学模式与实践

鲍农农　赵雷洪

“物质的分类与提纯”是高中化学教学体系中的重要内容，本文基于认知策略的教学模式进行了教学实践：1. 概念的辨析——内涵与外延，结合学生的经验和认知水平，在教学的初始阶段采用低层次认知策略；2. 评价与应用，使用精细加工等中层次认知策略；3. 学科思想的形成，使用高层次认知策略——组织策略，进行系统工程的整体设计思想。并对不同层次的认知策略进行了反思。

《中学教学参考》2009年第3期

### 有机计算题型及解法

穆玉鹏

本文结合具体例题阐述了有机计算题的题型和解法。一、求有机物分子量；二、求有机物的分子式；三、有机物燃烧问题；有关混合物组成有机计算。

《中学生理科应试》（哈尔滨）2009年第3期

### 实施观念建构教学　关注学生认识发展

肖　蔚

化学基本概念是整个中学化学知识的基础，能深刻反映化学过程的本质特征，但因其抽象使教学难度增大，存在较多的问题。本文以离子反应和弱电解质的电离两个教学案例来剖析建构注意下的概念教学策略：1. 关注学生的前科学概念与原有认识；2. 实施核心观念建构，关注学生的认识发展。

《中学教学参考》：理科（南宁）2009年第4期

### 化学“启发点”的选择及启发方式的运用

吴良根

启发式教学是一种先进的、科学的教学观。一、化学教学中“启发点”的选择：1. 在知识重点处寻找启发点；2. 在新旧知识衔接处选择启发点；3. 从回答问题的“卡壳处”挖掘启发点；4. 从练习错误的疑难处探寻启发点。二、化学启发式教学的形式：1. 实验启发；2. 设疑启发；3. 直观启发；4. 比喻启发；5. 比较启发；6. 联想启发；7. 情境启发；8. 主线启发。

《湖北教育》（武汉）2009 年第 4 期

## 熵理论在中学化学新课程中的融合运用

张明月　胡志刚　叶兆举

课改后的教材在难度上降低了许多，但是在短时间内要学习的知识却大大增加。本文根据物理化学中的概念熵理论和耗散结构理论类比运用到化学的课堂教学中来。提出了教学的组织结构不清引起熵增加；教学系统不合理引起熵增加；教学人员的个人素质不强引起熵增加以及教学过程课堂掌控不够引起熵增加的问题。首先根据耗散理论引入负熵使化学由无序向有序发展：1. 加大系统开发性，增加系统负熵流；2. 非平衡状态下的学习达到有序；3. 通过系统内部各要素非线性作用达到创新；4. 促进学生思维自组织活动减少熵的增加。再次运用熵理论指导新课程实验教学：1. 运用熵理论进行开放式实验教学；2. 运用熵理论进行探究式实验教学；3. 运用熵理论引导学生对实验进行自组织学习。

《福建基础教育研究》2009 年第 5 期

## 人教版化学必修模块教材插图的运用策略

黄书升

本文从具体的实例来分析人教版化学必修 1 和必修 2 的教材插图的含义，引导、启发学生积极思考，从而使教材插图的作用最优化。根据教学内容对不同的插图进行解读：1. 渗透 STSE 教育的插图；2. 帮助学生形成化学基本概念与基础理论的插图；3. 培养学生观察能力与动手能力的插图；4. 培养学生分析处理图表数据能力的插图。

《教学与管理》（太原）2009 年第 1 期

## 初高中化学知识衔接教学问题初探

黄亚婷

在使用新课程标准下的新教材后，学生在进入高中的学习后会有很大的难度。本文结合苏教版《化学》教材谈高中化学教学中如何做好初高中知识衔接问题的思考。一、要了解新课程知识内容的变化。二、要注重初高中教材的研究。三、教学中如何做好知识的衔接：1. 利用旧知识，衔接教材内容；2. 利用旧知识，挖掘更新知识；3. 利用旧知识，整合完善知识；4. 补充新知识，弥补脱节知识。四、衔接教学中应注意的问题：1. 不要脱离学生实际知识水平和能力，过快与高考要求接轨，造成学生负担过重；2. 不要片面追求难度，使一大片学生产生“退步”的错觉；3. 不要片面加大作业量，使学生疲于奔命。

《上海教育科研》2009 年第 3 期

# 化学课程研究

## 农村中学化学校本课程的开发、实施与管理

黄恭福　黄利华

化学校本课程开发是化学校本课程资源从无到有的过程，而化学校本课程的实施是教师对课程资源进行识别、筛选、加工、规划的基础上，如何利用这些资源进行教学，如何使教学更有效的研究。本文以桃源县为例，分析并研究了县域整体推进农村中学化学校本课程的开发、实施与管理工作的基本流程与基本模式，并对化学校本课程开发与实施的基本途径与内容进行了探讨。最后，作者指出：(1)化学校本课程的开发不是学校自编教材；(2)化学校本课不能等同于活动课；(3)化学校本课程与课堂教学相结合不是刻意追求“新、异”的教学内容；(4)化学校本课程开发案例不等同于活动课案例；(5)开发化学校本课程不会影响学生“双基”学习。

《化学教育》2009 年第 1 期

## “趣味化学实验与生活化学”校本选修课的开发实践与反思

汪文翔　孙　颖

新一轮课程改革，把课程内容分为必修课程和选修课程，其中选修课程又分为国家规定的选修课程即选修 1 和学校自主开设的校本课程即选修 2。校本选修 2 的开设，把教师从以前教别人的教材转变成课程的开发、设计与实施者，拓展出更大的发展空间。作者以学校 2007—2008 学年开设的“趣味化学实验与生活化学”选修课为例，从课程说明、课程设计与实践、课程调控及课程评价几个方面阐述了在校本选修课的开发与实施过程中的理

念、经验和做法。

《化学教育》2009 年第 2 期

## 新课程背景下的化学活动学习

赵小敏　潘洪建　吴　星

活动学习是化学课程学习的基本方式，在新课程背景下，探讨化学教学中活动学习的实质、价值和化学活动学习的形式，对于优化化学课程的教学具有十分重要的意义。一、化学活动学习的内涵。二、中学化学活动学习的基本特点。1. 化学活动学习以化学实验为载体。2. 化学活动学习的内容主要是围绕学生日常生活和现实社会生产中的化学问题进行的科学探究活动。3. 化学活动学习是一个综合性活动过程。三、化学活动学习在化学新课程实施中的地位。1. 有助于实现化学课程目标。2. 有助于促进学生主体生动地发展。3. 有助于化学课程的全面实施。四、化学活动学习的基本形式。包含了化学探究实验、化学晚会、化学研讨会和辩论赛、家庭小实验和小制作、化学参观和调查活动等多种学习形式。五、实施化学活动学习的策略。1. 体现学生的自主性。2. 贴近生活，联系社会。3. 关注活动过程的合作性。4. 重视思维活动引导。5. 重视活动过程的开放性。

《化学教育》2009 年第 4 期

## 开发校本课程　培养学生的环保意识——泾河平凉段水污染情况的调查研究

温恒泰

在校本课程中，通过组织学生对泾河平凉段水污染情况进行实地考察，采集水样并分析，明确了泾河河水被污染的原因和造成的危害，并提出了治理泾河污染的一些建议，同时培养了学生的环境保护意识。一、调查的经过。对泾河各段污水样本进行简单的化学分析。二、调查的结果。大量的城市污水和工业污水使泾河河水受到严重污染。三、平凉市城区污水的实验报告。说明了学生检测河水污染物所使用的方法及结论。四、泾河河水被污染的危害。五、治理平凉市污水对泾河污染的建议。1. 建立污水处理厂，污水净化后再排放。2. 完善污水地下排放系统。3. 依法整顿各排污工厂。4. 市民监督。5. 宣传环保。6. 新建企业的污染情况要通报。

《化学教育》2009 年第 5 期

## 高中化学新课程的校本化实施

刘一兵　沈　戮　李春辉　闫立泽

本文通过介绍高中化学新课程校本化实施的内涵，提出了校本化实施的基本策略并阐述了内部运作该从哪些方面入手。一、高中化学新课程校本化实施的内涵。1. 关注高中化学课程标准对所有学校所有学生学习化学的共同要求。2. 关注学校中教师和学生的情境性实践。二、高中化学新课程校本化实施的基本策略。1. 高中化学新课程校本化实施的外部支持。①国家要完善普通高中化学课程标准的修订。②地方政府和师范院校要加大对高中化学新课程校本化实施的扶持。2. 高中化学新课程校本化实施的内部运作。①教学目标的校本化。②教学内容的校本化。③教学方式的校本化。④教学评价的校本化。三、高中化学新课程校本化实施的实践探索。1. 充分利用校内外的优势资源。2. 让部分微型化学实验进入普通教室。3. 利用微型化学实验仪器和方法进行探究性教学。4. 运用微型化学实验仪器进行实验创新设计。四、结语。

《化学教育》2009 年第 6 期

## 以“我与化学”为基础的校本课程开发

王开科

本文介绍广州市增城高级中学以该校学生“我与化学”实践活动为基础，从课程性质、理念、目标、内容、实施和资源开发与利用等方面开展的研究。学校利用“我与化学”活动的永恒性、开放性、多样性、实用性、综合性和无限生成性等特点，实现了“我与化学”活动校本课程化，并力图形成具有实际操作和推广价值的动态开放式校本课程体系。

《化学教育》2009 年第 9 期

## 新课程视阈中化学教学的生命关怀

徐月新

新课程对传统课程的超越就在于它重建了现代教学的理念，明确了知识与技能、过程与方法、情感态度与价值观的三维目标。这是一种整体的教育观，这种整体教育观所要培养的人也就是整体的人。所谓“整体的人”，也就是不失之褊狭而能获得完整性发展的人。因此，基于这样的理论视点，就会觉得传统的课堂教学给予学生生命的关怀太少了，致使他们在功利性的操作中苦恼和憔悴。因此，就学生而言，学习就是建构人生的过程。而教学也必须以学生的生命存在与发展为前提，因为“人的生命首先是作为个体而存在的，离开个体生命的自为存在，一切都会失去真实的承担者和前提”。本文拟就化学教学如何关怀学生的生命发展及其价值取向作一浅谈，主要包括三个方面：以人文的情怀培育生命和谐的伦理美德；以探究的方式关怀生命的创造性发展；以化学文化精神促进学生的心灵养育。

《中学化学教学参考》2009 年第 1/2 期

## 谈新课程下的化学研究性学习

翟远杰

落实新课程，开展研究性学习，目的是使学生体验科学研究的过程，激发学习化学的兴趣，强化科学探究意识，促进学习方式的转变，培养学生的创新精神和实践能力。研究性学习是一种全新的学习方式，教师要为学生介绍开展研究性学习的目的、意义，激发学生的学习热情，消除学生对研究性学习的神秘感，增强学生做好研究性学习的自信心。精心准备阶段要做好方法指导和物质准备；指导选题阶段要做好从教材中选题、从化学实验中选题、从生产和生活中选题、从社会热点中选题、从化学前沿中选题、从化学发展史中选题；控制进程重视评价要注重评价内容的多元化、评价主体的多元化、评价方法的多元化。

《中学化学教学参考》2009 年第 8 期

## 校本教研从“我”做起

王青岗

随着新课程在全国的实施，新课程理念已被越来越多的人接受，各地各学校开展校本教研的气氛也越来越浓，催促着教师的专业化成长，同时也为新课程的实施创造了良好的外部环境。但就校本教研的开展情况而言，存在着不平衡和肤浅的问题。特别是许多一线教师对校本教研认识欠全面欠深入。通过几年的新课程教学实践，开展校本课程，应从“我”做起。从“我”的课程资源做起，具体要收集“我”的课程资源，要整合好“我”的课程资源；从“我”的学生做起，具体要了解学生的知识技能基础、思维习惯和情感态度，要承认学生的个体差异，切实做到因材施教。从“我”的教学做起，具体要备课、上课、作业批改、辅导和课后反思是教学中不可缺少的环节。备课要做到备标准、备资源、备学生、备教材、备教法和备学法。对教学一线教师而言，校本教研并不高深，教学的每一个方面，都是进行校本教研的切入点。

《中学化学教学参考》2009年第11期

## 教学资源整合利用中的不当行为

朱志江　乔中云

在教学现实中，教学资源整合利用中的不当行为还很普遍。1. 教学视野狭窄，拘泥于教材，教学中缺乏必要的课外资源。2. 资源整合能力不强，使用不当，成为一种有害教学行为。3. 固守教案预设，看不到学生思维火花，放弃生成教学资源。4. 习惯于经验，对知识把握不深刻，不能巧妙利用已经生成的教学资源。并进行了举例说明。

《化学教学》2009年第7期

## 《普通高中化学课程标准》的"终身学习"思想浅析

关广鹏

解释了"终身学习"的理念、特征和要义。普通高中化学课程标准中的终身学习思想体现在培养目标和理念、课程内容、评价体系中。

《中学化学》2009年第11期

## 生命教育视野下的"化学与生活"模块教学（一）

张彩霞　胡志刚　王　锋

"化学与生活"模块最能体现生命教育的内容，包括生命组成的必需元素、生命赖以存在的物质基础、生命更高层次的保障品、生命世界之美。还包括生存教育和安全教育的内容。

《中学化学》2009年第12期

## 《实验化学》模块教学困惑及其对策

包朝龙　郑志信

全国实施新课程实验的省份很少选择《实验化学》这个模块，其原因可能是教材中所涉及的内容和要求与中学教学实际相差较远。经过一年多的教学实践，本文作者探讨了苏教版高中化学《实验化学》模块的教学方法：一、模块教学的基本方法：课内课外相互协调；必修选修相互融合；新课与复习课相互渗透。二、从教材、教师和评价的角度对模块教学提出了问题和建议。

《现代中小学教学》2009 年第 7 期

## 对高中化学新课程的课程内容的探讨

胡久华　王　磊

普通高中化学课程标准界定了高中化学新课程的课程内容，然而广大中学化学教师对此还存在一些认识的分歧。笔者认为有必要对教师的观点进行梳理，并对这些问题进行深入、系统的讨论。一、如何看普通高中化学课程标准中的内容标准，要关注课程内容的“多元化”“层次性”和“建构性”；二、怎样认识各种化学新课程的课程内容的系统性；三、怎样认识高中化学新课程的课程内容的基础性：1. 教师常常将原来的知识体系作为基础性的参照系。2. 新课程注重选择性，选择结果对有些学生来说要求降低了，对有些学生来说要求提高了。3. 高中化学新课程的基础性是由必修和选修共同来保证的。4. 基础是螺旋发展、层级构建的，并不是只有“一竿子插到底”才是有利于基础的；四、怎样认识高中化学新课程的课程内容的深广度；五、怎样看高中化学新课程的“大学内容下放”。

《教育科学研究》（京）2009 年第 1 期

## 化学教师实验研究选题的新视角

孙丹儿　王祖浩

中学化学课程实验有着培养学生科学素养、启迪学生科学思维等重要作用。但是多年来教师在化学实验研究的选题上都存在着明显的不足。本文结合化学教学实际，从新的角度对教师开发实验课题提供新的思路，以期对提高理科教师的实验研究能力有所启迪：1. 设计“物化”实验感知抽象知识；2. 优选反应条件改进常规实验；3. 根据“异常”现象确立实验课题；4. 基于设计方法寻求研究课题；5. 将“社会生活元素”融入实验课题；6. 结语。

《上海教育科研》2009 年第 2 期

## 新课程背景下化学教学内容的加工和呈现策略

李兴武

基于新课程背景，本文结合化学教学内容，提出了如下的化学教学内容的加工和呈现策略：1. 教学内容的经验化策略；2. 教学内容的情景化策略；3. 教学内容的生活化策略；4. 教学内容的问题化策略；5. 教学内容的可视化策略；6. 教学内容的活动化策略；7. 教学内容的结构化策略。

《教育理论与实践》（太原）2009 年第 3B 期

## 化学课程中进行生命教育初探

王　锋

教育离不开生命，生命教育是全人教育。作为化学学科教学情感态度与价值观目标的一个重要的内容，教师要树立正确的生命教育意识，关注生命、培养生命意识。一、从化学学科角度认识生命物质和生命过程：1. 生命物质的组成；2. 生命化学反应；3. 生命化学进化；4. 生命之美。二、应用化学知识保护生命：1. 环保教育；2. 安全教育；3. 生存教育；4. 健康教育。三、体现生命教育的化学实验教学。四、生命教育的最高层次——生命性化学教学课堂的构建。

《教学月刊》中学版（杭州）2009 年第 2 期上

## 生活化系列化学实验设计与教学思考

李世凤　熊言林

化学是一门实践性和应用性很强的科学，贴近生活和社会是化学实验改革的重要指导思想，也是高中化学课程新标准新理念的体现和要求。笔者对生活化系列化学实验进行了初步研究和思考：1. 开展生活化系列化学实验的意义：有利于提高学生化学学习的兴趣、有利于化学知识与技能的巩固和系统化、有利于培养学生的动手能力和实践创新能力、有利于促进化学教师的专业发展。2. 生活化系列化学实验设计原则：目的性原则、科学性原则、生活性原则、可行性原则、趣味性原则和安全性原则。3. 生活化系列化学实验设计的案例——碘的生活化系列化学实验。4. 教学思考：化学教师应有主动开发生活化系列化学实验案例的意识、化学教师应有积累和运用生活化系列化学实验案例的意识和化学教师应有亲自动手试做生活化系列化学实验的行动。

《教学仪器与实验》2009 年第 8 期

## 从点缀到主角——新世纪科学教育中 STSE 的课程形式与功能演进

陆　真　沈　婷　钱海滨

因循科学技术和科学教育发展而诞生的教学，几十年来在课程形式和功能上的演变经历了三个阶段，完善了其教学地位，并在新世纪基础教育课程与教学改革中发挥着新的功能。论文试图以理科化学课程为例，阐明不同的课程作用与演进形式，并从实现理科课程教学三维目标的角度论述了的教学作用。

《课程教材教法》2009 年第 5 期

## 中学化学中的定义形式及其教学启示

邱道骥　孟献华

定义是对概念的语言表述，本文具体结合中学化学知识分析了定义的构成、作用和分类。并阐述了定义的三种方法：属加种差定义方法、操作定义方法和类比定义方法。在此基础上提出了定义的规则：定义项和被定义项的外延应该相同；定义不能循环；定义通常不使用负概念或否定的语句。

《中小学教师培训》（长春）2009 年第 4 期

# 化学学习研究

## 农村民族学生学习化学的心理动机及对策初探

陆光海

作者对贵州省三都水族自治县三洞中学 22 名水族学生、周覃中学 60 名布依族学生、交梨中学 60 名苗族学生进行了摸底调查，并对调查结果进行了剖析得出相关的结论，作者认为农村民族学生这一群体学习化学动机主要表现在属于意愿方面的学习动机和属于受前途、社会、家庭、学校等影响的学习动机这两个方面。作者提出了激发农村少数民族学生学习化学心里动机的对应策略，主要有以下八个方面：(1)教学要体现从生活走向化学，从化学走向社会的新教学理念，提高学生的学习意向；(2)认真上好化学实验课和开展丰富的课外活动；(3)中考制度的改革方案须慎重；(4)从多种渠道资助贫困学生完成学业；(5)抵制打工浪潮，严禁有关单位招童工现象；(6)净化社会风气，营造良好的学习生活环境;(7)让学生转变传统的就业思想，迎接各种挑战;(8)地方、学校要制定符合本地区的课程方案，开发地方或学校的课程资源。

《化学教育》2009年第1期

### 关于电化学错误概念的探查与分析

任红艳　李广洲　付超群

作者研究采用团体测查和个案访谈的方法，对104名高三学生和108名大一学生进行了电化学概念理解的探查。调查结果表明，学生对溶液的导电性和电中性的理解存在一些典型错误，主要表现在两个方面：一方面是关于电解质导电性的错误理解；另一方面是关于溶液电中性的错误理解。在此基础上，作者分析了学生形成这些错误概念的原因，并提出了如下两点促进电化学错误概念转变的教学策略:(1)合理借助多媒体教学手段模拟化学电池的工作过程;(2)注意化学和物理学科知识的相互联系和影响。

《化学教育》2009年第3期

### 新课改理念下化学愉悦学习观的培养策略

苗深花　曹继莲

愉悦学习观是新课程改革理念体现的一种学习观念。本文介绍了愉悦学习的好处，并阐述了化学教学中教师如何利用多种策略来培养学生的愉悦学习观。一、借助多种积极因素，促使学生获取愉悦之情怀。1. 营造愉悦的学习氛围。2. 运用语言艺术。二、挖掘教材美感，促使学生感受化学之美感。注意挖掘教材中的美的因素，并有机地融入教学中，让学生在审美愉悦中掌握化学基本知识和基本技能。三、运用化学实验，促使学生体验化学之趣味。1. 变教师演示实验为学生实验。2. 增加趣味性实验。四、联系生产实际，促使学生体会化学的广泛用途。五、选用多媒体技术，使学生融入学习乐趣之中。六、进行多样化评价，促使学生享受成功之乐趣。1. 对学生实施积极和鼓励性评价。2. 对学生进行分层和对等性评价。

《化学教育》2009年第5期

### 新课程背景下高中生化学学习心理障碍因素的调查与分析

吴江明　苏仕标

化学学习中的心理障碍因素会严重影响学生形成健康的学习

心理，影响学习效果。笔者通过实验法对高中生化学学习心理障碍因素的调查与分析，并提出在教学中需要注意的地方。一、问题提出。学生在学习化学过程常遇到的障碍与学生的心理素质有很大关系。二、研究对象和方法。巢湖一中高一年级、高二年级共 1 848 名学生。研究方法有问卷法、调查法、谈话法、个案研究法、训练法、实验法、统计法。三、调查分析。1. 化学学习情况基本相似。2. 在教学过程中应培养学生学习化学的自信心。3. 教师在学生掌握化学基本知识的过程中应重视培养学生创新意识。4. 学生调控矫正意识不强。5. 缺乏问问题的勇气。四、在实验教学中把握的原则和采取的措施。1. 教学中把握的原则。①学法指导与学生心理特点相适应。②理论指导与实践相结。③科学性与思想性统一。④普遍指导与个别辅导相辅相成。2. 教学中采取的措施。①对学生平等、尊重、信任、理解。②多用疏导，少用压制。③让学生了解自己的心理特点。④对学生进行学法指导和心理辅导。⑤采取灵活多样、积极有效的教学组织形式和现代化教学手段。五、研究效果。结果显示，学生心理障碍明显减轻，心理素质有了较大提高，成绩进步明显，取得了显著的效果。

《化学教育》2009 年第 6 期

## 试论高考中化学学习能力的考查与培养

傅兴春

本文通过对化学学习能力的重新分类：1. 过去的学习能力；2. 现在（即时）的学习能力；3. 未来的学习能力。对高考中化学学习能力的考查和培养提出一些见解：1. 过去的学习能力是学生在学科学习的全过程中得到的知识、技能和方法的总和。要从知识与技能的学习中，获得学习能力；从基本方法的学习，提升学习能力。2. 即时学习能力的获得要靠教师在教学中有意识地培养，学生在日常学习中逐步养成。充分利用教材资源，学习和掌握学习方法；适时利用试题资源，训练和达成学生学习能力的提高。3. 培养未来的学习能力，要从问题解决中学习新知识，掌握新方法；从问题的研究中，得到研究方法的训练，获得研究能力；在成果的正确表达和总结提升中，培养学习能力。从而对高考化学试题编制和化学教学设计提供一些启示。

《化学教育》2009 年第 8 期

## 化学周记——构建教与学“双赢”的一种新途径

何如涛

本文介绍指导学生尝试写化学周记来激发学生学习的兴趣，增强化学学习的情感，张扬自己的个性。并结合教学实践阐述化学周记的内容：关于化学课程内容、教师的教学方法、自身学习化学等各方面的感受与思考，在周记中可以写任何有关化学学习的东西。和体现的教学价值：化学周记有助于学生学好化学、化学周记能提升教师的教学品位。及注意的几个问题：及时批阅，恰当评价、正确引导，防止“僵化”、科学认识，把握关键。化学周记是一种全新的学习方式，它顺应了新课程改革的要求，给学生提供了极广阔的思维空间。

《化学教育》2009 年第 9 期

## 中学生物质变化微观认识水平的调查研究

黄　琼　毕华林

物质变化时中学化学课程的重要内容，科学理解物质变化的微观本质，对于中学生理解物质变化的原理，形成正确的物质变化观具有重要意义。通过问卷调查对中学物质变化微观认识水平进行了调查，并结合测查中的典型错误指出物质变化教学中存在的问题，深刻感受到中学生关于物质变化的微观认识水平较低尤其是对于溶液中化学变化的微观认识，大多数中学生的认识存在偏差。在不同年级，随着学生化学知识的不断积累，中学生的微观认识水平有所提高，但差异并不显著，说明这种提高主要依赖于化学知识的增加而非学生思维方式的转变。虽然中学生通过化学学习掌握了具体的微粒性知识，但并没有达到真正地理解，更没有形成宏观与微观相结合的化学思维方式，难以运用所学的微粒知识合理地分析和解释宏观现象。因此，中学化学课程和教学应大力实施以理解为本的教学，重视学生化学基本观念和思维方式的培养。

《化学教育》2009 年第 10 期

## 高三化学选修班学生对“温室效应”的认知调查

刘建祥

在学生已经了解 $CO_2$ 是影响大气“温室效应”的主要气体之一以及 $CO_2$ 浓度越高“温室效应”越大的实验结果的基础

上，对学生关于“温室效应”进行两个层面的认知情况调查：一、宏观层次认知的调查结果与分析。1. 学生对“温室效应”基本知识的认知及分析；2. 学生对“温室效应”的认知途径及分析；3. 学生对“温室效应”危害的认知及分析；4. 学生对“温室效应”问题社会责任感的认知及分析；5. 学生对减弱“温室效应”加剧应采取的措施的认知及分析。二、微观角度的认知调查结果与分析。1. 气体分子的结构与温室效应；2. 气体的温度随时间的变化；3. 温室气体对气温的影响等。从而得出学生对有关常见的知识认知水平比较高，但总体认知不够全面和深入。

《化学教育》2009 年第 11 期

## 化合物与混合物迷思概念检测工具的发展与诊断

张　莹

主要运用谈话和问卷等形式来设计化合物与混合物迷思概念的二段式检测工具。调查分析发现，学生的迷思概念主要集中在生活经验型、名词产生型、概念混淆型和宏微错位型 4 个方面。并根据相关实证研究探讨学生性别、所在地区等因素对化合物与混合物迷思概念的影响。

《化学教育》2009 年第 12 期

## 使用对比法挑战化学教学难点

王金峨

对比法是科学研究中的基本理论方法之一，是进行科学分类的基本前提，对比法有实验对比，具体为现象对比、性质对比。还有概念、理论、元素化合物的对比，在对比中升华思想，具体表现在新旧知识进行对比、酸碱环境的对比、反应发生条件的对比上。在化学教学过程中，运用对比法说明问题不仅仅能够教会学生基本知识，更重要的是能够训练他们的基本技能。找到事物之间的联系与区别，就很容易找到问题的突破口，以一种清晰的思路去分析解决问题。有了这样的基本思想，学生面对新鲜事物便不会无所适从，创造力也自然而然地有机会得到发挥。列宁曾说过，任何比较都不会十全十美，它常常只是拿所比较的事物或概念的一个方面或几个方面相比，所以，总是具有不完全性。要克服比较方法的弊端，就要力求把它置于全面的基础上。只有全面，教和学才能得到可持续发展。

《中学化学教学参考》2009 年第 1/2 期

## 科学考试中学生解化学题常见的思维误区分析

王盛之

科学学科是一门综合应用学科。现在的科学中考越来越重视对思维能力的考查，解化学题的思维能力要求越来越高。初中生参加科学中考，生理与心理、知识与能力上的局限性必然会有许多思维误区。加上心理紧张、意志薄弱等因素，造成不该失去的分数也会失去。科学中考中学生解化学题容易产生思维误区的主要题型：信息迁移试题、实验设计试题、图表类试题、开放性试题、科学探究试题、综合应用试题等。思维是人脑对客观事物本质属性与规则的概括的间接反映，思维的品质主要包含思维的广阔性、深刻性、灵活性、批评性、敏捷性等。要让学生走出思维误区，就要加强应用知识的能力培养、加强学法指导、加强问题解决的思维过程训练来提高学生的思维品质。

《中学化学教学参考》2009 年第 4 期

## 高中化学学困生学习兴趣的激发

林能顶

学生的差异必然存在，教师必须认识到这种差异，初中的学生兴高采烈地接触化学，而高中的学生由于学习成绩的原因，逐渐对学习化学失去信心，甚至持放弃的态度，若任其发展下去，这部分学生就很难适应社会的需要。因此，教师必须对这些学困生进行激发学习兴趣的教育。结合自己的教学实践，从课的引入、成功体验、化学家故事、生产生活知识、化学实验、学习情境创设等方面阐述如何激发学困生学习兴趣，从而形成积极的学习态度。具体表现为以课的精彩“引入”激发学困生的学习兴趣；改变评价方式以成功体验激发学困生的学习兴趣；以化学家学习的曲折经历激发学困生的学习兴趣；以知识在生产生活中的应用激发学困生的学习兴趣；以一些趣味实验、探究实验激发学困生的学习兴趣；精心创设学习情境，激发学困生的学习兴趣。

《中学化学教学参考》2009 年第 5 期

## 化学学习中学生认知建构的过程及教学策略

张克龙

试图结合高中化学教学实践的研究，探讨化学学习中认知建构三个中心环节“同化、顺应和组织”的一般微观过程。结合化学教学实践提出，一个在化学学习中完整的顺应过程应包括“心向—探究—意义建构”三个阶段。初级到高级的化学学习同化过程包括“模仿—扩展—自动化—搜寻同化”等阶段。顺应使个体建立了新的认知图式，同化则扩展了认知图式的容量并达到高级水平。单一的认知图式只能解决相应的单项问题，这是认知发展过程中的第一次自我调节，第一次自我调节使个体的思想和客观实际相一致；不同认知图式经过协调和整合，形成一定的组织关系—整体的多元认知结构，个体掌握了整体的多元认知结构才能解决综合的实际问题，这是认知发展过程中的第二次自我调节，第二次自我调节使个体的思想和客观实际更加协调一致。这就是化学学习中个体认知结构发展的一般模型（见下图）。成功实现这一认知发展模型，加快它的发展过程，是高效实现新课程倡导的知识与技能、过程与方法、情感态度与价值观三维目标的重要途径。

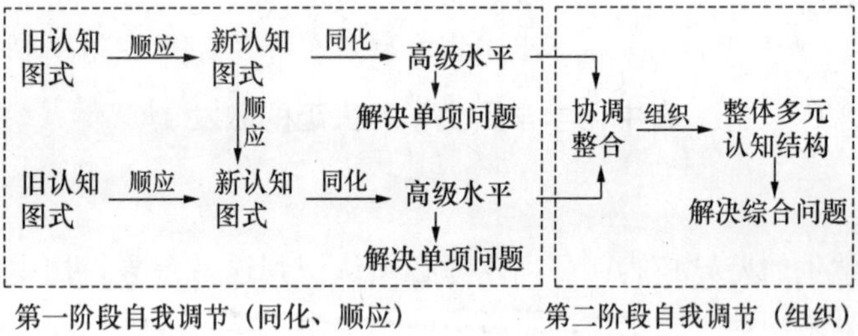


图　个体知识结构发展的一般模型

《中学化学教学参考》2009 年第 6 期

## 对新课程课堂教学学生有效学习的思考

李永红

有效学习是指学生在规定的时间内，按照预定的学习目标，通过教师有组织的多种教学活动，完成生成新知的活动过程。其主要特征为：①目标性；②主体性；③实效性；④生成性；⑤交互性。影响学生有效学习的教学因素：①教学目标的确定须适度；②教学内容的选择须适当；③教学方法的运用须适切；④师生关系须和谐交融；⑤教学手段的选用须适合；⑥教学监控与评价须及时。有效学习教学策略的实施：先行组织的策略；注重启发的策略；形式多样化的学习和教学方式策略；注重激励的策略；因人因材施教的策略；及时反馈的策略。要实施上述教学策略，教师必须提高自身教学的设计能力、实施能力、调控能力和研究能力。在实现学生的有效学习中，教师要转变自己的教学方式，不断地提高自身的专业水平，掌握有效教学策略知识，引导学生改变学习方式，在教与学的互动中与学生共同提升和发展。

《中学化学教学参考》2009年第6期

## 影响高一年级学生化学学习的因素及教学建议

刘旖洁

对处于初中向高中阶段过渡期的高中一年级学生而言，化学学习现状和影响化学课程学习的因素的调查应从增强学生学科情感、培养良好学习习惯、加强师生情感交流、丰富教学环境、提高实验教学等方面挖掘学生的非智力因素。学生由初中阶段进入高中后，通常会在化学课程学习中出现滑坡现象。因为从知识结构和从概念、规律及研究方法等方面来说，初中到高中的化学学习都存在一个飞跃。通过对高一学生进行问卷调查，调查结果分析：学生普遍认为高中化学难度变大且心理压力较大；学生尚未形成良好的学习习惯，学习方法不恰当，学习中存在惰性心理；自我期望和信心较高；绝大部分同学喜欢动手实验；绝大部分学生学习化学的原因是化学是必修课和为了考试。教师如何才能利用化学学科自身的特点在教学中培养学生的非智力因素，可以从以下几个方面着手：培养学生对化学的学科情感，使兴趣成为学生学习的动力；教给学生正确的学习方法，培养学生良好的学习习惯；建立良好的师生情感，加强师生情感交流；运用多种现代教学手段，丰富教学环境和课外生活；加强实验教学，增强学生动手能力。

《中学化学教学参考》2009年第7期

## 用辩证思维优化高中化学学习方法

孙家栋

自主探究是充分发挥学生学习积极性，以学生为本的学习方式，是“高中新课程标准”的基本要求。从认识论的螺旋式上升原理、矛盾的一般性和特殊性原理、事物的普遍联系原理等方面探讨用辩证思维优化高中化学学习方法，提高自主探究能力的有效途径。“高中化学新课程标准”在课程目标中规定学生“能对自己的化学学习过程进行计划、反思、评价和调控，提高自主学习化学的能力”。较过去的“高中化学教学大纲”更注重学生的

“学”，埃德加富尔在《学习生存》一书中说：“未来的文盲，不再是不识字的人，而是没有学会怎样学习的人。”对于高中生而言，辩证思维相比逻辑思维更能锻炼自己的自主探究能力和创新能力。运用辩证思维优化学生的学习方法是在新课程理念下提高自主探究能力和学科素养的有效途径。

《中学化学教学参考》2009 年第 8 期

## 分类法在化学学习中的运用举隅

赵玉泉

运用分类法对数以万计的化学物质和化学反应进行科学分类，再分门别类地进行学习、研究，从而找到有关规律，把握化学物质及其变化的本质属性和内在联系。在进行科学探究活动时，运用分类法进行的科学预测。在进行基本概念学习时，有些基本概念由于比较抽象而难以准确理解，由于不能恰当把握概念的内涵和外延而难以正确应用，运用分类法有时可以很好地解决这样的问题。在解决复杂问题时，如果能够按照一定的标准把研究对象分成几种类型，采取化整为零、各个击破的策略，即可以达到将一个复杂的问题分解成若干个简单的问题，从而获得完整解答的目的。在进行知识体系建构时，如何将已经学习的众多的、零散的化学知识建构起合理的、有序的、系统的知识体系呢？显然，只有将众多的、零散的化学知识进行科学的分类，才能建构起便于掌握的、完整的知识体系。

《中学化学教学参考》2009 年第 9 期

## 空间想象能力影响化学键知识学习的调研

何　刚

化学键是高中化学物质结构知识部分的一个基本概念，也是重要的理论内容之一。在学习这部分内容时，需要学生充分发挥自己的空间想象能力。为了探究空间想象能力对学生学习化学键的影响，笔者编制了调查问卷《关于空间想象能力对化学键知识学习影响因素的调查问卷》对宿迁市的 656 名高中生进行了调查。调查结果经过统计分析，学生的空间想象能力的差异，不仅会影响到学生对信息的提取、制造和迁移，空间想象能力还与学生性别及其化学键知识学习成绩存在显著关系，男生的空间想象能力明显强于女生；空间想象能力与化学键知识学习成绩呈正相关，说明在不考虑其他因素影响的情况下，学生的空间想象能力越强，其化学键知识的学习状况越好。

《中学化学教学参考》2009 年第 10 期

## 促进高三化学学习困难学生自我监控能力发展的策略与实践

丁革兵

“能对自己的化学学习过程进行计划、反思、评价和调控，提高自主学习化学的能力”是《普通高中化学课程标准（实验）》的课程目标之一。对自己的化学学习过程进行计划、反思、评价和调控能力，也就是化学学习的自我监控能力。以 3 个教学案例阐述了促进新课程高三化学学习困难学生的自我监控能力发展的策略：课前学案导学，发现知识缺陷，提高学生的自我认识；课堂多向交流，暴露思维过程，体验自我监控过程；课后测评反馈，实施“一卷两改”，培养学生学习活动后的自我监控能力；测试讲评，实施“一题两讲”，提高问题解决的自我监控能力。并说明实施上述策略的前提是相信学生、尊重学生和加强指导。

《中学化学教学参考》2009 年第 12 期

## 新课程背景下学生化学创新能力的培养

吴振强

创新教育是以培养人的创新精神和创新能力为基本价值取向的教育，是知识教育基础上的更高要求。在学生掌握学科系统知识的同时，发展学生的学习创新能力，这是创新教育的核心。通过运用模型、拓展想象；点拨思维、探索规律；习题归类、引导总结；梯度训练、提高能力；可以让学生在原有知识的基础上通过自己的思考去发现新内容、总结新规律、创新新方法、积累新知识的途径。

《中学化学教学参考》2009 年第 12 期

## 化学教学培养学生元认知能力的探索

马志成

元认知是美国心理学家弗拉维尔最早在 1976 年提出的，它包括元认知知识、元认知体验和元认知监控等方面，是“以认知过程的结果为对象的认知，或是调节认知过程的认知活动”。大量的调查研究事实表明，学习能力强的学生的元认知水平一般较高，即他们善于计划、调控、评价自己的学习过程，善于灵活地应用各种认知策略去达到既定目标。化学教学中培养学生元认知能力的策略主要有增强学生元认知学习的意识、强化科学知识发生过程中的教学、积极为学生提供学习过程反馈、运用元认知理论引导学生反思、加强对学生元认知操作的指导。

《中学化学教学参考》2009 年第 12 期

## 三面延伸突破过氧化钠性质的学习

张顺清

该文主要对过氧化钠的学习进行了多方面延伸。通过实验进行各方面的研究与分析，并对一些题目进行解决。

《化学教学》2009 年第 1 期

## 激励学生探究性学习的教学策略及其教学行为特征

杨卫国

该文阐述了激励学生探究性学习的教学策略:(1)能动性策略：鼓励质疑、引导自主编题、激励个性发展。(2)过程性策略：①让学生共同设计发现化学规律、探求化学新知的方案或实验步骤，并参与寻求化学真理的实践活动。②通过参与上述活动，让学生自己从中感悟出探求和掌握新知的一般方法。③教师成为教学过程的信息源媒介体、学生学习的引路人、教学节奏的调控者。(3)开放性策略：①创设开放的教学情境。②形成开放的师生关系。③提供开放的教学内容。④给学生开放的时间和空间。指出了实施激励学生探究性学习的教学策略的教师教学行为特征。(1)注重化学探究学习的非智力因素的培养;(2)重视探究方法的训练;(3)加强创新精神的培养。

《化学教学》2009 年第 2 期

## 专家与新手学生化学知识理解水平的比较研究

张新宇　王祖浩

本文以“化学平衡状态的判断”作为研究载体，探讨了专家学生和新手学生在化学知识理解水平上的差异。并以两个班级的学生为研究对象进行观察研究得到一系列比较结果并就此对教学提出了相关建议。

《化学教学》2009 年第 2 期

## 论化学课外探究活动在学生学业发展中的作用

朱少祥

本文举例论证了化学课外探究活动的重要作用。一、激发了学生的学习兴趣。二、优化了学生的学习方式。三、拓展了学习的空间。四、培养了社会责任感。五、促进了学生的学业发展。

《化学教学》2009 年第 2 期

## 给学生创造有意义的学习经历

郭君瑞

给学生创造有意义的学习经历，其意义就在于如何高效地实现课程目标。有意义的学习经历具有以下四个方面的特点：自发性、参与性、发展性和反思性。该文指出要以学生发展为目标，通过采取将学习内容生活化、问题化、活动化和系统化等方式，引导学生质疑、调查、探究，主动地、富有个性地开展学习。

《化学教学》2009 年第 3 期

## 新课程理念下不同化学学习方式的评价初探

吴 冰 王伟群

新课程改革倡导“立足过程，促进发展”的课程评价，倡导形成性评价和终结性评价相结合，定性评价和定量评价相结合，自我评价和他人评价相结合，更重视评价的激励功能和改进功能，提倡评价目标的多元化和评价方式的多样化。将不同的学习方式与相应的评价方式有机联系起来，根据学习方式选择正确有效的评价方式，促进评价体系的进一步完善和发展；同时又能促进学习方式的不断改进和教学效果的不断提高。

《化学教学》2009 年第 3 期

## 非智力因素与幼师化学后进生的相关性研究

周 军

以问卷的形式调查统计了非智力因素与幼师生学习成绩的相关性，确定了非智力因素对造成和形成学生后进现象的重要影响。并在此基础上从提升学生的学习方法、实践能力、情感态度和价值观等几个方面，构建其解决策略和转化化学后进生的实践教育改革的实践证明。

《化学教学》2009 年第 7 期

## 论化学学习内容的内化

郑长龙

该文介绍了化学科学经验传递理论，阐述了化学学习内容的构成。学生积极、主动进行意义建构的心向，是化学学习内容有效内化的重要前提。学生有效内化化学学习内容的“三个平台”：在真实情景中内化；在探究活动中内化；在合作交流中内化。

《化学教学》2009 年第 8 期

## 化学学习动机的激发和培养

方志坤

学生是否具有强烈的化学学习动机是学好化学的关键。我们可以从教学吸引、兴趣培养和反馈评定等方面着手，激发和培养学生的化学学习动机。具体有以下几方面：1. 认知冲突的利用；2. 加强教学内容的新颖性；3. 充分体现学生的主体地位；4. 培养学生的化学学习兴趣；5. 学习效果的积极反馈；6. 充分利用化学实验。以此唤醒学习情绪、增强学习准备状态、提高学习注意力和增强学习意志。

《化学教学》2009 年第 10 期

## 运用无意注意规律实施化学有效教学

沈　峥

学习是一种艰苦复杂的脑力劳动，如果单纯依靠有意注意，就会使教学失去吸引力，也容易造成学生的疲劳，从而引起消极情绪。此时无意注意是课堂大餐的调味品，可以激发学生的学习兴趣，从而提高课堂教学效率。把无意注意运用于教学活动的各个环节的具体做法有：(1) 激发学生的兴趣，唤醒学生的无意注意；(2)利用教学方法的多样化，吸引学生的无意注意；(3)运用现代教育技术，吸引学生的无意注意；(4)沟通新旧知识的联系，吸引学生的无意注意；(5)联系学生生活实际，吸引学生的无意注意。

《化学教学》2009 年第 11 期

## “化归”“类比”“集合”在“物质的量”概念教学中的应用

何正堂

一、渗透化归思想，自然引出概念：基本形式有化未知为已知、化曲为直、化整为零、化零为整。用称量绿豆实验促使学生形成化零为整的思想，引出微观粒子与宏观可称量物之间可通过一个物理量建立联系。二、渗透类比思想，准确掌握概念：将“物质的量”与其上位概念“量”“单位”联系起来，再将其与平行概念从物质的属性、定量反映形式、单位、单位基准这四个方面进行对比。三、渗透集合概念，强化深化概念：借助生活中的计数基准，比如“打”“扎”“包”等理解“摩尔”的概念。

《中学化学》2009 年第 2 期

## 理解概念重在建立恰当的心理表征

黄　璨　龚娟熙

理解知识如何应用的前提是理解它是如何在头脑中表征的。概念表征的方式主要有言语表征、原理定向表征、表象表征、概念网络表征、方法学表征、图示表征。要根据概念的特征恰当地运用概念表征方式。

《中学化学》2009 年第 3 期

## 建模思想在化学教学中的应用

盛锡铭

运用建模思想解题的一般过程：抽象化研究对象建立模型，运用模型解决问题。举例说明了具体应用：建立化学方程式模型、建立关系式模型、建立化学式模型、建立公式模型、在概念教学中的应用。

《中学化学》2009 年第 3 期

## 浅议化学课堂教学中学生问题意识的培养

蒋赵军

①创设问题情境，激活思维，让学生想“问”：例如氯气的新授课。②创设问题争论，引发思维碰撞，让学生敢“问”：例如次氯酸的漂白性。③科学思维“授人以渔”，让学生会“问”：比如学习胶体的内容。

《中学化学》2009 年第 3 期

## 试论图示理论在化学概念教学中的应用

熊言林　张剑锋　徐泽忠

图示理论的基本要点是：图示具有变量和一般性、图示具有知识性和结构性、图式的形成是新旧知识的有效整合。图示理论在化学概念教学中的应用有：①利用图示变量，抓住化学概念特征信息，例如“电解质”的概念。②利用图示关系，理清化学概念的内在联系，例如“原电池”的概念。③利用图示形式，进行化学概念间的迁移，例如电解平衡概念、氧化还原反应概念。④利用图示的知识性，指导化学概念的应用，例如“电解”的概念。

《中学化学》2009 年第 5 期

## 试论化学符号语言的特征及其教学策略

马　力　王后雄

化学符号语言的特征有抽象性、内隐性、简洁性、工具性、易失性。相应的教学策略有：①多种感官协同记忆策略。②联系预测策略。③精加工策略。④知识结构化策略。⑤多重表征策略。⑥练习反馈策略。⑦概念图策略。

《中学化学》2009 年第 6 期

## 思维导图教学策略在化学教学中的应用

周业虹

一、关于思维导图：定义及理论基础。二、化学教学中应用思维导图的教学策略：①构建思维导图的步骤，例如“物质的分类”。②思维导图技能的教学策略：定向、模仿、整合、熟练、创新，例如“物质的量”“盖斯定律”“氮及其化合物”。三、实施思维导图的思考：①提升信息加工的能力。②发展思维能力。③促进过程性评价。

《中学化学》2009 年第 8 期

## 高中化学新课改教材中概念呈现方式初探

周艺娟　肖开选

本文结合山东版新教材“物质的量”这一概念为例，对在教学实践中同一个化学概念的呈现策略和方式进行了探讨和分析，并得出对于概念教学的启示。一、理论基础：1. 现代认知心理学为研究概念呈现方式提供了有力的研究工具；2. 知识只有与应用联系起来才是有意义的；3. 从建构主义教学理论的观点来看；4. 新旧版教材比较。二、概念的呈现方式：1. 将概念的定义直接以文字的形式呈现出来；2. 将概念整合到不同的学科当中呈现出来；3. 将概念的呈现与图片联系起来；4. 通过相关的变式训练进行概念呈现；5. 基于探究活动的概念呈现；6. 与真实世界联系起来的概念呈现。三、对化学新教材概念教学的启示。

《新课程研究》基础教育（武汉）2009 年第 3 期

# 化学课程教材教法

化学课程教材教法历来是化学教育领域最核心、最热门也是最被课程专家和一线教师所关注的话题。在这里，专家的理论指出教学应遵守的基本指导思想、方法和原则，一线教师则用鲜活的经验促进教学理论的完善、改进和发展，二者交相辉映。

2009 年有关化学课程教材教法的研究，主要集中在化学新课程实施现状、化学新课程实验教科书、化学自主合作探究教学、化学实验教学、化学复习课教学、化学教学情境创设和化学教学设计 7 个方面，主要呈现如下特点：

① 研究者对新课程的实施现状倾注了很大热情。2009 年涌现了一批关于新课程实施情况的调查报告，较为真实地反映了新课程改革的实施现状。一线教师也在实施新课程中对自己的教学实践进行反思。

② 通过对新教材使用情况的跟踪调查，研究者们对新课程实验教科书中存在的问题提出了不少看法和改进建议。对教材的“二次开发”进行了剖析，拓展了教材中的实验内容，并就如何用好教材中的栏目设计提出了建议。对化学新教材的分析不仅限于《实验化学》《有机化学基础》等教材的宏观分析，还包括对教材中的表格资源、试剂品种和用量、化学概念的比较等细节的关注。

③ 自主合作探究学习已经成为新课程实施中的一个重要的研究课题。研究者总结了探究学习的内涵、意义以及化学教学中探究学习理论运用的策略与方法。探讨了课堂教学时间的有限性和探究活动的无限性的矛盾解决，特别关注了探究学习的有效性问题。实施科学探究，培养创新精神。结合教学实践，重点阐述了通过实验开展探究式学习的各种策略。

④ 研究者们提出加强实验教学是提高化学教学有效性的重要途径，能够激发学习兴趣，调动积极因素；促进学生积极参与学习过程，主动获取知识。中学越来越重视化学实验教学，内容包括从实验装置到实验素材命题，从化学实验调演的反思到实验探究教学的实践。除了对常规化学实验仪器进行改进以外，更加关

注对化学实验中的异常现象的深入剖析和化学原理的探究分析。中学化学实验的技术性是中学最普遍开展研究的内容，包括实验试剂、实验装置和仪器、实验操作、实验结果表现方式以及实验安全污染问题等方面的研究。调研活动中的多数案例，在不同程度上体现了技术性研究的各种有效设计策略。传感器技术在2009年的研究有所拓展，例如探究苯酚与溴水反应类型、甲烷与氯气反应情况，作者将传感器技术应用于被文献忽视的有机化学反应，独特的视角值得借鉴。

⑤ 如何设计和上好高三复习课、习题课及试卷讲评课是一线教师最能驾轻就熟的研究主题。研究者一直认为，复习课教学要体现新课程理念、使用思维导图、来帮助学生理清知识脉络、构建知识结构、强化基础知识、加强纵横联系、注重知识应用。在概括整合和拓展应用中大幅度地提高化学新课程的总复习效率。

⑥ 研究者论述了化学问题情境的构成要素，探讨了化学课堂教学问题情境的设计方法，指出了创设问题情境应注意的问题。还对新课程实施两年来的情境教学运用与化学教学的实际状况进行了理论分析和实践研究，从教师开展情境教学的目的、态度、能力、方法、体验和教师对化学新教材情境内容的认识等方面进行了分析。

⑦ 教学设计是一线教师最为擅长的研究主题，2009年发表了大量优秀的教学设计案例，体现了新课程的教育教学理念。但美中不足的是关于教学设计的理论提升还略显薄弱。

⑧ 中学化学教学中的疑难问题主要涉及实验类和知识类。教师们本着严谨认真的态度，解决实验类疑难问题的主要方法是实验探究与验证。对于知识类问题，则从大学化学的高度予以解释。

## 化学新课程实施现状

### 新课程“物质结构与性质”选修模块教学情况调查与分析

芮鹏程　江家发

作者对教师和学生在使用普通高中化学课程标准实验教材人教版《物质结构与性质》的情况进行了调查，并根据调查结果，对实施新课程标准后教师的教和学生的学两方面的现状进行了分析。在“物质结构与性质”模块（人教版）的使用过程中，教师克服了很多困难，他们的教学理念正在逐渐转变，教学方法也在不断进步，教学素养在不断提高，专业水平得到了比较好的提升。作者对于学生的学习情况主要是从以下三个方面进行论述和分析：(1)教材的编写能突出以学生为中心，通过对新教材的使用，学生能比较好地掌握教材的内容，完成学习任务；(2)教材使用过程中，学生的自主学习不容乐观。学生尽管使用新教材时产生了不少新的疑问，对疑问也能积极探究，但探究的深度或探究的程度还远远不够；(3)在教学过程中，须加强对学生的情感态度与价值观的熏陶。

《化学教育》2009年第3期

## “化学与生活”选修模块的学情调查与分析

朱加贤　蒋小钢

为了了解在新课程背景下高二文科倾向生化学学习情况和学习需要，为了分析目前高二文科倾向生在学习化学过程中普遍存在的问题，作者开展了问卷调查。调查发现，在新课程理念的引领下，学生在学习兴趣、实验探究意识、学习目的等方面让人比较满意，但是学生的学习习惯和学习方法、教师的观念、课堂的互动性、人文素质培养等方面还存在明显不足。作者针对这些问题提出了如下相应的对策：加强高中新课程理念的学习，转变教学观念，用新课程理念指导新课程的实施；培养学生的自学能力，为学生的独立思考扩大视野；构建互动课堂，促进师生交流，活跃课堂气氛，提高课堂效率；加强服务于“化学与生活”的课程资源开发，充分应用各种课程资源，让课堂焕发异彩；继续加强化学实验教学，进一步提高文科生的科学与人文素养、创新能力。

《化学教育》2009年第3期

## 高中化学课程模块设置的反思及建议

刘宝剑　仜雪明

结合普通高中新课程化学学科模块教学的实际情况，分析了现行化学学科模块教学体系中知识体系松散、实验教学弱化以及教科书繁多等主要问题和不足，提出了必修模块重学科基础及知识体系、选修模块重个人爱好和专业发展等改进和优化高中化学学科模块体系的若干建议。现行化学学科模块体系存在的主要问题是：1. 模块设置不够合理，一是：“共同基础”缺乏系统性；二是部分模块设置操作性不强；三是模块教材繁多，增加学生负担。2. 内容安排松散累赘。3. 实验教学明显弱化。4. 教学资源浪费严重。并且提出了化学课程模块设置及教学的改进和优化建议。(1)体现共同基础的必修模块，一是全面性；二是一体性；三是生活性。(2)满足学生个人兴趣爱好的选修模块，一是体现微观特色的物质结构模块；二是体现应用特色的化学原理模块；三是体现生活特色的有机化学模块。

《化学教育》2009 年第 10 期

## 高中化学新课程必修与选修的衔接教学

周鑫荣

从 1. 课程标准中对必修与选修的要求；2. 必修课程与选修课程的对比；3. 必修课程与选修课程的对应关系；4. 高考中的必修课程和选修课程四个方面论述做好必修与选修课程的关系链接。得出必修课程与选修课程的衔接教学需要：(1)处理好统一性与选择性、基础性与发展性、目标性与手段性三种关系；(2)整合好旧知与新知、无机物在选修中的运用、选修课程间知识关联三类知识的教学；(3)做好了解学生、熟悉课程标准、落实探究活动的 3 个衔接要点。

《化学教育》2009 年第 12 期

## 高中化学选修模块教学的衔接策略

陈　懿

从 1. 必修与选修衔接线；2. 初高中衔接线；3. 选修模块内衔接线；4. 选修模块间衔接线分析了选修模块衔接教学的特点与内容，并提出了选修模块衔接教学的策略研究：(1)依据课程结构把握衔接脉络；(2)依据教材内在逻辑设计教学；(3)依据教学目标落实综合评价。

《化学教育》2009 年第 12 期

## 高中化学新课标对师生心理影响的调查

曾懋华　温舒艺

本文通过对高中化学教师、学生和家长在化学新课标实施过程中存在的学习困难、考试焦虑、团队意识、个人意志等各种心理问题进行调查，分析了当前高中化学新课标实施对师生产生的心理影响因素及产生的原因，针对师生在教学中存在的各种心理问题，提出了相应的建议。一、调查内容与结果。1. 调查对象。以高中学生、教师和家长为主要调查对象。2. 调查形式。分别进行了网上问卷调查和现场问卷调查两种形式。3. 调查内容与结果。利用表格清晰地展现了学生、教师、家长的心理调查结果。二、调查结果分析。1. 学生调查情况分析。2. 化学教师调查结果分析。3. 家长调查结果分析。三、几点建议。1. 对学生的建议。①改进学习方法。②加强心理素质训练。③加强与人沟通。④学会自我暗示。2. 对教师的建议。3. 对家长的建议。

《化学教育》2009 年第 6 期

## 新课程背景下初高中化学教学衔接问题的优化之初探

蔡碧霞

初高中化学教学衔接问题是广大化学教师必须重视和研究的课题。本文初步探索解决初高中化学教学衔接的方法，以期缩小两者间的台阶和跨度，使学生从初中平稳地过渡到高中化学学习之中。一、优化初高中化学教学内容的衔接。用表格列出初高中教材（新人教版）教学内容的知识结合点，要求把握结合点，循序渐进，教有所依，学有所循。二、优化初高中化学学习方式的衔接。笔者总结初中常出现的学习方式及高中应对策略，建议教师对学生进行学习方法的指导，逐渐实现慢节奏向快节奏过渡。三、优化初高中化学教学要求的衔接。分析高中与初中化学教学要求的主要区别，说明教师对于高一的学生，需要降低教学要求，使之既不可以跨越必要的阶段，也不能停滞不前。四、结束语。切实从实际出发进行教与学，就一定能实现初高中化学学习的自然过渡，为以后高中化学学习打下坚实的基础。

《化学教育》2009 年第 7 期

## 高中化学选修课程的实施现状与改进策略

陆　军　姚天勇

笔者列举了国家、省市、地方到学校等不同层面有关高中化学选修课程的选学建议、实施方案、变通意见等，并分析了实施高中化学选修课程存在的问题，有以下几个方面：1. 高考的现实冲击着学生的兴趣爱好；2. 课程的不确定性影响着教学的质量；3. 师资的不足制约着选修模块的开设；4. 模块的选择机制影响着研制的效益。在此基础上，笔者从课程制定者、教材编写者、课程领导者和课程评价者等角度进行了思考，提出了若干实践操作的改进策略。包括：1. 课程制定者：整合课程资源，减少选修模块数量；2. 教材编写者：结合课程特点，突出模块教育功能；3. 课程领导者：优化教育资源，提高学校办学水平；4. 课程评价者：理顺教、考关系，促进学生个性发展。

《化学教育》2009 年第 9 期

## 皖中地区高中化学新课程实施情况的调查

吴江明

为全面了解、客观分析高中化学新课程实施的情况，本文从教师教学方式、学生学习方式、新课程实施保障系统、科学探究 4 个方面对高中化学新课程实施情况进行了调查分析，提出新课程的实施中存在教学思维转变难、实验条件差、课程培养目标错位、教师对科学探究的误解、学生自主进行科学探究的能力差 5 个方面的问题，并从教师教育、实验器材的开发、学生自主性的培养等方面给出建议。

《化学教育》2009 年第 12 期

## 实施高中化学新课程容易出现的问题及应对策略

王立达

高中新课程在全国范围内推广，如何快速从感性认知到理性应对就显得非常重要，一方面，需要在实践中不断反思；另一方面，需要借鉴成功经验。本文在总结高中化学新课程推进中容易出现的四点问题，提出需要增强的认识：1. 深刻领悟新课程内容构成特点是实现教学理念、方法转变的根本；2. 以点带面抓住核心是提高课堂教学效率的关键；3. 强化课程资源整合和知识应用是培养学生能力的保证；与此同时提出应对的几点策略：1. 实施稳健的开课方案；2. 做好初高中化学教材衔接工作；3. 进行高中化学必修模块与选修模块内容的学习与交流，充分认清必修模块和选修模块的功能定位准确把握度；4. 进行教材思想内涵的认识与交流，用心感悟教材知识背景下的能力要求，落实能力培养。总之，抓好高中化学新课程教学，一定要了解课标内容，准确把握课标精神，在实际教学中要把内容标准与实施建议当成一个重要资源和依据，把握好度，用好量；加强课程资源的开发利用，做好课程资源的整合，做到主次分明，取舍适当，合理搭配；教学一定要落实能力培养，要循序渐进大胆用好教材，强调目标，关注生成，稳步推进高中化学教学。

《中学化学教学参考》2009 年第 1/2 期

## 高中化学新课堂教学现状、困惑与对策

王后雄

教科书中“裸露”的知识需要“包装”吗？一切知识都要学生亲自探究吗？所有的探究都必须是自由探究吗？这些都是新课程改革中的困惑。对于第一个困惑，要善于从真实的情境中，提出实际问题，到实验室中运用化学的观点和方法分析和研究问题，在解决问题的过程中学习化学，再回到实际应用中去。对于第二个困惑，如果让学生进行探究学习，教师要注意给予适当的指导，比如如何进行观察和记录，如何设计实验方案，如何表述结论等。我们不必刻意追求完全的探究，化学课程标准中列出的科学探究要素——提出问题、猜想与假设、制订计划、进行实验、搜集证据、解释与结论、反思与评价、表达与交流，在一节课或一个单元的教学中只要能关注其中的某些要素就可以了。对于第三个困惑，一般而言，学生在刚开始进行探究学习时，由于缺乏探究经验，教师的指导是必不可少的。至少开展探究教学时，到底应给学生提供多少指导和帮助，并没有统一的标准。这要视具体的学习内容和学生的能力水平而定。高中新课程的教学效果如何，关系到新课程改革的命运，更关系到一代学生的质量。事实上新课程课堂教学的现状困惑还有很多，这里仅仅围绕探究式教学存在的问题进行了讨论。

《中学化学教学参考》2009 年第 4 期

## 论新课程高中化学课堂教学内容的整合

杨剑春

提出了新课秤化学教学中在整合课堂教学内容方面存在的五点问题，并对问题产生的原因进行了分析：缺乏以落实“三维目标”为价值取向来整合课堂教学内容的技能、缺乏研究教材及设计教学的技能。提出了整合课堂教学内容时存在问题的解决策略：必须研究领会各模块的功能、必须在全面理解教材体系的基础上把握好教学的深广度、必须准确把握“以实验为基础”这一学科特征、必须从“教教材”向“用教材教”发展。整合课堂教学内容的方法还很多，如教学情境的整合、媒体的整合、实验方法的整合、学生学习状态的调节和师生互动的心理调节等，需要我们进一步探究，只要在课堂教学内容的整合中做有心人，定能取得良好的教学效果。

《中学化学教学参考》2009 年第 5 期

## 《物质结构与性质》模块分析及教学建议——基于江苏省实施现状的思考

朱志江

《物质结构与性质》模块在江苏处于"边缘化"的状况，尽管由于多种原因，绝大部分地区、学校规定学生在《化学实验》和《物质结构与性质》两者之间选择后者，但是毫无疑问，从高考的分值比重来看（10%），该模块在江苏不再是高中化学课程主体，这显然是考虑了该模块知识深奥、理论抽象、难教难学的实际情况而作出的规定。从《江苏省普通高中课程标准教学要求》中还可以看出，该模块的教学要求是基础性的、简单性的，"知道"和"了解"性内容约占 84%，"理解"性内容约占 16%，而"应用"类要求内容为 0，这个标准要求在 2008 年高考试卷中得到了坚决贯彻，从试题可以看出，解题时只要根据明显的信息提示确定出元素后所有问题都是再现记忆性内容，最后一问不属于该模块知识。根据以上分析，针对教学中存在的误区，对《物质结构与性质》模块提出以下几点教学建议：吃透教学标准，细化教学目标；科学使用教材，整合课程资源；精心选择教法，优化教学策略。

《中学化学教学参考》2009 年第 8 期

## 从"做"中来——小析在"研究型课程选题"中呈现情感态度价值观目标

徐　丽

上海二期课改的全面开展已经三年有余，其与"一期课改"相比在课程理念上实现了突破性变革。树立课程是为学生提供学习经历并获得学习经验的观，并以学生发展为本，以德育为核心，强化"科学精神和人文精神"的培养。改变过去强调知识体系的单一教学目标，以提高学生的"科学素养"为主旨，具体体现在落实"知识与技能、过程与方法、情感态度与价值观"的三维目标方面。如何实现这三维目标，为教材编写、教师授课以及评价提出了新的要求。仅仅分析如何选题并不足够，在后续组织实施中仍有很多需要探讨的地方。研究型课程作为新课改中课程的重要有机组分，在学生科学素养的形成中有重要作用，应结合教学素材，深入讨论研究性教学方法，为学生科学精神和人文精神的全面发展提供坚实的基础。三维目标中（如图 1 所示），"情感态度与价值观”最为抽象，在原来的教学体系中，更多以德育目标代之，比如“爱国主义、唯物主义思想、量变到质变”等。

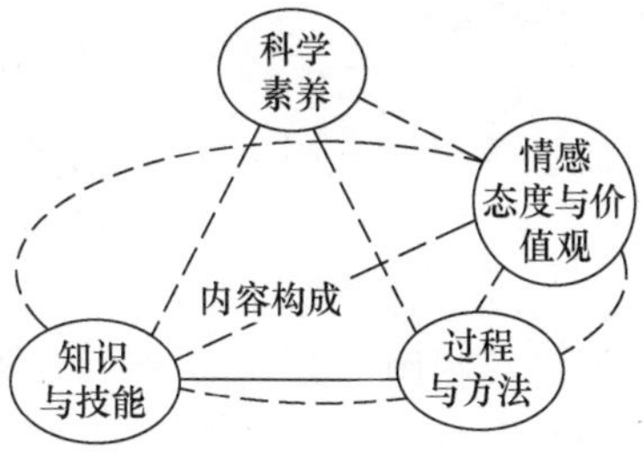


图1　科学素养构成图

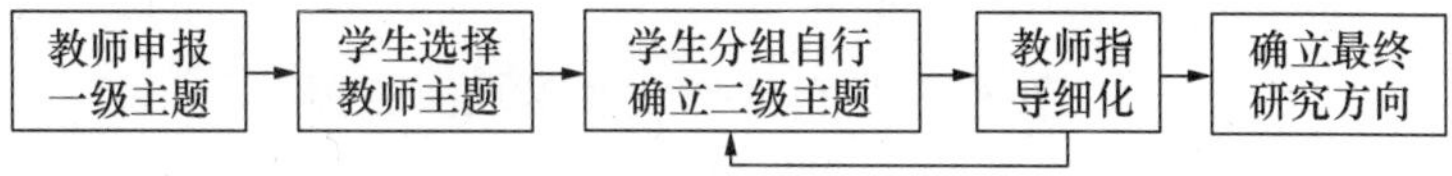


图2　研究型课程主题确立方案

《中学化学教学参考》2009年第9期

## 关于新课程实施中的异变及防范策略

张克龙

随着课程改革的深入发展，在实施新课程的过程中，课程改革的现实与改革的理想、现实的结果与预设的目标之间的背道而驰已或隐或现地发生着。笔者发现，引起课改异变的一个重要原因是教师对新课改理念理解上的偏颇，主要表现在：教师对新课改所倡导教育理念的理解偏颇；把新课程提出的“三维教学目标”支离，将“情感态度与价值观”看做是一个显性的教学环节；认为几个学生坐在一起讨论就是合作学习；认为新课程的课堂中“活动”应该是贯穿始终的。在以上分析基础上笔者提出了防止新课程实施中发生异变的有效策略。

《中学化学教学参考》2009年第11期

## 九年级化学课程资源利用现状和学生意向的调查与分析

杨　芳

通过对甘肃省某县15所学校的调查发现，该县化学课程资源丰富而又贫乏，教与学的方式方法依然是“新瓶装旧酒”，并针对这些问题提出了应对的策略和建议。

《化学教学》2009年第1期

## 农村地区化学课程资源的现状调查及开发对策——以酉阳地区农村中学为例

常　雯　袁晓平

该文以酉阳地区农村中学为例，进行了“化学课程资源开发和利用的现状调查”。调查结果显示：一、该县社区化学课程资源的闲置和浪费。二、信息化课程资源不足及利用不合理。三、实验室资源的不足及利用不合理。四、化学教学中教师课程资源没有合理开发和利用。五、化学教学中学生课程资源没有合理开发和利用。最后针对性地提出了一系列建议和对策。

《化学教学》2009 年第 1 期

## 新课程高中化学有效作业观念及实施策略

许振勇

该文分析了传统化学作业存在的问题：(1)量大质差效率低，学生负担重；(2)盲目滥练，难易失当，缺乏针对性和层次性；(3)形式单一，结构失调，缺乏统整性；(4)作业批改重结论轻过程，反馈矫正有效性差。阐明了化学有效作业的观念：(1)学生主体观；(2)作业的多维目标与功能观；(3)作业的多维形式和丰富内容观；(4)差异作业观。最后提出化学有效作业的实施策略：(1)优化作业设计和布置，提高作业质量；(2)改进作业批改，提高反馈矫正和评价有效性。

《化学教学》2009 年第 2 期

## 对“硝酸”一节教学中几个问题的认识

王国华

(1)概念上，要分清有多种不同的浓 $HNO_3$。(2)对 $HNO_3$ 溶液的浓和稀的普遍认识。(3)关于浓 $HNO_3$ 的热分解实验。(4)浓硝酸遇紫色石蕊试液的显色与褪色实验。(5)NO 与 $O_2$ 的水合反应实验。

《化学教学》2009 年第 3 期

## 乡土课程资源在中学化学教学中的渗透现状调查及对策

陆光海

通过实地抽查，发现本土学生学习的积极性、主动性、趣味性及教师的教学方法等现状并不乐观，而对身边的相关乡土资源却别有情感。提出通过巧妙地运用学生周围的地方教学资源并渗透到化学教学中，能提高化学教学的有效性。

《化学教学》2009 年第 4 期

### 新课程“氧化还原”概念的教学研究

任雪明

本文分析了普通高中化学新课程“氧化还原”概念中存在的主要问题，并结合苏教版新课程实验化学教材的编排特点，提出“氧化还原”概念及其应用的教学策略。

《化学教学》2009 年第 5 期

### 高中化学新教材实验教学的调查和研究

毛东海　陆惠莲　郑　娜

为优化实验教学，推进新课程，我区对高一、高二年级教师在使用《化学（试用本）》（上海二期课改教材）中的实验教学的感受开展了专项调研并进行了总结。针对研究结果中的不足提出几点建议：强化实验意识，感受化学学科的魅力，改进要素质量，提高化学实验的效果，研究绿色实验，贯彻生命和环保教育，恰当运用媒体，优化实验教学的手段，利用 DIS 实验系统，开展实验的创新研究。

《化学教学》2009 年第 6 期

### 对新课程理念下化学教学反馈的几点思考

黎　丹

分析了在新课程理念下高中化学课堂教学的情境性特征，提出了即时反馈是化学课堂教学情境性特征的需要，归纳了获取即时反馈信息的两大途径：提前预设和即兴捕捉，以学生回答问题为例，探讨了获取反馈信息后的即时处理策略，提出化学课堂教学对即时反馈的期待。

《化学教学》2009 年第 7 期

### 安徽省 2008 年初中化学优质课述评

徐　泓　夏建华　熊宗齐　吴应枝

通过对安徽省 2008 年初中化学优质课中典型课例的教学片段再现和点评，倡导师生共建尊重、和谐型课堂文化，在传递知识和技能的同时，放飞生命、启迪智慧，以期达到新课程的理想境界。

《化学教学》2009 年第 7 期

## 皖中地区高中化学新课程实验教学的现状调查

吴江明

从五个方面调查了皖中地区普通高中化学实验教学的现状，分析了存在问题的原因，并就实施新课改提出了相应的改进措施。课题组对当前安徽省高中化学实验的课程实施状况进行了调查，并在调查基础上就学习者最应当重视的环节、最不喜欢的实验类型、对化学实验仪器的印象、课外实验及化学实验的期望五个方面的问题进行了深入探讨，提出了相应的对策，以期为提高安徽省普通高中化学实验教学质量提供可以借鉴的依据。

《化学教学》2009 年第 8 期

## 对高中化学新课程实施情况的调查

张海洋

为了解高中化学新课程实施和推进的情况，佛山市教研室发起了高中化学新课程实施情况的调查活动。调查内容包括课改印象、教材认识、教学实施、课程建设和课程评价等方面。调查报告指出高中化学新课程实验的主要经验：1. 严格执行新课程要求，全面贯彻新课标理念；2. 发挥集体备课的作用，推进课堂教学的研究；3. 加强教学过程化管理，坚持教学有序性推进。存在的主要问题：1. 对教材的要求不能准确把握和深刻理解；2. 对学生的认知水平与学习状况研究不够；3. 教学理念和教学方法有待进一步提高；4. 教学常规有待进一步落实；5. 校本教研要进一步扎实推进。

《化学教学》2009 年第 9 期

## 落实课改的三维目标积极配合二期课改的推进

胡一毅

本文从课程的三维目标以及二期课改的教学理念角度指出培养学生具有较高的科学素养，适应未来社会生活和社会发展的需要，树立辩证唯物主义的科学史观，形成科学的人生观、世界观和价值观。列举了 2009 年高考化学上海卷的命题指导思想：1. 主干知识依然是考查的重点；2. 加强对科学思维方法的考查；

3. 注意试题人性化设计；4. 重视对实验的考查。最后提出了几点建议：(1)考试与教学内容涉及的范围必须一致；(2)抓住主干知识，提高复习效率；(3)重视化学用语的复习；(4)重视化学实验复习。

《化学教学》2009 年第 9 期

## 北京市优秀课堂教学设计评比活动的回顾与展望

唐建华

该文介绍了北京市教学设计评比活动的基本情况，评比内容及工作方式。北京市教学设计评比的基本要求包括：(1)如何确定“指导思想与理论依据”；(2)如何进行“教学背景分析”；(3)如何确定“教学目标”；(4)如何进行“教学过程与教学资源设计”；(5)如何进行“学习效果评价设计”；(6)如何进行“教学反思”。对北京市教学设计未来发展提出的建议：(1)从社会大背景的视角进行创新（现场模拟设计思路）；(2)从学科观念的视角进行创新（观念建构设计思路）；(3)从教学心理学的视角进行创新（“线索化”设计思路）。

《化学教学》2009 年第 10 期

## “普通高中化学新课程实施现状与对策研究”——来自山西新课程实验区的调研

冯　宇

一、调研对象与方法。二、山西省普通高中化学新课程实施现状：(一)教师对化学课程标准的认识。(二)硬件设施与实验教学，包括 1. 教师对硬件设施、配套资源的满意度；2. 教师对化学课程标准中“活动与探究”的认识；3. 实际教学中实验的完成情况。(三)课时情况，主要是 1. 实际开设情况；2. 教师所期望的课时。(四)教师的工作量，包括 1. 教师备课所需时间；2. 教师对工作量的认识。(五)教学进度。(六)教辅使用情况。(七)课堂教学基本情况，包括 1. 大部分教师能在课堂教学中涉及多种形式的教学活动，促进学生对知识的理解、掌握和应用，但实际操作有待提高；2. 仍有部分教师课改意识淡薄，课堂教学以传统教学为主，典型特征是满堂灌。三、山西普通高中化学课堂教学中存在的典型问题与对策：(一)关于提高课堂教学效率；(二)关于设计组织学生活动；(三)关于学生基本技能的培养与落实；(四)关于教师教学技能。四、普通高中化学新课程实施的几点建议。

《教育理论与实践》（太原）2009 年第 1B 期

### 山西示范高中化学教学现状的调查与思考

周　娜　乔金锁

本文针对目前示范高中学生具有强烈的求知欲，但是多数教师并不能实施探究式的教学方式和课程标准，学生仍以传统的接受式学习方式为主的问题，设计了调查方案对学生的学习方式等问题进行了调查，并对调查结果进行统计与分析，得出了与预期相符的结论。由此提出了几点思考与建议：1. 提高教学管理水平；2. 实践教育改革，培养创新人才；3. 更新教育观念，提高教学质量与效益。

《林区教学》（哈尔滨）2009 年第 2 期

## 化学新课程实验教科书

### 对高中化学新教材中表格资源的挖掘

顾　晔

新课标高中化学新教材施教结束后，我们发现课本包含众多数据的表格明显增多了，这是一个非常值得挖掘的教学资源。作者以人教版选修 3《物质结构与性质》、选修 4《化学反应原理》这两本教材中的几个表格为例进行分析、探究。作者主要是从键参数、难溶电解质溶度积、燃烧热数据这三个知识点的相关表格出发，列举了对高中化学新教材中一些有挖掘价值的表格的分析探究思路，从多角度分析表格中的数据，增加课堂教学的思维空间，也力求培养学生分析数据、应用数据的能力。

《化学教育》2009 年第 2 期

### 在学习中实践　在实践中反思——苏教版《实验化学》教学有感

廖旭杲

苏教版《实验化学》这个模块非常实用，师生均认为大大拓展了我们的视野，丰富了我们的知识面。学生在七个专题的学习中，学得越来越有活力，劲头十足，究其原因，我们是边学边教，先学后教，不仅仅是教教材，而且是积极思考，因地因时制宜，因陋就简，灵活地对教材资源进行了整合、改进。本文总结了高中化学新课程“实验化学”模块的教学实践，并进行了反思，其中包括实验流程的更改、化学试剂的选择、实验方法的改进、科学探究活动的设计等。

《化学教育》2009年第3期

## 人教版《有机化学基础》教科书中几个问题的探讨

魏荣宝

2007年由人民教育出版社出版的（第2版）高中化学教科书重视理论联系实际，关注与化学有关的科学技术、社会经济和生态环境的协调发展，是一本对学生实施素质教育的好教材。为了使教材发挥更大作用，作者提出了教材中的有关问题希望与广大教师研讨。教材中存在一些表示方法的不妥，例如氢键的表示、构型式的表示、第61页酯化方程式的错误；另外，教材中还存在一些符号表示的不当，例如箭头的使用、苯的结构式等。最后，针对教材编写上的一些问题，作者给出了相应的建议。

《化学教育》2009年第3期

## 中学化学教材内容呈现方式的比较研究——以新课程配套教材《实验化学》为例

叶静怡　倪姗姗　钱扬义　戚燕妮　徐凯怡

本文以3种版本高中化学新课程配套教材《实验化学》中共有的“从海带中提取碘”实验为例，从多种维度着手，比较研究中学化学教材的内容呈现方式，并为教材的选择及使用提供建议。一、研究方法。1. 通过学生问卷调查进行比较。2. 通过师生访谈进行比较。3. 通过学生学习效果纸笔测试进行比较。二、结果分析。1. 学生问卷调查的结果与分析。①该问卷的信度。统计结果具有较高的可靠性。②高一学生对3种教材内容呈现方式的评价比较。③不同学习水平学生对3种教材内容呈现方式评价的比较。2. 高一学生访谈的结果与分析。从内容组织体系、栏目设置、图像系统、拓展迁移、版面设计等维度比较“实验报告式”“任务驱动式”和“循序渐进式”3种中学化学教材的内容呈现方式。3. 学生学习效果纸笔测试的结果与分析。4. 教师访谈的结果与分析。三、结论与建议。1. 对3种教材内容呈现方式比较的研究结论。3种化学教材各具特色，学生和教师的倾向点虽有不同，但不同的教材内容呈现方式对学生的学习效果的影响没有显著性差异。2. 对教材的选择及使用建议。

《化学教育》2009 年第 6 期

## 对山东科技版高中化学教材试剂品种和用量的统计与分析

彭　实　张学运

本文借助 Excel 的统计功能，对山东科技版高中化学教材中用到的试剂进行统计和分析。以此探讨我国高中化学教学中化学品使用规模及其可能给安全和环境带来的隐患，并提出建议。一、统计方法介绍。用 Excel 设计了“试剂用量统计表”，然后按照教材中对各实验的叙述将有关数据填入表中，再利用 Excel 的统计功能对数据分类提取和统计。二、统计结果与分析。1. 实验数量。2. 试剂种类。教材中涉及 5 类危险化学品，包括有易燃液体、易燃固体、遇湿易燃物品、有毒品和腐蚀品等。3. 试剂使用频度。4. 试剂用量。笔者计算了所有实验的理想用量，据估计，实际用量至少是理想用量的 2 倍。5. 危险品使用情况。6. 重金属化合物使用情况。三、结论和建议。1. 从安全角度看，对于有毒试剂，寻找无毒替代品。2. 从环保角度看，严格控制试剂用量，对可重复使用的试剂收集起来，多班重复使用。

《化学教育》2009 年第 6 期

## 高中化学 3 套必修教材中化学概念的比较

万　莉　彭蜀晋　樊　敏

本文对 3 种版本高中化学必修实验教材中化学概念的编排体系、呈现方式等方面进行了对比分析，并从教学的角度提出了几点思考意见，以期对高中化学新课程的实施有所帮助。一、高中化学必修课程化学概念体系特点。1. 化学概念学习的探究性。2. 化学概念教学目标的层次性。3. 科学素养的培养贯穿于化学概念学习过程。二、3 套高中化学必修实验教材化学概念编排体系比较。人教版高中化学必修教材采取了学科中心和社会中心相融合的体系；山东科技版采取了学科中心、认知过程中心、社会生活问题中心相融合的多元课程设计取向；苏教版在概念的编排上，以必修 1 中专题 1 的基本概念、原理为核心，统领必修课程。4. 必修实验教材中化学概念统计分析。三、3 套教材化学概念呈现方式的比较。1. 化学概念呈现方式的共同点。都设置了功能不同的栏目，增加了图片的数量，加强化学知识与生产、生活的联系。2. 化学概念呈现方式有各自不同的特点。四、化学概念教学建议。1. 根据教科书编写特点选择教学方法。2. 正确处理必修化学课程中化学概念的深广度。

《化学教育》2009年第7期

## 3套《有机化学基础》选修教材栏目的比较和利用

曹愔荃　沈理明

将3套《有机化学基础》选修教材栏目进行分类统计和比较分析。提出栏目内容利用的建议，以便高中化学教师在教学中充分利用教材资源。一、思考、讨论与交流栏目的比较和利用。1. 思考、讨论与交流栏目的比较。人教版的教材设置了“思考与交流”和“学与问”2个栏目；苏教版的教材设置了“交流与讨论”“问题解决”和“你知道吗”3个栏目；山东科技版的教材设置了“联想·质疑”和“交流·研讨”栏目。2. 思考、讨论与交流栏目的利用。教师可以在课的开始时引入该类栏目，创设课堂情境。二、知识归纳类栏目的比较和利用。1. 知识归纳类栏目的比较。2. 知识归纳类栏目的利用。三、资料、方法类栏目的比较和利用。1. 资料、方法类栏目的比较。2. 资料、方法类栏目的利用。四、结论。

《化学教育》2009年第7期

## 高中生对化学教科书插图态度的调查

肖常磊　李　琼

教科书是最重要的课程资源，现在教科书信息的呈现方式从文字化为主逐渐发展为越来越多的图像化，因此关于教科书中插图的研究也引起了人们的重视。基于此，笔者通过调查研究高中学生对化学教科书插图态度并给出建议。一、教科书插图研究的现状。二、对“态度”的界定。三、研究设计。1. 研究假设。①让中学生从自主学习的角度来看待教科书插图的编制水平；②假设中学生具备分析教科书插图的作用并表达出自己对插图态度的能力。2. 方法设计。本文中的研究将态度分为认知层面、情感层面和行为倾向成分3个层面。认知层面与情感层面采用问卷调查法，行为倾向成分采用个别访谈与观察的方法。3. 调查问卷的设计。①量表的选择。②态度测量的5点设计。③项目的选择。四、数据收集。1. 样本抽取。2. 插图分类。3. 统计数据。五、数据分析。1. 调查问卷中的数据分析。2. 个别访谈及观察结果分析。六、结论与建议。1. 中学生对教科书插图的态度反映出其被动的学习态度。2. 中学生对教科书中不同类型的插图态度有所不同。3. 教科书插图的设计理念应从“教材”向“学材”转变。4. 教科书插图的设计要体现其特有的多种功能。

《化学教育》2009 年第 7 期

## “实验化学”模块教育价值分析与教学尝试——以苏教版《实验化学》为例

包朝龙

本文通过分析“实验化学”模块教育价值：1. 化学实验是学生认识化学的重要方法；2. 化学实验是学生进行科学探究的重要途径；3. 化学实验是培养学生创新精神和实验能力的重要过程。探讨“实验化学”模块的教学方法：课内课外相互调节、必修选修相互融合、新课与复习课相互渗透。并从教材、教师、评价等视角说明在教学过程中存在的问题及其对策：1. 教材编写者能根据实际情况选择内容，或对实验进行改进，最大限度地降低污染，达到绿色化学实验的要求；2. 教师在化学实验教学中引入微型化学实验，不仅能激发学生学习化学的兴趣，还可以培养学生的勤俭节约品德、环境保护意识，对提高学生的科学素养起着重要的作用；3. 逐渐构建促进学生科学素养全面发展的“评价主体多元、评价内容全面、评价方式多样的”化学实验教学评价体系。

《化学教育》2009 年第 8 期

## “图像类比”在教科书中的应用——以人教版高中化学选修模块教科书为例

麦裕华　陈　徽　钱扬义

“图像类比”是通过日常事物或生活情景图像实现类比科学概念的有效学习工具。本文通过使用文本分析法探讨人教版高中化学选修模块教科书中图像类比的使用情况，发现图像类比的使用率低和使用范围狭窄，内部结构简单而良好，具有充分的解释性语句。从而提出对化学教科书插图设计的启示：1. 明确图像类比的使用原则。多用、善用和巧用图像类比应该成为教科书编写者在编写化学教科书时的一个思考方向。2. 借鉴独具特色的优秀范例。借鉴国外化学教科书中的优秀范例，合理吸收国外先进教学资源，也为国内广大化学教育者设计图像类比提供启发性思路。以及对化学教师教学应用的建议：教师应当让学生从自身对类比物的体验出发，时刻提醒学生注意类比的失效处，以免产生不恰当的过度推论。

《化学教育》2009年第8期

## 高中化学新教材宏观层面呈现方式的研究

王秀忠　孔令鹏

从1. 单元主题内容的确定；2. 单元主题的呈现顺序；3. 图片和表格的呈现；4. 栏目的设计等几个方面对人教版、苏教版、鲁科版3种高中化学新教材内容呈现方式做了比较分析，明晰教材开发者设计各种呈现方式预达到的各种目的。笔者通过自己设计的呈现方式强调各种版本新教材内容的呈现方式都尽力围绕着3个维度的课程目标体系来落实，教育者应该具有“大教育观”，以学科知识为载体，培养和锻炼学生的思维，形成解决实际问题所需要的各种能力，具有解决陌生问题应该具有的原则性的基本思路和方法。

《化学教育》2009年第11期

## 对人教版选修5“功能高分子材料”中科学探究活动的商榷

蒋金虎　钱海滨　陆建源

笔者仔细推敲、深入思考后认为人教版选修5《有机化学基础》第五章第三节“功能高分子材料”科学探究在探究设计、语言表述等方面有待商榷。其中存在的问题：1. 定量探究还是定性探究不明确；2. 科学探究价值体现不充分；3. 语言表述不规范、不准确，易导致歧义和误解，同时给出了问题解决的建议并论述了问题解决方案的实施情况。

《化学教育》2009年第12期

## 高中化学教材的研究与编制——人教版高中化学必修模块教材分析

王　晶

高中化学必修课程是在义务教育基础上为全体学生开设的课程，也是为后续选修课程打下基础的重要阶段。高中化学必修课程设置为化学1、化学2两个模块，根据课程标准的要求，人民教育出版社以“继承、发展、创新”为基本理念，编制了新的高中化学教材。本文仅从体系构建、内容选择、内容呈现和处理等方面，分析必修化学1、必修化学2教材的编写思路、呈现特点。教材将化学学科逻辑、社会实际应用、学生学习逻辑相融合，呈现化学中的基本概念和原理、元素化合物知识、化学实验技能以及化学研究和学习方法、化学的实际应用等基础知识。教材在教学中的作用应是更多地体现其工具性和资源性，相对教学活动而言，教材是静态的，只有在教师“用教材教”的过程中，才能将静态变为动态，更好地发挥教材的作用。

《中学化学教学参考》2009 年第 1/2 期

## 高中化学教材的研究和编制——人教版《化学反应原理》模块的设计思想

冷燕平

普通高中课程标准实验教科书化学选修 4《化学反应原理》的内容——反应热、电化学、反应速率与化学平衡、电离平衡，一直以来都是高中化学中重要的理论知识，其在基础化学教育中的地位、作用不言而喻，这里不再赘述。但是将这些内容设置为一门独立课程模块，却是一次尝试。作为一门选修课程，它的价值体现，首先是要有尽可能多的人愿意选、能够学，其教学内容要让所学之人学得进、有所得且最好学出兴趣，这就是人教版教科书《化学反应原理》编写的基本出发点。所谓学得进，就是教科书内容难易适中、深广度适度，学生经努力能够掌握；有所得就是要学到最基本、最核心的理论知识和化学思想，并使学生能同时习得科学的方法和人文精神；学出兴趣就是在上述两点的基础上，通过不同的内容呈现，辅以恰当的学习方式，使学习过程生动、丰富，且三维教育目标兼顾。

《中学化学教学参考》2009 年第 3 期

## 上教版与人教版初中化学教材的比较研究——以“物质组成的奥秘”内容为例

刘李治

从“教”教材到“用”教材教，新课程改革让教材观发生了很大的变化。如何才能更好地用教材教，广大教师需要对教材的编写思路和特色加以深入的理解。只有从理念和思路两个角度对化学教材进行全局性的把握，我们才有可能最大限度地利用教材来进行化学教学。本文以上海教育出版社 2004 年第 2 版的初中化学教材中“物质组成的奥秘”一节内容为主要研究对象，通过与人民教育出版社教材中相关内容的比较，希望能从教材的编写思路以及编写特色的角度为初中化学教学和教材编写提供一些可行的建议。从主题表述、图表的运用以及探究活动三个方面对上教版和人教版现行初中化学教材中“物质组成的奥秘”的相关内容进行了比较，以期为初中化学教材编写和教学活动提供一些有益的启示。

《中学化学教学参考》2009 年第 3 期

## 高中化学教材的研究和编制——人教版《有机化学基础》模块的使用策略

李　俊

从体系结构、新增内容、有效衔接和探究教学四个视角介绍人教版选修模块《有机化学基础》的特点，并在此基础上提出一些使用策略。这些策略包括认识体系结构的特点、了解编制思路；把握新增内容的深广度、挖掘教育价值；设计多样化的有效衔接、避免简单重复；精心策划探究教学、发展学生的探究能力。新的体系结构既体现了有机化学的学科特点，又继承和发扬了旧教科书的知识体系。具体如下图所示。与传统的中学有机化学知识内容相比，教科书新增加了以下内容：研究有机化合物的一般步骤和方法；烯烃的顺反异构；合成有机高分子化合物。教科书中设计了多样化的衔接方式，如从培养学生处理数据的能力、实验设计的能力和运用化学知识解决实际问题的能力等角度复习了已知的知识。教科书中独立式的科学探究开放程度较大，要善于引导学生运用实验探究、调查访问、查阅资料、交流讨论等方式设计科学探究方案，要对学生设计出来的多种多样的探究方案进行交流与评价，充分调动学生自主参与科学探究的积极性，进一步发展学生的科学探究能力。

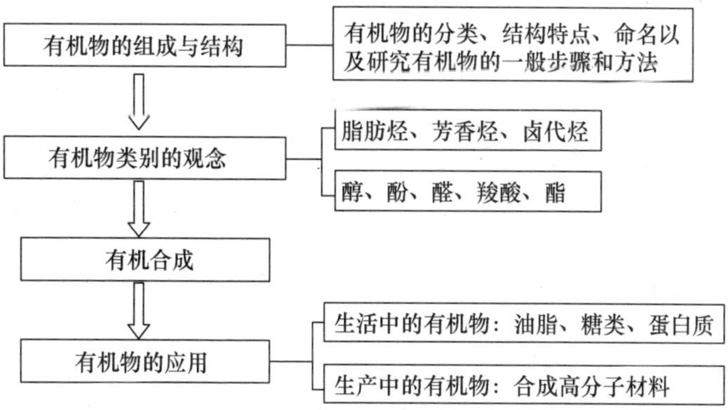


《有机化学基础》的体系结构及知识内容

《中学化学教学参考》2009 年第 4 期

## 透过新高考再看新教材

邢入德

近年来，西方某些国家以人为本的课程改革取得了显著成效，“教”“考”分离的操作已经成熟，受此影响，我国部分地区也出现了“教”“考”分离的趋势。教材编写的依据是国家课程标准，教材的功能定位是为学生知识的构建提供思路，为科学探究提供基本方法，为自主学习、探究学习、合作学习提供素材，教材是参考资料，是工具书，为高考服务，不是高考命题的依据。高考是国家选拔人才的方式、途径，通过高考测试考生学习教材所获得的能力，高考渐变成能力测试，测试的内容和要求以“考试说明”的形式向社会公布，“考试说明”主要体现教材的指导思想而不是内容，也就是说教材侧重知识，高考侧重能力，这就会出现“教了没考，考了没教”的情况。“教”“考”分离的意义在于遏制应试教育，实施素质教育，当然“教”与“考”是合是分，在当前情况下还没有共识，还需较长时间的探讨、磨合。处理好课程标准与考试说明、必修模块与选修模块、必考模块与选考模块的关系，认识“教考分离”态势的出现，关注“真实的化学”，活用新教材，应对新高考。

《中学化学教学参考》2009 年第 4 期

## “配制一定物质的量浓度的溶液”在三版本新课程教科书中的编排比较

文庆城　高　誉　岑春月

在课程标准指导下编写的人教版、苏教版和鲁科版教科书，对“配制一定物质的量浓度的溶液”相关内容的编排各有特点，现择取内容呈现和习题设计两方面作如下分析比较，从各版本教科书的知识呈现方式来看，不同版本教科书在这一内容编写的栏目设置上各有特色。在三种版本教科书中，对共有的主体内容的呈现处理最能突显学生学习主体性、体现探究性的，是鲁科版教科书的编排。人教版对这一内容继承了传统的科学性呈现的编排，注重基础知识与基本技能，使得学生探究的空间不大。苏教版对这一内容则兼科学性与探究性，只是探究的方向与鲁科版不同。教学中的作业布置，应书面练习与实践溶液配制相结合，既有书面文字的答案作业，又有实际配制一定物质的量浓度的溶液。这样通过实践配制过程，使学生既掌握理论和方法，又训练溶液配制的实验技能，体现了溶液配制的实验过程。教学中还应注意通过一定的物质的量浓度溶液的配制与使用，体验与学习定量研究的方法，并引导学生结合以前学过的一定质量分数溶液的配制与使用等定量研究的方法，让学生逐步建构起化学定量研究的观念。

《中学化学教学参考》2009 年第 4 期

## 高中化学教材的研究和编制——人教版《物质结构与性质》疑难探析

李 俊

人教版《物质结构与性质》在原子、分子水平上介绍了物质构成的规律，以粒子间的不同作用力为线索，研究了不同结构的物质的有关性质。根据课程标准的要求，该书在编写思路、内容的深度和广度等方面与传统的教科书有一定的差异。由于教师们对这些变化的内容在以前的教学中接触不多，感到很生疏，进而产生畏难情绪。在使用该书的教学实践中，教师们积累了很多好的经验，同时也存在一些教学困惑，本文针对这些问题，和教师们一起进行探析，主要包括原子结构、价层电子对互斥理论、晶胞和金属晶体的堆积模型等，并提出了几点建议：吃透教科书中新增的知识点、把握基础性理清知识的逻辑线索、激发并保持学生的学习兴趣、处理好与必修教科书中已学知识的衔接。

《中学化学教学参考》2009 年第 5 期

## 高中化学新教材（人教版）栏目对教师教学影响的研究——栏目的增加与教学效果

郭 琦 俞安雅 刘晓红

通过对人教版高中化学教材（《化学 1》《化学 2》）中栏目增加情况的分析，探讨了对教师教学和教学效果的影响，并提出对栏目的改进及对教师运用栏目进行教学的思考与建议。在《课程标准》指导下，人民教育出版社出版的高中化学新教材在教材研制上与旧教材最大的不同之一在于增加了栏目的设置。栏目是为转变教师的教学方式和学生的学习方式，特别是培养学生自主、合作、探究的学习方式而设计的。提出对教师课堂教学使用栏目的思考与建议：1. 进一步领会课改新理念，灵活、创造性地运用栏目开展教学工作；2. 在培训上要从观念的转变转移到具体操作与实施的办法上。尽管新教材在栏目的设置上还存在一些不足，不能完全满足现实课堂中所有的需要，但总的来说还是起到了促进与帮助作用。相信广大教师若能充分利用好各栏目的素材，挖掘它们的教学价值，就能提高教学效率，充分体现教材对提高学生综合素质的教育功能，进而提高新教材的实用价值。

《中学化学教学参考》2009 年第 5 期

## 试用“三序结合”分析九年级化学（鲁教版上册）教材的编排

王雪梅　邱道骥

何谓“三序”，即教材的逻辑顺序、学生的认识顺序、学生的心理发展顺序。而“三序结合”就是根据学科的教学目的，把以上三种顺序所涉及的种种复杂因素综合地加以考虑，最后设计出一个合乎科学逻辑、合乎认识规律和学生心理发展水平的教科书体系。任何一本优秀的教科书，它的体系必须与学生的认知结构相匹配，也就是说必须达到“三序”结合，才能使师生便教易学。九年级化学（鲁教版上册）教材的编排就充分体现了三序结合的原则，教材共有五个单元，该教材与美国教材《社会中的化学》和英国的索尔特化学课程非常相似，最突出的特点是紧密联系生活、联系社会，版面设计非常精美，趣味性很强，活动天地很多，突出了以学生为主体的教育理念。从每一单元的标题就可以看出它是以社会问题为中心来编排化学知识的，因此，概念的跳跃性也较大，这点从上面每一单元的分析就可以看出，这样学生学习起来可能会感到吃力而不利于教学的进行，这就要靠教师进行第二轮三序结合，即在备课时将教材的逻辑顺序加以调整，设计成我们学生能顺利接受的教学顺序，以使学生完全掌握。

《中学化学教学参考》2009 年第 5 期

## 苏教版高中化学新教材中“问题串”探析

吴海霞

苏教版高中化学新教材章节编排有一个鲜明的特色，就是大量运用了“问题串”。从“你知道吗”到“交流与讨论”或“活动与探究”，再到“观察与思考”或“问题解决”，以及“信息提示”或“拓展视野”等栏目，大多设计了两三个问题，构成了问题串。以问题串的形式来引导学生步步深入地分析问题、解决问题、建构知识、发展能力，无疑对生成性课堂的构建大有裨益。但在实践课堂教学中，针对具体的教学内容和学生知识、能力的实际，对教材中的“问题串”进行恰当地处理与优化，能更有效地开展教学活动，达到更好的教学效果。通过将“问题串”生活化激发学生求知欲望，将“问题串”精细化培养学生自学能力，将“问题串”优化引发学生理性思维，将“问题串”延展诱发学生创新思维。

《中学化学教学参考》2009年第5期

## 高中化学教材的研究和编制——人教版《化学与生活》(选修1)模块教材分析

乔国才　周宇红

化学与人类的衣、食、住、行密切相关。《化学与生活》(选修1)模块教科书是以《普通高中化学课程标准》(实验)(以下简称课程标准)为依据编写的，是高中化学选修模块之一。本模块教科书主要帮助学生进一步了解化学的重要作用，认识化学与人类生活的密切关系，激发学生学习化学的兴趣，促进科学素养的全面提高。《化学与生活》模块的主要特点有：注意处理好与初中化学和高中必修模块的合理衔接；体现化学视角，突出化学学科特点；重视培养化学基本观念，全面提高学生的科学素养；精选内容，突出生活性；结合高中学生的认知特点，采用恰当的呈现方式。教学中应注意的问题：建议广大教师在日常生活中要养成关注生活中化学问题的良好习惯，充分利用电视、网络、报纸等各种媒体，努力拓宽自己的知识面，以便在介绍某些内容时能够做到胸有成竹。同时，应结合本模块的具体内容，将有关的社会热点问题引入课堂教学中。广大教师在教学过程中应该充分利用这些素材，在学习方式上重视学生的积极参与，充分体现活动性。在本模块教学过程中，教师对学生学业评价的方式应该多样化。(以下图1和图2是《化学与生活》的体系结构和主要内容结构)

图1　《化学与生活》体系结构

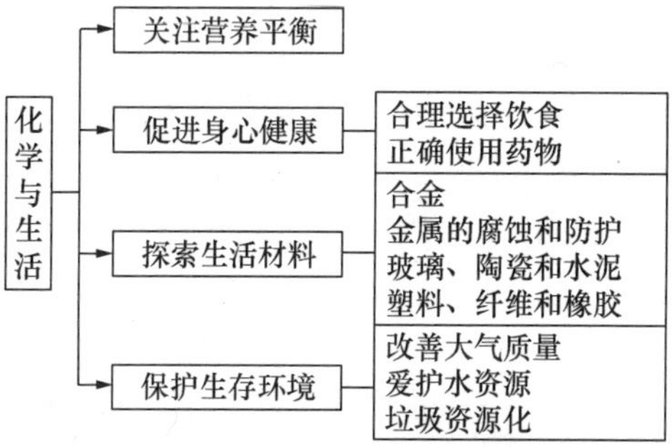


图2　《化学与生活》的主要内容结构

《中学化学教学参考》2009年第6期

## 对高中化学新教材《化学与生活》模块的认识

刘成坤　王　琤

高中化学新课程设置“化学与生活”模块，其宗旨是让学生进一步了解化学的重要作用，认识化学与人类生活的关系，激发学生学习化学的兴趣，促进科学素养的全面提高……这是高中化学课程标准赋予该模块的教育目标和任务。纵观鲁科版化学新教材《化学与生活》，就充分体现了新课标的上述精神。如果选学该模块，可使学生在以下几方面得到提高和发展：能充分认识化学与环境污染的关系，大大增强环境保护的意识；能充分认识化学与人体健康的关系，增强科学膳食和自我保健的意识；能充分认识化学知识在现实生活中的重要应用，增强对化学知识学以致用的意识。《化学与生活》模块的教学建议：要注重对该模块教学的合理定位；要注重与必修（化学 1、化学 2）的衔接；要注重与现实生活实际的密切联系；要注重发挥现代多媒体技术辅助教学的重要作用；要注重充分发挥教材栏目的教育功能。

《中学化学教学参考》2009 年第 6 期

## 高中化学教材的研究和编制——人教版高中化学选修 2《化学与技术》教材分析

吴海建

《普通高中化学课程标准（实验）》（以下简称课程标准）指出，高中化学课程的主旨是在义务教育的基础上进一步提高学生的科学素养，促进学生的全面发展。《化学与技术》课程也同样服务于这一主旨。按照课程标准，《化学与技术》是在《化学 1》《化学 2》必修课程的基础上开设的选修课程。它不同于《化学反应原理》《物质结构与性质》《有机化学基础》等学科类选修课程，而与《化学与生活》一样，属于非学科类选修课程，其课程目标是“以化学知识为基础，介绍化学在自然资源开发利用、材料制造和工农业生产中的应用，使学生能运用知识对化学有关的一系列技术问题做出合理的分析，强化应用意识和实践能力”。在确定编写指导思想、原则及体系构建的基础上，对合成氨、从实验室到工业化生产、肥皂的去污原理、无机非金属材料、教材中图 3-1 石英和云母——图片的功能、关于易拉罐的“思考与交流”——习题的内涵等课题内容的选择与呈现、栏目的设计与安排、习题和图片的设计做了一些探索。

《中学化学教学参考》2009 年第 7 期

## 从化学的视角看物质世界——
## 论“苏教版”（化学 2）教材的建构思路与组织特点

周仁鸽

江苏教育出版社出版（以下简称“苏教版”）的（化学 2）教材共由 4 个专题组成，内容主要涉及物质结构基础、化学反应与能量变化、化学与可持续发展等方面。《化学 1》注重于从学生生活出发，引导学生通过对科学的方法及与生产生活密切相关的一些元素化合物知识的学习，促使学生认识到化学与社会可持续发展的密切联系。而《化学 2》则注重基础理论的介绍，引导学生应用基础理论比较深入地认识生产生活中的一些化学现象，为更有效地解决生活问题、提高生活质量打下良好的基础。教材从物质世界及其与社会可持续发展的关系出发，研究了物质多样性的微观实质、物质世界的变化、有机化合物的获得与应用等内容；然后从人类文明的视角，总结了化学科学的社会价值（见右图）。《化学 2》教材在其编写上有其独特的视角与思路，与传统的大纲教材相比，有很大程度的变化。教师应认清教材的编写思路，领悟学科知识中所蕴涵的化学思想与方法，才能创造性地用好教材。也只有这样，才能充分地利用教材资源，有效地实现化学教学的变革。

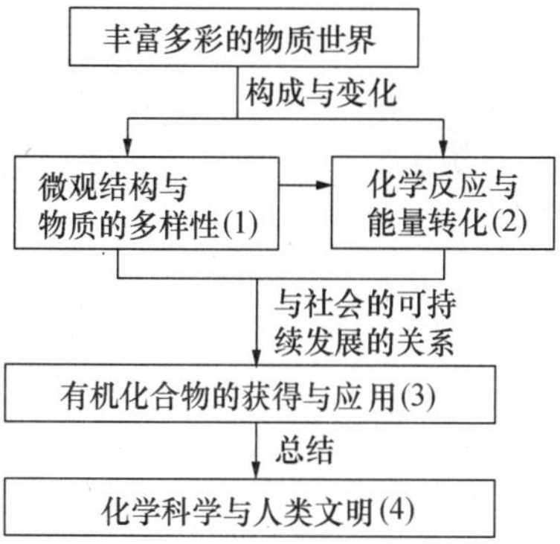

《化学 2》的内容组织

《中学化学教学参考》2009 年第 7 期

## 新旧教材硫元素内容变化的比较分析及教学建议

金建忠

课程标准中对元素化合物的处理，突破了传统的以物质为中心模式，不再追求从结构、性质、存在、制法、用途等方面来全面系统地学习和研究物质，而是从学生已有的生活经验出发，引导学生学习身边的常见物质，将物质性质的学习融入有关的对生活现象和社会问题的分析解决活动中，体现其社会应用价值，从生活走进化学，从化学走向社会。在教材的编写上不再分“律前元素”和“律后元素”，也不再“跑族”。从单一的物质中心模式到多样化的学习模式，强调的是“元素观”“分类观”和“转化观”。新教材中的硫元素及化合物的教学内容与旧教材相比有了较大的变化。如何适应这变化了的新内容是每位化学教师在教学上都将面临的问题。以苏教版“硫元素及化合物”的教学为例，进行对比分析并对新课程背景下教师的课堂教学进行探讨。随着新课程的实施，教材内容也在变化，教师的教学思想、教学方法也需要不断的改变和调整。教师应明确新课标的特点和要求，做到把握准确，不随意拓宽、加深，以免加重学生负担。

《中学化学教学参考》2009 年第 7 期

## 高中化学教材的研究和编制——人教版高中化学选修 6《实验化学》介绍

冷燕平

《实验化学》是我国基础教育中首次设置的独立的实验课程，以培养实践和探究能力为主的新型课程，在内容、形式和教学目标的侧重上都具有明显不同于其他模块的特点，在新课标高中化学 8 个模块课程中，是唯一的活动性技能训练类基础课程，也是我国基础教育中首次设置的独立的实验课程。《实验化学》按单元、课题形式编排，以化学实验技能及要求的难易、繁简为序，知识为技能培养服务，学习与实践相结合，突出基本思路、方法的学习，从实验能力的循序培养上将各部分内容有机地结合起来，形成了独特的实验课程体系。

与之配套的新教材《实验化学》在体系结构、内容选择、呈现方式上努力体现其“唯一”的特色、“首次”的新意，在教学方式上需要较为周密的引导与设计。

《中学化学教学参考》2009 年第 8 期

## 创造性使用教材，不做照本宣科的教书匠——从对苏教版必修 1“从铝土矿到铝合金”教材的处理说起

俞巧红

本文介绍了对苏教版必修 1“从铝土矿到铝合金”教材的几个处理情况，然后从创造性使用教材的原则、依据、措施等几个方面谈了自己的思考。创造性使用教材要“尊重教材而不唯教材”“遵循而有所立”；要依据化学课程标准，依据学生的实际情

况，依据实际教学情况。创造性使用教材的措施包括补充、调整教材内容；变动、调整教学活动；恰当融入生活素材；因时、因地制宜，生动地设置教学情境等。

《中学化学教学参考》2009年第8期

## 上科版、人教版高中化学选修教材——“烃的衍生物”比较研究

周改英

在研读新课标的基础上，对上科版、人教版高中化学选修（拓展）教材中烃的衍生物内容的设计思想、教学活动栏目、图表、实验等进行了比较分析，并就教学深广度的把握、教材资源的有效使用与教法选择提出了建议：(1)学习新课标，科学使用新教材。新课标是新一轮高中化学教材编写和教学的指导性文件。在教学前要将所教的教材与课标“内容与要求”进行认真比对，然后整合教学资源，在正确把握课程标准与教材关系的前提下进行教学。(2)研读新课标，把握教材深广度。在教学中不论使用哪种版本的教材，教师都要深刻理解课标和教材对内容深、广度的要求，不应停滞在必修的一般教学层面，而应整体把握教学内容的深度。(3)充分利用教材资源实施教学。新教材编入了大量的活动栏目、丰富多彩的图表等，教学中要充分组织学生利用这些资源，发挥这些资源对转变学生学法、加深对核心知识理解的作用，循着编写的思路特色，“从学生已有知识经验出发，从自然到化学，从生活到化学，从化学到社会”组织教学。

《中学化学教学参考》2009年第8期

## 从一道考试题看乙醇与汽油做汽车燃料之优劣——兼谈教材内容如何准确表述

王汉银

乙醇和汽油的易燃性和高热值使之成为应用广泛的优质燃料。在被用做汽车燃料使用时，欲输出相同的动力，所需二者的用量不等；因不完全燃烧均可产生污染性物质，虽因其组成、结构和性质的差异使之分别然烧后产生的有害物质的多少与种类有所差别，但经计算这种差别实际上不是很明显。人教版《义务教育课程标准实验教科书化学九年级（上册）》中的“在汽油中加入适量乙醇作为汽车燃料（车用乙醇汽油），可……减少汽车尾气的污染”的说法是不准确的。

《中学化学教学参考》2009年第8期

## 基于促进学生科学素养发展的高中化学新课程教材研究——北师大“新世纪”（鲁科版）高中化学必修模块教材分析

胡久华　王　磊

培养和发展学生的科学素养已经成为全世界公认的科学教育的核心目标。我国《普通高中化学课程标准》明确规定高中化学必修模块（《化学1》和《化学2》）的课程目标是全面提高学生的科学素养，并且将科学素养界定为知识与技能、过程与方法、情感态度与价值观三个维度。从知识与技能、过程与方法、情感态度与价值观三个维度对课程标准中必修模块的内容进行分析，依据科学素养发展的需要，从知识与技能结构化、过程与方法具体化和层级化、情感态度与价值观专题化和观念化三个维度的有机融合等角度对北师大“新世纪”（普科版）高中化学必修模块的教材进行分析探讨。鲁科版必修模块的教材以培养和发展学生的科学素养为核心，在深入分析课程标准规定的课程内容的基础上，创造性地构建知识与技能、过程与方法、情感态度与价值观各个维度内容的体系结构，形成不同水平的发展层级，实现层层深入、螺旋发展；在教材组织和呈现中，形成不同维度内容的核心线索，并且做到了各条线索的有机融合，为实施以科学素养发展为核心的必修模块的教学打下了良好的基础。

《中学化学教学参考》2009 年第 9 期

## 基于促进学生科学素养发展的高中化学新课程教材研究——北师大“新世纪”（鲁科版）《化学反应原理》模块教材分析

支　瑶　王　磊

从科学素养的构成和知识与技能、过程与方法、情感态度与价值观三个维度对课程标准中《化学反应原理》模块的课程目标和课程内容进行分析，提炼出《化学反应原理》模块促进学生科学素养发展的实质是促进学生化学认识素养的发展，其内涵是发展学生对化学反应的认识角度、认识深度，进而形成分析化学反应的认识思路。并从化学认识素养的发展需要认识思路层次化和外显化、化学知识功能化和认识建构过程情景化、活动化等角度对北师大“新世纪”（鲁科版）《化学反应原理》模块的教材进行分析探讨。

《中学化学教学参考》2009 年第 10 期

## 不同版本教科书“原子结构与元素的性质”内容比较及教学建议

杨明生

对三种不同版本教科书（简称人教版、苏教版、鲁科版）关于选修3《物质结构与性质》主题1“原子结构与元素的性质”的结构和内容呈现形式进行分析比较，并给出了具体的教学建议。具体的教学建议如下：1. 以课程标准为教学依据；2. 注重工具性的技能训练；3. 重新整合相关教学内容。

《中学化学教学参考》2009年第10期

## 从促进学生科学素养发展的视角研究高中化学新课程教材——北师大“新世纪”（山东科技版）《有机化学基础》选修模块教材分析

陈　颖　王　磊

从科学素养的视角分析以有机物性质为核心的高中生有机化学认识素养的构成，然后据此对有机化学模块的课程内容和北师大“新世纪”（山东科技版，以下简称“鲁科版”）教材进行分析和探讨。提出有机化学基础模块促进学生科学素养发展的实质是促进学生有机化学认识素养的发展，其核心内涵是发展学生对有机物性质的认识域、认识角度和认识深度，进而形成对有机物性质的认识方式。通过教材分析发现：教材的内容结构体现认识方式的综合发展；教材的内容呈现注重认识角度的丰富、认识过程的操作化和程序化；教材的活动设计关注认识方式类型的转换、认识深度的层级性和渐进性。教材对学生有机物性质的认识水平提高和有机化学认识素养的发展起到了积极的推动作用。

《中学化学教学参考》2009年第11期

## 论创造性整合教材

潘鸿章

新课程理念下的教学资源不仅包含学生应学习的知识和技能，还蕴涵知识形成和发展的过程，蕴涵研究客观事物的思维方式和科学方法以及塑造意志品质、陶冶情操的素材。为了挖掘和落实教材中这些潜在的功能，在课堂教学中必须有计划有目的地让学生通过阅读、讨论、交流、实践等自主探究活动，将教科书中的静态知识转化并发展为动态的教学资源。为此，笔者提出整合教材的四个原则：落实“课标”要求，恰当选取内容；确保知识的科学性和先进性；丰富联系实际的内容；强化学生自主探究活动。同时笔者认为有利用如下策略可以进行创造性整合教材：按学科知识的内在逻辑关系构建主线；按有利于体验探究过程构建主线；按有利于学习科学方法构建主线；按学生熟悉的生活问题构建主线；按工业生产过程构建主线；按社会关注的热点问题构建主线。

《中学化学教学参考》2009 年第 11 期

## 有关分子极性的教材呈现比较分析

文庆城　高　誉

有关分子的极性内容作为高中化学学习的重要知识点之一。通过对我国三个版本教科书（山东版、人教版、苏教版）和美国新版普通化学教科书（简称美版）中的分子极性内容的分析，提出了三点教学建议：从动态的电性作用角度，帮助学生认识分子极性形成的原因；充分利用直观、形象的模型和图片，从分子空间结构的角度认识分子的极性；通过实验、实物、图表等引导学生认识分子极性的存在及其对物质性质的影响，达到从结构到用途的迁移学习。此外，在呈现给学生多样实例后，引导学生将实例分类，并归纳判断分子极性的依据，可利用学生掌握由个别到一般的比较归纳法，既调动了学生的主体性，亦从学习方法上给予指引。

《中学化学教学参考》2009 年第 11 期

## 从促进学生科学素养发展的视角研究高中化学新课程案例——北师大“新世纪”（山东科技版）选修模块教材《物质结构与性质》的分析

赵河林　齐红涛　王　磊

结合认知心理学的相关理论与研究，揭示高中化学新课程选修模块《物质结构与性质》在提高学生与化学相关的科学素养方面的价值和功能是促进学生物质结构微观认识能力的形成与发展。从认识能力的建构出发，对北师大“新世纪”（山东科技版，简称鲁科版）《物质结构与性质》选修模块教材概念层级分布的逻辑性、概念生成的过程性和概念表征的多重性以及学习活动的多样性等编排特点进行全面分析，并结合实验区的实施情况，探讨如何利用鲁科版《物质结构与性质》选修模块教材实施以促进学生认识能力发展为目标的教学。

《中学化学教学参考》2009 年第 12 期

## 新课程理念下新教材处理的策略

陈贵新

新课程下各种版本的高中化学教材在总体框架设计，教学内容的选择、组织、表达等方面有了很大的改变。它构建了新的知识体系，大幅度更新了学科内容，强调与学生的学习经验与社会生活相联系，更注重学生的实践能力和创新精神的培养。教材是教师教与学生学的材料，是教师开展教学活动的基本素材，教师对教材的认识和处理策略直接影响教师的课堂教学方式和教学效果。因此如何创造性地使用教材成为推动新课程改革首先要解决的问题。科学合理地处理教材就要对照课程标准、会考标准及高考大纲，针对学生的实际，再联系教学的其他相关要素，多维度把握教学材料，从结构上做适当调整，从内容上做适当补充，应用一定的方法加工教学材料，才能真正培养学生的科学素养。

《中学化学教学参考》2009 年第 12 期

## 一组普通高中课程标准实验教科书外的扩充实验

吕贤明

该文介绍了一组普通高中课程标准实验教科书外的扩充实验。一、染发剂的化学，其实验原理包括染发的历史、头发的结构和头发颜色成因、染发的原理、方法和种类及染发的限制。用实验室器材和药品进行染发实验。二、引出相似相溶的误区，相似相溶这一经验定律是指：极性物质溶解于极性溶剂，非极性物质溶解于非极性溶剂。误区为：1. 非极性物质不溶于极性溶剂；2. 极性溶剂一定溶于极性溶剂。三、研究生活中的一些设备来研究液体磁铁。四、对金属钠与氯气的反应进行改进。

《化学教学》2009 年第 1 期

## 用好用活教材中的“资料”栏目

林　蕾

对教材“资料”教学中存在的问题进行了反思，为追求优质课堂教学，用好用活教材中的“资料”栏目提出了四点策略和方法。包括 1. 创设情境，激发学习兴趣；2. 挖掘人文内涵，培养积极价值观；3. 通过阅读，培养信息处理能力；4. 适度筛选，设计探究性问题。

《化学教学》2009 年第 5 期

## 高中化学教材中男性主义倾向的分析

宗 华

从知识点选择、知识呈现方式、评价方式和图片形象四个方面对上海现行的高一化学教材中的男性主义倾向进行分析，揭露了教材中的隐性性别歧视，并为科学教育中女性偏少的现象提供一个层面的解释。建议教材的编制中更多的考虑女生的学习、认知特点，也许能将更多的女生纳入到化学学习中来。

《化学教学》2009 年第 7 期

## 浅论使用化学教科书的几个层次和原则

王小莉

创造性地使用教科书，“用教材教，而不是教教材”，这是一个优秀教师的基本素养，也是新课程改革对教师的基本要求。创造性使用教科书的层次包括：(1)教材内容的整合和拓展；(2)教学策略的选择和优化；(3)教材内涵的挖掘和延伸；(4)课本价值的开发和体现 。创造性使用教科书的原则：(1)突出化学实验的重要地位；(2)尊重教科书的呈现方式；(3)以核心内容的教学为基础；(4)处理好知识点与知识体系的关系；(5)有利于学习活动的开展。

《化学教学》2009 年第 7 期

## 高中化学教材难度的定量分析与评价——以三套化学教科书选修 4 之“溶液中的离子平衡”主题为例

杨承印 程 雷

本文以 3 套普通高中化学课程标准实验教科书《选修 4（化学反应原理》为研究对象，以《全日制普通高级中学化学课程标准（实验稿）》为参照系，利用课程难度定量模型对其中的重要知识主题——“溶液中的离子平衡”进行难度定量分析，从而为选择教科书与准确把握教学要求提供依据。

《化学教学》2009 年第 9 期

## 高中化学教材中 STS 内容的构建方式和教学方法探析

鲍荣焕 张礼聪

本文以加拿大科学课程专家埃肯海德（G. S. Aikenhead）教

授的课程理论解读苏教版高中化学各个模块（专题）STS内容的构建方式。方式一：用STS内容激发学习动机 ；方式二：STS内容临时引入化学内容之中；方式三：把STS内容有目的地引入化学内容之中；方式四：化学内容伴随STS内容；方式五：化学内容引入STS内容之中；方式六：STS内容。同时，探析其教学方法：(1)讨论法和角色扮演法；(2)调查研究法、活动探究法和问题解决法；(3)创设情境法和阅读活动法；(4)并非总有一个正确答案。并且剖析了方法背后的STS教育思想。

《化学教学》2009年第10期

## 对高中化学新教材“二次开发”的思考

储开桂

对教材进行“二次开发”是课改中化学教师讨论的热点话题。该文就目前高中化学新教材“二次开发”的实际现状进行剖析，指出了目前高中化学新教材“二次开发”存在的几种问题：(1)新旧教材共用，求全面；(2)不同版本新教材取交集，求重点；(3)教学案一体化，求容量；(4)多媒体技术与学科教学整合，求直观。并提出高中化学新教材“二次开发”的实施策略：(1)正确认识“课程标准”和“教材”之间的关系，是对教材进行“二次开发”的前提；(2)根据学生认知心理，适当调整教材中原有知识点的顺序，理顺其内在的逻辑关系；(3)把握不同模块的特点，将各模块整合教学；(4)通过教学评价反馈，完善教材内容的“二次开发”。

《化学教学》2009年第12期

## 新教材“化学与生活”模块的功能优势与教学策略

林　捷

一、挖掘新课程资源，发挥新教材的优势，积极开展交流和教学互动。鲁科版“化学与生活（选修）”教材围绕生存环境、科学饮食、化学能源、生活中的材料、化学用品的正确使用等主题展开，并从中提炼出18个课题供学生们探究学习。教学中要注意创设情景，运用生活中的实例，紧扣教材中各个栏目，如“活动探究”“动手空间”“知识支持”“资料在线”，引导学生积极开展课堂讨论，交流各自的看法和解决方案。二、围绕热点问题，发挥网络信息化优势，为学生互动交流搭建平台。例如在主题2“摄取益于健康的食物”的教学中，布置家庭作业，列出各自最近一周的食谱，借助 E-mail，对学生的作业进行教师点评、同学互评。再进行课堂讨论。三、创设独特的真实情景，利用驱动性问题，推进互动活动的开展。例如在“我们需要食品添加剂吗?”的课题学习中，用水果胶冻、糖果、火腿肠、薯片、鲜牛奶等食品创设情景。四、创造性地利用“动手空间”栏目和手抄小报相结合，检验互动交流成果。如“明矾净水”“朱古力豆外糖衣色素纸上层析”“自制烤蓝小刀”“肥皂的制备”“自制雪花膏”等。

《中学化学》2009 年第 1 期

## 课本中“数据信息”的应用

何鸿渊

一、物质密度信息的应用：可以确定气体的收集方法、对某些混合物进行分离、确定物质的保存方法、对金属进行分类、解释生活现象。二、物质熔点、沸点信息的应用：判断物质在常温下的状态、判断气体被液化的难易、液态物质的挥发性大小、推测物质的晶体类型、解释一些化学问题。沸点信息还可以用于对混合物进行分离、控制反应温度使反应朝着需要的方向进行。三、原子半径（离子半径）的应用。原子半径可用于推断元素的金属性、非金属性的强弱、原子氧化性还原性的强弱、原子晶体熔沸点高低和硬度大小、共价化合物分子中键长、键能的大小。离子半径用于推测离子晶体的熔沸点高低和硬度大小。四、键长、键能、键角数据的应用。键长数据用于判断化学键的强弱、解释物质的结构。键能数据用于判断物质的稳定性、化学活泼性、解释化学问题。键角数据用于推断分子或晶体的空间构型和分子极性、解释某些化学问题。五、物质溶解度的应用。可用于确定气体的收集方法、对混合物进行分离以及解释化学问题。

《中学化学》2009 年第 1 期

## 化学必修教材“观察与思考”栏目浅析

王晓琼　卢　伟

苏教版《化学必修 1 和必修 2》中，[观察与思考] 栏目一共出现了 23 次。一、内容特点：以化学实验为主要内容，呈现形式多样。以系列相同问题为中心，融合了思维过程。该栏目不仅是一种格式，一种信息资源，更是引导学生自主学习的途径。

二、教育教学功能。明确观察目标，激发观察学习动机，例如“铝的性质”。教授方法，培养学生观察、思维、实验能力，例如“蒸馏”。创设问题学习情境，培养学生的问题意识，例如“$CCl_4$的萃取”。促进多种化学学科方法的学习，例如“金属钠的实验”。使学生体验在实验观察趣味中思考，例如氨的性质实验。引导学生从观察的感性材料中认识本质，例如“含硫化合物的性质和应用”。三、教学策略：深入分析栏目，把握观察和思考因素。例如“天然气的利用 甲烷”。结合教材其他栏目，多方位进行观察思考。例如“物质的分离与提纯”。扩大观察范围，增加思考的机会。及时评价，提供反馈建议。

《中学化学》2009 年第 2 期

### 高中（选修模块）化学热力学概念的严密性

龙　琪

新课标实验教材在处理“反应热”“焓变”“燃烧热”这三个重要的热力学概念时采用了从简策略，仿佛是降低了知识难度，但可能会导致学生概念不清，产生理解、掌握和运用概念解决问题的困难。文中给出了更加准确的概念。

《中学化学》2009 年第 3 期

### 高中化学新课程教科书栏目情景设计的初步研究

王后雄

结合十分丰富的案例阐述了高中化学新课程教科书栏目设计的九种情景：问题情景、事实情景、实验情景、模拟情景、故事情景、新闻情景、史料情景、角色情景、实践情景。

《中学化学》2009 年第 4 期

### 新课程下新教材教学感悟

诸葛淑贞

结合对苏教版化学必修教材及选修模块的学习与使用，阐述了如下教学感悟：一、认真研究新教材，合理使用新教材：教材图文并茂，激发学生学习兴趣；教材“从生活走进化学，从化学走向社会”；教材凸现实验探究，注意培养探究能力。二、正确处理必修与选修的关系和教与学的关系。

《中学化学》2009 年第 5 期

## 对于《教师教学用书》中教学目标的对照与思考（一）

符正金

义务教育课程标准实验教科书九年级上、下册《教师教学用书》（人教版 2007 年 6 月第 3 版，以下简称《教师用书》）描述教学目标时，受《教学大纲》和旧教材的影响，没有准确地把握《课程标准》的要求。不同的行为动词表示相应认知性学习目标的水平，对此问题的解析存在偏差。（待续）

《中学化学》2009 年第 5 期

## 对于《教师教学用书》中教学目标的对照与思考（二）

符正金

附表列出了第 6～12 单元教学目标与课程标准不一致之处的双向对照表。

《中学化学》2009 年第 6 期

## 苏教版《有机化学基础》含酚废水处理中三个实验的认识

潘银聪

首先从实验目的、实验现象的角度谈了对教材含酚废水实验设计的认识，然后阐述了对苯酚与氯化铁溶液显色反应的认识以及对苯中含有少量苯酚如何鉴别的认识。

《中学化学》2009 年第 5 期

## “金属与金属材料”新旧教材对比与教学建议

张颜涛

人教版（2006 年 10 月第二版）初中化学教材九年级下册第八单元“金属与金属材料”与旧版教材（2001 年 3 月第一版）第六章“铁”相比，在教材内容、教学目标、教学方式与学习方式等方面有很大不同。

《中学化学》2009 年第 6 期

## 解析初中化学教材的编写特点

李春玲

以 2006 年人教版为例，阐述教材的编写特点：一、面向全体学生体现化学的启蒙性、基础性，改变了旧教材难点集中的问题，例如新教材将分子与原子穿插在第三单元中，并配有图片、探究实验。将酸、碱、盐分散在二个单元中，酸、碱不再给出严格的定义，并加入了生活实验。化合价的定义更加浅显易懂。二、创设学习情境体现化学的生活性、趣味性。新教材利用大量彩色图画、表格、资料等创设学习情境，彩色实物照片、卡通画、拟人画等直观亲切。从学生已有的生活经验出发，新教材融合了学科课题与社会课题的相关内容，例如调查与研究、课外实验、家庭小实验、小资料等。三、利用实验体现科学性、探究性和创新性，例如“质量守恒定律的活动与探究”，教材还淡化了演示实验，强化了学生的探究实验。

《中学化学》2009 年第 7 期

## 新课程　新教材　新栏目

张熠岩

新教材的显著特点是设置了多级层次的栏目，该文结合对人教版新教材的使用体会，分析了“思考与交流”“科学视野”“资料卡片”“实践活动”的栏目功能，结合具体案例说明了如何合理使用这些栏目进行化学教学。

《中学化学》2009 年第 7 期

## 高中化学新教材（鲁科版）的特点

王韬强

基于新教材培训，发现鲁科版教材有如下特点：设置课程模块化、课程内容专题化、栏目众多图片丰富、更加重视实验。教材从科学素养的三个维度选择和编排内容，引导学生把握最核心的基础知识和基本技能，学习最有价值的科学方法，形成最重要的观念和态度。新教材最显著的变化是不再追求化学知识的完整性和覆盖面，而是把学生的发展和引导学生学会学习作为基本理念。

《中学化学》2009 年第 8 期

## 例谈人教版《化学必修模块 1》教材处理策略

朱庆斌

教材内容的调整策略包括取舍、详略、补充、拓展、变通、调序。教材内容的处理策略包括深化、易化、简化、类化、网化、活化。

《中学化学》2009 年第 9 期

# 化学自主合作探究教学

## 高中化学习题教学中变式探究学习模式的研究

李明亮　瞿显荣　田棋宏

习题教学是高中化学教学的重要一部分，目前对于习题教学的研究仍很薄弱，而针对课程改革而采用的教学模式更是少之又少，针对这一现状，本文介绍了一种新的符合新课程理念的化学习题教学模式——“变式探究学习模式”。“变式探究学习模式”是在教师的指导下，以“问题”为载体，以学生自主学习和合作讨论为前提，为学生提供充分自由表述、质疑、探讨问题的机会，突出多向互动变式学习的一种范式。作者阐述了“变式探究学习模式”的特点并结合具体事件实例概述了该学习模式的环节。最后，作者提出了实施“变式探究学习模式”的关键在于：选好“原题”、理解“变式”、开放“时空”和自主“创新”。

《化学教育》2009 年第 3 期

## 高中生化学探究学习现状的调查分析

毛群燕　沈理明

通过设计问卷调查，就高中生对探究学习的认识、兴趣、探究学习能力以及化学探究中学习策略水平和运用情况等进行了分析，并提出建议。一、调查过程。介绍问卷结构和调查对象。二、结果与分析。1. 学校化学探究学习开展情况。①大部分学校已将探究教学融入学校教学。②多采用较低水平的引导型探究学习和合作型探究学习。③时间不充足，探究学习方法缺乏。④学生的自主性得到了展现。2. 中学生对化学学科、科学探究及探究学习的认识和兴趣。①学生对科技知识、科学探究有着相对浓厚的兴趣。②学生对化学学习作用的认识已不单调。③多数学生更喜欢探究学习。3. 探究学习能力。①制定方案能力较弱。②其他探究能力也不强。③善于信息的表面处理而不会深加工。4. 学习策略水平及运用。①学校对学生学习策略的教学和培训不够重视。②在探究学习中，学生缺少学习策略，且运用水平也不高。③学生认为探究学习需要科学的方法。三、改变学生化学探究学习现状的对策。1. 要重视学生在探究学习中的主体地位。2. 要提供探究学习时间、空间和策略。3. 要提高学生探究意识和探究能力。

《化学教育》2009 年第 4 期

## 化学探究学习活动设计组织刍议

王云生

在中学化学教学中，设计、组织探究学习活动的目的在于帮助学生在学习化学基础知识、基本技能的同时，提高学生搜集、处理信息的能力和获取新知识的能力，培养分析、解决问题的能力以及交流、合作能力。笔者通过比较、分析高中《化学 1（必修）》中关于“氯气与水的反应、氯水的成分”的 2 个化学探究学习活动设计与组织方案，阐述了化学探究学习活动设计、组织的指导思想，设计组织策略、方法上应注意的问题。

《化学教育》2009 年第 9 期

## 高中化学新课程探究学习情况的调查研究

马志成

为了了解高中化学新课程探究学习的实施现状，笔者对温州市区、县城和乡镇部分中学的高中化学课堂探究学习的实施情况进行了问卷调查和访谈交流。问卷分为学生问卷和教师问卷，问卷抽取市区、县城、乡镇普通高中学校各 3 所，对每所学校各抽取高一学生 35 名，教授过高一化学的教师 6 名进行问卷调查。共发放学生问卷 315 份，收回有效问卷 300 份（市区、县城、乡镇各 100 份），有效回收率 95.23 %；发放教师问卷 54 份，收回有效问卷 50 份，有效回收率 92.59%。并对上述中学近 30 名学生和近 20 位教师进行了访谈、讨论。问卷经统计分析，总结出了高中化学新课程课堂实施探究学习存在的困难和解决这些问题的对策与措施。其中课堂教学中开展科学探究最主要的困难有以下几个方面：1. 对高中化学新课程理念认识上的不足；2. 学校、社会和家长对化学探究学习的制约；3. 现行高考模式对科学探究活动的影响。

《化学教育》2009 年第 9 期

## 高中学生化学自主学习的现状和优化策略

徐守兵

为了了解高中各年级学生自主学习的现状并进行比较分析，选取了金陵中学在校各年级部分班级学生，从影响自主学习的内在因素、行为因素、环境因素等多个角度进行分析，提出了优化学生自主学习的策略。学生的学习动机主要来自于升学的压力和成绩的目标定向，由于学业的繁重，自主学习的时间少，学生学习的兴趣也不浓厚。学生可以通过制订学习计划、自我奖励或惩罚、自我调控和自我评价的方式来增强自身的自主学习能力。调查结果显示，不同阶段的学生他们的学习行为不一样；自主学习的环境包括社会环境和物质环境的不同；学生自主学习水平的差异；都是影响学生的自主学习能力的关键因素。通过激发学生内在的学习动机；注重自主学习策略的教学；教会学生充分利用学习资源这些优化策略都可以提高学生的自主学习能力。

《化学教育》2009 年第 10 期

## 化学新课程教学中学生自主学习能力现状调查

谭韶伟　毕华林

自主学习的能力构成包括 1. 学习动机；2. 认知策略；3. 元认知监控 3 个要素。依据自主学习能力的构成及化学学科的特点，笔者通过自编问卷测查化学新课程教学中学生自主学习能力的现状，从 1. 中学生化学自主学习能力水平；2. 中学生化学内在学习动机水平；3. 中学生化学认知策略水平；4. 中学生化学元认知监控水平来考查学生自主学习的能力。结果表明，目前中学生的化学自主学习能力总体水平较高，这表明化学新课程的理念和实施有利于促进学生自主学习能力的培养。但另一方面，随着年级的升高，学生的自主学习能力却呈现出极其显著的降低趋势。

《化学教育》2009 年第 11 期

## 摒弃形式　注重实效——促进化学课堂有效探究的实践与思考

周绍深

探究性学习是新课程倡导的一种重要的学习方式，但在实际的教学中不难发现许多只是冠以“探究性学习”的名义，存在一些对探究性学习的误解，找不准探究性学习的探究点，最终导致探究效果低微，甚至失效，类似这样的情况普遍存在。为此提出了注重实效的探究性教学应对策略。

《中学化学教学参考》2009 年第 4 期

## “乙醇”必修与选修目标分析及其探究式教学组织的比较

陈献忠

以“乙醇”为例，分析同一知识点在必修与选修模块中的教学目标，比较实现不同教学目标所设计的探究式教学组织的差异。乙醇在必修模块中的探究应立足于实验，以增强学生对乙醇的感性认识为主要目标；乙醇在选修模块中的探究应立足于结构，以增强学生对乙醇的理性认识为主要目标。在新课程的教材体系里，同一知识点分布在不同模块的现象比较普遍。不同模块同一知识点所针对的学生对象不同，其教学价值与教学目标也不同。因此，在设计探究活动时需要考虑学生已有的知识水平、知识内容和能力要求的深广度，甚至是探究的过程与形式。把选修模块才能实施的探究活动“提前”搬迁到必修，是拔苗助长得不偿失的教学行为；把必修实施过的探究活动在选修教学时重演，是“炒冷饭走老路”浪费时间。这两种情形都是在教学设计时必须注意避免的。

《中学化学教学参考》2009 年第 5 期

## 浅谈化学探究教学中生成性教学资源的开发

聂小燕　陈治仁

所谓生成性教学资源，就是指在教师与学生及学生与学生合作、对话、碰撞的课堂中，现时生成的超出教师预设方案的新问题、新情况。它随着教学环境、学习主体、学习方式的变化而变化，根据教师的不同处理而呈现出不同的价值，使课堂呈现出动态变化、生机勃勃的新特点。化学课探究性教学中生成性教学资源的开发包括积极转变观念和角色是开发生成性教学资源的基础；精心设计预案是开发生成性教学资源的前提；课堂应对策略化是开发生成性教学资源的关键。在新课程的教学实践中，教师应学会科学地应对课堂和学生，灵活巧妙地利用各种“意外”、新问题和“突发事件”，使其成为教育教学的有效资源。

《中学化学教学参考》2009 年第 6 期

## 论中学化学“探究教学”的偏失

倪　娟　沈　健

中学化学教学实践中对探究教学理解的普遍性问题，在把探究引进化学课程与教学时要特别注意处理好以下三方面的问题：①对科学素养内涵的理解。做一个具有科学素养的公民，经常为一个与科学相关的人或社会问题做科学调查的需要并不多，而更需要的是关于对科学内容、科学探究和科学本质的理解，需要有能力理解科学主张和科学地做出必要的决策，这是新课程中科学素养的新内涵。教学过程、教学方法都要与新内涵相一致。②科学的复杂性。显然，应改变传统的科学本质观，不再把科学看做是一种不以社会利益或个人意志为转移的客观真理，取而代之，认识到科学是一种具有暂时性、相对性和社会性的永无止境的探究或认识过程。③科学与大众的关系。社会在不同发展时期会对教育提出不同要求，或培养科学精英，或提高科学素养，或者兼顾。而且这种要求往往是潜在的，必须对此有适当的把握和清醒的认识，能且仅能以此为基点界定化学教育中的科学探究。

《中学化学教学参考》2009 年第 7 期

## 课内打基础　校园练本领　社会显实力——学生自主实验从课内探究发展到课外探究的探索

袁鸿涛　王　建

布鲁纳认为学生不应是被动的知识接受者，而应是积极的信息加工者。课堂是学生学习基础知识、积累基本能力的场所；社会才是知识和能力最终的用武之地。高中化学中的实验素材本身就是实用型知识，有很多实验内容与实际生产、现实生活有着紧密的联系。课堂内学习的知识如果能迅速地运用到课外生活中，学生对所学知识的理解将更加深刻。致力于对学生的主动探究能力进行培养，并努力做到让学生从课内探究向课外探究的发展转变。学生研究过程中，有上图书馆、上网查阅资料的，丰富了他们获取知识的途径。有访问学校工作人员了解情况的，增强了他们社会交往能力。有亲自走进自主实验室运用已掌握的科学知识对样品进行实验研究的，加深了他们对理论知识的理解，并提高了他们的实际动手能力。有对周围环境进行综合性分析并提出了合理的改进性意见的，加强了他们对环境保护重要性的认识，增强了他们的社会责任意识和使命感。这些都是在纯粹的课堂理论中学习不到的，只有在学生自主探究中才能得到锻炼和发展，这就是现代教育应有的发展方向。

《中学化学教学参考》2009 年第 8 期

## 学生自主实验的课题研究与思考

覃孔彪　陈　芹　张　蓉

《普通高中化学课程标准（实验）》中指出："探究式学习是学生学习化学的一种重要学习方式，也是培养学生探究意识和探究能力的一种重要途径。"而以实验为基础是化学学科的重要特征之一，新课标在教学建议中明确指出：要"突出化学学科特征，更好地发挥实验的教育功能”。因此，充分利用实验开展研究性学习，可以使学生感到活泼生动，容易引起学生的探究兴趣，激活学生的探究热情，发展学生的探究能力。学生自主实验与探究能力发展的研究旨在探讨以学生为主体，以实验和探究两大主题为主线，通过反思将二者有机融合。如何以实验的形式并以学生自主实验为侧重促成学生探究能力的形成与发展？着重介绍了学生自主实验的课题开发与实践后的一些体会。探究式学习的层次与自主实验的研究模型。

《中学化学教学参考》2009 年第 12 期

## 探究式学习理论在化学教学中的应用与思考

刘开福

该文提出应在课堂教学中有效地实施探究式学习。值得探究的内容是关系深入理解学习的概念性、抽象性问题，关联学生未来智能发展的核心内容。阐述了探究式学习的内涵与基本特征。列举实验示例说明了探究式学习在化学教学中的应用。最后对探究式学习进行了几点思考：(1)探究式学习中老师的责任。(2)探究式学习在化学新课程中的作用。(3)切实推行探究式学习，需要从各级管理到各个学科整体联动。(4)切实加强实验教学，提升实验探究素质。注重化学的重要的特点即实验基础和在生产和生活实际中具有广泛的应用。

《化学教学》2009 年第 1 期

## 例谈化学探究式学习中的挫折教育

陈　斌

本文以铁的氢氧化物制备教学为例阐述了在探究式学习过程中面对挫折如何对学生进行教育并对其进行了反思。

《化学教学》2009 年第 3 期

## 课堂教学时间的有限性和探究活动的无限性

蒋旗军

新课程理念倡导“自主、合作、探究”的教学方式，带来了课堂教学时间的有限性和探究活动的无限性的矛盾，本文简要分析了产生这种矛盾的原因，并从实践层面对解决这对矛盾提出了建议。

《化学教学》2009 年第 4 期

## 让探究教学走向有效

薛青峰

在分析探究教学现状的基础上，以“金属钠的性质和应用”（苏教版）的各个教学片段为例，剖析了探究教学中应注意的五个问题：1. 有效的问题情境是实施有效探究教学的前提。2. 合理的猜想是实施有效探究教学的关键。3. 可行的实验方案是实施有效探究教学的保证。4. 归纳解释是探究教学的必要环节。5. 培养问题意识是探究教学的最高境界。

《化学教学》2009 年第 7 期

## 也谈研究性学习在化学教学过程中的实施

钟　军

研究性学习是新课程改革过程中出现的一个新概念。高中化学的新教学大纲和新教材把研究性学习及研究性课题放到了突出位置。在化学学科教学中科学地安排研究性学习，有效地提高教学质量。一、化学学科教学中实施研究性学习课题的选择：1. 对化学实验的深层研究；2. 对高中化学重、难点知识的专项研究；3. 对前沿知识的拓展性研究。二、化学学科教学中实施研究性学习的教学模式：1. 实验探索型；2. 调查研究型；3. 社会课题型。三、问题与讨论：因为课时等问题使得研究性学习的问题很难得到充分展开和广泛讨论，另外研究性学习强调的思维的灵活性与广泛性和学科教学注重思维的原则性和逻辑性有所矛盾。

《新课程研究》2009 年第 6 期上

## 新课改理念下学生自主学习观的培养研究

苗深花　陈媛媛

新课改的理念倡导学生学习方式的转变，自主学习是其倡导的三种基本学习方式之一。目前的现状是教师对自主学习作用认识不一、对学生的自主学习能力看法不同；对培养学生自主学习观的实施各抒已见以及部分学校领导对自主学习的认识重视不够。而对学生来说，存在对自主学习的认识不清、要求较高、态度不积极、方法各异和对课外学习内容的选择不同等问题。在这些现状的基础上提出了培养学生化学自主学习观的教学策略：1. 突出学生的主体性，让学生学会学习；2. 发挥教师的指导作用，使学生学会自主学习；3. 创设自主学习的情境，促使学生形成自主学习的意识；4. 及时反馈学习空间，使学生乐于自主学习。

《课程教材教法》2009 年第 5 期

## 高中化学“探究”模式的教学实践与思考

郭检来

普通高中《化学课程标准》明确表示化学学习改传统教学方式成以化学实验为主的多种探究学习过程。本文具体介绍了探究教学模式的本质、特点和当前关于探究教学模式的主要观点。通过案例来具体阐述探究教学的过程。得出了几点启示：要强调学生的主体性、强调教学的探究性和教师要做好探究的准备工作；以及几点思考：探究缺乏选择性和过于注重探究形式而忽视教学的主体。

《当代教育论坛》2009 年第 6 期下

## 高中化学新课程“合作—探究”课堂教学模式初探

郭夏青

随着新课程改革的全面实施，要求教师在课堂教学上建立以学生为主体的有效教学模式—“合作探究”模式。根据教学过程，作者从以下几个部分对其进行了阐释：一、创设情境，自学探究；二、引导发现，实践探究；三、解疑导拨，合作探究；四、拓展延伸，创新探究。

《新课程研究》2009 年第 6 期下

## 新课标理念下化学理论课的问题情境探究教学

刘文周

根据新课程标准的规定，提出了化学理论教学中问题情境探究教学。本文以具体的教学实例阐释了化学理论课教学问题情境探究教学的实践：1. 以“问题的比较分析”，引入化学方程式的学习；2. 问题情境的探究过程以学生为主体；3. 创设问题情境，通过课件、设计实验去突破传统理论教学的难点；4. 总结概括，提升探究。从这过程中提出化学理论教学中创设问题情境应注意的问题：创设问题情境一般包含 4 个方面的内容；要从教学内容的具体问题入手，避免设计大而空的问题情境；创设的问题情境的回答范围要具体明确，同时要具有开放性；问题情境的创设要善于从周围的社会现象、生活生产实际中发现问题、寻找问题，更要根据所学知识联系当今社会的焦点、热点问题；创设的问题情境要具有探究性，培养学生思维的广阔性、逻辑性；探究性的教学设计，要求学生要有较好的自学能力，要照顾到学困生。

《基础教育研究》2009 年第 8 期 B

## 在初中化学教学中培养学生的科学探究能力

邢建立

科学探究式当前义务教育阶段化学课程改革倡导的主要学习方式。本文根据近几年实施新课程的体会，阐述笔者在初中化学教学中培养学生科学探究能力的方法。一、利用化学史实，学习科学探究的方法；二、改演示实验为探究实验，激发学生探究能力；三、鼓励学生改进、设计实验，提升学生探究能力。

《教学仪器与实验》（京）2009 年第 1 期

## 化学情景教学中如何组织合作学习

吴 頔

本文论述了如何在化学情景教学中组织学生进行合作学习。一、合理建组，轮流负责。二、培养合作意识和合作技能：1. 要明确交流对象；2. 要创设一定的学习情景；3. 要规范发言者的语言；4. 要注意培养发言人；5. 要以个人学习为基础；6. 要注意保护学生的热情。三、设计问题，具备“四性”：挑战性、创造性、开放性和探究性。四、精心组织，科学评价：1. 精心组织，合理监控；2. 改进机制，科学评价；3. 实施“发展性评价”应注意的几个问题。

《现代中小学教育》（长春）2009 年第 4 期

## “元素周期表结构”探究方案的构建

张新宇

针对“元素周期表结构”的探究教学，本文在剖析已有教学方案的基础上，分析影响探究的因素。进而进行解决方案的构建，包括 1. 信息类别的选择：元素基本信息、元素的化合价和胆汁的性质；2. 元素的选择。并在此解决方案的基础上给出了具体的探究过程设计：提供元素信息，学生思考；小组讨论，编制周期表；全班交流，深入认识周期表。

《新课程研究》（武汉）2009 年第 6 期上

### 微型实验与《实验化学》创新教学

赵 琦

《实验化学》是将化学实验设置成独立的选修模块。该模块在开设的过程中遭遇了课时不足、仪器短缺、药品耗量大和环境污染严重等问题。本文以具体实例介绍了微型实验对于该模块的一个创新教学：一、微型实验优化教学模式；二、从思维创新角度来审视微型化学，1. 微型化学实验有助于知识掌握，2. 微型实验提升实验探究能力；三、微型实验与高中化学教法鳌合的新进展，1. 微型“分钟实验”营造教学情境，2. 微型“发现实验”激发思维动机，3. 鳌合手持技术开发微型定量实验。

《教学月刊（中学版）》2009 年第 9 期上

## 化学实验教学

### “实验化学”模块教学策略初探

王远英

作者发现，苏教版《实验化学》教材的内容主要分为 2 个主题“化学实验基础”和“化学实验探究”，所以教师在教学过程中应既“重探究”，又不能忽视对基础实验的教学，应将化学实验的基础知识学习与探究性实验的研究有机地整合在一起。作者以专题 3 课题 1——“牙膏和火柴头中某些成分的检验”授课为例，浅谈实验化学的教学模式和教学策略。文章的最后对“实验化学”模块的教学进行了如下几个方面的探讨：(1)关注社会生活，激活学习热情；(2)加强实验设计，培养创新精神；(3)推行小组协作，提高综合能力。“实验化学”是高中化学课程的一个重要模块，教师应在教学中既注重学生实验基础知识的巩固，也要注意培养学生的实验设计能力、术语表达能力、探究精神和合作精神。

《化学教育》2009 年第 1 期

### 认识化学假想实验及其危害

陈元庆

在我们的身边，不时有假想实验的影子在晃动。作者认为，所谓“化学假想实验”就是：它应是来源于基本化学原理的、但是未经过实验验证的化学实验。作者将自己多年来亲历的或是其他教师发现的几个具有一定代表性的假想实验进行整理，具体从几个方面进行阐述:(1)假想的演示实验和学生实验;(2)假想的研究实验;(3)假想的考察实验和高考实验。谈及假想实验的危害，作者是以课程标准提出的三维目标来简单的一言以概之：假想实验不仅危害我们掌握正确的知识与技能，还危害我们体验完整的过程与方法，更危害我们情感态度与价值观尤其是科学态度的形成。本文旨在引起广大化学教育工作者对假想实验的注意，真实地做实验应该是我们化学教育工作者的不懈追求。

《化学教育》2009 年第 1 期

## 回归实验室的化学教学

程同森　盛丽英　刘桂军

把化学课堂搬进实验室，让学生通过动手实验的方法来学习化学，称之为化学教学回归实验室，作为教改课题，在北京第五中学实验已进行了 3 个学年，取得了较好效果。作者从将化学学习回归认识的原点、回归学生科学素质发展的原点这两个方面进行了具体的阐述。通过在学生之中进行调查发现，学生喜欢实验教学的形式。不难看出，实验探究已经成为转变学生化学学习方式的突破口，而研究的初步结果则表明，动手做实验进行科学探究在实现化学的“知识与技能”“过程与方法”“情感态度与价值观”教学目标的过程中具有不可替代的作用和高的效率。

《化学教育》2009 年第 2 期

## 谈谈新课程背景下化学课堂教学的实验探究

周雪春

新课程课堂教学实验探究的实施，是化学课堂教学改革的有力措施。实验探究使学生在应试中解脱出来，引导学生从科学方法论出发，了解科学研究的一般方法，走出题海，走出教室，走出学校，体验生产生活实际，掌握事物发展的过程与方法，成长为适用于社会的各类人才。作者从科学研究的一般方法出发，结合自己的教学实践，具体论述了演示式探究、实验式探究、观察式探究、案例式探究、假设式探究等实验探究方法。

《化学教育》2009 年第 2 期

## 以浓硫酸与铜共热实验为题材命题中的误解

段昌平　江　岚

作者提出了以浓硫酸与铜共热实验为题材的命题中存在两种背离实际误解：一种认为，铜与浓硫酸共热时铜丝表面变黑，说此黑色物质是 CuO；另一种认为，过量的铜与一定量的浓硫酸共热反应时，经一段时间反应后，由于硫酸的消耗和水的生成致使浓硫酸变为稀硫酸反应停止，铜和硫酸都有剩余。这 2 种误解均源于未亲自动手做实验或对实验现象未作深入细致地分析。作者介绍了自己动手所做铜与浓硫酸共热探究实验的有关情况。最后，作者强调，化学教师不仅自已要身体力行，经常结合教学实际动脑思考问题，反复亲自动手做实验解决问题，更要把这种做学问的科学态度潜移默化地传递给学生，以培养学生探究学习的意识和实事求是的科学精神。

《化学教育》2009 年第 2 期

## 中学化学教师对实验装置研究现状分析与启示

孙丹儿　张新宇　范艳花

实验装置研究一直是中学化学教师实验研究的重点，也是热点。本文通过文献分析的方法，对当前中学化学教师实验装置研究的现状进行了分析，从研究数量、研究内容、研究方法三个方面进行了探讨，指出了当前中学化学教师在实验装置研究中存在的问题，并提出了如下建设性的意见：(1)教师在实验研究方面的侧重点并不一定要停留在实验装置上，应通过对实验影响因素的综合分析，探究出对实验效果影响最大的因素，从该因素着手研究；(2)教师应适当多进行实验装置的创新设计和研发；(3)教师应灵活运用各种实验装置的设计方法，加强创新类设计方法的应用，适当运用模拟类设计方法。

《化学教育》2009 年第 3 期

## 基于实验的探究教学开发

林海斌　胡　江

本文以实验目的、实验原理、实验装置、实验步骤、实验现象和实验结论等实验方案的要素为切入点论述怎样为实验探究教学创造更多的实践途径，从而实现基于实验的探究教学在理念、思维和操作层面的发展。一、实验目的：由“验证”向“探究”

转化。二、实验原理：由“单一”向“发散”转化。在物质制备实验中可对实验的原理进行探究，从而设计多种实验方案，并进行合理的选择。三、实验装置：由“给予”向“创造”转化。事先给予的实验装置会导致学生认识上的僵化，可以分析改进创造新的实验装置，培养复合思维，发展创造力。四、实验步骤：由“指向”向“设计”转化。实验手册隐退，学生可根据实验原理设计多种实验方案，并据此设计实验步骤。

《化学教育》2009 年第 4 期

## 江苏省第五届中学化学实验调演分析及反思

王金龙　鞠东胜

本文对照中学各年级所使用的化学教材，以参赛实验为研究对象，对参赛教师和参赛实验内容进行分析，研讨中学化学实验改进研究的现状和薄弱环节。一、参赛教师分析。76 个参赛实验，教师总数为 107 人，体现了合作研究是实验改进研究的趋势。无中学教师与高等院校专家的合作研究，在一定程度上限制了中学教师科研水平和能力的提高。二、实验内容分析。1. 高中必修模块实验成为改进热点。2. 参赛实验中主要是以优化操作、改进实验装置和提高实验效率为目的；也有绿色化、微型化、生活化、数字化实验；其中十成多的参赛实验是围绕实验原理展开的探究性实验。3. 简单重复过多，创新少。拓展性实验、疑难实验和对教材实验设计再反思实验较少。三、对赛会的思考。1. 实验内容不平衡，高中选修模块实验太少。2. 参赛实验相当部分为简单重复，浪费资源。3. 比赛中缺乏对反应本质（原理、历程、定量）的研究。4. 建立新颖、缜密的赛会体制，制订长远规划，成为培养青年教师创新能力和创新思想的有效途径。

《化学教育》2009 年第 4 期

## 一次实验调演的启示

杨　兵

通过对江苏省南通市举行的实验调演情况分析，对目前中学化学实验教学进行反思和展望。一、实验情况分析。实验集中涉及无机化合物性质验证性实验装置的改进。研究、探究类实验，定量、理论、有机类实验明显偏少，创新性实验凤毛麟角。二、实验调研反思。1. 新课程的实施并没有带给化学实验教学太多的活力。2. 中学化学教师的专业素养提升和追求缺少新的内驱力。3. 学校办学追求的差异使得农村教师缺乏教学创新的外力。三、中学化学实验改进和创新的方向。1. 科学、可行。2. 绿色、安全。3. 微型、简约。

《化学教育》2009 年第 4 期

## 初中化学实验创新的一次大检阅——湖北省初中化学实验创新汇赛活动观摩小结

艾学富

通过观摩湖北省初中化学实验创新汇赛活动，对实验创新的方向和注意点进行了总结。一、要紧扣教材、突出重点。紧扣教材中的演示实验、学生探究实验、家庭小实验等来进行创新。教材中难以做成功的实验是我们创新的重点。二、要删繁就简、操作简单。三、要超越他人或前人。超越了现行教材中的实验设计，注重原创，不要仿照他人实验。四、要注重评价和引导。增加专家评价，开展讨论、交流，使实验创新赛发挥最大的效益。五、要注重物化成果。将实验创新比赛录像及专家点评，放在教研网上。六、要注重应用实践。将汇赛上成功的经验积极应用到教学实践中去。

《化学教育》2009 年第 4 期

## 江苏省初中化学优秀实验教学课回顾与反思

孟献华　李广洲

实验在中学化学教学中占有重要地位，本文对江苏省初中化学优秀实验教学课进行分析，总结其中的成功经验与值得反思之处，为今后化学实验教学提供成功的创新案例与研究的思路。一、化学优秀实验教学申报课的结构分析。1. 选题统计与分析。2. 化学课中实验外部形式总体统计与分析。二、对化学优秀实验教学申报课中实验的分析。1. 对一些常见化学实验操作范式的创新。2. 对实验功能的全面性理解。包含了技术性功能和知识性功能的理解。三、对化学优秀实验教学申报课中根据实验实施教学的分析。1. 注重展示化学实验设计的过程。2. 通过教学反省形成学生批判性思维能力。四、化学优秀实验教学申报课的一些值得改进之处。1. 对“化学实验教学课”认识的偏差。2. 对化学教学目标与执行的偏差。

《化学教育》2009 年第 7 期

## 微型实验在中学化学新课程教学中的实践与探索

王 春

本文通过微型化学实验在化学新课程教学中的具体应用，阐述了微型化学实验在化学教学中的作用与意义：1. 利用微型实验，创设问题的情境，激发学生学习兴趣。2. 利用微型实验，变演示实验为学生自主实验，培养学生实验操作能力。3. 利用微型实验，综合设计实验内容，开展探究性学习。4. 利用微型实验，突破教学的难点，培养学生的环保意识。并对今后教学中充分发挥微型化学实验的功能进行了初步的探讨：1. 充分发挥微型实验的教育功能。2. 充分发挥微型实验的实效性。3. 注重微型实验和普通实验结合的科学性。

《化学教育》2009 年第 8 期

## 试论初中化学教材中实验内容的处理艺术

缪 徐

本文介绍如何通过合理选用和开发新的课程资源，对现有教科书内容体系进行适度调整和加工，使教材更好地发挥应有作用。在教学设计中，教师需要做到：1. 体现推进性，推进式处理，就是针对教材中实验内容之间内在的逻辑关系，将教学内容设计成若干小板块，各个板块彼此相连、逐步推进。2. 增强发散性，实验探究重在引领学生围绕实验问题和现象积极展开化学思维，从中获取化学知识，揭示化学规律，领悟化学思想。3. 提高趣味性，让每一位学生以轻松愉快的心情去认识多姿多彩的化学世界，这是新课程标准所倡导的教学理念。4. 注意简约性，眼下好多公开课教学中，取消了教师的演示实验，满堂都是学生实验，甚至出现了学生实验过多过滥的状况，因此，面对教材中的实验素材，设计教学时，我们既要有利用和挖掘教学资源的思想，更要有简约化处理的理念。

《化学教育》2009 年第 8 期

## 新课程理念下高中化学实验教学功能的再认识

陶秀梅

高中化学新课程将化学实验提到一个全新的高度，化学实验有了新的定位。从化学学科的基本特征和化学实验的教学功能出发，结合实际教学案例探讨在新课程理念下怎么有效发挥化学实验的教学功能。化学实验是实现高中化学课程目标的重要途径；

是高中化学课程不可缺少的组成部分；是化学教学中科学探究的主要形式。新课改高中化学实验的教学功能主要有：1. 展示化学科学的真实性和实用价值；2. 突出科学探究的核心过程；3. 全面体现STS之间的联系。

《化学教育》2009年第10期

## 初中化学探究性实验教学的策略

刘宏霞　李文章

实施初中化学探究性实验教学，要从实验内容和方法的选择、教师的有效指导、课程资源的开发利用及繁杂实验微型化等方面开展节时高效的研究工作。1. 恰当地选择探究性实验教学的内容和方法，确保课时计划顺利完成。2. 合理地开发和利用课程资源，以利于农村中学探究性实验教学的有效实施。3. 加强探究实验的组织和指导，以利于探究实验的有效进行。4. 将繁杂的实验微型化，以利学额较大的班级顺利组织探究性实验教学。

《化学教育》2009年第10期

## “化学预实验”伴我快乐成长

吴长顺

“化学预实验”伴着笔者快乐成长，给了笔者很大的启示。笔者将他快乐成长的过程与启示写出来，与我们分享。(1)“化学预实验”可以提高实验成功率；(2)“化学预实验”是培养新教师和优秀化学教师的有效途径；(3)“化学预实验”是培训学生骨干，实现课堂有序、高效的重要举措；(4)“化学预实验”是知识创新、实验创新的重要手段；(5)“化学预实验”是实现绿色化学、和谐课堂的重要条件。

《化学教育》2009年第10期

## “问题解决”在乙炔制备演示实验中的应用实例评析

韩程明　王素懿

将问题解决与思维训练设计于演示实验的教学过程中的关键在于实验教学过程中问题涉及的科学性、启迪性和层次性。本文以乙炔的制备的演示实验为例，论述演示实验过程中的问题解决和思维训练的设计：1. 运用“问题分析法”导入乙炔气体的发生装置，把复杂的实验分解为简单的构成要素；2. 通过设计除去杂质的各种方法，培养学生解决问题的能力；3. 利用乙炔气体收集方法的设计，培养学生创造性思维能力和解决问题的创新意识。

《化学教育》2009 年第 12 期

## 油脂演示实验优化及学生探究实验活动的设计

徐　焱

对于油脂部分的相关内容，作者提出了自己的教学建议和意见。一、对设计证明油酸甘油酯含有碳碳双键的实验进行了改进，使实验的现象更加明显。二、通过市场调查等手段，发现市售鲜奶对人体有一定的危害，并将人造鲜奶的生产过程变为学生的实验，使学生亲身体验。三、介绍了两种传统的皂化反应的实验方法，并对实验的优缺点进行简要分析，同时对该反应的实验提出了改进方法。四、设计迷你实验，来判断油的不饱和度。五、介绍简单了鉴别矿物油和植物油的方法。六、介绍油脂中某些化学成分的定量测定的一般原理，便于涉及学生定量测定的实验。七、介绍定量测定某深海鱼油的不饱和度的知识背景以及作用。

《化学教育》2009 年第 12 期

## 化学实验方案设计特征

牛　群

化学实验方案设计是考查化学实验教学质量的主要方式，因其具有较强的主观性和灵活性，历来成为高考主观试题中的难点、失分点，也是提升化学实验能力的瓶颈。探究化学实验方案设计过程，我们会发现这一过程并非无章可循、无“法”可依。它具有如下五个方面显著的设计特征：可参照性特征；可替代性特征；可控制性特征；可创造性特征；可表述性特征。这些特征可为实验方案设计提供具有重要价值的思路与方法。当然，化学实验方案的设计除具备以上五项特征外，还应遵循以下原则：首先是科学性原则；其次是可行性原则和简约性原则；再次是遵循安全性原则。

《中学化学教学参考》2009 年第 1/2 期

## 沪教版九年级化学家庭小实验实践档案

程结根

如何发掘家庭小实验的可做因素，尽可能多地为学生创造亲历实验的机会，以沪教版《义务教育课程标准实验教科书·化学

(九年级)》(2006 年版) 为例,做了一些尝试,编写了此家庭小实验档案,供同仁参考。家庭小实验教后体会:只有教师重视,家庭小实验才能有效开展;对家庭小实验的检查是个难点,可以通过编发家庭小实验报告册;课外单独询问、课堂提问;向学生家长了解情况;让学生坚持写化学日记,反馈实验情况、写实验感受、交流实验问题等等。

《中学化学教学参考》2009 年第 1/2 期

## 研究性学习的重要途径——化学实验

张 晓 丁成云

“研究性学习”是新课程所倡导的一种学习方法,具有开放性、综合性、实验性、生成性等特点。“研究性学习”就其内涵来说是指学生在教师指导下,以类似科学研究的方法去获取知识和应用知识的学习方式。而这种学习方式不是指具体的学习策略和方法,而是学生在完成学习任务的过程中表现出的基本行为特征和认知取向。研究性学习转变了同学们“学”的方式,必然就要转变教师“教”的方式,要求教师从知识的权威者到平等参与学生课题研究;从知识的传递者到学生学习的促进者、组织者、指导者。化学是一门实验性科学,探究化学是以实验为基础的。从化学学科的特点分析,化学实验是解决化学实际问题的主要途径和方法,也是培养学生探究能力的重要途径。化学实验在研究性学习中的开展应当具有以下特点:以科学探究为重点,以研究性学习片段为生长点,开展研究性学习。立足于教材开展研究性学习。选题应基于教材结合日常生活,以达到服务于教材,最后让学生掌握的知识超越教材。变“验证性实验”为“研究性实验”,恢复化学实验研究性的本来面目。现以化学实验来探究乙烯的制取实验的改进和性质的验证来证明化学实验在研究性学习中的重要作用。

《中学化学教学参考》2009 年第 4 期

## 基于化学实验思维发展的教材内容体系建构探析

孙丹儿 王祖浩

化学实验思维指在化学实验问题解决过程中,具备一定化学知识和理论的实验者对实验要素即物质的性质(反应物、中间产物及最终产物)、反应机理或反应原理、实验条件、实验装置、实验现象、实验数据、实验结果等的本质属性、内部规律以及要素与要素之间相互关系的间接的、概括的、能动的反映。这种反映集中体现为明确所研究的实验问题，收集和应用已有知识和信息，设计合理、有效的实验方案，实施实验并监控实验过程，解释实验现象，得出实验结论并对结论进行分析的思维行为。通过对化学实验思维的内涵、构成要素以及内容模型的分析，为基于化学实验思维发展的教材内容体系的建构提供了理论依据，教材内容体系包括三个内容：一是实验内容的选择；二是实验内容的横向体系，内容的横向建构须寻求合理的线索；三是实验内容的纵向体系，纵向体系通过课题内容的呈现方式得以体现。通过对教材实验内容的选择，实验内容体系线索的寻求以及《实验化学》实验内容纵向体系的分析，提出基于化学实验思维发展的教材内容体系应遵循以下几点：1. 合理安排教材明暗线索，建构立体化模式；2. 将教材的表层结构和深层结构进行有效融合；3. 采用任务分解法，强化实验各要素的教学功能；4. 利用知识分类法，将实验内容进行合理分配。

《中学化学教学参考》2009 年第 5 期

## 用好三个标志性实验　促使研究性学习产生三次飞跃

李家亮

研究性学习是当前学生的重要学习方式。为了使学生能适应研究性学习，掌握学习方法，提高研究性学习的能力，就应该以研究性实验为突破口，从研究性实验学习抓起。在教学中，教师要充分挖掘教材中（新课标人教版初中化学教材）三个标志性的实验——“对蜡烛及其燃烧的探究”“氧气的实验室制法”“二氧化碳制取的研究”的教学功能。开展好这三个标志性实验研究活动，必能促使学生在研究性学习上产生三次质的飞跃，并能促进学生全面发展。做好第三个标志性的实验，学生又跨越了一个新的里程碑，在研究性学习方面必能产生第三次质的飞跃。总之，挖掘并用好这三个标志性实验对于研究性学习具有极其重要的引领和促进作用，对于学生学好化学、提高能力以及今后的发展都具有极其重要的意义。

《中学化学教学参考》2009 年第 5 期

## 如何从化学反应中获取信息并进行加工

肖桂林

化学新课标的“三维目标”之过程与方法，提出要让学生初步学会运用观察、实验等方法获取信息，能用文字、图表和化学语言表达有关的信息，初步学会运用比较、分类、归纳、概括等方法对获取的信息进行加工。在化学教学过程中通过实验（教师演示实验或学生动手操作）、观察等形式，有意识地引导学生从化学反应中获取更多的初始信息，以培养学生获取信息的方法和技能；对已获取的初始信息要通过训练等形式让学生学会用文字、图表和化学语言等进行表达；化学是一门实验科学，应充分发挥实验功能，让学生获取更多的初始信息并在此基础上通过对初始信息进行分析、比较、分类、归纳、概括等加工处理使学生获取宽泛的信息和系统的知识链，使其从“可见的东西中看出不平常的东西来”。采取点上开花、立体发散、相互关联、纵横交叉，形成知识链、知识板块、知识模块。将零散信息、发散思维和聚焦思维关联于一个具体的反应式中，其知识面就远非就事论事了，其效果就远非一堂课所能比拟的，其作用不仅可以解决学生感到化学知识琐碎、零乱的问题，让学生逐渐养成学一点、知一线、带一片的创新性学习方法，而且使信息在头脑中形成网络，有序、生动，易理解、易记忆、易迁移，有效提高学习效率、综合复习效率和知识应用能力。

《中学化学教学参考》2009 年第 6 期

## “氯气的生产原理”的探究式教学与思考

徐明武

实验室制取氯气是高中化学中第一个气体制备实验，由于初中科学教学中对物质制备的要求降低，学生只学习了氧气的制法，对气体制备装置了解甚少，所以教师把它作为又一个重点，教学过程设计得很细致，教师将整套装置分为发生、净化、收集、尾气处理四种装置进行微格教学，通过查资料的方法，每种装置提供 3~4 个选择对象，同时通过“资料卡”的形式向学生提供氯气的相关知识，教师组织小组活动的形式，让学生进行讨论和交流，交流过程中教师及时评价、总结、提炼，得到设计气体制备装置的一般思想方法及各种装置的适用状况。教师应构造和谐、宽松的学习环境，培养学生在课堂上的主导地位，教师只应在一些关键时候起点拨、引导和纠正的作用。长此以往，不仅可以提高教学效果，还可以培养学生的自学探究能力，为适应社会的发展打好坚实的基础，这应是一线的化学教师努力的方向和目标。

《中学化学教学参考》2009 年第 6 期

## 铜作阳极电解硫酸钠溶液电解产物的探讨

吕效波　文　丽

一道传统化学题：用铜作阳极、石墨作阴极，电解硫酸钠溶液。试回答：①接通电源时，会发生什么现象？写出电极反应式；②通电一段时间后，又会发生什么现象？写出电极反应式。对于第一问，答案无争议：接通电源时，在阳极，铜发生溶解；在阴极，石墨棒上产生气泡。而对于第二问，却有两种答案，第一种：通电一段时间后，在阳极铜继续溶解；在阴极，石墨棒上析出红色固体，溶液呈现蓝色。第二种：通电一段时间后，在阳极铜继续溶解，阳极区溶液呈淡蓝色；在阴极，石墨棒上继续产生气泡，阴极区溶液保持无色，在阳极区与阴极区交界处生成蓝色沉淀。哪一种答案是正确的呢？为此做了如下装置（图 1 和图 2）的两个实验。通过两个实验说明，同种电极材料，同种电解液，由于电解池形状不同，将导致电解产物不同。

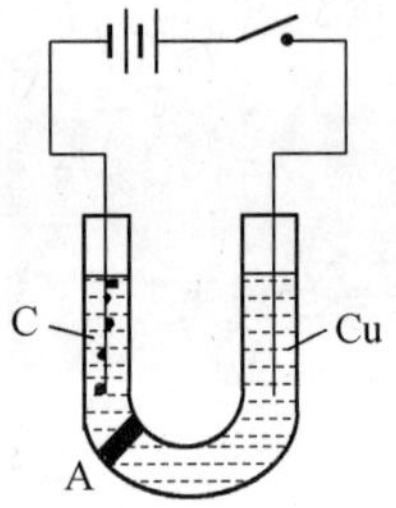


图 1　实验装置

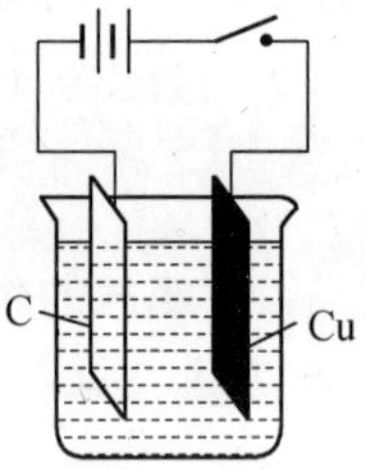


图 2　实验装置

《中学化学教学参考》2009 年第 6 期

## 让实验文化在高中化学课程改革中熠熠生辉

戚宝华

化学实验可以转变学生学习方式、培养学生科学素养、让学生树立绿色化学思想并让学生认识现代化学发展。营造实验氛围，构建实验文化的有效途径：让实验室的每面墙壁“说话”、让学生参与实验室的管理、让实验室始终坚持为学生服务。建立实验模型，构建实验文化的举措：建立实验目标模型，有效落实化学实验的课程目标；建立物质研究模型，正确认识物质研究的基本程序；建立科学探究模型，初步掌握科学研究的基本流程。整合实验内容，是构建实验文化的重点：遵循“演示实验、学生实验和自主探究相结合”的原则；重视日常实验中的学生表现，将评价贯穿于实验的全过程；建立长效的实验考核机制，进一步增强学生的实验意识。

《中学化学教学参考》2009 年第 7 期

## 略谈化学实验现象的清晰呈现与有效观察

般志宁

新课程倡导培养学生的科学素养和探究能力，化学实验是培养学生科学素养的重要途径，也是进行科学探究的主要方式，以实验为基础是化学教学的基本特征。通过实验教学，可以帮助学生理解化学原理，研究化学问题，发展思维能力，培养科学态度。作为实验教学中的重要环节——呈现、观察实验现象有着举足轻重的地位，是学生获得丰富的感性认识的重要途径。依据准确的实验现象才能得出正确的结论，从而揭示化学的规律和本质，完成认识上从感性到理性的飞跃。清晰呈现实验现象的策略有对比呈现、衬托呈现、嫁接呈现、放大呈现、课件呈现、近距离呈现；有效观察实验现象的方法有全面观察、重点观察、对比观察、发现观察、观思结合。总之，无论是教师的演示实验，还是学生的自主探究实验，呈现出较为清晰的实验现象并进行有效观察都是实验成功的基础，只要持之以恒地关注细节、反思方法，再加上用严谨的态度、科学的设计、大胆的猜想、规范的操作、准确的分析对待每一个实验探究，就能更好地实现新课程下实验的各项教育功能。

《中学化学教学参考》2009 年第 7 期

## 高中阶段常见的有机物分离和提纯的误区

康丽丽

高中阶段有机物的分离和提纯是学生在学习有机化合物时常见的一种题型，考查的是学生对所学知识的灵活运用与融会贯通，下面对有机物分离和提纯中常见的几种错误进行剖析。有机物的分离和提纯一般有两种方法：一是物理方法，物理方法主要是根据物质的物理性质（如沸点、密度、溶解性等）不同，可采用蒸馏、分馏、萃取、过滤、盐析等方法进行分离；二是化学方法，化学方法一般是加入或通过某种试剂进行化学反应，使欲分离、提纯的混合物中的某个或某些成分被吸收、洗涤，生成沉淀或气体，或生成与其他物质互不相溶的产物，再用物理方法进一步分离。通过对几种错误分离和提纯方法的探讨，如用酸性

$KMnO_4$溶液除去乙烷中混有的少量乙烯；用酸性 $KMnO_4$ 溶液除去苯中的少量甲苯；用滴加溴水的方法除去苯中的少量苯酚；用蒸馏法除去乙醇中混有的乙酸；用浓硫酸并加热除去混在乙酸乙酯中的乙酸和乙醇；除去溴乙烷中的乙醇，提出了正确方法。

《中学化学教学参考》2009 年第 7 期

## 新课程背景下化学实验呈现方式的策略研究

苇赞梅

实验教学是化学教学的重要组成部分，具有其他教学内容和形式不可替代的特殊作用，化学实验是落实化学三维目标的重要手段，是发展学生科学探究能力的重要途径。要想通过实验教学完成三维目标，除了要更新观念和精选实验之外，还要研究实验的呈现方式并制订相应的教学策略。因此，教学中面对不同的实验，应采取不同的方式。从抽象的原理实验，采用生活化方式呈现；突出事物个性特征的实验，采用对比实验法呈现；突现过程性的实验，采用图示法呈现；增强探究性实验的趣味性，采用故事性描述呈现；探求规律的实验，采用表格化描述呈现五个方面进行阐述。

《中学化学教学参考》2009 年第 9 期

## 点击化学实验把握课改脉搏——落实新课程标准下实验教学的科学发展观

朱伟琴

新课程改革的核心理念是一切为了每一个学生的发展。处于高中时期的学生的抽象思维能力虽有一定的发展，但仍以经验型的抽象思维占优势。新课程标准明确提出："通过以化学实验为主的多种探究活动，使学生体验科学研究的过程，激发学生学习化学的兴趣，强化科学探究的意识，促进学习方式的转变，培养学生的创新精神和实验能力。"因为在化学实验过程中，往往会给学生带来强烈的情感效应，促使学生由暂时的好奇心转化为稳定的探索意识。实验过程中往往也会伴随着挫折和困惑，这正好使学生初步体会科学研究的曲折性，感受在困难中探索，体会探索后成功的喜悦。化学实验趣味之中充满哲理，平淡之中蕴涵神奇，实验教学的成败往往成为化学知识达成的关键。因此，让化学实验积极地"动起来"，实现实验的多元化教学是落实新课程标准下化学课堂教学科学发展观的必由之路。

《中学化学教学参考》2009 年第 9 期

## 注重实验验证　杜绝主观臆测

谷拥军

在日常教学中，对于一些实验习题往往总是习惯于依据已有知识和理论去推测可能出现什么实验现象，而不太重视进行实验验证。这种纸上谈兵的实验教学方法不可取，因为推测出的结果如果缺乏实验检验往往是不可靠的。化学毕竟是一门实验科学，一些理论猜想或推测是否正确，必须要经过实验的检验才能定论，这才是正确的科学探究思想。所以化学教师在平时工作中，也要注意养成“注重实验验证、杜绝主观臆测”的科学态度和科学素养。

《中学化学教学参考》2009 年第 9 期

## 重视实验的细微操作　培养学生的全面思维

覃孔彪　刘成光

根据化学实验的现象导出实验结论，或根据化学原理与物质的性质预测实验现象并回答相关的问题，这是学习化学的基本要求，也是要答好实验题的必备能力。但在实际实验操作或实验题的分析与判断中，有很多常规处理的实验现象与理论分析不一定相同，这主要是忽略了局部的条件与某些干扰的因素。因此，我们在遇到实验问题时，绝不可闭门造车，一是要全面思维；二是要细致操作，最好是与学生一起或是让学生独立实验，通过学生的感官刺激激活学生的思维，提高学生对物质的性质、实验条件、影响环境的全面认识。

《中学化学教学参考》2009 年第 10 期

## 新课程下化学实验的拓展教学

杨　剑

在化学实验教学中，教师既要重视学生化学基础知识的掌握，又要注重培养学生的基本实验技能，更要培养学生的探究能力和创新精神。但在实际教学中，有不少教师只拘泥于参考资料和以往经验，对很多可以结合发挥的问题没有及时生发拓展，不仅缩窄了学生的眼界，还限制了学生的思维，甚至在学科知识方面误导了学生，影响了学习效率，使新课程的三维目标没有得到充分实现。笔者结合新课程实验教学中的感受谈谈如何进行化学实验的拓展教学：顺势拓展，让学生在完整中全面；对比拓展，让学生在比较中深刻；“意外”拓展，让学生在失败中体验；题组拓展，让学生在问题中提升；改进拓展，让学生在质疑中创新。通过这样的拓展，将可以发挥问题及时生发拓展，激发学生学习化学的兴趣，帮助学生理解和掌握化学知识和技能，使化学实验教学和新课程接轨。

《中学化学教学参考》2009 年第 11 期

## 借实验之手 揭开层层面纱——浅谈探究性课堂的化学实验教学

戴巧香

以实验为载体的探究是化学教学中最显著的特征，也是化学教师最常用、最擅长的手段，但是在实践中“实验”与“探究”的结合并不像预设的顺畅。随着新课程将科学探究作为核心理念，实验和实验教学的作用得到了显著的提高，要设计一个基于探究的实验活动，只要能在两方面对于一般的实验教学进行改变就可以将验证式实验转变为开放性探究实验，一是改变实验活动在整个教学中的优先次序，不要将实验活动安排在教学的最后；二是将以往只注重验证课本理论的一些典型实验项目，改变成比较重视探究过程的实验，让学生加以探究。通过对“氢氧化铝的化学性质”这个实验的改进和拓展，用鲜活的例子来说明经过改进的化学实验明显提高了学生的探究水平。此外在设计化学实验教学活动中，还要考虑以下三个方面：创设问题情境，激发学生的实验兴趣；实验情境的创设，应注意利用新旧知识的联系，促进同化；倡导交流与合作，深化实验探究。

《中学化学教学参考》2009 年第 11 期

## 对《铝的性质》“观察与思考”的创造性开发

郑雅敏 裘建浩

以铝和硫酸铜溶液的实验为线索来组织串联整堂课，从一定意义上说是对教材创造性的开发，并能取得很好的教学效果。首先用铝和硫酸铜的不反应，让学生意识到铝表面有氧化膜；其次由铝的这一特性引出铝的广泛用途；再次由对一份铝制品的说明书解释很好地过渡到铝性质的学习；最后又通过新问题的发现，重新回归铝和硫酸铜的反应，这样，很直观地让学生发现氯离子能破坏氧化膜，从而使学生对生活中合理使用铝制品有了更深的认识。这样的课堂设计自然流畅、前后呼应，尤其是几个问题的设计都在学生的最近发展区，更好地活跃了学生思维，激发了他们的参与度，进而提高他们科学素养。

《中学化学教学参考》2009 年第 12 期

## 化学实验教学的最佳时机初探

陈　斐　胡志刚

该文根据教育时机理论提出了最佳教学时机模式：教学时机的创设——教学时机的捕捉——教学时机的利用——教学时机的转换（升华），探讨了高中化学实验教学中如何把握教学时机，发挥实验教学的教育功能。

《化学教学》2009 年第 1 期

## 挖掘实验内涵，培养创新思维能力

王刚盛

该文探讨了在初中化学教学中如何充分发挥化学实验的教育功能，使学生逐步获得科学思维的方法，形成思维的创新，培养学生分析和解决问题的能力。一、明确观察目的，提高观察能力。二、全面观察，体会比较的过程和方法，通过对比实验来培养学生透过现象看本质的思维。三、深入观察，运用归纳概括，培养探究意识，通过实验培养学生自主探究的积极性和发现问题、分析问题的方法和思路。四、创设学习情景，激发思维创新，使实验教学能够更为有效地服务于创新思维能力的培养。五、推陈出新，设计实验体会创新，随着化学知识的积累，可对学生进行引导，促使其知识储备得到完善，思维得以升华。

《化学教学》2009 年第 1 期

## 中学化学实验研究现状探析

孙丹儿　朱建育　占小红

该文借助对文献的整理和分析，考察中学化学实验研究的现状，分析中学化学实验研究的发展特点，探讨和总结存在的问题，为教师实验研究和实验教学提供借鉴。

《化学教学》2009 年第 3 期

## 走出化学实验教学的误区

杨文斌

在中学化学实验教学中，经历了从简单定量到精确定量的过程，研究的主要焦点是：药品使用、点燃方式探讨、导管中空气的排除等。文章指出，追求改进的“过程”比获得精确的结论更为重要。实验改进经历了思考、探究、创新的过程，从本质上说是一种追求学生化学素养提升的过程，从实验教学的另一个纬度锻炼了学生的思维能力，促进了学生的有意义学习。

《化学教学》2009 年第 3 期

## 例谈化学教学中实验探究的着力点问题

秦守进

探讨了化学教学中实验探究的着力点问题：化学实验不仅要探究物质的性质、物质的变化、物质的组成等化学知识，还要探究实验载体、实验过程及实验创新的思想方法，以培养学生在化学学习中自我实现的创造能力。化学实验由教学的辅助变为教学的主题，它不仅要探究物质的性质、物质的变化、物质的组成等化学知识，还要探究实验载体、实验过程及实验创新的思想方法。

《化学教学》2009 年第 3 期

## 重振化学实验教学

王以权

阐述了化学实验在化学教学中的意义：激发学生学习化学的兴趣；加深对化学学科的理解；培养学生观察、推理、思维等多方面的能力。对化学实验教学进行了几点思考：用好实验内容；引导实验延伸；研究实验创新；培养科学精神。

《化学教学》2009 年第 4 期

## 关于“卤代烃中卤原子检验”的实验反思与教学设想

张建波

对卤代烃中卤原子的检验提出了可用于演示的改进方案的实验，并对该改进方案进行了实验反思与教学设想。

《化学教学》2009 年第 4 期

## 化学实验中设置问题情景，培养学生的创造性思维能力

刘宝国

通过一个关键性问题，引导学生运用科学的方法，同中求异，异中求同，使学生能从不同的角度进行独立地分析和思考，进而使学生的创造性思维能力得到长足发展。对具有代表性的 $O_2$

制取、$H_2S$ 和 $SO_2$ 反应、$NH_3$ 的干燥和吸收、$Cl_2$ 的性质检验的设计方案及特点进行了评述。

《化学教学》2009 年第 5 期

## 初中化学实验探究分层教学的几点做法及体会

闫孝平

本文结合教学案例介绍了初中化学中实验探究的分层次教学模式及其取得的良好教学效果。为适应不同层次的教学内容和目标，进行渐进有序的学习与训练，培养学生创新思维能力。下面是几点具体的做法和体会。1. 在感知性实验探究中激趣、活思、启疑。2. 在模仿性实验探究中拓展、迁移、创新。3. 在发现质疑性探究中，释疑知新。4. 在创新性实验探究中，学、创一体，提高创新能力。

《化学教学》2009 年第 5 期

## 普通高中实验室废液量及其主要污染物的研究

彭　实　陈允任　张学运　潘娟湘　曾显林　沈立娜　吴良莉

随着普通高中入学率的提高和新化学课程标准的实施以及实验条件的改善，化学教学中试剂用量和废液量都在大大增加。为了给治理和监管提供参考，作者对高中化学实验室废液量及其主要污染物进行了研究，并且据此提出了改进方案。

《化学教学》2009 年第 6 期

## 高中化学新教材演示实验的创新与优化探索

夏　磊

如何充分发挥演示实验在化学教学中的作用是一个值得探讨的问题。优化演示实验教学，提高实验数学效果，这对中学的化学教学具有重要的现实意义。本文具体举了 3 个例子：(1)有机化学连续氧化实验的创新设计。(2)浓硫酸的脱水性和氧化性及反应产物的检验实验。(3)乙酸乙酯制取实验的改进。

《化学教学》2009 年第 7 期

## 对有关铜实验中几个疑点问题的剖析

段昌平　江　岚

该文对有关铜实验中几个疑点问题进行了剖析：1. 由 $CuSO_4$

制取CuO的学生实验中加热蓝色沉淀物没变黑而变为浅蓝。2. Cu与浓硫酸共热反应过程中出现黑色细小颗粒。3. Cu与浓硫酸共热反应过程中形成的溶液呈蓝色还是无色。4. 铜盐溶液与$NaHCO_3$溶液反应时生成的沉淀物不显蓝色而是浅蓝色。5. 新制$Cu(OH)_2$与乙醛溶液共热反应时开始出现黄绿色沉淀等实验的改进。

《化学教学》2009年第7期

## 优化实验设计启迪学生思维

王秀秀

在实验教学过程中，教师要善于从多种角度优化实验设计，使学生学会"手脑并用"，让学生的思维火花在"设疑→实验→质疑→顿悟"的教学进程中一次次闪耀，体验学习的快乐和科学知识的魅力，并有利于知识的同化和灵活运用，逐步形成科学思维的习惯。1. 改变反应物的用量，促进求异思维；2. 改变实验器材，培养发散思维；3. 改变实验操作步骤，培养学生逆向思维；4. 制造实验"假象"，培养逻辑思维能力；在拓展性实验中教师可直接展示实验"假象"使其与学生原认知结构中的实验现象产生矛盾，从而激发学生的探究热情。

《化学教学》2009年第7期

## 论新课程理念下的化学实验改革

潘鸿章

实验教学应：(1)全面落实"三维"教学目标："知识与技能"是实验教学永恒不变的目标，"过程和方法"是必须强化的目标，"情感态度价值观"是不可忽视的目标。(2)确保实验的科学性：实验设计的科学性，实验条件选择的科学性，解释现象及形成结论应符合科学性。(3)扩展实验的综合性：化学知识的综合实验，化学与其他学科知识的综合实验，化学知识联系实际的综合实验。(4)体现时代性：创造条件推广手持实验技术，恰当利用微型简易实验。

《化学教学》2009年第8期

## 基于微型化学实验论文的命题

陈 凯 周志华

笔者从《化学教学》《中学化学教学参考》《化学教育》以

及《教学仪器与实验》中的微型化学实验论文中取材，从不同角度出发编拟化学习题。1. 以微型反应装置创设情境；2. 以微型实验引导实验改进思维；3. 以微型实验题干提供探究和评价的平台。并提出在科学教育中引入习题的初衷是巩固和加深对知识的理解，考查学生掌握知识的水平，培养学生应用知识解决问题的能力。

《化学教学》2009 年第 8 期

## 关于三种中等化学教学类期刊微型化学实验研究的文献统计分析

黄　璨　沈丹玲

以《化学教育》《化学教学》《中学化学教学参考》三种化学教育类期刊为研究对象，对有关微型化学实验的文献进行统计，从计量学角度出发，对文献发文量、内容、作者单位、作者所在区域以及作者合作情况等方面进行统计分析，试图为我国微型化学实验的研究提供某一角度的参考。

《化学教学》2009 年第 8 期

## 纯水导电性实验的探讨

任　峰

通过对电导率数据的比较和蒸馏水成分的分析，说明了不能使用蒸馏水做纯水导电性实验的原因；通过实验分析了蒸馏水导电性实验中出现异常现象的原因；并对纯水电导率的测量方法做了简介。并且建议老师们在高中阶段，进行水的电离教学时，只需按教材对纯水的导电性实验进行讲解即可，而不要随意地增加纯水的导电性实验。

《化学教学》2009 年第 9 期

## 差异性实验及其在化学探究教学中的运用

李燕琴　赵雷洪

本文介绍了差异性实验的含义及其特点；差异性实验设计原则:(1)差异性原则;(2)科学性原则;(3)针对性原则;(4)安全性原则。阐明了差异性实验在化学探究教学中的应用，分析了差异性实验教育功能的内在机制:(1)差异性实验对增强学生内在学习动机的作用;(2)差异性实验对创设学习情境的作用;(3)差异性实验对促进学生知识意义建构的作用;(4)差异性实验对培养学生科学研究能力的作用。

《化学教学》2009 年第 9 期

## 溴乙烷水解实验教学案例

李飞波

本文以“溴乙烷水解性质实验”为例，说明如何拓展学生的思维空间，增强实验的主动性、体现新课程背景下学生的学习方式：1. 从问题开始进入课堂学习 。2. 在教师引导下让学生进行自主探究：(1)学生自主设计方案、并动手实验；(2)学生进行合作学习和讨论，探究问题本质；(3)教师引导，合作探究；(4)知识重整，得出结论；(5)教师引导下深化。3. 教师给出正确的实验步骤并演示。4. 课堂教学反思。

《化学教学》2009 年第 9 期

## 通过实验落实对初中学生情感态度和价值观的教育目标探究的尝试

魏荣梅　刘桂宾

情感态度价值观目标很难通过教师的单纯讲授灌输而实施，必须由学生在教师创设的具体教学活动过程中，通过不断体验、内化而形成。本文主要介绍了从以下几方面落实情感态度和价值观的教育目标：(1)体验探究乐趣开拓学生思维；(2)培养学生树立科学意识，养成实事求是的科学态度；(3)关注社会生活问题感受化学的应用价值；(4)关注资源，爱护环境，增强社会责任感；(5)依托探究活动，关注学生人格，培养高尚品质。

《化学教学》2009 年第 10 期

## 对试剂 KI 的一些补充认识

刘怀乐

涉及 KI 溶液性质的实验，高一化学中有十多处，高二化学中有三处。鉴于对试剂 KI 本身认识上的某些缺陷，致使在 KI 的性质实验教学中出现了诸多不容忽视的问题。该文对此谈了些自己的补充认识。(1) KI 溶液的浓度宜小不宜大；(2)关于 KI 的变质，包括变质的现象、变质的困惑、变质释疑、KI 变质（泛黄）实验及变质 KI 的处置；(3)用溶有 KI 的 $I_2$ 水去检验淀粉的方法欠妥；(4)溶有 KI 的 $I_2$ 水，不能用苯、四氯化碳萃取；(5)KI 在生活中的两处妙用。

《化学教学》2009 年第 11 期

## 对“纯碱的生产”中有关问题的探讨

田巨坤

针对人教版《化学与技术》“纯碱的生产”的实验观察中，未见碳酸氢钠析出的现象，通过计算得，$NaHCO_3$在1.33 mol·$L^{-1}$ $NH_4Cl$和1.745 mol·$L^{-1}$ NaCl混合溶液中溶解度增大到2.38 mol·$L^{-1}$，量化了盐效应的影响。介绍了实验室模拟联合制碱法和利用碳酸氢铵晶体与饱和食盐水反应制备碳酸氢钠的方法，并给出了教学建议。

《化学教学》2009 年第 11 期

## 《化学教学》的实验素材与试题原创

赵 华

近年来，各地高考自主命题中，适度借鉴《化学教学》介绍的素材的原创试题屡见不鲜，在中学化学教学界产生了很好的导向作用，这种作用具体表现为：一是素材的思辨特征体现学科独特性。二是素材的创新特征表现学科的发展性。三是素材的拓展特征展现学科的时代性。这些典型特征为中学化学教学提供了良好的示范和引领，为中学化学新课程改革注入了源头活水。粗略统计2006～2008年间《化学教学》刊登的实验相关的论文，平均每期约6篇，三年近230多篇，其素材与实验创新、实验研究、实验拓展有关，是国内中学化学实验教学研究成果的重要交流平台。如此丰富多元的实验教学成果，给中学化学实验提供了示范作用，更为探索新课程化学实验教学改革提供了有效的专业引领作用。

《化学教学》2009 年第 11 期

## 例谈中学化学实验研究课题的发掘

吴孙富

介绍了发掘实验研究课题的基本途径和方法,(1)关注实验中出现的异常现象;(2)重视现有实验的改进研究;(3)尽量用实验解答学生提出的疑难问题;(4)要关注实验过程中的所有现象;(5)研究中学化学中出现的假想实验;(6)注意发现并研究中学化学中出现的假想方程;(7)研究开发新实验，说明了实验研究对于提升中学化学教师素质的重要性。

《化学教学》2009 年第 12 期

## 镁和氯化铁反应的实验和讨论

唐　敏

通过一系列实验，对镁和氯化铁溶液的反应进行了讨论，并得出以下结论：镁和氯化铁溶液的反应是几个反应同时进行的，相互间既有促进，也有抑制，直到反应结束。随着反应物浓度的增加，反应的剧烈程度也加剧，各个反应进行的程度也不同，最后形成的分散系也不同，由于有氢氧化铁的存在，反应液的颜色也不一样；随着反应物量的不同，相互间的影响也不一样，产物也有所不同，所以现象上也有一定的差异。

《化学教学》2009 年第 12 期

## 化学新教材（人教版）中三个演示实验在教学中的困惑及对策

吴国权

教科书中的有些试验装置的设计存在着一些影响实验效果的问题。该文选出了三个具有代表性的实验和改进方案来阐述自己的观点和做法：实验一，人教版化学教材必修 2 [实验 3-2] 无水乙醇与金属钠的反应。实验二，人教版化学教材必修 1 [实验 4-7] 一氧化硫溶于水使水倒吸的相关实验。实验三，人教版化学教材必修 2 [实验 2-2] $Ba(OH)_2 \cdot 8H_2O$ 与 $NH_4Cl$ 晶体混在一起放在烧杯中搅拌，使烧杯外的水结冰的演示实验。

《化学教学》2009 年第 12 期

## 运用探究性实验进行“引导一发现”教学的尝试

周业虹

“引导—发现”教学模式是指在教师的带领下，学生通过尝试发现、实践体验、独立探究、合作讨论等形式探索知识，去发现、探索、掌握知识。引导—发现教学模式的实施在高中化学教学中可分为以下四个环节：(1)设疑—创设情境，发现问题。(2)探究—设计实验，体验探究。(3)归纳—交流总结，解决问题。(4)应用—拓展延伸，问题迁移。并结合案例“铝及其化合物”“化学反应速率的因素”，阐明了探究性实验是“引导—发现”教学的重要教学方式。

《化学教学》2009 年第 12 期

## “五阶段法”在化学实验教学中的运用

稳小堂

本文就学生在实验认识过程的五个阶段结合案例做简单阐述。遵循学生在学习中的心理活动特点，依据学生的认识规律，从满足要求出发，向不满足要求的过渡，把实验贯穿始终，设计了五个阶段，使学生认识的过程从诱发阶段（启发实验）—准备阶段（准备实验）—探讨阶段（演示实验）—整理阶段（串联实验）—发展阶段（创新实验），一步一步把学生引导到掌握知识的高峰。

《化学教学》2009年第12期

## 将“学生演示实验”引入课堂教学的尝试

白建娥

基于新课程要求和我校实际情况，尝试将“学生演示实验”模式引入课堂教学。通过典型案例诠释了该模式的教学流程及其优点。采用“学生演示实验”模式，有利于加强学生之间分工合作，科学地进行实验；采用“学生演示实验”模式，常常会产生教师意想不到的问题，使教学更有“生成性”；采用“学生演示实验”模式，比教师演示更容易吸引学生参与，取得更好的教学效果；采用“学生演示实验”模式，可以给学生提供更多展示自己的机会，进一步完善评价体制。并在所教学生中进行了调查反馈。

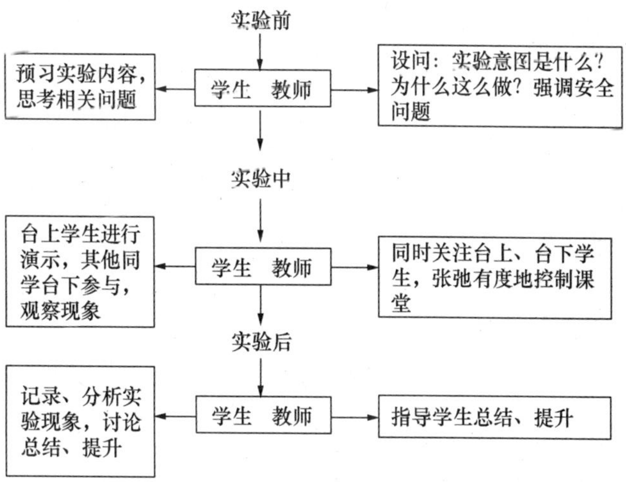


学生演示实验流程图

《化学教学》2009年第12期

## 加强实验教学是提高化学教学有效性的重要途径

许二新

提出对中学化学“有效教学”的一些看法，认为加强实验教学能提高化学教学的有效性，能够激发学习兴趣，调动积极因素；促进学生积极参与学习过程，主动获取知识；实施科学探究，培养创新精神。并结合教学实践，阐述了对加强实验教学的思考和探索：(1)以严谨的科学态度对待实验教学；(2)乐于实践探索，不断改进创新。

《化学教学》2009 年第 12 期

## 演示实验教学的要点与改进

李海波

明确目的、重视示范、引导与启发相结合、改进实验手段强化实验效果。比如二氧化碳的性质实验、氧化铝两性的实验。

《中学化学》2009 年第 4 期

## 新课程背景下化学实验课程资源的开发与利用

黄　瓅　沈丹玲

分析了化学实验课程资源的含义，从以下关系辨析了开发和利用这些资源的意义：①化学实验课程资源与化学课程的关系。②化学实验课程资源的开发与利用和教师的关系。③化学实验课程资源的开发与利用与学生的关系。④化学实验课程资源的开发与利用对于转变课程功能和学习方式的意义。⑤化学实验课程资源与化学校本课程的开发之间的关系。给出了开发与利用化学实验课程资源的策略：①更新与完善教师观念，增强开发与利用化学实验课程资源的意识。②鼓励学生开发与利用化学实验课程资源。③加强化学实验室建设，充分利用校内实验课程资源。④结合课程教学实际，对化学实验进行改进与创新。⑤善于利用社区化学实验课程资源，充分开发校外实验课程资源。⑥建立化学实验课程资源数据库，实现资源共享。

《中学化学》2009 年第 7 期

## 让生活走进化学实验教学

邓育红

一、生活资源的实验开发，培养学生的化学亲近感，比如加碘盐的使用，家庭中的常用消毒剂：双氧水、灰锰钾、碘酒、84消毒液、白醋等。二、生活事件的实验再现，增强学生的学习责任感，比如“三鹿奶粉事件”“海带中碘离子的检验”“鸭血中微量铁的鉴定”。三、生活现象的实验探究，促进学生的科学素养提升，比如用胶体知识研究雾霾天气，洗衣粉成分的探究等。

《中学化学》2009年第7期

## 课堂教学实验创设方式的探讨

应化德

课堂创设新实验是为了：①提出问题，比如“原电池”的教学。②解决问题，比如次氯酸的漂白性。③体验实验探究方法，比如加碘盐的成分探究。

《中学化学》2009年第12期

## 化学实验装置设计与教学思考

彭　银　熊言林　张　敏

本文对化学实验的装置进行了详细的阐述。一、何谓化学实验装置设计；二、化学实验装置设计的原则：目的性原则、科学性原则、安全性原则、可行性原则、直观性原则和简约性原则；三、化学实验装置设计的过程；四、化学实验装置设计的策略：一器多用策略、多器用一策略、替代策略、增减策略、颠倒策略、引入策略、组合策略和模拟策略；五、化学实验装置设计的教学思考：1. 教师驾驭能力是化学实验装置设计教学的前提；2. 学生打牢“双基”是化学实验装置设计教学的关键；3. 师生发掘问题是优化化学实验装置设计教学的保证。

《教学仪器与实验》（京）2009年第1期

## 浅谈对比实验在新课程中的应用

顾备战

本文结合教材内容论述了对比实验在新课程课堂教学和评价中的应用。一、对比实验在课堂教学中的应用：1. 将自主、合作、探究多种学习方式相互结合；2. 联系实际，培养技术意识、创新精神；3. 强化对化学核心知识的认知和理解。二、对比实验在新课程评价中的应用：1. 通过对比实验考查实验设计能力；2. 通过对比实验考查实验评价能力。三、通过对比实验考查实验数据处理能力。

《教学仪器与实验》（京）2009 年第 1 期

## 新课程实验主题探究教学及其思考

周改英

本文结合二氧化硫化学性质实验的案例，提出新课程下实验主题探究教学的问题。提出了实验主题探究教学的策略：1. 全面发展与个性发展统一策略；2. 确定实验主题典型性策略；3. 情境创设与探究主题统一策略；4. 启发引导探究策略。并由此提出了作者的教学感想：突出学生的主体地位、明确教学目标、确保任务探究的可行性有效性、评价功能的发挥以及教师必须具备创新探究的能力。

《教学仪器与实验》（京）2009 年第 2 期

## 化学实验课中实施素质教育的探究

陈　涛

新课程理念下，“应试教育”向“素质教育”转轨是基础教育的紧迫任务。而课堂教学是实施素质教育的主渠道，本文阐述了化学实验课中如何实施素质教育的探究。一、教学过程培养学生的学习策略应注意的问题：启发学生的兴趣，以学生为主体。二、应重视学生的思维过程和合作交流过程的调控。三、应重视优化课堂结构，营造对话课堂。四、应重视教与学过程的统一。五、教学程序，包括：1. 教学过程结构；2. 教学过程的操作程序：创设问题情境、讲解示范、实践操作、评比比赛、反馈测试和总结评价。

《中小学教学研究》（沈阳）2009 年第 4 期

## 高中化学新课程低成本实验研究

朱　恩

根据新课程理念“通过以实验为主的多种探究活动，提高学生科学素养”，本文提出了新课程背景下的低成本实验、微型实验和绿色化学。并从器材、药品、实验装置设计和步骤等方面介绍了低成本实验的实践。并由此分析了高中化学新课程低成本实验的意义。

《教学仪器与实验》（京）2009 年第 3 期

### 二氧化氮与水的循环吸收反应实验设计

岳云华

二氧化氮与水反应制取硝酸是高中必修化学中的一个重要内容。针对此演示实验中存在的问题，笔者设计出环保、简便、多功能的实验装置，并具体描述了实验的现象和分析。阐述了实验中要注意的事项，并由此得出了实验启示：加强化学实验教学，积极探索、改进、创新组合设计化学实验，以充分发挥化学实验的教育教学功能。

《教学仪器与实验》（京）2009 年第 5 期

## 化学复习课教学

### 例谈新课程元素复习课中的整合性教学设计

保志明

作者指出了元素化合物复习课中的常见困惑，作者认为应该以元素化合物知识为载体，整合提升学生所学的化学知识，充分尊重和满足高三学生发展的需要，是设计元素复习课的指导思想。随后，作者以复习必修 1 中硫酸和硝酸的内容为例阐述了复习中整合性教学设计的具体实施，研讨了在复习课中通过问题的设置，实验的安排，整合性地进行教学设计，尤其是通过巧妙地问题设计，让学生认识到化学现象后面的一般性规律及认识这些规律的途径和方法。最后，作者对于元素复习课的整合性教学设计进行了如下的反思：(1)化学观点的渗透和构建比具体知识更为重要；(2)这样的教学是否会弱化对具体知识的掌握；(3)新课程复习中模糊模块间的界限，复习“整体”的化学；(4)坚持做有教育价值的实验。

《化学教育》2009 年第 1 期

### 基于方法训练的氧族元素复习

林海斌

近年的高考化学试题旨在测试考生对中学化学基础知识、基本技能的掌握情况和所应具有的各种能力。在复习中，应该充分体现“以板块为形式，以过程为重心”和“以知识为载体、以方法为主线”的设计思想，从而使知识巩固与方法训练以及能力提升成为统一的过程。本文以氧族元素的复习为例，通过回顾与整理、质疑与对比、分析与综合、应用与拓展4个板块，以求同、求异、求精、求整等4类过程为手段，充分运用比较与对比、分析和综合等4种科学方法，从基础知识入手，逐渐深入，提升学生分析问题、总结规律和解决问题的能力。

《化学教育》2009年第2期

## 例谈元素化合物知识总复习的课堂教学模式

陈 斌

以卤族元素为例作介绍说明元素化合物知识总复习的课堂教学模式应该是：统筹安排，布置任务—示目标，明确任务—置问题，分组讨论—出课题，设计方案—供方案，学生评价。采用这种复习模式关键在于对问题的设置，该复习模式中每一个问题解决的一般程序是：提出问题—学生思考—分组讨论—代表发言—学生互评—教师点评—总结提高。

《化学教育》2009年第12期

## 初三化学作业情况的调查与实践改进

余丽蓉 何彩霞

本文通过对初中化学作业情况的座谈和问卷调查进行分析，提出了对化学作业的改进的思考和实践。具体如下：一、使作业内容有趣。1. 注意结合当今社会热点，培养学生的好习惯；2. 注意联系社会实践，提高学生运用知识的能力；3. 注意联系日常生活，帮助学生学会发现和解决问题。二、改变作业的形式。1. 作业类型多样化；2. 作业要求层次化。三、给学生的作业写评语。1. 激励式评语；2. 指导式评语；3. 提醒式评语。

《化学教育》2009年第11期

## 新课改理念下的元素化合物高考复习新思路

温海波

在“新课程新理念新高考”的背景下，尝试以案例分析的形式，通过对“铝、铁及其化合物知识的复习”两次授课的对比，教与学的效果迥然不同，关键在于教学理念的差异。前者是教师占据了课堂的主要地位，学生在教师提供的复习思路下进行知识的整理和归纳，教师注重了引导学生对上位知识的提取，进行系统的编码，思路清晰，逻辑严谨，也强化了下位知识形成的巩固，其目标的价值导向是为获得很好的考试成绩。但其忽视了学生的学习动机、内在趋向以及思维拓展，导致学生的创造力缺乏，解决实际问题的能力不强，学生的学习欲不强。而后者则注重了学生的学习内在需要，以建构主义为指导，设计出学生感兴趣的教学情境，勾起学生的探求欲，学生主动地建构知识，教师在一旁不失时机地引导，不断提升“最近发展区”，使探究步步深入，知识体系一步步完善，知识体系的重要节点有效地掌握，学生成为课堂的主体，学生的自我能动性得到最大的发挥，创造性空间不断拓展，学生真正成为学习的主人。

《中学化学教学参考》2009 年第 1/2 期

## 新课程改革背景下有效的备考策略

王红新

新课程标准要求化学教学应立足于学生适应现代生活和未来发展的需要，着眼于提高 21 世纪公民的科学素养，构建“知识与技能”“过程与方法”“情感态度与价值观”相融合的高中化学课程目标体系，通过化学实验为主的多种探究活动，使学生体验科学研究的过程，激发学生学习化学的兴趣，强化科学探究的意识，促进学习方式的转变，培养学生的创新精神和实践能力，努力提高学生的综合素质。充分认识新课程改革的变化特点要研究教材，吃透新课程标准；根据课程目标体系和教材内容选择合理的复习方法；增强探究意识，提高学生科学探究能力。承受着新课程的全面推广和纵向深入，高考考试命题从内容到形式也都发生着明显的变化，探索新课程改革背景下有效的备考策略就显得十分的迫切和需要。高考化学复习有效备考策略：抓好课堂教学，夯实基础，提高高考复习的效率；培养能力是提高应考能力的根本保证；规范训练是提高应考能力的有效途径。

《中学化学教学参考》2009 年第 1/2 期

## 从新课标实验区高考化学试题谈新课标下高考化学复习

俞水泉

新课标下的高考在实验区（2007 年首批实验区：宁夏、海南、山东、广东）已实施两年，2008 年在四个实验区基础上新增江苏，2009 年将有更多的省进入新课标下的高考。新课标下的高考化学试题，会有哪些特点、该如何复习，必然会引起一线化学教师的注意，虽然几个实验区高考模式有所不同，但毕竟新课程标准相同，研究几个实验区的高考化学试题，必然会对首次进入新课标的地区有所启发。笔者认为新课标下高考化学试题的特点1. 试题平稳过渡，继续强化对中学化学主干知识的考查，突出重点。2. 联系实际，关注社会现实问题。3. 减少虚拟，贴近真实。4. 关注信息获取和加工能力，考查学生学习潜能。5. 关注学生个性发展，体现选择性。6. 强化实验考查，体现化学学科特点。7. 引领课改，渗透科学探究。与此同时提出新课标下高考化学复习的核心——习题的选择、训练与讲评。

《中学化学教学参考》2009 年第 1/2 期

## 新高考下高三化学复习刍议

杨香涛

高三化学复习是一个系统的工程，有效的复习可以帮助学生掌握系统的知识，提高复习的效益。如何追求复习效益的最大化是每位高三学生和教师的目标，在目前新课程实施的背景下更是值得探讨的课题，而研究每年的高考试题应是追求这一目标的有效途径。以江苏省 2008 年高考化学试题为例从三方面谈如何有效地进行高三化学复习：重视介绍一些化学新名词和新方法；重视基础知识点的延伸与拓展；重视学生化学素养的培养等方面阐述了高三化学复习方法，力求对高三化学复习有所帮助。

《中学化学教学参考》2009 年第 3 期

## 新课程高考化学复习策略

张　勇　袁廷新　江家发

面对新课程高考，在备考复习的过程中，要注意以下几方面问题：①关注新高考命题所体现的新课改理念和成果。高考命题经历了由“知识立意”到“能力立意”再到“三维目标”转变，使试题设计与评价目标一致，努力增强试题的基础性、选择性、灵活性和开放性，使试题的解答过程能够反映学生的知识与技能、过程与方法以及情感态度与价值观，突出对化学科学探究能力的考查。②学习和研究先行课改实验区的高考试题特征，把握新高考命题的趋势。③准确把握、深刻理解高考新方案，《考试大纲》以及《考试说明》，来指导实践。④关注新课程改革现实以及地域、文化等差异。据此，提出以下高考化学复习建议：夯实双基，抓住主干，深化知识层次，建构知识体系；关注过程与方法，提升化学学科思想与学科能力；关注 STSE，提高学生化学科学素养；准确理解《高考新方案》《考试大纲》和《考试说明》，把握复习的广度和深度；关注新课改区高考，科学训练，抓好规范；加强心理辅导，轻松面对高考。

《中学化学教学参考》2009年第3期

## 提高新课标下中考化学复习有效性的策略研究

肖红梅

随着新课程的实施，初中化学的课堂教学及其评价都发生了较大的变化，作为教学重要环节之一的中考化学复习也必然应作出相应的改革。然而，从中考化学复习的现状看，许多教师难以突破原有中考化学复习的定式，“知识的简单再现加习题的反复训练”仍然是不少教师所热衷的复习模式，这不仅与初中化学新课程的要求很不和谐，影响甚至限制了学生的全面发展，也使新课标下中考化学复习的有效性受到严峻挑战。导致上述现象产生的原因，不仅是因为部分教师知识本位和考试本位的思想观念根深蒂固，更主要的是因为许多教师缺乏应对新课标下中考化学复习的有效策略。那么，新课标下的中考化学应“复习什么”和“如何复习”，才能提高其有效性呢？强化课标意识包括合理整合三维目标，防止纯知识点的简单罗列、准确把握目标层次，防止超越课标要求的超标复习。突出主干知识包括事实、理论等陈述性知识、过程、方法等策略性知识、情感、态度等价值性知识。优化复习方式包括重情景创设，在联系实际的应用中激发学生兴趣；重问题设计，在解决问题的过程中激活学生思维。重视练习质量包括精选习题是提高练习质量的基础、端正态度是提高练习质量的关键、及时反馈是提高练习质量的保证。

《中学化学教学参考》2009年第3期

## 新课程高考化学高效复习教学的新视角

周改英

高考复习教学是提高学生科学素养的重要过程，它是指以新课程标准、上海卷考试手册中的“内容与要求”为依据，以现代教育学理论为指导，结合教学主体的特点和教师自己的教学观念与方法、教学中的问题，合理组合和安排各种教学要素制订复习方案与实施的系统过程。高考复习教学是对基础与拓展型课程资源的整合开发，是一个指向性和目的性强的动态综合过程。评价复习教学是否有效的标准只有一个，那就是学生是否取得了预期的、应有的进步和发展，是否达到了新课程学科教学三维目标要求。优质的复习教学必须是教得有效，学得愉快，考得满意，师生发展。考量复习教学高效的最终标准应当是学生成长，素质提升。因此，新课程下高效的高考复习教学要关注以下几个视角：对高效复习教学从核心知识的落实、学生主体地位的确立与学法的改善、把握教学机智和关注课程文化等。

《中学化学教学参考》2009 年第 4 期

## 从困乏走向丰富　从平淡走向神奇——浅谈初中化学总复习的误区与应对策略

李　军

化学复习通常有两种误区，一种是“一讲到底”，即教师以讲授为主要教学方式，按预先梳理的知识体系与结构，进行无差别地毯式扫描讲解；另一种是“一练到底”，即以习题训练为主要方式，进行题海鏖战。要解决这种困乏和平淡的局面，可以通过“详实”的复习计划进行复习，也可通过多变的模式如“自主总结交流”模式、“主题任务驱动”模式、“概念图构建”模式、“错题集锦”模式等让学生感受到一些新意，从而有兴趣学习，还可通过日常化的情景，这些与人们生活密切相关的学习情境能引起学生极大的兴趣与探索的欲望，还可通过重新整合内容，将复习内容打乱重整，是值得尝试的一项有效策略。最后还可通过巧用实验、善用模型、实用媒体等丰富的手段来激发学生的兴趣。

《中学化学教学参考》2009 年第 4 期

## 谈新课程下高三化学科复习

翟远杰

2008 年高考化学试题（新课程卷）稳中求变，变中求新，着力体现新课程理念，消除了使用不同版本教材师生们的疑虑。回顾一年的复习备考，将具体做法总结如下：一精研《考试说明》，明确复习策略；二夯实双基，构建化学知识体系；三注重专题复习，强化能力提升；四注重实验教学，提高实验技能；五强化规范训练，提高科学素养；六做好临场指导，强化心理素养。

《中学化学教学参考》2009 年第 5 期

## 有机化学复习中易产生的误区

颜建河

有机化合物是中学化学的重要内容之一，具有分子结构“奇特”、反应类型新颖及合成途径广泛等特点。然而，中学教材一般只是简介有机化学基础知识，故可开拓的知识点多，信息面广，成为近年高考化学设计高层次的能力型试题的取材点。为此，学生在学习和复习有机化学内容时，往往会出一些误区及盲点，必须给予足够的重视。误区之一：注重有机物分类方法的单一性，而忽视对有机物分类方法多样性的认识。误区之二：注重有机物反应的单一性，而忽视对有机物反应多重性的认识。误区之三：注重代表物结构及性质的共性，而忽视对同类有机物结构及性质特殊性认识。误区之四：注重官能团所表现出的性质，而忽视对官能团与其他基团相互影响的认识。误区之五：注重有机反应类型及产物的唯一性，而忽视反应条件对反应类型及产物影响的认识。误区之六：注重有机物性质的规律性，而忽视对规律性中例外情况的认识。通过六个误区的分析结合具体的案例提出了防止出现误区的对策。

《中学化学教学参考》2009年第5期

## 高效复习课优化策略的设计与思考

王国峥

化学复习是使学生理解和巩固所学化学知识的重要方式，是对已学过的知识的再学习。复习课尤其是总复习课，既应对所学知识分门别类地整理、巩固、熟练，使之系统化，更应侧重把握知识的内在规律，提高学生的思维品质和运用知识解决实际问题的能力。复习课所讲的知识内容是学生学过的，所以教师们一般都觉得复习课难组织，学生的复习动机不容易激发，很难出彩、出新。传统的复习方法是按章节或分块进行归纳、梳理所学知识要点，提问相关知识点的概念及有关问题，默写几道化学方程式。这样容易将复习课异化为“炒冷饭”和“浓缩液”式的讲授课，学生的复习劲头不高，学习欲望不强烈，课堂气氛沉闷，难以提高复习课的效率。根据化学复习课的课型特征，教师要做到“长善救失”，优化复习策略是复习工作中极为重要的一环。结合自己多年的教学实践和思考，对优化设计初中化学复习课提出了“以题带点”“以境串知”“以变促能”“以训规范”四种策略，并对优化策略的设计进行了反思。

《中学化学教学参考》2009年第5期

## 用哲学思想引领高三化学复习——以“运用矛盾论指导化学复习”一课的教学为例

廖旭杲　包朝龙

在本节课的教学设计中突破了传统的教学理念和教学模式，

选择了高中化学中的主干知识（氧化还原反应、离子反应、化学平衡、盐的水解、化学基础实验等）作为课堂教学的材料，以哲学中的矛盾思想作为课堂教学立“序”的主要依据，按“例题展示、分析归纳、迁移应用、总结升华”的教学序，一目了然，既符合学生的认知规律，也符合新课程提出的三维目标的要求。教师对教材的二度开发与整合，充分体现了教师能够根据教学需要灵活选取材料的先进的教学理念。本节课教学目标的定位能严格按照新课标的思想和浙江省教学指导意见的要求，不仅注重了显性的教学目标（知识与技能、过程与方法）的落实，还能注意到隐性目标（情感态度与价值观）的贯彻。在课堂教学中，教师以中学化学知识为载体，通过对知识的学习，让学生认识化学变化的复杂性，抛弃非此即彼的僵化思维；在诸多因素影响下的化学变化中要善于抓住主要矛盾或看到矛盾的主要方面；若主次矛盾难以确定，要善于运用守恒关系；矛盾的主次关系并不是一成不变的，在一定的条件下可以相互转化等。以哲学思想指导化学复习，让人进一步地领会到，教学不仅教知识、教方法，更重要的是教思想、教人生，其意义是深远的。

《中学化学教学参考》2009 年第 6 期

## 情景　建构　生成　多元——《物质的转化与材料利用》复习观摩课引起的思考

谢杰妹

复习课的教学设计和课堂教学是新课程改革的一个突出问题。以复习课例为依托，围绕新课程的建构性、生成性和多元性三大核心理念，在“温州市特级教师大讲坛”活动中开展的复习观摩课“物质的转化与材料利用”为例对复习课的课堂教学进行剖析。从以下四个方面对复习课教学体系进行建构：情景交融，知识建构鲜活；评价多维，课堂动态生成；核心问题清晰，目标培养多维；注重科学方法，提升学科观念。新课程背景下，一堂优质课的生成需要教师的精心设计和精彩演绎，更需要教师调动学生参与课堂的积极性与主动性，并对学生的课堂活动进行认真的观察，并给予及时的指导与评价。而指导学生的最高境界应该是“道而弗牵；强而弗抑；开而弗达”，即引导学生、指导学生，但不是牵着学生走；激励学生、勉励学生，但不是强制学生顺从；启发学生，而不是直接把结论告诉学生。课堂教学就要在情景中构建审美教学内容，建构性中体现学生的自主，生成性体现教师的主导，多元性中体现教育的创新，最终达到有效教学的目的。

《中学化学教学参考》2009年第7期

## 新课程视角下高考化学实验试题考查动向及复习启示

王 春

从近三年新课程改革省份高考化学实验试题的考查动向，可以发现题目难度并没有增加，但加强了对化学实验基础知识、基本操作、实验数据分析和推理、实验方案的设计和评价以及解决实际问题能力的考查，注意与生活和实际的联系，这种考试变革方向有助于教师和学生从题海中挣脱出来，把新课程理念落到实处。通过对新课改省份高考化学实验试题考查动向的分析，特提出对实验教学和备考复习的几点启示：熟悉常见的实验基本操作，力求实验基础知识网络化；认真对待教材实验，力求对实验素材进行深入拓展和挖掘；重视实验设计与评价，培养学生创新意识和创新精神。

《中学化学教学参考》2009年第9期

## 采用延迟满足策略提高高三化学复习策略

陆 蓁 韩程明 王 毅

大量的观察和研究充分证明：所有的能有效地促进学生发展的学习，都一定是自主学习，即只有学生自主的学习才会是真正有效的学习。如何培养学生自主能力学习，笔者认为采用延迟满足策略，能有效地促进学生自主学习，提高学习效率。主要实施方法有：1. 课前学生先学；2. 课堂留有思考时间；3. 给予充分展示的空间。

《中学化学教学参考》2009年第10期

## 化学单元复习课概念图教学模式的构建与实践

薛春兰

概念图教学模式就是把概念图教学策略与教学模式相结合，使充满科学性、艺术性的概念图教学能以模式的形式出现，以便使教师在教学过程中把握，成为师生双方教与学的行动指南。为了提高化学单元复习课效率，笔者构建了化学单元复习课概念图教学模式并实践。结合人教版《化学》九年级（上）的第三单元复习课进行了具体实践，实践结果表明化学单元课概念图教学模式促进了教师教学观念发生较大转变，帮助学生学会学习，促进三维目标的有效达成。

《中学化学教学参考》2009 年第 10 期

## 总复习中新型讲学案的栏目设计例析

崔邑诚

讲学案是中学化学教学的重要手段，它将重点、难点、例题、课堂练习、课后作业融合在一起。讲学案正逐渐取代市售的教辅材料成为总复习的校本教材。随着新课改教学实践的深入，传统讲学案的缺点逐渐显现：重点、难点与高考说明脱节。高考说明每年的微调积少成多，与在以往教学中形成的经验性的重点难点偏差逐年加大。例题与高考题、练习脱节。新课改高考新题层出不穷，例题却更新不及。学生例题看得懂、练习做不出的现象普遍。内容与教材脱节。传统讲学案多是从旧教材的版本修改而来，新的概念与实验皆有所疏漏。在新课改高考复习中，设计了新型讲学案并通过学生反馈研究其效果。通过设置新栏目，讲学案更加贴近高考、贴近课本，整合各种素材，帮助学生减负增效。

《中学化学教学参考》2009 年第 12 期

## 《实验化学》课题实验高考复习策略

卓高峰

以“硝酸钾晶体的制备”为例，结合自己的教学实践，探讨如何进行《实验化学》课题实验的复习。在《实验化学》课题实验复习中，要以课题实验为载体，引导学生对实验知识在总结、归纳与综合的基础上进行有序存储与记忆，更重要的是要注意对实验基础知识与技能的扩展与延伸，加强实验设计能力的能力训练与创新能力的训练，提高学生化学科学素质。

《中学化学教学参考》2009 年第 12 期

## 一些易错的数形结合题的解题分析

张 昆

在化学中，数形结合的试题有其自身的特点，在解这一类试题时，必须首先认清横坐标、纵坐标所代表的含义，再结合图形和题目中的数据加以分析。该文主要对一些易错的数形题目进行了解题上的分析。并对溶解度及电解质溶液类和化学反应速率和化学平衡类题目进行了解析及易错原因进行归纳。

《化学教学》2009 年第 1 期

## 一道化学平衡创新题

李明亮　田棋宏

该文对某中学的一道化学题进行了分析与解答点评。对题目的命题意图，解题思路进行了分析，点评认为此题考察了主干知识、图像新颖及抓住了本质特征。

《化学教学》2009 年第 1 期

## 混沌理论在化学高考答题中的应用

何爱平　左香华

本文简介了混沌理论，列举化学高考答题中的两种主要混沌现象。(1) 人格特征上的混沌；(2) 认知结构上的混沌。提出了克服混沌现象的科学方法：①充分发挥教材范例的示范作用；②充分发挥高考试题答案的示范作用；③充分发挥教师在教学中的示范作用；④充分发挥优秀学生的示范作用；⑤充分发挥错题本的纠错作用。

《化学教学》2009 年第 2 期

## 氮的氧化物溶于水的计算问题分析

罗华荣　彭晓玲

氮的氧化物（NO 或 $NO_2$）或其与氧气等混合溶于水的问题经常涉及多步反应或循环反应。作者对这类问题作出了归纳分析。(1) $NO_2+H_2O$ 型或 $NO_2+X+H_2O$ 型（其中 X 不与 $H_2O$ 反应，且不是 $O_2$）。(2) $NO_2+O_2+H_2O$ 型。(3) $NO+O_2+H_2O$ 型。(4) $NO_2+NO+O_2+H_2O$ 型。并举例进行更加直观的解释。

《化学教学》2009 年第 2 期

## 利用“叠加反应”进行的化学计算题

金百莹

本文认为教师在教学、复习过程中不能忽视对学生进行化学计算能力的培养，它可以帮助学生形成严谨的科学态度，提高分析、推理等思维能力。并举了几个通过“叠加反应”进行计算的例子。

《化学教学》2009 年第 2 期

## 数轴分析法在化学教学中的灵活应用

周 跃

本文以2008年高考江苏卷的第13题为例，阐述数轴分析法在化学教学中的灵活应用。从而得出结论为：在高三复习的时候，多注意对高考题破解方法的研究，其中包括用教学方法，建立科学、合理的思维分析方法，反复地反思、总结、整合。

《化学教学》2009年第2期

## 高三化学二轮复习

诸全头

作者提出将“整合、激活、迁移、应用”作为二轮复习的思路，选好专题，整合激活。这一轮复习针对高考的命题特点和规律，注意主干知识的复习，注重知识间的联系，教师应精选专题整合激活。精选例题，迁移应用，为了提高学生综合应用能力和应试能力，使所整合的知识达到“灵活”“熟练”的程度，应注意广泛吸取信息，精心编拟例题和练习，突出重点评析，注意查漏补缺。应在知识的交汇点上选择例题和习题，除了注意题目的思想性、迁移性以外，还要适当注意题目的新颖性和综合性，提高学生在新背景中综合运用知识的能力。

《化学教学》2009年第3期

## 初中化学复习备考阶段消除“双峰”现象的对策

朱少祥

针对初中化学复习备考阶段普遍存在的一些问题，从教学进度的安排、复习兴趣的激发、探究内容的处理以及各学科的教师之间加强沟通与协调四个方面进行探讨，并提出了操作性的对策。

《化学教学》2009年第3期

## 原创型综合分析题的命制流程解码

赵 华

本文阐述了原创型综合分析题的命制流程，提出该题型的四个基本特征：前瞻性，代表化学发展方向或最前沿的热点；新颖性，展示全新的试题结构；独创性，特有的化学素养考查视角；信息性，蕴涵较多的化学信息，要求较高的信息提取和识别能力，需要深刻、敏捷、批判性的化学思维技巧。并对素材选取进行研究，最后提出命制此类试题的四步流程：确立考查点、遴选素材库、打磨问题链、推敲分布点。

《化学教学》2009 年第 3 期

## 假象、错觉、化学解题

陈进前

学生在解答化学试题时，受假象迷惑引起错觉、作出错误判断的情形很难避免，研究其中的规律对于培养和提高学生的信息处理能力有一定实用价值：(1)防止结构式等化学用语造成空间结构方面的错觉。(2)防止曲线图像造成强弱大小等方面的错觉。要提高分析和处理化学图像信息能力，一方面，要加强对相关化学原理、化学规律理解；另一方面，要提高分析研究曲线图像的技能。

《化学教学》2009 年第 3 期

## 探究性化学实验试题

刘金辉

化学实验试题有利于考察学生的理解能力、推理能力、获取知识能力、分析综合能力、创新能力、语言表达能力，从更深层次看实验试题还能对学生的科学精神、科学素养进行有效的测试。因此，高考实验试题比例将逐年提高。在高三复习中，一定要重视实验，要特别重视对开放性、探究性实验试题的研究，培育以创新精神为核心的实验能力。该文列举了一些针对练习。

《化学教学》2009 年第 3 期

## 求解开放性化学题的六种策略

王明亚　郑学裕

该文阐述了求解开放性化学题的六种策略：(1)准确回忆；(2)先简后繁，合理类比；(3)虚实比照，对号入座；(4)分类对比，归纳总结；(5)整体把握，依次假定；(6)广泛联想，分析综合。并一一举例说明。

《化学教学》2009 年第 3 期

## 亚铜的化合物知识要点小结

李魁云

铜及其化合物是高中化学新增的考点，亚铜化合物知识点更能高层次的检验学生的化学科学素养。该文例析了近几年的相关考题。

《化学教学》2009 年第 3 期

## 离子方程式正误判断题经典陷阱例析

成际宝　柳　玲

离子方程式正误判断题是每年高考的必考点和热点之一，也是教学的难点。笔者将离子方程式正误判断题在高考中经典陷阱归纳如下：1. 反应原理的隐蔽性；2. 反应原理的模糊性；3. 反应物用量的难确定性；4. 反应离子的缺失；5. 三大守恒的难统一性；6. 物质“拆与分”的难辨别性；7. 符号运用的难判断性。

《化学教学》2009 年第 3 期

## 一例 STSE 试题的编制

韩程明

该文着重就 STSE 试题编制谈谈几点看法：(1)立意的确立与信息的采集：立意要正确实现考试目的，体现能力考查的主旨。信息必须科学、可信，信息的选择，不能偏离学生的生活经验及情绪体验，也不能超出考生的理解程度。(2)信息的剪裁与加工：情境必须要服从立意。(3)问题的设计：设问是试题的呈现形式。一定要根据情境准确和明确表达立意的意图，体现其内在含义。(4)答案和评分标准。

《化学教学》2009 年第 3 期

## 由“卤块”制“轻质氧化镁”的工艺流程

刘发初

试题给出了“卤块”制得“轻质氧化镁”的工艺流程，意在让学生初步感受到学习化学的学科价值——学以致用，学有所用，化学创造美好生活。试题重点考查学生查阅和应用数据的能力，将经济价值观与化学反应的选择结合在一起考查学生的评价决策能力。该试题属于推理判断题，判断的侧重点是选择需要加入的试剂，而试剂的选择不仅要考虑化学反应的需要，还要求考虑价格因素，这是本题的新颖独特之处。

《化学教学》2009 年第 3 期

## 探究型实验复习课设计应关注的三个问题

赵　华

该文提出构建探究型实验复习课的三个主要环节是：问题质量、课堂结构、定量意识培养。探究型实验的教学设计更多地出现在新授课的课堂上，将探究型实验教学引入综合复习课是提升学生综合探究能力的重要途径，探究型实验复习课的选题、结构、设计等均是全新的话题，该文以一些典型的案例为载体诠释探究型实验复习课的设计。

《化学教学》2009 年第 4 期

## pH 的基本计算训练课（一课时）

史新才

有关溶液 pH 的计算历来为高考热点之一，而做好基本功训练是以不变应万变的法宝，该文列举了一堂基本功的训练课。

《化学教学》2009 年第 4 期

## $Na_2O_2$ 和 $NaHCO_3$ 混合加热典型试题分类例析

刘长军

对 $Na_2O_2$ 和 $NaHCO_3$ 混合加热典型试题进行分类例析：类型一、已知加热前混合物的量，求加热后残留固体的种类和物质的量。类型二、已知加热后残留物质的量，求加热前各物质的量。类型三、已知加热前后物质的总质量，求加热前各组分的质量分数。类型四、综合计算。

《化学教学》2009 年第 4 期

## 依托氯化钠的晶体结构模型速解一类晶体结构习题

梁峻峰

晶体结构题目有较好的区分度，它不仅能够考查学生的观察能力，而且能够考查学生对知识的迁移能力及空间想象能力，并常常可以将数学和化学知识有机地结合起来进行考查。中学化学中 NaCl 型的晶体结构是学生必须熟悉而又常被考查的知识点，该文兹举几例进行解析，以帮助学生得出此类习题的快速求解方法。

《化学教学》2009 年第 4 期

## 有机物分子的结构推断

刘发初

解答有机物分子推断题的常用方法有：1. 根据官能团的特征性质进行推理判断。2. 根据有机物之间的相互衍生关系，进行综合加以推断。3. 根据有机物的性质和相关数据推知官能团的并进行了举例说明。

《化学教学》2009 年第 4 期

## 化学计算：实质与形式的统一

林海斌

分析了中学阶段化学计算的特征，其基本的趋势呈现以下 4 个特点：1. 多样性；2. 概念性；3. 综合性；4. 规范性。提出统一化学计算形式的构想，以帮助学生养成良好的化学计算能力，减少死记硬背公式的现状。

《化学教学》2009 年第 5 期

## 一组有关化学炸药的习题分类例析

张顺清

该文就以下爆炸种类给出分类习题的研究：黑火药类炸药，硝酸铵类炸药，硝化甘油、三硝基甲苯、苦味酸（2,4,6-三硝基苯酚）、硝酸纤维（火棉）等烈性炸药，石墨炸弹以及贫铀炸弹，高聚氮炸弹，叠氮或重氮化合物炸药，四硝基正四面体烷、八硝基立方烷等新型烈性炸药，火箭燃料类炸药，燃料空气炸弹，C-4军用塑胶炸药，其他类爆炸。

《化学教学》2009 年第 5 期

## 电解质溶液中离子浓度比较分析

许红梅

该文指出比较电解质溶液中离子浓度要充分认识电解质在水溶液中的表现电解质溶于水，是完全电离还是部分电离甚至分步电离，是否存在相关的平衡，情况各异。要准确把握电解质的介入对水的电离平衡的影响，要正确掌握解题思路。

《化学教学》2009 年第 5 期

## 用原子组合法分析过氧化钠和碳酸氢盐混合反应

李先斌

原子组合法基于质量守恒定律，故原子也守恒，化学反应实质是原子的重新组合，但并非随意组合。根据物质的稳定性，更稳定的如晶体留下来，易挥发的逸出，尤其在受热时是这样。

《化学教学》2009 年第 5 期

## 借助图形计算有关溶液类题目的例析

王富龙

对于溶液中有关溶解度的题目，许多同学觉得一头雾水找不到解题的突破口，作者指出，如果借助图形处理相关的问题会思路清晰，一目了然，事半功倍。例如常见的溶液三种情况，分别用图 1、图 2、图 3 示意：上面代表溶质的质量，下面代表溶剂（水）的质量。

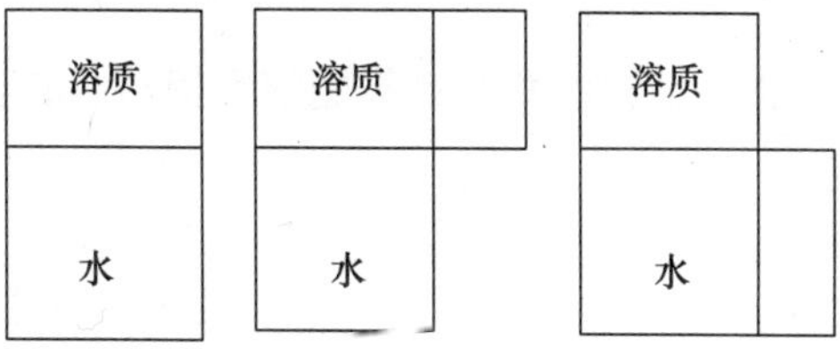


图1　图2　图3

通过图形可以很容易得出想要的结果。

《化学教学》2009 年第 5 期

## “从海水中提取有用物质”复习课教学设计

莘赞梅　支　梅　秦　林　何彩霞

本课以海水中有用物质的提取为“问题线”，以元素化合物知识为“知识线”，以总结海水中有用物质的提取方法为“方法线”，在教师引导下，通过设计方案、问题思考、工业流程图分析、方法提升等探究活动，将元素化合物知识的复习和从海水中提取物质的方法的学习有机地结合在一起，使学生在探究的过程中，进一步强化落实元素化合物的基础知识，认识从自然界获得物质的一般过程和方法。

《化学教学》2009 年第 6 期

## “压强差”在初中化学实验题中的应用

梁　颖

该文总结了“压强差”在初中化学实验题中的应用：1. 检查装置的气密性；2. 启普发生器的设计原理；3. 协助判断化学反应的发生；4. 协助测定 $O_2$ 的体积含量；5. 协助判断反应或溶解过程的热量变化；6. 喷泉实验；7. 由压强变化引起气体溶解度的变化；8. 由压强变化引起液态物质的沸点变化；9. 其他情况。

《化学教学》2009 年第 6 期

## 生命元素之魂——磷考点赏析

张　禄

在化学水平测试中以磷为载体考查学生能力备受青睐。以磷单质为载体，主要考点包括磷的同素异形体，白磷和红磷的物理性质，白磷和红磷的化学性质。再以五氧化二磷为载体，考查五氧化二磷的分子式及化学物理性质等。再分别以 $PH_3$、磷酸和磷酸盐为载体考察相关知识点。

《化学教学》2009 年第 6 期

## 目标指向和思维监控在化学计算题解题指导中的有效应用

张发新

纵观近几年高考化学计算题，大部分都是通过中学化学中最常见的知识，突出考查学生的分析判断能力、联系实境能力、综合应用能力、学科融合能力、创新思维能力、综合应用能力。习题解答过程需要学生自始至终保持积极的思维，在解答有关问题的每一个阶段，需要解答者不断地提出各种辅助性的问题，为思维的方向确定一个具体的目标。确立正确的目标指向，以及加强解答过程中的思维监控有利于克服解答化学计算题中的盲目性，有利于快速切入解题突破口。

《化学教学》2009 年第 6 期

## 探求有机分子结构的有效方法

林在昶

推断比较复杂的有机分子结构，要思考该分子的结构特点：链状或环状，饱和或不饱和，所含官能团及其个数等。如果能够确定有机分子中的片段结构，那么把这些片段结构连接起来便得到有机分子的整体结构。通过求算有机分子的缺氢指数（用Ω表示），是获得片段结构的一种有效方法。

《化学教学》2009 年第 6 期

## 关于“固体物质溶解度曲线”知识的三点归纳

艾 璐

该文对固体物质溶解度曲线的知识做了如下三点归纳：1. 固体物质溶解度曲线可以体现不同物质的溶解度受温度的影响变化情况；2. 根据固体物质的溶解度曲线，可以计算或比较在一定温度下物质的饱和溶液的溶质质量分数；3. 根据固体物质的溶解度曲线，可以判断图示中各点的溶液是否处于饱和状态，同时还可以实现图示中各点溶液的相互转化。

《化学教学》2009 年第 6 期

## 有关三聚氰胺的试题分析

肖中荣

本文通过三道题目详细介绍了有关三聚氰胺的试题，并对题目做了详细的解析和分析。

《化学教学》2009 年第 7 期

## 浅析王水 超酸 超氧酸 魔酸

张 禄 闫翼明 魏运琦

由于近几年全国各地化学高考模拟试题中发现有关王水—超酸—超氧酸—魔酸的内容成为考查学生能力的一大亮点。本文摘其几例，予以分析。

《化学教学》2009 年第 7 期

## 线性函数图像在化学计算中的妙用

陈亚山

中学化学教材中有关物质过量后继续反应的情况比比皆是，该知识点又是设计复杂计算题的重要依据之一，其中自变量与应变量之间的关系常常是数学上的一次函数关系，此类计算若在有序思考的基础上用图像法加以分析，可使难题迎刃而解。该文进行了举例说明。

《化学教学》2009 年第 7 期

## 以天平为载体的习题解析

戚秀英

以天平为载体的化学计算，是中考化学的热点考题之一。该类题目可以考查酸与金属反应的有关知识，综合性强，该文举例说明了帮助学生掌握好解此类题目的关键。

《化学教学》2009 年第 7 期

## "原电池"知识复习中应关注的几个"不一定"

任志强

从教学实践中总结出了学生在原电池知识的学习中易错的五种认识：1. 在原电池的两个电极中，活泼的一极不一定都做负极。2. 在原电池的两个电极中，两个电极的活性不一定要不同。3. 在原电池中，两个电极不一定要浸入同一电解质溶液中。4. 氧化还原反应不一定都能设计成原电池。

《化学教学》2009 年第 7 期

## 电离程度一定随温度的升高而增大吗

吴孙富

讨论了温度对 $Ca(OH)_2$ 溶解平衡的影响能否用溶解放热来解释以及溶液中电离平衡移动与温度关系的解析。

《化学教学》2009 年第 7 期

## 评析一道有机实验组创题

陈筱勇

某道有机化学实验组创题以化学兴趣小组进行丁烷裂解的实验流程为主要内容。该文对此进行了评析。

《化学教学》2009 年第 7 期

## 初中化学实验专题讨论复习课的设计

梁　颖

针对初三同学在运用知识解决相关问题时暴露出的很多问题，提出重视讨论内容引入的情境设置：(1)注重情境的生活性；(2)注重情境的全程性；(3)注重情境的问题性。重视专题讨论课的小结，重视教师对学生的评价环节。

《化学教学》2009 年第 8 期

## “测定有机物分子结构的常用分析方法”题型几例

蒋赵军

通过对苏教版《有机化学基础》专题1“有机化合物分子结构”教学后，结合新课标要求和各地近年来所命试题，将有关有机物分子结构测定方法的试题归纳了几种题型：$^1$H核磁共振类；红外光谱类；质谱类；综合类。

《化学教学》2009年第8期

## 关系推理在化学解题中的应用

胡列扬

关系推理从属演绎推理，其结论是从前提中推出的。物质间的关系是复杂多样的，在组合于特定环境中时，使一些原本孤立的物质有了相关性。根据它们的相互关系，进行逻辑推理，解决问题。关系推理法在化学解题有广泛的应用。该文进行了举例说明。

《化学教学》2009年第8期

## 化学实验题解题方法探究

张存学

本文对化学实验题的常见解题方法做了详细的归纳。实验题的常见题型：1. 测定型实验题；2. 探究型实验题；3. 评价型实验题；4. 制备型实验题；5. 性质型实验题；6. 流程型实验题。解决实验题必须灵活运用实验原理（包括化学反应原理和物理原理）、牢固掌握仪器的使用、基本操作的要求等实验基础知识，紧紧抓住“实验目的”这一核心，探讨每一步操作是如何围绕整体实验目的而设计的，综合分析，全盘把握，才能有效解决实验问题。

《化学教学》2009年第8期

## 谈“离子反应”在图像中的应用

李进庆

本文以离子反应 $CO_3^{2-}+H^+=HCO_3^-$、$HCO_3^-+H^+=H_2O+CO_2\uparrow$ 为例，对离子反应有关量的问题在图像中的不同呈

现方式，进行多题一解的深入探讨。

《化学教学》2009 年第 8 期

## 三读“化学教学中值得关注的一些问题”

林海斌

对“化学教学中值得关注的一些问题”一文的三次阅读，理解关注化学教学中错误命题的重要意义，针对文中关于原子半径、$Ca(HCO_3)_2$ 沉淀以及酸与水的有关问题提出质疑并进行讨论，并从科学方法使用的角度分析了错误命题的产生原因，从教学应用角度阐述了错误命题的教学价值。

《化学教学》2009 年第 8 期

## 镁铝原电池问题

李明亮

分析点评了镁铝原电池的有关试题。1. 打破了学生常规的思维模式。实验验证，与理想假设不符，可以充分认识到实验现象是由多种因素综合而产生的。2. 具有很高的开放性。题目并没有给出固定的答案，因而学生甚至可以在课后依据该题目进行相关的实验探究。

《化学教学》2009 年第 8 期

## 关于喷泉实验的探究

谭宗俊　向雪皑　万　莉

点评了一道来自喷泉探究活动的题目：1. 源于教材、注重实验细节和过程。2. 鼓励学生在实验学习中合理的“异想天开”地对实验进行探究，培养学生的探究精神。3. 利用探究的发现，破除迷信，培养学生敢于挑战权威，在实验中求真、求实、在追求真理中去创新、完善和升华。4. 试题由易到难，有梯度，有较强的开放性，和相似相溶原理结合，考察了思维的严密和知识的综合运用。

《化学教学》2009 年第 8 期

## 一道习题折射的认识误区

杨立根

本文通过例题引出金属活动性、标准电极电势、化学反应速率等一系列研究，进行典例分析得出结论：金属活动性强弱和金属单质与水或酸置换出 $H_2$ 的快慢无必然联系。切忌将热力学问题与动力学问题混为一谈。

《化学教学》2009年第9期

## "常见离子的检验"教学实录与反思

吴丛铎

本文针对"常见离子的检验"的复习课，以习题为主线，陪同学生一起复习了已学知识，帮助学生理解了实验设计的基本要求；小组合作学习的学习方式避免了复习课上学生对"重复"的抵触，让学生在复习旧知构建新知的同时感受到了学习的乐趣，培养了学生的参与意识，提高了学生的科学素养，促进了学生的全面发展。

《化学教学》2009年第9期

## 光波与声波影响化学反应的习题例析

龚　源　朱永波

该文对与声波、无线电波、红外线、激光等相关的习题进行分析，以使课本关于影响化学反应速率的外部因素的知识得到拓展和延伸，让学生感受到科技的奥妙和化学基础知识的应用，进而激发学习化学的兴趣。

《化学教学》2009年第9期

## 例析数据缺省型计算题

袁善军

数据缺省型计算题的特点是：构成计算要素的已知量缺省，要求补充缺省量并进行有关计算。这类题可以充分挖掘学生潜能，考查学生的数据处理能力、逻辑思维能力和发散与收敛能力。本文精选了相关的五个例题进行讲解。

《化学教学》2009年第9期

## 从含铬化合物谈无机信息题的复习

曹旭琴

本文针对近几年江苏高考化学试题中的无机综合题综合性强，对学生的能力要求高，区分度大的特点，从含铬化合物谈无机信息题的复习。最后归纳出：解决无机信息题准确获取信息是关键，信息获取后要与已有的知识相整合，然后迁移到新情境中来解决相关问题。

《化学教学》2009 年第 9 期

## 加强习题讨论　培养思维品质

罗功举

本文针对现在很多学生对解题的认识仅仅停留在得出答案，为解题而解题这一现象，建议教师在学生解题后或习题教学过程中，可以通过以下方面改善此类情况：1. 讨论题目的可变性；2. 讨论问题的实质性；3. 讨论答案的合理性；4. 讨论解法的最优性，来引导学生对解题的过程、答案等进行再讨论，举一反三、触类旁通。

《化学教学》2009 年第 9 期

## 常见物质三角转换关系

李明亮

本文主要解析了湖北省利川一中 2009 年高三月考试题中一关于物质三角转换关系的试题，并作如下点评：1. 试题考察知识面广泛。2. 能全面考查学生的发散思维能力。3. 该试题突破了传统的考察方式，给人耳目一新的感觉。

《化学教学》2009 年第 9 期

## 缓冲溶液中的离子平衡

曹旭琴

电解质溶液中离子平衡是江苏高考化学的热点。本文对弱酸（或弱碱）及其盐型缓冲溶液、多元弱酸酸式盐及其次级盐型缓冲溶液、缓冲溶液与强电解质的混合型溶液中离子平衡进行举例探讨，从中可以看出缓冲溶液的电荷守恒式很简单，只要将溶液中的离子种类考虑齐全即可；物料守恒式可以借助题给的数据将不水解的离子和缓冲体系之间建立联系；将电荷守恒式与物料守恒式进行等量代换即可得到质子守恒式。

《化学教学》2009 年第 10 期

## 新情境试题的结构特点及解题方法

陈春桂

本文指出了新情境试题的特点：(1)从题型结构来看，试题一般由题干（叙述部分）＋若干问题（单个问题或问题系列）构成。(2)从所给的信息来看，信息对大部分学生而言是陌生的，而且常以文字、图表、装置、标签等形式呈现。(3)从试题解答要求来看，具有“高起点，低落点”的特点，即题目看来很新颖，似乎高不可攀，但解决问题用到的知识往往是中学化学中已经学过的基础知识。(4)从题型来看，新情境试题可以是选择题、填空简答题、实验或计算题等。同时也给出了基本解题思路和信息处理方法。

《化学教学》2009 年第 10 期

## 源于工业生产的化学计算探究题

周改英

本文对所选的源于工业生产的化学计算探究题进行了以下几方面的点评：1. 试题选材源自文本，旨在考查根据信息进行计算的能力。2. 试题在设问上由易到难，体现出较好的区分度。3. 物质性质分析与定量计算结合，体现了新课程教学编制试题的要求。最后总结了此题的教育与教学价值。

《化学教学》2009 年第 10 期

## 充分挖掘教材，深入理解含义

王富龙

本文研究了 2008 年 4 月静安区高三模拟考卷选择题 22 题，得出如下结论：通过挖掘教材上的信息，让学生有一个思考的载体，回归教材，深刻理解知识的含义，会起到事半功倍的效果。

《化学教学》2009 年第 10 期

## 元素“位、构、性”的密切关系

刘发初

本文对上海市黄浦区 2008—2009 学年度第一学期基础学业测评高三化学试卷中涉及元素“位、构、性”的密切关系的题进行了分析与点评。

《化学教学》2009 年第 10 期

## 优化化学习题教学设计，构建动态生成的习题课教学

林　敏

本文提出习题教学中，要把握选题的准确性和合理性，习题要与学生对知识的理解水平和认知结构相匹配。注重教学小结，

克服选题的盲目性；注意习题的层次性和典型性，学生能通过自身的感悟来拓展思维的深刻性和广阔性。师生平等对话的习题讲评课中。捕捉学生思维的闪光点，成为动态的生成资源。找准学生知识上的薄弱环节，启发学生自我发现错误和纠正错误。在一题多解和多题一解的活动中，达到借题引路，授生以渔和师生共同成长的教学目的。

《化学教学》2009 年第 11 期

## 从“孔雀石中提炼铜”的问题设计探索

王红娟　刘　强

让复习课变得有趣、有效，学生有新的提高和收获，教师要改变传统单调的复习模式—— 章节知识复习、单元复习及模拟训练，启用新颖的形式吸引学生主动参与复习活动。充分利用、研究、挖掘教材，寻找主题，抓住核心、创设情境、综合实践、形成能力是值得尝试的一项有效策略。该文以“从孔雀石中提炼铜”为主题展开的问题设计探索，精心设计了环环相扣、层层递进的问题，引导学生逐渐从知识走向能力。

《化学教学》2009 年第 11 期

## 化学反应原理模块新增知识点习题命制与析解

沈旭东

该文参考一些省市的高中化学学科指导意见与三个版本的《化学反应原理》教材内容，对此模块新增知识点做习题编制与析解。(1)知道盖斯定律及运用盖斯定律进行简单计算——注意焓变仅与反应的起始状态和反应的最终状态相关；(2)了解原电池的构造特点和工作原理——是原电池的工作原理而非反应原理。即须注意为获得稳定电流而设计的半电池与盐桥；(3)知道活化能的含义及其对化学反应速率的影响——注意催化剂在化学反应原理中的理论与现实意义；(4)能用反应的焓变与熵变说明化学反应的方向——注意 $\Delta H$、$\Delta S$ 对化学反应能否自发进行倾向的综合分析；(5)利用化学平衡常数判断化学平衡移动的方向——注意平衡常数计算表达式中分子、分母相对大小的含义；(6)知道电离平衡常数与弱酸、弱碱的酸碱性强弱的关系——注意多元弱酸多级电离常数大小与盐类水解程度的关系；(7)理解溶度积和物质溶解性的关系——注意运用溶度积规则判断沉淀的产生、溶解与转化。

《化学教学》2009 年第 11 期

## 市级公开课“元素化学知识网络的自主建构”教学剖析

王　灿

本文以公开课为载体，选择了教学实录中的几个场景进行反思和剖析，对如何开展常规教学，走出原来元素化学复习课的模式，提高复习课的有效性，进行了一些思考和探索。

《化学教学》2009 年第 12 期

## 氧化还原复习“六步曲”

柴　勇

①一张框图要熟悉，明确概念间关系。②两种转移表示法，单双线桥要会标。③强弱比较别忽视，判断方法最重要（常用的判断方法有元素的金属性和非金属性、反应条件的难易、氧化还原反应方向、氧化还原产物、温度浓度酸碱度等反应条件、原电池电解池的电极反应）。④ 四组概念比较好，对比记忆效果好。（氧化还原反应及其特征、氧化剂还原剂、氧化产物还原产物）。⑤五大规律要牢记，灵活运用解习题（守恒规律、强弱规律、价态规律、转化规律、难易规律）。⑥六大考点细分析，知己知彼取胜利（分析反应类型、判断氧化剂、还原剂、氧化产物、还原产物、判断电子转移方向与数目、比较氧化性与还原性的强弱、判断氧化还原反应发生的可能性及反应产物、配平氧化还原反应方程式）。

《中学化学》2009 年第 1 期

## 巧用化学方程式叠加法确定化学反应的先后顺序

廖清泉

确定原理为：若物质 A、B 均能与物质 C 反应，且 B＋C→D，D＋A→B，将上述两式相加即得 A＋C→D，故 A 先与 C 反应生成 D，然后 B 再与 C 反应。此原理适用于下列化学方程式：酸性不同的酸遇同一种碱、碱性不同的碱遇同一种酸、不同的盐遇同一种酸、不同的阳离子遇同一种碱、碱性不同的碱遇同一种阳离子、同一溶液中阴离子和阳离子都能与 $OH^-$ 反应、同一种氧化剂遇到多种还原性不同的微粒、同一种还原剂遇到多种氧化性不同的微粒、同一种阳离子（非 $H^+$）遇到能与之沉淀的多种阴离子、同一种阴离子（非 $OH^-$）遇到能与之反应的多种阳离子。过氧化钠与水和二氧化碳的反应。

《中学化学》2009 年第 2 期

## 中学化学中的斜线规律例说

李安新

一、斜线相似规律：元素周期表中的对角线规则。二、斜线分界规律：元素周期表中金属和非金属之间的“硼砹分界线”附近的元素具有两性。三、斜线比较规律：原子半径、元素性质的变化规律沿着周期表对角线的方向。四、斜线反应规律：氧化还原反应和强酸制弱酸中“两强制两弱”也是斜线规律的表现。

《中学化学》2009 年第 2 期

## 有关烃（$C_xH_y$）的知识规律

师殿峰

列出了 28 条规律，其中规律：1 为烃的组成规律；2 为烃的分子式规律；3 为状态规律；4 为结构规律；5、6 为熔沸点规律；7 为密度规律；8 为溶解性规律；9 为构成规律；10 为相对分子质量规律；11～13 为质量分数规律；14 为取代规律；15、16 为加成规律；17 为氧化规律；18～28 为燃烧规律。

《中学化学》2009 年第 2 期

## 中学化学中的三个无穷递缩等比数列

张东晓　丁长荣

① $NO_2$ 与 $O_2$、$H_2O$ 的反应，$NO_2$转化为 $HNO_3$是一个首项为 1，公比为 $q=1/3$ 的无穷递缩等比数列。②结晶水合物的析出：$t$ ℃时，向 $a$ g $CuSO_4$ 饱和溶液中加入 $b$ g 无水 $CuSO_4$ 晶体粉末晶体，析出 $CuSO_4\cdot 5H_2O$ 的过程是一个首项为 $250b/160$，公比为 $[(90bS/160)/100]\times(250/160)$ g 的无穷递缩等比数列。③萃取：每次萃取水溶液中剩余的溶质是首项为 $W_1=W\times KV_1/(KV_1+V_2)$，公比为 $KV_1/(KV_1+V_2)$ 的无穷递缩等比数列。

《中学化学》2009 年第 2 期

## 应用守恒法　巧解计算题

陈铭阳

举例说明运用质量守恒、物质的量守恒、原子守恒、电子得失守恒、电荷守恒巧解计算题的技巧与运用。

《中学化学》2009年第2期

## 一组有关化学炸药的习题例析

张顺清

可用于创设习题情境的炸药素材有黑火药类、硝酸铵、硝化甘油、三硝基甲苯、苦味酸、硝酸纤维、石墨炸弹、贫铀炸弹、高聚氮、叠氮或重氮化合物、四硝基正四面体烷、八硝基立方烷、火箭燃料类、燃料空气炸弹、C-4军用塑料炸药、其他类炸药。

《中学化学》2009年第2期

## 例析差量法在解析化学试题中的应用

韩明仁

举例说明具体应用包括求生成物的质量、原子的相对质量、化合物的化学式、反应物与生成物的气体中体积、溶解度、析出晶体或溶解晶体的质量、解无数据计算题。

《中学化学》2009年第2期

## 化学学科涉及讨论的计算问题讨论策略

颜建河

结合典型例题阐述了以下讨论策略：①条件不足需要讨论：进行各种合理的假设，再依据题中条件进行判断，确定讨论结果是否合理。②过量问题需要讨论：根据题中发生的反应，分别假设其中一种物质过量或不足，再由题中所涉及的反应方程式分别进行计算，最后得出不同情况的合理答案。③过量而又连续反应需要进行讨论：解答的关键是先确定题中可能发生的反应，再由过量物质剩余的量来讨论连续反应可能生成的不同产物的情况，分别予以讨论计算，最后得出全面合理的正确答案。

《中学化学》2009年第2期

## 关于“过量”化学反应的离子方程式

赵国柱　刘培玲

结合21对物质间的反应，阐述了“过量”化学反应的离子方程式的书写技巧：在正确书写化学反应方程式之前，一定要明确不过量时反应是如何进行的，同时要理解不过量时反应的生成物中，哪一生成物会与过量的反应物再发生反应。

《中学化学》2009 年第 2 期

## 物质性质、外界条件对反应“进程”的影响

杨国明

化学反应的“进程”是指化学反应进行的过程。它包括化学反应的顺序和程度，反应物生成物种类和物质的量的变化等。有关的影响因素有反应物性质强弱、生成物性质强弱、反应温度、反应物浓度、试剂添加顺序、溶剂极性、反应物的量、催化剂。文中分别举例说明各种因素的影响。

《中学化学》2009 年第 2 期

## 例谈离子推断题的三处“陷阱”

刘海清　孙涌泉

离子推断题往往隐含着“离子共存”“前面加入，后面检出”“电中性”三处“陷阱”。避免掉入“陷阱”的法宝：一般来说，题目中的话句句有用，对每一句话要分析可以推出什么结论，既要想到由此推出有什么离子，又要进一步想没有什么离子。分析各步实验时，要注意该步实验的对象是什么，是另取的原溶液还是上步反应后的溶液。如果是连续实验，就要注意分析前几步实验中已经加入了什么离子。

《中学化学》2009 年第 2 期

## 能量图示法在解决热效应问题中的应用

谢永侠

举例说明五个能量图示法在解决热效应问题中的五个应用：①对于反应物状态不同生成物状态相同的相似反应，对比热效应数值。②对比反应物状态相同生成物状态不同的反应对比热效应数值。③根据同分异构体燃烧反应的热效应数值对比分析其内能和稳定性。④根据同素异形体反应的热效应数值对比分析其内能和稳定性。⑤对比分析结晶水合物及对应无水晶体溶于水时的热效应数值。

《中学化学》2009 年第 3 期

## 评析一道数据闲置题

刘玉军

评析了一道2006年北京中考题压轴题的变式题。该题不是所有数据都能用上，有两种解法，可以训练和考查学生扩散思维能力。

《中学化学》2009年第3期

## 平衡移动了吗

顾　晔

给出一道考查平衡移动原理、转化率、影响化学平衡的外界条件等多方面知识的常见题及其常见解答模式，并分析其中出现的错误。建议对待平衡移动问题要把握好平衡移动原理和平衡状态发生改变的根本原因。对于任何体系都应具体问题具体分析，不能一个结论用到底，要做到有理有据。另外，分析化学平衡问题有必要分以下两种大的情况：①没有物质交换，改变温度、压强。②在原来平衡状态基础上另加入或移走相关物质。

《中学化学》2009年第3期

## 例谈化学评价试题的思维角度

王荣桥

举例分析了化学评价试题的七个思维角度：成本角度、环保角度、反应可行性角度、产品品质角度、制备角度、安全角度、操作难易角度。

《中学化学》2009年第3期

## 中学常见物质的分类及依据归纳

冯武安

归纳了如下物质的分类：物质整体、混合物、分散系、纯净物、单质、化合物、氧化物、酸、碱、电解质、分子化合物、无机物、有机物、烷烃、烯烃与炔烃、芳香烃、卤代烃、醇醛羧酸、脂、氨基酸、糖、肽与蛋白质、核酸、高分子化合物、络合物。

《中学化学》2009年第3期

## 归纳例析不可类推的离子方程式

谭祈鹏

类推法在化学中的应用很广。本文举例说明一些离子方程式却不能用类推法来写：金属与酸反应、氯气与卤化亚铁反应、氧化物与盐酸反应、氧化物与盐反应、碱与氢卤酸反应、碱与盐反应、盐与酸反应、盐的水解反应、盐的电解。

《中学化学》2009 年第 3 期

## 有关有机合成问题的复习导航

徐春荷

结合例题阐述了熟练解答有机合成问题必须要掌握的知识点：有机合成的概念、有机合成路线的选择原则、合成思路、必备知识与规律（官能团的引入规律、官能团的消除规律、碳链的改变规律、官能团间的衍变规律）、有机合成方法（正推法、逆推法、正逆互推法）。

《中学化学》2009 年第 3 期

## 挖掘隐含条件　优化能力品质　培养解题能力

董占伟　史翠兰

结合例题阐述了九种做法：①从化学用语中挖掘隐含条件优化逻辑思维能力；②从平衡体系中挖掘隐含条件优化整体思维能力；③从元素周期表中挖掘隐含条件优化发散思维能力；④从化学实验中挖掘隐含条件优化观察能力实验能力；⑤从守恒关系中挖掘隐含条件优化收敛思维能力；⑥从反应顺序中挖掘隐含条件优化变形思维能力；⑦从空间构型中挖掘隐含条件优化结构思维能力；⑧从反常现象中挖掘隐含条件优化批判思维；⑨从语言描述中挖掘隐含条件优化学生自学能力。

《中学化学》2009 年第 3 期

## 挖掘隐含条件　优化能力品质　培养解题能力（续）

董占伟　史翠兰

⑩从物质颜色中挖掘隐含条件优化学生对比思维能力；⑪从特征反应中挖掘隐含条件优化直观思维能力；⑫从反应形式中挖掘隐含条件优化连续思维能力；⑬从工业生产中挖掘隐含条件优

化独特思维能力；⑭从特征数据中挖掘隐含条件优化敏感思维能力；⑮从分子组成中挖掘隐含条件优化深刻思维能力。

《中学化学》2009 年第 4 期

## “十析”胶体

王开山

分析了有关胶体的十个问题：溶液胶体浊液三种分散系的本质区别是什么？我们可以采取什么样的方法区分胶体和溶液？胶体稳定存在的原因是什么？怎样可以净化胶体？胶体粒子的带电特点和规律是什么？所有胶体均带电和均有电泳现象吗？在外加电场作用下，电极附近分散系颜色加深的一定是胶体吗？加入电解质，胶体一定会聚沉吗？氢氧化铁胶体的制备要注意什么？碘化银胶体一定带正电吗？

《中学化学》2009 年第 4 期

## 谈 $C_xH_y$ 燃烧的耗氧问题

和卫忠

由于烃中碳氢原子的比例很有规律，因此，烃完全燃烧的耗氧量也表现出一些很有趣的规律。该文列出了 7 条规律。

《中学化学》2009 年第 4 期

## 无机元素化合物性质类推易错结论汇编

陈炳林

汇编了 58 条无机元素化合物性质类推断错误结论，并给出正确答案，涉及卤族元素、氧族元素、碳族元素、氮族元素、碱金属及几种其他金属。

《中学化学》2009 年第 4 期

## 结构相似　性质未必相近—谨防“等电子原理”的泛迁移

陈　益

辨析了不同版本高中化学新课程实验教材中对等电子原理的定义，以及大学教科书中的有关定义。列举说明了“等电子原理”概念和应用的泛化，提出应用时的注意事项（等电子体结构相似，性质未必相近。等电子体结构也未必相似）。最后分析了泛化的原因。

《中学化学》2009 年第 4 期

## 金属的钝化

蔡国平

不仅铁，Cr、Ni、Co、Mo、Al、Ta、Nb、W 等都可以钝化。不仅硝酸，其他强氧化剂都可以引起金属钝化。钝化方法除了把金属浸在浓酸以外，还可以用电化学的方法。破坏钝化可以将溶液加热或者加入活性离子。钝化的机理是形成了致密的氧化膜。钝化是不继续反应，而非不反应。钝化方法在生产生活中有重要用途。最后分析了一道典型例题。

《中学化学》2009 年第 4 期

## 有机框图推断——“题眼”

郑眉崇

结合例题阐述了有机框图题的常见题眼有：物质的特有现象、有机反应条件、特征的量变（数据）、物质结构转化关系、物质的物理特征。解题的关键是分析碳链的变化、分析官能团的改变、读通读懂信息。解题思路是综合分析明显条件或隐含条件，从结构、反应、性质、现象特征等找出解题突破口，顺推或逆推得出结论并检验。有机框图题一般有如下几种问题：有关物质的名称或结构式或分子式、有关物质的同分异构体及官能团的性质特点等问题、有关化学反应的化学方程式及反应类型的判断、其他问题。

《中学化学》2009 年第 4 期

## 聚焦无机推断题突破技巧

王维德

一、从物质的特殊现象突破：如气体的放出、沉淀的生成与溶解、沉淀的颜色变化等。二、从物质的特殊性质突破：有特征性的物理性质或化学性质。三、从物质的特征反应突破：如氧化还原反应、水解反应、归中反应、歧化反应、电解反应等。四、从物质的反应条件突破：如加热、高温、高压、催化剂、光照、放点、电解、点燃等。五、从物质的特殊结构突破：比如空间构型、电子总数等。六、从物质间的转化关系突破。

《中学化学》2009 年第 4 期

## 化学反应方程式的合并及其运用策略

颜见河　杨文东

结合例题阐述了两个或多个化学反应方程式合并要满足两个条件：①所发生的反应要有连续性；②它们的反应条件大体相同。中学常见化学方程式的合并类型有：①第一步反应的生成物中有极易分解的化合物；②同一化合物在不同温度下分解产物不同。③连续分步反应，上一步反应的某生成物在下一步反应中完全反应。④第一步反应中的某反应物因过量又与第一步反应中某生成物反应。⑤第一步反应的某种生成物又与其他物质反应生成第一步反应中的某种反应物。

《中学化学》2009 年第 4 期

## 一元强酸与一元弱酸的比较方法小结

冯新平

一、当物质的量浓度相同时，可从以下方面进行比较：测 pH、与 NaOH 等碱反应、与 $Fe_2O_3$ 等碱性氧化物反应、与 Zn 等活泼金属的反应、与 $Na_2CO_3$ 等盐的反应。二、当 pH 相同时，可从以下几方面进行比较：测稀释后溶液的 pH、与 NaOH 等碱的反应、与 $Fe_2O_3$ 等碱性氧化物反应、与 Zn 等活泼金属的反应、与 $Na_2CO_3$ 等盐的反应。三、从其他的因素进行考虑：①测同物质的量浓度的酸对应的盐溶液的 pH。②向同 pH 的酸溶液中加入相应的盐，测其 pH 的变化情况。③测同物质的量浓度的酸溶液的导电能力。④测同体积同物质的量浓度的酸溶液与 NaOH 反应后溶液的导电能力的变化情况。⑤测同体积同物质的量浓度的酸溶液与 NaOH 中和时放出的热量。⑥测同 pH 的酸加热时 pH 的变化。

《中学化学》2009 年第 5 期

## 例析化学解题中几种重要的思维方法

邵国光　杨香兰

结合例题分析了化学解题中的六种思维方法：整体思维、逆向思维、虚拟思维、差量思维、化归思想、极化思维。

《中学化学》2009 年第 5 期

## 走出盲区远离“陷阱”

蔡国平

结合 4 道隐含“陷阱”题的正解与错解及错因分析，阐述了提高解题辨别能力的应注意的三个问题：①概念理解片面性。②类比推理机械化。③思维不精入圈套。

《中学化学》2009 年第 5 期

## 优先反应规律及条件对其的影响

陈炳林

结合例题阐述了多种物质混合时，优先氧化、还原、沉淀、中和、放电的规律，并指明这些优先规律会随着反应条件的变化而变化。

《中学化学》2009 年第 5 期

## 从三个方面看水解

唐纪轩

从水分子的结构和水的电离角度谈及水解反应的原理，并归纳中学阶段常见的水解反应（盐类水解、卤代烃水解、酯类水解、蛋白质水解、糖类水解、其他物质水解），给出了一个判断水解方程式与电离方程式的方法（一般来讲，电离方程式的产物离子之间的电荷抵消，水解方程式的产物离子的电荷同号）。

《中学化学》2009 年第 5 期

## 有机物同分异构体专题复习

王成冠

结合丰富的例题，阐述了几种有效掌握有机物同分异构体的系统思路和方法：①以烷烃为母体的各类有机物同分异构体的复习思路。②运用“酯基插入法”判断酯的同分异构体。③“分布取代法”判断烃二元取代物的同分异构体。

《中学化学》2009 年第 5 期

## 抓住两个字来判断化学平衡状态

陈亚丽

一、抓住“定”字来判断，“定”有三个特点和七种情况。

二、抓住“等”字来判断，可以从三个方面来理解“等”字。

《中学化学》2009 年第 5 期

## 酯的疑点解析

李新颖

解析了六个有关酯的疑问：酯都是由醇和酸反应得到的吗？酯都符合通式 RCOOR′吗？酯的水解反应都是取代反应吗？酯水解后都得到酸和醇吗？酯完全水解时，消耗 NaOH 的物质的量与酯基物质的量相等吗？脂、油脂与酯有何区别？

《中学化学》2009 年第 6 期

## 原子杂化方式判断五法

张新中

结合例题阐述了原子杂化方式的五种判断方法：①根据分子的立体构型及键角进行判断。②根据化学式或空间构型，用价层电子对互斥理论进行判断。③根据物质的结构，用价键数和孤电子对数联合进行判断。④根据已知物质的杂化方式，运用等电子原理进行判断。⑤根据已知物质的杂化方式，用代换法进行判断。

《中学化学》2009 年第 6 期

## 浅析化学键形成过程的特殊性

孙运利

①含有氮元素化合物所形成的化学键：由于可以形成铵根离子，所以含有氮元素时，虽然只有非金属元素但也能形成离子键。②含有氢元素形成的化学键：由于可以形成氢负离子，所以氢元素也可以和非金属形成离子键。③由铝元素形成的化学键。铝元素与氯等元素也可形成共价键。④配位键：是一类特殊的共价键，成键的一个原子提供共用电子对；另一个原子提供空轨道。

《中学化学》2009 年第 6 期

## 解决化学平衡问题时应注意的七个细微差别

于　才

结合例题说明了七个差别：①注意看清反应物或生成物的聚

集状态，不能忽视聚集状态是气体还是固体的差别。②注意看清密闭容器的体积是否可变，不能忽视容器是恒容还是恒压的差别。③注意看清达平衡时保持不变的物理量，不能忽视是平衡浓度还是百分含量的差别。④注意看清密闭容器的温度限定，不能忽视容器是恒温还是绝热的差别。⑤ 注意看清化学平衡建立的全过程，不能忽视是时间还是时刻的差别。⑥注意观察化学平衡图像中曲线变化特点，不能忽视曲线是连续还是间断的差别。⑦注意理解导致变化的真正原因，不能忽视是平衡移动还是物理变化导致的差别。

《中学化学》2009 年第 6 期

## 关于化学平衡常数的几个问题

宋志贵

关于化学平衡常数应关注如下几个问题：化学平衡常数是有单位的；有些物质的浓度看作常数 1；同一平衡状态的化学平衡常数可能不同；气相反应的化学平衡常数有不同的表示形式；化学平衡常数可以用来判断反应的程度和反应进行的方向。

《中学化学》2009 年第 6 期

## 学科渗透　架桥变通

颜建河　夏连彬　王凤金

结合例题说明了化学与相关学科相互渗透的综合试题的解答方法：①渗透数学思想方法。②渗透物理学知识。③渗透生物学知识。④渗透物理生物学知识。

《中学化学》2009 年第 6 期

## 化学反应速率和化学平衡中的常见“错思”

张高豪

化学反应速率和化学平衡的内容是教学难点，其重要原因之一是形成了不少错误思维不以纠正。该文罗列了有关化学反应速率的 12 条错误思维以及有关化学平衡的 13 条错误思维。并对每一条进行深入剖析解释。

《中学化学》2009 年第 6 期

## 探究沉淀溶解平衡

刘 福

结合例题梳理了沉淀溶解平衡的基本知识，并呈现了两种应用：解释特殊现象、处理实际问题。

《中学化学》2009 年第 6 期

## 初中化学重要知识点集锦

袁茂华

罗列了 21 条初中化学的重要知识点。

《中学化学》2009 年第 6 期

## 无机推断题“题眼”集锦

廖清泉　李必强

罗列了中学阶段常见的无机推断题的“题眼”。一、元素推断题的“题眼”：1～20 号元素在周期表中的位置；1～20 号元素的原子结构特征；含量与物理性质；化学性质与用途；等电子微粒；某些元素的常见化合物空间构型。二、无机框图推断题的“题眼”：特征反应（罗列了 17 类）、特征现象（物质的颜色和溶解性、物质的特性）。三、离子推断题中的“题眼”：特征性颜色、具有强氧化性、具有强还原性、酸性条件下不能大量共存、碱性条件下不能大量共存、相互反应能生成沉淀。

《中学化学》2009 年第 6 期

## 试析配合物

张新中　张 林

总结归纳了配合物的基础知识，包括概念、组成、结构与性质、应用，最后结合例题分析了有关配合物的常见考点：①配合物概念的理解。②配合物的生成与溶解。③配合物的性质。④配合物化学式的确定。⑤配合物的应用。

《中学化学》2009 年第 7 期

## 有机物最简式与分子式关系的证明

林在昶

证明了无需分子量，根据最简式获得分子式的推算公式。

《中学化学》2009 年第 7 期

## 化学解题错因分析

任园园　徐文华

举例说明了化学解题造成错误的四个方面原因。一、“双基”方面错因：①概念模糊，盲目解题。②一知半解，以偏概全。③注意表象，忽视本质。二、思维方面错因：①机械类比，生搬硬套。②思维不敏，落入圈套。③思维不全，造成错解。④思维不清，难以转换。三、审题方面错因：①关键字词，视而不见。②一叶障目，不识泰山。③脱离实际，难避虚实。四、心理方面错因：①顾此失彼，慌乱作答。②粗心大意，误入圈套。③心烦意乱，不知所措。④心理恐惧，丧失信心。

《中学化学》2009 年第 7 期

## 化学平衡常数的几种考查形式

邱绍方

举例说明了化学平衡常数的考查形式有：①平衡常数的变化趋势判断。②有关平衡常数的计算：求平衡常数、已知化学平衡常数值计算平衡时各组分的浓度或反应物的转化率。③化学反应进行方向的判断。④溶度积的计算。

《中学化学》2009 年第 7 期

## 巧用方程式叠加法准确书写电池反应式

廖清泉

结合例题阐述了三种情况下电池反应式的书写方法：①两电极均不参与反应的电池电极反应式的书写。②两电极材料中有一极材料参与反应的电池电极反应式的书写。③两电极材料均参与反应的电池电极反应式的书写。

《中学化学》2009 年第 7 期

## 例谈化工生产“七化”

邵国光　邵照宇

结合例题说明了化工生产的“七化”是原料分配最优化、生产流程最佳化、生产工艺绿色化、原料利用率最高化、产品产量最大化、环境污染最小化、原料选择最佳化。

《中学化学》2009 年第 7 期

## 氢键知识点的考查类型归类及例析

许黎明

结合例题阐述了氢键知识点的考查类型有：① 氢键的表示法。②氢键的强弱程度比较。③氢键的类型。④氢键对化合物性质的影响。⑤氢键知识的迁移应用。

《中学化学》2009 年第 8 期

## 高中化学中的数学

张献刚

结合例题归纳了学习高中化学需要的数学知识有：等比定律、数轴、不等式、排列组合、统计学、十字交叉法、等差数列与等比数列、极限、立体几何。

《中学化学》2009 年第 8 期

## 联想一突破有机框图推断题的金钥匙（一）

张顺清　舒中强

一、从框图模式联想物质类型，共 8 种框图模式。二、从反应条件联想物质类型，共有 10 种反应条件。

《中学化学》2009 年第 8 期

## 联想—突破有机框图推断题的金钥匙（二）

张顺清　舒中强

三、从分子组成和不饱和度联想官能团或物质类别。四、从取代产物种类或氢原子环境联想结构。五、从有机物的特征联想官能团。六、由题干数据联想官能团数目或具体物质。七、从新信息新情景类比联想。

《中学化学》2009 年第 9 期

## 化学反应中的能量变化考点聚焦

陈筱勇　孙根兰

结合例题分析了关于反应热的考点主要有：反应热的含义、计算及比较、热化学方程式的书写。

《中学化学》2009 年第 8 期

## 中学化学中的“特例”汇总

曹志虎

归纳了中学化学中的 23 条特例知识。

《中学化学》2009 年第 8 期

## “不能”的有机之说

谭祈鹏　王明生

归纳了 31 条有机化学上“不能”之后的结果。比如不能发生加成反应的烃是饱和烃，不能水解的油为矿物油等。

《中学化学》2009 年第 8 期

## 谙熟“一般”与“特殊”的思维线路

陈进前

辩证唯物主义认为，任何特殊都蕴涵着一般，并反映着一般，一般存在于每一个特殊之中。但是在一些比较复杂的化学试题中，命题者常常将“特殊情况”蕴藏在“一般规律”的情境中。在本文中，针对高三化学复习阶段提出了两种思考方法：1. 会从“一般规律”的情境中发现“特殊情况”；2. 会从“特定规则”的背景中发现“一般条件”。

《教学月刊》（中学版）2009 年第 8 期上

## 诠释高中化学重要解题方法——守恒法

张宗成　管毓灵

守恒法是化学世界的一个永恒的主题，本文从以下 5 个方面来诠释运用守恒法对高中化学题的重要解题方法：元素守恒；电子守恒；电荷守恒；质子守恒和能量守恒。运用守恒法可以使解题过程简化，解题效率提高，解题准确度提高。即守恒法用宏观的统揽全局的方式思考问题，不去探求某些细枝末节，直接抓住特有的守恒关系，快速列式，从而巧妙地解答题目。

《数理化学习》（高中版）2009 年第 15 期

## 实验装置气密性检查的复习教学

郑永艳

本文从教学背景、教学目标、教学重点、教学难点、教学方法和教学用具等方面对实验装置气密性检查进行了复习教学。并通过具体实例详细阐述了教学的过程。

《中学教学参考》2009年第5期总第14期

## 论高三化学复习中知识网络的构建

林正红

针对高三化学复习教学中的“题海战术”，在复习化学知识中应让学生在主动参与、积极构建的基础上，形成有层次的化学知识网络结构，是学生体验整个学习过程中所蕴涵的化学思想、化学方法，形成解决问题的方式，把握纵横联系，构建知识网络，理清其中的内在联系，就能做到举一反三，从而提高教与学的效率，走出题海战的泥潭。

《理科考试研究》（高中版）2009年第9期

## 金属单质及其化合物复习导航

张友伟

本文着重点是金属单质及其化合物的复习：一、想一想考点。二、查一查考查角度。三、点一点失误之处。四、理一理复习方法。五、展一展考试方向。六、做一做常考题型：1. 金属共性的考查；2. 金属性质的递变；3. 钠及其化合物；4. 铝及其化合物；5. 铁及其化合物；6. 金属元素的检验；7. 有关金属的计算；8. 与金属相关的实验。

《中学生理科考试》（哈尔滨）2009年第1期

## 新课标下的化学高考特点与复习策略

林肃浩

本文剖析了新课程标准下化学高考的特点以及复习策略。一、新课标下高考化学试题的特点：1. 平稳过渡，强化主干知识考试；2. 引领课改，体现新课标理念。二、浙江省理科综合样卷化学试题的特点：1. 遵循考试说明的命题原则，试题涉及的知识内容控制在《浙江省考试说明》范围内，侧重考查学科的主干知识、核心知识和学科内知识的综合能力；2. 试题的稳定性好，难度控制在往年全国理科综合化学科的水平，命题形式稳定为学科内综合；3. 题型比较稳定，选择题7道，非选择题4道；4. 非选择题中，传统的无机、有机、实验，计算的题型界限不再严格区分，趋于融合；5. 注重实验探究性能力的考查；6. 重视考查学生学习潜能，试卷中图表、数据明显增多；7. 突出新教材增加内容的考查。三、新课标下高考化学复习策略：1. 研究《浙江省考试说明》和《浙江省学科指导意见》，提高复习针对性；2. 研究考题，把握方向，夯实基础，加强落实；3. 研究“与能力立意”命题的特点，重视培养学生综合应用的能力；4. 突出化学学科特点，重视实验能力的培养；5. 突出学科的时代性和应用性，重视化学与STS的结合；6. 重视新增内容的复习；重视非智力因素，强化规范化训练。

《教学月刊》中学版（杭州）2009 年第 3 期上

## 创新环境下化学实验复习的新策略

舒继青

通过新老课程模式下化学实验考查的创意的分析对比，本文提出了创新环境下化学实验复习的新策略：1. 要以考试说明的新要求来把握实验复习方向。2. 要以树立构建模块知识的新网络来夯实实验复习基础。3. 要以吸收整合新课程模式下试验考查的新特点来提升实验复习概率：变换角度，推陈出新；强调真实，关注细节；追根溯源，激活思维；科学严谨，规范表达。

《教学月刊》中学版（杭州）2009 年第 3 期上

## 初中化学复习中“观念为本”教学的探索

卢　巍　崔素芳

一、为什么要开展“观念为本”的教学：1. 对一个伪科学事例的反思；2. 素质教育如何落实到课堂教学中；3. 在初中开展“观念为本”教学的可行性。二、对“观念为本”教学设计的说明：1. 什么是化学基本概念；2. “观念为本”教学设计的含义；3. “观念为本”教学设计的思路。三、专题复习中如何设计“观念为本”的教学。四、进行“观念为本”教学应注意的问题：1. 各种课型都能实施“观念为本”的教学；2. “观念为本”教学与事实性知识学习应有机结合；3. 不能无限拔高一些“观念”的层次；4. 防止将“观念为本”教学机械化、空洞化。

《山东教育》中学刊（济南）2009 年第 1/2 期

## 打造高效的化学实验复习课堂

沈晓萍　毛杨林

化学实验在每年高考中都占有比较重要的份额，作者经过多年的高三化学实验课堂复习教学的时间探索，摸索出多种有效的复习教学策略。本文将结合例题阐述其中的两个很适合每年四、五月份的化学复习策略。一、“挖一挖”课本实验，引导学生多向质疑与创新、发展实验评价与设计能力。二、“串一串”实验操作，引导学生层层设问与探究，整合实验知识与技能体系。

《当代教育论坛》（长沙）2009 年第 2 期下

## 新课程中化学习题设计的策略与思考

吴良根

习题是中学化学教学的重要内容及必要组成部分。本文提出了新课程理念下的习题设计的指导思想，并针对具体例题阐述了立体改革的策略评价与分析。在此基础上提出了习题设计的注意事项：1. 化学习题从情境到素材到具体内容都应该真实可信；2. 化学习题设计要融入科学方法的要素；3. 化学习题设计要关注学生通过习题的解答形成科学概念；4. 化学习题设计要体现化学学科的特点。

《教育科学论坛》（成都）2009 年第 6 期

## 硝酸计算题的典型错误归纳

张高豪

硝酸是一种不同于其他强酸的具有特殊性质的强酸，因此学习者在解答有关硝酸计算题时经常出错，本文将常见的典型错误结合例题归纳如下。一、审题不清看错关键字词；二、误认为生成硝酸盐也消耗硝酸根；三、忽视其他酸的存在；四、忘记浓硝酸会变成稀硝酸；五、漏掉硝酸与非金属单质的反应；六、缺乏整体意识过多关注过程；七、不能排除定势的干扰；八、没有想到工业上制硝酸时一氧化氮循环利用。

《数理化学习》高中版（哈尔滨）2009 年第 9 期

## 中学化学解题中的思维艺术——有序思维

舒友忠

本文结合具体化学例题讲解化学解题中的思维艺术。一、化学反应中的有序思维策略：1. 化学方程式书写中的有序思维；2. 化学计算中的有序思维。二、有机问题中的有序思维策略：

1. 关于同分异构体问题的有序思维；2. 有机推断中的有序思维。三、实验问题解答中的有序思维策略。

《高中数理化》（京）2009 年第 2 期

### 中学化学解题中的思维艺术——逆向思维

舒友忠

本文结合具体的化学例题，提出了利用逆向思维进行解题的方法：逆向推断、逆向合成、逆向分析和逆向配平。

《高中数理化》（京）2009 年第 3 期

### 类比推移——突破有机问题的金钥匙

晏乐华

类比思维是创新思维方法之一，本文结合中学化学教材中有机基础知识，从以下几个方面进行类比迁移例析：化学键、空间结构、反应原理、反应条件和思想方法。

《数理化学习》高中版（哈尔滨）2009 年第 5 期

### 数学思想在有机计算题中的应用

钟家福

数学作为基础学科为化学的计算提供了简便易行的方法，本文结合有机计算题将数学中的一些解题方法剖析如下：1. 最简式法；2. 不饱和度法；3. 残基分析法；4. 推理法；5. 比例关系法；6. 守恒法；7. 极限法；8. 方程组法。

《理科考试研究》高中版（哈尔滨）2009 年第 2 期

## 化学教学情境创设

### 化学新课程课堂引入时的“猎奇”现象及其对策——新课程实施过程中 2 个实例引发的思考

于少华　董素静

在新课程实施过程中，部分教师对新课程理念的理解产生了偏差，课堂引入时的“猎奇”现象就是一种表现。本文从“湿手为什么容易触电”和“Vc 泡腾片”这两个课堂实例分析出课堂引入时“猎奇”现象主要体现在忽视引入内容与课程之间的联系、忽视学生已有知识，引入时过多涉及学生未知的内容、忽视问题的严谨性和科学性这三个方面。随后，作者从教师对新课程理念的理解失于表面化、教师受传统观念和做法的制约以及教师受评价方式的影响这三个方面对“猎奇”现象产生的原因进行了分析，最后，作者针对在实践上存在的种种误区以及新课改的理念对教师提出的具体要求提出课堂引入时的简单性、科学性、实用性、有效联系和实验优先等原则。

《化学教育》2009 年第 1 期

## 中学化学教学中学习情境创设的途径及启示

倪姗姗　钱扬义　叶静怡

通过查阅国内期刊中关于情境创设的研究，分析化学教学中情境创设的途径。一、国内化学情境创设的研究的概述。二、国内化学学习情境创设的途径。1. 基于学生兴趣和思维维度。①激发学生兴趣，创设轻松的学习情境。②诱发学生思维，创设模拟的学习情境。2. 基于学习内容维度。①利用生活实例，创设学习情境。②运用化学史实，创设学习情境。③设置巧妙问题，创设学习情境。④设置巧妙问题，创设学习情境。⑤融合新旧知识，创设学习情境。3. 基于学习方式维度。①创设合作式的学习情境。②创设探究式的学习情境。③创设讨论式的学习情境。4. 基于学生维度。①开展趣味的化学游戏。②开展实践、体验式的活动。5. 基于现代化学习手段维度。①多媒体技术。②网络资源。三、国内外学习情境创设的比较。介绍国外创设学习情境的一些途径，包含了开放式、一对一的合作式、收敛式、提供式、以学生为中心的主动式 5 种学习情境。同时对国内外的差异进行比较。四、学习情境创设的研究给我们的启示。分别在理论研究、学生发展、资源利用、实践应用四个方面带来启发。

《化学教育》2009 年第 4 期

## 主题式情境教学在化学教学中的应用

由　佳

基于新课程标准的核心理念、构建主义教育理论及主题式教学的含义和特点，本文说明在化学教学中应用主题式情境教学策略的意义，并以实例说明主题式情境教学策略如何在化学教学中应用，以此提高学生学习化学的兴趣，优化教学效果。一、主题式情境教学的意义。阐述了主题式教学的作用、特点及理论基础。二、主题式情境教学在化学教学中的应用。1. 主题式情境教学的功能。①导入新课或过渡，引发学生学习化学的兴趣。②作为学生已有知识经验的来源，从而部分或全部达成三维教学目标。③理论联系实际、学以致用、巩固练习，体现化学学科的价值。2. 主题式情境教学中情境材料的选取和处理。三、结语。在教学实施的过程中运用主题式情境教学策略，能够激发学生学习化学的兴趣，支撑学生积极学习化学的探究活动，帮助他们成为化学学习活动中的主体。

《化学教育》2009 年第 5 期

## 论中学化学教学的人文化

倪　娟　沈　健

在化学课程标准提出“态度、情感与价值观”目标之后，我们在一些中学化学课程培训活动中经常能听到呼唤化学课堂多些人文精神的声音。在一些大型的化学学科教育研究活动中，展示的一些“优课”所体现出来的“人文精神”十分丰富，不仅音乐、诗歌等不绝于耳，教师还会明示学生科学应当与人文结合。这些课都反映出一个共同的问题：在新课程实施中，广大教师对理科课程人文化缺乏充分的理解，对“情感、态度和价值观”目标还存在一定程度的误解，大有化学课程文科化的倾向。设计者不仅没能把握住理科的学科特征，为了追求所谓的科学人文化理念，在无意间把化学课的重点、难点丢掉了。化学课要肩负的是培养学生科学素养的使命，化学课需要让学生了解科学，认识科学，这应是化学教学坚持的首要宗旨。中学化学教学的人文化绝不是文科化。在化学课程中强调对科学及科学探究的理解、提倡“科学、技术与社会”（STS）教育，重视化学学科教学中的科学史与科学哲学、科学社会学（HPS）等，实际上这些都是化学教学人文化的应有之意。

《中学化学教学参考》2009 年第 3 期

## 新课程化学课堂结尾艺术探微

毛杨林

课堂结尾是一门艺术，长期以来，绝大多数教师都非常重视课堂结尾的设计，已经积累了相当多的经验。在“以学生发展为本”的新课程化学课堂里，结尾艺术又有了哪些新的发展呢？结合自己的教学实践，总结了几种新课程化学课堂的结尾艺术，与同行分享。总结反思，建构化学观念；回归社会，解决实际问题；励志励学，提升人生观；实验探究，培养科学素养。新课程化学课堂结尾艺术就像雨后春笋般的迅猛发展，有继承也有创新，表现形式远不止以上几种。只要我们遵循巩固性、提高性、发展性、双边性和多样性原则，因人因境地设计课堂结尾，就可以达到深化主旨、再激后疑、启导引申、升华思想、激人奋进的目的。

《中学化学教学参考》2009 年第 3 期

## “化学课堂教学因生成而精彩”教学案例

肖丽华

走进新课程，教学的最高宗旨和核心理念是“一切为了每一个学生的发展”，而“发展”是一个动态过程，在这个过程中，往往会出现一些我们无法预见的教学因素和教学情境，这就是课堂的生成性。随着课程改革的不断深入，课堂教学更加注重学生的主体地位，强调师生的互动合作，在这互动与合作的过程中意味着更多的不确定性和生成性，因此生成性是新课堂教学的重要特征，也是新课程教学中最精彩的一面。通过两个实际的案例展示，进行了四个方面的反思：关于教学观念的思考、关于教师角色的思考、关于“度”的思考、关于教学目标的思考。

《中学化学教学参考》2009 年第 3 期

## 巧用学生资源　促进课堂生成

陈徐红　何通海

课堂教学是动态变化、发展的过程，也是师生、生生之间互动交流的过程。在互动过程中学生的知识结构和思维过程向我们敞开，这里有疑惑、有错误，也有洞见和各种奇思妙想，而这些都是非常重要的教学资源，我们要及时捕捉并充分加以利用，课堂教学就会因此焕发出生命的活力，同时可大大提高课堂教学的有效性。不放过学生质疑、巧妙化解学生“错误”、捕捉学生回答亮点、相信学生团体力量，是利用学生资源促进化学课堂生成的重要策略。

《中学化学教学参考》2009 年第 4 期

## 化学课堂的动态生成是提升思维机智的催化剂

彭清华

课堂教学的动态生成是指在教师与学生、学生与学生合作、对话、碰撞的教学活动中，教师以即时出现的超出教师预设方案之外的有价值、有创见的问题和情境或观点为契机，调整或改变预先的教学设计，挖掘学生的潜能，引发学生深入思考，充分展现学生的个性，从而达成或拓展教学目标，使教学获得成功。从动态生成教学的观点看，学生在课堂活动中的状态，包括他们的学习兴趣、积极性、注意力、学习方法与思维方式，合作能力与质量，发表的意见、建议、观点，提出的问题与争论乃至错误的回答等，无论是以言语还是以行为情绪方式的表达，都是教学过程中的生成性资源。而这些生成性资源稍纵即逝，要及时地捕捉它，教师就必须学会仔细地倾听，欣赏学生的“真情告白”，敏锐地生成新的教学资源，避免有效的信息成为“漏网之鱼”。只有学生们真正地拨动了自己的心灵之弦，课堂才会产生一种理想的甚至意想不到的境界，让学生说出真话、抒发真情，超越课堂、超越学习，变学习为一种鲜活的生活，让课堂充满动态活力，达到提升学生机智思维的效果。另外，构建动态的课堂对教师的潜能也是一个巨大的挑战，教师必须有过硬的专业知识，有灵活应变的教学机智，才能很好地把握好课堂。所以，构建动态的课堂既有利于激发教师机智，促进教师的专业成长，又能很好地培养学生的思维机智，提高学习的自主性和创新能力。

《中学化学教学参考》2009 年第 4 期

## 高中化学教育情感目标的内涵及培育策略

张克龙

我国新一轮高中化学课程改革提出了三维课程目标，其中情感目标主要包括情感、态度和价值观三个要素。在日常的化学课堂教学中，情感、态度与价值观教学目标的实施力度和效果与另两个目标相比，还是稍显薄弱。学习中的情感与学习的认知活动是紧密联系的。在教学过程中，学生作为学习的主体，其情感直接影响学习效果和质量。因此，教师应根据学生生理、心理和认知特征，遵循优良情感发展的一般规律，充分挖掘刺激学生心理的情感源泉，通过恰当的途径和方法，激起学生健康、积极的情绪体验。在化学教学具体实践中形成了以下五个方面的教学策略：创设活动情境；挖掘德育素材；渗透化学史；加强与学生生活、环境、生产、科技、社会问题的密切配合；应用活动表现评价学生情感发展。化学学科在情感目标实施中有自己的独特空间，有丰富的化学文化，有紧密贴近学生生活，广泛联系科技、自然现象的化学教育素材；有特殊学科背景，以实验为基础的动手、动脑学科特性是其他任何学科难以比拟的，需要的是去开拓实践。化学教学中教师应结合教学实践积极探索和不断创新，达到寓教于情，寓教于乐，使教学过程成为师生共同探索、相互交流、实现再创造的愉快活动过程。

《中学化学教学参考》2009 年第 5 期

## 未曾预约的精彩——新课程下课堂生成的探究性教学案例

李四海

科学探究是学生积极主动地获取化学知识、认识和解决化学问题的重要实践活动，主要指的是学生从问题或任务出发，积极主动地通过形式多样的探究活动，以获取知识和技能、发展能力、培养情感体验为目的的学习方式。学生通过亲身经历和体验科学探究活动，激发其化学学习的兴趣，增进对科学的情感，理解科学的本质，学习科学探究的方法，初步形成科学探究的能力。化学课堂是培养学生探究能力的理想场所，作为化学教师应在教学过程中及时把握教学时的灵感，引导学生进行科学探究。这节课，因为一个学生的意外发现，教学离开了课前精心预设的轨道。于是，抛弃了原先预设的方案，而是基于课堂学生即兴生成的问题，以此为生长点，鼓励学生展开探究，让他们体验思考的快乐。一时，课堂“精彩”无限。课后，对这堂课的成功教学进行了反思：变传授为探究，让课堂教学焕发出生命活力；将教学科研融入教学中，培养学生的科学素养；挖掘课程资源，把握教学契机，创造课堂精彩。新课程给教师带来了挑战：面对课堂上出现的大量信息资源，该如何用敏感的心灵去捕捉、用深刻的眼光去洞察、用灵活的教学机智去重组。

《中学化学教学参考》2009 年第 6 期

## 化学抛锚式教学中的“锚”怎么抛

沈　峥

建构主义学习理论认为，学习过程不应是学生被动接受知识的过程，而是积极主动地建构知识的过程。所谓抛锚式教学，是指教育者在教学时为学生创设富有真实性的学习情境，使教学建立在生动的真实性事件或问题情境的基础上，通过学生间的互动交流、合作探讨，使学生亲身体验从识别学习目标、提出学习目标到实现学习目标的教学过程。在整个教学过程中，教育者给学习者提供富有感染力的真实性事件或问题情境指的是“锚”，建立并确定与所学知识相关的事件或问题的过程可以形象地比喻为“抛锚”，“锚”确定了，整个学习内容和学习进程也就像轮船被锚固定一样而被确定。通过实例探讨抛认知冲突式的“锚”、抛陷阱式的“锚”、抛开放式教学的“锚”、抛问题解决式的“锚”，并提出抛锚式教学的关键在于你怎样抛出这个“锚”，“锚”抛得好，学生学习的积极性就高，主观能动性就强，学习的效果也最佳，这个“锚”要抛到点子上，要抛到要害上。教师要做好这个工作，尽可能设计好教学中的锚，使学生紧紧围绕这个“锚”进行探究学习。

《中学化学教学参考》2009 年第 7 期

## 化学课堂教学中的追问艺术

蒲绪凤　李友银

课堂教学中，提问是必不可少的一个重要环节。追问是在已有问题基础上进行的深层次提问。即课堂教学中，教师根据前面的发问，再进一步设置一种问题情境，引发学生的认知冲突，给学生造成一种心理上的困境，诱发学生进行信息的搜集活动和探索行为，引导学生形成自己的看法，并且通过师生之间的交流与合作增进对问题的全面理解，发展学生较高水平的思维。在教学中，追问的功能源于提问但又高于基础的提问。提问不仅可以检测学生的知识掌握情况，更重要的是可以引发学生对问题的思考，从而达到促进学生问题意识的形成和实践能力的发展，对后续教学活动的展开和教学效果影响很大。课堂提问的形式有多种，如，发问、追问、反问等，尤其是追问，不仅可以激发学生的求知欲、启发学生的思维、完善学生的知识体系，而且可以更好地培养学生的创造能力。追问的技巧主要有：由表及里追问、由点及面追问、由果及因追问。

《中学化学教学参考》2009 年第 7 期

## 也谈中学化学教学的人文化

江　敏

人文精神是真善美的统一，它以追求真善美等崇高的价值理想为核心，以人的自由和全面发展为终极目的。虽然人文学科和科学学科隶属于两类完全不同性质的学科范畴，人文知识和科学知识分别属于两类不同的学科，这两类学科各自具有特定的价值，但人文精神和科学精神并不是对立的，不要把人文知识和科学知识对立起来，不要把人文学科和科学学科截然割裂开来，不要把培养学生的人文精神和科学精神分割开来。人文精神和科学精神在这两类学科中都能得到培养和激发。事实上，在每一项科技成果和每一次科技进步中，甚至在每一项科技成果所导致的灾难中，都有人文精神和科学精神这两者在相互作用，它们各具特色的关系给人类世界带来多重效应。新的化学课程十分重视人文精神的培养，强调科学精神与人文精神和谐统一的发展，这为新课程理念下的中学化学教学指明了方向。中学化学教学人文化的基本策略有：培养学生科学的世界观；增强学生关注科学、关注生活、服务社会的意识；培养学生的兴趣、情感等非智力因素；培养学生科学探究能力和创新能力；引导学生正确认识科学、技术、社会的关系；通过研究性学习培养学生的健全人格。

《中学化学教学参考》2009 年第 8 期

## 你为意外的精彩做准备了吗——课堂的预设与生成

周仁鸽　邵庆对

两位教师均在课堂中遭遇了一种不期而至的精彩，两位老师也截然不同，第一位教师对于学生的表现是“爱恨交加”，爱者，学生能按自己的预设进行思考与假设，恨者，学生没有说出自己预设中的表达——电子对的共用，这位学生用了最形象、最生动的语言，阐述了自己心目中的共价键。但教师显然不满意，甚至有点不知所措，因为那不是自己想要的“标准答案”，慌乱之中，竟认为学生表达“很抽象”。第二位教师对于课堂意外，表现了一种过犹不及的爱，对学生的意外发现，老师让其他同学也放下计划中的任务，来探究这一个新发现，并将课堂延伸到课外，表现的是一种勇者无畏的执著，课堂的生成完全在预设之外。两位教师的表现无法用对错来简单判断，但这是两种完全不同甚至是截然相反的态度，反映了教师对课堂与学生的不同理解与价值取向，虽然他们对探究表现了某种相似的狂热。有人说，课堂是在预设中生成的，只有充分的预设才会有精彩的生成，充分的预设会让你更从容地面对意外的生成。但课堂总会生成你所始料不及的事件，其中的绚丽，你是否曾经留意？如果你的内心只有自己精心设计的教案与课件，如果你的内心不存在活生生带着自己思想的学生，你与这份美丽永远只能擦肩而过。

《中学化学教学参考》2009 年第 8 期

## 借助古诗词点缀化学课堂教学艺术

丁文楚

古诗词是中华五千年文化史中的璀璨明珠，诗词中散发出哲理美、动态美、领悟美、情感美，蕴涵了丰富的化学知识和原理。在化学教学中，适当引入诗词，引导学生领会其中所寄寓的化学美学价值，既能活跃课堂气氛，激发学生学习化学的兴趣，又能利用诗词中深厚的思想情感，丰富想象力，培养创造力，对学生进行美的教育和熏陶，体现新课标所倡导的理念：培养审美情趣，养成审美习惯，形成审美能力，提升科学素养和人文素养。在化学教学中，从卷帙纷繁、浩如烟海的中国古诗词中，采撷一些与化学相关的佳句用于课堂，使其知识性和人文性“交相辉映”，可激励学生在充满神奇与奥秘的化学知识宝库里不断追寻；使学生在意趣横生的学习过程中，激发对科学的探索精神和对祖国的热爱之情；在情操的陶冶和情感的升华中，坚定科学的责任感和历史的使命感，促使学生素质丰富、和谐、完美的发展。

《中学化学教学参考》2009 年第 9 期

## 浅谈中学化学课堂教学中“生成”的支点

秦自云

新课程的教学已由传统的僵化的“灌输式教学”变为“生成性教学”，正如罗祖兵老师在“生成性教学及其基本理念”一文中所说：“生成性教学是一种需要规则但在适当的时候又敢于放弃规则的教学；是一种遵循规律但又不局限于规律的教学；是一种关注学生也关注教师的教学。”新课程中的“生成”来源于学生，也来源于教师。只有当我们更为全面准确地把握了“生成”，在教学中我们才能更好地“生成”。像杠杆需要支点一样，教学“生成”同样需要支点。对话型的教学是“生成”的基点，学科视角是“生成”的必要条件，贴近教材是“生成”的基本要求，开放性的预设是“生成”的前提，思维方法引导是“生成”的保障。

《中学化学教学参考》2009 年第 9 期

## 化学教学中问题情境的创设策略

夏向东

本文论述了化学问题情境的构成要素，讨论了创设化学问题情境的策略：(1)创设质疑式问题情境。(2)创设悬念式问题情境。(3)创设矛盾式问题情境。(4)创设递进式问题情境。(5)创设开放式问题情境。在教学中，教师应该深入地分析教材，结合学生的认知心理特点，来创设恰当的问题情境，以激发学生的学习欲望，激活学生的思维活动，从而培养和提高学生的学习能力。

《化学教学》2009 年第 2 期

## 情境教学运用于高中化学教学的理论与实践研究

张　弛

本文从理论上阐述了情境教学可实施于高中化学教学的原因。理论梳理与推断情境教学的整个理论体系，指出只要运用合理，并适当加以调整或创新，情境教学是能够很好地促进、优化高中化学教学的。介绍了情境教学的几种主要的教学模式：(1)情境环境教学模式的构建；(2)以多媒体和信息技术为支撑，促进教学情境的创设；(3)创设音乐情境；(4)各种尝试表明其结果令人满意。

《化学教学》2009 年第 2 期

## 充分发挥情、知齐动，学用结合的教学情境

孙永奕

作者在进行初三化学“生活中的溶液浓度”教学时，采用两种不同的课堂教学情境，所获得的教学效果大相径庭。据此进行了总结：在设置教学情境时，教师要做适当的解读和点拨。教学情境创设必须要注意真实性，但也不能刻意追求真实而使情境过于繁杂和开放。要情、知齐动，做到情感积极、认知“出彩”。要学用结合，充分应用教学情境，适宜的教学情境不但可以提供生动、丰富的学习材料，发动学生的认知活动，还可以提供在实践中应用知识的机会，发动学生的应用和实践活动。

《化学教学》2009 年第 4 期

## 课堂教学中化学教师心理换位杂谈

裴 燕

对课堂教学中心理换位提出了可以尝试的七个方面：想学生之所想、帮学生之所难、解学生之所疑、纠学生之所错、究学生之思路、教学生之方法、树学生之习惯，求得与学生思维上的同步和心理上的共鸣。在教学过程中，教师将“教”的角色和“学”的角色集于一身，通过心理换位能求得与学生思维上的同步和心理上的共鸣，使教学过程得到优化，从而做到在教学的双边活动中与学生的思维“同频”，在行为上“共振”。扮演好“教”和“学”的双重角色。

《化学教学》2009 年第 6 期

## 新课程化学教学中引领学生进行“再创造学习”的探讨

毛云中

该文提出教师应以学生为主体，以自主探索为主线，通过实验设计、情境创设、联想迁移、联系实践等方式引领学生进行再创造学习。在实验设计上，通过精心设计的化学实验，引导学生再创造学习；在情境创设上，通过合作交流，促进学生再创造学习；在思维方式上，通过联想迁移，扩展学生再创造学习；在联系实践上，通过 STS，强化学生再创造学习。

《化学教学》2009 年第 6 期

## 食品安全在化学教学情景中的应用

陶学兵 程心愿

列举了基于黄曲霉素、苏丹红、吊白块、甲醇、三聚氰胺结构式而设计的有机化学练习。

《中学化学》2009 年第 1 期

## 新课程标准下化学课堂教学中的新课导入策略

赵成胜

①创设情境导入：比如绪言课。②复习迁移式导入：比如实验室制取二氧化碳。③提问式导入：比如介绍空气的组成。④讨论式导入：比如讨论二氧化碳的制取方案。⑤联系生产生活实际导入：比如学习燃烧与灭火主题。⑥运用学生已有知识导入：比如介绍金属品防锈方法。⑦观察实物导入：比如学习金刚石和石

墨主题。⑧设疑式导入：比如概念教学和原理教学。

《中学化学》2009 年第 3 期

## 初中化学课堂教学问题情境创设例析

彭 炜

1. 利用日常生活实际创设问题情境，例如“酸的通性”。2. 利用化学故事创设问题情境，例如“燃烧和缓慢氧化”。3. 利用化学实验创设问题情境，例如“溶液酸碱性的表示方法”。4. 利用认知冲突创设问题情境，例如“分子”。

《中学化学》2009 年第 12 期

## 中学化学学习情景的创设技巧

舒红群

新课程改革的深入使得中学化学教学中教学情境的创设变得重要。本文从 1. 利用认知矛盾，促进学生积极思维；2. 创设激疑情景，启迪学生主动联想；3. 形成探索气氛，引导学生摆脱“模式”束缚；4. 创造交流环境，培养学生合作学习意识；5. 联系实际生活，激发学生探究欲望五个方面来阐述中学化学学习情景的创设技巧。

《教育学术期刊》2009 年第 7 期

## 化学教学中的生成与预设

叶林美

《基础教育课程改革纲要（试行）》明确指出课堂教学不是封闭系统，要在教学中鼓励师生互动中即兴创造。本文作者从自己的教学经验出发，探讨化学课堂“牛成”的若干理论问题：一、课堂“生成”的学习心理基础：学生往往提出认知领域的问题、借助于科学思维方法而提出问题、课堂因互动而“生成”问题，也因互动而解决问题；二、生成与预设相辅相成：“生成”和“预设”只具有相对意义，不具有绝对意义、“生成”转化为“预设”，也是教师专业发展的过程。

《上海教育科研》2009 年第 7 期

# 化学教学设计

中学化学课堂教学设计包括教学目标、教学策略、教学情景、教学媒体、教学过程、教学评价等要素的设计。研究者结合具体教学案例探讨了化学教学设计的基本内容和基本方法。提出教学设计模型包含以观念为本的教学分析和以观念建构为本的教学策略设计两个过程。重视科学概念、科学本质观在教学设计中的核心作用。

## 中学化学结课语的设计

陈筱勇

一节好的化学课，结课语是必不可少的教学环节，结课的好坏直接影响课堂教学的效果。本文结合当前中学化学结课的实际情况，从 4 个方面进行论述，并列举了 10 种设计中学化学结课语常用的方法。一、结课语的功能。1. 画龙点睛。2. 复习巩固。3. 调节气氛。4. 升华知识。二、结课语设计的要点。1. 明确目标，突出重点。2. 言简意赅，穿针引线。针对前阶段教学内容的点滴知识，用结课语架构各个知识点，使之形成知识网络。3. 方式多样，再激兴趣。4. 扣准主题，深化核心内容。三、结课语的呈现风格。1. 简明扼要，突出重点。2. 揭示规律，启迪思维。3. 承上启下，沟通联系。4. 灵活多样，不拘一格。四、结课语设计常用方法。介绍了比较法、归纳法、设置悬念法、拓展发散法、引趣法、练习巩固法、谜语法、创设情境法、承启式结课、延伸式结课 10 种设计结课语常用方法。

《化学教育》2009 年第 5 期

## 新课程背景下的元素化合物知识教学

孙　震

新课标对元素化合物知识的处理，不再追求从组成、性质、制法、用途等方面全面系统地让学生学习一些元素化合物知识，而重在体现物质的社会应用价值。基于此，笔者以两位老师对氢氧化钠这一内容的不同设计入手，说明教师在开展初中元素化合物教学过程中需要注意的地方是：一、从生活中选取熟悉的素材，创建使学生更加感兴趣的学习情景。二、避免强化化学知识的系统性，教学时宜着意于有关核心知识。三、教学应合理运用科学探究活动，切实提高学生的科学素养。

《化学教育》2009 年第 6 期

## 化学史教学案例——水分子中的化学史

徐　敏　刘春生

本文以水为载体，把学生放在一个反思者的角度，在追寻元素、原子、分子等基本概念的历史生成过程中体会质量守恒定律、阿伏加德罗定律对化学发展的重大意义。一、水的组成元素的确定。二、水分子的确定。1. 化学计算的启示—近代原子学说的建立。2.“分子”概念的建立及水分子组成的确定。三、水的相对分子质量的测定。1. 道尔顿的对与错。2. 依据阿伏加德罗定律测定水的相对分子质量。四、水分子的结构。五、课后感言。让透视那些熟悉的概念原理，探寻它们的价值和意义是比学习原理本身更为重要的。

《化学教育》2009 年第 6 期

## 初中化学教学落实观念教学的探索——“物质是由微粒构成的”教学设计与实施

程同森　盛丽英　刘桂军

将知识教学上升为观念教学时课程改革的一种追求。观念教学对学生素质发展具有至关重要的作用。学生形成科学观念是一个教师引导下的自我建构过程，为此，教学设计和实施要重视充分展开学生的活动。以“物质是由微粒构成的”一节课为例，把教学目标的设计分为三点:(1)基本目标;(2)开放性目标;(3)教学重点的分析与确定。在教学实施过程中，通过学生的两个活动迫使学生给出自己认可的解释——分子原子论的提出。通过教师和学生的讨论让学生确立“物质是不连续的，由分立的微粒构成”的认识。本节课的改进之处有以下几点:(1)力求由知识教育转变为观念教育。(2)开放性是本节课的基本特征。(3)本节课在结构上有两点特色：一是以“问题”上课，仍以“问题”下课。二是学生对问题的最初答案被悬置，待到形成微粒观后再反观这些答案，既保持了教学活力的一种张力，又通过这种自我反馈让学生真切体验到自己的发展。

《化学教育》2009 年第 10 期

## 优化教学设计的几点策略

李少坤

教学设计要重视学生的发展需要、学习规律、心理特点及学生已有的经验。围绕教学设计的几个环节，从四个方面提出了优化教学设计的策略：一、设计前认真研究《课程标准》；二、依据《课程标准》的要求，认真进行学情分析：1. 分析学生已有的知识结构；2. 分析学生的认知规律与认知水平；3. 分析和利用学生在学习与生活中对该知识的认识和了解情况。三、根据教学目标进行教学内容和教学情景设计把握注意基础性原则、注意现实性原则、注意思想性原则、充分发挥认知冲突的心理学功能；四、教学设计的调整与完善，1. 在突破重、难点中做好详细的预案和应对准备；2. 做好教学流程中各个环节的过渡与衔接。

《中学化学教学参考》2009 年第 1/2 期

## 走出问题式化学教学设计实践的四种误区

黄　都　谭　燕　黄红梅

围绕化学问题和化学问题解决而设计的各种课堂教学活动，却存在不少的误区。四种误区：把“习题”“提问”等同于“问题”；混淆“基于问题的学习（PBL）”和“基于问题解决的学习（PSBL）”；轻视问题或问题解决的情境设计；不注重问题解决教学逻辑的自我反思与设计。上述误区的存在源于中国特定的化学教育教学文化，这种文化主要由两种典型的困惑构成：一种是理论移植中的困惑；一种是实践出真知的困惑。在我们解读诸多有价值的教育教学理论文献时，会遇到概念、观点理解的偏差或混淆状况，因此，我们用我们的前概念取代了来自其他文化中的科学概念，如问题、习题和提问之间的差别；在我们立足于自身实践并渴求创造出有效的理论知识时，即缺乏研究、反思与整合的意识和方法。要走出这种误区，必须要求多数教师发展成为研究者、学习者。那么，怎样才能成为一名学习型、研究型的化学教师呢？由此建议：教师把教学任务当作问题解决事件来看待，教学即问题解决；加强高校化学教育研究者与中学化学教师的有效合作，构建化学教育实践共同体；从文化创新的视角来看待化学课程与教学变革，克服各种外界阻力，构建化学教育文化的“新核”。

《中学化学教学参考》2009 年第 1/2 期

## 注重过程与方法　提升课堂教学有效性——以“金属资源的利用和防护”第一课时教学为例

龚雪冰

以人教版（第 2 版）九年级化学下册“金属资源的利用和防护”的一节课堂教学实践中所发现的问题为例，在分析教材和教学实践中发现的问题的基础上提出两点新的教学思路：借助多媒体，通过问题、实验探究引领学生感受“工业炼铁”全过程；利用“错题”，通过学生的自主互助式学习感悟“含杂质计算”的解题要领，同时提出三点教学反思：注重学生已有认知结构，倡导学习的层次性；注重学生的学习体验，倡导多样的学习方式；合理分析教学内容，倡导适时迁移。

《中学化学教学参考》2009 年第 1/2 期

## 单元教学设计的实践与反思——以“氧化还原反应”教学单元为例

王 磊 黄燕宁

单元教学指教师在对课程标准、教材等教学指导性资源进行深入地解读和剖析后，根据自己对教学内容的理解，以及学生的情况和特点，对教学内容进行分析、整合、重组，形成相对完整的教学主题，并以一个完整的教学主题作为一个教学单元的教学。一个教学单元可以由多个课时组成，不同的课时从不同的角度、深度，用不同的教学/学习方式，对同一主题进行多元化解析。以“氧化还原反应”教学单元为例，论述了单元教学设计的概念、特点，及单元教学设计中教学目标设计和教学活动设计的原则和方法。单元教学设计能促使教师在更高的层次上思考教学内容，有利于教师从关注学生知识的学习向关注学生观念的形成转变。

《中学化学教学参考》2009 年第 3 期

## 基于先实验后讲课的教学设计

朱 恩

“先实验后讲课”主要是指教师不是先把课本上现成的结论直接教给学生，也不是先向学生直接解释课本上的结论，而是先由教师提出问题，让学生在教师的指导下，在已有知识的基础上亲自动手，独立开展实验探索，大胆地试一试，观察实验的各种现象，归纳分析，初步得到结论。同时结合教学内容做一些尝试练习，让学生依靠自己的努力，通过实验、自学课本或互相讨论，去初步解决问题。最后，教师根据学生实验的情况和在尝试练习中的难点和教材的重点，有针对性地进行讲解。以浙教版义务教育初中《科学》中“复分解反应发生的条件”的教学设计为例具体讨论课前的分析与准备、实际教学过程；先实验后讲课的意义包括充分发挥了实验教学的功能、正确处理了教与学的辩证关系、有效改善了师生关系。

《中学化学教学参考》2009 年第 3 期

## “二氧化碳制取的研究”教学设计及点评

缪　徐

“二氧化碳制取的研究”是人教版实验教科书九年级上册第六单元课题 2 的教学内容。该教学设计通过教学目标分析、重点、难点分析、教法分析、教学过程呈现了该节课。该教学设计参加了 2008 年 11 月 5～8 日，中国教育学会化学教学专业委员会在安徽省黄山市举办了全国初中化学优质课观摩评比活动，该课以第二会场（整个评比活动分三个会场进行）第一名的成绩荣获特等奖。专家总点评：教学设计理念先进，探究活动求真务实，学科特点鲜明，教学过程流畅，教学语言精美，师生互动积极，目标有效达成。希望在今后的教学中，将问题权进一步交给学生，引导学生发现问题、解决问题，从而使课堂教学迸发出更多的生成性的火花。

《中学化学教学参考》2009 年第 3 期

## 与波义耳同行——“溶液的酸碱性”的教学设计与专家点评

沈兆刚

通过重现波义耳发现酸碱指示剂的历史情景和实验探究使学生认识溶液的酸碱性，会用酸碱指示剂判断溶液的酸碱性。在探究活动中培养学生的团结协作精神和严谨的学习态度，体验化学测定在生产、生活中的重要性，认识到应该正确使用化学知识造福人类。最后，专家也提出了以下建议：(1)要继续加强对学生进行实验基本操作训练。实验的成功依赖于正确的操作，部分学生胶头滴管的操作不正确，存在着因交叉污染导致实验失败的现象；(2)应科学合理地对学生进行实验分组。实验时发现有的小组实验能力较强，能顺利地完成相关实验，有的小组成员动手操作能力差，实验效果较差，建议采用异质分组的方式，这样可以“一帮一，一对红”。

《中学化学教学参考》2009 年第 4 期

## “对含氯消毒剂的探究”教学设计

孙运利

探究性学习的目的在于帮助和引导学生主动发现书本和生活中的问题，产生问题意识，鼓励并引导学生对已知知识进行一次“再发现”，体验知识的形成过程，培养自主学习能力和探究能力。在探究性问题的设置上，应以巩固学生学习的有关知识、把握课本知识传播与知识拓展的关系，培养学生“以发现学习和生产生活中有意义的化学问题并进行实验探究为着力点；培养根据具体情况设计解决化学问题的实验方案，并予以评价和优化”的能力。“对含氯消毒剂的探究”一课的设计，立足课本知识结构，而又有所拓展，从生活中发现问题，再把问题带到课堂上来，有利于引导学生关注生活，激发学生对化学学科的兴趣。在设计过程中，课前安排的学生市场调查，容易引起学生的兴趣和参与积极性。在探究活动中，沿四个主题展开，由浅入深，符合学生的认知规律；课堂形式多样，注重对陌生知识的知识铺垫，互动性强，具有可操作性。

《中学化学教学参考》2009 年第 5 期

## 促进学生主动参与学习的化学课堂教学设计

熊士荣　杨承印

所谓课堂教学设计，是在课堂教学之前对教学过程中的一切预先筹划、安排，以期达到对教学目标的系统设计。现代教学设计突出以学生学习活动为中心，重视对学生学习心理的分析和研究，依据学生学习的规律设计教学活动，从而最大幅度地提高学生学习效率，促进学生科学素养的全面发展。化学课堂教学设计是化学教师运用系统科学方法，根据一定的教育思想和化学教学原理，分析课程目标和教学问题，针对具体的教学对象、教学内容和教学目标，对化学教学的总体结构、整个程序及其具体环节所拟定的行之有效的教学系统方法和技术。科学合理的课堂教学设计是课堂教学成功的必要条件，在新课程实施背景下，以建构主义理论为依据，通过典型的化学探究教学案例分析，构建出：创设教学情境，让学生“心动”；引导质疑辩论，让学生“脑动”；加强实验探究，让学生“手动”；注重表达交流，让学生“口动”；激发爱学情感，让学生“情动”五个方面促进学生主动参与学习的化学课堂教学设计策略。

《中学化学教学参考》2009 年第 6 期

## 让硅担当起不可或缺的角色——硅的教学设计案例

李惠娟

在不少教师的传统教学观念中，硅在中学化学的元素化合物板块中所占的地位无足轻重，其教学内容空洞，现成资源稀缺或是素材难以加工，特别是缺少能让学生产生感性认识的体验活动，教学过程大多轻描淡写，学生对所学知识如同过眼烟云。诚然，站在新课程、新时代的背景下看这样的教学是不恰当的。今天，人们对硅已刮目相看，把硅称作带来人类文明的重要元素之一，尤其是在当今高速发展的信息时代，硅承担起其他元素无可比拟的作用。在新教材（人教版）的编排中，将“无机非金属材料的主角——硅”一节放在四种非金属元素之首，无疑有一种很好的导向作用。在教学实际中，如何让学生既能真切感受到硅世界的神奇，又与中学学科内容紧密联系，还能融合一定的科学素养和人文素养的熏陶。通过一则关于硅的教学设计，让硅不仅成为无机非金属材料的主角，也回归它在中学化学教学中不可或缺的角色，充分彰显它的教学、教育功能。

《中学化学教学参考》2009 年第 7 期

## 人教版必修 1“分散系及其分类”教学设计及反思

马云云

学习分散系内容，首先要突出分类的方法，教材将胶体的制备和丁达尔效应放在物质的分类中介绍，与旧教材相比，其功能与地位有着明显的不同。在本节课第一课时已经以纯净物的分类为例，介绍了简单分类法，本课时是在上节课的基础上以混合物的分类为例继续深入学习分类的方法。引入胶体的制备和丁达尔效应的目的是为了说明胶体的性质与溶液、浊液有着本质的区别，仍然体现的是分类的思想。因此本节课的教学目标应该是“理解以分散质粒子的大小为分类标准将分散系分为溶液、胶体、浊液的科学性”。整节课感觉比较流畅，课堂气氛活跃，学生的积极性高，绝大部分学生思路敏捷、课堂反应灵活，效果较好。反思整个教学过程的设计及实施，认为有几处亮点：设计布置了非常好的家庭实验；选择了核心内容进行探究，突出了教学重点——分类方法；设计了很好的对比实验，围绕着“以分散质粒子的大小为分类标准将分散系分为溶液、胶体、浊液”进行探究；让学生初步把握了一种重要的研究方法——对比实验，强化了学生的实验操作、观察、分析等多方面的能力，体现了“实验既是教学手段，又是化学学习的重要内容”的新课程理念。

《中学化学教学参考》2009 年第 7 期

## 在新课改背景下“化学能转化为电能”的创新教学设计

李　蓉

本节课教学设计的主导思想是以能量转化与守恒的思想启迪学生思维，基于学过的化学能可以转化为热能，启发学生思考化学能能否可以转化为电能，教师通过创设渐进式问题情境，引导学生从电子转移角度理解化学能向电能转化的本质；通过创设变化式问题情境，促使学生用实验方法探究原电池的形成条件；通过创设拓展式问题情境，促使学生自主创新设计各种电池，为人类的生产、生活所用，构建新的能量观。渗透科学方法、科学态度和科学思想的教育，倡导学生敢于质疑，培养学生批判性思维品质，以达到培养学生科学素养的目的。反思此节课因为要给学生足够的时间和空间，让学生自主探究，又要完成本节教学任务，所以学生探究实验时间不好控制，时间略显紧张，专家建议若用 1.5 课时完成此节教学设计效果更佳。

《中学化学教学参考》2009 年第 8 期

## “牙膏中某些成分的检验”教学设计

姜幸光

浙江省选用的《实验化学》是江苏教育出版社出版的（王祖浩主编），教师对该选修模块的教学实践只有两年，由于教学时间为 36 学时，时间有限，而《实验化学》涉及的内容却较多，而且其中的探究性实验更费时，如何在有效的时间内达成教学目标，是每一个化学教师必须面对的挑战。因此，教学中要依据课程内容标准，精选实验内容，确保学生有效地学习。关于了解牙膏的主要成分及其检验方法的教学设计，是一堂公开课实录。在实验室里上公开课，怕调控不了学生活动，想必是很多教师所顾虑的。不过通过这节公开课，对此现象的喜悦之情胜于担心，这一节课的成功得益于以下两个方面：一是要做受学生欢迎的朋友，平时的教学环节中要调控好课堂上的“动”与“静”，使学生养成良好的学习习惯，对于提高课堂效率、调控课堂教学有着极好的作用；二是教学中探究问题的设计要紧凑，能在学生现有基础上，并能通过适当的合作，使学生参加有意义的学习活动并达到最高程度，而不只是为了将不良行为降到最低程度。

《中学化学教学参考》2009 年第 9 期

## 从生活中感悟化学——“二氧化硫的性质”教学设计案例

李惠娟

二氧化硫是高中化学中众多元素化合物的典型代表物。它因集多种角色于一身，融多向折射于一体（见下图），使其成为中学教学的重点，也是历年来教师教学设计的“宠儿”。本节课教学设计的特点是抛开常见教学设计中的传统思想和固有模式的束缚，如众所周知的酸雨问题，而是从关注与人人生存关系最为密切的食品安全及加工这一社会民生热点问题入手，注重从最贴近学生的问题和感兴趣的事物出发创设问题情景，激发学生对生活中的现象进行探究的兴趣和愿望，引导学生将所学的化学知识与解决生活、社会等实际问题结合起来。一方面让学生通过实验探究归纳出 $SO_2$的性质，认识 $SO_2$的性质在生产生活中的广泛应用，体验科学研究的过程、方法；另一方面引导学生树立良好的食品安全意识、法制意识，帮助学生在未来做一个负有责任心的公民；让学生认识到化学物质在造福人类、推动人类社会物质文明发展中所起的作用，并形成化学物质的不合理应用也会引起损害生命健康、环境污染等社会问题的观点，逐步树立合理应用化学物质的科学观。

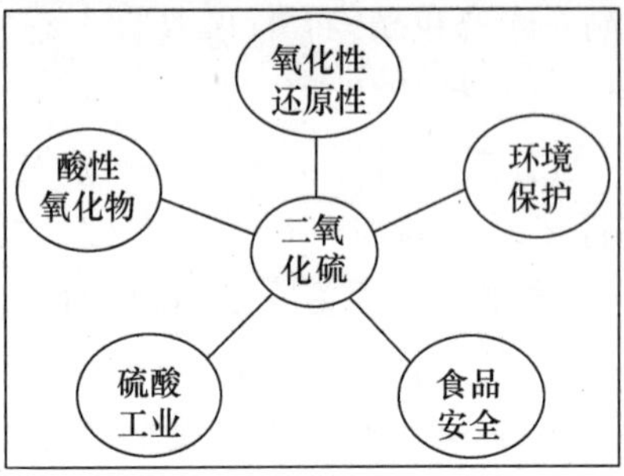


示意图

《中学化学教学参考》2009 年第 9 期

## 新课改下“乙酸”教学设计及点评

白建娥

“乙酸”的教学重点，一是酸性；二是与乙醇进行酯化反应。在新课标“关注学生学习过程和情感体验”的理念指引下，以化学实验为手段，精心设计了乙酸的课堂教学。在酸性教学上采取了开放模式，尽可能多地给学生提供试剂和药品，让学生分工合作，自主探究，在规定时间（2 min）内验证乙酸具有酸性。在酯化反应这个教学难点上，利用教师演示实验，创设多层面、多角度的问题，不断地引导学生质疑，帮助学生自主解疑，巧妙地将教学难点逐一突破。

《中学化学教学参考》2009 年第 9 期

## “原电池”探究性教学设计一例

姜妹月

笔者选择苏教版化学 1 专题 3 第二单元第三节“钢铁的腐蚀”这一内容进行了一次的不同教学方法的尝试。结果表明：不同理念、不同过程的教学方法导致学生对钢铁的腐蚀的掌握情况不同。具体表现在探究式的教学方法与传统的教学活动相比：在传统的教学设计和教学活动中，教师只关心教学流程的程式化、细节化，有时为了赶进度，不惜牺牲学生领会、理解教学内容的时间，从而以教师对教材、教案的认知过程代替学生对学习内容的认知过程，使“双边活动”变成了“单向传递”，丧失了教学过程中学生的能动性、创造性和应有的情感性。同时笔者也提出了一些问题：1. 传统教学是否真的应该摒弃？如果完全采用探究的教学方法，教学任务将难以完成。2. 新课程改革是否适合所有学校、所有教师和所有学生？3. 如何把握“探究程度”与“知识点落实”两全其美的度？

《中学化学教学参考》2009 年第 10 期

## 人教版《化学》必修 2 第三章第一节甲烷第二课时烷烃教学设计

杨建茸

本文选取“人教版《化学》必修 2 第三章第一节甲烷第二课时烷烃”作为教学内容进行教学设计。笔者认为课堂上学生的思维往往是从任务或问题的提出开始的，因此设计本节课在建构主义理论指导的基础上以问题教学法为主导，通过设障立疑，创设出学生所学内容时处于有问题可思，有矛盾待解的情景，从而激发学生的思维，逐步构建起新的知识体系。

《中学化学教学参考》2009 年第 10 期

## 《绪言》课的教学设计与点评

缪　徐

本文选择九年级化学的“绪言”课作为授课内容。对照课程标准，确定了本节课的主要教学目标，具体内容是：了解化学研究的对象；初步了解化学的发展史；了解化学在日常生活及工农业生产中的作用；了解化学的基本学法；激发学生的化学兴趣。基于上述教学目标，鉴于传统的《绪言》教学中教师灌输、教学无序、学生茫然的弊端，笔者将教材内容（人教版实验教科书）进行了合理的整合和补充，明细了教学内容之间的逻辑顺序，设计出了感受化学的有趣、领略化学的神奇、了解化学的作用、回顾化学的历史、展望化学的未来、体验化学的学法六个教学主版块，版块之间用精短的过渡语言相连，使彼此顺承天然、融为一体，其间，贯穿了实验观察、现象描述、教材阅读、思考辩论、表达交流等学生活动，通过学生的参与，确立学生的学习主体地位，体现“民主、平等、对话、协商”的新课程理念。

《中学化学教学参考》2009 年第 10 期

## 上科版“化学肥料中的主角——氮气”教学设计

周政英

本节课教学从学生生活经验和已有的认知出发，通过对话、讨论、交流探究氮气的结构、化学性质和固氮的意义，用问题解决法进行教学。在此指导思想下，设计了上科版“化学肥料中的主角——氮气”的教学明线：认识粮食对生存的意义——农作物生长、产量增加需要养分（尤其是氮肥）——合成氮肥的原料——大气中氮气的固定；主线：由熟悉的氮气广泛存在，思考氮气的稳定性——认识氮气分子的稳定结构——由已有的知识经验探讨氮气的化学性质——归纳总结氮的固定与利用。逐步引导学生自主学习、自主探究、自主进行问题解决，促进学生自主实现知识构建与发展。同时，在学习、认识、掌握氮气的稳定结构与稳定的化学性质的过程中，渗透科学观和科学、技术、社会与环境的教育，学会辩证地分析问题，使学生科学人文素养得到提升。

《中学化学教学参考》2009 年第 11 期

## 人教版《必修 2》“化学能与电能”（第 1 课时）教学设计

白建娥

必修 2“化学能与电能”是对前一节“一种形式的能量可以转化为另一种形式的能量”论述的丰富和完善，也是对氧化还原反应本质的拓展和应用。鉴于这部分内容在选修 4 中还要进一步深化，根据新课程提出的学习注意“阶段性、层次性”的理念，在必修2原电池教学中，采取了以下教学设计。从教学目标、教学重点、难点、教学媒体及手段、教学流程等方面进行了具体设计。同时进行了教学反思：该教学设计最突出的特点是再现原电池发明产生的重大影响（介绍伏打，模拟伏打电池），并让学生亲身体验科学探究的过程，将新课程三维目标（特别是过程方法与情感态度价值观）落到实处。

《中学化学教学参考》2009年第11期

## 从实验中学化学——“硝酸的性质”教学设计

陈文婷

对于元素化合物的教学，化学实验是提出化学认知问题的重要途径，在硝酸这节的教学中先将一些化学现象呈现给学生，让学生发现问题，确立探究目标。在目标明确的基础上进一步设计化学实验，让学生充分感知物质的变化，从而解决问题，获得知识。在教学中突出以下特点：以实验为引导，通过实验引导学生发现问题，通过实验设计指导学生验证推论，培养学生发现和解决问题的能力；以思维为核心，通过实验现象的观察分析，引导学生开展积极的思维活动，培养学生的辨析能力；以学生为主体，通过组织讨论，发挥群体智慧，完成知识的构建。

《中学化学教学参考》2009年第12期

## “铝的重要化合物”的一种新颖的教学设计

高修库

该文对“铝的重要化合物”提出了新的教学过程

| 教师活动 | 学生活动 | 设计意图 |
|---|---|---|
| 引入：通过图片展示，让学生了解铝元素的含量用途 | 倾听 | 引起学生的学习兴趣 |
| 叙述：工业如何冶炼铝 | 思考 | 引出本节课学习线索 |
| 资料：用PPT展示工业冶炼铝的流程 | 学生观察，思考，质疑 | 让学生发现问题 |

该设计使整个教学过程线索清晰完整，问题的产生流畅，学生探究的欲望强烈，思维容量大，有深度和广度，学生学习的积极性高涨。

《化学教学》2009年第1期

## 胶体本质的探究性教学设计

彭伟桥

本节教学设计主要利用对比法，在研究过程中主要与学生已认知的溶液进行对比，让学生在对比探究中发现新的知识，然后在此基础上通过实证法认识新的知识——胶体的本质。教学引入是以晶体的构成为基础，通过设问的方式，引入本节的教学。教学准备包括：1. 适时引出分散系的概念；2. 为学生比较粒子直径大小做实验方法上的准备（过滤、光照）。做了教学准备后及时将教材上制备 $Fe(OH)_3$ 胶体的演示实验作为教学情景推出，引导学生进行探究。

《化学教学》2009 年第 1 期

## “走近甲醛”教学设计

李 琮

该文把如何在教学中根据学生的发展要求，整合所有优秀、有效的科学教育方法，把“STS”与“具有结构的科学知识”统一起来，把“HAND—ON”和“MIND—ON”统一起来作为目标。(1)该设计是在完成乙醛学习的基础上，重点以生活应用为贯穿始终的线索，以实验为手段。继续紧扣结构，走近甲醛，分析甲醛的特性。(2)教学过程采用师生互动的方式进行。(3)该节课的重点，难点是认识甲醛的特性。在教学过程中，以商品质量的投诉和报道引入甲醛，以老师提问和讲述及学生实验回答的方式学习甲醛。最后对学生再进行训练和评价进一步了解甲醛。

《化学教学》2009 年第 1 期

## “乙醇分子的组成和结构”教学设计

张 莉

为了让学生掌握乙醇分子的组成和结构，理解乙醇的溶解性，可燃性，与活泼金属反应等性质，可通过定性，定量试验设计及定量计算，确定乙醇的组成及体验研究方法。掌握乙醇结构时，可用乙醇及 Na 与乙醇反应的定性定量实验进行研究。在此过程中可通过介绍中国的酒文化激发学生兴趣。研究乙醇分子的组成和结构式时，培养严谨的科学态度和定性定量分析的观念，渗透结构决定性质的思想。

《化学教学》2009 年第 1 期

## “探究空气的成分”说课设计

王绍凯

本文首先进行了教材分析和学情分析。对教学方法分析为：学习方法为“小组探究，合作交流”，使学生在“做科学”的探究实践中逐步突破难点；教学手段上使用多媒体辅助演示实验原理来突破难点。最后指出在教学过程中，(1)创设情境引入课题；(2)实验探究获得新知；(3)引申探究交流共享；(4)归纳总结反思评价；(5)比较归纳掌握概念；(6)布置作业巩固新知。

《化学教学》2009 年第 2 期

## “燃烧和灭火”教学设计（第一课时）

刘传友　陈　锦

该文通过学生分工合作、自主探究，从实验中得出燃烧所需的条件；再让学生由燃烧条件得出灭火原理的过程中学习推理的方法，然后在利用各种方法熄灭蜡烛的灭火竞赛中归纳各种方法背后所涉及的灭火原理。

《化学教学》2009 年第 2 期

## 新课改下的“苯酚”教学设计

樊梅英

本文以“苯酚”为例设计新课改下的教案。以生活中的现象引入“苯酚”，从时事引入，感受社会生活与我们学习的紧密联系，激发学生的学习兴趣。将学生分为两组：一组为理论分析组；另一组为实验研究组，以此分别从理论和实验中来获取苯酚的性质等。教学过程以学生讨论提问老师释疑的形式进行。教学媒体选用演示实验和 PPT 讲解相结合的方式。

《化学教学》2009 年第 2 期

## “萃取”教学设计

陈　益

萃取原理主要依据是物质溶解度、密度、沸点的差异，学生在初中就具备了相关的知识背景。如何充分激活学生已有的知识储备，创设有效的学习情境，挖掘学科知识内涵和学生的智慧潜能，在教学设计和实施中有所创新、有所突破，笔者在新一轮课程教学实践中作了尝试。

《化学教学》2009 年第 3 期

## 上教版初中化学“奇妙的二氧化碳”第一课时教学设计

肖红梅

本节课在教学方式设计上，力求突破传统二氧化碳教学从性质到用途以及先物理性质后化学性质的教学模式，采用情景创设、实验探究等方式引导学生从化学的视角领略二氧化碳的奇妙，激发学生的学习动机和探究欲望，通过观察思考、自主阅读、动手操作、讨论交流等活动，引导学生在体验和感悟二氧化碳的种种奇妙的同时，归纳总结二氧化碳的有关性质、用途及其在自然界的循环等。

《化学教学》2009 年第 3 期

## 引导学生探究的“质量守恒定律”课堂教学设计

史中华

通过质量守恒定律这节课的教学，旨在培养学生的科学素养，提供一个科学探究的范例，通过提出问题，猜想与假设、制订计划，进行实验，搜集证据，解决与结论，反思与评价，表达与交流等 8 个要素的活动与探究，让学生踏寻科学家的足迹亲历和体验科学探究活动，学生热情高涨，富有激情，积极思考，认真实验，懂得合作，缜密思考，创新意识和实践能力大大增强，课堂中迸发出思维智慧的火花、科学的灵感。

《化学教学》2009 年第 3 期

## “生活中的化学知识”双语教学课案例

叶燕红

先与学生讨论长大后的理想，引出大家都想为社会作出贡献的思想，进而引出本节课的主题：chemistry knowledge in daily life。接着通过化学知识在生活中的三个常见应用事例（泡沫灭火器的制取原理、洗洁剂混用的危害、固体酒精的制法），由学生表演、实验、分析、讨论得出学习知识的重要性，最后教师作小结。

《化学教学》2009 年第 3 期

## 铜及其化合物复习课的教学设计

曹旭琴　毛　明

该教学设计将分散于教材各部分的铜及其化合物的相关知识

提炼出来，整合成一张相互转化关系图，构建出元素化合物之间的知识网络。创设多层面多角度的问题，诱发学生不断激发起学习的兴趣，努力构建出铜及其化合物与其他板块如有机、基础理论、实验、物质结构等之间的知识网络。注重学习中所蕴涵的化学方法和科学精神，培养学生质疑意识和解决问题的能力。

《化学教学》2009 年第 4 期

## “酸碱盐”复习课的教学设计

杜　悦

本节课立足于学生的发展，凸显以学生为主体，借用古诗中涉及的三个代表物（$CaO$、$Ca(OH)_2$、$CaCO_3$）引出三种类型的物质及相对应物质的类型；再把这些零散的知识点按其内在的联系放手让学生自己进行归纳整理，将其连成线织成网，从而形成整体化系统化的知识体系结构；接着再通过逐步深化的习题组展开学生活动，加强系统规律的应用，训练学生有序解决一般性应用问题、综合性应用问题和新情境下的创新性问题，以此达到掌握规律和提高解决各层次实际问题的能力。

《化学教学》2009 年第 4 期

## “二氧化碳的实验室制法”教学案例

赵冬梅

二氧化碳的实验室制法是继氧气的实验室制法之后的又一气体的制取方法，学生可以通过对高锰酸钾制氧气和双氧水制氧气实验室制法的比较、分析，自己动手进行实验，探究出二氧化碳的实验室制法，培养学生的科学探究能力。教学过程包括：1. 创设情境，提出问题。2. 合作探究，构建新知。3. 迁移应用，解决问题。4. 归纳总结，心中有数。5. 拓宽视野，培养能力。

《化学教学》2009 年第 5 期

## “氧化还原反应”一课的教学设计

马春生

本课以建构主义学习理论为指导，着重发挥交互式电子白板在课堂学习中的优势，努力创设信息技术与学科课程相融合的学习环境，让学生在做中学的过程中掌握知识和技能，培养科学素养。

《化学教学》2009 年第 5 期

## “海水‘晒盐’”第一课时的教学设计

孔 颖

这堂课从开发好利用海洋资源的角度思考问题，设计时注意以层次性、目标性强的问题为导向线索，使学生在问题情景中产生认知冲突，既给学生指出思维的方向，又引起学生深入思考，从而激发学生积极思维的动机和探索问题的欲望。采用“创设情景—问题导思—自主解决”课堂教学模式。

《化学教学》2009 年第 5 期

## 刍议化学课导入的设计

郝玉梅 孙长春

本文所述的导入是指授课的开始部分，先于学习任务和内容的一种引导性语言。亦即过去常说的导言或引言。以下是中学化学教师在化学课导入时经常采用的方法，1. 开门见山，明确目标；2. 温故知新，承上启下；3. 创设情景，启迪思维。总之，化学课导入的设计方法还有很多，这些方法有时可以交叉运用。但无论怎样设计，只要导入能有利于学生了解本节课的教学目标和生成新知识，有利于抓住学生心理和引起学生积极思维，有利于学生自主发现和提出问题能力的培养，都不失为一种好方法。

《化学教学》2009 年第 6 期

## 课堂教学中的豹尾设计

吴兆根

有效课堂教学更需要有效的设计策略。豹尾的设计能起到事半功倍的效果，高效率地帮助学生巩固和深化所学的知识技能，保持浓厚的学习兴趣，统揽课堂要领，领会科学方法和发展智能。好的结尾，有如咀嚼干果，品尝香茗，令人回味再三。精心设计结尾这一环节，对巩固教学效果有着举足轻重的作用。

《化学教学》2009 年第 6 期

## “醇的性质与应用”探究式课堂教学实录

潘爱娅

通过从生活导入乙醇这一物质，用实验探微机理，进而进一步探究它的性质，例如乙醇与氢卤酸的反应，乙醇的脱水反应等方面，层层深入，提出方案，利用板书列出性质作用等方面，最后用作业巩固学习。

《化学教学》2009 年第 6 期

## “判断化学反应方向的依据”教学实录

侯仕夫　王林兆

本节课笔者尝试科普化处理教材，用数据分析、实验探究、自然现象观察分析等比较直观的方法来完成教学基本要求，并在此基础上设计了科普化探究性的习题，以期达到下列三个目标：(1) 以本节内容为载体，进行化学原理的探究性学习，使学生了解化学原理形成的过程和论述方法；(2) 以化学教学为手段，从自然科学拓展到社会科学，对学生进行世界观和人生观的教学，培养学生的综合素质；(3) 培养阅读科普文章能力和学习论文的写作方法。

《化学教学》2009 年第 6 期

## “氨的性质及制法的探究”教学设计

林芳兰

本教学设计以弱电解质电离、氧化还原反应等基本概念和基本理论为工具，紧抓两条线：一是氨的性质、实验室制法和用途的知识主线；二是研究物质性质的方法和程序的方法暗线，通过对氨的性质和实验室制法的探究，让学生体验应该怎样更科学更合理地运用观察、分类、实验、比较等方法研究物质的性质；如何运用研究物质性质的程序，并学会处理程序中的每一个环节中的具体问题。

《化学教学》2009 年第 7 期

## 人教版“化学计量在实验中的应用”第一课时教学设计

卢国锋

本节教学设计将学生依据已有的经验，尝试推出阿伏加德罗常数的近似值，体验阿伏加德罗常数的巨大，认同物质的量是联系宏观与微观的桥梁。

《化学教学》2009 年第 7 期

## 苏教版必修 2“化学能转化为电能”教学设计

谢静静　史定海

苏教版必修 2“化学能转化为电能”一节，属于中学化学基本理论内容，是氧化还原电化学中一块重要的知识，也是进行学科观念构建为本的教学设计的好素材。设计说明：在教师引导下，通过学生的讨论交流，获得构成原电池的一般条件，及正负极判断、电极反应书写和电子流动方向判断的知识。进一步从微粒观、微粒作用观、能量观、守恒观理解原电池的相关知识。

《化学教学》2009 年第 7 期

## 化学键概念教学的创新尝试

姚淑霞

作者对化学键概念教学做了一些新的尝试。教学过程：(一)创设情境，提出问题。(二)探究氯原子达到稳定结构的可能途径。(三)形成离子键和共价键概念。(四)比较离子键和共价键，形成化学键概念。(五)深化、发展对化学键的认识。

《化学教学》2009 年第 7 期

## “同分异构体”专题复习教学设计

丛　高

设计了两条主线，一明一暗，相互交替、补充。明线：即“碳链异构”，从课的一开始到最后，整堂课所呈现的问题，都始终贯穿“碳链异构”；暗线：寓数学思想渗透于学生思维品质的优化中，通过精心设计的问题，结合适当的学法指导，从思维的“严密性”“敏捷性”“整体性”等多个方面提升学生的思维品质。

《化学教学》2009 年第 7 期

## “化学是人类打开物质世界的钥匙”的教学设计

陈思静

教学过程：第一环节：引入课题———化学是打开物质世界的钥匙；第二环节：以火为引子贯穿古今，导出实验在化学中的重要性；第三环节：由碳酸氢钠属于哪一类物质引出人类对酸碱认识的发展，继而引出化学理论的发展；第四环节：金属被人类开发和利用的发展过程（演示幻灯片）这是一个古代的陶器；第五环节：结束语成为第一课时与第二课时的纽带，使两个课时顺利过渡。作业设计：5道题目。

《化学教学》2009年第8期

## "氯气"（第一课时）的教学设计及案例

徐守兵

笔者在执教这一教学内容时，努力在氯气的一些传统实验中寻求突破，凸显演示实验和学生实验的教学功能，力争体现下列实验设计思想：(1)努力将化学实验绿色化，将环境保护意识体现在具体行动中；(2)精心设计慢速实验、对比实验，开发慢速实验的演示功能；(3)合理使用教学仪器（如pH计，$CO_2$钢瓶，让现代教学仪器进入常态课堂）；(4)有效控制实验条件，了解对物质进行定性研究和定量分析的基本方法。通过情境导入、投影板书、演示实验、讨论与思考、学生实验等环节和教学策略，一步步完成教学任务，达到教学目标。

《化学教学》2009年第8期

## "镁的提取及应用"教学设计

裘建浩

教学设计充分利用原有的认知结构，在社会背景中学习化学，开展以问题为中心的教学，采用科学教育模型来选择和设计教学。

《化学教学》2009年第8期

## "硫的氧化物"学案式的教学过程设计

张映林　谢祥林

该学案根据学生现有的经验和理解水平，将知识点设置成一系列问题。它体现了教学过程，有意识地对学生用问题启发思维，提供学法指导。在教学思路上，将具体的知识点进行加工，使其向上与化学原理、观念以及方法相连接，向下能落实到应用层面。为学生的学习提供了支架，加强了思维方法的训练，在一定程度上能发挥优化教学过程和促进学生发展的双重功效。

《化学教学》2009年第8期

## “镁、铝的性质”教学设计

陈　峰

在高考中这部分内容所占的比例由原先在高三复习课中，如何打实学生基础，如何构建知识体系，如何培养和提高学生能力，是新课改复习课中要解决的新问题。本文以“镁、铝的性质”为例做了一些尝试。

《化学教学》2009 年第 8 期

## “铵盐”教学设计

李　蓉　余观梅

本文确定了知识技能目标、能力方法目标、情感态度目标，明确教学重点、教学难点，采用了引导—自主（合作）探究—实验（设计、探索或验证）的教学方法。最后通过如下基本策略创设探究性学习情境：(1)创设“渐进式”的问题情境，促使探究逐步深入。(2)创设“拓展式”的问题情境，促使探究全面整合。(3)创设“开放式”问题情境，促成学生自主发展。

《化学教学》2009 年第 9 期

## “羧酸”教学设计

陆丽芬

自助教育是施教者通过引导并让受教者通过努力，独立地去学习知识，掌握自然界事物之间的联系，并探究其中道理，从而开启受教者心智的教育方式。本文采用了自助教育的教学形式，首先简述“羧酸”的教学设计思路；然后确定了具体的教学过程。

《化学教学》2009 年第 9 期

## “反应物如何尽可能转变成生成物”教学设计

范汝广

该文首先从五个方面进行了教学分析：1. 从本节标题看课程定位；2. 从课程特点看教学目标；3. 从教学时机看教学方法；4. 从已有经验看教学难点；5. 从课程标准看教材处理。教学过程符合学生的认知规律，设计思路如下。

《化学教学》2009 年第 10 期

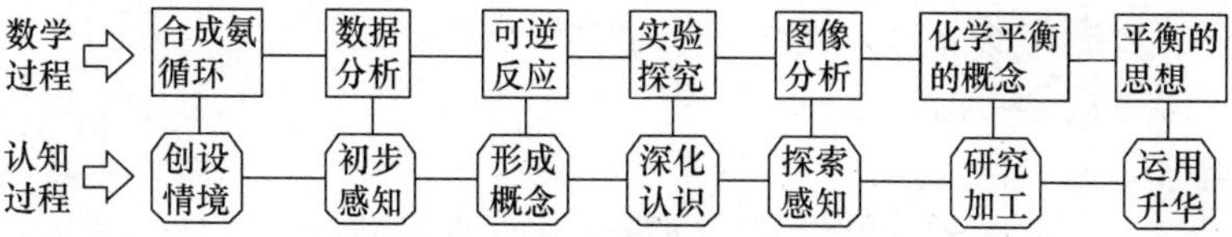


## “石灰石的利用”教学设计

沈兆刚　张建祥

本文是关于“石灰石的利用”的教学设计，教学过程：1. 引入新课，开始探究石灰石的主要成分；2. 进行实验探究二：烧石灰和煮石灰；3. 石灰石、生石灰的用途；4. 实验考查：关于生石灰干燥剂的探究。

《化学教学》2009年第10期

## “氮的循环”（第一课时）教学设计

齐俊艳

本文是对鲁科版必修1第三章第二节氮的循环的教学设计，确定了知识、能力、思想教育三方面的教学目标，明确了学习重点、教学难点、教学方法。教学过程中：1. 教师精讲时间20分钟；2. 课堂上给学生足够的思考时间，学生先作答，教师后点评；3. 习题做到一题多变，一题多解，分析错因，归类总结；4. 规范化学用语和实验操作落实在整个教学中。

《化学教学》2009年第10期

## 高三总复习设计：航天化学知识专题

万长江　王后雄

该文就2009年的社会热点是“神舟”七号的发射，有关航天的化学问题进行的教学设计。教学设计思路：(1)本课设计时，特别注意设置多条逻辑线索。(2)本课设计时，特别关注探究的阶段性与层次性。(3)本课设计时，尤其注意利用多媒体创设丰富的教学情景。(4)为了克服传统习题在目的、形式上的单一性，将单一的巩固性作业改成多种形式作业的集合。

《化学教学》2009年第10期

## 初中化学“溶液”复习课的教学设计

方　敏

溶液是一种重要的分散体系，它与人们的日常生活、工农业生产及科学研究都有着密不可分的联系，因此“溶液”是初中化学重要的学习内容之一，但同时也是难点之一，相关概念不仅内容多，而且比较抽象，学生不易掌握且易混淆。该文以无土栽培的营养液配置为教学背景，创设合理、有趣的教学情境，学生在教师的启发、引导下，形成较为清晰的“溶液”知识体系，通过解决营养液配置过程中溶质用量问题，轻松愉悦的掌握溶液质量百分含量及溶解度相关计算。学生在巩固相关知识的同时。也学到了知识结构的梳理方法，增强了用知识解决日常生活中实际问题的意识，同时感受到了溶液在日常生产生活中的重要作用，增强了他们学习化学的积极性。

《化学教学》2009 年第 11 期

## “联合制碱法”的教学设计

查魏林　孙宪启

该文以上科版高三年级《化学拓展型课程》课本的第五单元第三节化工生产中“联合制碱工业”教学设计和实施为例，介绍作者如何结合课程教学开展科学探究活动，提高学生的科学素养，使课程价值面向全体学生，在学科教育中实施STS教育。教学设计采用“问题探究”的教学方法，变传统的“传授—接受”教学模式为自主探究学习模式。(1)设置情境，激发学习兴趣，在学生处于兴奋和困惑的双重情境中，营造学习新课的良好开端和贯穿整节课的探究背景。(2)创设两条教学线路：一是依化学史为背景的明线。二是创设、模拟利于学生自主探究、对比发现索尔维制碱法到侯氏制碱法诞生的改进历程为暗线。(3)适当拓展、发展探究学习，让学生在初步获得的探究知识和技能的基础上自我检测、运用新达成的知识解决新问题，让学生体验学以致用。(4)注重问题设置和任务驱动，以问题为主线来组织和调控课堂教学，引导学生由被动到主动、由依赖到自主、由接受性到创造性地对教学情境进行体验，达到促进学生主体性充分、自由和谐地发展。(5)通过迁移、小结、比较、整合等活动，让学生在对比中进行前后知识的联系，深化和巩固知识的理解，巩固探究学习的成果。(6)教师积极地发挥引导作用，包括做出适当的评价和鼓励，营造和谐的学习氛围。

《化学教学》2009 年第 11 期

## “海水资源的开发利用”教学设计与实践

徐守兵

通过海水提溴、提碘方案的讨论和学生实验，让学生了解海水化学资源开发的原理，学会具体问题具体分析的方法。通过人类不能直接饮用海水原因的讨论，了解反渗透法制淡水原理，体会学科综合在解决实际问题中应用。通过原理学习讨论及实验操作实验，认识从海水中开发化学资源的不易，体会化学在自然资源开发利用中的意义。

《化学教学》2009 年第 12 期

## 概念教学中的探究学习课例研究—— 盐类水解教学设计

孙宪启

以《盐类水解》概念教学为例，采用“问题—探究”模式，创设探究情境，导入新课学习；感受探究过程，构建概念的内涵；延伸探究过程，拓展概念理解；挖掘探究深度，提升概念的掌握和运用；布置探究作业，发展探究学习成果。

《化学教学》2009 年第 12 期

## “第二节　氨　铵盐”第一课时教学设计

刘　雄

本课时在教学方法上主要采用问题探究法，具体采用了如下一些手段和措施：1. 为了激发学生兴趣，本节课采取用向学生介绍德国化学家哈伯。2. 教学层次采用先从氨的结构来理性推测氨可能具有的性质，然后通过实验来验证和进一步探究氨的性质，使学生有一种成功感、喜悦感。3. 课堂教学形式采取“边实验、边讨论、边讲解”的教学方法。4. 通过思考、讨论、启发等手段和方式，充分调动学生的积极性、发挥学生的主动性。5. 利用多媒体辅助教学，达到课堂教学的优化，提高课堂教学效率。6. 在突破难点时利用实验（氨的酸碱性实验）和对比分析的方法（回顾氯水的成分）。7. 练习应用，深化所学知识。8. 设置问题组，层层递进，推动教学的进行。

《化学教学》2009 年第 12 期

## “牙膏中某些成分的检验”教学设计

黄　鹏

通过对牙膏主要成分检验的方案设计的学习，同时让同学们尝试对各种方案作出评价并合作完成实验，在此基础上掌握物质性质检验的一般方法。

《化学教学》2009 年第 12 期

## “食品中的有机营养素”说课

林志建

一、说教材：这节内容主要学习日常食品中的化学物质及其与健康的关系，属于教材的一、二级主题。这些内容具有生活性和实用性的特点，可以激发化学学习兴趣，培养实践能力，体验探究过程。教学目标分为知识目标、能力目标和思想情感目标。教学重难点是食品中的有机营养素及其简单的鉴别方法。二、说教法：讨论法、实验法、讲授法。三、说学法：观察活动、实验验证、多种感官协同、课前课后协同。四、说教学程序：1. 讨论激疑引出课题。2. 实验观察。3. 拓展与应用。4. 交流收获，体验生活中的化学。

《中学化学》2009 年第 1 期

## “等效平衡”知识的渐进学习

梁峻峰

一、等效平衡概念的引入：以 CO 与 $H_2O(g)$ 的反应为例。二、等效平衡的类型与相应类型的建模。1. 恒温恒容，$\Delta n(g)\neq 0$ 的类型。2. 恒温恒容，$\Delta n(g)=0$ 的类型。3. 恒温恒容，与 $\Delta n(g)$ 无关的类型。三、等效平衡知识在解题中的应用。四、巩固练习。

《中学化学》2009 年第 1 期

## 挖掘课堂教学中生成的“三维目标”

林淑清

传统的课堂教学强调“预设”，新课程的课堂教学更关注课堂中即时生成的情景和问题。好的教学结果是预设与生成目标的有机融合。具体方法是：①创设情境激活生成性目标，比如“二氧化碳的实验室制法”。②捕捉火花演绎生成性目标，比如“二氧化碳的性质”。③因势利导转化生成性目标。

《中学化学》2009 年第 4 期

## 复习“物质的分类”教学设计

李德前

阐述了教材内容分析、设计思想、教学目标、教学准备、教学过程以及教学反思。本节课注重引导学生通过归纳、整合、讨论、合作、反思等一系列认知活动，将散乱的概念按其内在联系串成线、连成片、织成网，形成完整的知识体系，并重视培养学生的学科思想方法，激发学生的学习主动性和创造性。

《中学化学》2009 年第 5 期

## 精心预设　精彩生成

温莉敏

一、充分预设教学设计，促进课堂动态生成：预设目标，立足课堂面向全体。预设过程，摒弃模式弹性设置。预设内容，打破传统活用教材。二、捕捉动态生成资源，展现课堂教学真实性：捕捉动态生成亮点资源，让智慧闪耀光芒，例如二氧化碳与水的反应。巧用意外事故，建构创新思维，比如质量守恒定律。积极思维，让个性自主张扬，比如分组实验教学和课堂解题练习。

《中学化学》2009 年第 5 期

## 新课程背景下学生探究活动的课堂实施——“探究质量守恒定律”设计一例

陈　泉

展示了“质量守恒定律”探究活动的探究目标、探究过程。过程分为 8 个步骤：情景导入、自学探究、实验探究、应用探究、深化探究、探究拓展、诊断反思、布置作业。

《中学化学》2009 年第 8 期

## “金属的化学性质”（第一课时）教学设计

马小彬

本文介绍了“金属的化学性质”第一课时的教学设计。阐述了教学目标、教学重点、难点，并详细阐述了教学的过程：1. 新课导入；2. 知识回顾；3. 探究活动 1——金属与非金属的反应；4. 探究活动 2——金属与酸和水的反应；5. 探究活动 3——金属与盐的反应；6. 课堂小结；7. 布置作业。

《中小学教学研究》2009 年第 7 期

## “化学与航天”专题复习教学设计

王　锋

本文从教学目标，教学重、难点和教学详细过程阐述了“化学与航天”的专题复习的教学设计。体现了新一轮的课改从关注课程的“知识性”“学术性”到重视课程的“社会性”，相应的专题复习从“知识—建构—应用”转变为“主题情境—意义建构—全面发展”的模式。

《中小学教学研究》（沈阳）2009 年第 1 期

## “碳酸钠的性质及应用”教学设计

朱红燕

本文分别从课程标准、教材分析、教学目标、教学媒介和教学过程五个方面阐述了“碳酸钠的性质及应用”的教学设计。并得出了几点反思与总结：教学需要有精品意识、情景意识和交流意识。

《新课程研究》基础教育（武汉）2009 年第 5 期

## 从传统中寻求突破——“二氧化硫”教学设计与反思

吴春萍

一、设计思路：以学生活动为主体，启发学生的思维，感受实验观察、分析和推理的方法和操作要领。二、教学目标：三维目标分析。三、教学过程。四、教学反思：教学从身边的环境出发，引导学生自主进行探究式学习，留给学生个性发展空间，引导学生对课堂知识的认识、理解和掌握的情况进行自我总结和反思。

《中学教学参考》理科（南宁）2009 年第 4 期

## 中学化学演示实验的教学设计——以“氯气的制取和性质”为例

王立志

化学是一门以实验为基础的学科，加强实验教学是提高化学质量的主要一环。化学演示实验的有效进行不仅可以帮助学生更好地理解所学知识，还可以培养学生的观察与思维能力。本文以“氯气的制取和性质”为例，阐述了中学化学演示实验的教学设计。

《教学仪器与实验》（京）2009 年第 5 期

# 化学教学疑难问题

## 对若干化学实验疑难问题的实证搜索和理性思考

刘怀乐

分别对 8 个化学实验疑难问题进行实证探索和理性思考。

1. Zn、Fe 跟稀硫酸反应制 $H_2$，何以会有一种异常难闻的气体？一般的 Zn（包括分析纯）含有极微量的 As，其反应所生成的 $AsH_3$，足以使人感觉到难闻。同理 Fe，一般的铁制品都含有 S、P，与酸反应生成难闻的 $H_2S$ 和 $PH_3$。

2. Cu 跟浓硝酸反应生成的 $Cu(NO_3)_2$ 溶液何以成绿色？Cu 与浓硝酸反应生成的溶液中除了有 $Cu(NO_3)_2$ 之外，还有 $NO_2^-$ 的存在才导致溶液呈绿色。

3. 用大试管收集一试管 $NO_2$ 气体，倒扣在盛水的水槽里，不久看到试管里红棕色气体消失。为什么试管里水面上升的高度会远远高于试管容积的 2/3（实际是在 90%以上）。根据 $NO_2$ 和 $N_2O_4$ 的不平衡反应，通常情况下不存在纯净的 $NO_2$，所以其溶于水的反应是复杂的，既有 $NO_2$ 的溶于水也有 $N_2O_4$ 与水的反应，所以试题和实验事实相去甚远。

4. $CH_4$ 与 $Cl_2$ 的光取代反应实验为何难以成功？笔者认为制约 $CH_4$ 光氯代实验成功的关键在于反应的混合气体中绝对不能含有 $O_2$（空气）。

5. 氯水光解实验三忌：一忌用新制的氯水；二忌用没有通过饱和食盐水（或水）洗涤过的氯气用于充制氯水；三忌氯水不饱和。

6. 氢氧化亚铁制备中的灰绿色沉淀，通过实验，$FeSO_4$ 溶液的浓度越稀，沉淀的绿色越明显；$FeSO_4$ 溶液的浓度越大，沉淀的白色越明显。要制得白色的 $Fe(OH)_2$，最好是同时满足 2 个条件：一是反应溶液要浓；二是反应最好是在热溶液中进行。

7. Fe 在 $Cl_2$ 中燃烧的生成物何以仅是部分溶于水？Fe 在 $Cl_2$

中燃烧生成的$FeCl_3$因部分水解转化成既不溶于水，又难溶于酸的氯氧化铁（FeOCl）所致。

8. 用光亮的紫红色 Cu 片在空气中短时间加热（10s 以内），何以不是生成黑色的 CuO，而是生成色泽斑斓的$Cu_2O$? 可能是 Cu 片在空气中与$O_2$反应生成的 CuO 紧紧的贴在灼热的 Cu 片的表面，立即被还原成红色的$Cu_2O$所致。

《化学教育》2009 年第 10 期

## 溶液中的质子守恒释疑

余　永

电解质溶液中的离子浓度大小比较是高考的热点题型，涉及的知识点主要包括弱电解质的电离及盐的水解规律等，同时电解质溶液中的三种守恒关系是判断、比较的重要依据。其中电荷守恒关系应用最为广泛，物料守恒及质子守恒关系也经常用到，但弱酸的酸式盐溶液中的质子守恒却很少出现，只是近两年的试题中出现的几率明显增大。除了根据电荷守恒及物料守恒推导出此式外，根据酸碱质子理论分析；根据盐的水解的实质分析；根据溶液的酸碱性直接判断也能快捷得出一些守恒的表达式。

《中学化学教学参考》2009 年第 1/2 期

## 关于化学反应进行方向的几点注解

陆　军

“能用焓变和熵变说明化学反应的方向”是选修 4《化学反应原理》的内容标准。根据这一标准，教科书从学生的已有知识和生活经验出发，分别介绍了判断化学反应自发性的焓判据和熵判据，并结合实例说明要正确判断化学反应的自发性，需要综合考虑焓变和熵变的复合判据。其实化学反应进行方向的判断是一个较为复杂的问题，本文拟结合教学实践给这一问题加几点注解，供教师们教学时参考。具体探讨了自发反应就是给定条件下能自动进行的反应、反应自发不是“迅速”非自发不是“不可能”、焓判据和熵判据一般适应于标准状态时化学反应方向的判断、非标准状态时化学反应方向的判断可以用反应熵判据。

《中学化学教学参考》2009 年第 5 期

## 酸式盐的形成及化学反应规律探究

缪得林

在何种条件下能够形成酸式盐，是中学化学教学中的一个疑点；酸式盐参与化学反应的规律，是中学化学教学的难点，为了弄清疑点、突破难点，就中学化学教学中涉及的酸式盐形成条件以及参与化学反应的规律进行探究。酸式盐的形成条件：难挥发性的酸与固态挥发性酸的盐微热时能够形成酸式盐；酸与该酸的正盐反应时能够形成酸式盐；少量碱与过量的酸性氧化物或酸反应时能够形成酸式盐；过量的酸性氧化物与可溶性弱酸盐反应能够形成酸式盐；可溶性多元弱酸盐水解时能够形成酸式盐。总之，强酸的酸式盐和弱酸的酸式盐在性质上有明显的差别。前者如盐 $NaHSO_4$，溶液不仅显酸性，而且有酸的性质，例如能跟碱或盐发生复分解反应，而弱酸的酸式盐除上述反应外，还能跟酸反应，这是强酸的酸式盐所不可具有的性质。

《中学化学教学参考》2009 年第 6 期

## 温度对化学平衡影响的错例

刘俊博　吴丽萍

通过计算指明，加热氯酸钾分解成氯化钾和氧的反应是不可逆的；在高温下，氨同氧反应生成一氧化氮和水也是不可逆反应。不可逆反应不能用于说明温度对化学平衡的影响。经常把氯酸钾加热分解、氨同氧反应生成一氧化氮和水等反应，认为是可逆反应，这是不对的。通过计算发现，如果化学反应的焓减比较大或熵值增大，在温度升高时，熵增对自由能减的贡献大，则自由能减很大。这种反应往往是不可逆的。如果反应的焓减非常大，即使熵值减小，在比较高的温度时，自由能减仍然很大，这种反应也是不可逆的。不能用不可逆反应作为温度对化学平衡影响的例子，教师在命题时务必注意。

《中学化学教学参考》2009 年第 6 期

## 盐酸能作为制备乙酸乙酯的催化剂吗

曹　强　黄晚秋

人教版教材高中化学（第二册）在“羧酸和乙酸”一节中指出：乙酸乙酯制备中加入浓硫酸是起催化剂和吸水剂作用，其催化实质是硫酸电离出的 $H^+$。为此，我们提出以下问题：既然酯化反应的催化剂是 $H^+$，盐酸也能电离出 $H^+$，那么，盐酸能作为制备乙酸乙酯的催化剂吗？它的催化效果又怎么样呢？通过实验的方法，定性地证实了盐酸可以作为实验室制备乙酸乙酯的催化剂，但其催化效率没有浓硫酸催化效率高。同时在实验中也发现，在“实验二第②组”实验中，浓硫酸的脱水性导致部分有机物脱水碳化，从而使液体变黑。但在“实验一”中，加入没有脱水性的醋酸、盐酸或硝酸作催化剂，都会导致液体变黄，甚至出现棕色。那么，是什么原因导致液体出现棕色，生成物又是什么呢？有待于进一步研究。

《中学化学教学参考》2009 年第 6 期

## 有关硫元素两例氧化还原反应的分析

李鹏举　张红斌

氧化还原反应有关计算所用的基本原理是氧化还原反应过程中的电子转移守恒，即氧化剂得电子总数等于还原剂失电子总数，基本关系式为：氧化剂物质的量×变价元素原子个数×化合价变化值＝还原剂物质的量×变价元素原子个数×化合价变化值。因为化合价变化的根本原因是电子的转移，所以在分析氧化还原反应时，有关价态的分析不能违背物质结构的基本原理。通过对化学教辅资料中出现频率较高的有关氧化还原反应计算的两例习题的分析，在教学中，要从本质上全面分析，准确把握原理精髓，切忌以偏概全，从而导致错误结论。

《中学化学教学参考》2009 年第 6 期

## 中学化学中的十二个问题

兰建祥

对以下中学化学中的十二个问题进行了一一分析：为什么 $AlCl_3$，是共价化合物、为什么 NaCl、$MgCl_2$、$AlCl_3$ 的熔沸点依次降低、胶体的聚沉与蛋白质的盐析是否一回事、什么是过渡型（混合型）晶体、氢氟酸为什么是弱酸、为什么 $NaHCO_3$ 的溶解度比 $Na_2CO_3$ 的小、为什么 $I_2$ 易溶于 HI 溶液中、为什么 $O_3$ 是极性分子、为什么过量的氯气可使 KI 淀粉溶液先变蓝后褪色、同素异形体之间的转化一定是化学变化吗、“白色”与“无色”有什么区别、“纤维＝纤维素”吗。

《中学化学教学参考》2009 年第 4 期

## 对溶液认识的几个误区及分析

薛春兰

在学生的学习过程中，通常有如下几种错误认识，认为碘的汽油溶液是棕色的、认为水溶液中水合钠离子和水合氯离子周围的水分子数相同、认为水溶液中蔗精分子不是水合分子、认为乳化剂的亲水基一定是带负电的；通过分析这几种错误认识的原因，提出了科学认识。

《中学化学教学参考》2009 年第 7 期

## 对乙醛和新制的 $Cu(OH)_2$ 反应中有关问题的探讨

刘英杰

乙醛和新制的 $Cu(OH)_2$ 反应是高中化学教材中一个非常典型的实验，该反应原理可用来检验有机分子中醛基的存在。下面就实验中两个大家比较关注的问题进行一些初步的探讨。在实验的基础上探讨乙醛和新制的 $Cu(OH)_2$ 反应中谁是氧化剂的问题，同时还解释了反应中得到深褐色沉淀而得不到红色沉淀的原因，并指出合理的实验方案。

《中学化学教学参考》2009 年第 3 期

## KI 变质和 KI 遇淀粉显色的问题讨论

刘晓渝

探讨了 KI 在空气中是怎样变质的、KI 变质后碘的形态、变质 KI 试剂的处置、碘遇淀粉显色反应中的几个问题，具体为碘水、淀粉显色反应中的几个问题；涉及碘单质遇淀粉显色反应的几个性质实验；使淀粉显蓝色和紫色的一些经验性认识。

《中学化学教学参考》2009 年第 8 期

## 苯酚性质疑难解释

刘全明

苯酚是无色透明的晶体，熔点 43.9 ℃，沸点 182 ℃，常温下在水中溶解度不大，过量苯酚放在水中很快熔化为液态，形成乳浊液，当加热到 65 ℃以上时，苯酚与水能以任意比例混溶……问题一苯酚的熔点为 43.9 ℃，为何常温下苯酚在水中能熔为液态？问题二常温下，苯酚在水中的溶解度不大，65 ℃时却能与水以任意比例混溶？问题三水溶液中的苯酚能否结晶析出？在什么情况下能结晶析出？做了大量实验，并查阅有关资料，进行综合分析、推理，现将结论提供给同行参考。

《中学化学教学参考》2009 年第 8 期

## 浅谈如何做好甲酸的银镜反应

陈志春

甲酸的银镜反应很难做成功，介绍成功地进行实验的方法。银氨溶液的配制：取少量 5%的硝酸银溶液，先滴加浓氨水（含氨 25%～28%），至沉淀恰好溶解，然后滴加 25%的氢氧化钠溶液，滴加的过程中出现沉淀立即滴加浓氨水溶解，直到滴加氢氧化钠溶液后不再出现沉淀为止。银镜的形成：取洁净试管一支，加入两三毫升上述银氨溶液，再加入 2%的甲酸溶液四五毫升，充分振荡，然后置于沸水浴中加热，待试管中的溶液沸腾时，冷却，此时逐渐形成银镜。待银镜已很光亮时将试管取出，以免已形成的银镜脱落。实验成功的关键：配制银氨溶液时，一定要加入浓的氢氧化钠溶液，这样做既可以中和甲酸的酸性，又可以加速弱氧化剂银氨溶液对甲酸的氧化作用。此外，甲酸的成镜温度要求很高，一般为 95 ℃以上。

《中学化学教学参考》2009 年第 8 期

## 化学高考“指挥棒”直指向新课标——一线教师给高考命题工作者提几点建议

邓继红

在分析比较 1998—2001 年高考化学全国卷和 1999—2009 年广东卷、解读新课标的基础上，提出控制试卷字数，设立“化学时事选择题”；不应忽略往昔杰出化学工作者；在追赶“时尚”的同时不宜抛弃前有的优势；考虑更易让学生感兴趣的题目等几点命题建议。

《中学化学教学参考》2009 年第 10 期

## 淀粉与碘混合液加热褪色机理探究

乐建吉　秦浩正

在中学化学教学中，淀粉遇碘显蓝色是很灵敏的显色反应，它既可以检验淀粉的存在，又可以证明碘的有无。但在大家所熟悉的实验中却有一个现象令人费解：如果对显蓝色的淀粉—碘混合液进行适当的加热，蓝色会褪去，而在冷却后，颜色又会随即复出。有文献对这一现象的解释是“淀粉溶液加热，分子运动加剧，会破坏淀粉的螺旋结构，碘就离开，使包合物遭到解体，这样就不显蓝色了。待淀粉冷却后，又可重新形成这种淀粉—碘的螺旋状包合物，颜色也就恢复了”。通过理论分析和实验结果发现，加热使淀粉与碘混合液褪色的主要原因不是因为淀粉螺旋结构的破坏，而在于单质碘浓度的下降。而碘浓度下降的原因在于温度上升加快了碘单质在水溶液中的歧化反应。

《中学化学教学参考》2009 年第 11 期

## 水溶液中草酸铵的存在形式探讨

江正玲　林海斌　孙银河　程　晓

对苏教版《实验化学》教材中用草酸铵的化学式书写离子方程式提出质疑，通过对草酸铵溶解度和双水解的理论计算和讨论，认为草酸铵在水溶液中以铵根离子和草酸根离子的离子形式存在，建议以 $Ca^{2+}+C_2O_4^{2-}=CaC_2O_4\downarrow$ 表示 $Ca^{2+}$ 的草酸铵检验法。

《中学化学教学参考》2009 年第 12 期

## 金属置换酸中氢的速度与酸强度的关系

杜淑琴　钱　博

金属与两种酸的置换反应，生成的盐能溶于水，就可能用这个金属与酸溶液反应的速度，比较酸的强度。如果，金属能与冷水反应，就不能用这个金属与两种酸溶液反应的速度，比较其强度。当金属与酸反应生成的盐难溶于水，就不能用这个金属同两种酸溶液反应的速度比较其强度。不要用动力学实验说明热力学性质。热力学用自由能变成金属标准电极电势能判断置换反应的方向、趋势和限度，并不涉及反应速度。反应速度属于动力学范畴。因此，建议在化学教科书或试题中，不要用金属置换氢的速度比较酸的强度，即不要用动力学实验事实说明热力学性质，避免将热力学与动力学混为一谈。

《中学化学教学参考》2009 年第 12 期

## 晶胞与晶格是一个概念吗

高剑南

该文以一道测试题引入晶格和晶胞。认为研究晶体结构周期重复排列的规律有两种方法：一种是研究晶体结构的基本单位——晶胞；另一种是只考察期重复方式——点阵。通过研究NaCl来研究晶胞，通过点阵研究晶格，指出点阵与晶格的关系，还提出了辨析以深化对晶格晶胞的理解。

《化学教学》2009 年第 1 期

### 是断键释能？还是水解释能？——ATP 的能量来源

林海斌

该文通过对高能磷酸化合物结构的分析和高能磷酸化合物水解释热的例证，说明 ATP 和 ADP 的能量来源是水解释热，而不存在所谓的“高能磷酸键”，并对高中理科的课程建设和课程实施提出建设性的建议。

《化学教学》2009 年第 1 期

### 为什么$^{35}Cl$的相对原子质量小于它的质量数

高剑南

该文提出了为什么$^{35}Cl$相对原子质量小于其质量数的问题，并对其进行的研究分析。作者认为$^{35}Cl$的相对原子质量小于它的质量数的原因主要有：1. 质量亏损；2. 核能利用的基本原理。

《化学教学》2009 年第 2 期

### 对盐的水解中的几个疑难问题的探讨

蒋念龙　姜妹月

本文就盐的水解中的几个疑难问题进行了探讨:(1)对盐的水解实质的理解，溶液的酸碱性都与水的电离平衡有关。(2)对弱电解质电离程度、盐的水解程度的量的认识。(3)对酸碱反应后溶液酸碱性的判断即对离子浓度大小进行排序的问题。(4)对三个守恒的理解和应用。(5)对完全双水解的理解。作者对以上几个问题举例分析后认为理解以上问题后就可以灵活解决。

《化学教学》2009 年第 2 期

### 解读“等电子体”

李魁云

本文主要介绍了等电子体的概念、特征，着重于等离子的应用：①判断一些简单分子或离子的立体构型。②利用等电子原理性质上的相似制造新物质。③利用等电子原理针对某物体找等电子体。举例说明了等离子体在试题中的应用，并对这些问题进行了解析。

《化学教学》2009 年第 2 期

## 有六棱柱体形状的晶胞吗

高剑南

该文介绍了晶胞的形状与大小，晶胞的内容，说明了结构基元与晶胞是分属于点阵理论与晶胞学说的两个重要的不同概念。至于结构基元与晶胞的内容，有时是一致的，有时则不一致。六方晶系的特征对称元素是六重旋转轴，但不能认为晶胞的形状就是六棱柱体。

《化学教学》2009 年第 3 期

## 小议“酯”与“油脂”的学习

裴　燕

本文从“酯”与“油脂”名称的由来，类别比较，结构对比，命名上的比较，物理性质的异同，化学性质的对比，来源与应用的对比，其他化合物名称中的“脂”这八个方面阐述，使学生能较全面地了解“酯”与“油脂”的知识。

《化学教学》2009 年第 5 期

## 细说氯水

段昌平　江　岚

阐述了氯水的化学成分、微粒之间数目多少关系及表现出的特征性质，氯水中存在的平衡状态，氯水的保存。

《化学教学》2009 年第 6 期

## 关于分子的对称性

高剑南

本文主要介绍了分子对称性的有关内容：(1)对称是自然界的一个普遍性质；(2) 对称操作与对称元素，其中包括恒等元及恒等操作、旋转轴和旋转操作、对称面与反映操作、对称中心及反演操作、像转轴与旋转反映操作；(3)对称群，其中包括对称群的定义、点群的分类。研究分子对称性的意义：(1)分子的对称性与分子的极性；(2)分子的对称性与分子的旋光性。

《化学教学》2009 年第 7 期

## 解读用重金属盐沉淀蛋白质遇到的几个问题

刘怀乐

对于用重金属盐进行蛋白质的（变性）实验，笔者通过实验获得了以下的经验：首先，重金属盐沉淀蛋白质（变性）实验，具有很高灵敏度。即重金属盐的浓度很小时就能沉淀。其次，一般说来，重金属盐沉淀蛋白质的变性作用是不可逆的，但是某些沉淀剂，特别是蛋白质跟铜盐，或者跟铅盐生成的沉淀，能溶解在过量的沉淀剂中。

《化学教学》2009 年第 8 期

## 关于密堆积原理

高剑南

该文从上海《化学》拓展型教材（试验本）中的一个改动说起，介绍了以下堆积方式：(1)等径球的密置层和密置双层；(2)立方最密堆积和六方最密堆积；(3)体心立方堆积($A_2$)和金刚石堆积($A_4$)。密堆积原理是晶体结构中的普遍原理，对于研究金属晶体、离子晶体和分子晶体的结构与性质都十分重要。

《化学教学》2009 年第 10 期

## 与密度相关的几个隐含公式和应用探讨

邓继红

根据学生物质的量知识基础推导出气体密度与摩尔质量之间的关系式；以溶液的密度作为桥梁，分析物质的量浓度和质量分数两种溶液的组成表示方法的相同内涵。

《化学教学》2009 年第 11 期

## 对“地球自转”类比“电子自旋”的讨论

麦裕华

利用“地球自转”类比“电子自旋”是高中化学《物质结构与性质》模块中常用的实物类比，但是该类比存在科学性错误，值得广大教师注意。该文指出在设计类比前，确定类比源对象和目标对象各自的关系是否具有科学性是极其重要的。同时，建议人教版教科书编写者对教科书中该部分内容进行必要的修正，彻底纠正这一错误叙述。

《化学教学》2009 年第 12 期

## $Fe^{3+}$比$Fe^{2+}$稳定吗

袁 野 吴 星

物质的稳定性要指明物质性质，物质的稳定性是有条件的，物质的稳定性是相对的。不少教师常说的$Fe^{3+}$比$Fe^{2+}$稳定是指氧化性气氛中$Fe^{2+}$更易被氧化。而在酸性溶液的还原性条件下，比如有$I^-$存在时，则$Fe^{2+}$更稳定。所以，不能简单地说$Fe^{3+}$比$Fe^{2+}$稳定。

《中学化学》2009 年第 1 期

## 同素异形体间的转化一定是化学变化吗

吕效波

一、同素异形体形成的原因主要有四种：构成单质的原子排列方式不同、构成固体单质的分子排列方式不同、构成分子的原子个数不同、构成单质的微粒不规则排列。二、物理变化与化学变化的区别在于是否有新物质生成。三、同素异形体互变分析举例：氧气和臭氧之间的互变是化学变化，正交硫和单斜硫之间、立方金刚石和六方金刚石之间的互变是晶体结构的改变，是物理变化。

《中学化学》2009 年第 2 期

## 含有手性碳原子的分子就一定是手性分子吗

王启迪

含一个手性碳原子的分子必然是手性分子。含两个或两个以上手性碳原子的分子却不一定是手性分子。决定分子有无手性的根本原因是有无对称面或对称中心。如果分子中存在对称面或对称中心，即使有手性碳原子也不可能具有手性。具有手性的分子不一定都含有手性碳原子。只要分子中不存在对称面和对称中心，分子的实物与镜像不能完全重合，分子即可以具有手性。文中举例说明了上述关系。

《中学化学》2009 年第 2 期

## 氧炔焰温度高的原因探究

吴孙富

氧炔焰温度高的原因除了乙炔燃烧放出的热量大之外，还有乙炔燃烧时加热反应物自身所消耗的热量较小、乙炔燃烧生成的气体扩散时带走热量的速率也较小。另外，用氧炔焰切割金属的另一个重要原因是制取乙炔可用电石很方便价廉地制取。

《中学化学》2009 年第 3 期

## 谈金属、非金属在气体中燃烧反应条件的确定

张志英　张晓燕　陈力玛斯

若金属或非金属单质接触火焰或受热即可燃烧或放在非空气的气体中仍可燃烧，那么它的反应条件就是加热。若需长时间加热或不断加热才能燃烧的化学反应，那么它的反应条件就是加热。若燃烧所需的反应温度很高，即在很高温度下才能燃烧，在实验室是用酒精喷灯加热的，那么它的反应条件就是高温。

《中学化学》2009 年第 3 期

## CO 是酸酐吗

刘全明

酸酐的一个定义是认为酸失水后的剩余化合物称酸酐。甲酸经浓硫酸脱水后的剩余部分是 CO，且元素化合价不变。符合酸酐的定义。但该反应的脱水方式是源于浓硫酸的脱水性，与一般酸酐形成机理不同。且依据乙酸酐的形成方式，甲酸的酸酐应该是甲酐，而不是 CO。

《中学化学》2009 年第 3 期

## 铁丝在氯气中燃烧的产物是 $FeCl_3$ 的原因

王海富

从热力学的角度探讨了铁丝在充满氯气的广口瓶中燃烧产物的情况，其原因是铁丝在充满氯气的广口瓶中燃烧时，即使有 $FeCl_2$ 生成也可以进一步自发地转化为 $FeCl_3$。但氯气的量不足时铁丝燃烧也不会生成 $FeCl_2$。

《中学化学》2009 年第 3 期

## 同位素形成的单质是否为同素异形体

吕效波

氢的三种同位素两两结合可以形成六种分子。其物理性质稍有差异，是否互为同素异形体？同素异形体通常有如下几种情况：构成分子的原子个数不同、构成单质的原子排列方式不同、

构成固体单质的分子排列方式不同。且同素异形体之间可以相互转化，转化时发生的是物理变化或者化学变化。氢元素形成的六种单质不符合上述情况，因此不是同素异形体。

《中学化学》2009 年第 4 期

## 对物质熔沸点递变不一致现象的解释

朱庆斌

一般来说熔点高的物质沸点也高。但也有例外，比如石墨与金刚石、氯化镁与氯化钠、对二甲苯与邻二甲苯和间二甲苯。原因是熔点是从固态变为液态时的温度，沸点是液态变为气态时的温度。两个变化过程克服的作用力不一样。

《中学化学》2009 年第 5 期

## 对几例中学化学典型现象的定量解释

张茹英　汤　伟

运用化学平衡的有关计算，定量说明了如下现象：①二氧化碳通入到氯化钙溶液中为什么没有碳酸钙沉淀生成？②为何水垢的主要成分中含有氢氧化镁而不是碳酸镁？③为何规定 pH 小于 5.6 的雨水才能算是酸雨？④二氧化碳通入次氯酸钠溶液中为何无碳酸钠生成？

《中学化学》2009 年第 5 期

## 值得再探究的几个问题

赵玉泉

进一步深入探究了 8 个重要问题：①电解精炼铜时，由于产生大量的阳极泥，使得阳极溶解铜的质量小于阴极析出铜的质量。②能发生银镜反应或与新制氢氧化铜悬浊液煮沸后生成红色沉淀的物质一定含有醛基。③在水溶液中碳酸氢钠受热不分解，其受热温度超过 100 ℃。④碳酸氢钠溶液受热碱性增强，是由于其水解平衡正向移动的结果。⑤长期敞口放置的浓硫酸质量增加是因为吸收空气中的水分而变稀，并未生成新物质，属于物理变化。⑥甲醛与足量银氨溶液在水浴条件下反应生成二氧化碳是否正确？⑦正反应的转化率与逆反应的转化率之和为 100%。⑧由于弱酸或弱碱的电离是吸热的，因此，有弱酸或弱碱参加的中和反应，其中和热一定小于 57.3 $kJ \cdot mol^{-1}$。

《中学化学》2009 年第 5 期

## 高中化学中常见“反常”及原因探究

周启燕

列举了高中化学中常见的 8 种“反常”现象并进行了理论解释：熔沸点的反常、密度的反常、溶解性的反常、核外电子排布的反常、第一电离能的反常、酸性的反常、非金属与单质活泼性的反常、金属活泼性与置换反应规律的反常。

《中学化学》2009 年第 7 期

## 盐溶液中通入 $CO_2$ 生成弱酸的原理是以强制弱吗

刘全明

根据三个问题的分析和实验结果，以及实际存在的客观事实，说明了弱酸盐溶液中通入 $CO_2$ 生成弱酸的基本原理是 $CO_2$ 跟盐水解产生的较高浓度的 $OH^-$ 作用，促使水解平衡向水解方向移动，生成了弱酸。如果没有另外的原因，$CO_2$ 将转化为 $CO_3^{2-}$。当 $CO_2$ 过量时，才生成 $HCO_3^-$。酸越弱，这种反应趋势越强，即盐的水解反应越完全。

《中学化学》2009 年第 7 期

## 化学教学中必须明晰的几个问题

李敬侠

详细解释了五个问题：①放热反应都是自发进行的。②氧化还原反应中，氧化性、还原性越强，反应速率越快。③水解反应一定会生成酸和碱。④氧化还原反应都可以设计成原电池。⑤在可逆反应中，当改变反应物或生成物的浓度时，平衡发生移动，焓变值也要变化。

《中学化学》2009 年第 8 期

## 原电池教学中几个异常问题的探讨

万如锴　曹桂能　邓朝辉

分析解释了原电池实验中的几个异常现象：①铜锌原电池中，为什么锌片上也产生气泡？②将两块锌片连接后插入硫酸溶液中指针为什么也发生了偏转？两个相同的电极可以构成原电池吗？③外接电容是否形成闭合回路，是否形成原电池？④有外接电源是否还有可能形成原电池？

《中学化学》2009 年第 8 期

# 化学教学评价

【概况】2009年研究者们对传统的纸笔测验仍然抱有很高的研究热情，发现了诸多高考化学命题素材，对比分析了新课程实施以来各种化学高考试卷的特点，对命题原则等问题进行了思考。指出新课改后的高考试题，更加注重在新情境问题中对学生的信息处理能力、综合思维能力等化学素养的考查。同时也做了新的探索，例如课改实验区高考化学科考试要求、选考模块试题“等值”问题、对“控制变量法”实验的考查、原创中考化学试题的角度、“中学生理解科学探究”评价指标体系的构建、化学实验报告的PTA量表评价以及现代信息技术在建立化学试卷评价制度完善化学考试评价体系中的应用等。另外，纸笔测验以外的评价方式也越来越被关注。研究者们对成长档案袋评价、化学活动表现性评价也展开了诸多理性思考，并给出了这些评价方式的操作性建议。

## 评价方式

### 试论“中学生理解科学探究”评价指标体系的构建

徐创新　邓小丽

国内外对于“理解科学探究”的讨论有很多，作者通过研究发现，国内外科学教育专家、学者对“理解科学探究”所持观点主要是对科学探究内部理解和对科学探究外部理解这两个大的方面，其中又分为对象、目的、对具体探究过程的思考、对具体探究方法的思考、对过程与方法的总体思考、对科学探究外部影响6个小的方面。作者在综合国内外科学教育专家、学者对“理解科学探究”所持观点的基础上提出了“理解科学探究”评价框架并以此为基础，结合中学生的特点，构建出中学生“理解科学探究”的评价指标体系，如下表：

**表　“中学生理解科学探究”评价指标体系构建**

| | 评价框架 | 评价指标（学生应该知道） |
|---|---|---|
| 基于具体探究过程的思考 | 提出问题的意义<br>科学假设的作用<br><br>实验设计的意义 | 问题是科学探究的起点<br>假设影响实验设计、观察现象以及对观察现象的解释<br>好的实验设计可以形成更有价值的解释或结论 |

续表

| | 评价框架 | 评价指标（学生应该知道） |
|---|---|---|
| | 观察与实验的作用 | 假设被科学界普遍接受的唯一途径就是实证即观察和实验 |
| | 形成解释的意义 | 科学的力量就在于对自然事物和现象的解释，因此科学探究的最基本功能就是形成解释 |
| | 公开交流的意义 | 科学探究的整个过程需要公开交流，以接受同行评价和质疑 |
| 基于具体研究方法的认识 | 科学假设的特点 | 科学假设以经验或相关原理为背景，需要可行性实验加以验证 |
| | 科学实验的目的 | 科学实验的目的是为了验证心中已有的想法 |
| | 观察的理论蕴涵 | 观察无法绝对客观，会受到观察者已有知识、信念和理论影响 |
| | 观察与推论的区别 | 观察和推论有区别，观察是对现象的描述，推论是对现象的解释 |
| | 解释的多元化 | 在存在争论的领域，对于同一观察现象，给出不同解释是正常的 |
| | 归纳缺陷 | 归纳是重要的科学方法，但存在缺陷 |
| 基于过程与方法的总体认识 | 创造性 | 科学探究过程充满了创造性，贯穿于科学探究的每一个阶段 |
| | 曲折性 | 科学探究是一个极其复杂的过程，其间充满了艰辛和曲折 |
| | 非程序化 | 科学探究的过程不存在固定的程序和步骤 |
| | 质疑性 | 质疑性是科学探究的起始动机及延续的动力 |
| 外部因素 | 社会 | 科学探究部分地依赖于科学技术的进步 |
| | 技术 | 科学探究不可避免地受到社会的影响 |

《化学教育》2009 年第 1 期

## 新课标高中化学教材习题使用状况的调查分析

杨　帆　张凤桂　袁廷新

本文通过新旧教材习题的比较，概括了新教材习题的特征如下：主观题比例增大，加强对学生思维过程的培养；重视实验，加强对实验能力的考查；开放性、实践性题目增多，重视培养学生科学探究和动手实践能力；试题的综合性强，重视培养学生综合运用知识解决问题的能力；重视化学问题解决策略和方法的学习。通过问卷调查和访谈，作者在分析制约新教材习题使用因素的基础上，从习题设置和习题使用两方面提出了改进建议。关于习题设计的建议：准确定位，适当调整课后习题的内容和难度；调整习题呈现顺序，增强习题的针对性；适当增加习题量，改进习题编制方式。关于课堂教学的建议：充分发挥新教材习题的优势，灵活使用课后习题；转变教育评价观，实行多元评价；创造一切条件，积极落实实践性习题。

《化学教育》2009年第1期

## 化学实验报告的PTA量表评价

竺丽英

PTA量表是一种开放性试题的质性评价方法，有助于建立一个清晰而明确的实验报告评分标准。编制化学实验报告的PTA量表，要先根据不同的实验类型，确定评价的基本要素；并以学生在报告中的实际表现为基础，确定各要素的等级水平和标准，最后通过试行量表，不断修改和完善，形成有效的评价体系。

《化学教育》2009年第2期

## 人教版高中化学新教材习题系统的分析及教学建议

罗秀玲

新课标教材习题系统应包括课文习题与课后习题。高中化学新教材（人教版）习题系统与课文内容相互融合，体现科学探究，题型多样化，问题情境化，语言人性化。本文对人教版高中化学新教材2个必修模块和6个选修模块的习题系统进行分析，并针对关于教材习题系统一些不恰当的理解，提出了两个方面的利用教材习题系统进行教学的建议：(1)在化学教学中应转变观念，重视教材习题系统的教学功能；(2)注重习题的情境性；加强习题的联系，重视变式训练。

《化学教育》2009年第3期

## 化学考试过失性失分统计分析与解决策略

张红俊

本文调查统计引起学生过失性失分的原因及学生过失性失分的项目，寻求更好地解决学生过失性失分的策略。一、调查内容与方法。编制高中生化学过失性失分问卷调查表。二、调查结果及分析。1.“审题不清”引起的过失性失分分析。2.“未按题目要求作答”引起的过失性失分分析。3.“答题不规范”引起的过失性失分分析。4.“计算错误”引起的过失性失分分析。三、减少过失性失分的基本策略。通过分析引起过失性失分的因素从而寻求解决的策略。1.加强心理教育与心理沟通。缓解学生的压力，控制减少不良情绪，从容应考。2.加强方法指导，逐一突破过失性失分点。加强对学生课堂和课后学习方法指导。

《化学教育》2009 年第 4 期

## 高中化学作业优化与改造的实践探索

虞硕铭

作业设置应与教育发展相一致。新课程实施过程中应对作业的环节、内容、形式、题型等方面进行优化与改造。一、优化和改造作业环节——错题订正。阐述了错题订正的改正方法和这样做的益处。二、优化和改造作业内容——增写作业日记。写出学习和作业所得的收获、存在问题和对教师的要求和建议等。三、优化和改造作业形式——增加多样性、突出实践性、尝试开放性。增加化学作业的多样性是指作业类型多样化、作业要求多样化、作业组织形式多样化和作业完成方法多样化；突出实践性指通过让学生动手动脑的亲身操作，能有效培养学生的实践能力和知识运用能力；尝试开放性指作业设计要冲破课本和课堂内容的樊篱，设计一些能让学生自主发挥、各抒己见的作业。四、优化和改造作业题型——改造与发展。1.变过去只重视“纯化学问题”为适当增加实际问题。2.变过去只重视具体问题的解决为适当增加新情境问题的探索。3.变过去只重视封闭问题为增加开放探索题。

《化学教育》2009 年第 4 期

## 化学教学中题组训练和思维发展的整合

周鑫荣

题组训练，是指围绕某一训练目标或知识点，精选一批有代表性、系统性的习题，让学生探究题组内蕴涵的知识和方法，培养学生能力和思维发展。一、在相似性题组中揭示规律。把具有相同知识点、解题思路相通、事理相同的习题编排在一起，引导学生从具体实例中思考概括出同类题的结构及解题规律。二、在对比性题组中寻异求同。将对立概念建立在题组中，分析比较题与题之间的相同点和不同之处，在思维中建立知识网络体系。三、在变化的题组中变通求活。提高学生解决和分析问题能力，正确应对各种变化。四、在拓展性题组中织结网络。对一个化学问题从不同角度去延伸拓展，既把握问题的内涵和外延，又可加深对基础知识的理解，提高思维的创造性、严密性、变通性和深刻性，使知识网络化、系统化。

《化学教育》2009年第4期

## 探究实验中学生学业评价的实践探索

薛春兰　李玉秋

本文指出了传统实验教学中存在的问题，提出了实验教学中评价的重要性，并对评价的具体实践方法提出了建议。一、问题的提出。传统化学实验教学存在的一些问题。1. 忽视了学生的过程性体验。2. 缺乏良好的实验习惯。3. 缺乏学生学业评价过程。二、实践探索。1. 创设探究实验教学程序。增加评价阶段。2. 探究实验评价。①依据原则。原则是：坚持评价内容多元化；坚持评价主体多元化；坚持评价方式多样化。②评价工具。以自我评价、互相评价、综合评价3种评价表格作为评价的工具。3. 探究实验案例。以“探究氨气的溶解性及氨的喷泉实验的原理”为例说明如何进行探究实验中的学生学业评价。①提出课题。②搜集信息设计实验方案。③实验探究。④实验成果表达交流。⑤根据实验结论追加探究实验。⑥探究实验评价。三、结语。

《化学教育》2009年第6期

## 论笔试型化学实验试题的评价和教学导向功能

吴思杰

本文研究探讨如何使笔试型实验试题能有效地考查、评价学生的实验能力，从而对教学产生重视实验、关注过程、探究方法的正确导向。一、将笔试型实验试题的命题“重心前移”有利于全面评价实验思维能力。“重心前移”，就是指将实验试题命题“重心”移至实验的课题定向和方案设计中，从而更全面地实现对实验思维能力的评价和考查。以一道实验填空题为例说明“重心前移”的具体操作。二、笔试型实验试题通过对实验细节的考查，可以间接评价学生的实验操作经验和能力。以2个实验选择题为例说明如何考查实验细节。三、笔试型实验试题具有将教学从关注结果导向关注过程的功能。通过比较3位教师不同的教学组织方式，说明教师在平时的教学中创造更多的机会让学生动手实验，对培养学生深入细致的观察能力是非常有益的。四、笔试型实验试题还具有考查学生科学精神、科学素养的功能。以2道实验填空题说明如何在笔试题中培养学生敢于质疑的精神。五、笔试型实验试题的命制要做到“真”“新”“全”才能对教学有良好的导向作用。选材来源于真实的实验情境；实验背景对学生是初次接触；取材范围广、涉及实验的全过程。

《化学教育》2009年第7期

## 高中学生化学学业评价的研究与实践

薛春兰

从新课程实施的需要阐述了高中学生化学学业评价的研究与实践的缘起，基于将理性主义的实证性教育评价与自然主义的定性教育评价相结合，充分体现“人本”和“多元”的评价理念，构建了“一理念、五要素、二功能”高中学生学业评价模型，再根据其基本思想，编制出了“南京市鼓楼区高中化学模块学生学业评价表”并用于实践。本研究促进了评价的准确性、科学性和有效性；更新了教师教学理念，提高了高中化学教学质量，同时也促进了教师的专业化发展。

《化学教育》2009年第10期

## 从素材到原创试题的几点思考

赵　华

素材与原创题的关系是一种丰富、支撑和拓展的关系。作者通过实例讲述了在遴选素材的过程中，挖掘有价值的信息点是原创试题的关键，并指出素材遴选的几点思考：1. 把握可靠性，不迷信素材；2. 关注承接性，不断章取义；3. 突出基础性，不游离标准；4. 彰显时代性，不违背发展。

《化学教育》2009年第12期

## 化学练习（考试）题的质量安全令人担忧

刘怀乐

作者以一些案例来分析说明市场上的书刊粗制滥造，严重破坏了书刊市场的质量安全。从而作者给出了几点思考：1. 一个国家，一个民族的国民素质、科学素养，从来都是靠加强国民基础教育来实现的。2. 十分有必要把问题练习题和考试题提高到“质量安全”的高度来认识。3. 化学是自然科学中的一门基础学科。

《化学教育》2009年第12期

## 浅析素质教育背景下化学单元检测题的命制

张廷国

单元检测作为一种阶段性评价，历来是搞好教与学、提高教学质量的一个重要环节。在当前全面落实素质教育的大背景下，许多学校和教师对如何处理单元测试及相关评价非常茫然，个别学校甚至省略了单元测试，有的学校即使进行了测试，在评卷结束后也不进行试卷分析和研究，学生见不到自己的试卷，教与学的结果都无法准确反馈。在认真研究各地教育文件精神的基础上，对素质教育背景下的单元测试命题进行了一些有意义的探索。单元检测的目的通常有三个方面：巩固、激励、反馈。单元检测命题的基本策略有重视基础，面向全体；注重开放性和创新性；体现多样性和层次性；富有生活气息，体现人文关怀；促进学科整合，强调化学特点；突出能力立意，落实知识和技能目标。

《中学化学教学参考》2009年第1/2期

## 初中化学实验题的命制策略例谈

孙成余

化学实验题是新课程背景下考查学生化学素养、创新精神和创新能力的最有效题型之一。其命制的着力点主要有化学实验原理、化学实验操作、化学实验装置以及相关的化学基础知识等。主要功效体现在能有效地考查学生动手操作能力、现象观察能力、数据处理能力、开放创新能力等；具有良好的效度、梯度和区分度；是一种将静态化学知识根植于动态操作过程之中的好题型，赋予了化学试题的生命意蕴。因此，全国各地的中考化学题在实验方面着实下了一番工夫，一些富有新意的实验题在令人称赞的同时更使人赏心悦目，使学生走出了抽象枯燥的化学题海，对化学学科产生了浓厚的兴趣和好感。但就其解决过程和最终结果来看，学生的解答往往有切入口，但却不易得分或得高分。究其本质原因主要有：师生不了解试题的命制过程与考查主旨，课堂教学只学其形而未悟其神。为了共勉，以初中化学“测定空气中氧气的含量”为例，尝试探究化学实验题的命制过程。

《中学化学教学参考》2009年第3期

## 新高中化学课堂教学中的习题问题与解决策略——以江苏省部分高中为例

徐盼盼　王海涛　刘位德

酝酿多年的普通高中化学课程改革已从理论探索逐渐转向实践探究。课标、教材、教法与学法等方面的研究已受到较多关注，而同等重要的习题问题相对来讲未得到应有的重视。习题是学生学习、教师教学与评价的重要手段，是《普通高中化学课程标准》落实到实处的重要载体。目前新教材已在实验区全面使用，而在新教材使用过程中凸显的习题问题日益突出。以“物质的量”这一知识点为例，探讨江苏省在使用江苏教育出版社教材（以下简称苏教版）时面临的上述习题问题及应对策略。教学中所使用的习题存在的问题有：习题与教学目标不一致、习题的问题情境有待创新。应对策略有：科学使用教材，挖掘习题资源、转变观念，有效筛选习题、合理改编现有习题、自主编写习题。通过以上分析，可以得出结论：在使用新教材过程中出现的习题问题是可以解决的，但是我国高中化学习题建设还需要不断完善。化学新课程侧重于培养学生的基本科学素养，怎样使习题的使用发挥其正确评价的功能——促进学生更好的发展，而不仅仅是给出量化的评价结果——分数，习题改革任重道远，希望引起大家的深入思考，给一线教学提供实质性的帮助。

《中学化学教学参考》2009 年第 4 期

## 探析涉及 STS 知识高考化学试题的命题特点

刘树领　王卫宏

化学源于社会生活与生产，并随着社会生活、生产的需求而不断发展，同时为科技的迅猛发展与应用提供了坚实的理论依据，可以说化学在人类社会生活、生产、科技发展中体现出了极强的实用性、创造性特点。为了引导学生关注社会、生活、科技，凸显化学学科特点，近年来的社会、生活、科技方面知识已成为化学命题的背景或信息材料，不但考查了学生的基础知识与能力，还渗透着 STS 教育。2008 年高考题有如下命题特点：以社会生活中的重大事件或活动为背景材料，以人类日常生活中的衣食住行等方面的知识为背景材料，以影响人类身体健康的药品、产品为背景材料，以科技进展中的新成果、新产品、新技术为背景材料，以工业生产中的工艺流程为背景材料，以影响人类与环境和谐共处的环保、能源问题为背景材料。以STS知识为化学高考试题的背景材料，有利于引导广大师生在平时的教学与学习中更多地关注STS知识，重视理论与实际相结合，对于提高国民素质的科学修养具有重要的现实意义。

《中学化学教学参考》2009年第4期

## 延时评价在课堂教学中的实施

章 尉

延时评价就是利用学生的期待心理，对学生的提问或回答不及时评价，而是把评价的时间适当往后拖延，给学生留出一定的时间，一个自由思考的空间，引导学生自己去发现、探究，在学生完成思考过程、获得顿悟之后，再给以恰如其分的评价或小结的一种评价方式。当课堂上出现意外时、课堂上出现学生回答错误时、课堂上出现不同声音时运用延时评价方式就比较有效。延时评价，留出时间和空间让学生再想想，对培养学生分析问题、解决问题的能力，促进学生创造性思维发展大有益处，但在实施过程中应注意以下几点：延时评价不能忽略教师的引导、延时评价需要学生主动参与、延时评价应有利于重点及难点的突破。总之，教师巧妙、成功地运用了延时评价方式，能让更多的学生有更广阔的思维空间，更能激发学生的学习兴趣。因此，在平时的科学课堂教学中，对学生的发言或提问，不能过早地给予评价以使其他学生的思维形成定式，而应该灵活地运用延时评价方式，留给学生充裕的时间让他们去自由思考，并在民主、和谐的氛围中尝试用自己的方法去解决问题，发表自己的看法，以获得更多更好的创新灵感，使个性思维得到充分发展。

《中学化学教学参考》2009年第5期

## 新课程下课后习题的整合与探究

李 萍 刘 莉

新教材知识覆盖面很大，学生要记忆和掌握的知识点较多，而在教学课堂上设置学生分组实验、学生探究和交流研讨的活动较多，部分学生对知识的内涵和外延还没有真正或全部理解，而这正是课后习题的意义所在。通过课后习题，加强对概念、定律的理解和巩固，同时又能培养学生灵活运用知识解决新问题的能力。新教材章节编写注重学生能力的培养，注重学生情感、态度、价值观的形成，而在和学生一同走过新课程的过程中，将惊喜地发现，课后习题也同样能促进学生学习能力的形成，科学地处理课后习题也能促进学生学会自主学习、合作学习、探究学习，为不同程度的学生提供了一个广阔自由的空间。可通过设计实验，帮助学生直观、生动地理解习题；一题多变、帮助学生开拓思维，升华知识；处理信息、确定课题、培养学生的自学能力和科研意识。

《中学化学教学参考》2009 年第 6 期

## 新课程背景下高中化学习题编制原则初探

陈　益

化学习题是化学课程的有机组成部分，是化学教学过程中组织学生学习、实践活动的一种重要形式。从“人教版”“苏教版”“山东科技版”化学 1、化学 2 统计结果来看，新教材的习题与以往教材的习题相比有两大特色：其一，主观题在总习题数中所占的比例较大，而客观题如选择题只占了 20％～30％。这样的习题构成有助于在立足于基础知识的要求上，更加全面地考核学生运用知识解决实际问题的能力。其二，在大量的主观题中出现了具有新颖性、启发性和探索性的新题型，有实验设计、调查、讨论、上网查询、撰写调查报告、小论文、制作实物模型、绘制表格等。这是新教材习题设计的又一大亮点。学生通过这类新题型可以有更多机会主动体验到科学探究的过程，培养团队合作的精神，充分利用课程资源，感受到化学和人类社会发展的密切关系，在多个方面取得不同程度的发展。新课程背景下的化学习题应设置合理有效的情境，以实际问题立意为主，从现实生活及人类面临的重大问题中取材，渗透情感、态度和价值观，弘扬科学精神和人文精神，激发学生的探究兴趣，注重过程。化学习题的设计和编制要在一般通用原则的基础上，突出题材的真实性、思维的探究性、能力的层次性、答案的开放性、形式的多样性。

《中学化学教学参考》2009 年第 6 期

## 中学化学“情感态度价值观”的学习性评价

张宁云　王伟群

“情感态度与价值观”是中学化学教学目标之一，然而它的测量和评价常被忽略，尝试对中学化学“情感态度与价值观”目标内容进行分类和细化，介绍和分析操作性较强的几种评价方法，通过评价结果的解释及应用，可建立中学化学情感态度价值观的学习性评价。情感态度价值观测评的主要目的是促进学生学习，测评结果的表达除了要让学生了解目标达成的程度外，还要给出质化的测评结果，即用语言描述的形式给出总评，从而使之能更好地通过思辨或逻辑分析的方式给出学习建议。测评结果的应用有：帮助学生诊断学习困难的原因；通过评价的过程，激励学生养成良好的学习习惯，激发学生内在的需要和动机，激励教师在教学中更注意采用合适的教学方法，培养学生积极的情感，正确的态度和价值观。情感态度价值观的测评可以更好地帮助学生更全面地了解自己，选择最合适自己个性发展的课程进行学习，理解和安排未来的学习和职业。

《中学化学教学参考》2009 年第 7 期

## 化学生态化教学评价的探讨

尹泳一

生存论视阈下的教学评价：立足评价，着眼于学生生存和发展的关怀，基于教师、学生、环境（课程环境、教与学的环境）这三因素的相互促进影响的关系，建构起关于化学课程的动态的、发展的生态评价体系。生态评价能促进学生均衡而有个性地发展，提升教师专业能力，使课程与环境都和谐发展，由此抵达化学教育的理想境界。总之，生存视阈下的化学评价要以促进学生与教师主动发展，促进课程与环境良性发展为目的，构建生态的评价体系。

《中学化学教学参考》2009 年第 8 期

## 新课程理念指导下的高考复习题命制原则和策略

朱圣辉

试题的选择和编制是高考复习过程中不可或缺的重要环节，是提高高考复习有效性的基本前提，是提高学生思维能力和应试能力的关键。据此，提出新高考复习中试题的编制原则、选择与思考，即如何凸显新课程理念。要切实提高新课程高考化学复习的实效性，其关键是要解决好选题、组题、训练三个环节，其中选题、组题即试题的编制是组织学生进行科学有效训练的前提和保障。试题的编制要体现新课程理念，要符合新高考主流题型的方向，按照学生实际素质定位，精编精选，这样才能使学生在新高考复习中“知识、思维、能力”三位一体，同步到位。试题编制前的两个准备：熟悉考纲，研究考题；搜集资料，积累素材。

试题编制中的四个原则：代表性原则、开放性原则、综合性原则、灵活性原则。试题编制的策略问题：控制选择题难度，防止偏难、偏繁；计算题要突出"化学性"，淡化数学计算；把握好信息题的"度"。

《中学化学教学参考》2009 年第 8 期

## 优化整合素材提升原创试题质量

赵　华

优选整合素材是原创化学试题的重要特征。在优选环节中，关键是三结合：一是结合社会焦点、热点，尽可能使用学生熟悉的话题和情境，较好地避免因素材的生疏差异造成的测试偏差；二是结合学生知识背景，严格参照《课程标准》，坚持不超、不高，始终关注中学化学核心知识体系；三是结合地方实际，体现学科为生产劳动服务的特点，体现源于生产生活，高于生产生活的主体思路。在整合素材环节中，要注意设计的三要素：一是有梯度，设计的问题应紧密结合试题的思维路径，坚持由浅入深，深入浅出；二是有深度，在最能体现试题质量的关键问题上，要问出新意，问出质量；三是有效度，所设计的问题要充分预设可能的种种情况，做到评分标准、难度预设、效度达成高度协调。文献素材的运用是原创化学试题的一条好路子，值得探索，它对中学阶段"题海战术"有一定的纠偏作用，它是回归化学科学的真实性和保驾中学化学新课程实施的良好命题技术之一。

《中学化学教学参考》2009 年第 8 期

## "S—P"表分析法应用于化学实验教学质量评价

杨　军

针对目前中学化学实验教学对化学实验教学质量评价的缺失，介绍"S—P"表分析评价法。"S—P"表分析评价法是根据统计学原理，将学生（student）和具体问题（problem）对应进行分析统计，得出学生对问题的响应情况，根据响应情况给出评价结果的一种方法。主要分四个步骤：搜集教学反馈信息、绘制"S—P"表和"S—P"曲线、警告系数的计算、结果分析。该评价方法操作简单，评价结果可靠，实际应用性比较强。该评价法能整体把握学生对实验的学习情况，能较客观地反映实验教学的质量。教师能根据评价结果反映出的问题，调整教学设计和策略，弥补教学中的不足或薄弱环节，促进实验教学质量的稳步提高。

《中学化学教学参考》2009年第9期

## 运用三因素概念图评价法测评学生化学学习成绩

刘 翠 潘苏东

Trish Stoddart等人提出一种新的三因素概念图评价方法，针对概念图的内容进行评价。本研究选取江苏省徐州市某中学高一学生作为评价对象，试用开放的任务和回答格式，通过问卷调查的形式，主要针对概念图的内容对学生进行评价。包括三个因素——准确性、说明、命题结构。每个因素分为不同的水平，其中准确性包括科学性知识、常识性知识、错误的陈述和表达情感的话语四个水平；说明包括基础水平和更高水平；命题结构包括简单命题和复杂命题两个水平。评价时根据水平的高低赋予相应的分值。调查结果表明：学生概念图中概念间正确连接的数量是有差异的；从学生构建的概念图中可以发现学生头脑中存在的错误概念；学生构建的概念图中基础水平的概念和简单的命题占多数。总之，三因素概念图评价法可洞察学生对知识的多方面的理解，反映学生在化学学习中概念理解的成长和变化。教师运用三因素概念图评价法对学生进行测评，可以了解学生对某个知识点所涉及的概念的理解和学生知识组织的情况，还可以发现学生理解上所存在的错误概念，从而有效组织课堂教学。

《中学化学教学参考》2009年第10期

## 新课程背景下化学教学需从“单一测试卷”走向“孪生卷”

朱红文

针对学生“化学课一听就懂，一做就错”的现象，笔者分析原因在于学生被动接受教师出题的目的，不清楚教师出题目的，不清楚遇到类似题也可以仿照解决。在此基础上提出了把传统的单一测试卷逐步改革为“孪生卷”。所谓“孪生卷”，即一次制两张试卷，两张试卷在题设、题问、解题方法、答案等处有很多相似的地方，题号和题量基本一样。教学安排为：前一周学生做完、教师讲评完第一张试卷，在第二周让学生考试或自测第二张试卷。借助“孪生卷”进行教学，可以有效地改进教学过程中的师生互动，引导学生正确地确立适合自己的学习策略，增强学生学习的主动性和积极性，培养学生的主动探索精神和自主学习能力，并能最终提高学习效率和教学效果，促进师生素质的全面提高。

《中学化学教学参考》2009年第10期

## 发现和加工素材　创新命制化学试题

郑海波

市面上的教辅书籍有题山题海，各种试题层出不穷，很多学校和教师建立题库，但是大多是往年的高考题和各地模拟试题，创新性的题目少。教师命制化学新题要善于发现和加工素材，从教材内容中挖掘命题素材；从学生实验中发现命题素材；从教学实践中提炼命题素材；从生产生活中收集命题素材。通过试题原创，感受原创过程的辛苦和富有挑战性，有时冥思苦想一个星期甚至更长的时间才能命制完成一道题目，其中滋味只有自己能体会，但创作完很有成就感。教师们应该静下心来，克服浮躁之风气，开动脑筋，寻找和开发素材，追求命题创新，坚持原创试题。

《中学化学教学参考》2009 年第 11 期

## 课程改革中对化学练习功能的再认识

陈　新　刘运才

“一切为了学生的发展”是新一轮课程改革的核心理念，改变落后的学习方式是新课改的重要内容。化学练习作为化学教学的重要环节，是学生掌握知识、培养能力的重要途径。优化学科练习是新课程改革的重要任务之一。在化学课程改革中，要发挥化学练习的五大功能：对知识的内化功能、对教学的调节功能、对智力的开发功能、对策略的矫正功能、对精神的塑造功能，能提高化学教学质量，提高学生的探究能力、实践意识和科学精神，实现“一切为了学生的发展”的教学育人目标。

《中学化学教学参考》2009 年第 12 期

## 加拿大安大略省化学活动性表现评价案例一则

龙　琪

本文以加拿大安大略省的一则化学活动表现性评价为案例，呈现了如何进行活动设计、活动指导、对学生在活动中的表现进行评估、评定、给评语。

《化学教学》2009 年第 2 期

## 现代信息技术在化学考试评价中整合应用的研究

董金水

该文阐述了现代信息技术在建立化学试卷评价制度，完善化学考试评价体系中的应用，提高工作效率，减少人工阅卷误差；准确掌握教学水平，有利于提高备课组整体素质；提供教学反馈信息，有利于加快化学课程改革进程；与教学活动有着密切联系，有利于促进化学教师发展。并提出了未来研究展望。

《化学教学》2009 年第 4 期

## 浅谈新课程背景下化学纸笔测试题的功效

蔡兴锋

编制化学纸笔测验题除了要具有传统意义上的选拔与甄别功能以外，还应该关注如下功能：①巩固与运用化学知识和技能；②提高科学探究与能力，形成过程与方法目标；③培养与形成正确价值观念。

《中学化学》2009 年第 4 期

## 高中化学新课程课堂内质性学生评价途径的设计

王 敏 王后雄

根据新课程标准提出的评价目标多元化和评价方式多样化。本文论述了以人本主义为认识论基础的“质性评价”。一、质性学生评价的界定和特征。二、课堂内质性学生评价途径的设计：1. 从学生学习方式的角度进行设计，包括情景型评价、设计型评价、交流型评价、观察型评价、问题解决型评价和材料型评价；2. 从学生学习内容角度进行设计，包括事实性评价、理论性评价、技能性评价、策略性评价和情意性评价。

《现代中小学教育》（长春）2009 年第 3 期

## SOLO 分类评价理论在化学试题设计中的应用

王 敏

新课改的实施要求学生学业的评价也在改革，既要求关注学生的学习结果，也要关注学生的学习过程，特别是评价学生的思维水平。SOLO 分类评价理论能很好地解决评价学生思维水平的问题。本文就 SOLO 分类评价理论的基本含义及在化学试题设计中的应用进行了初步的探讨，使得化学试题能够真实考查学生的思维能力，同时给教师批阅试卷带来方便。

《中小学教学研究》（沈阳）2009 年第 6 期

# 中考、高考研究

## 原创中考化学试题的4个角度

赵 华

新课程改革以来，中考化学试题中发展起来一种以真实情境为载体的试题形式——综合题，这种试题的主要功能定位有：考查学生信息处理和加工能力；考查学生运用和整合既有知识的能力；考查学生在陌生情境中驾驭所学知识的水平。这类试题的命题方向主要表现在：一是考查真实的社会生活热点；二是真实的工业生产流程；三是科技创新前沿；四是身边的能源材料环境问题等。作者对原创中考化学试题的这4个角度进行了具体的阐述，并用相关试题实例进行解读。真实的情境是原创中考试题的重要资源，以发现的眼光选取素材，以敏锐的思维洞察分析素材，精心改造整合素材，是新课程中考命题的主要手段。最终，作者提出了坚持走原创之路，坚持走发展之路，是新课程下中考化学命题的核心原则。

《化学教育》2009年第1期

## 对课改实验区高考化学科考试要求的认识

杨梓生

普通高中化学新课程在课程理念、课程目标、课程结构、学习方式和评价方式上与传统课程比较有所变化，这些变化在《2008年普通高等学校招生全国统一考试新课程实验版考试大纲·化学》中得到体现，在2007年和2008年实验区高考化学试题中也得到较好的落实。本文结合《实验区考试大纲》和实验区高考化学试题来剖析课改实验区高考化学科考试要求的特点与变化：紧扣课程标准要求；强调学习潜能的考查；拓展基础内涵和要求；重构元素化合物知识要求；调整化学计算的定位；对化学实验提出新要求。

《化学教育》2009年第2期

## 例谈新课程高考“控制变量法”实验的考查

陈 益

科学探究必须融入方法要素，化学教学中有意识地对学生进行科学方法的渗透、指导和训练，是引领科学探究走向高水平的必由之路，而“通过以化学实验为主的多种探究活动，使学生体验科学研究的过程”则是新课程倡导的基本理念。本文结合“控制变量法”实验的基本概念、原理和步骤，从探究“控制变量法”实验中的变量、理解“控制变量法”实验的原理、处理“控制变量法”实验的结果这三个方面，对新课程高考“控制变量法”实验的考查做了分类解析。

《化学教育》2009 年第 2 期

## 浅析新课程高考对 3 种化学学习能力考查的特色

程国清

本文针对新课程高考大纲提出的化学学习能力考查的 3 方面要求，结合新课程实验区高考试题的典型题例，分析了新课程高考能力考查的特色：创设情景，考查获取信息能力；综合运用，考查解决问题能力；方案设计，考查化学探究能力；突出学科思维，考查学习能力，以及对新课程教学活动的启示：1. 整合教学资源，设计教学活动。教师在深入钻研的基础上，要善于整合不同版本的教材，整合社会、生产、生活等多种教学资源。2. 开展学习活动，提高实践能力。引导学生积极参与教学活动，实践体会知识发生发展的过程，如资料搜集、讨论交流、课题探究、实验设计等。3. 加强方法教育，重视学习过程。制订系统的“科学方法”教育的教学计划，每节课的教学目标设计必须有“科学方法”的具体内容。

《化学教育》2009 年第 9 期

## 高考化学选考模块试题“等值”问题的研究

杨辉祥　张建新　董　啸

2009 年新课改单下的高考在 10 个省区进行，本文仅对新课改革下人们较为关注的单科考试或理综考试中化学选考模块试题的“等值”问题进行分析。1. 课程标准下的化学课程结构和高考要求。2. 2009 年课改区高考命题的指导思想和原则。3. 新课程高考省区对化学选修模块的处理方式，这其中包括：①化学选修模块在理综中考查，考生自选；②化学选修模块在化学单科考试中考查，考生自选；③化学选修模块内容作为理综的必考内容；④浙江省的自选模块测试。4. 化学选修模块命题的“等值”策略，2009 年课改区在选考模块命题的处理上，基本采取了以下两种策略，一是限定选考内容，并将其作为必考内容；二是选考模块，多中选一，所有选考题均不跨学科或跨选考模块命题。2009年高考，采用这种命题方式的省区多，并在“等值”上注意了以下技术处理，(1)选考模块分值较小；(2)题型相同，分值相同；(3)非选择题设拟的小问题多，给分点多。

《化学教育》2009 年第 10 期

## 新课程背景下高考化学复习的思维变革

朱志江

文中详细论述由人民大学附属中学王京老师在高三所讲的一节示范课，从引言到展开再到巩固和延伸，并在课后与王老师进行交流，认识到对于高三的课程应该由：“内容全面化，知识讲解化，方法模式化，能力集中化”的新四化向“复习内容考纲化，方法思维常变化，主干知识问题化，能力培养经常化”的新四化转变的急切需求。

《化学教育》2009 年第 11 期

## 对一道中考探究题的编拟与解析

孙运利　陆　蓁　刘　岩

随着新课程标准在全国范围的不断展开，研究性学习已成为学生自主学习的主要学习方式，为了考查研究性学习开展的成果及展示研究性学习的过程，近年来，探究性试题已成为各地中考试卷中的重要题型和一大亮点。如何编拟出比较适合的探究试题则是中考命题中的要点。首先在命题时，在确立探究题的方向上进行了认真的思考，选择怎样的主题成为考虑的第一个问题。经过对已经出现的各类探究题的分析与讨论，认为中考的探究题不能为探究而探究，应该是学生在学习、生活中能够遇到或者是在学习中产生的疑问而开展的探究。考虑到各类考试中已经出现的许多探究题，如废水的处理，食品包装中的除氧剂，实验方案改进等许多形式，命题时，不能与这些题目重复又要具有探究性，后来还是把重点放在了对教材的挖掘中。

《中学化学教学参考》2009 年第 1/2 期

## 解析高考试题领悟三维目标

汪杰英　董　君

从分析 2008 年新课程试点省（山东、广东、宁夏、海南、江苏）的高考试题入手，发现这些试题的明显特点是注重对知识的理解过程；注重新旧知识的整合；注重对科学探究过程的体验；注重与生产和生活的联系。通过这些特点的归纳从中领悟化学课堂教学的目标设置。化学课堂教学不仅要立足于知识与技能的传授，更要领悟知识形成的过程与方法，培养学生应用知识解决实际问题的能力，提高学生的科学素养。而提高学生科学素养的策略主要有：首先，化学教学要培养学生实事求是、敢于质疑的科学态度；其次，课堂教学要充分利用探究性实验手段，重视知识的理解过程；再次，教师在设置课堂教学目标时要有将化学知识应用于生产、生活实践的意识，能够对与化学有关的社会和生活问题做出合理的判断；最后，有必要提及的是学生的作业问题。

《中学化学教学参考》2009 年第 1/2 期

## 新理念　新教材　新实验——探究近两年高考化学实验题

杨克理

高考中化学实验题一直是备受关注的对象，特别是实行新课标以来，各地对高考中实验的研究更是加大了力度。近两年高考实验题的命题形式多种多样，但从试题的信息、命题的形式以及所涉及的内容上看，都可以在教材中找出其影子，因此加大对教材中实验的研究是提高化学实验教学水平的一个重要方向。纵观这两年的实验题，与教材有关的实验题目主要有以下四种形式：对教材中不同性质实验进行组合、对教材中原有实验进行改进、对教材中原有性质实验进行改编、对教材中实验进行再设计。教材是学习的根本，高考试题总是以课本为模板的，只要深入地去理解教材中的知识，学会正确的研究问题的方法，形成科学的思维，高考中就一定能灵活应对。

《中学化学教学参考》2009 年第 5 期

## 污水处理试题设计角度剖析

寿丽霞　曲　丰

近年来，高考试题设计紧紧围绕了考试大纲中的考核目标“重视理论联系实际，关注与化学有关的科学技术、社会经济和生态环境的协调发展”，因此社会生活中的化学热点问题成为近年来高考命题内容的重要载体，对此类试题的设计角度进行剖析，并指导学生运用所学的化学知识解决问题是非常值得研究的一个课题，本文试选取以污水处理为背景探究相关试题设计的角度并进行分析。在环保意识日益加强的今天，污水的处理问题得到高度关注，从试题分析可以看出，以污水处理为题干背景的试题设计可以综合考查考生运用电解原理、元素化合物知识、实验设计等各方面化学知识解决实际问题的能力。随着新课程实施的不断深入，高考化学命题将会进一步与高中化学新课程改革接轨，应当积极主动研究各类试题的命题角度，把握其命题的特点，在平时的复习中多加训练，以提高对各种新题型的适应能力。

《中学化学教学参考》2009 年第 7 期

## 以反应热测定实验为背景的试题赏析

刘树领　闫贵珍

反应热的测定是中学化学最重要的定量实验之一，对于该实验的学习不能仅停留在教材的实验器材、原理、步骤的了解上，而应进一步从多角度对实验进行思考、分析和质疑，在夯实基础知识的同时，更利于养成善思考、爱思考及灵活运用知识的能力。有关反应热测定的试题类型主要有提供温度变化数据探究实验条件（温度、浓度等）、通过实验现象分析反应的实质及能量变化、以反应热测定实验为题材，考查实验的设计动手能力，以测定中和热实验为载体，考查中和热概念及实验误差的分析能力、对反应热测定实验过程的延伸，体现综合性。通过这些试题的分析，阐述命题内容的基础性、角度的灵活与新颖性，以及对复习起到画龙点睛之功能。

《中学化学教学参考》2009 年第 7 期

## 2009 年新课程高考化学试题的特点与启示

陆　军

自山东、宁夏、广东、海南和江苏分别于 2007 年和 2008 年进入新课程高考以来，2009 年又有福建、浙江、辽宁、天津、安徽 5 个省区也进行了新课程高考。在 2009 年的新课程高考中，广东、海南、江苏设置的是化学单科考试，其他省区设置的是理科综合能力测试。本文拟通过对 2009 年 9 份（辽宁和宁夏同卷）新课程试卷中化学试题的分析，揭示 2009 年新课程高考化学试题具有情景真实性、知识整体性、思维探究性、难度有序性和选做等价性等特点，高中化学教学要联系社会实际、加强模块融合、实施探究教学，以促进学生体验学科知识价值、构建合理认知结构和形成全面学科素养。

《中学化学教学参考》2009 年第 8 期

## 2009年全国高考理综卷(Ⅰ)化学试题评析

潘民华

试卷变化：同往年相比，2009年全国高考理综卷(I)化学试题加大了简答题、计算题的考查力度。不过，计算题量虽增多，但数据运算不复杂。由于物理和生物分别增加了一道和两道非选择题，使得理综试卷由原来的31道题增加到34道题；生物题中第31题第(4)小题及第32题也可以说是化学题。据考生反映：物理难、化学活、生物易。试题特点：考查基础知识；考查规律特性；考查多种能力；考查解题技巧。但不管怎样，瑕不掩瑜。从整体来说，这套试题还是一套好题。试题中考死记硬背的少，考灵活运用的多，与新课程接轨。如第12题在不影响学生答题的基础上给出了课标版教材中才出现的键线式。第28、第29题都是综合性强、难度适当、具有一定区分度的好题。

《中学化学教学参考》2009年第9期

## 瑕不掩瑜——2009年浙江理综化学试题简析

廖旭杲

今年是浙江省理综测试自主命题的第一年，化学部分赋分100分，选择题7道共42分，非选择题4道共58分，品味试题，有以下几个值得关注的特点：真题与样卷十分贴近；新教材新高考彼此吻合；基础性与时代感兼顾；必考模块比例恰当且相互融合；强化实验能力考查；通过解图析表考查学生信息素养。通过解图析表、分析推理来考查学生学习潜能，这是今年浙江省自主命题的一个亮点，也将是今后命题的一个趋势。与实行课改的其他省份相比，今年试题中美中不足的是考查学生探究能力的成分不多，开放性试题未出现。

《中学化学教学参考》2009年第9期

## 2009年安徽省高考理综化学试题特点分析

赵　宇

对2009年安徽省课改实验区高考化学试题作了粗浅分析，并提出几点建设性意见，以及为新课程背景下高考化学试题的命题提供点滴参考。试卷结构特点：受地方高考方案统摄；体现课程设置模式。2009年安徽省实施了第一年理科综合化学科目试题命题特点："基础"与"综合"花开两朵、争奇斗艳；"继承"与

“发展”各举半边天；“实验探究”展个性风采；“试题开放”展人性光芒；与“STSE”生死不离；“新增内容”受到重视；“大题计算”被“小题计算”代替；“原创题”深得人们的厚爱。同时提出一些问题与思考：地域性不强；探究性不足；开放性不够。统览 2009 年安徽省第一年理科综合全卷，明显感受到不管是试题的呈现形式、价值功能，还是命题的立意等都从一个侧面高度体现了新高考命题的发展与创新，明示了适合安徽省省情的“以能力测试为主导，以现实问题立意”的高考化学试题编制走向。

《中学化学教学参考》2009 年第 9 期

## 新高考化学实验题的特点

姚中奎

2004 年 9 月，山东、广东、海南与宁夏 4 省率先进行普通高中新课程实验，2007 年起，这 4 个省进入第一次新课程高考，2008 年江苏省跟进，2009 年又有天津、福建、安徽、辽宁和浙江 5 个省份加入新课程高考，再加上教育改革综合试点地区上海市，今年实行新课改高考的省市达到 11 个。2009 年这 11 个省市的高考实验题平均权重达 30%以上，因此研究“新”高考实验题的类型和特点，从而找到有效备考策略，具有重要意义。通过对课改区 2007～2009 年三年的高考实验题分析可知，新课程化学实验试题履行“从知识立意向能力立意转化”，试题以教材实验为原型，进行适当拓展和延伸，考查学生的知识迁移能力、实验创新能力。试题大量以数据、图表、流程图、关系曲线和文字表述等方式呈现信息，符合考纲中提出的考查考生“能够通过对实际事物、实验现象、实物、模型、图形、图表的观察”进而“接受、吸收、整合化学信息的能力”。新课程高考实验试题的“新”主要体现在：①源于课本，强调创新；②突出基础，注重综合；③联系实际，重视 STSE ；④立足探究，注重能力。

《中学化学教学参考》2009 年第 9 期

## 一道高考题的美中不足

严忠义　马　平

2009 年高考理综卷Ⅰ第 30 题既是一道有机推断题，又是一道信息题。该题涉及的考点有烷烃、卤代烃、烯烃、醇、醛、羧酸、酯，涉及的反应有取代反应、消去反应、氧化反应、还原反应、酯化反应等，这些知识点都是有机化学的基础。该题能考查出学生有机化学基础和分析问题的能力，有一定的思维深度和难度，设问角度多，有一定的难度和一定的区分度，虽有不足，仍属一道上乘试题。

《中学化学教学参考》2009 年第 9 期

## 对一道高考化学题的质疑

骆宏博

常见有机物同卤素单质的反应一直是高考的一个热点，考查方式也在不断地推陈出新。2009 年高考辽宁卷中的一道试题却让笔者产生了质疑。出题者可能认为丙烯中含有甲基，应该具有同甲烷类似的性质。但实际上要想由丙烯和溴反应制取 3 -溴丙烯，需要在高温条件下进行。具有丙烯基结构的化合物在高温下可以发生 a -氢的游离基取代反应。工业上就是通过丙烯高温氯化法制取 3 -氯丙烯的。如果希望在较低温度下或在实验室条件下进行，常采用 N -溴丁二酰亚胺（NBS）作为溴化剂，反应时在四氯化碳及过氧化苯甲酰存在下进行的。综合以上分析，可知丙烯并不能在光照条件下和溴发生反应，即该题目没有正确选项。在中学阶段，没有涉及烯烃同卤素单质的取代反应，在考试大纲中也对此未作要求，在实际工业生产中丙烯同卤素也是在高温下取代，在学生没有背景知识的前提下，高考试题中出现认为丙烯同卤素可以在光照下反应，是不严谨的。

《中学化学教学参考》2009 年第 9 期

## 创新有陷阱　探究须缜密——评 2009 年一道高考化学实验题

杨晓清

实验探究是化学新课程改革的重要特征。实验探究旨在通过以化学实验为主的各种探究活动，激发学生学习化学的兴趣，使学生亲自体验科学探究的过程，培养学生的创新精神和实践能力，增强学生科学探究的意识，促进其学习方式的转变。探究的过程一般如下：提出问题——猜想与假设——方案设计——现象分析——评价。在实验探究过程中，内容的科学性、方法的可行性、逻辑的严密性和方案的多样性是必须保证的。为了顺应课程改革，2009 年高考北京理综化学部分就出现了实验探究性试题——第 27 题，试题以元素化合物知识（$HNO_3$）为背景，通过实验探究，综合考查学生对化学基本实验的设计能力、评价能力和综合分析能力。这种考查形式的改变，可能是一种信号，或者说是一种导向作用的信号，目的是引起对实验探究的重视和对化学基本实验教学的关注，进而把教师的教学和学生的学习引向课本。同样，也可能正是因为这种改变，使不少考生手足无措，丢分现象严重。究其因，问题主要有以下几个方面：没有实验探究经历；看不清实验设计意图；不能准确描述实验现象。对于实验探究，一定要注意探究内容的科学性、探究方法的可行性以及探究方案的可操作性，对于出现在高考题中的探究性试题，还要保证逻辑的严密和设问的严谨，充分考虑到答案的可能性和多样性。

《中学化学教学参考》2009 年第 9 期

## 全国理综(Ⅱ)有机化学命题分析及备考策略

丛 高

笔者在分析近六年来全国理综(Ⅱ)有机化学试题考查知识点、权重的基础上，归纳出近年来的命题规律有如下特点：不偏不怪，保持稳定；立足基础，考查主干；关注热点和回归教材相结合；重视基础和突出能力相结合；过程分析和结果表达相结合。并对全国理综(Ⅱ)有机化学试题命题的趋势进行了预测：凸显“素养和能力”的结合；重视定性和定量的结合；关注有机性质和合成的结合。提出了有机化学复习的教学建议：重视构建学生的有机知识网络——集成化；变只重视知识的复习巩固为注重思维能力的培养——策略化；密切联系生产生活实际——实用化。

《中学化学教学参考》2009 年第 10 期

## 对一道高考实验试题的探究与反思

赵玉泉

通过对“2009 年高考重庆理科综合能力测试卷第 27 题”的实验验证，发现该实验设计根本不能达到其实验目的。通过实验探究并进行简单评析反思得出三点结论：一、本实验试题是对教科书上有关乙二酸受热分解实验方案的改进与创新，尤其是设计了对一氧化碳和过氧化钠反应与否的实验探究，为此实验试题的设计增加了很多亮点，这样既可以考查学生的基础知识、基本能力和基本方法，又可以有效考查学生的实验探究能力和创新能力，符合新课程的基本理念，有利于促进师生转变教法与学法，但遗憾的是，具体实验方案设计时出现了乙二酸热分解、产物一氧化碳的检验两处致命错误。二、高考化学实验试题的命制必须具有实验性，不允许命题者主观臆造。三、以实验为基础的探究式教学方式和学习方式，是新课程实施中积极倡导的教育学方式，高考化学实验探究型试题也必然成为高考化学实验试题的命题重点及热点。因此，在中学化学的日常教学活动中，要积极组织开展各种实验探究活动，要善于在实验探究的基础之上命制出各种实验探究型试题以供学生练习使用。

《中学化学教学参考》2009 年第 11 期

## 从 2009 年高考化学江苏卷 16 题看无机框图题的演变

顾 晔

无机框图题一直是化学试卷中备受青睐的热门题型，纵观历年高考（会考、学业水平测试等）化学试题，该题型一直保留着自己的稳固地位，年年有、年年变，但这些变化中大都是换汤不换药——以物质的变化为中心，重点考查中学化学常见的、重要的元素化合物之间的转换关系。传统无机框图题的几个特点：物质的推断对学生“逻辑思维”要求较高；物质间的转化关系“认为设计”的成分较多；框图设计和问题编制模式均过于单一。而 2009 年高考化学江苏卷的第 16 题给无机框图题带来了一次真正意义上的革命——仍然是框图题的形式，但其编题思想、模式等有了质的变化——变得背景更加真实，变得化学味道更加浓烈，变得更加适应新课改的步伐。

《中学化学教学参考》2009 年第 11 期

## 高效安全的饮用水消毒剂二氧化氯——对 2009 年江苏高考第 18 题的知识补充与解析

朱怀义

自从人们发现用氯气消毒饮用水会产生致癌代烃、促癌物和致突变物后，二氧化氯作为第四代的饮用水消毒剂已引起广泛关注。2009 年江苏高考第 18 题就围绕二氧化氯而命制，常温下二氧化氯呈黄绿色，有与氯气相似的刺激性气味，其氧化能力是氯气的 2.63 倍，通过强烈的氧化作用，产生杀菌消毒以及漂白效果。二氧化氯的氧化性是有选择性地与有机物和无机物进行反应，它不与 HA 反应，不会产生三卤甲烷和强致癌突变物；同时还能将致癌物氧化或降解成无毒物质。实践还证明，二氧化氯的氧化性不会使蛋白质变性，对高等动物细胞基本无影响，且无氯的刺激性味道，所以很受人们的青睐。

《中学化学教学参考》2009 年第 12 期

## 菠萝酯——2008 高考热点试题

刘长军

菠萝酯成了今年高考有机化学的热点，其原因有三：1.“酯化反应”是中学有机化学反应中的重要类型之一；2.发生酯化反应的羧酸和醇是有机化学非常重要的两类物质，特别是在新课程必修教材中，乙醇的酯化反应和乙酸乙酯的水解都是学生必须掌握的两个重要实验，足见酯在有机化学知识中的特殊地位；3.生成菠萝酯的两个原料都是特殊的物质，容易利用创设的情境提供恰当的信息，考查学生分析问题、解决问题的能力达到新课程改革对考试的基本要求。

《化学教学》2009 年第 1 期

## 2008 高考有机化学命题研究及复习策略

蔡兴锋

本文对 2008 年的高考有机试题进行了研究。一、对 2008 年高考有机化学试题的考查层次和知识点进行统计。二、高考试题的命题研究:(1)有机试题在高考试卷中的分布;(2)试题的呈现方式。并提出了复习策略和应对方法，包括复习的基本思路和复习过程中需要注意的几个问题。

《化学教学》2009 年第 2 期

## 新课标新增考点透析

俞水泉

本文主要对新课标新增的考点进行了透析。通过对高考题的举例解答了：一、焓变、熵变、活化能。二、盖斯定律。三、核磁共振谱、红外光谱；立体异构（顺反异构、手性碳和对映异构）。四、原电池中盐桥。五、沉淀溶解平衡。六、化学平衡常数等的理解，理解其中的重点。

《化学教学》2009 年第 2 期

## 高考试题难度的因素分析及难度控制

张警鹏　郑启跃

本文探讨和实证分析了知识考点、知识应用、心智操作等影响高考试题难度的因素：1.试题考查教学体系下的知识考点对难度的影响。2. 试题考查科学体系下的知识应用对难度的影响。3. 试题考查心智操作对难度的影响。

《化学教学》2009 年第 3 期

### 课程标准高考化学试题科学探究能力考查初探

单旭峰

在新课程理念指导下，提出了高考化学试题科学探究能力的考查主要包括实验方案设计、按规定选择仪器和药品完成实验操作（用语言描述操作步骤）、实验数据处理与解释、实验方案评价、技能考查等方面。

《化学教学》2009 年第 4 期

### 苯环——高考命题的切入点

王显成

含苯环结构的试题备受高考命题者的青睐。该文分析了近几年的试卷，命题者主要是从以下几个方面把苯环切入试题的：结构考查作为切入点，性质考查作为切入点，以实验操作作为切入点，以社会热点作为切入点，以社会生活需要作为切入点，以有机合成作为切入点，以关注人类生存环境作为切入点，以基本计算作为切入点，以类比推断作为切入点。

《化学教学》2009 年第 4 期

### 深入解读高考新图——双纵坐标图

崔邑诚

2008 年江苏高考中首次出现的双纵坐标图，不仅对审题读图能力提出了更高的要求，而且图中信息比较复杂，甚至很多中学教师也未能详解该图，该文以“利用 $CO_2$ 催化氢化制甲烷的研究过程”为例，探讨了对双纵坐标图的认识。

《化学教学》2009 年第 4 期

### 聚焦高考燃料电池电极反应的书写

于海强

该文总结了在不同的电解质中，燃料电池的电极反应式不同的书写方法。并对高考燃料电池电极反应式书写考查举例说明。

《化学教学》2009 年第 4 期

## 对山东省 2008 年高考理综化学第 32 题的商榷

韩程明

笔者在研究 2008 年山东省理科综合卷第 32 题时和第 2 小题时发现，该题存在较大的科学性问题，并进行了三方面的质疑。

《化学教学》2009 年第 4 期

## 中考计算题的新视点

盛锡铭

该文指出近几年来，中考的计算题已逐渐摆脱了过去那种单纯考查计算能力的窠臼，出现了一些新的考查视点。例如考查数据分析能力，考查反思评价能力，考查逆向思维能力，考查学以致用能力，考查文字表达能力等方面。这种试题具有开放性，重在考查学生的组织能力和文字表达能力，以及正确运用化学术语的能力。对学生的要求提升到了一个新的台阶。

《化学教学》2009 年第 5 期

## 神奇的过氧键试题

张　禄

过氧键中由于氧元素独特的化合价，在中学化学中占有非常特殊的地位，主要表现在高考化学试题中以 $H_2O_2$、$CH_3COOOH$、$Na_2O_2$、$S_2O_8^{2-}$ 为载体来考查学生的能力。通过对它们的性质和用途进行研究，从而得出它们的结构和特点。

《化学教学》2009 年第 5 期

## 新课改高考化学有效合理复习教学构想

周改英

本文结合新课程理念的学习与感悟、多年对高三教学的经历与心得，就如何有效合理地组织复习进行初步探讨。提出要确立教学主体地位，激发学生有效合理复习积极主观能动性；发挥教材资源价值，落实有较强操作性的核心知识发展能力；加强科学有效练习，巩固基础知识。高考化学复习教学要做到高效合理，关键是教师对新课改理念的正确理解，关键是教师要有正确的复习主体意识、正确的学科教材意识和科学地组织练习以及传授的学科知识正确。

《化学教学》2009 年第 6 期

## 咬文嚼字说平衡

崔书华

以2003年全国理综第11题为引子，分析了浓度和压强影响平衡移动的原理所适用的范围。

《化学教学》2009年第6期

## 对一道中考模拟题的错误分析

张鹏飞

《化学教学》在2008年第2期刊登的《工业氢氧化钠质量分数的实验测定》一文中引用2007年浦东新区中考化学模拟试题，笔者认为这是一道错题，并指出出现这种命题错误，是因为命题人没有综合考虑各种因素对实验结果的影响，没有依据实验事实来命题。

《化学教学》2009年第6期

## 燃料电池的类型与高考试题的考查要点

龚铁森

本文介绍了燃料电池的概念、分类与特点，以及铜锌原电池的基本知识与高考试题中的知识拓展运用，分析了高考试题的取材与考查要点。

《化学教学》2009年第10期

## 对2009年高考全国Ⅰ卷理综化学几个试题的研究

李俊生

本文列举了2009年高考全国Ⅰ卷理综化学几个试题中一些瑕疵的看法，指出高考化学试题对中学化学教学影响非常大，试题的科学性和严谨性非常重要。

《化学教学》2009年第10期

## 从江苏2009年化学高考试题谈高三化学教学中提升学生思维品质

吴学录

从江苏2009年化学高考试题命题导向、考查要点分析，指出新课改后的高考试题，更加注重在新情境问题中对学生的信息处理能力、综合思维能力等化学素养的考查。给我们的最大启示是高三化学教学中应着力在解决问题的过程中，提升学生的思维品质。结合具体高考题，就以下5个方面展开了分析：(1)善抓本质提升思维的深刻性；(2)变通问题提升思维的灵活性；(3) 探究求新提升思维的独创性；(4)反思纠错提升思维的批判性；(5)快速多思提升思维的敏捷性。

《化学教学》2009年第11期

## 2009年高考电化学类试题大汇题

柴 勇

电化学是历年高考的重要考点，分析2009年各地高考试题不难发现，电化学类试题在试卷中所占比重相对稳定，每一份试卷中都有1～2道电化学类试题。该文将2009年高考电化学类试题分类进行总结。(1)可充电电池类题目；(2) 燃料电池类题目；(3)一般电池类题目；(4) 原电池原理的应用类题目；(5) 电解原理的应用类题目；(6)电化学原理与化工生产相结合类题目；(7)原电池与电解综合类题目。

《化学教学》2009年第11期

## 高考新增"铜考点"的启示

肖中荣

该文对2009年全国部分高考有关"铜考点"进行归纳：(1)考查铜及其化合物质结构；(2)考查单质铜的化学性质；(3)考查铜及其化合物的推断；(4)考查铜化合物的实验。对教材新增元素化合物的教学有如下启示：(1)控制新增知识难度；(2)构建元素化学知识网络；(3)回归经典考题方式。

《化学教学》2009年第12期

## 析上海高考卷：探稳中求变新举措

魏启河

纵观近几年的上海高考化学卷，可以说"稳"是最大的特点：命题风格和题型设置上基本不变；核心考点经久不衰；紧扣大纲，回归教材。"变"是必然的：将教材素材重新组合，变换角度去提问；经典试题的变型。"新"是一套试卷的亮点：与最新科技动态联系，学以致用；课堂的动态生成性资源再现；教材涉及都可能是试题选材的对象。

《化学教学》2009年第12期

## 聚集 2009 年高考中的 STSE 类试题

柴 勇

STSE 类试题在各地的高考试题中占有相当大的比重，该文将 2009 年高考中的 STSE 类试题总结如下：(1)时事新闻相关型；(2)新科技、新产品相关型；(3)食品、药品相关型；(4)能源、生活相关型；(5)环境化学相关型；(6)化工生产相关型。

《化学教学》2009 年第 12 期

## 对 2009 年全国统一高考理综（重庆卷）27 题的教学分析

刘怀乐

该文就这道高考题，把一些有价值的探究结果提出来：(1)乙二酸热分解的气体发生装置有违简约性原则；(2)CO 能使酸性 $KMnO_4$ 水溶液褪色吗？(3) $Na_2O_2$ 能不能氧化 CO。并提出教学思考：高考是严肃的，高考命题的经验教训是必要的。纵观这 10 多年来的高考试题，我们认为最值得吸取的教训是高考化学实验题。

《化学教学》2009 年第 12 期

## 对一道高考有机实验题的思考和质疑

林 敏

分析了 2006 年上海高考化学卷中一道有机合成的实验题存在的问题。

《化学教学》2009 年第 12 期

## 与量有关的化学反应在 2008 年高考中的考查方式归类例析

苗培玉

选择判断类多采用选择题的形式考查考生对反应的产物、反应物或方程式书写正误的判断。文中给出了 8 道例题。物质检验类是另一种考查方式，文中给出了三个比较复杂的例题。

《中学化学》2009 年第 1 期

## 中考化学框图推断题突破口归类例析

王廷虎 李正负

中考化学框图推断题的主要突破口有物质的特征颜色、典型性质、特征组成、典型用途、化学反应的典型条件、化学反应的不同途径。文中就每一种突破口各举一例加以说明。最后列举了一道综合性推断题。

《中学化学》2009 年第 1 期

## 例析化学平衡的考查方式

殷从宽

化学平衡是历年高考的必考内容，常见的考查方式有考查化学反应速率、化学平衡、平衡移动原理、化学平衡图像、化学平衡的定量、等效平衡、化学平衡常数、化学反应速率和化学平衡知识的综合与应用。文中针对每一种考查方式都各举一例加以说明。

《中学化学》2009 年第 1 期

## 2008 年高考理综化学第 29 题(1)答案商榷

庄宗成

若按中学知识范围解题，答案应该是邻甲苯酚，而不是对甲苯酚。若按大学知识，生成物极微量的也考虑在内，则本小题无答案。

《中学化学》2009 年第 1 期

## 对 2008 年高考化学试题（全国卷Ⅰ）题 29 答案争议的探讨

邵成喜

争议观点 1 对甲基苯酚苯环上的一溴代物的同分异构体就是 2 种，分别在酚羟基邻对位，而邻甲基苯酚苯环上一溴代物的同分异构体应该是 4 种，所以原有答案正确，应该是对甲基苯酚。争议观点 2 根据中学教材苯酚与溴水的反应，往年高考对酚类物质和溴水的反应考查得出取代基应该在酚羟基的邻对位，若答案为对甲基苯酚的话，那么和溴水反应的产物应该为 1 种（因为对位被甲基占据），而若为邻甲基苯酚，则刚好为 2 种，所以答案应该是邻甲苯酚。作者认为，观点 1 有所片面，题目突出了 C 与溴水反应生成的一溴代物，这与苯环上的一溴代物有多少种同分异构体是完全不同的两个问法。观点 2 也不妥，酚羟基是邻对位定位基，但不排除少量其他副产物。所以，第 29 题第 1 小题的题设情境欠妥，应该将“C 与溴水反应生成的一溴代物只有两种”改为“该有机物苯环上的一溴代物只有两种”。

《中学化学》2009 年第 1 期

## 从2008年高考看盐类水解的考查

马会林

主要考点有盐类水解的实质及规律、离子方程式的书写、影响盐类水解的外界因素（主要是温度、浓度、酸碱度）、盐溶液的三个守恒原理（电荷守恒、物料守恒、质子守恒）、盐类水解的应用（判断盐溶液的酸碱性及其强弱或者根据盐溶液酸碱性倒推酸碱的强弱、比较盐溶液中各离子浓度的相对大小、双水解的应用、配制某些盐溶液、选择制备无水盐的途径、化肥的合理使用、某些试剂的贮存）。文中给出了诸多例题加以说明。

《中学化学》2009年第1期

## 梳理与运用——高考化学“关键”知识点扫描

颜建河

举例阐述了XY、$XY_2$、$X_2Y_3$、$X_2Y$、$XY_4$等非常规型化合物问题。等电子粒子问题。弱电解质平衡移动问题。离子反应问题。并归纳了解题突破点。

《中学化学》2009年第1期

## 烷烃分子通式$C_nH_{2n+2}$考查方式

邵国光　钟　文

确定分子中最大氢原子数，不饱和度的计算，确定分子中碳原子数与化学键数的关系，确定分子中基团的数目，确定分子中共用电子对数，确定烷烃分子中不同碳原子、氢原子之间的关系。

《中学化学》2009年第2期

## 碳酸钠的中考试题归纳

王荣桥

在中考命题的选择题、填空题、物质成分的推断题、实验探究题、化学计算题中均涉及碳酸钠的相关知识，常见的命题角度有：以碳酸钠为载体，考查物质的分类、物质的共存、物质的组成、探讨物质间的反应、碱性溶液的实质、融雪剂的成分、物质纯度的测定。

《中学化学》2009年第2期

## 无机化工框图推断题的特点及突破策略

苗培玉

详细解析了 2007 年和 2008 年六道高考题，分析了无机化工框图推断题的特点是：①主要考查学生运用所学知识分析解决实际问题的能力，其次考查学生对知识的迁移能力。②无机化工题建立于新颖的化工情景之上，源于教材又高于教材、理论联系实际、创新性极强又富有挑战性。③考查形式为生产流程图。解决无机化工题的关键为四个步骤：泛读通大意→精读析问题→研读定方案→规范写答案。

《中学化学》2009 年第 3 期

## 2009 年中考命题的新热点——三聚氰胺

王岳军　黄千如

介绍了三聚氰胺的化学组成、物理性质、生物功能、工业用途等。列举了 8 道与此有关的试题。

《中学化学》2009 年第 3 期

## 例谈中考试题中选择题的常见解法

张富强

结合例题阐述了 11 种类型选择题的解法。①解判断型选择题要将各选项进行逐项判断后，选出正确答案，要特别注意每个选项的特殊情况，防止出现错误判断。②解顺序型选择题要“抓两头带中间。③解区间型选择题往往采用极端假设的思维方式。④解比较型选择题往往通过比较一些相关的知识点就可以直接判断。⑤解图像型选择题的关键是“认清坐标理解线段”，即要对图像中线段的升、降、平的变化及拐点、截距、交点等都要准确理解，灵活应用。⑥解模糊型选择题可以对一些数据进行模糊处理，从而简化计算。⑦解估算型选择题要先计算并估算出一个参考量，然后用这个参考量与题中的已知量进行对比，得出正确答案。⑧解技巧型选择题要注意技巧的应用。⑨解实验型选择题首先要分析实验目的，明确实验程序。然后分析实验现象，审视细微末节，得出结论。⑩解具体型选择题要将抽象的物质、数据转化为具体的物质、数据，往往可以使问题简单明了。⑪归一型选择题是解题数据不足或没有数据，解题方法是把被研究的物质定为一个单位。

《中学化学》2009 年第 4 期

## 中考计算题命题的新趋势

盛锡铭

结合全国近几年的中考题分析得出，中考计算题的命题新趋势是叙述情境化、数据图表化、能力综合化（考查研究性学习能力、反思能力、逆向思维能力）。

《中学化学》2009 年第 4 期

## 新课程新考点——沉淀的溶解平衡

张新中

梳理了沉淀溶解平衡及溶度积的有关知识点，结合具体例题阐述了有关考点有：考查对概念的理解、沉淀溶解平衡图像、沉淀的溶解与生成（判断离子浓度的大小、判断是否有沉淀生成、判断沉淀的生成顺序、探究沉淀的溶解）、沉淀溶解平衡的计算。

《中学化学》2009 年第 4 期

## 中考化学源于教材的实验探究题归类例析

王廷虎　古宏清

结合 2008 年的中考题，分析了中考化学源于教材的实验探究题的主要类型有：空气组成的测定、水的电解、质量守恒定律、燃烧的条件、溶液的配制、中和反应。

《中学化学》2009 年第 4 期

## 中考化学热点事件归类例析

王廷虎　古宏清

结合近几年的中考试题，举例分析了常见的热点事件有：探索宇宙奥秘、关注南方雪灾、关注汶川地震、聚焦北京奥运、关注能源发展。

《中学化学》2009 年第 5 期

## 金属元素及其化合物专题复习及命题分析

柴　勇

一、重视基础知识，形成知识规律：构建一张体系网，总体知识要把握；熟记四个关系网，搞通物质间转化；掌握一张顺序表，理解性质的递变；两个“三角”作核心，转化关系要辨明。

二、分析热点问题，把握命题趋势。①钠及其化合物近几年高考命题主要侧重于以下三个方面：钠及其化合物的性质及推断；碱金属元素性质的比较；钠及其化合物的计算及实验。②镁、铝、铁及其化合物主要考查金属离子的常见化学反应以及有关的实验和电化学问题。③铜元素的考查内容涉及铜及其化合物的物理性质、化学性质、制法和用途等。

《中学化学》2009 年第 5 期

## 高考中同分异构体试题解析

叶春英

有机物同分异构体的推导与判断是高考热点，也是学生的学习难点。本文结合例题阐述了推导方法和思路：①有序性：考虑同分异构体通常按照类别异构→碳链异构→位置异构的顺序。②规律性：烷烃的碳链异构是基础，找出其中的规律，在碳链上直接增加或插入官能团。碳链异构可以按照以下方法书写：先直后支，逐一减碳，先整后散，先邻位后间位，位置由中间到一边，减碳减至大于等于 $(n+1)/2$ 的最小整数。一取代物种类的判断也是有机物结构规律性的重要体现，具体方法是根据等效氢原子来判断。

《中学化学》2009 年第 6 期

## 例谈高考试题中多官能团有机物的最大耗量问题

钟　文　李红梅　邵国光

解答此类问题时，必须熟练掌握如下官能团的结构与性质：与氢气、溴水、金属钠、氢氧化钠、碳酸钠、新制氢氧化铜反应的官能团。结合例题说明了以下七种情况的最大用量问题：①确定 $Br_2$ 或 $H_2$ 的最大用量。②确定 $Br_2$ 或 NaOH 的最大用量。③确定 NaOH 或 $H_2$ 的最大用量。④确定 Na、NaOH 或新制 $Cu(OH)_2$的最大用量。⑤确定 NaOH 的最大用量。⑥确定 $H_2$ 的生成或消耗的最大量。⑦确定 $O_2$ 的最大用量。

《中学化学》2009 年第 6 期

## 分析电极产物，切莫想当然——几例全国理综卷(Ⅰ)中的电解题评析

汤　伟　张茹英

近年来，在高考试题中有多次涉及电解产物的问题，命题者想当然。该文以连续四年在全国高考理综卷（Ⅰ）中所查到的电

解池知识为例，逐一分析，有的问题还用实验进行了验证。主要涉及四类问题：①电极产物与电极材料有关。②电解产物与电解质有关。③电解产物与微粒的量有关。④电解产物与微粒的放电顺序有关。

《中学化学》2009 年第 6 期

## 例谈中考化学推断题的解题思路

刘 韬

结合长沙、苏州、南通、江西、云南等地近几年的中考化学推断题，阐述了解答这类题的关键是熟悉相关的基础知识，解题时要抓住题中的关键点，通过对特殊颜色、特征反应、特征现象的分析和推导，找到“突破口”，大胆假设，综合论证，得出结论。

《中学化学》2009 年第 6 期

## 对一道中考探究题的评析

孙运利

选择了江苏省连云港市 2008 年中考化学试卷第 28 题，给出了题目、解析、答案、点评。认为该题选题精妙、试题构造合理、设问难易搭配紧扣教材、试题具有良好的区分度和信度。

《中学化学》2009 年第 7 期

## 高考失分原因大盘点

孙丽丽 柴 勇

归纳了十个失分原因：①审题粗心大意，一掠而过。②忽视隐含条件，浅尝辄止。③基础知识欠缺，顾此失彼。④规律运用致错，张冠李戴。⑤思维不会变通，机械迁移。⑥数形结合失误，南辕北辙。⑦解题逻辑混乱，自相矛盾。⑧答题步骤烦琐，劳而无功。⑨有机解题受阻，一叶障目。⑩动手能力欠缺，纸上谈兵。针对每一种失分原因，给出例题、解析和易错反思。

《中学化学》2009 年第 7 期

## 透视“金属”探究题

邓发其

结合例题归纳了中考题中有关金属探究性试题的热点题型：

①探究金属的性质。②探究金属的活动性顺序。③探究合金的成分。④探究金属锈蚀的条件。⑤探究金属与盐反应后的成分。⑥探究影响金属与酸反应快慢的因素。

《中学化学》2009 年第 8 期

## 关注重大事件，把握命题热点

孙玉明

归纳了生产生活中发生的与化学有关的重大事件成为命题热点的有食品安全、安全生产、自然灾害、水源保护、温室效应。文中给出了每一事件的新闻背景、知识连接和例题。

《中学化学》2009 年第 8 期

## 中考试题中的“水”

邓发其

结合中考试题及解析，阐述了“水”的常见考点有水的特殊性质、节水措施、净化装置与净化过程、电解水实验、水资源状况、水污染与防治、硬水与软水。

《中学化学》2009 年第 9 期

## 溶液中离子平衡考点探析

刘继鸿

溶液中的离子平衡是历年高考的重点和难点，题目类型灵活多变，特别是新高考试卷中往往会出现涉及本部分内容的答题，要引起我们的极大重视。本文总结出几个常见的考点并进行了阐述：一、电解质概念辨析；二、电离平衡与电离平衡常数；三、溶液 pH 的计算；四、盐溶液中离子浓度的比较；五、酸碱中和滴定原理；六、水溶液中几种平衡的综合问题。

《理科考试研究》2009 年第 7 期

## 化学学科高考备考最后阶段的几点建议

蔡春燕

在经过高考备考的最后复习阶段，为提高高考的实效性与针对性，本文从化学学科角度就回归教材、理综试卷中的时间分配、有针对性答题方法、考场心理调整等几个方面深入探讨与分析，并给出了可操作性的方法。

《理科考试研究》2009 年第 8 期

## 新课改背景下高考化学实验试题的命制特点及教学策略

周改英

纵观近 4 年上海化学“一卷两分叉”高考试题，其涉及实验内容的题目呈现出形式新颖独特，试题的可操作性与重复性不断增强，总赋分略高于考试手册的命题取向。笔者认为实验试题题型基本固定，实际赋分略高于大纲且趋向平稳。本文以具体的高考试题为例阐述了实验试题命制特点及教学对策：1. 选材源于教材资源的综合，注重对基本实验操作、原理现象和绿色化学理念的考查；2. 选材源于教材实验的整合，突出对实验设计创新、反应原理应用和学习能力的考查；3. 选材源自课标内容的多维组合，重视规范操作、问题解决和可持续发展能力的考查。

《实验教学与仪器》2009 年第 6 期

## 新课程高考化学试题特点评析

王　磊　支　瑶　孙红保

自 2004 年开始实施高中化学新课程至今，新课程的高考一直是教师、学生、家长等各方面人士关注的热点。在已经进行新课程高考的 6 个省的化学高考试题分为必考题和选考题。根据模块的选择考生进行选考答题，除这些省外，其他的一些省也对此表示了支持。本文对新课程高考化学试题的特点进行了阐述：1. 考查点的深广度与课程标准要求一致，必考、选考层次清晰；2. 关注对课程标准中新增内容的考查；3. 关注对过程方法的考查；4. 关注对知识的功能与价值的考查。并在此基础上提出了对新课程高考化学试题的进一步发展的展望：1. 新课程高考化学试题对课程结构选择性的支持作用还有待于进一步探讨；2. 新课程高考化学试题在考查内容上需要进一步增强与课程标准的一致性；3. 新课程高考化学试题需要进一步关注对知识的功能与价值的考查；4. 新课程高考化学试题如何更好地体现每个课程模块的风格特点和功能定位；5. 目前大多数省（区）采用综合理科的考试模式，那么，化学试题的分值比例、不同学科试题难度的协调等问题还存在一些值得完善的地方，此外我们对于新课程高考化学试题的研究角度还需要进一步丰富，研究的方法和手段还需要进一步创新，特别是对高考的一些基础理论和关键性问题进行深入研究。

《基础教育课程》2009 年第 9 期

## 2009 年新课程高中化学试题的特点及思考

曾兵芳　聂小燕　陆宇平

2009 年时新课程高考的第三年，本文通过对 2009 年参加新课程高考的 10 个实验区、9 套高考化学试题的结构特点和试题特点进行分析。在结构特点上，不同省区在必做题和选做题以及选择题和非选择题上针对不同的模块有不同的特点和要求。针对化学卷的试题特点作者得出以下几点结论：1. 注重主干知识的考查，兼顾考查知识的覆盖面；2. 注重联系社会生产、生活实际；3. 突出考查学生获取、理解和整合化学信息的能力；4. 多角度考查实验内容，突出考查化学实验探究能力。并在此基础上提出对新课程高考化学卷的两点思考：1. 关于选考模块的设置；2. 关注科学探究能力的考查。

《教育测量与评价》2009 年 8 月

## 中学化学解题的思维艺术——变形策略

舒友忠

本文利用变形思维，结合具体的化学例题进行阐述。一、化学式变形策略：放大与缩小、分解与重组、换元与变通；二、“量”“性”转换策略：回归基点、剖析实质、因果互动、中介评价；三、“文”“图”互现策略：过程框图、流程示意、关系构造。

《高中数理化》高一版（京）2009 年第 1 期

## 中考化学新题型掠影

伍锡雄

本文对近年的中考化学试题进行了分类、解析和评析：一、图景图片型考题；二、学科渗透型考题；三、科学探究型考题；四、自编自解型考题。

《理科考试研究》（哈尔滨）2009 年第 1 期

## 2008 年全国高考课程标准卷与全国卷中化学实验题分析与比较

曾兵芳　陆余平

本文通过对 2008 年 5 套高考课程标准卷和全国卷中实验题的

结构和试卷内容进行分析与比较，得出了启示：1. 高考命题应体现出新课改精神；2. 要高度关注学科能力和素养的考查；3. 选考模块中相关实验内容的考查。

《教学仪器与实验》（京）2009 年第 1 期

## 高考解题中的典型错误及对策

盛锡铭

通过分析高考试卷，笔者发现很多学生都会犯相似的错误，本文结合高考例题，将易犯错误进行分类并提出解决问题的对策。一、高考解题中的典型错误，包括：1. 审题方面的问题：忽视限制、答非所问、忽视隐含；2. 双基方面的问题：概念不清、知识混淆、方法不当；3. 思维方面的问题：思维定式、迁移障碍、顾此失彼；4. 实验方面的问题：缺乏实验经历、实验能力欠缺。二、解决问题的对策：夯实基础；训练思维；强化实验；认真审题。

《数理化学习》（高中版）2009 年第 5 期

## 有机合成命题的新走向

韩忠营

本文以历年来的高考真题为例，分析了有机合成命题的类型和考查目的。一、以直接提供信息为前提，考查模拟迁移能力；二、以提供新物质的合成路线及结构简式为载体，考查分析、推理及信息提取能力；三、以科技新产品、新材料等为命题新情景，考查知识联想、迁移和灵活运用能力。

《高中数理化》（京）2009 年第 5 期

## 解答高考化学单选题的九种技巧

祁雪英

本文针对很多同学在理综考试中时间不够的问题，结合具体高考例题，提出了九种选择题的解答技巧，以缩短选择题的解答时间。1. 浏览法；2. 放生法；3. 先易法；4. 头尾法；5. 巧断法；6. 不算法；7. 巧算法；8. 掏心法；9. 对比法。

《理科考试研究》（高中版）2009 年第 5 期

# 中考试卷选登

## 2009 年烟台市初中学生学业考试化学试题

同学们好：通过初中阶段的学习，你的收获一定很多。请你仔细审题，认真答卷，将你的收获展示出来。本试题分Ⅰ卷和Ⅱ卷两部分，Ⅰ卷为选择题，Ⅱ卷为非选择题。满分 100 分。考试时间 90 分钟。可能用到的信息——元素周期表（部分）

| 族<br>周期 | ⅠA | ⅡA | ⅢB | ⅣB | ⅤB | ⅥB | ⅦB | Ⅷ | | | ⅠB | ⅡB | ⅢA | ⅣA | ⅤA | ⅥA | ⅦA | 0 |
|---|---|---|---|---|---|---|---|---|---|---|---|---|---|---|---|---|---|---|
| 1 | 1 H 氢 1 | | | | | | | | | | | | | | | | | 2 He 氦 4 |
| 2 | 3 Li 锂 7 | 4 Be 铍 9 | | | | | | | | | | | 5 B 硼 11 | 6 C 碳 12 | 7 N 氮 14 | 8 O 氧 16 | 9 F 氟 19 | 10 Ne 氖 20 |
| 3 | 11 Na 钠 23 | 12 Mg 镁 24 | | | | | | | | | | | 13 Al 铝 27 | 14 Si 硅 28 | 15 P 磷 31 | 16 S 硫 32 | 17 Cl 氯 35.5 | 18 Ar 氩 40 |
| 4 | 19 K 钾 39 | 20 Ca 钙 40 | 21 Sc 钪 45 | 22 Ti 钛 48 | 23 V 钒 51 | 24 Cr 铬 52 | 25 Mn 锰 55 | 26 Fe 铁 56 | 27 Co 钴 59 | 28 Ni 镍 59 | 29 Cu 铜 64 | 30 Zn 锌 65 | 31 Ga 镓 70 | 32 Ge 锗 73 | 33 As 砷 75 | 34 Se 硒 79 | 35 Br 溴 80 | 36 Kr 氪 84 |

### Ⅰ卷（选择题，共 30 分）

一、选择题（本题包括 10 个小题，每小题 1 分，共 10 分。每小题只有一个选项符合题意）

1. “民以食为天”。下列过程中发生了化学变化的是（　　）。

A. 淘米　　B. 洗菜　　C. 苹果榨汁　　D. 葡萄酿酒

2. 下列有关空气各成分的说法正确的是（　　）。

A. 氧气的化学性质比较活泼，属于可燃物

B. 氮气的化学性质不活泼，可用于食品防腐

C. 空气质量报告中所列的空气质量级别越大，空气质量越好

D. 二氧化碳在空气中含量增多会引起温室效应，属于空气污染物

3. 2009 年“世界环境日”的主题是“团结起来应对气候变化”。下列认识不正确的是（　　）。

A. 植树造林，严禁乱砍滥伐

B. 在生产和生活中提倡使用节能技术和节能用具

C. 提倡乘坐公交车、骑自行车或步行出行

D. 开发新能源，禁止开采和使用化石燃料

4. （略）

5. 正确的实验操作对实验结果、人身安全都非常重要。下列实验操作正确的是（　　）。

点燃酒精灯
A

氧气验满
B

液体加热
C

量 9.5 mL 液体
D

6. 2009 年“中国水周”的主题是：“落实科学发展观，节约保护水资源。”下列认识和做法不符合这一主题的是（　　）。

A. 洗菜、洗衣、淘米的水用来浇花、拖地、冲厕所

B. 加强工业废水的排放监控，坚持达标排放

C. 合理施用农药、化肥，以减少水体污染

D. 淡水资源丰富，所以淡水可以取之不尽、用之不竭

7. 下列对一些事实的解释不正确的是（　　）。

| | 事　实 | 解　释 |
|---|---|---|
| A | 物质的热胀冷缩 | 分子或原子间的间隔随温度的改变而改变 |
| B | 一氧化碳有可燃性，而二氧化碳不具有可燃性 | 物质组成元素不同，分子结构也不同 |
| C | 0 ℃时水结成冰，而海水在 −1.9 ℃才会结冰 | 海水中含有盐，是混合物，其凝固点比水低 |
| D | 盐酸和稀硫酸都能使紫色石蕊试液变红色 | 盐酸和稀硫酸中都含有大量的氢离子 |

8. 我国首部《食品安全法》于 2009 年 6 月 1 日起颁布施行。下列能保证食品安全的是（　　）。

A. 用小苏打作发酵粉焙制糕点　　B. 用甲醛溶液浸泡海产品

C. 用工业石蜡给水果上蜡“美容” D. 用工业酒精勾兑饮用酒

9. 雄伟壮观的国家大剧院主体建筑表面安装了近 2 万块钛（Ti）金属板。已知 Ti 原子核内有 22 个质子，则下列叙述正确的是（　　）。

A. Ti 可以表示一个钛原子　　B. $Ti^{4+}$ 核外有 26 个电子

C. $TiO_2$ 中含有氧分子　　D. $CaTiO_3$ 属于金属氧化物

10. 下图是工业上制备氢气的微观示意图，其中不同的“球”代表不同的原子。下列说法不正确的是（　　）。

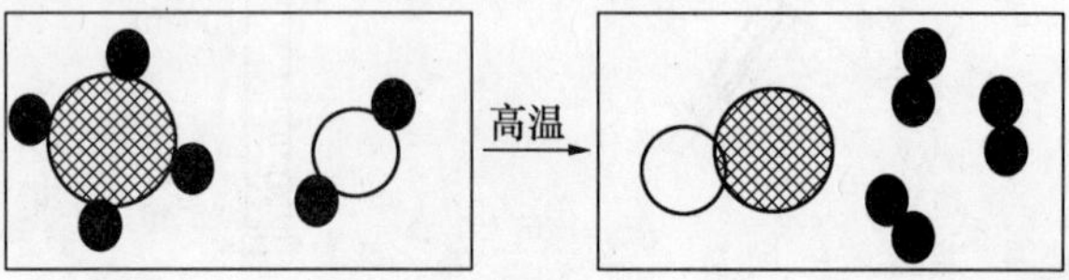


A. 图中能表示氢分子的是“”

B. 反应前后，原子的种类、数目不变

C. 该反应中共涉及两种单质和三种化合物

D. 该反应中参加反应的两种分子的个数比为 1∶1

二、选择题（本题包括 10 个小题。每小题 2 分，共 20 分。每小题有 1 个或 2 个选项符合题意。若有 2 个答案，漏选 1 个扣 1 分，错选则不得分）

11. 用数轴表示某些化学知识直观、简明、易记。下列数轴表示的化学知识正确的是（　　）。

A. 铁、银、铜的金属活动性强弱：

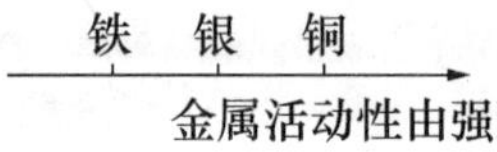


B. 硫及其化合物与化合价的关系：

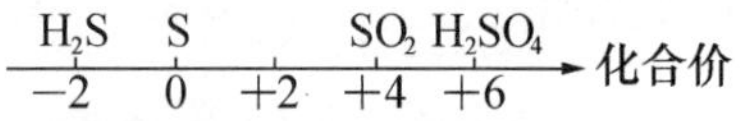


C. 物质溶解度与溶解性的关系：

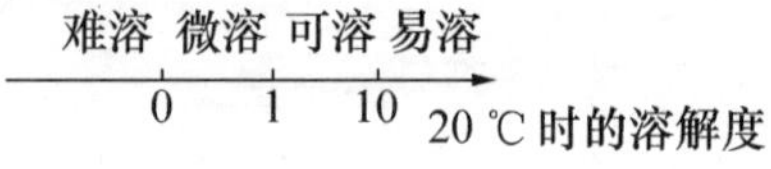


D. 物质形成溶液的 pH：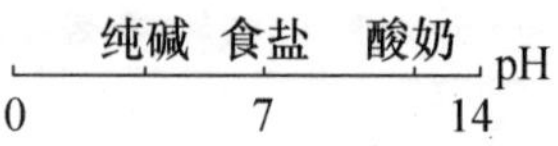


12. 某同学在研究物质燃烧的条件时，做了下图所示的实验：把一条粗金属丝绕成线圈罩在一支蜡烛的火焰上，火焰很快就熄灭了。对这一实验的说法不正确的是（　　）。

A. 金属线圈内的气体温度升高了

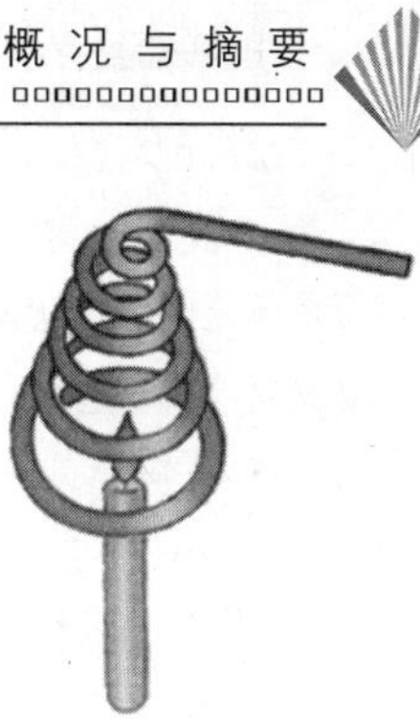

B. 可燃物的温度降到了着火点以下

C. 金属丝有良好的导热性

D. 若预先将金属丝加热，蜡烛就不会很快熄灭

13. 下列有关洗涤问题的说法不正确的是（　　）。

A. 洗洁精可使餐具上的油污乳化

B. 汽油可溶解衣服上的油渍

C. 酒精能洗去瓷砖上的水锈

D. 加酶洗衣粉中的酶有助于洗去衣服上的血渍

14. 芜湖铁画是中国工艺美术百花园中的一朵奇葩。它以钢材为主料，经锻打、焊接、酸洗、上漆等多道工艺制成。下列关于铁画的叙述不正确的是（　　）。

A. 铁画应悬挂在干燥的环境中

B. 所用材料上的铁锈可用稀盐酸清洗掉

C. 给打制成形的铁画喷漆既美观又可以防锈蚀

D. 所用的主要材料——低碳钢，有较好的锻轧性能，它不属于铁的合金

15. 某元素的原子结构示意图如下，对该元素的有关认识正确的是（　　）。

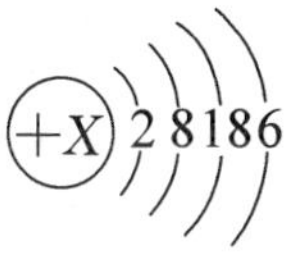


A. 该元素的原子核内质子数是 34

B. 该元素是金属元素

C. 该元素原子的最外层电子数是 2

D. 该元素位于元素周期表中的第四周期

16. 按照“绿色化学”的原则，最理想的化工生产方式是（　　）。

A. 得到的产物为绿色物质

B. 大分子物质分解为小分子物质

C. 参与化学反应的原子全部转化为期望的最终产物

D. 参与化学反应的原子全部重新组合成无毒的物质

17. 下列除去杂质的方法中，正确的是（　　）。

| 选项 | 物质（括号内为杂质） | 去除杂质的方法 |
|---|---|---|
| A | NaCl 溶液（$Na_2CO_3$） | 加入适量的 $CaCl_2$ 溶液、过滤 |
| B | $CaO(CaCO_3)$ | 加水、过滤 |
| C | Fe(Zn) | 加过量 $FeSO_4$ 溶液、过滤 |
| D | $HNO_3$ 溶液（$H_2SO_4$） | 加适量 $BaCl_2$ 溶液、过滤 |

18. 要使右图装置中的气球鼓起来，则使用的固体和液体可以是

（　　）。

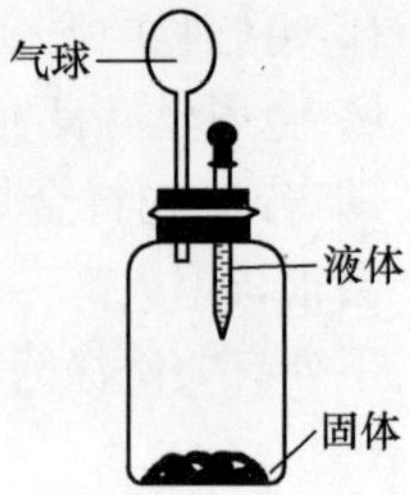


①石灰石和稀盐酸 ②镁和稀硫酸

③固体氢氧化钠和水 ④生石灰和水

A. ①②③④　　B. ①②③

C. ①②④　　D. ②③④

19. 根据右图所示的溶解度曲线，判断下列说法中正确的是（　　）。

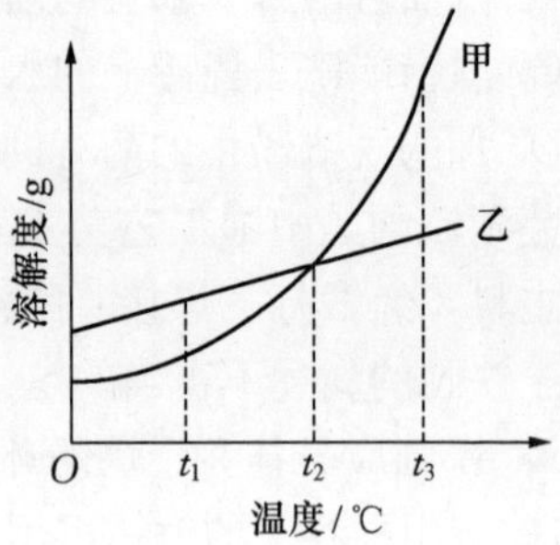


A. 甲物质的溶解度小于乙物质的溶解度

B. $t_2$℃时，甲物质的饱和溶液和乙物质的饱和溶液中含有溶质的质量相等

C. 将 $t_3$℃时的甲、乙两物质的饱和溶液降温到 $t_2$℃时都会析出晶体

D. 当甲物质中混有少量乙物质时，可采用冷却热饱和溶液的方法提纯甲物质

20. 向装有 50 g 稀硫酸的小烧杯中，不断慢慢滴加 10% 的 $Ba(OH)_2$溶液至过量。小烧杯中有关量的变化情况见下图。其中肯定不正确的是（　　）。

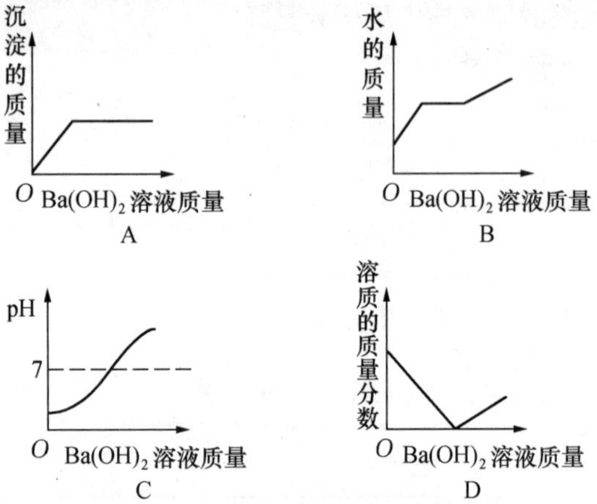


Ⅱ卷（非选择题，共 70 分）

三、填空与简答题（本题包括 6 个小题，共 34 分）

21.（5 分）化学就在我们身边，与我们的生活息息相关。请回答以下生活中的问题。

（1）“沙里淘金”说明黄金在自然界中能够以________（填“单质”或“化合物”）形式存在。

(2) 葡萄表皮上因喷洒“波尔多液”而呈现的蓝色魔点，可以用厨房调料________洗净。

(3) 刘大爷种的小麦出现倒伏现象，你会建议他使用化肥中的________肥。

(4) 长期使用的暖水瓶内胆常有一层水垢（主要成分为碳酸钙），可以用稀盐酸除去。请写出反应的化学方程式：________________。

(5) 通常所说的煤气中毒是指由__________（填物质化学式）引起的中毒。

22. (5 分) 归纳总结是学习化学的有效方法。以下是小东同学关于实验方面的某些归纳总结，请你帮助完成。

(1) 实验室中有些药品需密封保存的原因：A. 药品能吸收空气中的水蒸气；B. 药品能与空气中的某些成分发生化学反应。

① 该同学的归纳不完整，你还能补充的一种情况是________________。

② 写出一个符合情况 A 的药品名称________________。

③ 写出一个符合情况 B 的化学方程式__________________。

(2) 影响化学反应速率的因素：催化剂、温度、反应物浓度、反应物的接触面积。请举例论证下列两种因素的影响。

① 反应物的浓度越大，反应速率越大。如：______________。

② 反应物的接触面积越大，反应速率越大。如：____________________________。

23. (4 分) 开发和利用清洁而又高效的新能源，是 21 世纪人类面临的重要课题。

(1) 氢气是未来最理想的能源，理想的制氢方法是________________。目前已经开发利用的氢氧燃料电池是一种将____________能转化为电能的装置。

(2) 目前，我市长岛、栖霞、莱州、招远、开发区等地的风力发电厂已经建成或正在建设中；海阳的核电项目也已经启动。这些新能源的利用和开发除了促进经济发展外，你认为还有哪些好处？(写出两条) ______________；____________。

24. (7 分) 2008 年 9 月 25 日 21 时 10 分，我国成功发射载人飞船“神舟”七号。27 日 17 时翟志刚成功完成太空漫步，太空第一次留下了“中国人的脚印”。中国成为世界上第三个可以信步太空的国家。让我们一起解读“神七”。

(1) 为航天员提供的“人造空气”中含有体积分数为 70%的氮气、20%以上的氧气、少量二氧化碳等气体。某同学对

"人造空气"的分析如下：①氮气含量比空气低；②氮气没有任何作用，可不添加；③改成纯氧气更有益于航天员呼吸；④没有污染物。其中正确的是________。

(2)"神七"载人飞船所用固体燃料是铝粉和高氯酸铵的混合物。发射时，点燃铝粉产生大量的热引发高氯酸铵发生如下反应：$2NH_4ClO_4 \xlongequal{高温} N_2\uparrow + 2O_2\uparrow + Cl_2\uparrow + 4X\uparrow$

① X 的化学式为________。

② 混合燃料中高氯酸铵的作用是________。

③ 铝粉燃烧的化学方程式为________。

(3) 为防止载人飞船在高温烘烤下表面被氧化，在载人飞船表面涂了一层纳米硅酸盐涂料。这种涂料应具有哪些性质？________(至少答两点)。

(4)"神七"航天服中有废气处理系统。先让废气进入一个装有活性炭的盒子除去臭气，这一过程利用了活性炭的________性。再用氢氧化锂 (LiOH) 作吸收剂除去二氧化碳 (氢氧化锂和氢氧化钠具有相似的化学性质)，请写出该反应的化学方程式________。

25. (4 分) 目前，甲型 H1N1 流感疫情已在全球较大范围内传播，我国已发现多例输入性病例。(1) 消毒是预防甲型 H1N1 流感的重要措施之一。某机场要用 4 500 g 溶质质量分数为 2%的过氧乙酸溶液消毒，则需要用________ g 溶质质量分数为 15%的过氧乙酸溶液来配制。过氧乙酸能杀灭病毒的主要原理是________。

(2) 甲型 H1N1 流感病毒的直径为 0.08～0.12 微米，带有病毒的飞沫直径一般为 1～10 微米。常用的三种口罩过滤孔径如下：①普通 16 层纱布口罩在 100 微米左右；②单层无纺布口罩在 10 微米左右；③N95 专业口罩在 0.1 微米左右。上述口罩在防控甲型 H1N1 流感中更有效的是________ (填序号)。口罩的作用是过滤，由此你对过滤有何新的认识？________。

26. (9 分) 海水是一种重要的自然资源。以下是我市对海水资源的部分利用。

(1) 从海水中获取淡水。常用的操作方法是________。

(2) 从海水中获得氯化钠。将海水进行________可得到粗盐；为除去粗盐中含有的 $SO_4^{2-}$、$Ca^{2+}$、$Mg^{2+}$ 等杂质，有如下操作：①溶解；②加过量的 $Na_2CO_3$ 溶液；③加过量的 $BaCl_2$ 溶液；④加适量的盐酸；⑤加过量 NaOH 溶液；⑥蒸发结晶；⑦过滤。

正确的操作顺序是________。(用序号填一种合理组合)

(3) 从海水中得到金属镁。下图是从海水中提取镁的简单流程。

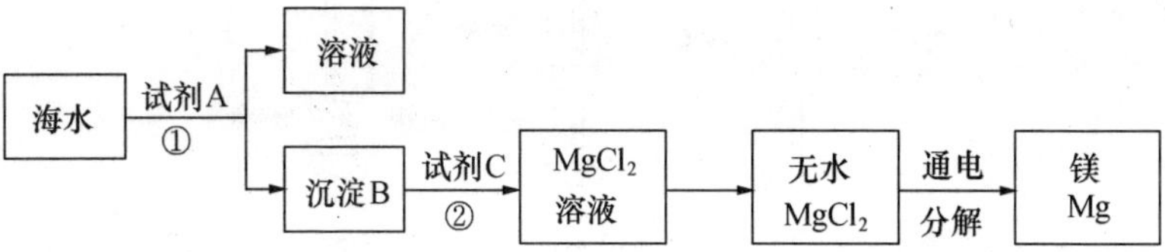


上述过程中，沉淀 B 与试剂 C 发生的是中和反应，则沉淀 B 的化学式为____________，由无水 $MgCl_2$ 制取 Mg 的化学方程式为__________________________。海水本身就是含有 $MgCl_2$ 的溶液，它与通过步骤①、②得到的 $MgCl_2$ 溶液有何不同：________________。

(4) 海水“制碱”。下图是海水“制碱”的部分简单流程。

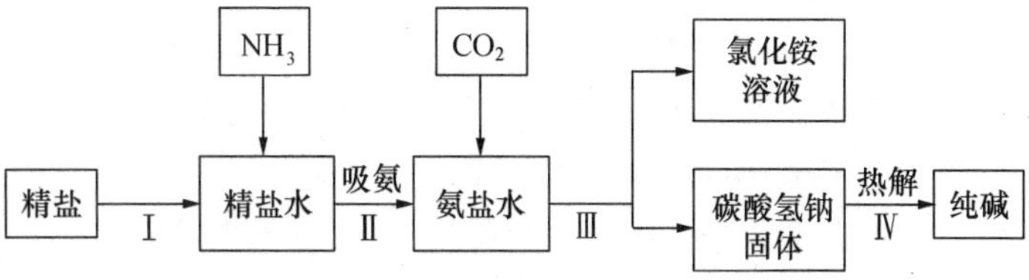


步骤Ⅲ、步骤Ⅳ反应的化学方程式为：________________、________________。

制氨盐水的过程中要先通入氨气，再通入二氧化碳。如果反过来，二氧化碳的吸收率会降低。这是因为________________________________。

四、实验题（本题包括 3 个小题，共 24 分）

27. (7 分) 化学是一门以实验为基础的学科，化学所取得的丰硕成果，是与实验的重要作用分不开的。结合下列实验装置图回答问题。

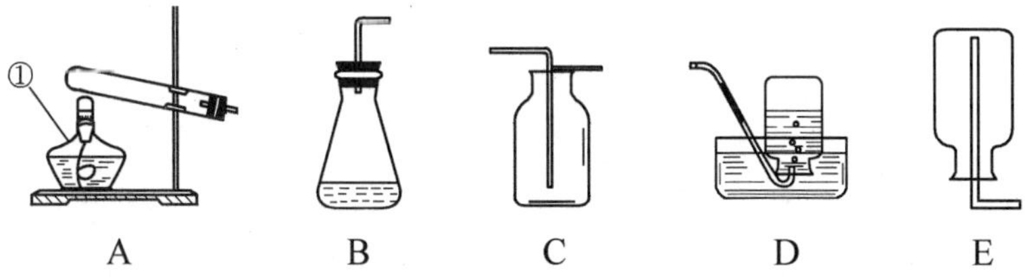


图 1

(1) 写出图中带标号仪器的名称：①________；②________。

(2) 若实验室对你开放，请从图 1 中选择合适的装置，制取一种你熟悉的气体。你想制取的气体是____________，选择的发生装置是__________（填序号，下同），选择的收集

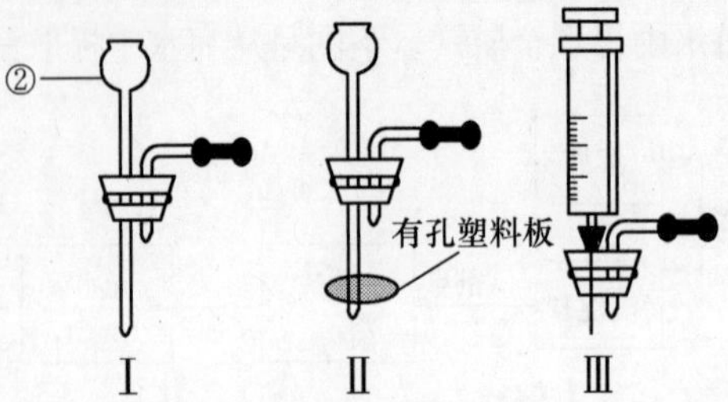


图 2

装置是______________，选择此收集装置的理由是________________________。

(3) 装置 B 虽然操作简便，但无法控制反应速率。请从图 2 中选取________（填序号）取代 B 中的单孔塞，以达到控制反应速率的目的。

28. (8 分) $CO_2$ 是初中化学重点研究的气体之一。某化学兴趣小组设计了如下实验来探究 $CO_2$ 的制取方法和性质。

(1) 该兴趣小组用干燥管、烧杯、铜网等设计装配了一个在实验室中制取二氧化碳气体的装置，如右图所示。在干燥管内的铜网上应盛放__________；若将铜网换成铁网，可能产生的后果是______________，其原因是（用化学方程式表示）__________________。

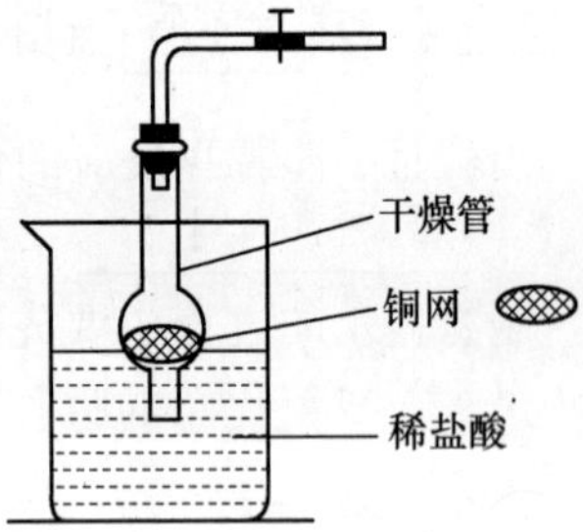


(2) 该兴趣小组同学将制得的 $CO_2$ 分别通入澄清石灰水和氢氧化钠溶液中，他们观察到前者变浑浊，后者无明显现象。$CO_2$ 和 NaOH 是否发生了化学反应？

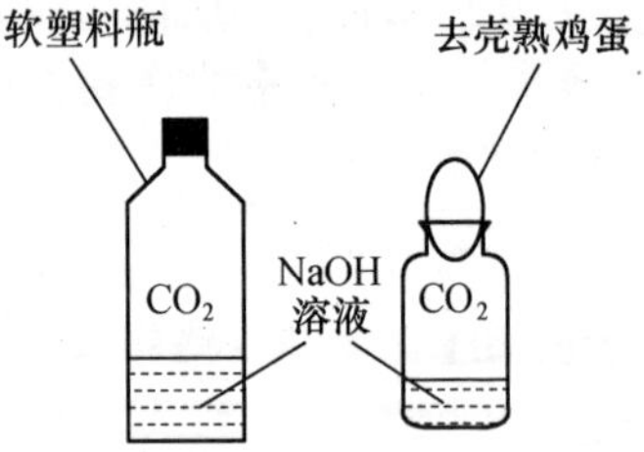


① 小明设计了甲、乙两个实验来验证 $CO_2$ 与 NaOH 发生了化学反应，如右图所示。实验现象为：甲——软塑料瓶变瘪，乙——“瓶吞鸡蛋”。小虎同学认为上述实验是可行的。其共同原理是____________________。

小雯同学提出质疑，她认为上述实验还不足以说明 $CO_2$ 和 NaOH 发生了反应。其理由是____________________。

小明同学针对小雯的质疑又补充了一个对照实验，这个实验是________________。

②小虎向甲实验后变瘪塑料瓶的溶液中加入________，观察到________现象，从而证明 $CO_2$ 与 NaOH 已经发生了反应。

29.（9 分）小丽同学欲通过实验证明“二氧化锰是过氧化氢分解的催化剂”这一命题。她设计并完成了下表所示的探究实验。

| | 实验操作 | 实验现象 | 实验结论或总结 | |
|---|---|---|---|---|
| | | | 结论 | 总结 |
| 实验一 | 取 5 mL 5%的过氧化氢溶液于试管中，伸入带火星的木条 | 有气泡产生，木条不复燃 | 过氧化氢分解产生氧气，但是________。反应的化学方程式为________。 | 二氧化锰是过氧化氢分解的催化剂 |
| 实验二 | 向盛水的试管中加入二氧化锰，伸入带火星的木条 | 没有明显现象 | ________________ ________________ | |
| 实验三 | ________________ ________________ | ______ ______ | 二氧化锰能加快过氧化氢的分解 | |

（1）请你帮小丽同学填写上表中未填完的空格。

（2）在小丽的探究实验中，“实验一”和“实验二”起的作用是____________。

（3）小英同学认为仅由上述实验还不能完全得出表内的“总结”，她补充设计了两个方面的探究实验，最终完成了对“命题”的实验证明。

第一方面的实验操作中包含了两次称量，其目的是________________；

第二方面的实验是利用“实验三”反应后试管内的剩余物继续实验。接下来的实验操作、现象和结论是________________________________。

五、计算题（本题包括 2 个小题，共 12 分）

30.（6 分）2008 年下半年发生的毒奶粉事件，是不法分子在牛奶或奶粉中添加了有毒的三聚氰胺造成的。三聚氰胺化学式为 $C_3H_6N_6$，是一种重要的化工原料。

（1）三聚氰胺的相对分子质量为__________，碳、氢、氮三种元素的质量比为____________，氮元素的质量分数为____________。

（2）检测食品中蛋白质含量的传统方法是：通过检测食品中氮元素的含量，推算其蛋白质含量。例如，若检测到牛奶中的氮元素质量分数≥0.46%，即为蛋白质含量检测合格。某种不合格牛奶中氮元素的质量分数为0.36%，若向1 000 g该牛奶中加入2 g三聚氰胺，请计算此时牛奶中氮元素的质量分数，并根据计算结果说明不法分子在牛奶中添加三聚氰胺的目的。

31.（6分）小青在实验室发现一瓶长期敞口放置的浓盐酸，为方便以后使用，他对其浓度进行了测定。取10 g此盐酸于烧杯中，逐滴滴加溶质质量分数为4%的氢氧化钠溶液，用pH计（一种测定溶液pH的仪器）测定溶液的pH，得到的数据如下：

| 加入氢氧化钠的体积/mL | 0 | 1.0 | 8.0 | 9.5 | 10.5 | 12.0 | 16.5 |
|---|---|---|---|---|---|---|---|
| 烧杯中溶液的pH | 1.0 | 1.3 | 2.0 | 3.9 | 9.9 | 11.9 | 12.8 |

（1）请你绘制出烧杯中溶液的pH与加入氢氧化钠溶液体积（V）之间的变化关系图。

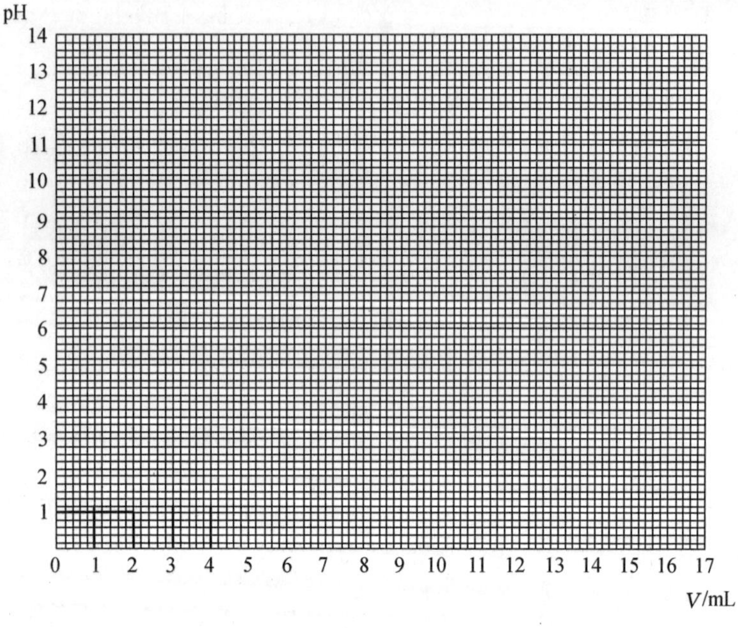


（2）请根据上图找出氢氧化钠与盐酸恰好完全反应时，所滴加氢氧化钠溶液的体积数，并据此计算此瓶盐酸的溶质质量分数。（氢氧化钠溶液的密度按1.0 g/mL计算）

## 参考答案及评分标准

一、选择题：每小题1分，共10分。

1. D　2. B　3. D　4. 略　5. C　6. D　7. B

8. A　9. A　10. C

二、选择题：每小题 2 分，共 20 分。每小题有 1 个或 2 个选项符合题意。若有 2 个答案漏选 1 个扣 1 分错选则不得分。

11. BC 12. A 13. C 14. D 15. AD 16. C 17. AC
18. A 19. CD 20. B

三、填空与简答题：(共 34 分，每空 1 分)

21.(5 分)(1) 单质 (2) 食醋 (3) 钾
(4) $CaCO_3+2HCl=CaCl_2+CO_2\uparrow+H_2O$ (5) CO

22.(5 分)(1) ①药品易挥发 ②浓硫酸（或氯化钙等）
③$CO_2+Ca(OH)_2=CaCO_3\downarrow+H_2O$（或 $4P+5O_2=2P_2O_5$）
(2) ①木炭在氧气中燃烧比在空气中快得多 ②煤粉的燃烧比煤块快得多

23.(4 分)(1) 利用太阳能分解水制氢气 化学
(2) 可以部分解决化石能源面临耗尽的问题 可以减少对环境的污染等

24.(7 分)(1) ①④
(2) ①$H_2O$ ②反应生成大量的气体，产生巨大推力
③$4Al+3O_2\xlongequal{点燃}2Al_2O_3$
(3) 熔点高，化学性质稳定等
(4) 吸附 $2LiOH+CO_2=Li_2CO_3+H_2O$

25.(4 分)(1) 600 过氧乙酸能使病毒中的蛋白质失去生理活性 (2) ③ 过滤不一定是固液分离或过滤实质上是大小颗粒分离的过程等（高于固液分离的正确认识均可得分）

26.(9 分)(1) 蒸馏法
(2) 蒸发结晶 ①③②⑤⑦④⑥（或①⑤③②⑦④⑥或①③⑤②⑦④⑥）
(3) $Mg(OH)_2$ $MgCl_2\xlongequal{通电}Mg+Cl_2\uparrow$ 后者是经过富集和分离后的溶液（或海水中含有氯化钠等多种溶质，氯化镁的浓度很低）
(4) $NaCl+NH_3+H_2O+CO_2=NaHCO_3+NH_4Cl$
$2NaHCO_3\xlongequal{\triangle}Na_2CO_3+H_2O+CO_2\uparrow$ 氨气溶于水形成碱性溶液，更易于吸收二氧化碳

四、实验题（共 24 分，除特殊注外，每空 1 分）

27.(7 分)(1) ①酒精灯 ②长颈漏斗
(2) $O_2$ B C（或 D）氧气密度比空气大（或氧气不易溶于水）（其他合理答案也可）

(3) Ⅲ

28. (8分) (1) 大理石(或石灰石) 铁网被腐蚀，制得的 $CO_2$ 气体中混有 $H_2$

$Fe+2HCl=FeCl_2+H_2\uparrow$

(2) ①氢氧化钠溶液能与 $CO_2$ 发生反应，瓶内气压降低　$CO_2$ 能溶于水，也能使瓶内气压降低　将氢氧化钠溶液换成等体积的水，做同样的实验，看现象是否有差别　②稀盐酸　有气泡产生(或加氯化钙溶液有沉淀生成等)

29. (9分) (1)

| | | | |
|---|---|---|---|
| 实验一 | | | 反应慢<br>$2H_2O_2=2H_2O+O_2\uparrow$ |
| 实验二 | | | 二氧化锰加入水中不产生氧气 |
| 实验三 | 向盛有 5 mL 5%过氧化氢溶液的试管中加入二氧化锰，伸入带火星的木条 | 有大量气泡产生，带火星的木条迅速复燃 | |

(2) 对比(或对照等)

(3) 第一方面：比较 $MnO_2$ 在过氧化氢分解前后的质量。第二方面：倾倒掉反应后的液体，向剩余的固体中重新加入过氧化氢溶液，有大量气泡产生，说明 $MnO_2$ 仍然能加快过氧化氢的分解速率(化学性质没变)

五、计算题(共 12 分)

30. (6分) (1) 126　6∶1∶14　66.7%(每空 1 分)

(2) 加入三聚氰胺后牛奶中氮元素的质量为：

1 000 g×0.36%+2 g×66.7%≈4.9 g　(1分)

此时牛奶中氮元素的质量分数为：

$$\frac{4.9\text{ g}}{(1000\text{ g}+2\text{ g})}\times 100\%\approx 0.49\%$$　(1分)

目的是提高牛奶中含氮量，造成牛奶中蛋白质含量高或合格的假象　(1分)

31. (6分) (1) 评分要点：描点正确，曲线平滑。　(2分)

(2) 解：由下页图可知，恰好完全反应时消耗氢氧化钠溶液的体积约为 10.0 mL(9.7～10.3 mL 之间取值均可)　(1分)

参加反应的 NaOH 的质量为：

10.0mL×1.00 g/mL×4%=0.4 g　(1分)

设盐酸的质量分数为 $x$

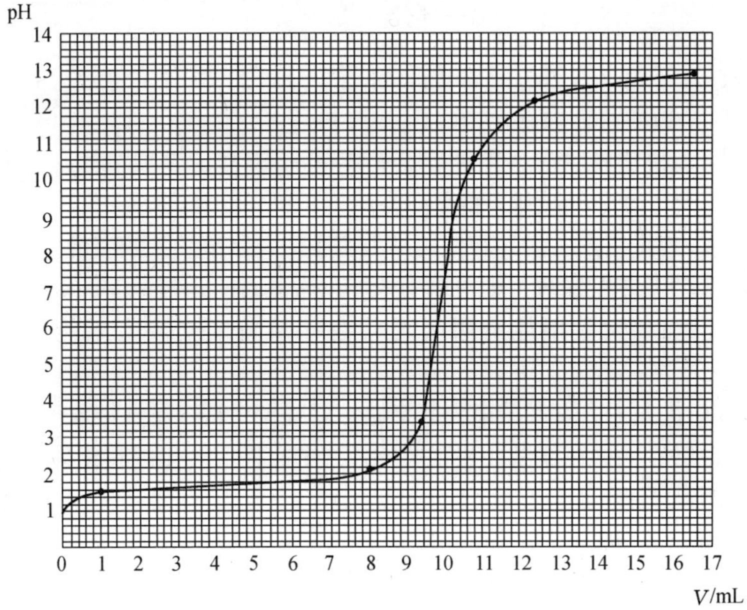


$HCl + NaOH = NaCl + H_2O$

36.5　　40

10 g$x$　0.4 g

$\frac{36.5}{40}=\frac{10\text{g}x}{0.4\text{ g}}$　　（1 分）

$x=0.0365=3.65\%$　　（1 分）

答：此瓶盐酸的溶质质量分数是 3.65%。

## 2009 年苏州市初中毕业暨升学考试试卷化学

注意事项：

1. 本试卷分第一部分和第二部分，共五大题，30 题，满分 100 分；考试用时 100 分钟。

2. 答题前，考生务必将自己的姓名、考点名称、考场号、座位号用 0.5 毫米黑色墨水签字笔填写在答题卡相对应的位置上，并认真核对条形码上的准考号、姓名是否与本人的相符合。

3. 答第一部分必须用 2B 铅笔把答题卡相对应题目的答案标号涂黑，如需改动，请用橡皮擦干净后，再选涂其他答案；答第二部分必须用 0.5 毫米黑色墨水签字笔写在答题卡指定的位置上，不在答题区域内的答案一律无效，不得用其他笔答题。

4. 考生答题必须答在答题卡上，答在试卷和草稿纸上无效。

可能用到的相对原子质量：H—1　C—12　N—1　O—16　Na—23　Cl—35.5　Ca—40

## 第一部分（共 60 分）

一、选择题（本题包括 20 题，每题 2 分，共 40 分。每题只有一个选项符合题意）

1. 为加快建成“资源节约型城市”，苏州市推出多项措施，其中**不属于**“节能减排”的是（　　）。

A. 禁止生产、设计和使用黏土实心砖，以节约土壤资源

B. “龙芯”绿色节能电脑引入苏州常熟百所学校

C. 加拿大太阳能有限公司将在苏州新区安装太阳能发电设备

D. 优先大力发展城市公共交通，以减少小轿车尾气排放

2. 自然界中存在氧循环和碳循环，其中能将二氧化碳转化为氧气的是（　　）。

A. 水的吸收

B. 动植物的呼吸

C. 光合作用

D. 燃料的燃烧

3. 向试管中加入固体或液体的操作方法错误的是（　　）。

A. 将铁钉放入试管中

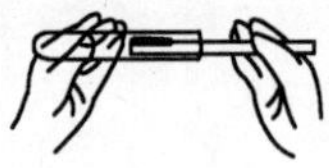

B. 将二氧化锰粉末放入试管内

C. 向试管内倾倒少量稀盐酸

D. 向试管内滴加数滴浓硫酸

4. 以下有关玻璃棒作用的叙述错误的是（　　）。

A. 蘸取试液　　B. 搅拌溶液

C. 引流液体　　D. 研磨固体

5. 下列物质的化学式的读法和写法都正确的是（　　）。

A. 碳酸钠 $NaCO_3$　　B. 硫酸 $H_2SO_4$

C. 氧化铁 $O_3Fe_2$　　D. 氢氧化钾 $K(OH)_2$

6. 自然界中几乎不存在纯净的水，若要对自然界中是水进行净化处理，其中净化程度最高的方法是（　　）。

A. 吸附　　B. 沉降

C. 过滤　　D. 蒸馏

7. 人体中缺乏某些元素会影响身体健康，甚至引起疾病。例如导致骨骼疏松、畸形所缺的元素是（　　）。

A. 锌　　B. 碘　　C. 钙　　D. 铁

8. 下列物质中，不能提供动物生命活动所需能量的是（　　）。

A. 葡萄糖　　B. 油脂　　C. 蛋白质　　D. 水

9. 下列关于氧气的说法中，错误的是（　　）。

A. 氧气用于炼钢，目的是除去生铁中多余的碳和其他杂质

B. 氧气可以支持燃烧，说明氧气具有可燃性

C. 氧气可以供给呼吸，是因为和体内物质反应而释放能量，维持生命活动

D. 夏天鱼池内放增氧泵，是因为温度升高，氧气在水中溶解量减少

10. 参考下列物质的微观结构图示，其中由阴、阳离子构成的物质是（　　）。

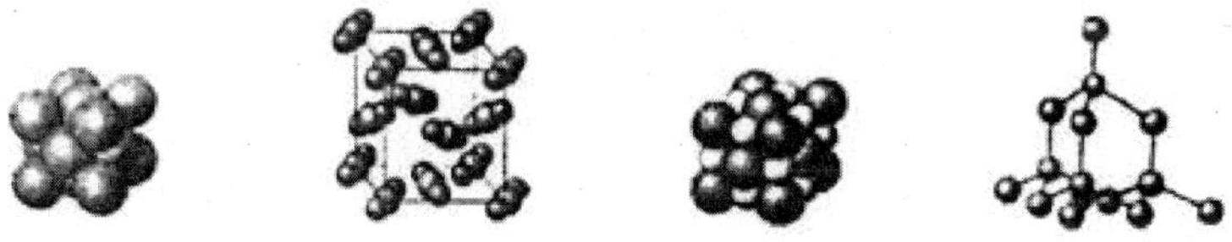

A. 铜　　B. 干冰　　C. 氯化钠　　D. 金刚石

11. 下列有关仪器连接的描述错误的是（　　）。

A. 橡皮塞旋进容器口

B. 玻璃导管口附近沾水后旋进乳胶管

C. 分液漏斗下端玻璃管压进橡皮塞孔中

D. 玻璃导管沾水后旋进橡皮塞孔中

12. 用分子的相关知识解释下列生活中的现象，其中错误的是（　　）。

A. 热胀冷缩，说明分子的大小随温度升降而改变

B. “酒香不怕巷子深”，说明分子在不停地运动

C. 10 mL 酒精和 10 mL 水混合后，体积小于 20 mL，说明分子间有空隙

D. 湿衣服在夏天比冬天容易晾干，说明分子的运动速率随温度升高而加快

13. 日常生活中除去油污的方法很多，下列现象不属于乳化的是

(　　)。

A. 修车工用汽油洗去手上的油污

B. 洗发精洗去头发上的油脂

C. 洗面奶洗去皮肤上的油脂

D. 洗洁精洗去餐具上的油污

14. 下列化学用语既能表示一种元素，又能表示一个原子，还能表示一种物质的是(　　)。

A. O　　B. Zn　　C. $N_2$　　D. CO

15. 蒸馒头、炸油条时常用到一种白色物质，它既能中和发酵过程产生的酸，又能引起发泡作用，这种白色物质是(　　)。

A. NaOH　　B. $NaHCO_3$

C. $Ca(OH)_2$　　D. NaCl

16. 关于 $SO_2$、$CO_2$、$MnO_2$ 三种物质，下列说法错误的是(　　)。

A. 都含有氧元素　　B. 都是化合物

C. 都是氧化物　　D. 都含有氧分子

17. 下列关于空气的说法中，错误的是(　　)。

A. 工业上利用氧气和氮气的沸点不同，从液态空气中分离出氧气的过程属于物理变化

B. 空气是一种十分重要的天然资源

C. 若大量有害物质进入空气中，仅靠大自然的自净能力，大气还能保持洁净

D. 按体积分数计，空气中约含有氮气 78%、氧气 21%、其他气体和杂质 1%

18. 下列有关二氧化碳的检验、制备和用途能达到目的的是(　　)。

A. 干冰用于人工降雨

B. 二氧化碳气体通入紫色石蕊试液中，溶液变蓝

C. 用块状石灰石和稀硫酸迅速制备大量二氧化碳

D. 将燃着的木条伸入集气瓶，火焰立即熄灭，证明瓶内原有气体就是二氧化碳

19. 下列有关溶液性质的说法中错误的是(　　)。

A. 煮沸的咸汤比煮沸的水温度高

B. 溶液一定是无色透明的

C. 食盐水能导电是因为食盐水中含有较多自由移动的离子

D. 消除路面上的积雪可以撒些盐，使冰雪较快融化

20. 下列过滤装置及其操作的简图(图中固定装置和混合液、滤

液均省略，且玻璃棒末端均已轻靠漏斗内的三层滤纸处），其中正确的是（　　）。

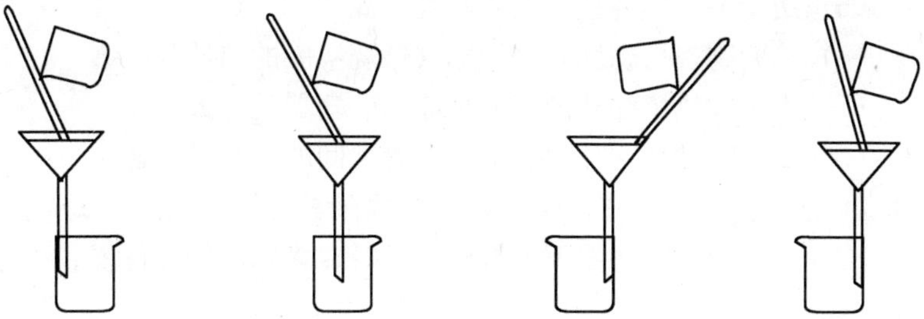

A　　B　　C　　D

二、选填题（本题包括 3 题，共 20 分。每小题只有一个选项符合题意）

21.（8 分）形态各异的物质可按一定规律分类。现有以下 8 种物质，请选用各物质名称前的字母序号填涂在答题卡相应位置。

A. 盐酸　B. 氯化钾　C. 氧化铜　D. 淀粉　E. 五氧化二磷　F. 氮气　G. 氢氧化钙　H. 甲烷

| 题号 | 物质分类标准 | 字母序号 | 题号 | 物质分类标准 | 字母序号 |
|---|---|---|---|---|---|
| (1) | 金属氧化物 | ▲ | (5) | 非金属单质 | ▲ |
| (2) | 非金属氧化物 | ▲ | (6) | 挥发性酸 | ▲ |
| (3) | 易溶性盐 | ▲ | (7) | 最简单的有机物 | ▲ |
| (4) | 微溶性碱 | ▲ | (8) | 糖类 | ▲ |

22.（8 分）将下列各仪器名称前的字母序号与其用途相对应的选项填涂在答题卡相应位置。

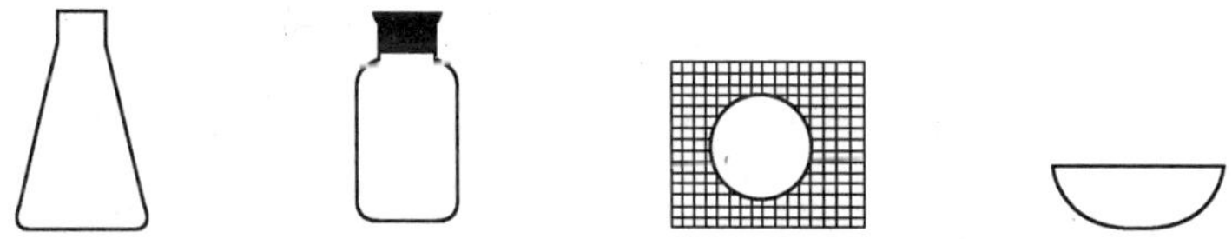

A. 锥形瓶　B. 广口瓶　C. 石棉网　D. 蒸发皿

E. 试管夹　F. 燃烧匙　G. 试管刷　H. 坩埚钳

（1）用来夹试管的工具是 ▲ ；

（2）储存固体药品的仪器是 ▲ ；

(3) 常作为反应用的玻璃容器是__▲__；

(4) 用于洗涤仪器内壁的工具是__▲__；

(5) 用于夹持燃烧镁条的工具是__▲__；

(6) 检验物质可燃性，进行固气燃烧实验的仪器是__▲__；

(7) 用于加热浓缩溶液、析出晶体的瓷器是__▲__；

(8) 加热时常垫在玻璃容器与热源之间的用品是__▲__。

23. (4 分) 根据以下 A、B、C、D 四幅元素含量示意图，试推测元素分布领域，将图下字母序号填涂在答题卡相应位置。

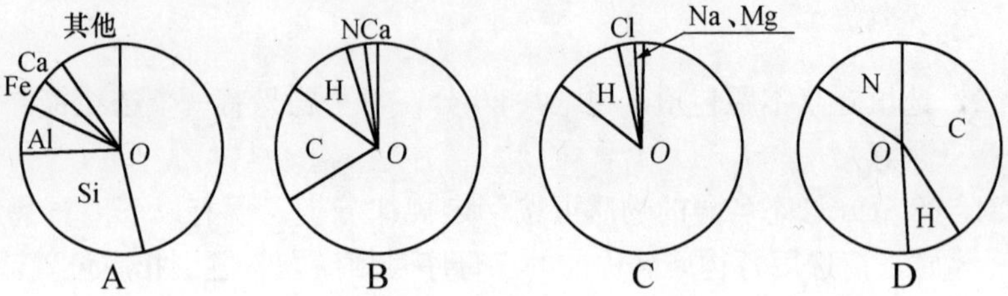


(1) 分布在人体中的是__▲__；

(2) 分布在海水中的是__▲__；

(3) 分布在地壳中的是__▲__；

(4) 分布在丙氨酸 ($C_3H_7O_2N$) 中的是__▲__。

## 第二部分 (共 40 分)

三、(本题包括 2 题，共 14 分)

24. (10 分) 完成下列反应的化学方程式，并回答有关问题。

(1) 生石灰放入水中：__▲__，基本反应类型是__▲__。

(2) 实验室用双氧水制取氧气 (二氧化锰粉末作催化剂)：__▲__，该反应是__▲__ (选填“吸热”或“放热”) 反应。

(3) 镁条投入稀盐酸中：__▲__，基本反应类型是__▲__。

(4) 氢氧化钡溶液和稀硫酸恰好完全反应：__▲__，此时液体的导电性比反应前__▲__ (选填“增强”或“减弱”或“不变”)。

(5) 氯化铵晶体 ($NH_4Cl$) 和熟石灰混合研磨生成氯化钙和水，同时生成一种氨臭味的气体 ($NH_3$)：__▲__，检验该气体可用湿润的__▲__试纸。

25. (4 分) 模拟酸雨形成的流程如下图所示。硫在单质气体 A 中燃烧发出蓝紫色火焰，生成刺激性气味的气体 B；通常情况下 C 为无色液体，B、C、D 是氧化物；E、F 和 X 都是酸，G 是白色沉淀。

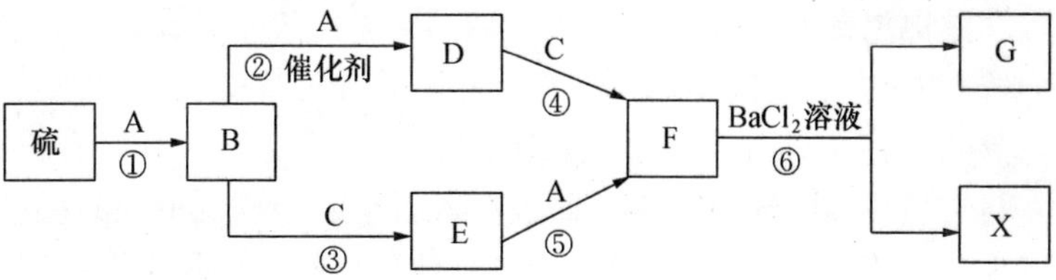


试填空。

(1) E的化学式为：____▲____。

(2) 反应①的化学方程式为：____▲____。

(3) 反应④的化学方程式为：____▲____。

(4) 反应⑥的化学方程式为：____▲____。

四、(本题包括2题，共8分)

26. (3分)(本题a、b两小题，考生任选一题解答，不得两题都解。若两题都解，则以a小题计分)

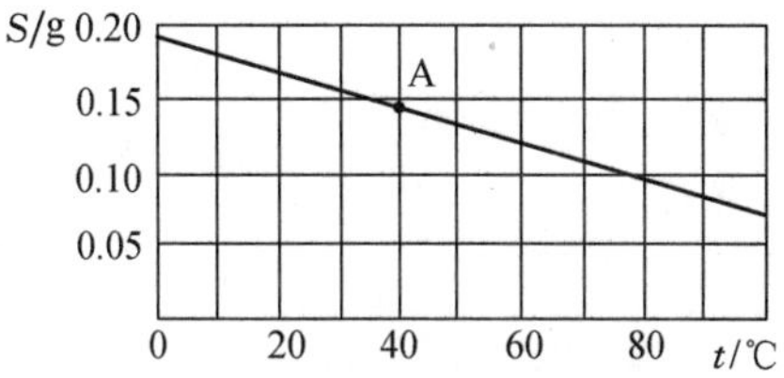


氢氧化钙溶解度曲线

a. 根据氢氧化钙的溶解度曲线，完成下列问题。

(1) 曲线上满足A点指标的溶液在升高温度后会产生的现象是____▲____，此时的溶液中溶质质量分数将____▲____(选填“变大”或“变小”或“不变”)

(2) 若向曲线上满足A点指标的溶液中加入生石灰，则溶液中的溶质质量将____▲____(选填“增加”或“减少”或“不变”)。

b. 根据氯化钠的溶解度曲线，完成下列问题。

(1) A点所示溶液为某温度下氯化钠的____▲____(选填“饱和”或“不饱和”)溶液。

(2) 将B点所示的溶液升高温度到40 ℃(忽略水的蒸发)，此时溶液中溶质质量分数将____▲____(选填“变大”或“变小”或“不变”)。

(3) B点代表20 ℃时氯化钠的溶解度为36.0 g，若将满足B点指标的

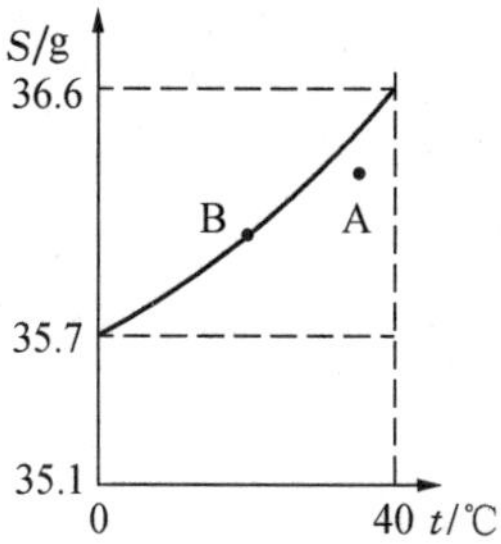


氯化钠溶解度曲线

溶液恒温蒸发 10 g 水，会有__▲__g 氯化钠晶体析出。

27.（5 分）某课外活动小组为了测定一批石灰石中碳酸钙的质量分数，将石灰石样品研成粉末，然后取一定量的石灰石粉末与过量稀盐酸充分反应（假设石灰石中的杂质既不和酸反应，也不溶于水），过滤、洗涤、干燥后称量滤渣质量的数据如下表：

| 实验序号 | 样品的质量/g | 滤渣的质量/g |
| --- | --- | --- |
| 第一次 | 3.4 | 0.3 |
| 第二次 | 3.6 | 0.4 |
| 第三次 | 5.0 | 0.5 |

（1）该样品中碳酸钙质量分数的平均值为：__▲__（结果精确到 0.1%）。

（2）引起三次实验数据差异的操作原因可能是：__▲__。

（3）若利用题（1）的结果，煅烧 100 t 这种石灰石，理论上最多能得到氧化钙多少吨？（结果精确到 0.1 t）

五、（本题包括 3 题，共 18 分）

28.（6 分）酸与碱之间发生中和反应，其实质是酸溶液中大量自由移动的 $H^+$ 和碱溶液中大量自由移动的 $OH^-$ 结合成水分子的过程。请根据以下氢氧化钠溶液与稀盐酸反应的实验，回答问题。

【实验 1】用酚酞试液

（1）向一锥形瓶中倾倒 20 g 质量分数为 4.00%的氢氧化钠溶液，滴入 3 滴酚酞试液，振荡，再逐滴滴入质量分数为 3.65%的稀盐酸，边滴边振荡，直至溶液刚好变为__▲__色为止，共用去稀盐酸 20 g，则反应后溶液中溶质质量分数为__▲__（结果精确到 0.1%）。反应后溶液中的溶质可用__▲__的方法（填一操作名称）使其析出。用酚酞作指示剂可逐滴控制酸、碱溶液反应的量，视觉效果灵敏，操作简便。

【实验 2】用 pH 试纸

（2）向一支试管内倒入约 2 mL 氢氧化钠溶液，再逐滴滴入盐酸，边滴边振荡。然后用玻璃棒蘸取反应液沾到 pH 试纸上，与标准比色卡对照。因无法通过肉眼观察到反应进程，需间隔数滴多次检测溶液的 pH，所以每使用玻璃棒蘸取溶液前，必须进行__▲__的预处理。

【小结】

（3）除了用酸碱指示剂、pH 试纸外，还可用__▲__（填方法）检测中和反应是否发生。

29. (4分) 某兴趣小组用下图所示装置收集并测量反应产生的气体及其体积。

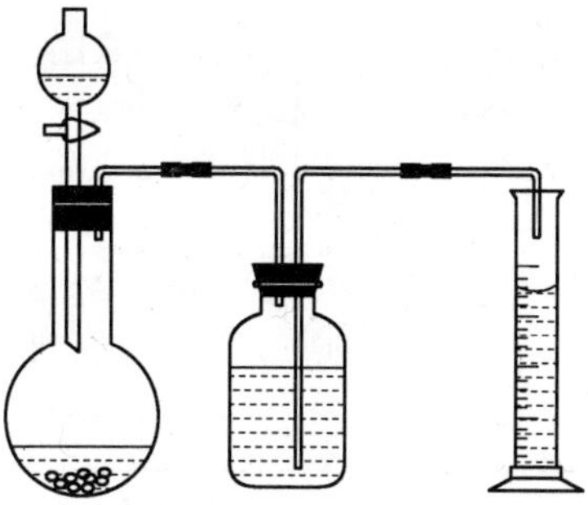

试填空。

(1) 该发生装置可以制备初中化学常见的___▲___气体（填写化学式）。

(2) 图示装置对反应物的状态和反应条件的要求是：___▲___、___▲___。

(3) 利用该装置测得反应生成气体体积偏大的最主要原因是：___▲___。

30. (8分) 在日常生活中，我们发现切过咸菜的刀更容易生锈，而除锈用稀盐酸比稀硫酸快。为了进一步验证上述现象，某校师生做了以下相关分组实验，请你根据自己平时课堂学习的体验一起参与讨论并回答相关问题。

【步骤一】未打磨的铝片浸入氯化铜溶液中，迅速产生大量气泡和疏松的紫红色固体，并放热，片刻后溶液由蓝绿色变成无色。

(1) 若要正视紫红色固体中是否含有氧化铜，可用___▲___溶液（填一试剂）加以检验。

【步骤二】未打磨的铝片浸入硫酸铜溶液中，一段时间内没有明显现象。

(2) 比较步骤一、二，你能得出的结论是：___▲___。

【步骤三】打磨过的铝片浸入硫酸铜溶液中，其操作、现象和结论见下表。

(3) 试将“影响因素”选项前恰当的字母序号填入答题卡指定位置。

| 实验操作 | 使用现象 | 对比结论 |
|---|---|---|
| Ⅰ. 一片用粗砂纸单向用力打磨3次，将其浸入硫酸铜溶液，片刻后用镊子取出。 | 现象一：粗砂纸打磨的在划痕处有少量气泡，附着少量疏松的紫红色固体。<br>现象二：粗砂纸打磨的片刻内现象不明显。 | 现象一与现象二对比，说明<br>①___▲___ |

续表

| 实验操作 | 使用现象 | 对比结论 |
| --- | --- | --- |
| Ⅱ. 一片用特细砂纸反复打磨数次，再将其浸入硫酸铜溶液，片刻后取出。 | 现象三：特细砂纸打磨的表面产生较多细小气泡，表面均匀附着紫红色固体。 | 现象三与现象一对比，说明②__▲__ |
|  | 现象四：特细砂纸打磨的表面一段时间内没有明显现象。 | 现象四与现象三对比，说明③__▲__ |

★影响因素：

A. 打磨时用力程度及均匀程度不同

B. 选用砂纸颗粒粗细程度不同

C. 由于摩擦生热又形成了新的氧化膜

(4) 比较步骤三各实验操作中用砂纸打磨的作用是：__▲__。

(5) 请仔细观察下图：

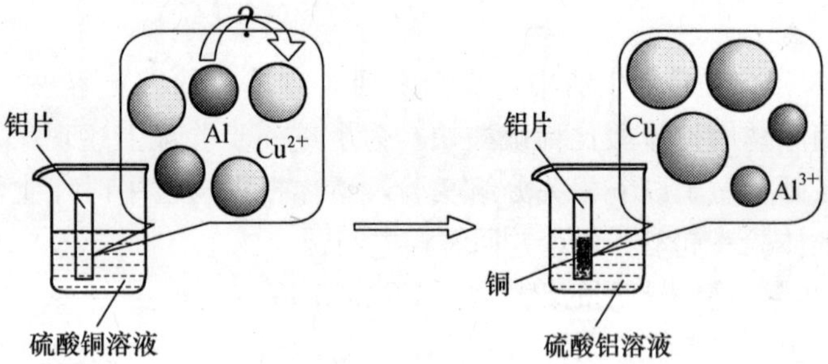


试从微观粒子变化的角度分析该反应的实质是：__▲__。

## 2009年苏州市初中毕业暨升学考试试卷化学参考答案

一、选择题（本题包括20题，每题2分，共40分）

1. A　2. C　3. A　4. D　5. B　6. D

7. C　8. D　9. B　10. C　11. C　12. A

13. A　14. B　15. B　16. D　17. C

18. A　19. B　20. D

二、选择题（本题包括3题，共20小题，每小题1分，共20分）

21. (8分)(1)C　(2)E　(3)B　(4)G　(5)F　(6)A　(7)H　(8)D

22. (8分)(1)E　(2)B　(3)A　(4)G　(5)H　(6)F　(7)D　(8)C

23. (4分)(1)B　(2)C　(3)A　(4)D

三、(本题包括2题，共14分)

24.(10分，每空1分)

(1) $CaO+H_2O=Ca(OH)_2$　化合反应

(2) $2H_2O_2 \xlongequal{MnO_2} 2H_2O+O_2\uparrow$　放热

(3) $Mg+2HCl=MgCl_2+H_2\uparrow$　置换反应

(4) $Ba(OH)_2+H_2SO_4=BaSO_4\downarrow+2H_2O$　减弱

(5) $2NH_4Cl+Ca(OH)_2=CaCl_2+2H_2O+2NH_3\uparrow$　红色石蕊（或pH）

25.(4分，每空1分)

(1) $H_2SO_3$　(2) $S+O_2 \xlongequal{点燃} SO_2$

(3) $SO_3+H_2O=H_2SO_4$

(4) $BaCl_2+H_2SO_4=BaSO_4\downarrow+2HCl$

四、(本题包括2题，共8分)

26.(3分)

a.（1）出现浑浊　变小　（2）减少（每空1分）

b.（1）不饱和　（2）不变　（3）3.6（每空1分）

27.(5分)

(1) 90.0%（1分）

(2) 石灰石中磷酸钙分布不均匀（或滤渣未清洗干净或称量样品不准确或称量滤渣不准确或石灰石颗粒未充分反应）(1分)

(3) 解：设生成氧化钙的质量为$x$。（方程式、列式、结果正确，但表达不规范给2分）

$CaCO_3 \xlongequal{高温} CaO+CO_2\uparrow$（1分）

100　　　　　56

100 t×90.0%　$x$　　（1分）

$x$=50.4 t　　　　（1分）

答：理论上最多能得到氧化钙50.4 t。

五、(本题包括3题，共18分)

28.(6分)

(1) 无（1分）2.9%（2分）蒸发结晶（或蒸发）(1分)

(2) 洗净并擦干（全写得1分，不全不给分）

(3) 测温度变化（或用pH计测试或测反应前后溶液导电性）(1分)

29.(4分，每空1分)

(1) $H_2$或$CO_2$或$O_2$

(2) 反应物是固体和液体、反应条件是不需要加热

（3）包含了滴入液体的体积

30.（8 分）

（1）稀盐酸或稀硫酸　　（1 分）

（2）氯离子对金属及其氧化物的结构具有较强的破坏作用（或氯离子促进反应的进行或铜盐溶液中酸根离子种类不同）（1 分）

（3）影响因素：①A　②B　③AC（每空 1 分）

（4）证实氧化膜对反应的影响（是否破坏氧化膜）　　（1 分）

（5）在溶液中，铝比铜活泼，每 2 个铝原子失去 6 个电子，变成 2 个铝离子；每 3 个铜离子得到 6 个电子变成 3 个铜原子（2 分）

## 2009 年安徽省初中毕业学业考试化学试题

注意事项：

1. 本卷共三大题，满分 60 分。化学与物理的考试时间共 120 分钟。

2. 可能用到的相对原子质量：H－1　C－12　O－16　S－32　Cu－64　Zn－65

一、本大题包括 10 小题，每小题 2 分，共 20 分。每小题的 4 个备选答案中只有一个答案符合题意，请将选出的答案序号填在题后的括号内。

1. 材料是人类文明进步的标志。下列不同时代物品的材料在加工、制取过程中只发生物理变化的是（　　）。

A. 石器　　B. 青铜器　　C. 铁器　　D. 高分子材料

2. 下列各组食品中蛋白质含量最丰富的是（　　）。

A. 黄瓜、西红柿　　B. 鸡蛋、牛肉

C. 米饭、大馍　　D. 苹果、梨子

3. 我省的祁门红茶是“世界四大红茶”之一，由于香叶醇（$C_{10}H_{18}O$）的含量高于普通茶叶的几十倍，因而具有独特的玫瑰花香。下列关于香叶醇的说法错误的是（　　）。

A. 由 C、H、O 三种元素组成

B. 闻到玫瑰花香说明分子在不断运动

C. 属于有机化合物

D. 组成元素中，氢元素的质量分数最大

4. 下列实验操作或装置正确的是（　　）。

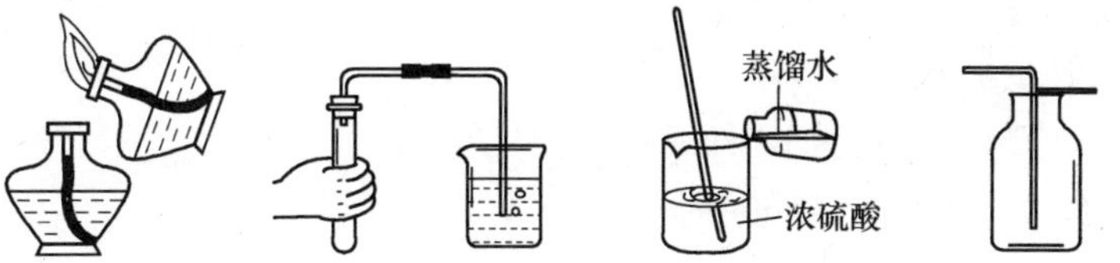


A. 点燃酒精灯　B. 检验气密性　C. 稀释浓硫酸　D. 收集氢气

5. 科学家利用精密的仪器把石墨拆成只有一个或几个原子层厚的“碳片”（示意图如右图），碳片是世界上最薄的材料。下列说法错误的是（　　）。

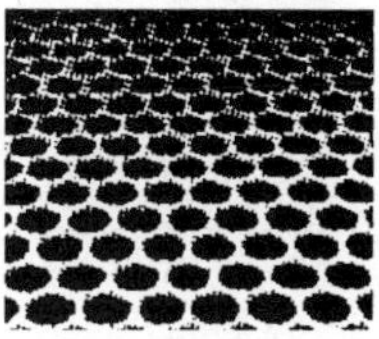

A. 碳片是一种单质

B. 碳片和 $C_{60}$ 是同一种物质

C. 在一定条件下，碳片可还原氧化铁

D. 碳片在氧气中完全燃烧的产物是 $CO_2$

6. 下图是两种气体发生反应的微观示意图，其中相同的球代表同种原子。下列说法正确的是（　　）。

A. 分子在化学变化中不可分

B. 反应后生成了两种新的化合物

C. 原子在化学反应中可分

D. 化学反应前后原子的种类不变

7. 我国著名化学家徐光宪因在稀土元素等研究领域作出杰出贡献，荣获 2008 年度“国家最高科学技术奖”。铈（Ce）是一种常见的稀土元素，下列关于铈的说法错误的是（　　）。

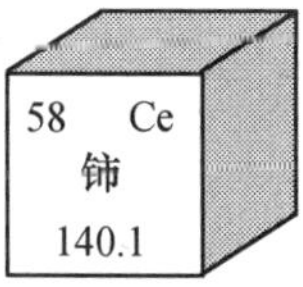


A. 原子序数是 58

B. 相对原子质量是 140.1

C. 质子数为 58

D. 铈元素是非金属元素

8. 实验测得下列四种溶液的 pH 如下图所示：

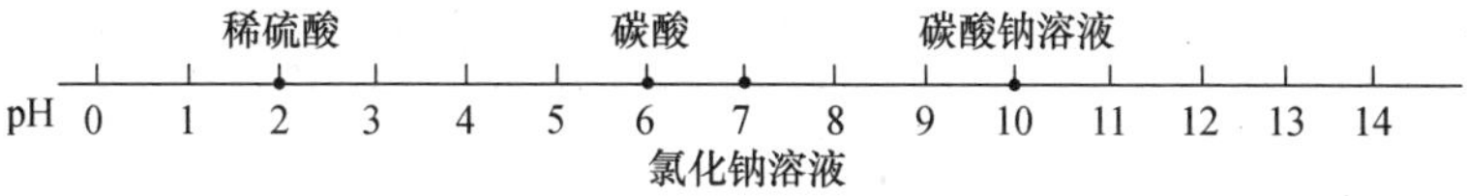


其中溶液呈碱性的是（　　）。

A. 稀硫酸　　　　B. 碳酸

C. 碳酸钠溶液　　D. 氯化钠溶液

9. 下列做法或举措与“节能减排、保护环境”无关的是（　　）。

A. 珍爱生命，拒绝毒品

B. 积极开发和利用新能源

C. 严禁就地焚烧秸秆

D. 养成随手关灯的习惯

10. “食盐加碘”通常是在氯化钠中加入碘酸钾。右图是氯化钠和碘酸钾的溶解度曲线图。下列说法错误的是（　　）。

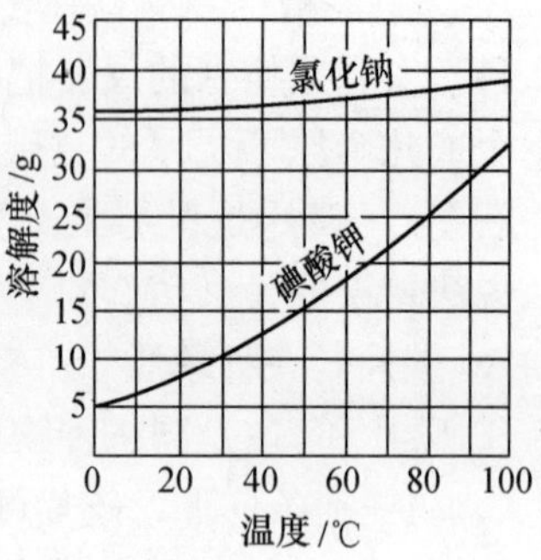


A. 氯化钠易溶于水

B. 碘酸钾的溶解度随温度升高而增大

C. 20 ℃时不可能制得相同质量分数的碘酸钾溶液和氯化钠溶液

D. 20 ℃时两者的饱和溶液，氯化钠的质量分数大

二、本大题包括 5 小题，共 34 分。

11.（5 分）右下图标出的是有关热水瓶的组成物质，请回答下列问题。

（1）所标物质中为金属材料的是________（写一种即可），为有机合成材料的是__________。

（2）使用几天后，瓶胆内壁有水垢出现，这是因为水的硬度较大的缘故。请你写出一种鉴别硬水与软水的方法：__________。

（3）可用厨房中的一种常用物质（写名称）________除去瓶胆内壁的水垢（已知水垢的主要成分是 $CaCO_3$）。

12.（7 分）某活动小组用废铜制取硫酸铜溶液，实验过程为：

废铜 —加热，在空气中→ 氧化铜、铜 —稀 $H_2SO_4$→ —操作 I→ 硫酸铜溶液

（1）废铜在空气中加热后得到的氧化铜中含有少量铜，原因是________（填字母序号）。

a. 加热时氧化铜易分解生成铜；b. 铜与氧气没有完全反应；c. 加热时铜不能与氧气反应

（2）氧化铜与稀硫酸反应的化学方程式为______________。

（3）操作Ⅰ的名称是________，该操作用到的玻璃仪器有：玻璃棒、烧杯、________。

（4）盛放硫酸铜溶液不宜用铁制容器的原因是（用化学方程式解释）______________。

13.（6分）钛具有硬度大、密度小、熔点高、抗腐蚀性远优于不锈钢等优良性能，被誉为“未来金属”。地球表面富含钛铁矿石，钛铁矿石的主要成分是 $FeTiO_3$。

（1）已知 $FeTiO_3$ 中钛的化合价为+4价，则铁的化合价为__________。

（2）冶炼金属钛时，将钛铁矿石转化为下 $TiCl_4$，$TiCl_4$ 再与 Na 在一定条件下反应生成 Ti 和 NaCl。请写出后一步反应的化学方程式：__________（不要求标出反应条件），其反应类型是____________。

（3）在冶炼钛的同时，还得到金属铁，请举出铁的一种用途：______________。

（4）铁比钛易生锈，请写出防止铁生锈的一种方法：________________。

14.（9分）类比法是化学研究物质的重要方法之一。草酸的化学性质与碳酸相似。已知碳酸易分解，草酸在受热条件下也会分解，仅生成三种氧化物。某校研究性学习小组对此展开了探究：

（1）小明首先根据草酸中含有________元素，可推测生成物中含有水。

（2）小明对分解生成的其他产物进行猜测、验证：

【假设一】生成物中有二氧化碳

实验一：将生成的气体通入澄清的石灰水，实验现象是________，小明据此判断生成物中含有二氧化碳。

【假设二】生成物中有一氧化碳

实验二：小明用右图装置进行实验，从而证明生成物中含有一氧化碳。请回答：A装置中黑色固体粉末是___________（填化学式），A装置中的实验现象是___________。

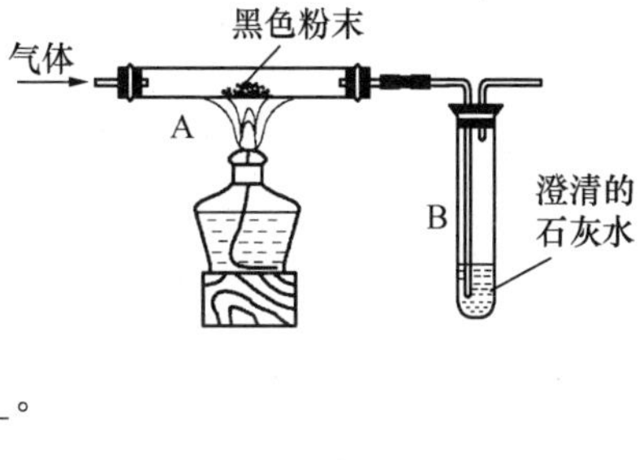


（3）讨论交流：

小芳认为，小明的“实验二”不需要B装置也能够推断出生成物中含有一氧化碳，你是否支持小芳的观点：________（填“支持”或“不支持”），请说出你的理由：__________。小芳认为，从环保的角度看，“实验二”装置有一个缺陷，请你指出该缺陷：__________，处理的方法是____________。

15.（7分）小亮发现：收集的氧气占集气瓶容积的60%（空气占40%）时，能使带火星的木条复燃。那么，使带火星的木条复燃的氧气浓度的最低值是多少呢？小亮对此展开探究：第一组实验：取5只集气瓶，编号为①、②、③、④、⑤，分别装入其总容积10%、20%、30%、40%、50%的水。用排水法收集氧气，恰好把5只集气瓶中的水全部排去。将带火星的木条依次插入①～⑤号瓶中，记录实验现象。

小亮在前一组实验的基础上又做了第二组和第三组实验，三组实验的数据和现象见下表。

| | 第一组 | | | | | 第二组 | | | | | 第三组 |
|---|---|---|---|---|---|---|---|---|---|---|---|
| 集气瓶编号 | ① | ② | ③ | ④ | ⑤ | ① | ② | ③ | ④ | ⑤ | ① |
| 收集的氧气占总容积的体积分数/% | 10 | 20 | 30 | 40 | 50 | 31 | 33 | 35 | 37 | 39 | 34 |
| 带火星木条的状况 | 微亮 | 亮 | 很亮 | 复燃 | 复燃 | 很亮 | 很亮 | 复燃 | 复燃 | 复燃 | 很亮 |

请根据实验回答下列问题：

(1) 写出一个实验室制取氧气的化学方程式______。

(2) 使用带火星的木条验满氧气的方法是否可靠：________（填“是”或“否”）。

(3) 集气瓶中氧气的体积分数＝收集的氧气占容积的体积分数＋瓶中空气占容积的体积分数×________%。

(4) 收集的氧气占容积的体积分数最低为________%时，可使带火星的木条复燃，这时集气瓶中氧气分数是________%（计算结果保留整数）。

注意：若答对（5）、（6）两小题将奖励4分，但化学试卷总分不超过60分。

(5) 用带火星的木条直接检验双氧水受热分解产生的氧气时，往往难以复燃，这是因为在加

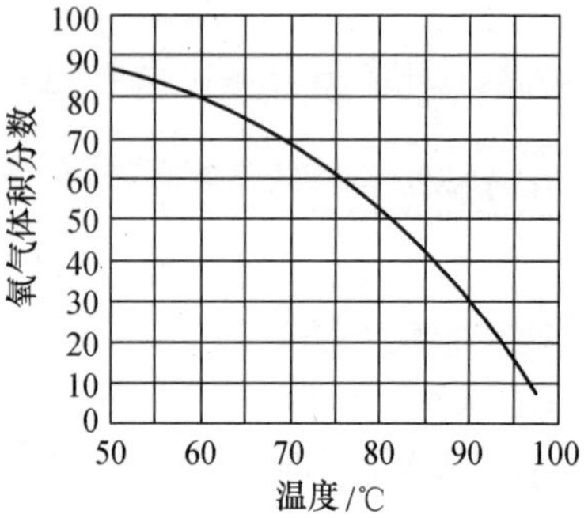

热生成氧气的同时产生大量水蒸气所致，此时混合气体中氧气的体积分数随温度变化的曲线如上页右下图所示。若只考虑氧气的体积分数对实验结果的影响，欲使带火星的木条复燃，应将加热双氧水的最高温度控制在______℃。

（6）采取“半值法”探究能减少实验次数。例如：第一组实验若按③、④的编号顺序进行实验，即可确定下一组实验收集的氧气占总容积的体积分数应在30%～40%之间，从而省去编号为①、②、⑤的实验。同理，第二组实验可以省去的实验编号为______。

三、本大题共6分。

16.（6分）称取铜、锌混合物粉末10.0 g置于烧杯中，慢慢加入稀硫酸使其充分反应，直至固体质量不再减少为止，此时用去49.0 g稀硫酸。剩余固体3.5 g。

（1）该混合物粉末中铜的质量分数为多少？

（2）所用的稀硫酸溶质的质量分数是多少？

## 2009年安徽省初中毕业学业考试化学试题参考答案及评分标准

一、本大题包括10小题，每小题2分，共20分。

1. A　2. B　3. D　4. B　5. B　6. D　7. D
8. C　9. A　10. C

二、本大题包括5小题，共34分。

11.（5分）（1）铝薄片（或不锈钢）（1分）　塑料（1分）

（2）向盛有水的烧杯中加入肥皂水，搅拌，有大量泡沫产生的则为软水（其他合理答案均给分）（2分）　（3）醋

12.（7分）（1）b（1分）

（2）$CuO+H_2SO_4=CuSO_4+H_2O$（2分）

（3）过滤（1分）　漏斗（1分）

（4）$CuSO_4+Fe=Cu+FeSO_4$（2分）

13.（6分）（1）+2（1分）

（2）$4Na+TiCl_4=Ti+4NaCl$（2分）　置换反应（1分）

（3）铁用于制作机床底座（其他合理答案均给分）（1分）

（4）铁表面刷油漆（其他合理答案均给分）（1分）

14.（9分）（1）氢（或氢和氧）（1分）

（2）澄清的石灰水变浑浊（1分）　CuO（1分）　黑色固体变为红色（1分）

（3）支持（1分）　只要根据氧化铜由黑色变为红色，就可判断三种氧化物中一定含有一氧化碳（2分）　缺少尾气处

理装置（1分）　将尾气通到酒精灯的火焰上（其他合理答案均给分）（1分）

15.（7分）（1）$2H_2O_2 \xlongequal{MnO_2} O_2\uparrow + 2H_2O$（其他合理答案均给分）

（2）否（1分）　（3）21（1分）　（4）35（1分）

（5）82（81～84之间均给分）（2分）

（6）①、④、⑤（2分）

三、本大题共6分。

16.（6分）（1）铜的质量分数：$\frac{3.5\ g}{10.0\ g}\times 100\% = 35.0\%$（2分）

（2）设所用稀硫酸溶质的质量分数为$x$

$Zn + H_2SO_4 = ZnSO_4 + H_2\uparrow$

65　　98

10.0 g−3.5 g　　49 g·$x$

$\frac{65}{98} = \frac{10.0\ g - 3.5\ g}{49\ g \cdot x}$　$x = 20.0\%$

答：略。

## 2009年重庆市初中毕业暨高中招生考试化学试卷

（全卷共四大题，满分70分，与物理共用120分钟）

可能用到的相对原子质量：H—1　C—12　O—16　Na—23　Mg—24　Al—27　Cl—35.5

一、选择题（本大题包括15个小题，每小题2分，共30分），每小题只有一个选项符合题意，将正确选项的序号填入括号内。

1. 下列变化中属于化学变化的是（　　）。

A. 木柴劈成块　　B. 西瓜榨成汁

C. 残雪化成水　　D. 高粱酿成酒

2. 下列物质中属于化合物的是（　　）。

A. 二氧化硫　B. 空气　C. 磷　D. 碘盐

3. 下列物质中不能在氧气里燃烧的是（　　）。

A. 氮气　B. 焦炭　C. 硫黄　D. 天然气

4. 下列物质中碱性最强的是（　　）。

| 选项 | A | B | C | D |
|---|---|---|---|---|
| 物质 | 玉米粥 | 橙汁 | 漂白液 | 肥皂水 |
| pH | 6.8 | 3.5 | 12 | 10 |

5. 化学实验室中的药品按物质类别分类放置。下面是做“酸的性质”实验时，实验桌上部分药品的摆放情况。小林取用了硫酸以后，应该把它放回的位置是（　　）。

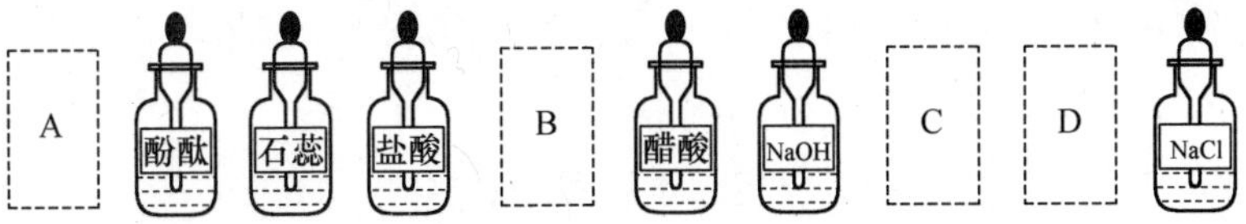


6. 关于物质的用途，下列说法不合理的是（　　）。

A. 稀盐酸用于除铁锈

B. 碳酸氢钠用于治疗胃酸过多

C. 干冰用作制冷剂

D. 氢氧化钠固体用于干燥 $CO_2$

7. 下列处理方法不正确的是（　　）。

A. 浓硫酸沾到皮肤上，立即用大量清水冲洗

B. 图书馆着火，用二氧化碳灭火器灭火

C. 用点火法检查厨房内天然气是否泄漏

D. 进入久未开启的菜窖前，用燃着的蜡烛试验

8. 据报道，用于清洗龙虾的“洗虾粉”中含有柠檬酸钠、亚硫酸钠（$Na_2SO_3$）等物质，可能对人体的健康产生危害。$Na_2SO_3$ 中 S 元素的化合价为（　　）。

A. +6　　B. +4　　C. +2　　D. −2

9. 由 $Na^+$、$Ca^{2+}$、$OH^-$、$Cl^-$、$SO_4^{2-}$ 五种离子里的两种构成的物质中属于盐的共有（　　）。

A. 二种　　B. 三种　　C. 四种　　D. 五种

10. “吃得营养，吃出健康”是人们普遍的饮食追求。下列说法不正确的是（　　）。

A. 每天都应摄入一定量的蛋白质

B. 油脂会使人发胖，故禁食油脂

C. 糖类是人体能量的重要来源

D. 过多摄入微量元素不利于健康

11. 研究发现，达菲（Tamiflu）对甲型 H1N1 流感病毒有抑制作用，从香料八角中提取的莽草酸（$C_7H_6O_5$）是合成达菲的原料之一。下列对莽草酸的说法不正确的是（　　）。

A. 莽草酸是氧化物

B. 它由碳、氢、氧元素组成

C. 氢元素质量分数最小

D. 碳、氢、氧原子个数比为 7∶6∶5

12. 下列化学方程式中正确的是（　　）。

A. $2Fe+6HCl=2FeCl_3+3H_2\uparrow$

B. $2NaOH+K_2CO_3=2KOH+Na_2CO_3$

C. $C+O_2\xlongequal{点燃}CO$

D. $CO+CuO\xlongequal{\triangle}CO_2+Cu$

13. 下列各项中，前者一定大于后者的是（　　）。

A. 20 ℃时 $KNO_3$ 的溶解度、80 ℃时 $KNO_3$ 的溶解度

B. 30 ℃时：NaCl 不饱和溶液的质量分数、NaCl 饱和溶液的质量分数

C. 10 g 镁与足量盐酸反应生成 $H_2$ 的质量、10 g 铝与足量盐酸反应生成 $H_2$ 的质量

D. NaOH 溶于水后溶液的温度、$NH_4NO_3$ 溶于水后溶液的温度

14. 根据化学方程式 $A+NaOH=B+H_2O$ 推断，B，A 的相对分子质量相差为（　　）。

A. 12　　B. 18　　C. 22　　D. 40

15. 向 $Cu(NO_3)_2$ 溶液中加入一定量的铁粉充分反应，下列情况中可能出现的是（　　）。

①溶液中有 $Fe^{2+}$、$Cu^{2+}$，不溶物为 Cu　②溶液中有 $Fe^{2+}$、$Cu^{2+}$，不溶物为 Fe　③溶液中只有 $Cu^{2+}$，不溶物为 Fe　④溶液中只有 $Fe^{2+}$，不溶物为 Fe、Cu

A. ①③　　B. ①④　　C. ②③　　D. ③④

二、填空题（本大题包括 6 小题，共 22 分）

16.（3 分）（1）用数字和化学符号表示：2 个氧原子________，3 个钠离子________。

（2）镁的原子结构示意图为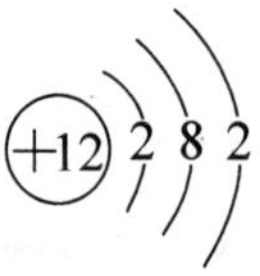，Mg 原子在化学反应中容易________（填“得到”或“失去”）2 个电子。



17.（3 分）写出下列化学方程式。

（1）木炭和氧化铜在高温下反应____________________；

（2）用过氧化氢溶液制氧气____________________；

（3）将硝酸银溶液滴入氯化钠溶液____________________。

18.（4 分）小波用实验方法区别稀盐酸和硫酸钠溶液（记作 A、B）。

（1）他向 A、B 两溶液中分别加入 $Na_2CO_3$ 溶液，观察到 A 溶液中产生无色气体。则 A 是__________，发生反应的化学方程式为________________。

(2) 他向A、B两溶液中分别加入$BaCl_2$溶液，B溶液中的现象是__________。

(3) 他还用了下列试剂中的一种区别A、B两溶液，这种试剂是________（填序号）。

①石蕊试液　②$CuSO_4$溶液　③醋酸溶液　④KCl溶液

19. （5分）在汽油中加入适量乙醇就得到乙醇汽油。

(1) 乙醇（$C_2H_5OH$）在空气中充分燃烧的化学方程式为____________。

(2) 关于乙醇汽油的下列说法中不正确的是____（填序号）。

A. 乙醇属于可再生性能源

B. 乙醇汽油不能用作汽车燃料

C. 使用乙醇汽油可减少大气污染

D. 使用乙醇汽油可节省石油资源

(3) 汽车尾气中含有CO、NO，一种新型催化剂能使二者发生反应，生成两种常见的无毒气体，反应的化学方程式为____________________。

20. （3分）淡水资源紧缺的原因之一是人类的生产、生活造成了水的污染。某城镇生产、生活区的分布如下图所示。河流中A、B、C三处某次水样抽测结果如表所示。

| 项目＼地点 | A | B | C |
|---|---|---|---|
| pH | 6 | 4 | 5 |
| 1 L水中溶解的氧气 | 0.011 g | 0.007 g | 0.003 g |

请根据上述信息回答下列问题：

(1) 为了减少硫酸厂废水对河水的污染，要选用一种廉价的物质进行处理，你选择的物质是________（填化学式）。(2) C处水草疯长，鱼虾几乎绝迹，主要原因是河水中________、P两种元素含量过高。

(3) 你认为在A、B、C三处中，最适合作自来水厂取水点的是__________。

21. （4分）初中化学中的几种常见物质有下图所示的转化关系（部分反应物和生成物已略去），其中反应②常用于工业生产，反应③常用于实验室制备F气体。

请回答下列问题：

(1) D的化学式是__________；A的化学式可能是__________（任写一种）。

(2) 反应⑤的化学方程式为__________________；

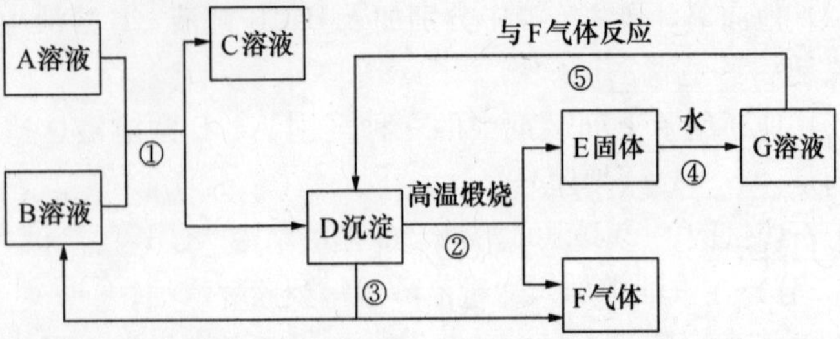


(3) 在四种基本反应类型中，上图未涉及的反应类型是________（填序号）。

A. 化合反应　　B. 分解反应

C. 置换反应　　D. 复分解反应

三、实验题（本大题包括 2 个小题，共 12 分）

22.（6 分）化学实验操作的先后顺序和试剂的用量常常影响实验的结果。

(1) 按操作的先后顺序填空（填序号）：

① 给试管中的药品加热时，先________，后________。

A. 对准药品部位加热　　B. 均匀预热

② 实验室制备气体时，先________，后________。

A. 检查装置的气密性　　B. 加入药品

(2) 小菌认为 NaOH 溶液和 $H_2SO_4$ 溶液混合时没有明显的现象，无法说明二者是否发生了反应。

① 她设计下图实验证明二者之间确实发生了反应，所用的试剂有 NaOH 溶液、$H_2SO_4$ 溶液、$CuSO_4$溶液。请在箭头上方的括号中填入试剂名称，并用“少量”“足量”等指明试剂的用量。

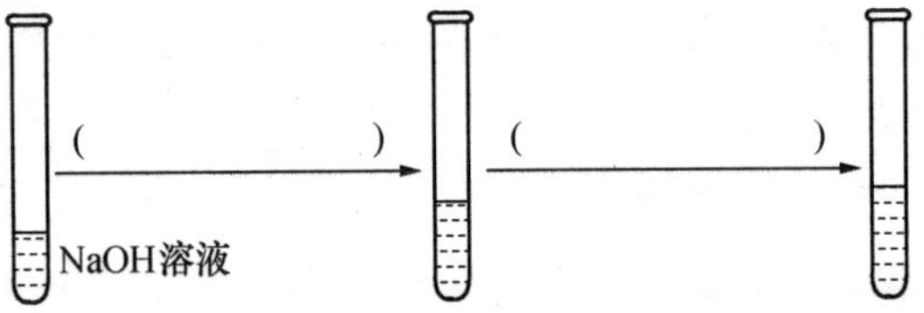


② 如果把 $CuSO_4$溶液换成另一种试剂，只要各试剂的用量适当，则不管加入试剂的顺序如何，都能证明二者发生了反应，这种试剂是________________________。

23.（6 分）某课外活动小组为测定铜锌合金粉末中铜的质量分数设计了下列实验：

①称取 $a$ g 样品放入烧杯，滴入足量稀盐酸。

②取一张质量为 $b$ g 的滤纸，制作并安装好过滤器。

③待①中反应充分后，过滤。

④取沉淀连同滤纸放在干燥器中干燥后，称量，质量为 $c$ g。

回答下列问题：

(1) 称量样品时，应把样品放在托盘天平的________盘里。

(2) 如何判断①中反应已进行充分？

______________________________________________________。

(3) 过滤中发现滤液出现浑浊，应如何处理？____________。

(4) 整个实验过程中用到的玻璃仪器有烧杯、胶头滴管、________、玻璃棒、干燥器等。

(5) 通过上述实验测得的铜的质量分数是____（用 $a$、$b$、$c$ 表示）。

(6) 老师指出，③、④之间缺少一个步骤，使得实验结果偏大。该步骤是____________。

四、计算题（本大题包括 1 个小题，共 6 分）

24.（6 分）微型化学实验使用药品的量很少，产生的废弃物也很少，因此被誉为绿色环保的化学实验。用下图微型仪器完成制取并检验 $CO_2$ 的实验只消耗了 0.55 g 10%的盐酸。求：

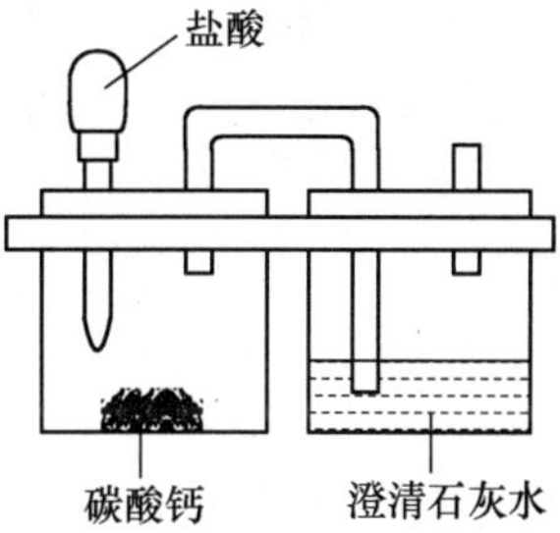


(1) 产生 $CO_2$ 的质量是多少克？(结果保留三位小数)

(2) 如果 10% 的盐酸密度为 1.1 g/cm³，消耗盐酸的体积是多少毫升？

(3) 通常完成这个实验大约需 10%的盐酸 5 mL，这是微型实验用药量的多少倍？

## 2009 年重庆市初中毕业暨高中招生考试化学试卷参考答案及评分意见说明

一、选择题（每小题 2 分，共 30 分）

1. D　2. A　3. A　4. C　5. B　6. D　7. C　8. B　9. C

10. B　11. A　12. D　13. D　14. C　15. B

二、填空题（共 22 分）

16.（3 分）(1) 2O（1 分）$3Na^+$（1 分）　(2) 失去（1 分）

17.（3 分）(1) $C+2CuO \xlongequal{高温} 2Cu+CO_2\uparrow$（1 分）

(2) $2H_2O_2 \xlongequal{MnO_2} 2H_2O+O_2\uparrow$

(3) $NaCl+AgNO_3 = AgCl\downarrow+NaNO_3$（1 分）

18.（4 分）(1) 盐酸（或 HCl 溶液）（1 分）

$Na_2CO_3+2HCl = 2NaCl+H_2O+CO_2\uparrow$（1 分）

(2) 出现白色沉淀（1 分）

(3) ①（1 分）

19.（5 分）（1）$C_2H_5OH+3O_2\xlongequal{点燃}2CO_2+3H_2O$（2 分）

（2）B（1 分）

（3）$2CO+2NO\xlongequal{催化剂}N_2+2CO_2$（2 分）

20.（3 分）（1）$Ca(OH)_2$（1 分）　（2）N（或氮）（1 分）

（3）A（1 分）

21.（4 分）（1）$CaCO_3$（1 分）$Na_2CO_3$（或 $K_2CO_3$ 等）（1 分）

（2）$Ca(OH)_2+CO_2=CaCO_3\downarrow+H_2O$（1 分）（3）C（1 分）

三、实验题（共 12 分）

22.（6 分）（1）①B A（全对得 1 分）②A B（全对得 1 分）

（2）①足量 $H_2SO_4$ 溶液（2 分）少量（或足量）$CuSO_4$ 溶液（1 分）

②酚酞试液（或石蕊试液）（1 分）

23.（6 分）（1）左（1 分）

（2）滴入盐酸时不再产生气体（1 分）

（3）重新过滤（1 分）　（4）漏斗（1 分）

（5）$\frac{c-b}{a}\times100\%$（1 分）（6）洗涤沉淀（1 分）

四、计算题（共 6 分）

24.（6 分）（1）设生成二氧化碳的质量为 $x$。

$CaCO_2+2Cl=CaCl_2+H_2O+CO_2\uparrow$（1 分）

　　73　　　　　　44

0.55 g×10%　　　　$x$

$\frac{73}{44}=\frac{0.55\ g\times10\%}{x}$（1 分）

$x=0.033$ g（1 分）

（2）消耗盐酸的体积为：$\frac{0.55\ g}{1.1\ g/ml}=0.5$ mL（2 分）

（3）它是微型实验用药量的$\frac{5\ mL}{0.5\ mL}=10$（倍）（1 分）

答：（1）生成二氧化碳的质量为 0.033 g；

（2）消耗盐酸的体积为 0.5 mL；

（3）是微型实验用药量的 10 倍。

## 2009 年广州市初中毕业生学业考试化学

（满分 100 分，考试时间 80 分钟）

可能用到的相对原子质量：H—1　C—12　O—16　Mg—24 S—32

## 第Ⅰ卷（选择题　共40分）

一、选择题（本题包括20小题，每小题2分，共40分）

注意：每道选择题有四个选项，其中只有一项符合题意。

1. 下列过程中利用了化学变化的是（　　）。
   A. 用疏通淤泥的办法整治广州市的河涌
   B. 用稀盐酸使生锈的铁制品恢复光亮
   C. 海水经过蒸馏成为可以饮用的蒸馏水
   D. 用95%的酒精配制75%的医用消毒酒精

2. 灾区人民解决用水困难的一个应急办法，是将浑浊的河水直接静置（或投入沉淀剂静置）后过滤。若在化学实验室进行过滤操作，下列仪器不需要的是（　　）。

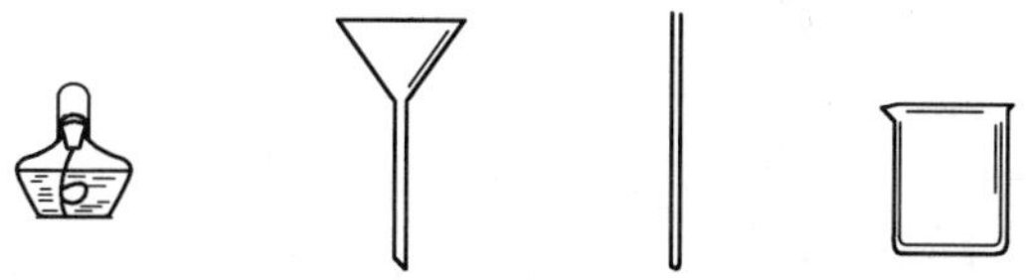

A　　B　　C　　D

3. 下列物品不是用合成有机高分子材料制造的是（　　）。
   A. 丁苯橡胶轮胎　　B. U盘的塑料外壳
   C. 腈纶毛衣　　D. 纯棉T恤

4. 下列原子属于金属元素的是（　　）。

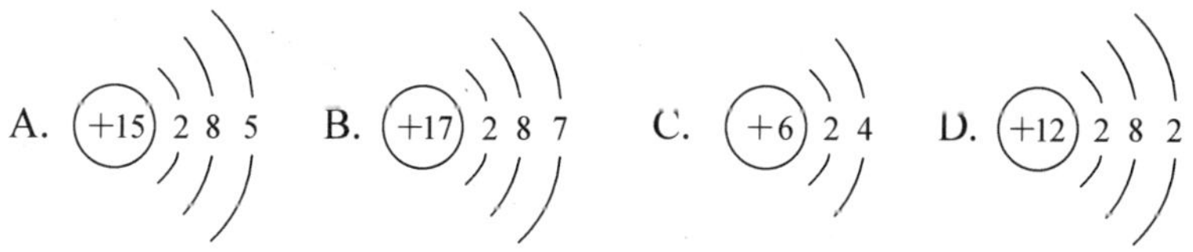


5. 下列关于人体健康的说法正确的是（　　）。
   A. 微量元素是人体必需的，应尽可能多吃含微量元素的营养补剂
   B. 油脂危害人体健康，应尽量不吃
   C. 食物加入含铁强化剂的酱油，有助于防治缺铁性贫血
   D. 食用甲醛溶液浸泡保鲜的水产品有利健康

6. 下列物质中，不能在氧气中燃烧的是（　　）。
   A. 金箔　　B. 铁丝　　C. 木炭　　D. 氢气

7. 下列关于溶液的说法，不正确的是（　　）。
   A. 冷却或加入硝酸钾固体都能使接近饱和的硝酸钾溶液达到饱和
   B. 汗水浸湿的衣服晾干后出现白色斑迹，是因为水分蒸发后

盐分结晶析出

C. 氨水是氨气的水溶液，根据气体溶解度变化规律，储存时要阴凉密封

D. 氯化钠在 20 ℃时溶解度是 36 g，则 100 g 的氯化钠溶液中含有氯化钠 36 g

8. 下列物质中能与 $CuSO_4$ 溶液发生置换反应的是（　　）。

A. Ag　　B. Fe　　C. NaOH 溶液　　D. HCl 溶液

9. 集气瓶中装满某气体，可能是下列气体中的一种：①二氧化碳，②一氧化碳，③空气，④氮气。将燃着的木条伸入瓶中，火焰立即熄灭，则该瓶气体可能是（　　）。

A. ①或②　　B. ②或③　　C. ①或④　　D. ③或④

10. 亚硝酸钠（$NaNO_2$）是一种工业用盐，外观酷似食盐，人若误食，会引起中毒。亚硝酸钠中氮元素的化合价是（　　）。

A. ＋1　　B. ＋3　　C. ＋4　　D. ＋5

11. 下列关于 $H_2$ 和 $H_2SO_4$ 的叙述，正确的是（　　）。

A. 都含有氢元素　　B. 都含有氢分子

C. 都含有氢离子　　D. 都是化合物

12. 将 50 g 20％氯化钾溶液稀释到 200 g，稀释后所得溶液中溶质的质量分数是（　　）。

A. 1％　　B. 5％　　C. 10％　　D. 20％

13. 有一包化学肥料，可能是硫酸铵、碳酸氢铵、过磷酸钙、氯化钾中的一种。取少量样品，观察到其外观为白色晶体，加水后能全部溶解；另取少量样品与熟石灰混合、研磨，没有刺激性气体放出。这种化肥是（　　）。

A. 氯化钾　　B. 碳酸氢铵　　C. 硫酸铵　　D. 过磷酸钙

14. 下列关于分子和原子的说法**不正确**的是（　　）。

A. 分子在化学反应前后种类和数目保持不变

B. 分子在不停地运动

C. 原子可以直接构成物质

D. 原子是化学变化中的最小粒子

15. 向 pH 为 4 的盐酸中加入下列物质，混合后溶液的 pH 可能会减小的是（　　）。

A. 纯水　　B. 氢氧化钠溶液

C. pH 为 4 的盐酸　　D. 硫酸溶液

16. 下列实验能观察到明显现象的是（　　）。

A. 氢氧化钠溶液滴入氯化钡溶液中

B. 稀盐酸滴入硫酸钠溶液中

C. 硝酸银溶液滴入氯化钠溶液中

D. 硫酸钠溶液滴入碳酸钡溶液中

17. 下列各组各有两种物质，它们的化学式和所属的物质类别都正确的一组是（　　）。

| | 物质 1 | | | 物质 2 | | |
|---|---|---|---|---|---|---|
| 序号 | 名称 | 化学式 | 物质类别 | 名称 | 化学式 | 物质类别 |
| A | 氮气 | N | 非金属单质 | 氧化亚铁 | $Fe_2O_2$ | 碱 |
| B | 碳酸氢钠 | $NaHCO_3$ | 盐 | 硝酸 | $HNO_3$ | 酸 |
| C | 硫酸钾 | $K_2SO_4$ | 盐 | 五氧化二磷 | $P_2O_5$ | 金属氧化物 |
| D | 锰 | Mn | 金属单质 | 氢氧化镁 | $Mg(OH)_2$ | 碱 |

18. 下列实验方案中，设计合理的是（　　）。

A. 用过滤的方法软化硬水

B. 用燃烧木炭的方法制备纯净的二氧化碳气体

C. 用浓硫酸除去氢气中的水蒸气

D. 用紫色石蕊溶液鉴别澄清石灰水和氢氧化钠溶液

19. 炼铁高炉中发生了下列反应：

① 高温下一氧化碳将铁矿石还原为铁

② 高温煅烧石灰石

③ 灼热的焦炭和二氧化碳反应

④ 焦炭充分燃烧

其中属于化合反应的是（　　）。

A. ①和④　B. ②和③　C. ③和④　D. 只有④

20. 有甲、乙、丙、丁四种金属。只有甲在自然界主要以游离态存在。丁盐的水溶液不能用乙制的容器盛放，但可以用丙制的容器盛放。这四种金属的活动性由强到弱的顺序是(　　)。

A. 甲>乙>丁>丙

B. 丙>丁>乙>甲

C. 丙>乙>丁>甲

D. 乙>丁>丙>甲

## 第Ⅱ卷　非选择题（共 60 分）

二、本题包括 5 小题，共 30 分。

21. (4 分) 用化学用语填空：

(1) 1 个氧分子__________，2 个氢原子____________，氧化铝____________。

(2) 某新型消毒剂由 Cl、O 两种元素组成，且每个分子中含有 1 个 Cl 原子，2 个 O 原子，该消毒剂的化学式是________________。

22. (5 分) 碘是紫黑色晶体，可以溶解在汽油中，形成紫红色溶液。

(1) 碘的汽油溶液中，溶质是______________，溶剂是____________；

(2) 甲、乙、丙三个同学分别画出下面的示意图，表示溶液中碘分子的分布（汽油分子没有画出）。

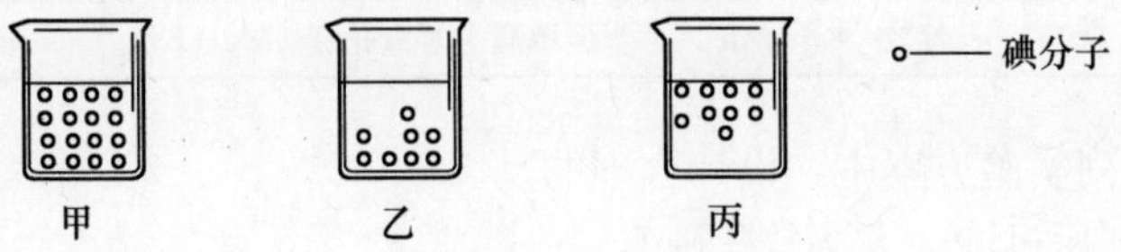


①如果乙同学的示意图符合事实，应该观察到的现象是____________；

②根据你在实验中观察到的现象，____________（填甲、乙、丙）的示意图符合事实。

23. (6 分) 将下列两组中的两种反应物混合，回答下列问题：

(1) 根据实验事实完成下表（没有发生反应的，化学方程式一栏填“/”）

| 编号 | 反应物 1 | 反应物 2 | 现　象 | 化学方程式 |
|---|---|---|---|---|
| 1 | 稀盐酸 | 氢氧化钾溶液 | 没有明显现象 | |
| 2 | 稀硫酸 | 氢氧化钡溶液 | 有白色沉淀生成 | |
| 3 | 稀硝酸 | 澄清石灰水 | | |

(2) 分析上述实验，反应能够发生的共同原因是：反应物 1 中都含有（填化学用语，下同）____________，反应物 2 中都含有______________。

24. (5 分) A、B、C、D、E 五瓶无色透明溶液，分别是 HCl 溶液、$Na_2CO_3$溶液、$MgCl_2$溶液、$NaNO_3$溶液、NaOH 溶液中的一种。分别进行下列实验：

Ⅰ. 将 A 分别滴入 B、C、D、E 中，均没有明显现象。

Ⅱ. 将 B 分别滴入 A、C、D、E 中，C、E 中均产生白色沉淀，其余没有明显现象。

Ⅲ. 将C分别滴入A、B、D、E中，B中产生白色沉淀，D中有气泡冒出，其余没有明显现象。

(1) A是__________，B是__________，C是__________；

(2) B加入E中的化学方程式是______________；

(3) C加入D中的化学方程式是______________。

25. (10分) $CO_2$是一种常见的氧化物。(1) $CO_2$能与碱反应，写出它与$Ba(OH)_2$溶液反应的化学方程式：____________________。

(2) $CO_2$有广泛的用途。工业上可用$CO_2$生产小苏打：一定条件下，向饱和氯化钠溶液中通入氨气（$NH_3$）和$CO_2$，即可析出碳酸氢钠固体，此时溶液变浑浊；过滤，滤液中含有氯化铵。该反应的化学方程式是（提示：方程式配平后，物质化学式前的化学计量数均为1）______________________________________；

(3) 化石燃料燃烧产生大量$CO_2$。大气中$CO_2$含量过高会导致温室效应等环境问题。

①天然气（主要成分为$CH_4$）完全燃烧的化学方程式是__________________________；

②计算1g $CH_4$完全燃烧产生$CO_2$的质量$m$__________（精确到0.01 g）；

③从下表数据分析，与煤相比，用天然气做燃料的优点是___________。

| | 1 g物质完全燃烧产生$CO_2$的质量 | 1 g物质完全燃烧放出的热量 |
|---|---|---|
| $CH_4$ | $m$ | 56 kJ |
| C | 3.67 g | 32 kJ |

三、本题包括4小题，共30分。

26. (3分) (1) 用pH试纸测定液体的pH时，所需用品除玻璃片、pH试纸外，还需要__________；

(2) 用量筒量取一定体积液体时，液面如右图所示，该液体的体积是__________mL。

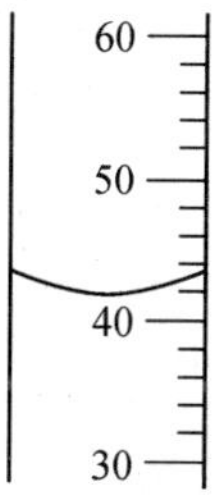


27. (7分) 某同学设计下表所示实验，探究金属铜对$H_2O_2$分解速率的影响。

| 操作 | 装置 | 现象 |
|---|---|---|
| 1. 取一小块铜丝网，卷成筒形，固定在铜丝上。 | 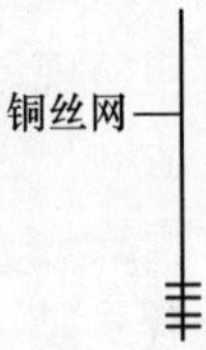  | |
| 2. 分别向①和②中注入15 mL、30%的 $H_2O_2$，并放入盛有热水的③中。 | 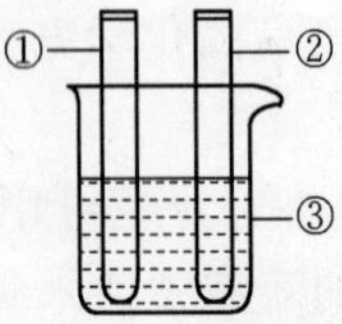  | 约1 min后可观察到①和②中都有少量气泡产生 |
| 3. 把铜丝插入①中。 | 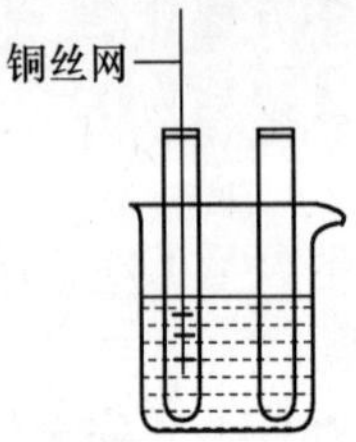  | ①中有大量气泡产生，约5 min后不再有气泡产生；此时②中仍然有少量气泡产生 |

回答下列问题：

(1) 仪器的①名称是____________，仪器③的名称是____________；

(2) 仪器②在实验中的目的是__________________；

(3) 根据上述实验，可以得出的结论是__________________；

(4) 如果用本实验探究铜是不是 $H_2O_2$ 分解的催化剂，需要对上述实验方案进行补充，其中必要的是____________。

A. 称量实验前铜丝网的质量

B. 将实验后的铜丝网干燥、称重

C. 向仪器中加入二氧化锰

D. 将实验后的铜丝网插入 $AgNO_3$ 溶液中

28. (12分) 实验室用98%的浓硫酸配制成稀硫酸，并与锌粒反应制取氢气。

(1) 查阅资料。

20 ℃时不同质量分数硫酸的密度（g/mL）

| 0%(纯水) | 1 | 4 | 10 | 16 | 24 | 32 | 36 | 44 | 49 | 60 | 98 |
|---|---|---|---|---|---|---|---|---|---|---|---|
| 1.00 | 1.01 | 1.02 | 1.07 | 1.11 | 1.17 | 1.24 | 1.27 | 1.34 | 1.39 | 1.50 | 1.84 |

分析以上数据，可以得出结论（写2条）：

①________________________________________________；

②________________________________________________；

(2) 计算。配制 200 g 24.5%的稀硫酸，需________ g 98%浓硫酸和________ g 水。实际操作时，取 98%浓硫酸________ mL（精确到 1 mL）；

(3) 配制稀硫酸。分别用量筒量取所需水和浓硫酸，先将________倒入烧杯中，然后________________；

(4) 制取氢气。①下图中可用于制取、收集氢气的装置是（填字母）____________；

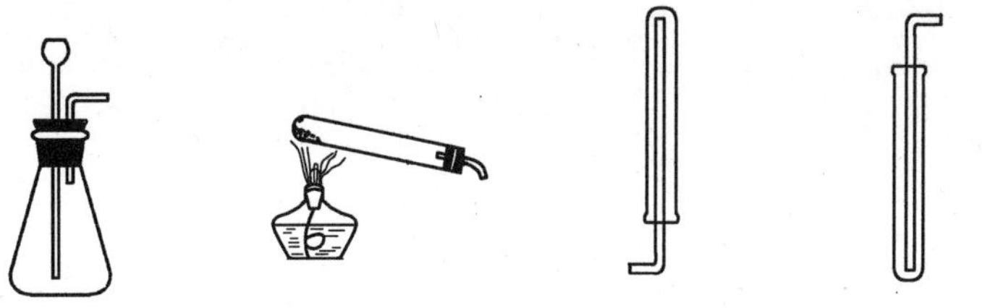

A　　　　B　　　　C　　　　D

②检验氢气纯度的方法如图所示，标明氢气不纯的现象是______________________。

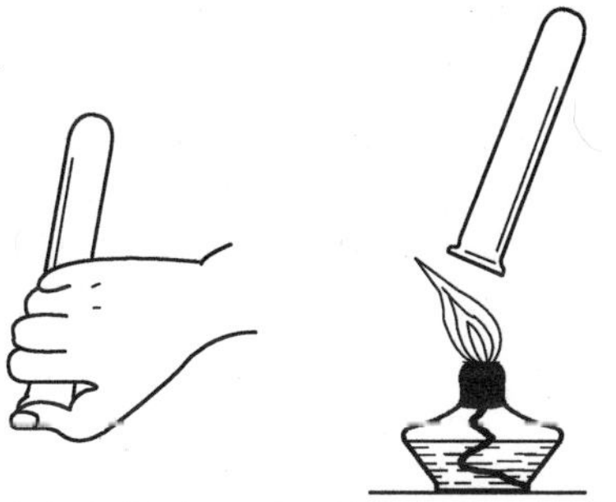

29.（8 分）有三种白色粉末，分别是碳酸钠、碳酸钙和氯化钠中的一种。请设计一个实验方案，把这三种粉末区分开来。叙述实验操作、预期现象和结论。

| 实验操作 | 预期现象与结论 |
| --- | --- |
| | |
| | |

## 2009 年广州市初中毕业生学业考试化学（参考答案）

（满分 100 分，考试时间 80 分钟）

### 第Ⅰ卷　选择题（共 40 分）

一、选择题（本题包括 20 小题，每小题 2 分，共 40 分）

1. B　2. A　3. D　4. D　5. C　6. A　7. D　8. B　9. C

10. B　11. A　12. B　13. A　14. A　15. D　16. C　17. B
18. C　19. C　20. D

## 第Ⅱ卷　非选择题（共 60 分）

二、本题包括 5 小题，共 30 分。

21.（4 分）用化学用语填空：

（1）$O_2$，2H，$Al_2O_3$；（2）$ClO_2$

22.（1）碘，酒精；（2）①烧杯中固体逐渐溶解，整杯液体变为紫色　②甲

23.（6 分）将下列两组中的两种反应物混合，回答下列问题：

（1）根据实验事实完成下表（没有发生反应的，化学方程式一栏填“/”）

| 编号 | 反应物 1 | 反应物 2 | 现　象 | 化学方程式 |
|---|---|---|---|---|
| 1 | 稀盐酸 | 氢氧化钾溶液 | 没有明显现象 | $HCl+KOH=KCl+H_2O$ |
| 2 | 稀硫酸 | 氢氧化钡溶液 | 有白色沉淀生成 | $Ba(OH)_2+H_2SO_4=BaSO4\downarrow+2H_2O$ |
| 3 | 稀硝酸 | 澄清石灰水 | 没有明显现象 | $2HNO_3+Ca(OH)_2=Ca(NO_3)_2+2H_2O$ |

（2）氢离子，氢氧根离子。

24.（1）A 是 $NaNO_3$ 溶液，B 是 $MgCl_2$ 溶液，C 是 $Na_2CO_3$ 溶液；

（2）$MgCl_2+NaOH=2NaCl+Mg(OH)_2\downarrow$；

（3）$Na_2CO_3+2HCl=2NaCl+H_2O+CO_2\uparrow$。

25.（10 分）

（1）$CO_2+Ba(OH)_2=BaCO_3\downarrow+H_2O$；

（2）$NH_3+CO_2+NaCl+H_2O=NaHCO_3+NH_4Cl\downarrow$；

（3）① $CH_4+2O_2\xlongequal{点燃}2H_2O+CO_2$；

② $m=2.75$ g

③ 热值高，产生的二氧化碳少，对环境的影响小。

三、本题包括 4 小题，共 30 分。

26.（3 分）（1）玻璃棒；（2）42 mL。

27.（7 分）（1）试管，烧杯；

（2）对比；

（3）铜可以加快过氧化氢溶液分解的速率；

（4）A　B　D

28.（1）① 硫酸溶液中溶质的质量分数越大，溶液的密度越大；

② 硫酸溶液的密度比纯水的密度大；

（2）50 g，150 g，27 mL

(3) 水，将浓硫酸沿着烧杯壁慢慢注入水中并不断用玻璃棒进行搅拌；

(4) ①A、B；

②听到尖锐的爆鸣声。

29.

| 实验操作 | 预期现象与结论 |
|---|---|
| 分别取少量三种粉末于洁净的试管中，加入足量的水充分溶解 | 有一支试管中的粉末不溶解，该粉末是碳酸钙 |
| 向得到澄清溶液的两支试管中分别滴入适量的稀盐酸 | 有气泡产生，溶解前的粉末是碳酸钠；无明显现象的，溶解前的粉末是氯化钠 |

## 学业水平测试试卷选登

### 2009年江苏省普通高中学业水平测试（必修科目）试卷化学

本卷可能用到的相对原子质量：H—1　C—12　N—14　O—16　Na—23　Mg—24　Al—27　S—32　Cl—35.5　K—39　Fe—56

一、单项选择题：在每题的4个选项中，只有1个选项是符合要求的（本部分23题，每题3分，共69分）。

1. 全球气候变暖。据报道，江苏在最近47年里平均气温升高1.38℃。下列哪种气体的增加是导致这种情况出现的主要原因（　　）。

A. $N_2$　　B. $O_2$　　C. $CO_2$　　D. $SO_2$

2. “垃圾是放错了位置的资源”，应分类回收利用。生活中废弃的塑料制品、旧轮胎、废纸等属于（　　）。

A. 单质　　B. 有机物　　C. 氧化物　　D. 无机物

3. 当光束通过豆浆时，可观察到丁达尔效应，表明豆浆是（　　）。

A. 胶体　　B. 溶液　　C. 悬浊液　　D. 乳浊液

4. 欲配制浓度为1.00 mol/L的氯化钠溶液100 mL，用不到的仪器是（　　）。

A. 容量瓶　　B. 分液漏斗　　C. 玻璃棒　　D. 烧杯

5. 下列元素中金属性最强的是（　　）。

A. K　　B. Na　　C. Al　　D. Mg

6. 下列物质属于离子化合物的是（　　）。

A. $O_3$　　B. $H_2O$　　C. $K_2SO_4$　　D. $C_2H_5OH$

7. 下列物质与水反应生成强酸的是（　　）。

A. $Na_2O$　　B. $SO_3$　　C. $CO_2$　　D. $NH_3$

8. 下列气体中无色无味的是（　　）。

A. $SO_2$　　B. $Cl_2$　　C. $NO_2$　　D. $N_2$

9. 下列实验装置（部分仪器已省略）或操作，能达到相应实验目的的是（　　）。

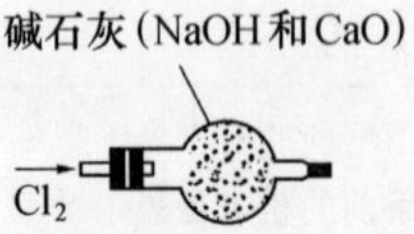


A. 干燥氯气

B. 闻气体气味

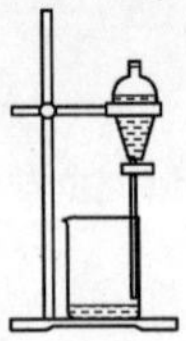

C. 分离乙醇和水

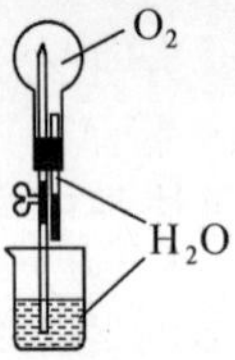


D. 进行喷泉实验

10. 光导纤维已成为信息社会必不可少的高技术材料。下列物质用于制造光导纤维的是（　　）。

A. 金刚石　　B. 大理石　　C. 铝合金　　D. 二氧化硅

11. “脚印”“笑脸”“五环”等焰火让北京奥运会开幕式更加辉煌壮观，这些五彩缤纷的焰火与元素的焰色反应有关。下列说法**错误**的是（　　）。

A. 观察 $K_2SO_4$ 的焰色应透过蓝色的钴玻璃

B. Na 与 NaCl 在灼烧时火焰颜色相同

C. 可以用焰色反应来区别 NaCl 和 KCl

D. 焰色反应一定发生化学变化

12. 某溶液中存在较多的 $OH^-$、$K^+$、$CO_3^{2-}$，该溶液中还可能大量存在的是（　　）。

A. $H^+$　　B. $Ca^{2+}$　　C. $NH_4^+$　　D. $SO_4^{2-}$

13. 下列化学用语表示正确的是（　　）。

A. 氯化钙的化学式 CaCl

B. HCl 分子的电子式 $H:\ddot{\underset{\cdot\cdot}{Cl}}:$

C. 乙烯的结构简式 $CH_2CH_2$

D. 氯原子的结构示意图 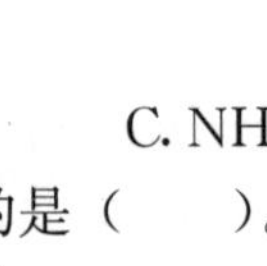

14. ${}^{14}_{6}C$ 常用于测定动植物标本的年龄。关于 ${}^{14}_{6}C$ 原子的说法正确的是（　　）。

A. 中子数为 14　　B. 质子数为 14

C. 核外电子数为 14　　D. 质量数为 14

15. 用 $N_A$ 表示阿伏加德罗常数的值，下列说法错误的是(　　)。

A. 在标准状况下 22.4 L $H_2$ 中含有氢分子的个数为 $2N_A$

B. 24 g Mg 变为 $Mg^{2+}$ 时失去的电子数为 $2N_A$

C. 32 g $O_2$ 中含有氧原子的个数为 $2N_A$

D. 1 L 1 mol/L NaCl 溶液中含有钠离子的个数为 $N_A$

16. 2008 年我国的“神舟”七号宇宙飞船搭载 3 名宇航员顺利升空，并成功实现宇航员太空行走。火箭和飞船升空所需的巨大能量可由下列化学反应提供：

$C_2H_8N_2+2N_2O_4=2CO_2\uparrow+3N_2\uparrow+4H_2O$

有关该反应的说法正确的是（　　）。

A. 该反应是分解反应　　B. 反应中碳元素的化合价降低

C. 氧化剂是 $N_2O_4$　　D. 该反应不是氧化还原反应

17. 实验室用锌粒与 2 mol/L 硫酸溶液抽取氢气，下列措施不能增大化学反应速率的是（　　）。

A. 用锌粉代替锌粒

B. 改用 3 mol/L 硫酸溶液

C. 改用热的 2 mol/L 硫酸溶液

D. 向该硫酸溶液中加入等体积的水

18. 下列反应属于吸热反应的是（　　）。

A. 石灰石在高温下的分解反应

B. 生石灰和水的反应

C. 盐酸与氢氧化钠溶液的反应

D. 木炭在氧气中燃烧

19. 右图为番茄电池，下列说法正确的是(　　)。

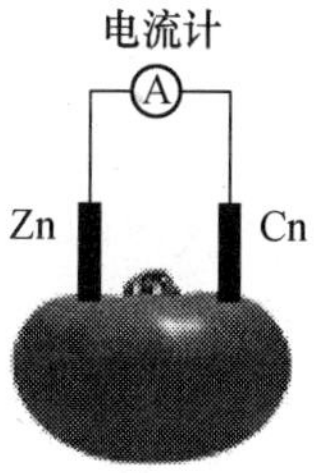


A. 一段时间后，锌片质量会变小

B. 铜电极附近会出现蓝色

C. 电子由铜通过导线流向锌

D. 锌电极是该电池的正极

20. 下列关于甲烷的叙述错误的是（　　）。

A. 天然气的主要成分

B. 最简单的有机物

C. 含碳质量分数最大的有机物

D. 与氯气在光照条件下能发生取代反应

21. 下列反应属于加成反应的是（　　）。

A. $2CH_3CH_2OH+2Na\rightarrow 2CH_3CH_2ONa+H_2\uparrow$

B. 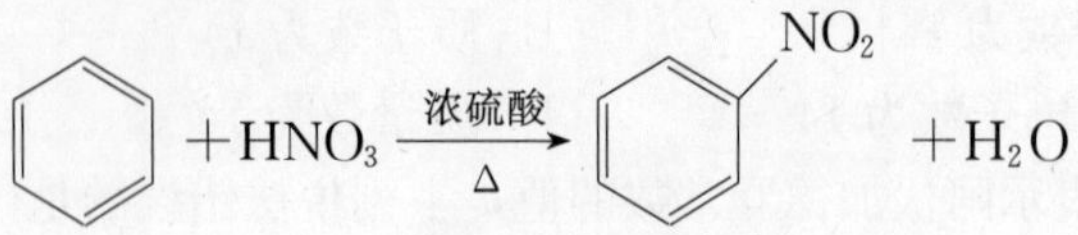

C. $CH_3CH{=}CH_2+Br_2\rightarrow CH_3CH(Br)-CH_2(Br)$

D. $CH_3COOH+CH_3CH_2OH \underset{\triangle}{\overset{浓硫酸}{\rightleftharpoons}} CH_3COOCH_2CH_3+H_2O$

22. X、Y、Z 均为短周期元素，它们在周期表中相对位置如图所示。若 Y 原子的最外层电子是内层电子数的 3 倍，下列说法正确的是（　　）。

| | | |
|---|---|---|
| X | Y | |
| | Z | W |

A. X 的气态氢化物比 Y 的稳定

B. W 的最高价氧化物对应水化物的酸性比 Z 的强

C. Z 的非金属性比 Y 的强

D. X 与 Y 形成的化合物都易溶于水

23. 在硫酸铝、硫酸钾和明矾［$KAl(SO_4)_2\cdot 12H_2O$］的混合溶液中，$SO_4^{2-}$ 的浓度为 0.4 mol/L，当加入等体积 0.4 mol/L KOH 溶液时，生成的沉淀恰好完全溶解。则反应后溶液中 $K^+$ 的浓度约为（　　）。

A. 0.225 mol/L　　B. 0.25 mol/L

C. 0.45 mol/L　　D. 0.9 mol/L

二、非选择题（本部分 3 题，共 31 分）

24.（15 分）本题为选做题，包括 A、B 两题。选学《化学与生活》模块的考生答 A 题，选学《有机化学基础》模块的考生答 B 题，每位考生只可选做 1 题。若两题都作答，则以 A 题计分。

A.《化学与生活》

(1)（3 分）现有下列物质：维生素 A、维生素 C、碘元素、铁元素、淀粉、油脂。请选择正确答案填在相应的空格里。

① 人体缺乏某种维生素会引起坏血病，这种维生素是________。

② 人体缺乏某种微量元素会发生贫血，这种微量元素是____________。

③ 既能为人体提供热量，又能提供必需脂肪酸的物质是_____________。

(2)（5 分）了解一些用药常识，有利于自我保健。现有下列药物：碳酸镁、青霉素、阿司匹林、氢氧化铝。

① 其中属于解热镇痛的药物是____________。

② 青霉素的作用是____________。

③ 碳酸镁可治疗胃酸过多的原理是________________（用离子方程表示）。

④ 药片常用淀粉作为黏合剂，淀粉水解的最终产物是______________。

(3)（7 分）生活中处处有化学，化学已渗透到我们的“衣、食、住、行”之中。

① 衣：鉴别真假羊毛衫的方法是先取样，再__________。

② 食：水是人类生存的必需物质。在净水过程中，明矾作为_________剂；氯气或漂白粉作为__________剂。

③ 住：玻璃和钢铁是常用的建筑材料。普通玻璃是由__________等物质组成的；钢铁制品不仅可发生化学腐蚀，在潮湿的空气中还能发生__________腐蚀。

④ 行：铝可用于制造交通工具，铝制品不易生锈的原因是_________；橡胶是制造轮胎的重要原料，天然橡胶通过____________措施可增大强度和弹性。

B.《有机化学基础》

(1)（3 分）同分异构现象在有机化合物中是非常普遍的。下列各组化合物：

① $CH_3CH_2CH_2CH_3$ 和 $(CH_3)_2CHCH_3$；

② $CH_3CH_2OH$ 和 $CH_3CH_2CH_2OH$；

③ $CH_3COOCH_2CH_3$ 和 $CH_3CH_2CH_2COOH$；

④ $CH_3CH{=}CHCH_3$ 和 $CH_3CH_2CH{=}CH_2$；

⑤ 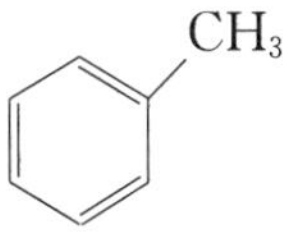

和 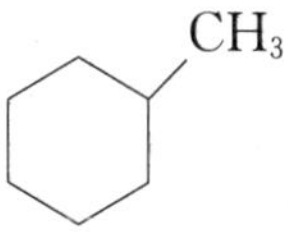

。其中互为同分异构体的是__________（填序号）。

(2)（5 分）下列 5 种有机化合物：乙酸乙酯（$CH_3COOCH_2CH_3$）、苯酚（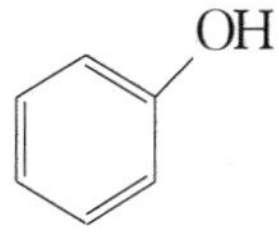

）、乙醛（$CH_3CHO$）、乙酸（$CH_3COOH$）、乙醇（$CH_3CH_2OH$）。

① 其中能与 $NaHCO_3$ 溶液反应产生气泡的是_________。

② 其中能与 $FeCl_3$ 溶液发生显色反应的是_________。

③ 其中能发生水解反应的是__________。

④ 写出乙醛与银氨溶液发生银镜反应的化学方程式________________。

(3)(7分)①蛋白质是维持生命的重要物质，它是由氨基酸通过__________连接而成的一类高分子化合物；氨基酸因分子中含有氨基和羧基，而具有__________性。

②2008年，三鹿婴幼儿奶粉由于人为添加三聚氰胺，导致长期食用该奶粉的部分婴幼儿出现肾结石病。三聚氰胺的结构简式如下图所示。

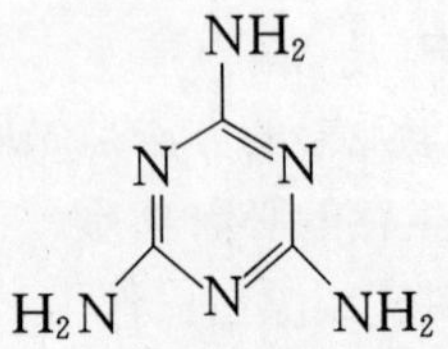


请你预测三聚氰胺在核磁共振氢谱图（$^1H$ 核磁共振谱图）中会出现________个峰；三聚氰胺中氮元素的质量分数为__________（结果用百分数表示，并保留一位小数），添加三聚氰胺会使食品中蛋白质的含量增高。

25.（6分）下图是由短周期元素组成的一些单质及其化合物之间的转化关系图。常温、常压下，D、F、K均为无色无刺激性气味的气体，B是最常见的无色液体，A是由单质C在D中燃烧生成的淡黄色固体。（反应中生成的部分物质已略去）

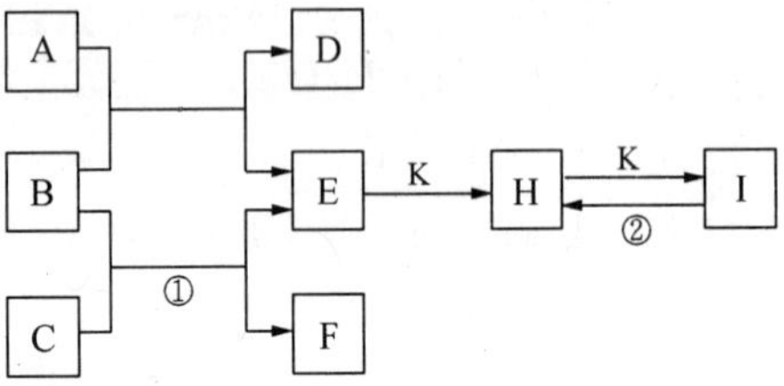


请回答下列问题：

(1) 物质A的化学式为______________________________。

(2) 化合物E的电子式为______________________________。

(3) 反应①的离子方程式为______________________________；

反应②的化学方程式为______________________________。

26.（10分）两组同学对铁及其化合物的性质进行探究。

(1) 一组同学用图1所示装置对铁与浓硫酸的反应进行实验。已知：

$2Fe+6H_2SO_4$（浓）$\xlongequal{\triangle}Fe_2(SO_4)_3+3SO_2\uparrow+6H_2O$。请你参与探究并回答相关问题。

① 检查装置气密性后，将过量的铁屑和一定量的浓硫酸放入烧瓶，塞紧橡皮塞，开始计时。$t_1$ 时开始加热，在铁屑表面逐渐产生气泡，当有大量气泡产生时，控制反应温度基本不变。甲同学将收集到的气体体积与时间的关系粗略地表示为图 2。

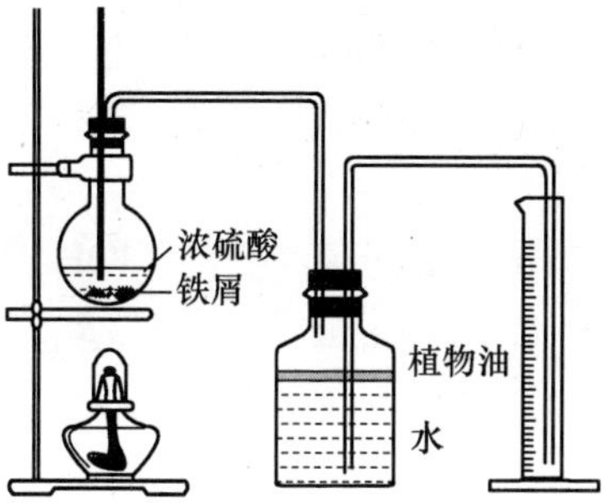


图 1

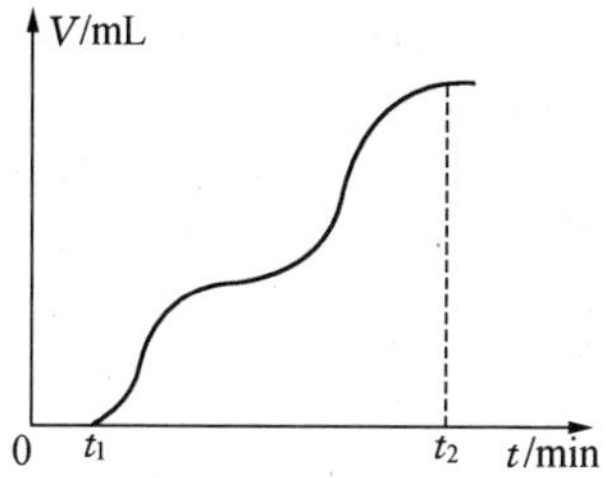


图 2

在 0～$t_1$ 时间段，铁屑表面没有气泡生成，说明铁在浓硫酸中发生了________；$t_1$～$t_2$ 时间段，反应生成的气体是__________。

② $t_2$ 时，取少量反应液，先滴加少量新制饱和氯水，然后滴加 KSCN 溶液，呈现血红色。若再滴加过量新制氯水，却发现红色褪去。同学们对红色褪去的原因提出各自的假设。乙同学的假设是：溶液中的＋3 价铁被氧化为更高的价态。你的另一种假设是____________；为了验证你的假设，请设计一种简便的实验方案__________。

(2) 另一组同学对铁和稀硝酸的反应进行探究。他们用 $a$ mol Fe 和含有 $b$ mol $HNO_3$ 的稀硝酸进行实验，若 $HNO_3$ 只被还原成 NO，且反应结束后溶液中含有 $Fe^{3+}$ 和 $Fe^{2+}$，则 $\frac{a}{b}$ 的取值范围是_________；若反应结束后的溶液中 $n(Fe^{3+}):n(Fe^{2+})=2:1$，则 $\frac{a}{b}$ 的值为__________。

## 2009 年江苏省普通高中学业水平测试试卷化学参考答案

一、单项选择题（本部分 23 题，每题 3 分，共 69 分）。

1. C　2. B　3. A　4. B　5. A　6. C　7. B　8. D　9. B
10. D　11. D　12. D　13. B　14. D　15. A　16. C　17. D
18. A　19. A　20. C　21. C　22. B　23. B

二、非选择题（本部分 3 题，共 31 分）

24.（15 分）

A.《化学与生活》

（1）（3 分）①维生素 C ②铁元素 ③油脂 （2）①阿司匹林 ②消炎 ③$MgCO_3+2H^+=Mg^{2+}+H_2O+CO_2\uparrow$ ④葡萄糖 （3）（7 分）①灼烧，若有烧焦羽毛气味，则为真羊毛衫 ②混凝 杀菌消毒 ③$Na_2SiO_3$、$CaSiO_3$、$SiO_2$；电化学 ④表面被氧化生成一层致密的氧化物保护膜；硫化

B.《有机化学基础》

（1）（3 分）①③④ （2）（5 分）①乙酸（$CH_3COOH$）

②苯酚（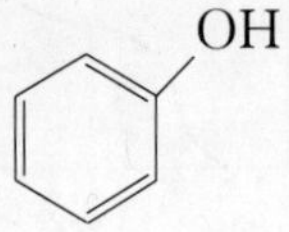）

③乙酸乙酯（$CH_3COOCH_2CH_3$）

④$CH_3CHO+2Ag(NH_3)_2OH=CH_3COONH_4+2Ag\downarrow+3NH_3+H_2O$

（3）（7 分）①肽键；两 ②1；66.7%

25.（6 分）（1）$Na_2O_2$ （2）$Na^+$ [:Ö:H]$^-$

（3）$2Na+2H_2O=2Na^++2OH^-+H_2\uparrow$；

$2NaHCO_3\xlongequal{\triangle}Na_2CO_3+CO_2\uparrow+H_2O$

26.（10 分）（1）①钝化；$SO_2$ ②溶液中的 $SCN^-$ 被氧化；向褪色后的溶液中加入 $FeCl_3$ 溶液，若不恢复红色，则我的假设成立（或向褪色后的溶液中加入 KSCN 溶液，若恢复红色，则我的假设成立）

（2）$\frac{1}{4}<\frac{a}{b}<\frac{3}{8}$；$\frac{9}{32}$

## 2009 年安徽省普通高中学业水平测试科学基础（化学）

本试卷分第Ⅰ卷和第Ⅱ卷两部分。第Ⅰ卷共 8 页，为选择题；第Ⅱ卷共 4 页，为非选择体。全卷共 50 题，满分为 150 分，其中物理、化学和生物各 50 分。考试时间为 120 分钟。

可能用到的相对原子质量：H—1 C—12 O—16 Cl—35.5 Cu—64

16. 我国著名的化学家、教育家徐光宪先生在稀土金属等研究领域作出杰出贡献，荣获了 2008 年度“国家最高科学技术奖”。$^{140}_{58}Ce$ 是地壳中含量最高的稀土金属铈元素。下列关

于$^{140}_{58}Ce$的说法错误的是（　　）。

A. 质量数为 140　　　　B. 中子数为 82

C. 质子数为 58　　　　D. 核外电子数为 198

17. 胶体与溶液的根本区别在于（　　）。

A. 分散质粒子的大小　　　　B. 分散质粒子是否带电荷

C. 外观是否均一、稳定　　　　D. 分散系是否透明有颜色

18. 下列反应中，是吸热反应的是（　　）。

A. 铝片与稀硫酸反应

B. 乙醇在空气中燃烧

C. 盐酸与氢氧化钠溶液反应

D. $Ba(OH)_2\cdot 8H_2O$ 晶体与氯化铵晶体反应

19. 下列气体的收集方法正确的是（　　）。

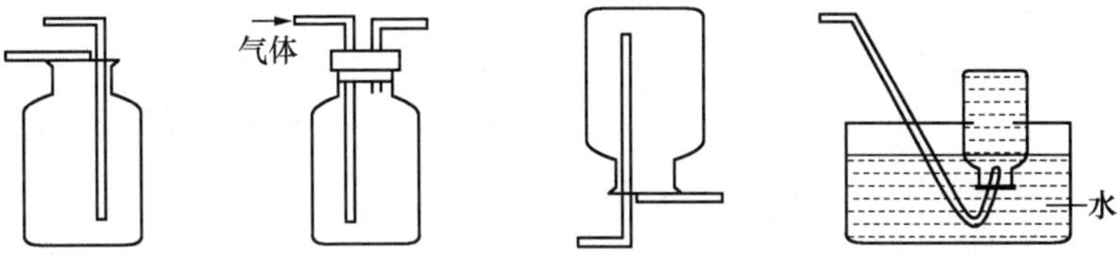


A. 收集 NO　B. 收集 $NH_3$　C. 收集 $CH_4$　D. 收集 $SO_2$

20. 下列物质中，既能与盐酸反应，又能与氢氧化钠溶液反应的是（　　）。

A. $Mg(OH)_2$　　　　B. $Al(OH)_3$

C. $SiO_2$　　　　D. $SO_2$

21. $MgF_2$在灯光下能发出荧光，不溶于水和乙醇，可用于生产印刷纸币的光变色防伪油墨。下列有关 $MgF_2$ 的说法错误的是（　　）。

A. 含有离子键　　　　B. 含有共价键

C. 属于离子化合物　　　　D. 属于电解质

22. 下列物质中，所含分子数最少的是（　　）。

A. 0.8 mol $CO_2$　　　　B. 标准状况下 11.2 L 氨气

C. 3.6 g 水　　　　D. $6.02\times10^{23}$个氯分子

23. 某溶液中存在大量的 $Al^{3+}$、$H^+$、$SO_4^{2-}$，则该溶液中还可能大量存在的离子是（　　）。

A. $OH^-$　　　　B. $Ba^{2+}$

C. $NH_4^+$　　　　D. $CO_3^{2-}$

24. 某化学兴趣小组将碎片和铜片出入番茄中制成水果电池（如右图）

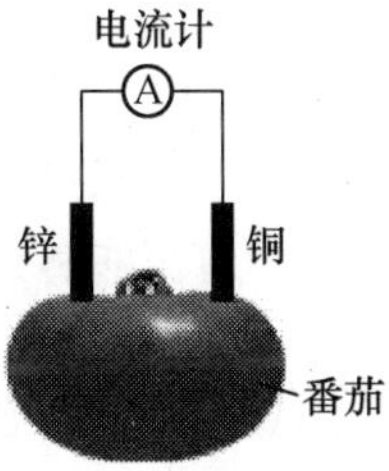


A. 一段时间后，锌片质量会变小

B. 铜片上发生氧化反应

C. 电子由铜片通过导线流向锌

D. 锌电极是该电池的正极

25. 若将浓硫酸和浓硝酸分别敞口放置，它们的质量变化和放置天数的关系如右图所示，则有关曲线a、b变化原因的分析正确的是（　　）。

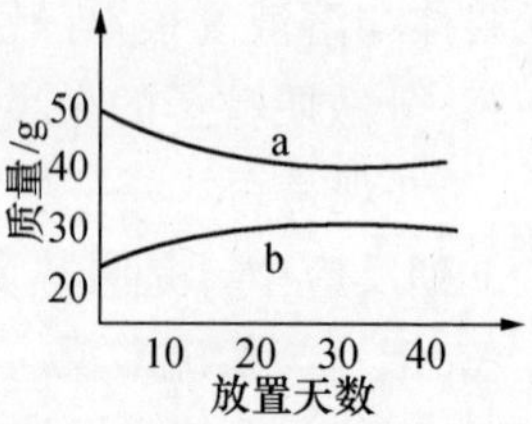


A. a升华、b冷凝

B. a挥发、b吸水

C. a蒸发、b潮解

D. a冷凝 、b吸水

注意：26～30小题有两组，你可以选作《化学与生活》模块或《有机化学基础》模块的任一组《化学与生活》模块。

26. 生活中化学知识无处不在，下列化学知识应用错误的是（　　）。

A. 明矾可除去水中的悬浮颗粒等杂质，所以可用作净水剂

B. 黄瓜含有丰富的维生素C，热锅爆炸能减少维生素C的流失

C. 石英玻璃纤维传导光的能力非常强，所以常用于光缆通信

D. 可用燃烧的方法鉴别羊毛围巾和合成纤维围巾

27. 下列做法的主要目的与补充微量元素有关的是（　　）。

A. 加工食品添加苯甲酸钠　　B. 喝咖啡加糖

C. 烹饪时用“加碘食盐”　　D. 炒菜加味精

28. 每年的6月5日是“世界环境日”，今年我国“世界环境日”的宣传主题是：“减少污染—行动起来。”下列做法不利于减少污染的是（　　）。

A. 发电厂的煤经脱硫处理

B. 将煤转化为水煤气作燃料

C. 限制使用一次性塑料袋

D. 大力推广使用含磷洗衣粉

29. 合理使用药物有利身心健康。下列有关说法错误的是（　　）。

A. 氢氧化铝用于治疗胃酸过多

B. 非处方药都无毒副作用，可长期大量服用

C. 医用酒精用于解热镇痛

D. 阿司匹林用于解热镇痛

30. 下列防止进入腐蚀的做法中，不可行的是（　　）。

A. 军事演习期间给坦克的履带上刷上油漆以防止生锈

B. 地下钢管道每隔一段距离就连接一定数量镁块

C. 在轮船外壳水线以下部分装上一定数量的锌块

D. 洗衣机的滚筒采用不锈钢材料，即耐磨又耐腐蚀

《有机化学基础模块》

26. 下列说法中，错误的是（　　）。

A. 分子式符合 $C_n(H_2O)_m$ 通式的物质不一定都是糖类

B. 油脂、淀粉、纤维素都是天然有机高分子化合物

C. 氨基酸是两性化合物，能与强酸、强碱反应生成盐

D. 单糖是不能发生水解的最简单的糖类

27. 不能使酸性高锰酸钾溶液褪色的是（　　）。

A. 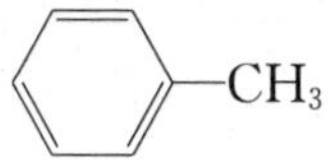


B. $CH_2{=}CH_2$

C. 

D. $HC{\equiv}CH$

28. 下列反应中，不属于加成反应的是（　　）。

A. 乙炔与氯化氢反应制取氯乙烯

B. 乙烯使溴的四氯化碳溶液褪色

C. 乙醛与氢气反应生成乙醇

D. 苯酚溶液与浓溴水反应生成白色沉淀

29. 下列各组物质互为同分异构体的是（　　）。

A. 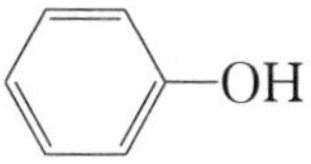

和 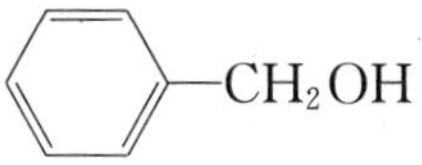


B. $(CH_3)_2CHCH_3$ 和 $CH_3CH_2CH_2CH_3$

C. $CH_3—CH—CHCH_3$ 和 $CH_2{=}CH—CH{=}CH_2$

D. $CH_3CH_2CHO$ 和 $CH_3CH_2COOH$

30. 享誉中外的祁门红茶产于我省祁门县一带，被誉为“世界四大红茶”之一。祁门红茶因为香叶醇的含量高于普通茶叶的几十倍，因而具有独特的玫瑰花香。香叶醇分子结构如右图所示，下列关于香叶纯的说法错误的是（　　）。

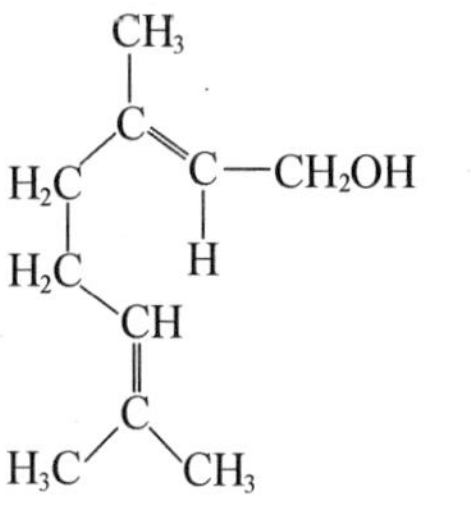


A. 能发生银镜反应

B. 能发生加聚反应

C. 能使高锰酸钾酸性溶液褪色

D. 能使溴水褪色

43.（5 分）下面是元素周期表的一部分，表中的每个字母表示一种短周期元素，请回答下列问题：

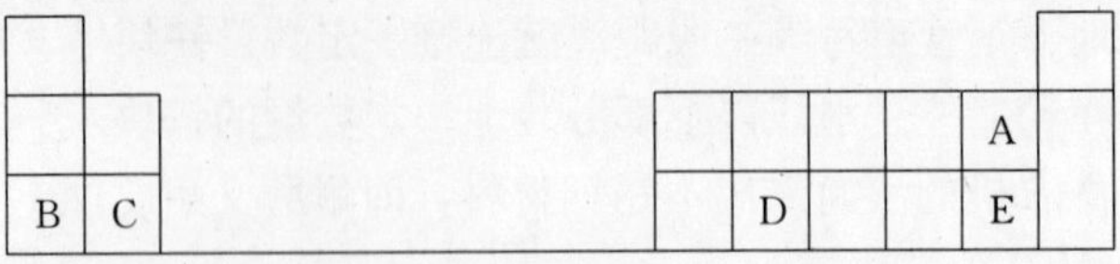


(1) D在元素周期表中的位置是第三周期________族。

(2) A、E 两种元素所形成的气态氢化物较稳定的是__________（填化学式）。

(3) B、C两元素的原子半径较小的是__________（填元素符号）。

(4) 在盛有水的小烧杯中加入元素 B 的单质，发生反应的化学方程式为：________________________________。

44. (5 分) 乙酸是生活中的一种常见的有机物，它的分子结构模型如右图所示。

(1) 乙酸分子中—COOH 原子团的名称是______________。

(2) 乙酸与 $Na_2CO_3$ 溶液反应产生的气体是__________（填分子式）。

(3) 一定条件下，乙酸能与乙酸发生反应生成一种具有香味的油状液体，请写出反应的化学方程式（不要求写反应条件）：__________________。该有机反应的类型是______________反应。

45. (5 分) 小明欲探究铁及其化合物的氧化性和还原性，请你帮他完成以下实验报告。

实验目的：探究铁及其化合物的氧化性和还原性

可供选用的试剂：铁粉、$FeCl_3$、溶液、$FeCl_2$ 溶液、氯水、锌片

实验记录（请填写表中空白）：

| 序号 | 实验操作 | 实验现象 | 离子方程式 | 实验结论 |
|---|---|---|---|---|
| ① | 在 $FeCl_2$ 溶液中加入锌片 | 溶液由浅绿色变为无色 | $Zn+Fe^{2+}=Zn^{2+}+Fe$ | |
| ② | | | | $Fe^{2+}$ 具有还原性 |
| ③ | 在 $FeCl_3$ 溶液中加入足量铁粉 | 溶液由棕黄色变为浅绿色 | $Fe+2Fe^{3+}=3Fe^{2+}$ | $Fe^{3+}$ 具有氧化性<br>Fe 具有还原性 |

46. (5 分) 现有一种铜粉和铝粉的混合物样品。小芳为测定该样品中铝的含量，称取 5.0 g 此样品置于锥形瓶中，将 100 mL 稀盐酸加入其中恰好完全反应，剩余固体 2.3 g。

（1）该混合物中铝的质量分数为多少？

（2）所用盐酸中溶质的物质的量的浓度为多少？

## 2009 年安徽省普通高中学业水平测试科学基础（化学）参考答案及评分标准

16. D　17. A　18. D　19. C　20. B　21. B　22. C　23. C

24. A　25. B　26. B　27. C　28. D　29. B　30. A

有机化学基础模块 26～30 题略

43.（5 分）（1）ⅣA（1 分）　（2）HF（1 分）

（3）Mg（1 分）

（4）$2Na+2H_2O=2NaOH+H_2\uparrow$（2 分）

44.（5 分）（1）羧基（1 分）　（2）$CO_2$（1 分）

（3）$CH_3CH_2OH+CH_3COOH \rightleftharpoons CH_3COOCH_2CH_3+H_2O$（2 分）

酯化（或取代）（1 分）

45.（5 分）① $Fe^{2+}$具有氧化性（1 分）

②在 $FeCl_2$溶液中滴入适量氯水（1 分）　溶液由浅绿色变为棕黄色（1 分）

$Cl_2+2Fe^{2+}=2Cl^-+2Fe^{3+}$（2 分）

46.（5 分）（1）54%（2 分）（2）3 mol/L（3 分）（计算过程略）

## 宁夏回族自治区 2009 年 1 月普通高中学业水平测试——化学

本试卷分第Ⅰ卷（选择题）和第Ⅱ卷（非选择题）两部分，共 120 分，考试时间 100 分钟。

注意事项：1. 答卷前将密封线内的项目填写清楚，并将相关的项涂写在答题卡上。

2. 答第Ⅰ卷时，请用 2B 铅笔将答案直接涂写在答题卡上。

3. 答第Ⅱ卷时，请用蓝黑色钢笔或圆珠笔直接答在试卷上。

可能用到的相对原子质量：H—1　C—12　N—14　O—16　S—32　Fe—56

### 第Ⅰ卷（选择题　共 50 分）

一、选择题（每题只有一个选项符合题意，每题 2 分，共 50 分）

1. 2008 年北京奥运会主体育场——“鸟巢”，被《泰晤士报》评为全球“最强悍”工程。“鸟巢”运用了高强度、高性能的钒氮合金高新钢和 884 块 ETFE 膜，并采用新一代的氮化镓高亮度 LED 材料。下列有关说法正确的是（　　）。

A. 用金属铝与 $V_2O_5$ 冶炼钒，铝作催化剂

B. 合金的熔点通常比组分金属高，硬度比组分金属小

C. 已知 Ga 处于ⅢA 族，可推知氮化镓化学式为 $Ga_3N_2$

D. ETFE 膜（$\left[CH_2-CH_2-CF_2-CF_2\right]_n$）属于有机物

2. 在过滤操作中，除了使用铁架台、烧杯、玻璃棒外，还需要用到的仪器是（　　）。

A. 漏斗　　B. 蒸发皿　　C. 酒精灯　　D. 天平

3. 关于研究物质性质的基本程序：a. 观察物质的外观，b. 实验和观察，c. 解释及结论，d. 预测物质的性质，下列排列顺序正确的是（　　）。

A. bacd　　B. abcd　　C. adbc　　D. dabc

4. 国际冰川专家指出，喜马拉雅山冰川按现在的消融速度，至 2035 年将全部融化殆尽。与这种现象密切相关的气体是（　　）。

A. $SO_2$　　B. $CO_2$　　C. NO　　D. $NO_2$

5. 分类法是一种行之有效、简单易行的科学方法，人们在认识事物时可以采取多种分类方法。下列关于"$CH_3COONa$"的分类**不正确**的是（　　）。

A. 化合物　　B. 氧化物　　C. 有机物　　D. 钠盐

6. 下列物质中，既含离子键又含共价键的是（　　）。

A. KOH　　B. NaCl　　C. $CO_2$　　D. $CH_4$

7. 澳大利亚研究人员最近开发出被称为第五形态的单质碳，这种新的碳结构称作"纳米泡沫"，它外形类似海绵，比重极小，并具有磁性。纳米泡沫碳与金刚石的关系是（　　）。

A. 同一种物质　　B. 同分异构体

C. 同素异形体　　D. 同位素

8. 区别溶液和胶体最简单的方法是（　　）。

A. 观察外观　　B. 丁达尔现象

C. 布朗运动　　D. 加热

9. 某原子核外有 6 个电子，核内含 8 个中子，则它可以表示为（　　）。

A. ${}_{14}Si$　　B. ${}^{14}Si$　　C. ${}^{14}C$　　D. ${}_{14}C$

10. 下列物质中，长期放置在空气中因发生氧化还原反应而变质的是（　　）。

A. CaO　　B. $CuSO_4 \cdot 5H_2O$

C. NaOH　　D. $Na_2O_2$

11. 下列反应属于氧化还原反应的是（　　）。

A. $H_2SO_4+2NaOH=Na_2SO_4+2H_2O$

B. $CuO+H_2\overset{\triangle}{=\!=\!=}Cu+H_2O$

C. $NH_3+HCl=NH_4Cl$

D. $2NaHCO_3\overset{\triangle}{=\!=\!=}Na_2CO_3+CO_2\uparrow+H_2O$

12. 对于可逆反应 $M+N\rightleftharpoons Q$ 达到平衡时，下列说法正确的是(　　)。

A. M、N、Q 三种物质的浓度一定相等

B. M、N 全部变成了 Q

C. 反应混合物中各组分的浓度不再变化

D. 反应已经停止

13. 某元素原子核外 L 层电子数比 K 层电子数多 3，则此元素在周期表中位于（　　）。

A. 第二周期第ⅤA 族

B. 第二周期第ⅦA 族

C. 第三周期第ⅤA 族

D. 第三周期第ⅦA 族

14. 下列说法正确的是（　　）。

A. 1 mol O 的质量是 32 g/mol

B. $H_2O$ 的摩尔质量为 18 g

C. 44 g $CO_2$ 的体积为 22.4 L

D. 9.8 g $H_2SO_4$ 的物质的量是 0.1 mol

15. 以下是一些常用的危险品标志，装运乙醇的包装箱应贴的图标是（　　）。

A

B

C

D

16. 2008 年 9 月，中国爆发三鹿婴幼儿奶粉受污染事件，导致食用了受污染奶粉的婴幼儿产生肾结石病症，其原因是奶粉中含有三聚氰胺，三聚氰胺的化学式为 $C_3N_3(NH_2)_3$。下列有关三聚氰胺的说法不正确的是（　　）。

A. 三聚氰胺的摩尔质量为 126 g/mol

B. 三聚氰胺中 C、N、H 的原子个数比为 1∶2∶2

C. 三聚氰胺中 C、N 两种元素的质量比为 6∶7

D. 1 mol 三聚氰胺中氮元素的质量为 84 g

17. 某烷烃含有 200 个氢原子，那么该烃的分子式是（　　）。

A. $C_{99}H_{200}$　　B. $C_{98}H_{200}$

C. $C_{97}H_{200}$　　D. $C_{96}H_{200}$

18. 下列在水溶液中能大量共存的离子组是（　　）。

A. $NH_4^+$、$K^+$、$CO_3^{2-}$、$OH^-$

B. $Ba^{2+}$、$Na^+$、$SO_4^{2-}$、$NO_3^-$

C. $Na^+$、$Ag^+$、$HCO_3^-$、$Cl^-$

D. $K^+$、$NH_4^+$、$Br^-$、$I^-$

19. 下列关于苯的说法中，正确的是（　　）。

A. 在空气中燃烧时产生浓烈的黑烟

B. 分子中含有 3 个 C—C 单键和 3 个 C=C 双键

C. 分子中 C、H 元素的质量比为 6∶1

D. 通入氢气即可发生加成反应

20. 下列离子方程式不正确的是（　　）。

A. 碳酸钡与盐酸反应：$BaCO_3+2H^+=Ba^{2+}+CO_2\uparrow+H_2O$

B. 金属铁与稀硫酸反应：$2Fe+6H^+=2Fe^{3+}+3H_2\uparrow$

C. 钠与水反应：$2Na+2H_2O=2Na^++2OH^-+H_2\uparrow$

D. $NaHCO_3$ 溶液与 NaOH 溶液混合：$HCO_3^-+OH^-=CO_3^{2-}+H_2O$

21. 设 $N_A$ 表示阿伏加德罗常数，下列叙述中正确的是（　　）。

A. 1 mol $H_2O$ 所含有的原子数为 $N_A$

B. 常温、常压下，32 g $O_2$ 含有的氧原子数为 $2N_A$

C. 常温、常压下，11.2 L 氯气所含的分子数为 $N_A$

D. 1 L 0.1 mol/L NaCl 溶液中所含的 $Na^+$ 为 $N_A$

22. 下列有关铁及其化合物的说法中正确的是（　　）。

A. $Fe_3O_4$ 是一种红棕色粉末，俗称铁红

B. $Fe(OH)_2$ 为白色固体，不溶于水，能在空气中稳定存在

C. 除去 $FeCl_2$ 溶液中的 $FeCl_3$ 杂质，可以向溶液中加入过量的铁粉，然后过滤

D. $Fe_2(SO_4)_3$ 与 KSCN 反应产生血红色沉淀

23. 下列各装置中，不能构成原电池的是（烧杯中所盛液体都是稀硫酸）

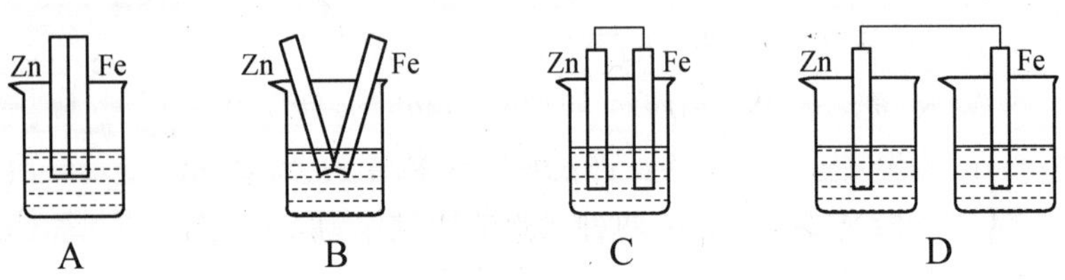

24. 下列除去杂质的方法中，正确的（　　）。

A. 除去铜粉中混有的铁：加足量稀硝酸，过滤

B. 除去 $N_2$ 中少量的 CO：通过足量灼热的 CuO 粉末

C. 除去 KCl 溶液中的少量 $CaCl_2$：加适量 $Na_2CO_3$溶液，过滤

D. 除去 $CO_2$ 中的少量的 HCl：通过足量的饱和碳酸氢钠溶液

25. 下列各组反应（表中物质均为反应物）中，产生 $H_2$速率最快的是（　　）。

| 编号 | 金属（粉末状）/mol | 酸的浓度及体积 | 反应温度/℃ |
|---|---|---|---|
| A | Mg，0.1 | 5 mol/L 盐酸 10 mL | 60 |
| B | Mg，0.1 | 3 mol/L 盐酸 10 mL | 60 |
| C | Fe，0.1 | 3 mol/L 盐酸 10 mL | 60 |
| D | Mg，0.1 | 3 mol/L 盐酸 10 mL | 50 |

## 第Ⅱ卷（非选择题　共 70 分）

二、填空题（共 24 分）

26.（16 分）下表为元素周期表的一部分

| 周期＼族 | ⅠA | ⅡA | ⅢA | ⅣA | ⅤA | ⅥA | ⅦA | 0 |
|---|---|---|---|---|---|---|---|---|
| 2 | | | | | ① | | ② | |
| 3 | ③ | ④ | ⑤ | ⑥ | | ⑦ | ⑧ | ⑨ |

回答下列有关问题：

（1）写出元素符号：①____________，④____________，⑥____________，⑦____________。

（2）表中所列元素中，最活泼的金属元素是____________（填元素符号，下同），最活泼的非金属元素是____________，最不活泼的元素是____________。

（3）这些元素的最高价氧化物对应的水化物中，酸性最强的是____________（填化学式，下同），碱性最强的是____________，呈两性的是____________。

27.（8 分）

（1）相对分子质量为 58 的烷烃的分子式是____________；

（2）该烷烃在空气中完全燃烧的化学方程式是________________；

（3）它可能的结构简式是______________、________________。

三、实验探究题（共 20 分）

28.（10 分）实验室有失去标签的无色溶液：氯化钾、氢氧化钙和稀硫酸，可用一种常见酸碱指示剂 X 或 $Na_2CO_3$ 一次鉴别它们。根据有关操作及所加试剂填空：

（1）

现象：溶液显紫色；另取该溶液滴入 $Na_2CO_3$ 溶液中，无明显现象。推断试剂 X 为______________。

（2）

现象：溶液显蓝色；另取该溶液滴入 $Na_2CO_3$ 溶液中，现象为__________，有关反应的离子方程式为______________。

（3）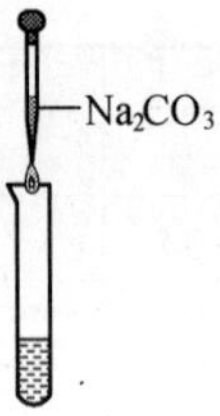

现象：有气泡产生，有关反应的离子方程式为______________，另取该溶液滴入试剂 X，则溶液显____________（填“紫色”“红色”或“蓝色”）。

29.（10 分）实验室用 NaCl 固体配制 1 mol/L 的 NaCl 溶液 500 mL，回答下列问题：

（1）请写出该实验的实验步骤：

①计算，②称量，③________，④冷却，⑤________，⑥洗涤，⑦定容，⑧摇匀。

用托盘天平称量样品时，若指针偏向右边，则表示________（填“左盘”或“右盘”）重。

（2）所需主要仪器为：托盘天平、药匙、500 mL 容量瓶、胶头滴管、____________。

（3）从配制好的溶液中取出 50 mL，其中 NaCl 的物质的量浓度为____________。

四、计算题（共 6 分）

30. 把 5.6 g 的 Fe 放入足量稀硫酸中，Fe 完全反应。计算：

(1) 5.6 g Fe的物质的量；

(2) 生成 $H_2$ 的体积（标准状况）。

五、附加题（共20分）

31.（14分）在膨化食品的包装袋中，常装有一个小纸袋，上面写着“干燥剂”，其主要成分是生石灰（CaO）。

(1) 从物质的简单分类看，生石灰属于哪类物质？____。

(2) 生石灰可作干燥剂的理由是____________（用化学方程式表示）。

(3) 小纸袋中的生石灰能否长期持续地做干燥剂？________（填“能”或“不能”），其原因是________________。

(4) 在你所认识的化学物质中，还有很多物质可用做干燥剂，请根据所属类别各举出一例：酸____，碱____，盐______。

32.（6分）2008年9月25日21时10分，我国在酒泉卫星发射基地成功发射“神舟”七号宇宙飞船，实现了中国航天航空史上的伟大突破。承载“神舟”七号升空任务的是长征二号F型火箭，其第一节、第二节、第三节均以液态四氧化二氮（$N_2O_4$）和联氨（$N_2H_4$）为原料，使后者在前者中燃烧，产生巨大的推动力助火箭升空，最终产物是 $N_2$ 和 $H_2O$。

(1) 请写出该反应的化学方程式__________________；

(2) 反应中氧化剂是______________________；

(3) 该反应属于______________________（填“放热反应”或“吸热反应”）。

## 宁夏回族自治区2009年1月普通高中学业水平测试—化学 参考答案及评分标准

### 第Ⅰ卷（选择题　共50分）

一、选择题（每题2分，共50分）

1. D　2. A　3. C　4. B　5. B　6. A　7. C　8. B　9. C

10. D　11. B　12. C　13. A　14. D　15. D　16. C　17. A

18. D　19. A　20. B　21. B　22. C　23. D　24. D　25. A

### 第Ⅱ卷（非选择题　共70分）

二、填空题（共24分）

26.（共16分）(1) N　Mg　Si　S（每空1分，共4分）

(2) Na　F　Ar　(3) $HClO_4$　NaOH　$Al(OH)_3$（每空2分，共12分）

27.（每空 2 分，共 8 分）

（1）$C_4H_{10}$ （2）$2C_4H_{10}+13O_2 \xrightarrow{点燃} 8CO_2+10H_2O$

（3）$CH_3CH_2CH_2CH_3$，
$$\begin{array}{c} CH_3 \\ | \\ CH_3CHCH_3 \end{array}$$

三、实验探究题（共 20 分）

28.（每空 2 分，共 10 分）

（1）紫色石蕊溶液

（2）产生白色沉淀，$Ca^{2+}+CO_3^{2-}=CaCO_3\downarrow$

（3）$2H^++CO_3^{2-}=CO_2\uparrow+H_2O$　红色

29.（每空 2 分，共 10 分）

（1）溶解　移液（转移）　右盘　（2）烧杯、玻璃棒

（3）1 mol/L

四、计算题（共 6 分）

30.（1）0.1 mol（3 分）　（2）2.24 L（3 分）

五、附加题（共 20 分）

31.（每空 2 分，共 14 分）（1）氧化物（纯净物、化合物或其他符合题意的答案均可）

（2）$CaO+H_2O=Ca(OH)_2$

（3）不能，氧化钙与水反应生成氢氧化钙，氢氧化钙不具有吸水性

（4）浓硫酸　NaOH　$CaCl_2$

32.（每空 2 分，共 6 分）（1）$N_2O_4+2N_2H_4=3N_2+4H_2O$

（2）$N_2O_4$　（3）放热反应

## 高考试卷选登

### 2009 年普通高等学校招生全国统一考试（江苏卷）化学试题

可能用到的相对原子质量：H—1　C—12　N—14　O—16　Na—23　Mg—24　Al—27　S—32　Cl—35.5　Ca—40　Fe—56　Cu—64　Ag—108　I—127

选择题

单项选择题：（本题包括 8 小题，每题 3 分，共 24 分。每小题只有一个选项符合题意）

1.《中华人民共和国食品安全法》2009 年 6 月 1 日起实施。下列做法不利于食品安全的是（　　）。

A. 用聚氯乙烯塑料袋包装食品

B. 在食盐中添加适量的碘酸钾

C. 在食品加工中科学使用食品添加剂

D. 研发高效低毒的农药，降低蔬菜的农药残留量

2. 下列有关化学用语使用正确的是（　　）。

A. 硫原子的原子结构示意图：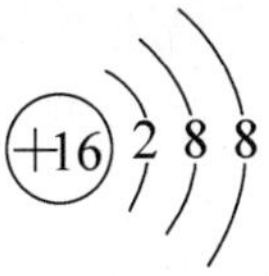

B. $NH_4Cl$ 的电子式：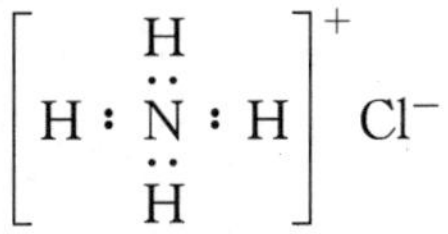

C. 原子核内有 10 个中子的氧原子：$^{18}_{8}O$

D. 对氯甲苯的结构简式：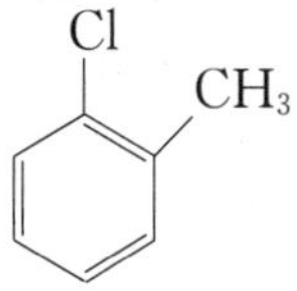

3. 下表所列各组物质中，物质之间通过一步反应就能实现如图所示转化的是（　　）。

| 物质 / 选项 | a | b | c |
|---|---|---|---|
| A | Al | $AlCl_3$ | $Al(OH)_3$ |
| B | $HNO_3$ | NO | $NO_2$ |
| C | Si | $SiO_2$ | $H_2SiO_3$ |
| D | $CH_2=CH_2$ | $CH_3CH_2OH$ | $CH_3CHO$ |

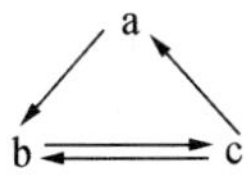

4. 用 $N_A$ 表示阿伏加德罗常数的值。下列叙述正确的是（　　）。

A. 25 ℃时，pH＝13 的 1.0 L 的 $Ba(OH)_2$ 溶液中含有的 $OH^-$ 数目为 0.2$N_A$

B. 标准状况下，2.24 L $Cl_2$ 与过量稀 NaOH 溶液反应，转移的电子总数为 0.2$N_A$

C. 室温下，21.0 g 乙烯和丁烯的混合气体中含有的碳原子数目为 1.5$N_A$

D. 标准状况下，22.4 L 甲醇中含有的氧原子数目为 1.0$N_A$

5. 化学在生产和日常生活中有重要的应用。下列说法不正确的是（　　）。

A. 明矾水解形成胶体能吸附水中悬浮物，可用于水的净化

B. 在海轮外壳上镶入锌块，可减缓船体的腐蚀速率

C. MgO 的熔点很高，可用于制作耐高温材料

D. 电解 $MgCl_2$ 饱和溶液，可制得金属镁

6. 下列有关实验或操作的叙述正确的是（　　）。

A. 实验室常用右图所示的装置制取少量的乙酸乙酯

B. 用 50 mL 酸式滴定管可准确量取 25.00 mL $KMnO_4$溶液

C. 用量筒量取 5.00 mL 1.00 mol·$L^{-1}$盐酸于 50 mL 容量瓶中，加水稀释至刻度，可配制 0.100 mol·$L^{-1}$盐酸

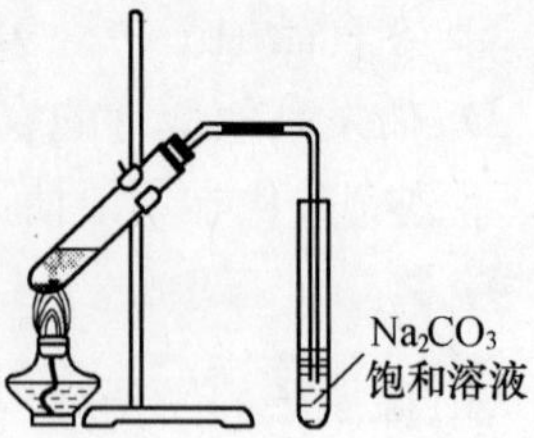


D. 用苯萃取溴水中的溴，分液时有机层从分液漏斗的下端放出

7. 在下列各溶液中，离子一定能大量共存的是（　　）。

A. 强碱性溶液中：$K^+$、$Al^{3+}$、$Cl^-$、$SO_4^{2-}$

B. 含有 0.1 mol·$L^{-1}$ $Fe^{3+}$的溶液中：$K^+$、$Mg^{2+}$、$I^-$

C. 含有 0.1 mol·$L^{-1}$ $Ca^{2+}$的溶液中：$Na^+$、$K^+$、$CO_3^{2-}$、$Cl^-$

D. 室温下，pH=1 的溶液中：$Na^+$、$Fe^{2+}$、$NO_3^-$、$SO_4^{2-}$

8. X、Y、Z、W、R 是 5 种短周期元素，其原子序数依次增大。X 是周期表中原子半径最小的元素，Y 原子最外层电子数是次外电层子数的 3 倍，X、W、R 处于同一周期，R 与 Y 处于同一族，Z、W 原子的核外电子数之和与 Y、R 原子的核外电子数之和相等。下列叙述正确的是（　　）。

A. 元素 X、Z、W 具有相同电子层结构的离子，其半径依次增大

B. 元素 X 不能与元素 Y 形成化合物 $X_2Y_2$

C. 元素 Y、R 分别与元素 X 形成的化合物的热稳定性：$X_MY>X_MR$

D. 元素 W、R 的最高价氧化物的水化物都是强酸

不定项选择题（本题包括 6 小题，每小题 4 分，共 24 分。每小题只有一个或两个选项符合题意。若正确答案只包括一个选项，多选时，该题为 0 分；若正确答案包括两个选项，只选一个且正确的得 2 分，选两个且都正确的得满分，但只要选错一个，该小题就为 0 分）

9. 下列化学实验事实及其解释都正确的是（　　）。

A. 向碘水中滴加 $CCl_4$振荡静置后分层，$CCl_4$层呈紫红色，说明可用 $CCl_4$从碘水中萃取碘

B. 向 $SO_2$ 水溶液中滴加盐酸酸化的 $BaCl_2$溶液，有白色沉淀生成，说明 $BaSO_3$难溶于盐酸

C. 向 0.1 mol·$L^{-1}$ $FeSO_4$溶液中滴加少量酸性 $KMnO_4$溶液，$KMnO_4$溶液褪色，说明 $Fe^{2+}$具有氧化性

D. 向 2.0 mL 浓度均为 0.1 mol·$L^{-1}$的 KCl、KI 溶液中滴加 1～2 滴 0.1 mol·$L^{-1}$的 $AgNO_3$ 溶液，振荡沉淀呈黄色，说明 AgCl 的 $K_{sp}$比 AgI 的 $K_{sp}$大

10. 具有显著抗癌活性的 10-羟基喜树碱的结构如图所示。下列关于 10-羟基喜树碱的说法正确的是(    )。

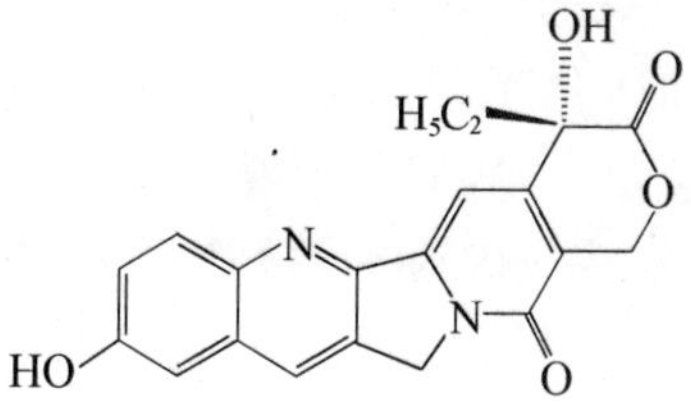


A. 分子式为 $C_{20}H_{16}N_2O_5$

B. 不能与 $FeCl_3$ 溶液发生显色反应

C. 不能发生酯化反应

D. 一定条件下，1 mol 该物质最多可与 1 mol NaOH 反应

11. 下列离子方程式与所述事实相符且正确的是(    )。

A. 漂白粉溶液在空气中失效：$ClO^- + CO_2 + H_2O = HClO + HCO_3^-$

B. 用浓盐酸与 $MnO_2$ 反应制取少量氯气：$MnO_2 + 2H^+ + 2Cl^- = Mn^{2+} + Cl_2\uparrow + 2H_2O$

C. 向 $NaAlO_2$ 溶液中通入过量 $CO_2$ 制 $Al(OH)_3$：$AlO_2^- + CO_2 + 2H_2O = Al(OH)_3\downarrow + HCO_3^-$

D. 在强碱溶液中次氯酸钠与 $Fe(OH)_3$ 反应生成 $Na_2FeO_4$：$3ClO^- + Fe(OH)_3 = FeO_4^{2-} + 3Cl^- + H_2O + 4H^+$

12. 以葡萄糖为燃料的微生物燃料电池结构示意图如图所示。关于该电池的叙述正确的是(    )。

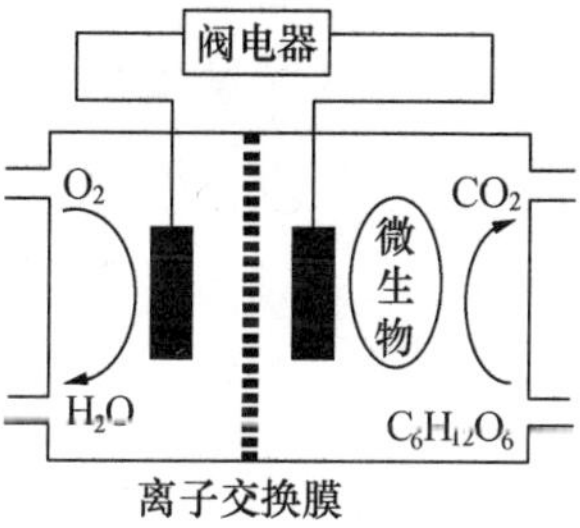


A. 该电池能够在高温下工作

B. 电池的负极反应为：$C_6H_{12}O_6 + 6H_2O - 24e^- = 6CO_2 + 24H^+$

C. 放电过程中，$H^+$ 从正极区向负极区迁移

D. 在电池反应中，每消耗 1 mol 氧气，理论上能生成标准状况下 $CO_2$ 气体 $\frac{22.4}{6}$ L

13. 下列溶液中微粒的物质的量浓度关系正确的是(    )。

A. 室温下，向 0.01 mol·L$^{-1}$ $NH_4HSO_4$ 溶液中滴加 NaOH 溶液至中性：

$c(Na^+) > c(SO_4^{2-}) > c(NH_4^+) > c(OH^-) = c(H^+)$

B. 0.1 mol·L$^{-1}$ 的 $NaHCO_3$ 溶液：$c(Na^+) > c(OH^-) > c(HCO_3^-) > c(H^+)$

C. $Na_2CO_3$ 溶液：$c(OH^-) - c(H^+) = c(HCO_3^-) + 2c(H_2CO_3)$

D. 25 ℃，pH＝4.75、浓度均为 0.1 mol·$L^{-1}$ 的 $CH_3COOH$、$CH_3COONa$ 混合溶液：$c(CH_3COO^-)+c(OH^-)<c(CH_3COOH)+c(H^+)$

14. $I_2$ 在 KI 溶液中存在下列平衡：$I_2(aq)+I^-(aq) \rightleftharpoons I_3^-(aq)$。某 $I_2$、KI 溶液中，$I_3^-$ 的物质的量浓度 $c(I_3^-)$ 与温度 $T$ 的关系如图所示（曲线上任何一点都表示平衡状态）。下列说法正确的是（　　）。

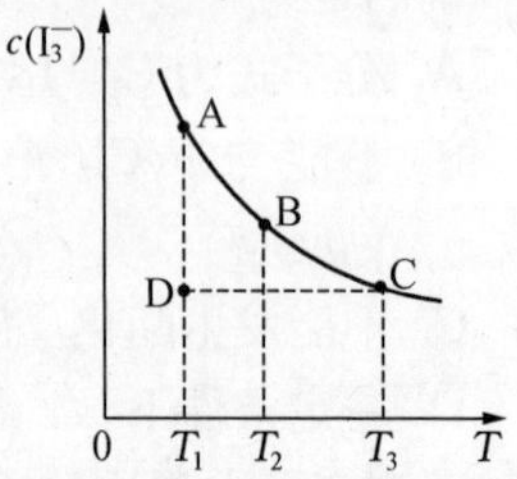


A. 反应 $I_2(aq)+I^-(aq)=I_3^-(aq)$ 的 $\Delta H>0$

B. 若温度为 $T_1$、$T_2$，反应的平衡常数分别为 $K_1$、$K_2$，则 $K_1>K_2$

C. 若反应进行到状态 D 时，一定有 $v$(正)$>v$(逆)

D. 状态 A 与状态 B 相比，状态 A 的 $c(I_2)$ 大

非选择题

15. (10 分) 医用氯化钙可用于生产补钙、抗过敏和消炎等药物。以工业碳酸钙（含有少量 $Na^+$、$Al^{3+}$、$Fe^{3+}$ 等杂质）生产医药级二水合氯化钙（$CaCl_2·2H_2O$ 的质量分数为 97.0%～103.0%）的主要流程如下：

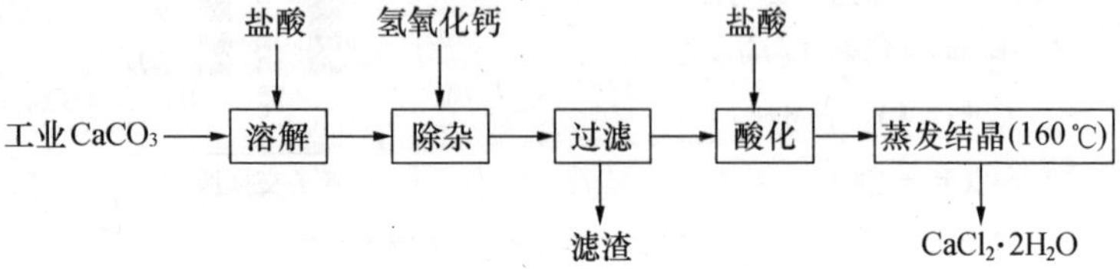


(1) 除杂振作是加入氢氧化钙，调节溶液的 pH 为 8.0～5.0，以除去溶液中的少量 $Al^{3+}$、$Fe^{3+}$。检验 $Fe(OH)_3$ 是否沉淀完全的实验振作是______________。

(2) 酸化振作是加入盐酸，调节溶液的 pH 约为 4.0，其目的有：①将溶液中的少量 $Ca(OH)_2$ 转化为 $CaCl_2$；②防止 $Ca^{2+}$ 在蒸发时水解；③______________。

(3) 测定样品中 $Cl^-$ 含量的方法是：a. 称取 0.750 0 g 样品，溶解在 250 mL 容量瓶中定容；b. 量取 25.00 mL 待测溶液于锥形瓶中；c. 用 0.050 0 mol·$L^{-1}$ $AgNO_3$ 溶液滴定至终点，消耗 $AgNO_3$ 溶液体积的平均值为 20.39 mL。

① 上述测定过程中需用溶液润洗的仪器有______________。

② 计算上述样品中 $CaCl_2 \cdot 2H_2O$ 的质量分数为________________。

③ 若用上述方法测定的样品中 $CaCl_2 \cdot 2H_2O$ 的质量分数偏高（测定过程中产生的误差可忽略），其可能原因有____________；__________。

16.（8 分）以氯化钾和钛白厂的副产品硫酸亚铁为原料生产硫酸钾、过二硫酸钾和氧化铁红颜料，原料的综合利用率较高。其主要流程如下：

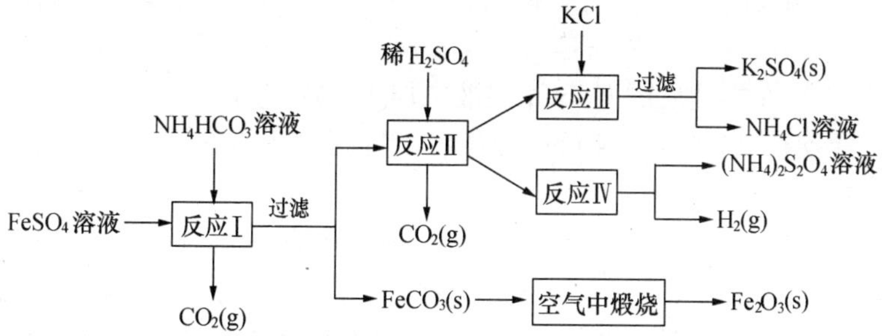


（1）反应Ⅰ前需在 $FeSO_4$ 溶液中加入________（填字母），以除去溶液中的 $Fe^{3+}$。

A. 锌粉　　B. 铁屑　　C. KI 溶液　　D. $H_2$

（2）反应Ⅰ需控制反应温度低于 35 ℃，其目的是________。

（3）工业生产上常在反应Ⅲ的过程中加入一定量的醇类溶剂，其目的是______________。

（4）反应Ⅳ常被用于电解生产 $(NH_4)_2S_2O_8$（过二硫酸铵）。电解时均用惰性电极，阳极发生的电极反应可表示为____________________。

17.（8 分）废旧印刷电路板的回收利用可实现资源再生，并减少污染。废旧印刷电路板经粉碎分离，能得到非金属粉末和金属粉末。

（1）下列处理印刷电路板非金属粉末的方法中，不符合环境保护理念的是________（填字母）。

A. 热裂解形成燃油　　B. 露天焚烧

C. 作为有机复合建筑材料的原料　　D. 直接填埋

（2）用 $H_2O_2$ 和 $H_2SO_4$ 的混合溶液可溶出印刷电路板金属粉末中的铜。已知：

$Cu(s)+2H^+(aq)=Cu^{2+}(aq)+H_2(g)\quad \Delta H=64.39\ kJ\cdot mol^{-1}$

$2H_2O_2(l)=2H_2O(l)+O_2(g)\quad \Delta H=-196.46\ kJ\cdot mol^{-1}$

$H_2(g)+\frac{1}{2}O_2(g)=H_2O(l)\quad \Delta H=-285.84\ kJ\cdot mol^{-1}$

在 $H_2SO_4$ 溶液中 Cu 与 $H_2O_2$ 反应生成 $Cu^{2+}$ 和 $H_2O$ 的热化学方程式为________。

(3) 控制其他条件相同，印刷电路板的金属粉末用 10% $H_2O_2$ 和 3.0 mol·$L^{-1}$ $H_2SO_4$ 的混合溶液处理，测得不同温度下铜的平均溶解速率（见下表）。

| 温度/℃ | 20 | 30 | 40 | 50 | 60 | 70 | 80 |
|---|---|---|---|---|---|---|---|
| 铜平均溶解速率/($\times 10^{-3}$ mol·$L^{-1}$·$min^{-1}$) | 7.34 | 8.01 | 9.25 | 7.98 | 7.24 | 6.73 | 5.76 |

当温度高于 40 ℃时，铜的平均溶解速率随着反应温度升高而下降，其主要原因是______________。

(4) 在提纯后的 $CuSO_4$ 溶液中加入一定量的 $Na_2SO_3$ 和 NaCl 溶液，加热，生成 CuCl 沉淀。制备 CuCl 的离子方程式是______________________。

18. (10 分) 二氧化氯（$ClO_2$）是一种在水处理等方面有广泛应用的高效安全消毒剂。与 $Cl_2$ 相比，$ClO_2$ 不但具有更显著的杀菌能力，而且不会产生对人体有潜在危害的有机氯代物。

(1) 在 $ClO_2$ 的制备方法中，有下列两种制备方法：

方法一：$NaClO_3+4HCl=2ClO_2\uparrow+Cl_2\uparrow+NaCl+2H_2O$

方法二：$2NaClO_3+H_2O_2+H_2SO_4=2ClO_2\uparrow+Na_2SO_4+O_2\uparrow+2H_2O$

用方法二制备的 $ClO_2$ 更适合用于饮用水消毒，其主要原因是__________。

(2) 用 $ClO_2$ 处理过的饮用水（pH 为 5.5～6.5）常含有一定量对人体不利的亚氯酸根离子（$ClO_2^-$）。2001 年我国卫生部规定，饮用水中的 $ClO_2^-$ 含量应不超过 0.2 mg·$L^{-1}$。

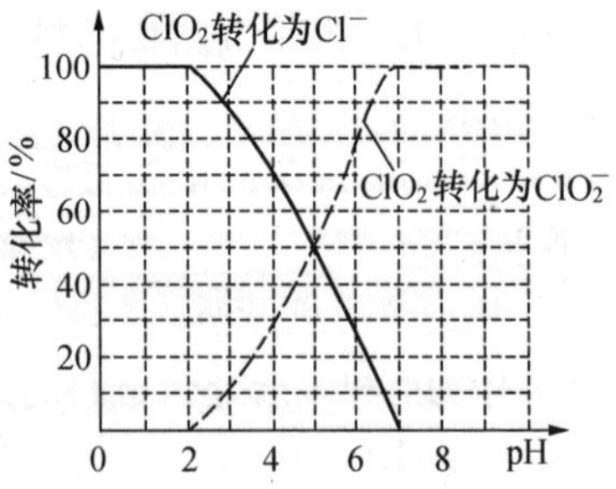


饮用水中的 $ClO_2$、$ClO_2^-$ 含量可用连续碘量法进行测定。$ClO_2$ 被 $I^-$ 还原为 $ClO_2^-$、$Cl^-$ 的转化率与溶液 pH 的关系如右图所示。当 pH≤2.0 时，$ClO_2^-$ 也能被 $I^-$ 完全还原为 $Cl^-$。反应生成的 $I_2$ 用标准 $Na_2S_2O_3$ 溶液滴定；$2Na_2S_2O_3+I_2=Na_2S_4O_6+NaI$

①请写出 pH≤2.0 时 $ClO_2^-$ 与 $I^-$ 反应的离子方程式__________。

②请完成相应的实验步骤：

步骤 1：准确量取 V mL 水样加入到锥形瓶中。

步骤 2：调节水样的 pH 为 7.0～8.0。

步骤 3：加入足量的 KI 晶体。

步骤 4：加入少量淀粉溶液，用 $c$ mol・$L^{-1}$ $Na_2S_2O_3$ 溶液滴定至终点，消耗 $Na_2S_2O_3$ 溶液 $V_1$ mL。

步骤 5：____________。

步骤 6：再用 $c$ mol・$L^{-1}$ $Na_2S_2O_3$ 溶液滴定至终点，消耗 $Na_2S_2O_3$ 溶液 $V_2$ mL。

③根据上述分析数据，测得该饮用水中 $ClO_2^-$ 的浓度为__________mol・$L^{-1}$（用含字母的代数式表示）。

④若饮用水中 $ClO_2^-$ 的含量超标，可向其中加入适量的 $Fe^{2+}$ 将 $ClO_2^-$ 还原成为 $Cl^-$，该反应的氧化产物是__________（填化学式）。

19.（14 分）多沙唑嗪盐酸盐是一种用于治疗高血压的药物。多唑嗪的合成路线如下：

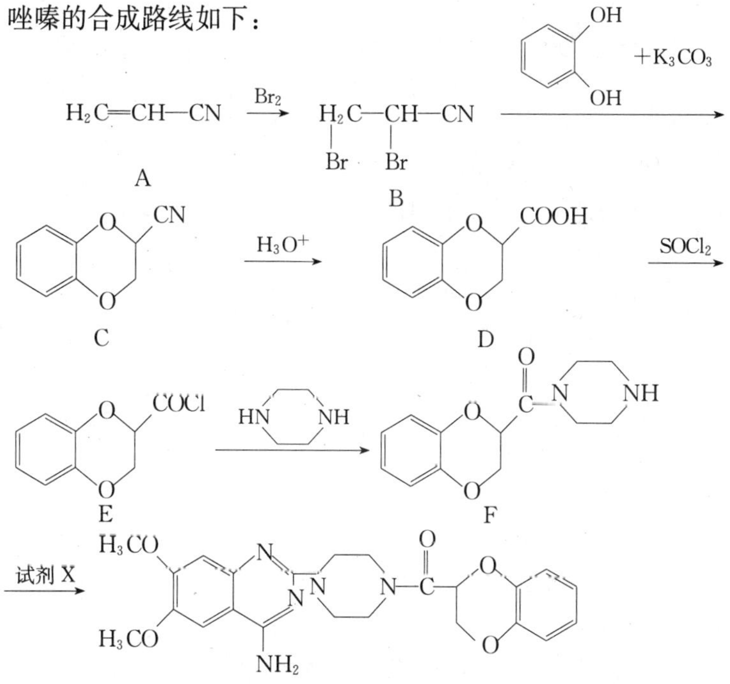


多沙唑嗪

(1) 写出 D 中两种含氧官能团的名称：______和______。

(2) 写出满足下列条件的 D 的一种同分异构体的结构简式______________。

① 苯的衍生物，且苯环上的一取代产物只有两种；

② 与 $Na_2CO_3$ 溶液反应放出 $CO_2$ 气体；

③ 水解后的产物才能与 $FeCl_3$ 溶液发生显色反应。

(3) E$\longrightarrow$F 的反应中还可能生成一种有机副产物，该副产物的结构简式为________。

(4) 由 F 制备多沙唑嗪的反应中要加入试剂 X($C_{10}H_{10}N_3O_2Cl$)，X 的结构简式为________。

(5) 苯乙酸乙酯是一种常见的合成香料。请设计合理方案以苯甲醛和乙醇为原料合成苯乙酸乙酯（用合成路线流程图表示，并注明反应条件）。

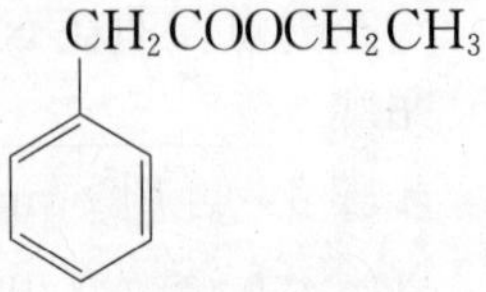

苯乙酸乙酯

提示：

① $R—Br + NaCN \longrightarrow R—CN + NaBr$；

② 合成过程中无机试剂任选；

③ 合成路线流程图示例如下：

$$C_2H_5OH \xrightarrow[170℃]{浓硫酸} CH_2{=}CH_2 \xrightarrow{Br_2} \underset{Br}{CH_2}\underset{Br}{CH_2}$$

20. (10 分) 联氨 ($N_2H_4$) 及其衍生物是一类重要的火箭燃料，$N_2H_4$ 与 $N_2O_4$ 反应能放出大量的热。(1) 已知：$2NO_2(g) = N_2O_4(g)$ $\Delta H = -52.70\ kJ \cdot mol^{-1}$。一定温度下，在密闭容器中反应 $2NO_2(g) \rightleftharpoons N_2O_4(g)$ 达到平衡。

其他条件不变时，下列措施能提高 $NO_2$ 转化率的是________(填字母)。

A. 减小 $NO_2$ 的浓度　　B. 降低温度

C. 增加 $NO_2$ 的浓度　　D. 升高温度

(2) 25 ℃时，1.00 g $N_2H_4(l)$ 与足量 $N_2O_4(l)$ 完全反应生成 $N_2(g)$ 和 $H_2O(l)$，放出 19.14 kJ 的热量。则反应 $2N_2H_4(l) + N_2O_4(l) = 3N_2(g) + 4H_2O(l)$ 的 $\Delta H =$____$kJ \cdot mol^{-1}$。

(3) 17 ℃、$1.01 \times 10^5$ Pa，密闭容器中 $N_2O_4$ 和 $NO_2$ 的混合气体达到平衡时，$c(NO_2) = 0.030\ 0\ mol \cdot L^{-1}$、$c(N_2O_4) = 0.012\ 0\ mol \cdot L^{-1}$。计算反应 $2NO_2(g) \rightleftharpoons N_2O_4(g)$ 的平衡常数 K。

(4) 现用一定量的铜与足量的浓硝酸反应，制得 1.00 L 已达到平衡的 $N_2O_4$ 和 $NO_2$ 的混合气体 (17 ℃、$1.01 \times 10^5$ Pa)，理论上至少消耗 Cu 多少克？

21. (12 分) 本题包括 A、B 两小题，分别对应于“物质结构与性质”和“实验化学”两个选修模块的内容，请选择其中一题，并在相应的答题区域作答。若两题都做，则按 A 题评分。

A. 生物质能是一种洁净、可再生能源。生物质气（主要成分为 CO、$CO_2$、$H_2$ 等）与 $H_2$ 混合，催化合成甲醇是生物质能利用的方法之一。

(1) 上述反应的催化剂含有 Cu、Zn、Al 等元素。写出基态 Zn 原子的核外电子排布式________。

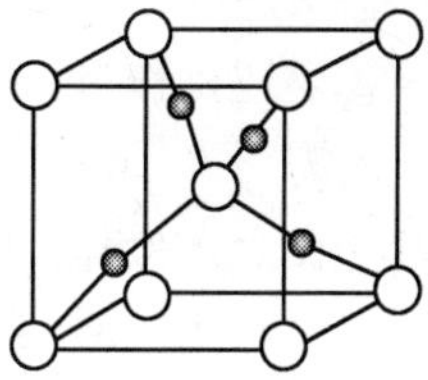

(2) 根据等电子原理，写出 CO 分子的结构式 ____________。

(3) 甲醇催化氧化可得到甲醛，甲醛与新制 $Cu(OH)_2$ 的碱性溶液反应生成 $Cu_2O$ 沉淀。

① 甲醇的沸点比甲醛高，其主要原因是______________；甲醛分子中碳原子的轨道杂化类型为____________。

② 甲醛分子的空间构型是______________；1 mol 甲醛分子中 σ 键的数目为_______________。

③ 在 1 个 $Cu_2O$ 晶胞中（结构如图所示），所包含的 Cu 原子数目为______________。

B. 环己酮是一种重要的化工原料，实验室常用下列方法制备环己酮：

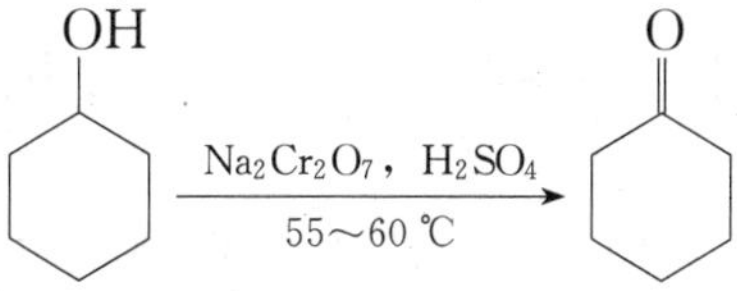


环己醇、环己酮和水的部分物理性质见下表：

| 物质 | 沸点/℃ | 密度/(g·cm$^{-3}$，20 ℃) | 溶解性 |
|---|---|---|---|
| 环己醇 | 161.1 (97.8)* | 0.962 4 | 能溶于水 |
| 环己酮 | 155.6(95)* | 0.947 8 | 微溶于水 |
| 水 | 100.0 | 0.998 2 | |

* 括号中的数据表示该有机物与水形成的具有固定组成的混合物的沸点

(1) 酸性 $Na_2Cr_2O_7$ 溶液氧化环己醇反应的 $\Delta H<0$，反应剧烈将导致体系温度迅速上升，副反应增多。实验中将酸性 $Na_2Cr_2O_7$ 溶液加到盛有环己醇的烧瓶中，在 55～60 ℃进行反应。反应完成后，加入适量水，蒸馏，收集 95～100 ℃的馏分，得到主要含环己酮和水的混合物。①酸性 $Na_2Cr_2O_7$ 溶液的加料方式为______。

②蒸馏不能分离环己酮和水的原因是______。

(2) 环己酮的提纯需要以下一系列的操作：a. 蒸馏，收集 151～156 ℃的馏分；b. 过滤；c. 在收集到的馏分中加 NaCl 固体至饱和，静置，分液；d. 加入无水 $MgSO_4$ 固体，除去有机物中少量水。

①上述操作的正确顺序是______（填字母）。

②上述操作 b、c 中的玻璃仪器除烧杯、锥形瓶、玻璃棒外，还需______。

③在上述操作 c 中，加入 NaCl 固体的作用是______。

（3）利用核磁共振氢谱可以鉴定制备的产物是否为环已酮，环已酮分子中有______中不同环境的氢原子。

## 2009 年普通高等学校招生全国统一考试（江苏卷）化学试题参考答案

单项选择题：本题包括 8 小题，每题 3 分，共 24 分。

1. A　2. C　3. B　4. C　5. D　6. B　7. D　8. C

不定项选择题：本题包括 6 小题，每小题 4 分，共 24 分。

9. AD　10. A　11. C　12. B　13. AC　14. BC

15.（本题 10 分）（1）取少量上层清液，滴加 KSCN 溶液，若不出现血红色，表明 $Fe(OH)_3$ 沉淀完全　（2）防止溶液吸收空气中的 $CO_2$

（3）①酸式滴定管　②99.9%　③样品中存在少量的 NaCl 少量 $CaCl_2 \cdot 2H_2O$ 失水

16.（本题 8 分）（1）B　（2）防止 $NH_4HCO_3$ 分解（或减少 $Fe^{2+}$ 的水解）

（3）降低 $K_2SO_4$ 的溶解度，有利于 $K_2SO_4$ 析出

（4）$2SO_4^{2-}-2e^-=S_2O_8^{2-}$

17.（本题 8 分）（1）BD　（2）$Cu(s)+H_2O_2(l)+2H^+(aq)=Cu^{2+}(aq)+2H_2O(l)$　$\Delta H=-319.68\ kJ \cdot mol^{-1}$

（3）$H_2O_2$ 分解速率加快　（4）$2Cu^{2+}+SO_3^{2-}+2Cl^-+H_2O \overset{\triangle}{=\!=} 2CuCl\downarrow \Delta+SO_4^{2-}+2H^+$

18.（本题 10 分）（1）方法二制备的 $ClO_2$ 中不含 $Cl_2$　（2）①$ClO_2^-+4H^++4I^-=Cl^-+2I_2+2H_2O$

②调节溶液的 pH≤2.0

③$\dfrac{c(V_2-4V_1)}{4V}$　④$Fe(OH)_3$

19.（本题 14 分）

（1）羧基、醚键

(2) 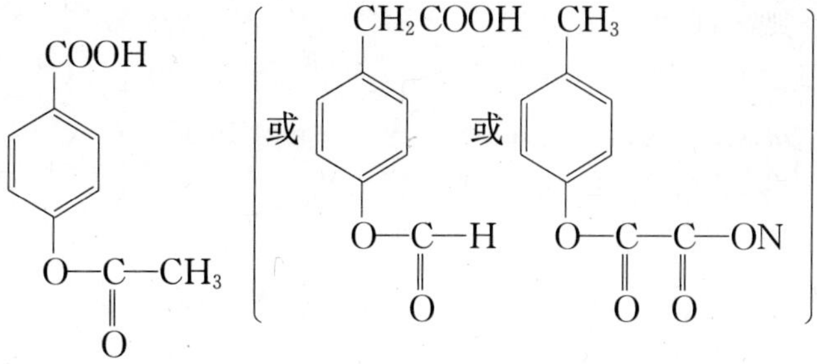

(3) 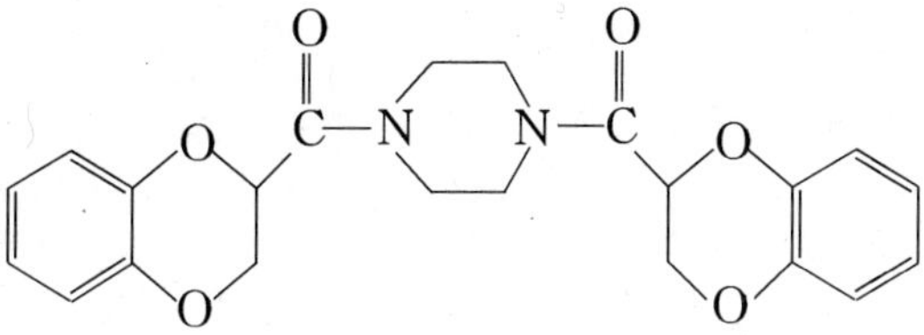

(4) 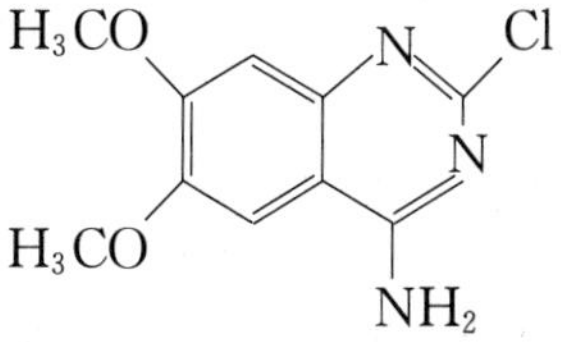

(5) 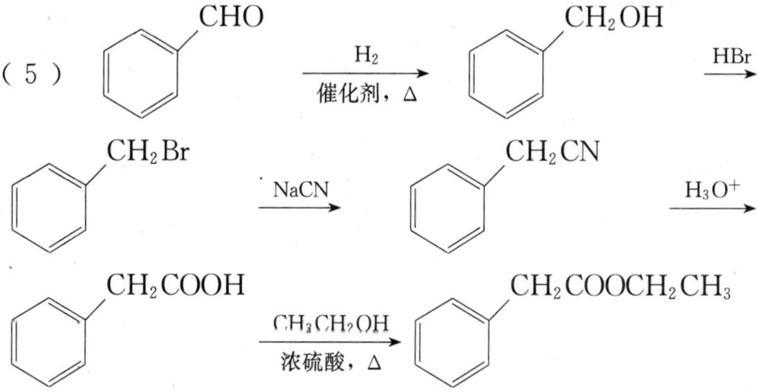

20.（本题 10 分）

(1) BC

(2) −1 224.96

(3) 根据题意知平衡时：$c(N_2O_4)=0.012\ 0\ mol\cdot L^{-1}$；$c(NO_2)=0.030\ 0\ mol\cdot L^{-1}$

答：平衡常数为 13.3。

(4) 由（3）可知，在 17 ℃、$1.01\times10^5$ Pa 达到平衡时，1.00 L 混合气体中：

$n(N_2O_4)=c(N_2O_4)\times V=0.012\ 0\ mol\cdot L^{-1}\times1.00\ L$
$=0.012\ 0\ mol$

$n(NO_2)=c(NO_2)\times V=0.030\ 0\ mol\cdot L^{-1}\times1.00\ L$
$=0.030\ 0\ mol$

则 $n_{总}(NO_2)=n(NO_2)+2\times n(N_2O_4)=0.0540\ mol$

由 $Cu+4HNO_3=Cu(NO_3)_2+2NO_2\uparrow+2H_2O$ 可得

$m(Cu)=0.0540\ mol/2\times 64\ g\cdot mol^{-1}=1.73\ g$

答：理论上至少需消耗 Cu 1.73 g

21. A.（本题 12 分）

(1) $1s^2 2s^2 2p^6 3s^2 3p^{10} 4s^2$ 或 $[Ar]\ 3d^{10}4s^2$

(2) C

(3) ① 甲醇分子之间形成氢键　$sp^2$ 杂化

② 平面三角形　$3N_A$

③ 4

B.（本题 12 分）

(1) ① 缓慢滴加

② 环己酮和水形成具有固定组成的混合物一起被蒸发

(2) ① c　d　b　a

② 漏斗、分液漏斗

③ 增加水层的密度，有利于分层

## 2009 年全国普通高等学校招生统一考试（上海）化学试卷

本试卷分为第Ⅰ卷和第Ⅱ卷两部分。满分 150 分，考试时间 120 分钟。

### 第Ⅰ卷（共 66 分）

考生注意：

1. 答第Ⅰ卷前，考生务必在答题卡上用钢笔或圆珠笔清楚填写姓名、准考证号、校验码，并用 2B 铅笔正确涂写准考证号和校验码。

2. 第Ⅰ卷（1～22 小题），由机器阅卷，答案必须全部涂写在答题卡上。考生应将代表正确答案的小方格用 2B 铅笔涂黑。注意试题题号和答题纸编号一一对应，不能错位。答案需要更改时，必须将原选项用橡皮擦去，重新选择。答案不能涂写在试卷上，涂写在试卷上一律不给分。

相对原子质量：H—1　C—12　N—14　O—16　Na—23　Mg—24　Al—27　S—32　V—51　Cr—52　Mn—55　Fe—56　Cu—64

一、选择题（本题共 10 分，每小题 2 分，只有一个正确选项，答案涂写在答题卡上）

1. 下列措施不能达到节能减排目的的是（　　）。

A. 利用太阳能制氢燃料　　B. 用家用汽车代替公交车

C. 利用潮汐能发电　　D. 用节能灯代替白炽灯

2. 以下表示氦原子结构的化学用语中，对电子运动状态描述最详尽的是（　　）。

A. He　　B. 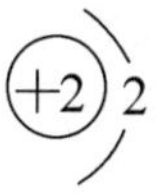

C. $1s^2$　　D. 1s ↑↓

3. 有机物的种类繁多，但其命名中是有规则的。下列有机物命名正确的是（　　）。

A. $\underset{\displaystyle CH_3}{\underset{|}{CH_2}}CH_2CH_2\underset{\displaystyle CH_3}{\underset{|}{CH_2}}$　1,4-二甲基丁烷

B. $CH_3\underset{\displaystyle CH_3}{\underset{|}{CH}}CH{=}CH_2$　3-甲基丁烯

C. $CH_3CH_2\underset{\displaystyle CH_3}{\underset{|}{CH}}CH_3$　2-甲基丁烷

D. $CH_2Cl—CH_2Cl$　二氯乙烷

4. 用浓氯化铵溶液处理过的舞台幕布不易着火。其原因是（　　）。

①幕布的着火点升高　②幕布的质量增加

③氯化铵分解吸收热量，降低了温度　④氯化铵分解产生的气体隔绝了空气

A. ①②　　B. ③④　　C. ②③　　D. ②④

5. 下列对化学反应的认识错误的是（　　）。

A. 会引起化学键的变化　　B. 会产生新的物质

C. 必然引起物质状态的变化　D. 必然伴随着能量的变化

二、选择题（本题共 36 分，每小题 3 分，只有一个正确选项，答案涂写在答题卡。）

6. 下列实验装置不适用于物质分离的是（　　）。

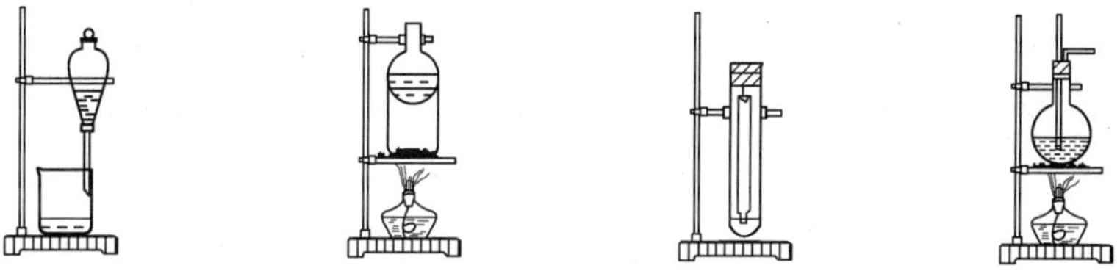

A　　B　　C　　D

7. 在下列变化：①大气固氮；②硝酸银分解；③实验室制取氨气中，按氮元素被氧化、被还原、既不被氧化又不被还原的顺序

排列，正确的是（　　）。

A. ①②③　B. ②①③　C. ③②①　D. ③①②

8. 在通常条件下，下列各组物质的性质排列正确的是（　　）。

A. 熔点：$CO_2$>KCl>$SiO_2$　B. 水溶性：HCl>$H_2S$>$SO_2$

C. 沸点：乙烷>戊烷>丁烷　D. 热稳定性：HF>$H_2O$>$NH_3$

9. 迷迭香酸是从蜂花属植物中提取得到的酸性物质，其结构如右图。下列叙述正确的是(　　)。

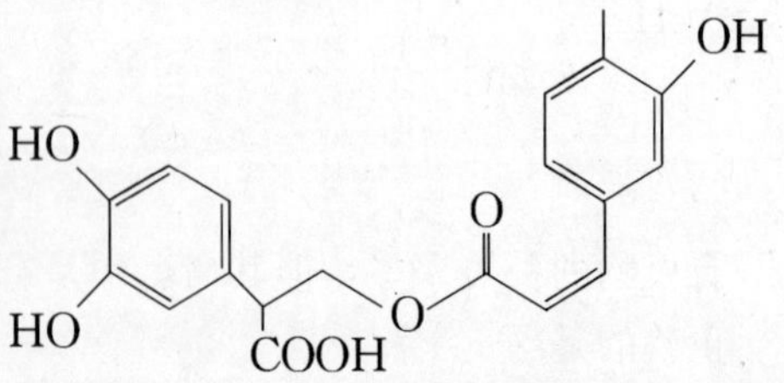


A. 迷迭香酸属于芳香烃

B. 1 mol 迷迭香酸最多能和 9 mol 氢气发生加成反应

C. 迷迭香酸可以发生水解反应、取代反应和酯化反应

D. 1 mol 迷迭香酸最多能和含 5 mol NaOH 的水溶液完全反应

10. 9.2 g 金属钠投入到足量的重水中，则产生的气体中含有(　　)。

A. 0.2 mol 中子　B. 0.4 mol 电子

C. 0.2 mol 质子　D. 0.4 mol 分子

11. 1-丁醇和乙酸在浓硫酸作用下，通过酯化反应制得乙酸丁酯，反应温度为 115～125 ℃，反应装置如右图。下列对该实验的描述错误的是（　　）。

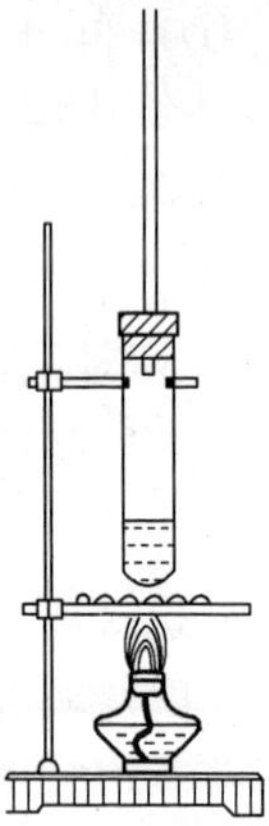

A. 不能用水浴加热

B. 长玻璃管起冷凝回流作用

C. 提纯乙酸丁酯需要经过水、氢氧化钠溶液洗涤

D. 加入过量乙酸可以提高 1-丁醇的转化率

12. $N_A$ 代表阿伏加德罗常数。下列有关叙述正确的是（　　）。

A. 标准状况下，2.24 L $H_2O$ 含有的分子数等于 0.1 $N_A$

B. 常温下，100 mL 1 mol/L $Na_2CO_3$ 溶液中阴离子总数大于 0.1$N_A$

C. 分子数为 $N_A$ 的 CO、$C_2H_4$ 混合气体体积约为 22.4 L，质量为 28 g

D. 3.4 g $NH_3$ 中含 N—H 键数目为 0.2 $N_A$

13. 右图装置中，U形管内为红墨水，a、b 试管内分别盛有食盐水

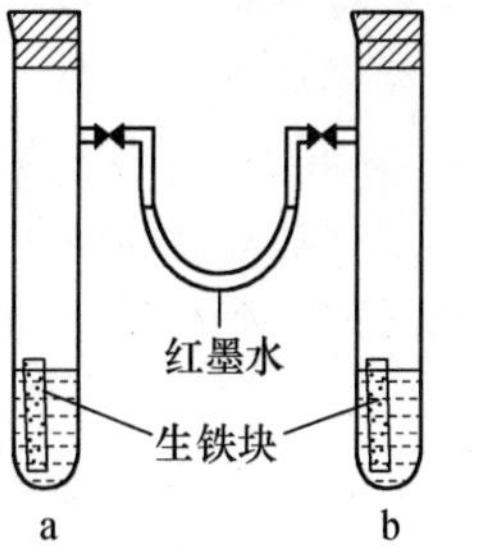


和氯化铵溶液，各加入生铁块，放置一段时间。下列有关描述错误的是（　　）。

A. 生铁块中的碳是原电池的正极

B. 红墨水柱两边的液面变为左低右高

C. 两试管中相同的电极反应式是：$Fe-2e \rightarrow Fe^{2+}$

D. a 试管中发生了吸氧腐蚀，b 试管中发生了析氢腐蚀

14. 根据以下事实得出的判断一定正确的是（　　）。

A. HA 的酸性比 HB 的强，则 HA 溶液 pH 比 HB 溶液的小

B. $A^+$ 和 $B^-$ 的电子层结构相同，则 A 原子的核电荷数比 B 原子的大

C. A 盐的溶解度在同温下比 B 盐的大，则 A 盐溶液的溶质质量分数比 B 盐溶液的大

D. A 原子失去的电子比 B 原子的多，则 A 单质的还原性比 B 单质的强

15. 镁和铝分别与等浓度、等体积的过量稀硫酸反应，产生气体的体积（$V$）与时间（$t$）关系如右图。反应中镁和铝的（　　）。

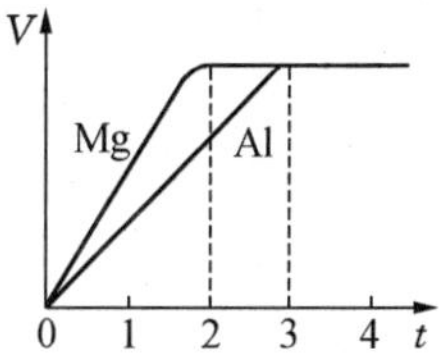


A. 物质的量之比为 3∶2

B. 质量之比为 3∶2

C. 摩尔质量之比为 2∶3

D. 反应速率之比为 2∶3

16. 物质的鉴别有多种方法。下列能达到鉴别目的的是（　　）。

① 用水鉴别苯、乙醇、溴苯

② 用相互滴加的方法鉴别 $Ca(OH)_2$ 和 $NaHCO_3$ 溶液

③ 点燃鉴别甲烷和乙炔

A. ①②　　B. ①③　　C. ②③　　D. ①②③

17. 根据右下表提供的数据，判断在等浓度的 NaClO、$NaHCO_3$ 混合溶液中，各种离子浓度关系正确的是（　　）。

| 化学式 | 电离常数 |
| --- | --- |
| HClO | $K_1=3\times10^{-8}$ |
| $H_2CO_3$ | $K_{11}=4.3\times10^{-7}$ |
|  | $K_{12}=5.6\times10^{-11}$ |

A. $c(HCO_3^-)>c(ClO^-)>c(OH^-)$

B. $c(ClO^-)>c(HCO_3^-)>c(H^+)$

C. $c(HClO)+c(ClO^-)=c(HCO_3^-)+c(H_2CO_3)$

D. $c(Na^+)+c(H^+)=c(HCO_3^-)+c(ClO^-)+c(OH^-)$

三、选择题（本题共 20 分，每小题 4 分，每小题有一个或两个正确选项。只有一个正确选项的，多选不给分；有两个正确选项的，选对一个给 2 分，选错一个，该小题不给分，答案涂写在答题卡上）

18. 下列离子方程式正确的是（　　）。

A. $H_2SO_4$ 与 $Ba(OH)_2$ 溶液反应：$Ba^{2+}+OH^-+H^++SO_4^{2-}\rightarrow BaSO_4\downarrow+H_2O$

B. $CuSO_4$ 溶液吸收 $H_2S$ 气体：$Cu^{2+}+H_2S\rightarrow CuS\downarrow+2H^+$

C. $AlCl_3$ 溶液中加入过量的浓氨水：$Al^{3+}+4NH_3\cdot H_2O\rightarrow AlO_2^-+4NH_4^++2H_2O$

D. 等体积、等浓度的 $Ba(OH)_2$ 稀溶液与 $NH_4HCO_3$ 稀溶液混合：$Ba^{2+}+2OH^-+NH_4^++HCO_3^-\rightarrow BaCO_3\downarrow+NH_3\cdot H_2O+H_2O$

19. 已知氯气、溴蒸气分别跟氢气反应的热化学方程式如下（$Q_1$、$Q_2$ 均为正值）：

$H_2(g)+Cl_2(g)\rightarrow 2HCl(g)+Q_1$　　$H_2(g)+Br_2(g)\rightarrow 2HBr(g)+Q_2$

有关上述反应的叙述正确的是（　　）。

A. $Q_1>Q_2$

B. 生成物总能量均高于反应物总能量

C. 生成 1 mol HCl 气体时放出 $Q_1$ 热量

D. 1 mol HBr(g) 具有的能量大于 1 mol HBr(l) 具有的能量

20. 对于常温下 pH 为 1 的硝酸溶液，下列叙述正确的是（　　）。

A. 该溶液 1 mL 稀释至 100 mL 后，pH 等于 3

B. 向该溶液中加入等体积、pH 为 13 的氢氧化钡溶液恰好完全中和

C. 该溶液中硝酸电离出的 $c(H^+)$ 与水电离出的 $c(H^+)$ 之比值为 $10^{-12}$

D. 该溶液中水电离出的 $c(H^+)$ 是 pH 为 3 的硝酸中水电离出的 $c(H^+)$ 的 100 倍

21. 下列坐标图所表示的量的关系错误的是（　　）。

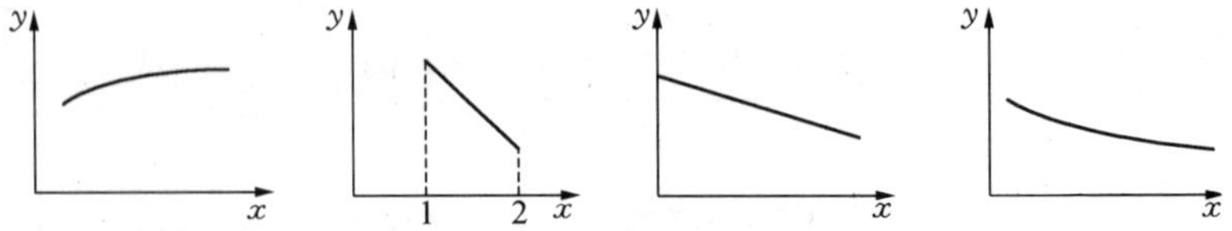


A. 烷烃分子中碳原子数 $x$ 与碳的质量分数 $y$ 的关系

B. $NO_x$ 溶于水完全转化为硝酸，$x$ 与消耗氧气的量 $y$ 的关系

C. 氯化钠溶液中加水的量 $x$ 与溶质的量 $y$ 的关系

D. 酒精水溶液中酒精的质量分数 $x$ 与酒精水溶液密度 $y$ 的关系

22. 实验室将 9 g 铝粉跟一定量的金属氧化物粉末混合形成铝热剂。发生铝热反应之后，所得固体中含金属单质为 18 g，则该氧化物粉末可能是（　　）。

A. $Fe_2O_3$ 和 $MnO_2$　　B. $MnO_2$ 和 $V_2O_5$

C. $Cr_2O_3$ 和 $V_2O_5$　　D. $Fe_3O_4$ 和 FeO

第Ⅱ卷（共 84 分）

考生注意：

1. 答第Ⅱ卷前，考生务必将姓名、准考证号、校验码等填写清楚。

2. 第Ⅱ卷从第 23 题到 31 题，考生应用钢笔或圆珠笔将答案直接写在试卷上。

四、(本题共 24 分)

23. 海洋是资源的宝库，蕴藏着丰富的化学元素，如氯、溴、碘等。

(1) 在光照条件下，氯气和氢气反应过程如下：

①$Cl_2 \rightarrow Cl + Cl$　②$Cl + H_2 \rightarrow HCl + H$　③$H + Cl_2 \rightarrow HCl + Cl$

……

反应②中形成的化合物的电子式为________；反应③中被破坏的化学键属于________键（填“极性”或“非极性”）。

(2) 在短周期主族元素中，氯元素及与其相邻元素的原子半径从大到小的顺序是________（用元素符号表示）。与氯元素同周期且金属性最强的元素位于周期表的第________周期______族。

(3) 卤素单质及化合物在许多性质上都存在着递变规律。下列有关说法正确的是________。

a. 卤化银的颜色按 AgCl、AgBr、AgI 的顺序依次加深

b. 卤化氢的键长按 H—F、H—Cl、H—Br、H—I 的顺序依次减小

c. 卤化氢的还原性按 HF、HCl、HBr、HI 的顺序依次减弱

d. 卤素单质与氢气化合按 $F_2$、$Cl_2$、$Br_2$、$I_2$ 的顺序由难变易

(4) 卤素单质的键能大小如右图。由图推断：

① 非金属性强的卤素，其单质分子的化学键______断裂（填“容易”或“不容易”或“不一定容易”）。

② 卤素单质键能大小与键长的关系为：________________。

24. 某反应中反应物与生成物有：$AsH_3$、$H_2SO_4$、$KBrO_3$、$K_2SO_4$、$H_3AsO_4$、$H_2O$ 和一种未知物质 X。

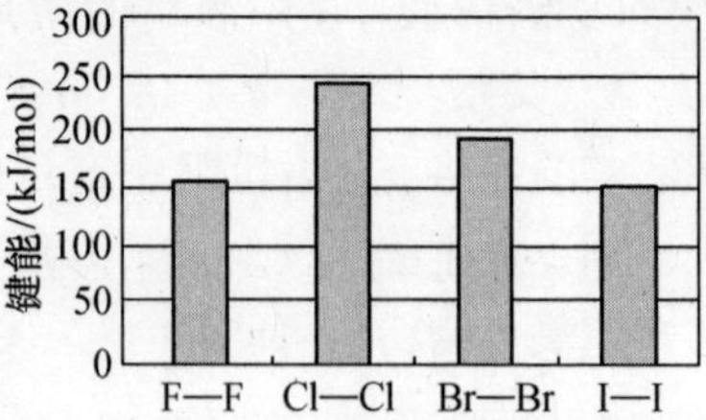


(1) 已知 $KBrO_3$ 在反应中得到电子，则该反应的还原剂是__________。

(2) 已知 0.2 mol $KBrO_3$ 在反应中得到 1 mol 电子生成 X，则 X 的化学式为__________。

(3) 根据上述反应可推知__________。

a. 氧化性：$KBrO_3 > H_3AsO_4$　b. 氧化性：$H_3AsO_4 > KBrO_3$

c. 还原性：$AsH_3 > X$　d. 还原性：$X > AsH_3$

(4) 将氧化剂和还原剂的化学式及其配平后的系数填入下列方框中，并标出电子转移的方向和数目：

□ + □

25. 铁和铝是两种重要的金属，它们的单质及化合物有着各自的性质。

(1) 在一定温度下，氧化铁可以与一氧化碳发生下列反应：

$Fe_2O_3(s) + 3CO(g) \xlongequal{高温} 2Fe(s) + 3CO_2(g)$

① 该反应的平衡常数表达式为：$K=$__________；

② 该温度下，在 2 L 盛有 $Fe_2O_3$ 粉末的密闭容器中通入 CO 气体，10 min 后，生成了单质铁 11.2 g。则 10 min 内 CO 的平均反应速率为__________。

(2) 请用上述反应中某种气体的有关物理量来说明该反应已达到平衡状态：①__________；②__________。

(3) 某些金属氧化物粉末和 Al 粉在镁条的引燃下可以发生铝热反应。下列反应速率（$v$）和温度（$T$）的关系示意图中与铝热反应最接近的是__________。

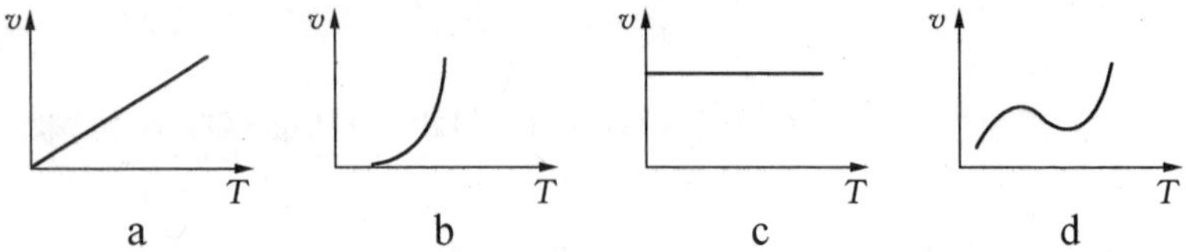


(4) 写出氢氧化铝在水中发生酸式电离的电离方程式：__________。

欲使上述体系中 $Al^{3+}$ 浓度增加，可加入的物质是__________

________。

**五、**（本题共 24 分）

26. 根据硫化氢气体的实验室制法和性质完成下列填空。

（1）若用启普发生器制取硫化氢气体，则制取气体的原料可选用________。

a. 稀硫酸与硫化亚铁　　b. 稀硝酸与硫化亚铁

c. 稀硫酸与硫化钠　　d. 稀盐酸与硫化亚铁

（2）现要组装一套可以控制硫化氢气体产生速率的装置，请在下图中选择合适的仪器：__________________（填编号）。

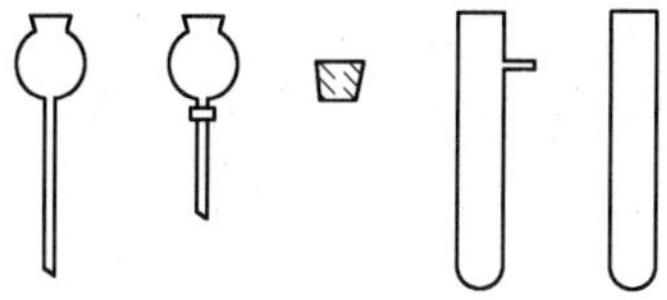

① ② ③ ④ ⑤

（3）如右图，在一个充满氧气的集气瓶中加入少量品红稀溶液，点燃硫化氢气体。在火焰自动熄灭后，停止通入气体，瓶内可观察到的现象是____________________。

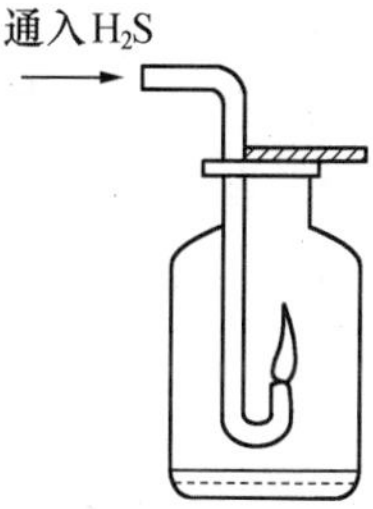


（4）在上述集气瓶中继续通入硫化氢气体，振荡，发生反应的化学方程式为：______________________。

反应过程中，溶液的 pH ________（填“变大”“变小”或“不变”）。

（5）点燃不纯的硫化氢气体可能会发生爆炸，为了防止意外，可连接一个安全装置。下图的装置能起到此作用的是____________。

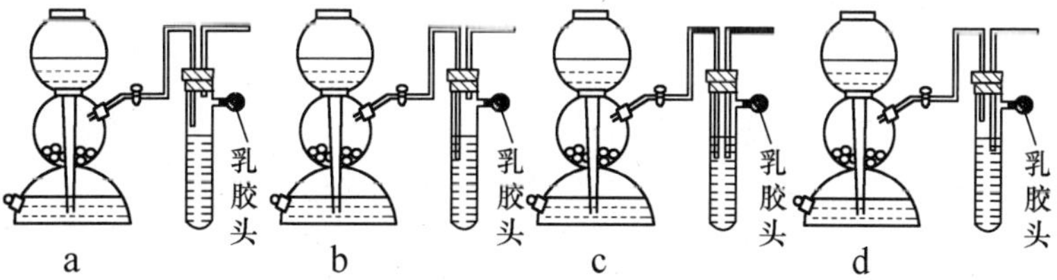


（6）已知硫化氢气体在空气中的体积分数为 4.3%～45.5% 时会发生爆炸。当硫化氢气体在空气中的体积分数为 30% 时，其爆炸产物是________________。

27. 实验室用大理石等原料制取安全无毒的杀菌剂过氧化钙。大理石的主要杂质是氧化铁，以下是提纯大理石的实验步骤：

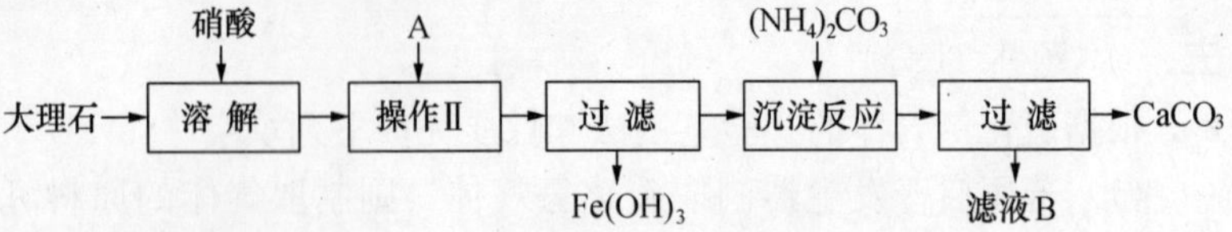


(1) 溶解大理石时，用硝酸而不用硫酸的原因是__________。

(2) 操作Ⅱ的目的是__________，溶液 A（溶质是共价化合物）是__________。

(3) 写出检验滤液中是否含铁离子方程式：__________。

(4) 写出加入碳酸铵所发生反应的离子方程式：__________。写出滤液 B 的一种用途：__________。

(5) $CaO_2$ 中一般含 CaO。试按下列提示完成 $CaO_2$ 含量分析的实验设计。

试剂：氢氧化钠标准溶液、盐酸标准溶液、酚酞

仪器：电子天平、锥形瓶、滴定管

实验步骤：

①________；②加入__________；③加入酚酞，用氢氧化钠标准溶液滴定。

(6) 若理论上滴定时耗用标准溶液 20.00 mL 恰好完全反应，实际操作中过量半滴（1 mL 溶液为 25 滴），则相对误差为__________。

六、(本题共 20 分)

28. 环氧氯丙烷是制备树脂的主要原料，工业上有不同的合成路线，以下是其中的两条（有些反应未注明条件）。

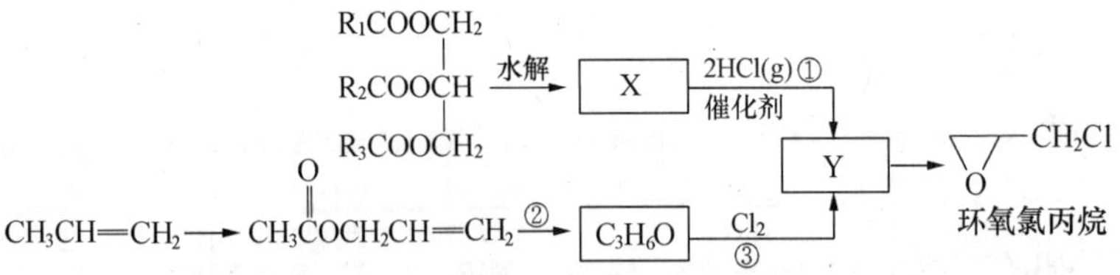


完成下列填空：

(1) 写出反应类型：反应①__________，反应③__________。

(2) 写出结构简式：X __________，Y __________。

(3) 写出反应②的化学方程式：__________。

(4) 与环氧氯丙烷互为同分异构体，且属于醇类的物质（不

含 $-\overset{|}{\underset{Cl}{C}}-OH$ 及 $-\overset{}{C}=\underset{|}{C}-OH$ 结构）有__________种。

29. 尼龙-66广泛用于制造机械、汽车、化学与电气装置的零件，亦可制成薄膜用作包装材料，其合成路线如下图所示（中间产物E给出两条合成路线）。

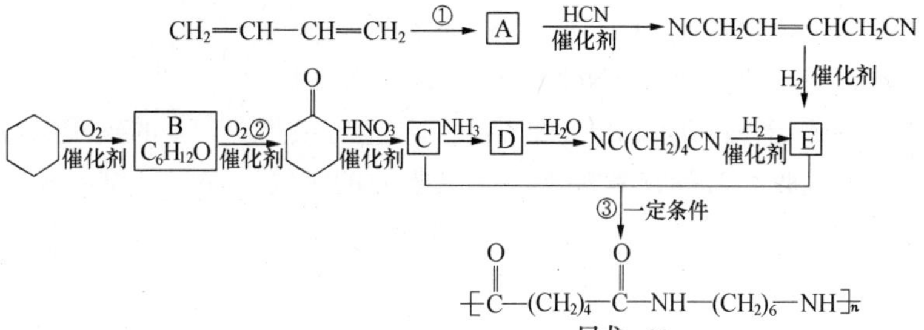


尼龙-66

完成下列填空：

(1) 写出反应类型：反应②________________；反应③____________________。

(2) 写出化合物D的结构简式：____________________________________。

(3) 写出一种与C互为同分异构体，且能发生银镜反应的化合物的结构简式：

________________________________________________。

(4) 写出反应①的化学方程式：________________________。

(5) 下列化合物中能与E发生化学反应的是____________。

a. NaOH　　b. $Na_2CO_3$　　c. NaCl　　d. HCl

(6) 用化学方程式表示化合物B的另一种制备方法（原料任选）：________________________________________。

七、(本题共16分)

30. 臭氧层是地球生命的保护神，臭氧比氧气具有更强的氧化性。

实验室可将氧气通过高压放电管来制取臭氧：$3O_2 \xrightarrow{放电} 2O_3$

(1) 若在上述反应中有30%的氧气转化为臭氧，所得混合气的平均摩尔质量为________ g/mol（保留一位小数）。

(2) 将8 L氧气通过放电管后，恢复到原状况，得到气体6.5 L，其中臭氧为____________ L。

(3) 实验室将氧气和臭氧的混合气体0.896 L（标准状况）通入盛有20.0 g铜粉的反应器中，充分加热后，粉末的质量变为21.6 g。则原混合气中臭氧的体积分数为__________。

31. 烟气中 $NO_x$ 是 NO 和 $NO_2$ 的混合物（不含 $N_2O_4$）。

(1) 根据废气排放标准，1 $m^3$ 烟气最高允许含 400 mg$NO_x$。若 $NO_x$ 中 NO 质量分数为 0.85，则 1 $m^3$ 烟气中最高允许含 NO ________ L（标准状况，保留 2 位小数）。

(2) 工业上通常用溶质质量分数为 0.150 的 $Na_2CO_3$ 水溶液（密度 1.16 g/mL）作为 $NO_x$ 吸收剂，该碳酸钠溶液物质的量浓度为________ mol/L（保留 2 位小数）。

(3) 已知：$NO+NO_2+Na_2CO_3 \rightarrow 2NaNO_2+CO_2$ ①

$2NO_2+Na_2CO_3 \rightarrow NaNO_2+NaNO_3+CO_2$ ②

1 $m^3$ 含 2 000 mg $NO_x$ 的烟气用质量分数为 0.150 的碳酸钠溶液吸收。若吸收率为 80%，吸收后的烟气________排放标准（填“符合”或“不符合”），理由________________。

(4) 加入硝酸可改变烟气中 NO 和 $NO_2$ 的比，反应为：

$NO+2HNO_3 \rightarrow 3NO_2+H_2O$

当烟气中 $n(NO):n(NO_2)=2:3$ 时，吸收率最高。

1 $m^3$ 烟气含 2 000 mg $NO_x$，其中 $n(NO):n(NO_2)=9:1$。

计算：(i) 为了达到最高吸收率，1 $m^3$ 烟气需用硝酸的物质的量（保留 3 位小数）。

(ii) 1 $m^3$ 烟气达到最高吸收率 90% 时，吸收后生成 $NaNO_2$ 的质量（假设上述吸收反应中，反应①比反应②迅速。计算结果保留 1 位小数）。

## 2009 年全国普通高等学校招生统一考试（上海）化学试卷参考答案

### 第Ⅰ卷（共 66 分）

一、(本题共 10 分)

1. B　2. D　3. C　4. B　5. C

二、(本题共 36 分)

6. D　7. A　8. D　9. C　10. B　11. C

12. B　13. B　14. B　15. A　16. B　17. A

三、(本题共 20 分)

18. B、D　19. A、D　20. A、B　21. C　22. A、D

### 第Ⅱ卷（共 84 分）

四、(本题共 24 分)

23. (本题共 8 分)

(1) $H:\ddot{\underset{..}{Cl}}:$ 非极性　(2) S　Cl　F　三　IA

(3) a　(4) ①不一定容易　②除 $F_2$ 外，键长增长，键能减小（合理即给分）

24.（本题共 8 分）

（1）$AsH_3$　（2）$Br_2$　（3）a　c

（4）$8KBrO_3$　$5AsH_3$（$5AsH_3$ 指向 $8KBrO_3$，转移 40e）

25.（本题共 8 分）

（1）①$\frac{[CO_2]^3}{[CO]^3}$　② 0.015 mol/(L·min)

（2）①CO 或（$CO_2$）的生成速率与消耗速率相等；②CO（或 $CO_2$）的质量不再改变（合理即给分）

（3）b（4）$Al(OH)_3 \rightleftharpoons H^+ + AlO_2^- + H_2O$　盐酸　（合理即给分）

五、（本题共 24 分）

26.（本题共 12 分）

（1）a　d　（2）②　③　④

（3）品红溶液褪色；瓶壁有淡黄色粉末和无色的小液滴

（4）$SO_2 + 2H_2S \rightarrow 3S\downarrow + 2H_2O$　变大

（5）b　（6）S　$H_2O$

27.（本题共 12 分）

（1）硫酸钙微溶于水　（2）除去溶液中 $Fe^{3+}$　氨水

（3）取少量滤液，向其中加入硫氰化钾溶液，溶液不变红色，说明滤液中不含 $Fe^{3+}$；或取少量滤液，向其中加入硫氰化钾溶液，溶液变红色，说明滤液中含 $Fe^{3+}$

（4）$Ca^{2+} + CO_3^{2-} \rightarrow CaCO_3\downarrow$　作化肥（合理即给分）

（5）称量　过量的标准盐酸　（6）0.1%

六、（本题共 20 分）

28.（本题共 8 分）

（1）取代反应　加成反应

（2）$CH_2(OH)—CH(OH)—CH_2(OH)$　$CH_2(OH)—CH(Cl)—CH_2(Cl)$

（3）$CH_3COOCH_2CH=CH_2 + H_2O \xrightarrow{OH^-} CH_3COOH + HOCH_2CH=CH_2$

（4）3

29.（本题共 12 分）

（1）氧化反应　缩聚反应　（2）$H_4NOOC(CH_2)_4COONH_4$

（3）$OHCCH(OH)CH_2CH_2CH(OH)CHO$　（合理即给分）

（4）$CH_2=CH—CH=CH_2 + Cl_2 \longrightarrow CH_2(Cl)CH=CHCH_2(Cl)$

(5) d

(6)  (合理即给分)

七、(本题共 16 分)

30. (本题共 5 分)

(1) 35.6 (2) 3 (3) 0.5

31. (本题共 11 分)

(1) 0.25 (2) 1.64

(3) 不符合 因吸收后烟气总体积减小，$NO_x$ 含量仍超过 400 mg/m$^3$

(4) (i) $30n(NO)+\frac{1}{9}\times 46n(NO)=\frac{2\,000}{1\,000}$ $n(NO)=0.057(mol)$

$NO+2HNO_3 \rightarrow 3\,NO_2+H_2O$

$x$ $2x$ $3x$

$\frac{\frac{1}{9}\times 0.057+3x}{0.057-x}=\frac{3}{2}$ $x=0.017\,6$ $n(HNO_3)=2x=0.035(mol)$

(ii) $n(NaNO_2)=2n(NO)+\frac{1}{2}[n(NO_2)-n(NO)]=0.088\,7(mol)$

$m(NaNO_2)=0.088\,7\times 69\times 90\%=5.5(g)$

# 化 学 竞 赛

## 从化学奥赛保送上大学的人数看东西部素质教育之差距

莫尊理 赵仲丽 乔丽君

一个地区通过各学科奥林匹克竞赛报送上大学的人数不仅可以表征该地区的教育水平，还可以表征该地区素质教育的状况和程度。本文通过东西部各省市保送学生人数的比较，全国各地区保送学生人数的比较以及化学奥赛和其他学科奥赛保送人数的比较，考察了东西部素质教育的差距，并分析得出以下原因：西部地区教学基础设施和实验设备的应用相对薄弱；学生课业繁重，且化学实验课相对理论课具有一定的危险性，因此，很多学校停止了对化学实验课的开设。笔者根据这两点提出了相应的解决对策：作为一门实验性学科的化学，西部地区只有加大化学教育实验设施的投入，加大高中化学实验的力度，才能促进西部地区化学素质教育的进一步提高。

《化学教育》2009 年第 3 期

## 建模思想在化学竞赛中的应用

贾龙贤　王　茜

“建模思想”就是把研究对象的一些次要细节及非本质的联系舍去，从而以简化和理想化的性质去再现原因的各种复杂结构、功能和联系的一种科学思想。根据高中化学竞赛的基本要求以及化学竞赛的特点。化学竞赛中建立模型的常用方法有五种：演绎分析法、类比联想法、归纳综合法、逻辑推理法、数理结合法。在化学竞赛中，运用建模思想，能使学生突破感官和时空的局限，充分发挥他们的想象、抽象和推理能力。应用这种思维方法，可以拓宽学生的思维领域，从而提高学生发现问题、分析问题、解决问题的能力。

《中学化学教学参考》2009年第5期

## 美国2008年全国化学竞赛试题的特点及启示

王　敏

化学竞赛是化学教育的一个重要组成部分，每个国家化学教育理念的不同，导致竞赛的目的不同，试题考查的侧重点也就不同，通过对2008年美国化学竞赛试题的简单分析，从其试题特点出发，对我国化学竞赛目的、试题难度以及辅导方式提出自己的一点看法，供学界研讨。美国每年都举办中学化学竞赛，其中包括两部分：一是地区选拔赛（Local Section Exam）；二是全国竞赛（National Exam）。竞赛试题均由美国化学会命制。全国竞赛目的是为了选拔参加国际奥林匹克竞赛的选手。由于中学教学理念和体制的不同，从2008年美国化学竞赛试题来看，与我国竞赛试题存在较大差异，美国化学竞赛试题特点有竞赛试题容量大、时间短、计算题占的比例较大、试题内容融合多种学科知识、注重基础知识和基本理论的考查、多个角度对重点知识进行考查、对考生能力要求不高等。通过对美国化学竞赛试题特点分析提出对我国化学竞赛的启示有：竞赛目的应适当调整、试题难度适当降低、改变竞赛辅导方式。

《中学化学教学参考》2009年第7期

## 在化学学科竞赛活动中发展学生的智力和潜能

杨小燕

化学科学竞赛活动是较高层次的学科思维活动，特别有益于学生在逻辑和数理智力、空间智力、人际智力以及自然观察智力等方面的发展。通过化学学科竞赛活动，既可以帮助参赛学生建立较为完备扎实的学科知识体系，又可以培养他们不畏困难，坚忍不拔的意志和实事求是、崇尚真理的科学精神。随着基础教育课程改革的不断深入，如何帮助不同的学生学习不同的化学，帮助学生在具有选择性和时代性的课程体系中更好地学习，已成为高中阶段学科教育面临的新挑战。因此，从一定意义上来说，开展化学学科竞赛活动，可以有效地开发优秀学生的学科学习潜能，培养他们的创新能力、竞争意识和科学探究精神。

《中学化学教学参考》2009 年第 11 期

## 2009 年全国高中学生化学竞赛初赛无机试题赏析

廖旭杲　周行浩

对 2009 年第 23 届全国高中化学竞赛（省级赛区）试题作了较为深入的解析，并提出了一些个人意见，以供参加化学竞赛的学生和辅导教师们讨论。参赛学生普遍反映试题延续了 2008 年赛题的风格，但有机部分难度有所提高，得分比去年稍低。试题数量较前两年减少一道，学生感觉到试卷的前后部分熟悉一些，得分相对容易一些，中间的 5、6、7 三道题陌生度较高，思维容量大，不易得分。另外，此次赛题中描述性的回答很多，回答的灵活性也很少，出现和标准答案有些不同的答案也是正常的，估计改卷的时候会考虑到这些问题，酌情给分。大多数试题还是紧扣修订后的竞赛大纲，注重基础，相关知识还是中学化学教学内容的自然增长，只不过能力考查的层次较深，特别是摄取信息、吸纳应用、创造性思维能力的要求较高。

《中学化学教学参考》2009 年第 12 期

## 对第十九届天原杯复赛附加题的探究

王　晶

该文主要对第十九届天原杯复赛附加题进行了探究，对此题进行了分析和解答，认为此题创意新颖，构思独特，有利于展示学生的推理探究能力。

《化学教学》2009 年第 1 期

## 赏析竞赛题把握稀有气体的性质

杨国俊　钮东方

在近年化学竞赛和高考试题中多次以稀有气体为知识背景，

以基础知识为载体来强化对能力的考查。该文对此分类做了举例说明：1. 以新情景考查化学平衡知识。2. 以新反应考查氧化还原反应知识。3. 以新视角考查物质结构知识。

《化学教学》2009 年第 7 期

## 英国化学奥林匹克介绍

张命华

本文阐述了英国化学奥林匹克的组织、试题特点，以及与其中学化学课程的联系。

《化学教学》2009 年第 10 期

## 一道竞赛题引出的思考

顾素燕

该文由 2009 年浙江省高二化学竞赛的一道试题出发，指出学生用所学的知识去解释或解决身边的化学问题的意识和能力还很薄弱，从教材或外界独立获取、分析和加工信息的能力还很欠缺。对化学教学展开了一系列思考，并提出了行动策略：1. 实施“故事导引法”，激发学生的积极性；2. 实施“课堂拓展法”，拓宽知识的应用面；3. 实施“网络探学法”，培养学生的信息能力；4. 实施“课题研究法”，深化学生的信息能力。

《化学教学》2009 年第 11 期

## 离子浓度大小比较——从一道竞赛题谈起

张红俊

以 2007 年全国高中学生化学竞赛（江苏赛区）预赛试题第 11 题为例，阐述了比较离子浓度大小时，如果能在掌握正确解题思路的基础上，借助于图像并对习题进行变式训练，举一反三、触类旁通，那么定能拓宽深化解题思路，探索解题规律，从而化难为易。

《中学化学》2009 年第 2 期

## 赏析化学竞赛中有关铝的探究试题

葛达好

选取了近几年以来浙江省、河南省、重庆市、江苏省化学竞赛试卷中有关铝的探究试题，并分析了命题思路，给出了参考答案。

《中学化学》2009 年第 2 期

## $Fe^{3+}$ 与 $S^{2-}$ 反应生成什么

吴　星　吕　琳　徐丹悦

问题起源于第 21 届全国高中生化学竞赛（决赛）理论试题中的题 2～4。根据统计有超过 65％的参赛选手给出的答案是 FeS 或 $Fe(OH)_2$。该文运用化学热力学、化学平衡、电化学的知识计算法分析得出结论：如向 $FeCl_3$ 溶液中滴加 $Na_2S$ 或（$NH_4$）$_2S$ 溶液，初滴加时溶液中能观察到淡黄色的浑浊，同时有 $H_2S$ 气体产生，继续滴加可观察到有 FeS 黑色沉淀。如果向 $Na_2S$ 溶液中滴加 $FeCl_3$ 溶液，反应初期主要生成黑色 $Fe_2S_3$ 沉淀，继续滴加 $FeCl_3$ 溶液，降低了溶液的 pH，$Fe_2S_3$ 沉淀溶解，出现淡黄色浑浊，并伴有 $H_2S$ 气体产生。

《中学化学》2009 年第 3 期

## 点击化学竞赛中稀有气体化合物

杨国俊

结合化学竞赛题分析了以稀有气体化合物为载体创设问题情景，考查化学平衡知识、以新反应考查氧化还原反应知识、以新视角考查物质结构知识。

《中学化学》2009 年第 5 期

## 巧写等效分子式　速解化学竞赛题

李更生　郑森林

结合例题说明，将分子式巧妙改写成等效分子式，在解答化学竞赛题时可达到事半功倍的效果，比如将 $Ca(OH)_2$ 改写成 $CaO·H_2O$，$CaCO_3$ 改写成 $CaO·CO_2$。

《中学化学》2009 年第 6 期

## 赏析一道 2009 年全国高中化学竞赛决赛题

扶云松

选取了第 22 届全国高中学生化学竞赛决赛试卷第 2 题，展示了题目、解析、答案，认为这届竞赛试题融入了新大纲的教育理念，汲取了国际竞赛的新思想。强调化学思维和综合能力并重，突出考查选手的思维能力、推理能力和应用能力。

《中学化学》2009 年第 7 期

### 第十九届天原杯复赛试题附加题的探析

严忠义　杨辉祥

选择 2009 年全国初中学生化学素质和实验能力竞赛复赛试题的附加题，给出了原题、思路分析、命题意图、难点，最后对本题进行了反思点评。

《中学化学》2009 年第 8 期

# 化学实验改进与创新

实验改进的方向是绿色化、微型化和生活化，力求实验现象更明显、操作更简单安全、污染更小。常规实验的改进中，有些实验被过多地关注，比如红磷与白磷的转化、空气含量的测定、氢气氧气爆鸣、铜与浓硝酸的反应、银镜反应等。微型实验和趣味实验的研究者较少，有关的文献数量不多。探究性实验主要研究反应产物和反应条件，传感技术、微波技术等也出现在探究实验中。

## 常规实验改进

### 巧制硫酸亚铁铵晶体

刘加虎　戚万友

硫酸亚铁铵是实验室经常用到的一种化学试剂，采用传统的实验室制法操作比较麻烦，且只能制得细小颗粒的硫酸亚铁铵晶体。笔者经过研究，克服了以上缺点，巧妙制得较大颗粒的硫酸亚铁铵晶体。具体实验步骤如下：1. 称取 1 g 铁屑于大试管中，加入 6 mL 3 mol/L 的硫酸溶液，向溶液中加入 1 mL 的苯，静置在通风橱中使之充分反应。2. 用注射器抽取新制的硫酸亚铁溶液于大试管中，加入 2.5 g 的硫酸铵，充分溶解后慢慢地向其中倒入 3 mL 的无水乙醇静置一昼夜，试管底部有大量的浅绿色晶体析出。3. 倒去上层溶液，向析出的晶体中分 3 次分别加入3 mL 的无水乙醇洗涤，洗涤液再回收，洗净后倒在滤纸上晾干。

《化学教育》2009 年第 1 期

## 乙醛 2 个特征反应实验应注意的问题

刘湘强

"苏教版"普通高中课程标准实验教科书（选修）《有机化学基础》第 79 页，验证乙醛 2 个特征反应的实验，如不严格按正确的方法进行往往会导致实验异常。做银镜反应实验通常会遇到如下问题：镜面发暗，不够光亮，不产生银镜等。而乙醛与氢氧化铜反应常遇到产生黄褐色浑浊、暗褐色沉淀或红褐色沉淀等问题。针对以上可能出现的现象，作者提出了这 2 个实验在试剂配制和操作过程中应注意的问题，从而为教师提高这 2 个实验成功率提供借鉴与参考。

《化学教育》2009 年第 3 期

## 铁粉与水蒸气反应实验装置的改进

刘英杰

人教版教科书中铁粉与水蒸气反应实验装置存在不足，本文介绍了对该实验进行改进为铁粉与水蒸气反应实验教学提供了一种较为理想的实验方法。一、问题背景。指出教科书中实验装置的不足。二、实验装置的改进。三、改进后装置的优点。装置简洁、操作简便、安全、现象明显、成功率极高。

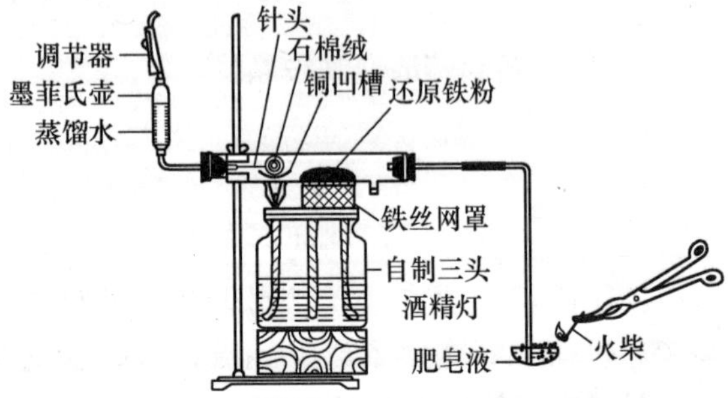


《化学教育》2009 年第 4 期

## 一种简单更高效的木炭还原氧化铜方法

杨绍武

在木炭还原氧化铜实验中，高温条件较难达到，且炭粉和铜颗粒混杂，致使实验现象不清晰。本文设计了一种更简单高效的木炭还原氧化铜方法。一、改进方法。1. 热源的选择。30W 内热式电烙铁。2. 药品的选择。铜丝和炭粉。3. 装置构建。4. 实验步骤：①绕铜丝；②观察；③通电；④装炭粉；⑤观察。二、反思与评价。该改进方法的优点是：1. 热效率高。2. 炭粉和氧化铜粉末不混合，可反复利用。3. 实验现象明显。

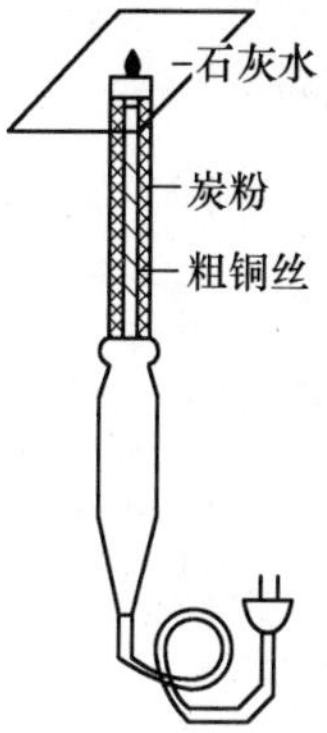


《化学教育》2009 年第 4 期

## $Fe^{2+}$ 与 KSCN 溶液反应的实验改进

梁峻峰

$Fe^{2+}$ 氧化，通常情况下很难实现 $Fe^{2+}$ 遇 KSCN 溶液不显红色。通过实验改进，使反应在封闭无氧的环境中进行，从而实现了 $Fe^{2+}$ 遇 KSCN 溶液不显红色。该方法的优点是：1. 实验在封闭无氧的体系中进行，克服了 $Fe^{2+}$ 遇 KSCN 溶液不显红色。2. 装置简单合理、实验现象明显。3. 探索性实验的研发，有利于培养学生的创新思维与创新品质。

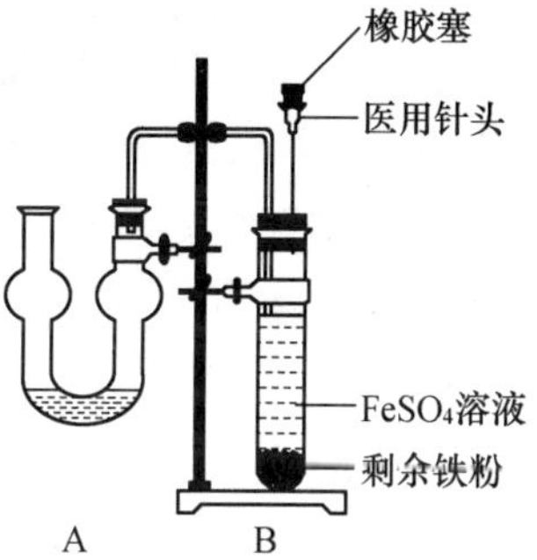


《化学教育》2009 年第 5 期

## 对氢氧燃料电池实验的研究与改进

赵会科

本文运用多用途原电池演示板，并通过增多气体附着量，增强实验效果，对氢氧燃料电池实验的研究与改进。一、介绍一种自制教具——多用途原电池演示板。介绍了该演示板的制作方法和使用方法。二、增多气体附着量，增强实验效果的几种方法。1. 电解处理炭棒。2. 炭棒上缠橡皮筋。3. 布包裹炭棒。4. 滤纸缠绕炭棒。二极管的发光时间长约 240 s，明亮可演示发光时间大于 60 s。5. 炭棒上套气球颈。实验表明，二极管的明亮程度：外加附属物＞电解处理＞不处理；蜂鸣器的声音大小：外加附属物＞电解处理＞不处理；即电压高低或平均电流大小可能为：外加附属物＞电解处理＞不处理。三、用电器的选择。检验燃料电池线路中有无电流产生，可用电珠、二极管、蜂鸣器、生日贺卡中的音乐片等。

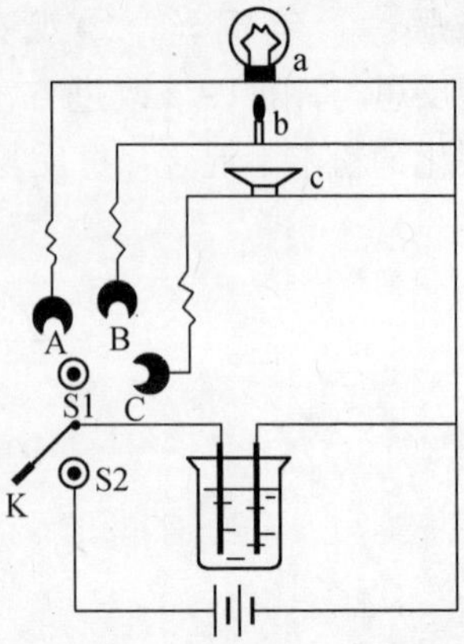

图

《化学教育》2009 年第 6 期

## 氢氧燃料电池演示装置的改进

崔书华　张文彦

常见的氢氧燃料电池演示实验有 2 个明显的缺点：①需要用大量的 NaOH 溶液。②不便往玻璃管中加 NaOH 溶液。本文改进了氢氧燃料电池演示装置，该装置的优点是：①采用一体化设计，装置移动很方便。②现象明显。③可以重复使用，电解一次所生成的气体就可做很多班的演示实验。④节省药品。⑤添加药品很方便。⑥封闭操作，避免受碱液的腐蚀。

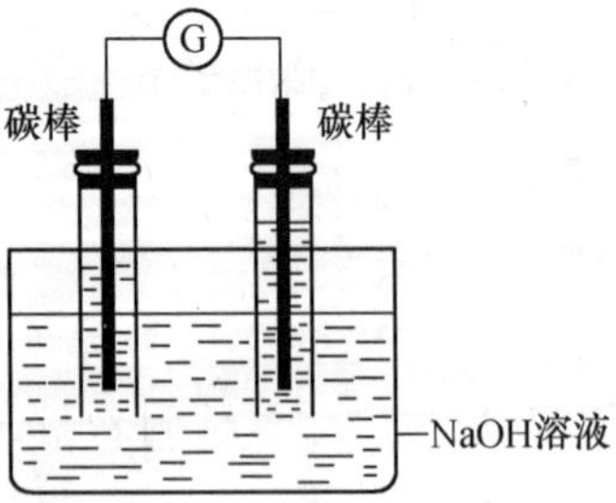

图 1

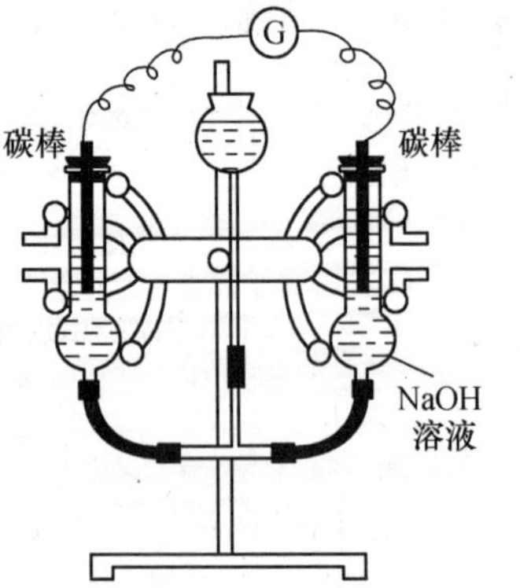

图 2

《化学教育》2009 年第 6 期

## 检验海带中碘元素实验的改进

马红勇　王笃年

改传统的灼烧、煮沸浸取法为直接煮沸浸取法，使实验时间从 20 min 以上缩短为 2 min 左右，避免了室内空气污染，减少酒精的浪费，降低实验的危险性，且可以通过实验说明海带中碘元素不是以单质的形式存在，启发学生思考食用海带加工过程中的注意事项等，一举多得。

《化学教育》2009 年第 6 期

## 氨气与氯化氢反应的研究性教学实验

白　林　韦应虎　张天顺

基于目前氨气与氯化氢反应实验中存在的诸多问题，设计反应在密封玻璃管中进行，把绿色化学思想渗透到实验教学中。一、实验用品和试剂。二、实验原理和方法。实验原理为浓氨水挥发出的氨气与浓盐酸挥发出的氯化氢气体化合生成微小的白色 $NH_4Cl$ 晶体。三、实验结果与讨论。1. 玻璃管长度对反应时间的影响。2. 玻璃管内径对反应时间的影响。3. 实验温度对反应时间的影响。4. 气体扩散速度的测定。四、结论。1. 该实验方法操作简便、易控制、试剂用量少、现象明显、重复性好，是一种经济、环保的绿色化学实验。2. 该实验既可作演示实验也可供学生在实验室里亲自操作。3. 实验设计符合科学性和直观性的要求，有助于培养学生的观察能力和研究性学习的兴趣。

《化学教育》2009 年第 6 期

## 反应速度实验的改进

陈林英

通过精心设计的三价铁离子与硫代硫酸根发生的氧化还原反应的实验，揭示了化学反应速度与浓度、温度、催化剂的密切关系。一、反应原理。利用三价铁离子与硫代硫酸根发生的氧化还原反应来测速度变化。$Fe^{3+}$ 在遇到 $S_2O_3^{2-}$ 时，首先发生络合，生成一种暗紫色的离子 $Fe(S_2O_3)_2^-$，这种离子再发生自氧化还原反应，生成 $S_4O_6^{2-}$ 和 $Fe^{2+}$。$S_4O_6^{2-}$ 是无色的，在水溶液中 $Fe^{2+}$ 的颜色是淡绿色，此时溶液浓度较低，所以实际上反应后的溶液是无色的。二、影响反应速度的因素。实验 1. 反应物浓度对反应速度的影响。实验 2. 温度对反应速度的影响。实验 3. 催化剂对反应速度的影响。

《化学教育》2009 年第 7 期

## 4 种气体与空气密度大小比较的实验创新设计

熊言林　强世苍

本文介绍了一种演示多种气体与空气密度的大小比较的实验装置。一、实验原理。在垂直的空间内，密度大于空气的气体向下扩散的速度较快，密度小于空气的气体向上扩散的速度较快。二、实验用品。玻璃管、铜丝、注射器、酚酞溶液等。三、装置制作。四、实验操作。分别介绍了 $NH_3$、HCl、$SO_2$、$CO_2$ 和空气密度比较的操作方法。五、实验现象与结论。$NH_3$ 密度比空气小；HCl、$SO_2$、$CO_2$ 密度比空气大。六、几点说明。说明实验操作中的注意点以及该实验的优点。

《化学教育》2009 年第 7 期

## 改进教材中的实验　增强实验趣味性

李周平　张乐伟

新课标要求学生对实验进行探究，从而培养学生的创造能力。本文介绍了几个改进的趣味小实验，以培养学生良好的环保意识、资源意识、安全意识、创新意识。1. 钠与水的反应改为“滴水点灯”。2. 过氧化钠与水的反应改为“滴水点火”。3. 固体酒精的燃烧改为“雪球燃烧”。4. 酒精燃烧改为手指着火。5. 浓氨水和浓盐酸的反应改为“空杯生烟”。6. 浓硫酸的脱水实验改为“黑面包实验”。7. 原电池工作原理改为“会唱歌的西红柿”。8. 置换反应改为“铁变金”。9. 金属的导热改为“铜丝灭火”。10. 铝与氢氧化钠的反应改为“会伸缩的易拉罐”。11. 氢氧化钠与二氧化碳的反应改为“自动膨胀的气球”。

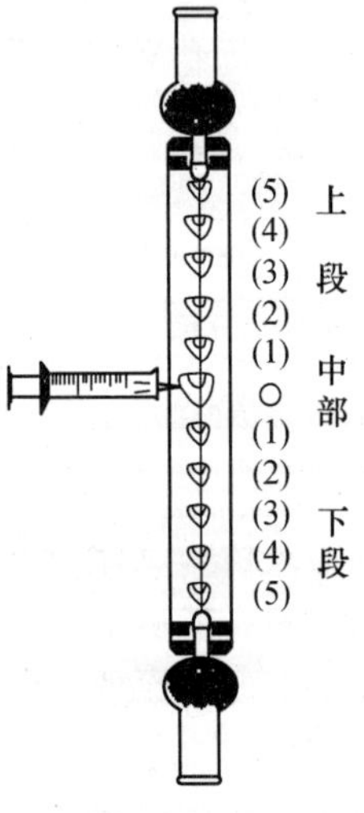


《化学教育》2009 年第 7 期

## 模拟闪电条件下氮气与氧气反应的实验演示装置

王锦化　曹连东　杨小会　杨　洲

为了使新课程中模拟闪电雷雨条件下 $N_2$ 与 $O_2$ 反应的实验现象更加鲜明、生动、趣味，本文介绍如何利用 100 kV 超高压电弧模拟闪电条件下 $N_2$ 与 $O_2$ 反应，并通过正交实验设计，将影响该反应的各种因素、水平进行了全面、均衡地安排，选择了最佳实验条件：在 20 ℃室温条件下，以 600 mL 透明矿泉水瓶作反应容器，将 2 支放电针的针尖间距控制在 11 cm，将高压调节旋钮调至最大，接通电源，瞬间就在 2 支放电针之间产生蓝色明亮、撼动人心弦的超高压电弧，并伴随着清脆的“噼噼剥剥”放电声，瓶中 $NO_2$ 气体迅速生成，仅需 5 min，瓶中就充满了浓郁的红棕色 $NO_2$ 气体。

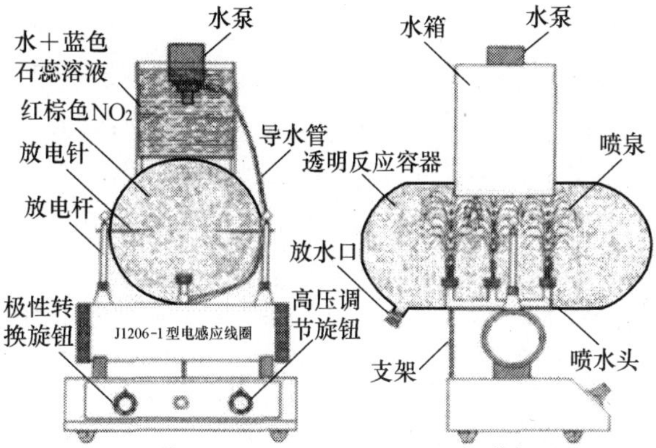

正视图　　俯视图

《化学教育》2009 年第 8 期

## 铁的吸氧腐蚀实验改进

雷和平　刘英丽

本文针对课本中铁的吸氧腐蚀实验反应时间长影响实验教学实效性的缺点，对实验装置和某些细节进行改造，从而使实验能够在最短的时间内高效完成，以保障课堂教学质量。改进后的实验装置 1（如图 1）：1. 将插入水中的玻璃导管在喷灯火焰上拉成更细的玻璃导

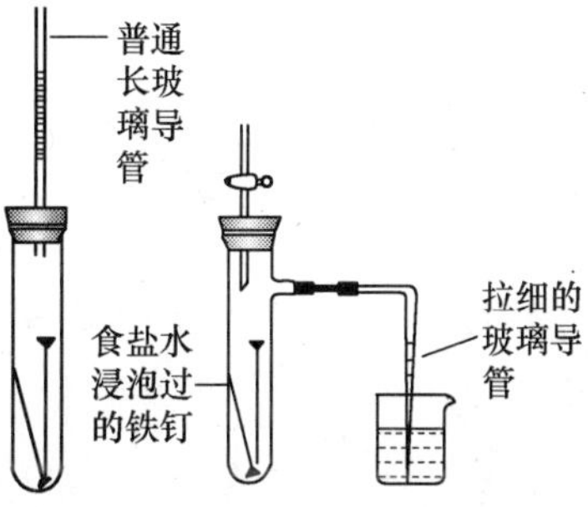

图1　图2

管，用细导管做本实验，相同的时间内导管中的水面会升得更高，从而缩短了实验时间，提高了效率。2. 将具支试管上的胶塞改成带导管的单孔胶塞，导管中配有玻璃活塞，通过活塞开关的巧妙设计能避免导管在水下产生气柱。3. 将盛水试管换成小烧杯，减少夹持试管的辅助仪器，简化实验装置。4. 在烧杯的水中滴加几滴红墨水，以便能使全体同学清晰地看到导管中液面上升的现象。改进后的实验装置 2（如图 2）：玻璃仪器只有试管和普通长玻璃导管（长度约为 25 cm），实验装置简洁，实验可操作性强。

《化学教育》2009 年第 8 期

## 探究如何更清楚地观察到豆浆的丁达尔效应

刘文芳　杨　芳

本文针对用红色激光灯在装有新制豆浆的烧杯一侧进行照射，并未发现新制豆浆有丁达尔效应的现象进行探究。由于分散体系中粒子浓度较大时，粒子产生的散射光会相互干涉而抵消，依次对新制豆浆进行 8、20、50、100、200、500、1 000、1 200、1 500、2 000 倍的稀释后，重新观察，结果发现：当对豆浆进行稀释时，随着浓度的减小，丁达尔效应越来越明显，当稀释至 500 倍左右时，从垂直入射光方向能观察到大片的红光中间有一段光亮的通路，随着稀释倍数的增大，即浓度的继续减小，光亮的通路增长，当稀释至 2 000 倍左右时，丁达尔效应明显呈现在眼前。

《化学教育》2009 年第 8 期

## "污水处理——电浮选凝聚法"实验的改进

吴　星　吕　琳　谢苏晋

本文针对人教版高中《实验化学》教材中"污水处理——电浮选凝聚法"的实验中存在：电解所需直流电压大，中学如果不具备直流稳压电源一般无法进行实验；不同污水电解时，电流调节比较困难；电解产生的 $Fe(OH)_2$ 只有少量转化成 $Fe(OH)_3$ 胶体，凝聚效果不理想等问题。对实验装置进行了改进：1. 在污水中加入适量的电解质溶液；2. 用铁片和碳棒为阳极，铝片为阴极的三电极电解装置电解；3. 在电解的过程中同时搅拌。

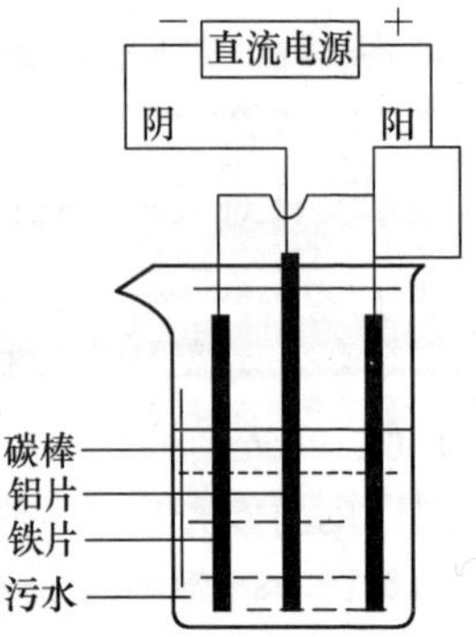


《化学教育》2009 年第 8 期

## 快速铁生锈实验的创新设计

李忠元

本文对传统的铁生锈实验进行改进，实验装置如右图。改进后的装置相比于以前：1. 便于观察实验现象，铁生锈时间短，现象明显。一节课时间即可明显观察到铁生锈现象和红墨水缓慢上升情况，大大增强了实验的趣味性；2. 操作简单，学生可以充分参与。有利于激发并培养学生的实验探究能力。3. 可同时证明空气中氧气的含量，具有启发性。4. 装置注食盐水保存，可以多个班级重复使用。

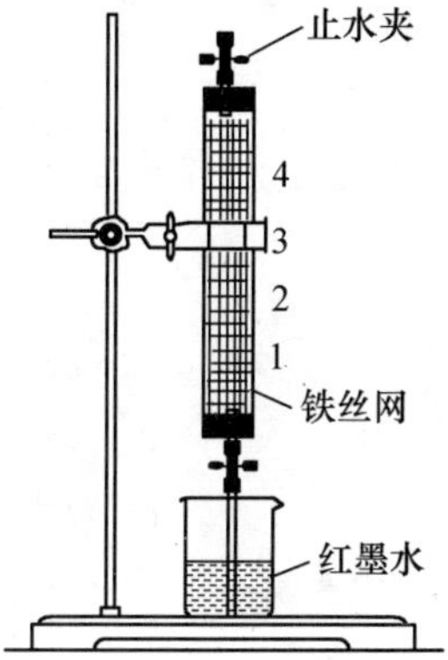


《化学教育》2009 年第 8 期

## 鉴别苯酚应注意的问题

陈美英　林海斌

本文针对苯酚的定性鉴别受到溶剂和溶液酸碱性的影响：1. 溶解在弱极性或非极性有机溶剂中的苯酚更有利于使用苯酚与 $FeCl_3$ 的显色反应或与溴水的沉淀反应进行鉴别，而强极性有机溶剂则会影响苯酚的鉴别；2. 鉴别苯酚的试剂 $FeCl_3$ 和溴水均为酸性溶液，因此待测溶液的酸碱性必然会影响苯酚的鉴别。通过对不同有机溶剂中鉴别苯酚的对比实验，对苯酚鉴别实验提出改进意见：1. 调节 pH 法。针对碱性溶液首先调节溶液 pH 值至酸性，然后滴加 $FeCl_3$ 或溴水进行检验。2. 弱极性溶剂萃取法。酸化溶液后使用弱极性有机溶剂（苯、乙醚、$CCl_4$ 等）萃取苯酚，取有机层，使有机溶剂挥发后或直接加 $FeCl_3$ 溶液或溴水进行检验。

《化学教育》2009 年第 8 期

## 甲烷与氯气取代反应实验装置的改进及反应条件的探究

刘英杰

本文针对高中新课程教材中甲烷与氯气取代反应实验的困难和不足，改进了实验装置，并且通过探究指出：1. 节能灯管的功率越大，节能灯管距反应管越近，光照的强度就越大，反应速率越快；2. 实验环境温度越高，反应速率越快。改进后装置如图，该装置不但简洁，结构紧凑，操作简便，可多次重复使用，而且能有效避免 $Cl_2$ 泄漏挥发，安全环保，并能取得令人满意的教学效果。

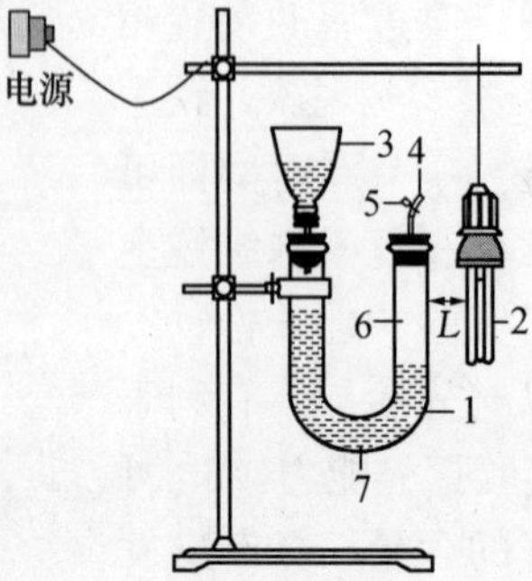


1. 大U形管（直径 32 mm） 2. 节能灯管 3. 塑料饮料瓶（截取上部代替漏斗用） 4. 细乳胶管（孔径大小与注射器出液口匹配） 5. 弹簧夹 6. $CH_4$ 和 $Cl_2$ 的混合气体（体积比为 1∶4） 7. 饱和食盐水

注：*L* 表示灯管壁到反应管壁的距离

《化学教育》2009 年第 9 期

## 二氧化硫性质演示实验的改进

韩程明

笔者阐述了二氧化硫性质演示实验的改进方法，从实验的设计意图、实验装置的准备、实验的具体操作与实验现象、实验过程中应注意的事项等方面作了一个完整的介绍。实验改进后的优点有以下四点：(1)利用硫黄在 $O_2$ 中燃烧产生 $SO_2$ 气体的实验，既可以让学生了解含硫物质的燃烧是产生 $SO_2$ 的途径之一，还能克服实验室制 $SO_2$ 气体时产生大量废弃污染性气体这一弊端；(2)进行 $SO_2$ 的封闭式实验，减少实验过程中 $SO_2$ 气体对教室环境的污染，增强学生的环保意识；(3)利用对比实验深化学生对 $SO_2$ 漂白性的认识；(4)利用 $SO_2$ 对绿色植物的作用，让学生了解 $SO_2$ 气体对环境的危害。

《化学教育》2009 年第 9 期

## 从苏教版不同的选修模块教材看同一实验的不同演示方法

王建民

苯酚和乙醇分子中羟基上氢原子的活泼性比较，苏教版的 2 本选修教材《有机化学基础》和《实验化学》设计了 3 种不同的实验方案。笔者对这三种实验方案进行了分析，并进行了相关操作，且对实验现象进行了解释和说明。经比较，苏教版选修教材《实验化学》中的实验方案最为方便、简捷。此外，笔者提出，比较苯酚和乙醇分子中羟基上氢原子的活泼性差异，还可采取如下方法：取适量的乙醇和苯酚，分别配制成等物质的量浓度的溶液，测定溶液的 pH，pH 小的对应分子中羟基上的氢原子活泼。

《化学教育》2009 年第 9 期

## 高温灼烧石灰石实验的改进

陈　翔

沪教版初三化学教材中的演示实验“高温灼烧石灰石实验”中存在一些问题，笔者针对这些问题做了适当的实验改进，并从仪器药品、课前准备、课堂演示、实验优点等方面作了全面的介绍。本实验改进利用了物质在纯氧中灼烧效率高这一特点，在实验过程中运用了双氧水制纯氧气来辅助石灰石的灼烧过程，使实验过程简便、高效。

《化学教育》2009 年第 9 期

## 铜与浓硫酸反应的实验探究与改进

王　春

从异常现象分析、反应物的最佳用量、最佳合理装置 3 个方面对新教材中有关金属铜与浓硫酸的反应进行探究，并对教材中演示实验装置进行了改进，取得了较为理想的实验效果。

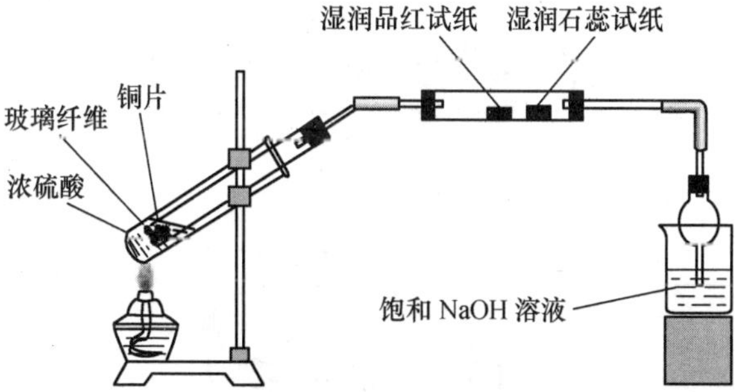


图　铜与浓流酸反应实验装置

《化学教育》2009 年第 10 期

## 分液漏斗在高中化学实验创新中的妙用

项　云

氨气的喷泉实验，按照传统的方法来做，不仅操作过程烦琐，而且最后实验往往由于氨气吸潮而导致失败。为此笔者利用分液漏斗设计出一种仪器简单、操作简便、成功率高且无污染的实验方法，大大缩短了实验时间，有效地提高了课堂教学效率。

图 1　氨气的收集

图 2　喷泉的形成

《化学教育》2009 年第 10 期

## 简易灭火器的实验设计

宋航行

针对人教版义务教育课程标准实验教科书九年级《化学》上册中“燃烧和灭火”中设计的简易的灭火器的缺点，笔者用家用的洗手液瓶代替抽滤瓶、洗瓶、矿泉水瓶，收到了意想不到的效果。

《化学教育》2009 年第 10 期

## 火柴头爆炸实验的改进

张　玲

对现行沪教版《义务教育课程标准实验教科书·化学》中火柴头爆炸实验进行了改进。改进后的实验操作简单，现象明显，趣味性强，安全实用，还可以用于解释教科书上的爆炸原理，也能用于演示九年级物理教科书上的“内能转化为机械能”的实验。

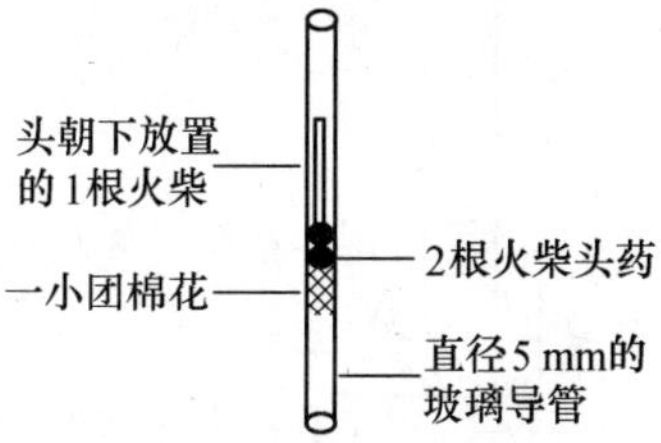


图　火柴头爆炸实验的装置

《化学教育》2009 年第 10 期

## 新课标下的氯气漂白性质的实验改进

李海燕

为解决氯气漂白性质实验的烦琐和环境污染等问题，对该实验的装置、材料、演示方法进行了探讨，设计了在密闭的装置里进行实验的新方案，取得了良好的实验效果。

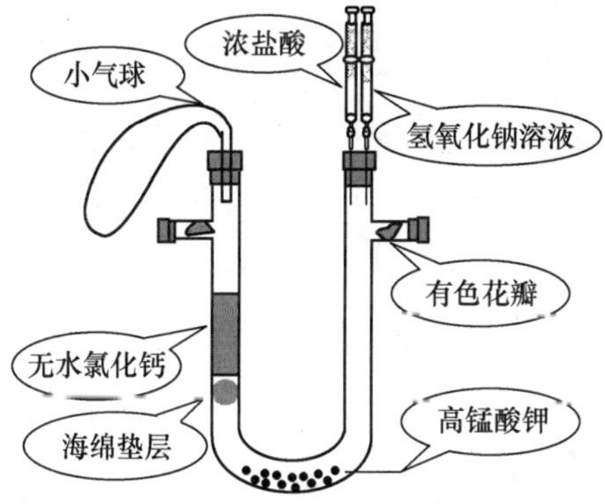


图　氯气漂白性质实验装置

《化学教育》2009 年第 10 期

## 探究空气成分的新方法

赵东洋

文章中介绍了利用玻璃管、直尺等简单的实验器材，以还原铁粉作为耗氧剂，准确地测定空气中氧气的含量的新方法。该方法既测定了空气中氧气的含量，又探究了铁生锈的条件，具有安全环保、适合学生探究的特点。

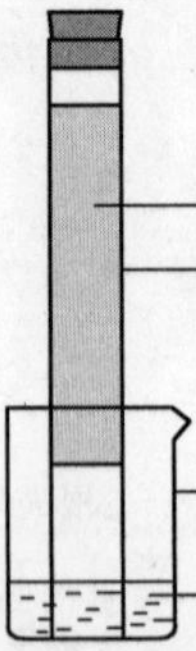


《化学教育》2009 年第 11 期

## 乙醇的催化氧化实验改进

李周平　张乐伟

从 1. 原实验的不足之处；2. 实验的改进；3. 改进后实验的优点等几点对乙醇的催化氧化实验提出了自己的改进意见，以便取得理想的实验效果。

《化学教育》2009 年第 11 期

## 碳酸氢铵分解吸热反应的绿色化研究

伍　强　黄永红　彭建波　徐建波

通过实验将碳酸氢铵的分解吸热反应条件优化，得出当乙醇为 7 mL、水为 3 mL 、$NH_4HCO_3$ 为 5 g、水浴温度为 70 ℃时，为最佳反应条件。并通过 5 次循环实验后发现效果仍然较好。

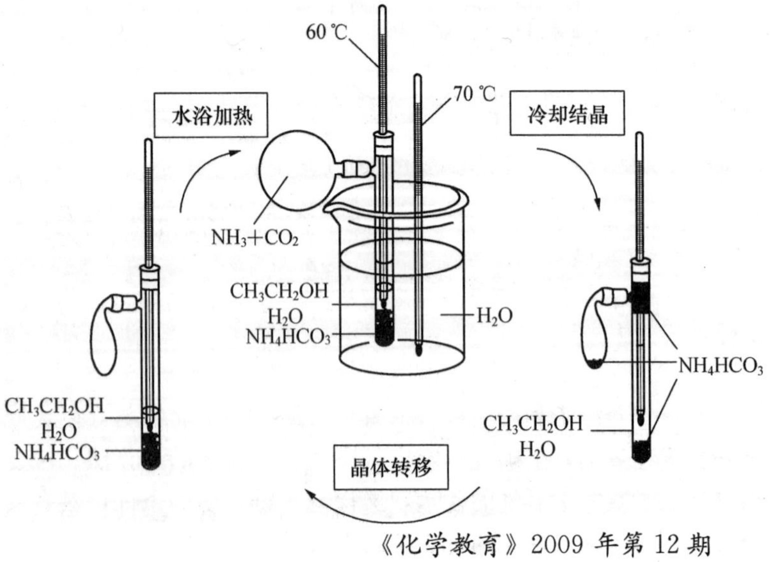


《化学教育》2009 年第 12 期

## 铝热反应实验的改进

向玉耀　万华明

笔者认为教材中铝热反应实验存在如下问题：(1) 镁条不易点燃；(2) 镁条燃烧产生的强光对眼睛有害；(3) 反应过程中产生大量的烟。因此，笔者对实验的装置、试剂的比例（氧化铁粉和铝粉的质量比调成 7∶2 或 4∶1)、点火方式（高锰酸钾晶体上滴加甘油）三个方面进行了改进。

《化学教育》2009 年第 12 期

## 氯气与氢气反应实验改进

王方舟　游建军

由于氯气有毒且有强烈的刺激性气味和危险性，因此作者对“点燃 $H_2$ 和 $Cl_2$ 的混合气体”和“$H_2$ 在 $Cl_2$ 中燃烧”的实验进行了改进。对于“点燃 $H_2$ 和 $Cl_2$ 的混合气体”的实验，将 $H_2$ 和 $Cl_2$ 在注射器中基本混合均匀，再将注射器的针头取下，将同轴电缆（可用废弃的耳机导线）从注射器口插入到注射器筒内，安装好实验装置，然后固定在铁架台上，再按下打火器开关。对于“$H_2$ 在 $Cl_2$ 中燃烧”的实验，预先在圆底烧瓶中收集满 $Cl_2$，为了简化装置，将已经制备好的 $H_2$ 用注射器贮存，装 NaOH 溶液的烧杯作尾气处理装置，先用左手按下打火器开关并持续几秒钟，当观察到脉冲打火器尖端持续产生电火花时，右手立即缓慢推动注射器推柄，待 $H_2$ 点燃后松开左手，可以观察到明显实验现象。

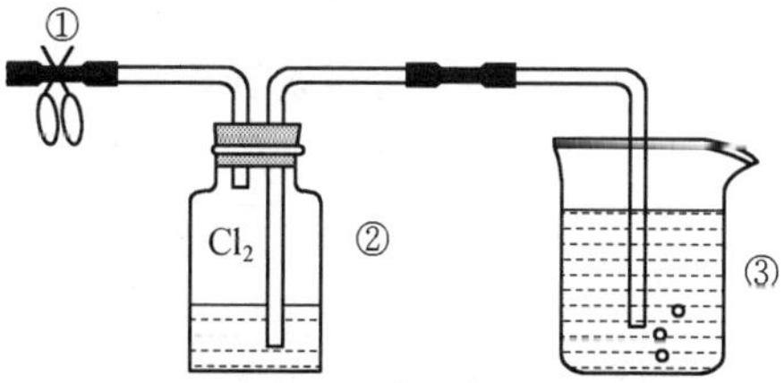


图 1

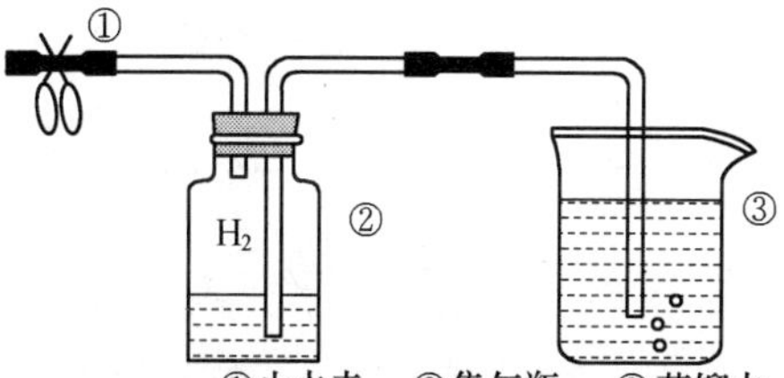


图 2

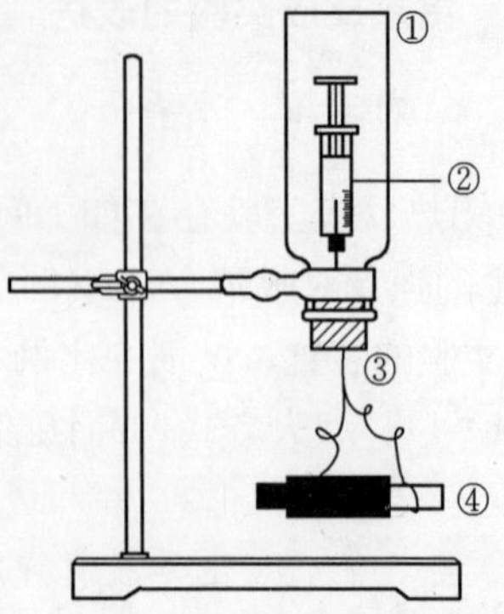


①废弃的矿泉水瓶　②一次性注射器

③同轴电缆　④压电打火器（废打火机上卸下）

图 3

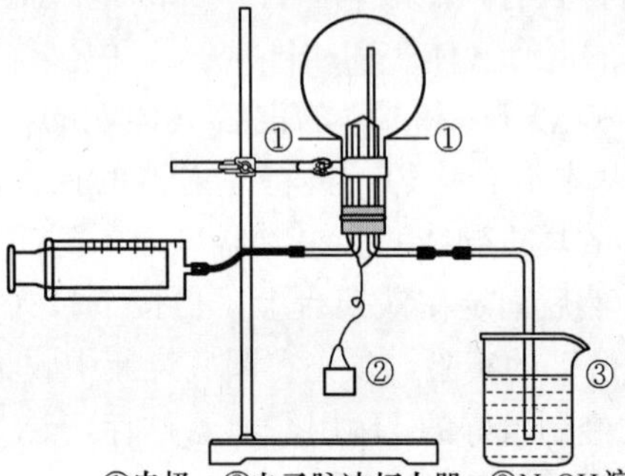


①电极　②电子脉冲打火器　③NaOH溶液

图 4

《化学教育》2009 年第 12 期

## 九年级演示实验改进 3 则

冯红霞　钱　胜

作者分别分析了“木炭还原氧化铜实验”“白磷燃烧后质量的测定实验”和“白磷在水下燃烧实验”的传统实验存在的缺陷，并提出了改进方法及优点。同时还对实验所用的药品进行详细说明。

《化学教育》2009 年第 12 期

## 关于硫酸铜与氢氧化钙溶液反应产物的讨论

蔡云波　刘俊博

初中课程标准实验教科书化学以硫酸铜和氢氧化钙溶液反应为例，验证盐能跟碱发生复分解反应生成新盐和新碱。教材用石灰水和硫酸铜溶液演示碱跟盐的反应。在 298 K，氢氧化钙的溶解度是 0.016 mol/1 000 g $H_2O$，硫酸钙的溶度积是 $1.96\times10^{-4}$。因此，即使饱和氢氧化钙溶液与较稀的硫酸铜溶液反应，其产物也不一定是蓝色的 $Cu(OH)_2$，还可能是绿色的碱式硫酸铜沉淀。用实验证实了这个复分解反应的产物；用计算说明了反应物相对用量对产物的影响。通过计算和分析，在初中化学教材中，不宜用 $CuSO_4$ 与 $Ca(OH)_2$ 溶液的反应为例，验证和演示盐与碱发生复分解反应生成新盐和新碱。建议用 $CuSO_4$ 与 NaOH 溶液的反应说明盐可能与碱发生复分解反应生成新盐和新碱。在做演示实验时，可将 $CuSO_4$ 溶液加到稍过量的 NaOH 稀溶液中，生成蓝色的 $Cu(OH)_2$ 无定形沉淀。将其加热就能分解生成黑色 CuO。如果将稀 NaOH 溶液加到过量的 $CuSO_4$ 溶液中，则析出的是绿色的碱式硫酸铜晶体。

《中学化学教学参考》2009 年第 1/2 期

## 自制灵敏温度计演示压强对化学平衡的影响

李立志　刘自考

演示压强对平衡移动影响的实验时，通常用针管注射器压缩 $NO_2$ 气体，观察气体颜色的变化，显示 $NO_2$ 向 $N_2O_4$ 转化，因气体浓度的影响颜色先变深后再变浅，容易误导学生。为了克服这一问题，利用物理上的电桥平衡原理，自制了一个灵敏温度计，加压 $NO_2$ 气体时，测量温度的微小变化，利用电流表指针的偏转，显示出平衡移动。本实验还可以进一步改进，将灵敏电流表换成带有串口的数字万用表，通过串口将电流信息输入微机，投影到大屏幕上，进一步增加可视效果。

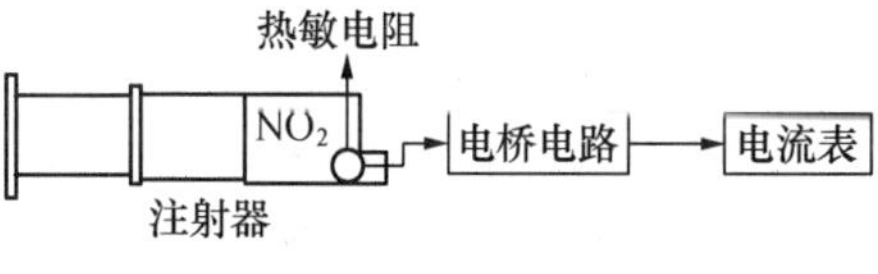


图 1　原理示意图

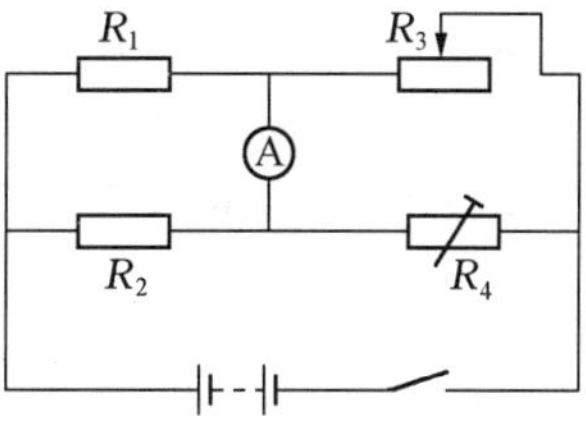


图 2　电桥线路连接

《中学化学教学参考》2009 年第 1/2 期

## 对高一化学两个实验的改进

方陈结

对高一化学两个实验进行了改进，具体改进如下：实验一金属钠与氧气反应实验的改进：［此实验来源于鲁科版高一化学（必修 1）第一章第二节］实验改进：找一个废铝制易拉罐，从中间剪开，然后取下半部分剪成如图所示反应仪器。把此仪器放在三脚架上组装成如图所示反应装置。改进后装置的三大优点：铝传热快，加热时间较短，适合学生课堂探究；原料易得，操作简单；金属钠燃烧后无黑色物质生成，实验效果非常好。实验二铁与氯气反应实验的改进：［此实验来源于鲁科版高一化学（必修 1）第一章第二节］实验改进：我们从废旧的石棉网上拆下两根细铁丝，在笔杆上绕成螺旋状，然后用它做此实验，实验现象非常明显。

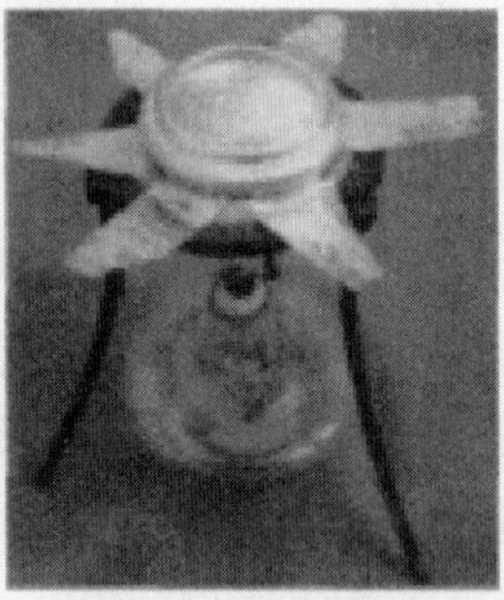

图　实验装置

《中学化学教学参考》2009 年第 3 期

## “面粉爆炸”实验的改进

张欣荣　王彦昌　杨承印

在教学实践中我们发现现行课本中面粉爆炸实验成功率较低。为达到较好的实验效果，现将本实验做如下改进。实验用品：可溶性面粉（试剂）、小蜡烛、燃烧匙、大可乐瓶、玻璃弯管、橡胶管、铁架台、轻而硬的薄塑料片、橡皮塞、火柴、酒精灯。实验过程：尽可能平整地剪掉可乐瓶底，并用轻而硬的薄塑料片（例如废弃的幻灯片）剪一个比瓶底略大的盖子。将小蜡烛固足在燃烧匙上，将燃烧匙上端铁丝柄折成挂钩状。按图所示连接装置，将装置固定在铁架台上，并放入适量可溶性面粉。面粉的量以比弯管末端略低为最佳。将点燃的蜡烛挂在可乐瓶内，迅速盖上塑料盖子，并用嘴使劲向瓶中吹气，尽可能充分地扬起面粉。可以观察到面粉被充分扬起时，遇到明火，

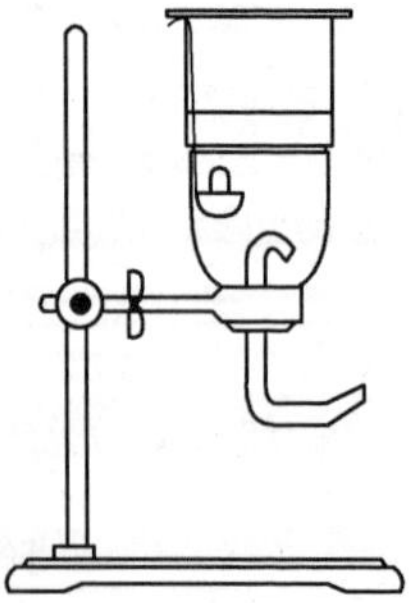

图　实验装置

产生爆炸，火球掀掉塑料盖子，并伴随“轰”的声响。

《中学化学教学参考》2009 年第 3 期

## $NO_2$ 的黄蓝喷泉实验——一套装置演示 6 种喷泉实验

刘玉荣　张　阳

在中学化学教材中，常见的喷泉是由极易溶于水的 $NH_3$ 或 HCl 气体产生的，这很容易使学生认为喷泉只能由极易溶于水的气体产生。事实上，只要使烧瓶内外产生压强差就可以产生喷泉。以二氧化氮气体为研究对象，用一套装置演示 6 种彩色喷泉实验。实验仪器和药品：分液漏斗，圆底烧瓶，带有支管的圆底烧瓶，烧杯，三通管，20 mL 注射器，铁架台，止水夹，橡皮塞(带导管)，玻璃管，橡皮管，铁粉，浓硝酸，淀粉-碘化钾溶液，浓氢氧化钠溶液。本实验最大的创新在于用一套装置演示了 $NO_2$ 的 6 种喷泉。在一次实验中既可演示一种颜色的喷泉，又可演示多种颜色的喷泉；而且同一种颜色的喷泉可以根据不同的原理产生。例如蓝色喷泉既可以是 $NO_2$ 气体与淀粉-碘化钾溶液反应生成的，又可以是 $Fe(NO_3)_3$ 溶液与淀粉-碘化钾溶液反应生成的。

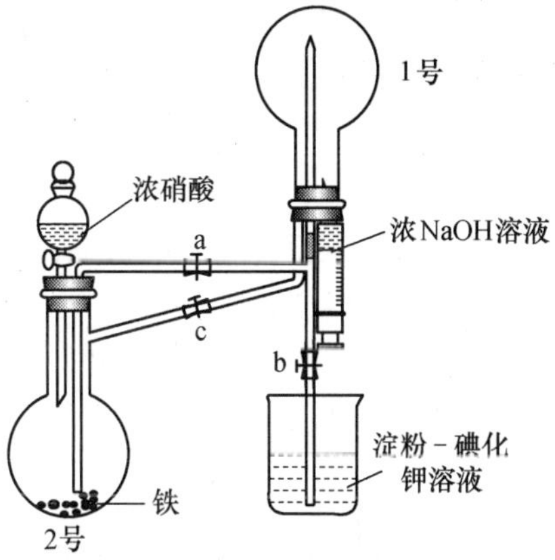


图　实验装置

《中学化学教学参考》2009 年第 3 期

## “空气中氧气含量的测定”实验改进

俞红星

测定空气中氧气含量的实验，是中学化学中的一个重要实验。该实验课本曾多次进行改进，最早的实验是采用将钟罩放入盛水的水槽中，通过红磷燃烧消耗氧气，然后观察进水体积来测定的（见图 1）。最近由人民教育出版社出版的九年级义务教育课程标准实验教科书初中《化学》上册有如图 2 所示的测定装置。

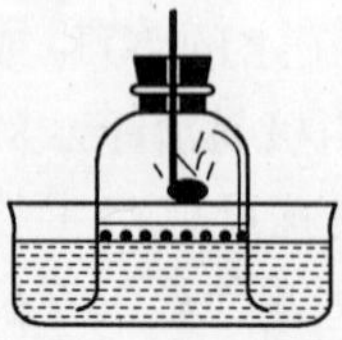

图 1　实验装置

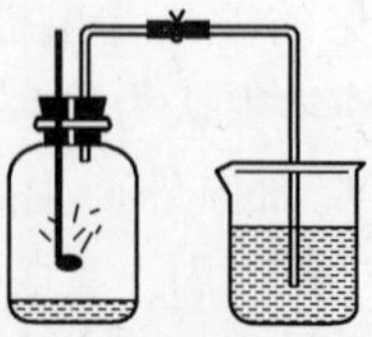

图 2　实验装置

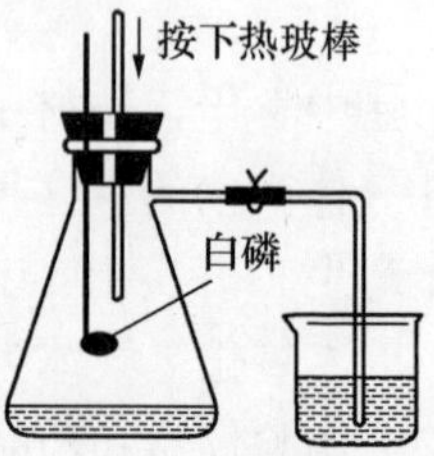


图 3　实验装置

改进的三种方法的实验装置如上图（图 3、图 4、图 5）所示。

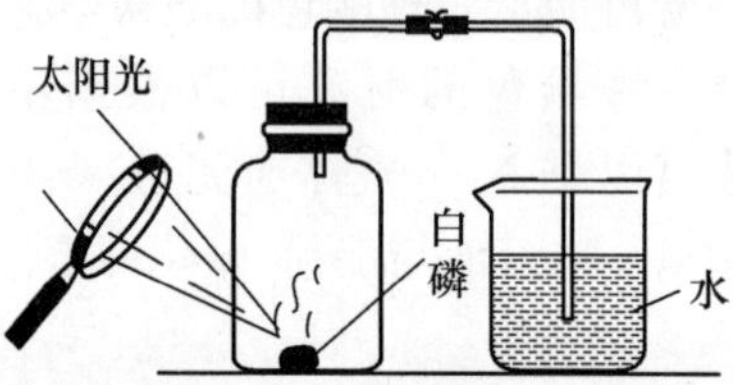


图 4　实验装置

图 5　实验装置

改进的三种方法都具有科学性，且测得氧气在空气中的体积分数十分接近 1/5；改进的三种方法减少了在酒精灯上点燃及伸入瓶中等步骤，都没有污染空气的白烟逸散到空气中，符合环保理念；相比之下，方法 3 的优点更多：①装置的气密性更好，现象直观明显；②仪器简单，操作方便；③所用容器的容积小，可节约药品；④所用容器的容积小，等待白烟完全消失和瓶中气体冷却到室温需要的时间短，更值得推广采用。

《中学化学教学参考》2009 年第 4 期

## $FeSO_4$ 与 $HNO_3$ 反应实验的研究与改进

郭宝峰

人民教育出版社出版的《全日制普通高级中学教科书（必修加选修）化学》第三册第 26 页安排了如下实验：在一支试管中加入适量铁粉，再加入约 5 mL 稀硫酸，观察发生的现象，并证明所产生的气体是 $H_2$。待反应完成后（铁粉略过量），取上层清液放入试管中，加入 2 滴 KSCN 溶液，观察现象。然后再加入几滴浓硝酸，溶液颜色有什么变化？分析上述实验现象，并解释原因。对该实验进行改进，实验改进后的装置如图所示（支持仪器略）。先用 A 中产生的 $CO_2$ 气体排出装置中的空气（为了防止 $FeSO_4$ 被空气中 $O_2$ 氧化），从而避免 $O_2$ 对实验的影响，然后再滴入浓硝酸。由于整套装置密闭，不会造成有害气体的外逸导致污染。

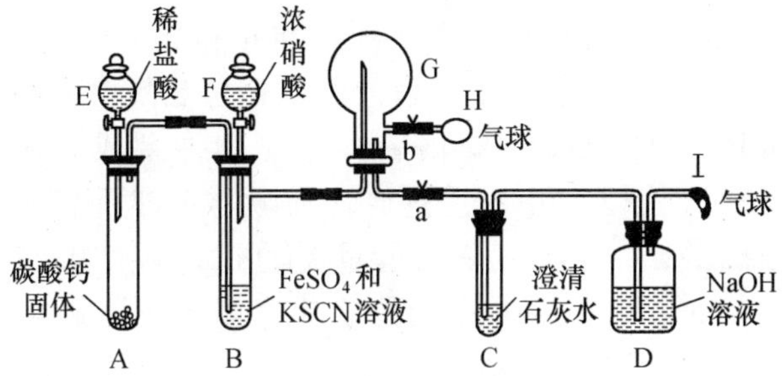


图　改进的实验装置

《中学化学教学参考》2009 年第 4 期

## 巧制固体氢氧化亚铁

戚万友

在全日制普通高级中学化学教科书中，制取氢氧化亚铁时，通常将氢氧化钠的水溶液和硫酸亚铁的水溶液反应，生成的白色絮状沉淀具有很强的吸附性，且在水溶液中极易被氧化，很难看到氢氧化亚铁的真实面目。经过反复研究，发现了制取氢氧化亚铁的巧妙做法，不但能在溶液中清楚地看到白色的沉淀，而且还能巧妙制得白色的氢氧化亚铁固体粉末。具体制法如下：取少量新制的硫酸亚铁晶体于大试管中，向其中加入 5 mL 的热蒸馏水，使之充分溶解，然后向其中慢慢加入无水乙醇约 10 mL，这时会发现溶液中有大量的小气泡逸出，静置，直到无小气泡冒出为止。另取一支试管，向其中加入半药匙固体氢氧化钠，然后向其中加入 5 mL 的无水乙醇，充分溶解后静置。用长胶头滴管吸取刚配制的氢氧化钠的酒精溶液，伸入硫酸亚铁溶液内部，慢慢地挤压橡胶乳头，连续吸取几次，使之充分反应，静置片刻，这时在试管底会有大量的白色凝乳状溶胶沉降下来。小心倒去上层酒精溶液，再向其中加入 3 mL 无水乙醇洗涤，连续洗涤两三次，这时白色的凝乳状溶胶会变为白色固体，然后倒在滤纸上让酒精充分挥发，便可得到白色的 $Fe(OH)_2$ 固体粉末。

《中学化学教学参考》2009 年第 4 期

## 铜与浓硝酸反应及 $NO_2$ 的性质实验的改进

欧阳叙学　阳征志

铜与硝酸的反应在中学化学的学习中非常重要，但是课改后的新教材中只简单地写了这两个化学方程式，并没有给出演示实验。老教材上的演示实验不利于 $NO_2$ 和 NO 气体性质的探究。现在医院使用的氯化钠注射液的塑料包装袋由一些高结晶度塑料如 PP（主要成分是聚丙烯），PVC（主要成分是聚氯乙烯）等组成，其体积小，重量轻，质软（易变形）韧性好，耐强酸强碱腐蚀，透明度好，最重要的是密封性极好，是进行有毒气体的制备与性质实验的绝佳容器。使用氯化钠注射液的包装袋进行铜与浓硝酸的反应及 $NO_2$ 的性质实验，效果非常好。

《中学化学教学参考》2009 年第 4 期

## 溴乙烷的消去反应实验创新

谢劲松　丁　渝

溴乙烷在氢氧化钠的乙醇溶液中加热，发生消去反应，生成乙烯，乙烯能使酸性高锰酸钾溶液紫色褪色。这个实验在旧人教版高中化学第二册（必修加选修）146 页只有文字讲解，新人教版《高中化学选修 5》中卤代烃的化学性质“科学探究”内容 42 页只有消去产物乙烯的检验实验，没有消去反应的发生装置。卤代烃在氢氧化钠的水溶液中发生水解，在氢氧化钠的醇溶液中发生消去，这两条性质是有机化学的重点和难点，并且学生记忆起来很容易混淆。教材中安排了水解反应演示实验，对消去反应没有安排演示实验，实际上按照教材所述，溴乙烷的消去也很难做成功。对这个实验进行了一段时间的研究和摸索，进行了创新改进，在一定程度上突破了教学和实验难点。改进后的实验时间短，从加热到褪色一般只需 5～7 min；现象明显，装置简单，药品常用，安全易操作。新人教《选修 5》42 页所给装置图如图 1 所示。改进后的装置图如图 2 所示。

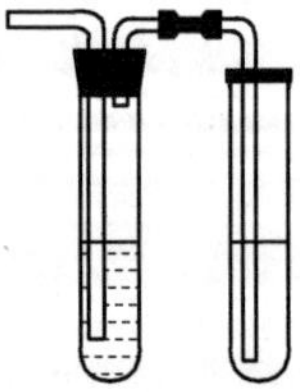

图 1　实验装置

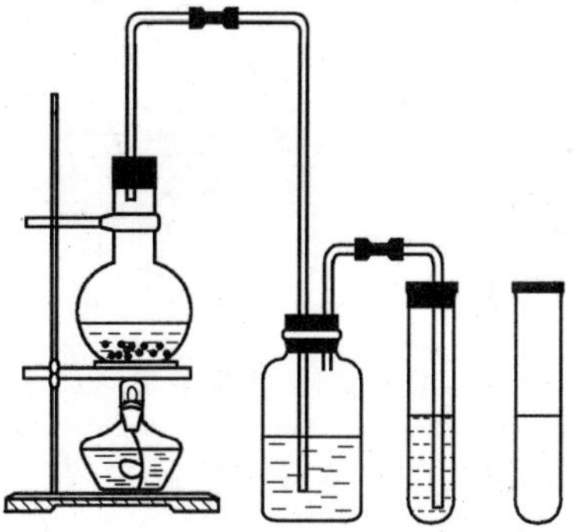

图 2 改进后的实验装置

《中学化学教学参考》2009 年第 5 期

## $CH_4$ 与 $Cl_2$ 取代反应实验的创新设计

胡祖艳 段昌平

人教版（必修加选修）第二册甲烷与 $Cl_2$ 取代反应演示实验由于诸多原因实验效果不明显，对该实验进行了反复的探索与实践，最终设计出了一个既简约又安全，既现象明显又操作方便，同时又能体现教材设计思想的实验方法。取一个无色透明的塑料瓶（矿泉水瓶即可），在实验室事先用排饱和食盐水的方法先后收集 1/5 体积 $CH_4$ 和 4/5 体积 $Cl_2$（留 1 mL 左右饱和食盐水在瓶中），用合适的橡胶塞塞紧瓶口（见图 1），然后用黑色塑料袋或毛巾裹好（避光）待用。讲甲烷的氯代反应时，只需给学生交代瓶中收集的气体成分及收集方法（收集方法可提请学生探究），让学生观察，建立印象。而后将集气塑料瓶放在室外窗台或门口（搁在凳子上），等讲完甲烷的取代反应机理及介绍有关产物的性质后（3～5 min），再引导学生预测实验现象及产物的检验。此后再把外面的瓶子取回，让学生观察：除塑料瓶外观变瘪之外，瓶内还可看到浅黄色油状液体在食盐水下（分层），观察完毕后，将塑料瓶倾斜倒置（不让其内的油状液体流出）没在水槽中，用镊子取下橡胶塞，观察到水迅速进入塑料瓶中（见图 2）。瓶内水面不再上升时再塞紧橡胶塞，取出塑料瓶正立。再次观察瓶底的油状液体，并用 pH 试纸检验溶液呈酸性；再取溶液置于试管中，滴加 $AgNO_3$ 溶液，观察产生的白色沉淀。由此证明取代反应的发生。此实验设计因增大了反应物的用量，加之塑料瓶透明度高，且负压时外形变瘪，实验现象十分明显；同时操作简单，节省时间，能提高课堂教学容量；安全性好，便于课堂演示；更有利于学生理解和记忆知识，能提高学生的学习质量。

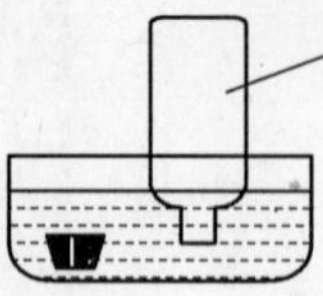


图 1　实验装置

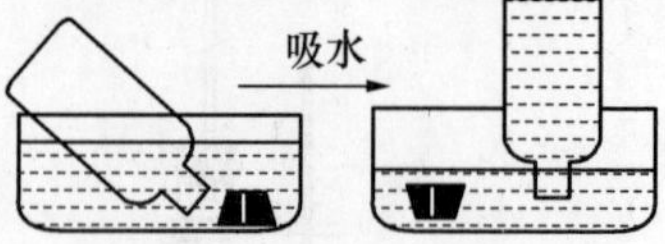


图 2　实验过程图示

《中学化学教学参考》2009 年第 6 期

## $SO_2$ 性质的学生分组实验方法改进

郝　蓓

$SO_2$ 是高中化学教学中一种重要的气体，新课程规定学生要掌握它的相关性质。但由于 $SO_2$ 具有毒性，是大气污染物之一，因此在高中化学课堂上研究它的性质的方法一般都是教师做演示实验，学生在讲台下观察。这样的传统教学方法有利于教师控制课堂进行的程度，减少气体对学生身体的危害，但学生在课堂上观察实验的效果就不尽如人意了。故在此设计了新的实验方法，让学生分组实验做关于 $SO_2$ 的性质实验。实验中，不会产生过多 $SO_2$ 气体，对学生身体无危害，又可以全面地观察实验现象，从而更深刻地了解该气体的性质。取一个光碟盒，在盒底部加贴一张纸，以碟片盒中心为基准点分别在其周围写上“滴入品红溶液的滤纸、紫色石蕊试液、酸性高锰酸钾溶液、湿润的 pH 试纸、NaOH 的酚酞溶液、蘸有 NaOH 溶液的棉球”。中间写上“亚硫酸钠粉末＋50％硫酸溶液”。如下图所示。根据纸片上提供的药品名称分别滴加相应的化学试液一滴，在碟片盒的正中间放入 $Na_2SO_3$ 粉末 0.2 g，以备实验。用滴管向 $Na_2SO_3$ 粉末上滴入三四滴 50％硫酸溶液，迅速盖上碟片盒的盖子，观察现象。实验结束用蘸有 NaOH 溶液的棉球处理。说明 $SO_2$ 污染环境，必须进行尾气吸收。这样把以往只能由教师演示的实验变成学生亲自动

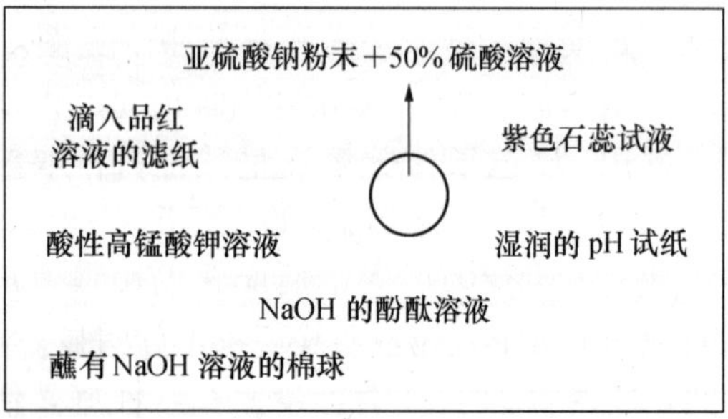


示意图

手的实验，达到更好的学习效果。

《中学化学教学参考》2009 年第 7 期

## 影响 $H_2O_2$ 分解反应速率的实验改进

聂素云

人教版普通高中课程标准实验教科书《化学 2》，在探究影响化学反应速率的因素时，实验部分介绍了 $MnO_2$ 粉末、$FeCl_3$ 溶液对 $H_2O_2$ 分解反应速率的影响。对于 $MnO_2$，学生已经知道它能加速 $H_2O_2$ 的分解，起到催化剂的作用。但是，对于 $FeCl_3$ 在 $H_2O_2$ 分解中的作用尚不了解。而且，在 $H_2O_2$ 溶液中滴入 $FeCl_3$ 溶液后，溶液立刻变为红褐色，然而反应结束后溶液变为浅黄色，反应过程中溶液颜色发生了明显的变化。那么，颜色为什么会发生变化，以及 $FeCl_3$ 溶液在 $H_2O_2$ 分解中是否起到催化剂的作用呢，学生以及某些教师对此表示质疑。鉴于以上原因，设计了空白实验，对比了反应过程中溶液颜色的变化，并结合反应机理分析了 $FeCl_3$ 在 $H_2O_2$ 分解中所起的催化作用。对 $FeCl_3$ 与 $H_2O_2$ 反应体系中颜色的变化进行了探讨，在实验中设计了空白实验，直观地对比了反应过程中溶液颜色的变化。使学生感知到 $FeCl_3$ 参与了化学反应，后来又生成了 $FeCl_3$，这有助于学生理解 $FeCl_3$ 在 $H_2O_2$ 的分解反应中起催化作用；有助于学生深刻理解催化剂的概念和性质。

《中学化学教学参考》2009 年第 7 期

## 可控式喷泉实验

马艳秋

传统的喷泉实验形成的喷泉持续时间较短，无法控制，效果不理想。如果作如下改进，操作简便，成功率高，可以随意控制喷泉的发生与停止，实验效果非常好。装置如图所示。实验时，先轻轻挤压滴管，使少量水进入烧瓶，而后挤压乳胶管中的玻璃珠，此时烧杯内的水会自动吸入圆底烧瓶，形成美丽的喷泉。停止挤压玻璃珠，喷泉自动停止，玻璃珠上部的乳胶管紧贴在一起。再挤压玻璃珠，又形成了喷泉。可以反复操作，还可通过控制玻璃珠与乳胶管内的空隙来控制喷泉的量。不但延长了喷泉持续的时间，而且提高了喷泉实验的可观赏性。

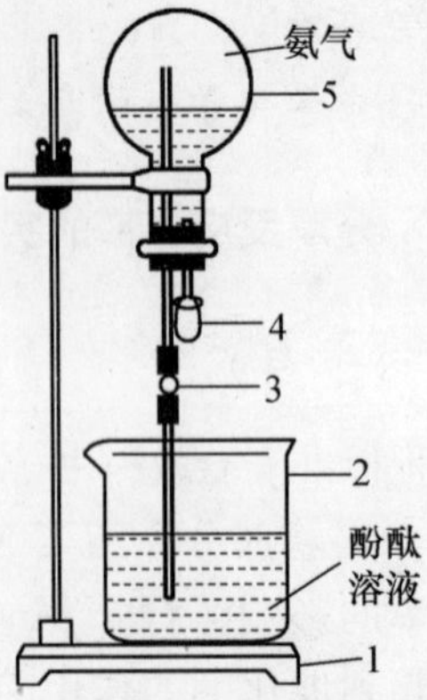


图　实验装置

1. 铁架台　2. 烧杯　3. 玻璃珠　4. 胶头滴管　5. 烧瓶

《中学化学教学参考》2009 年第 8 期

## 对苏教版《有机化学基础》模块部分实验的改进

毛杨林　吴晓妮

苏教版《有机化学基础》模块中的实验设计几经调整，已经有了长足的进步。但在实际教学过程中发现，尚有部分实验设计值得改进。苯的溴化反应实验的改进（图 1）；硝基苯制备实验的改进（图 2）；火棉性质探究实验的改进（图 3）；乙烯制备实验的改进(图 4)。

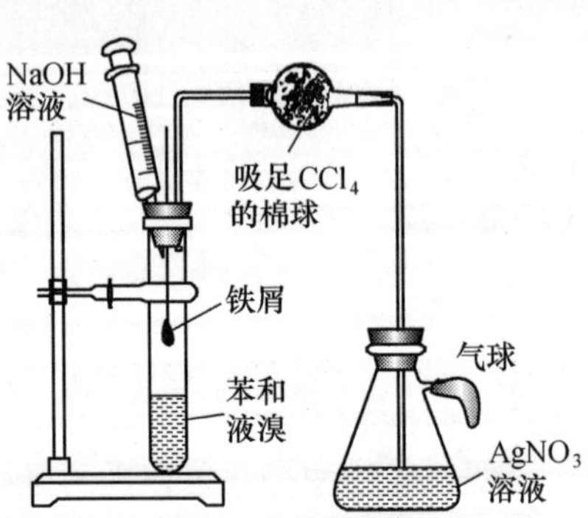


图 1　实验装置

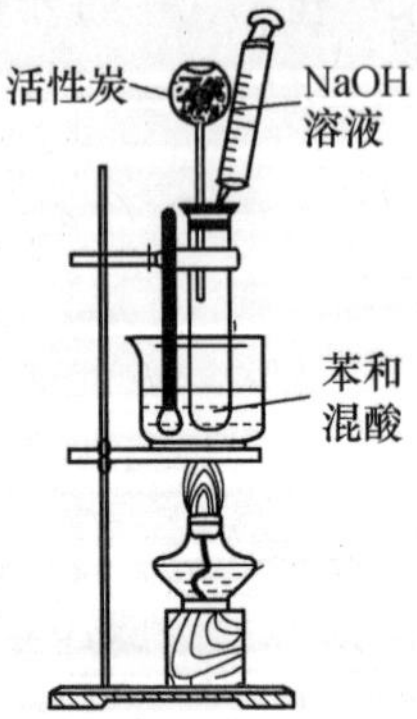


图 2　实验装置

图 3　实验装置

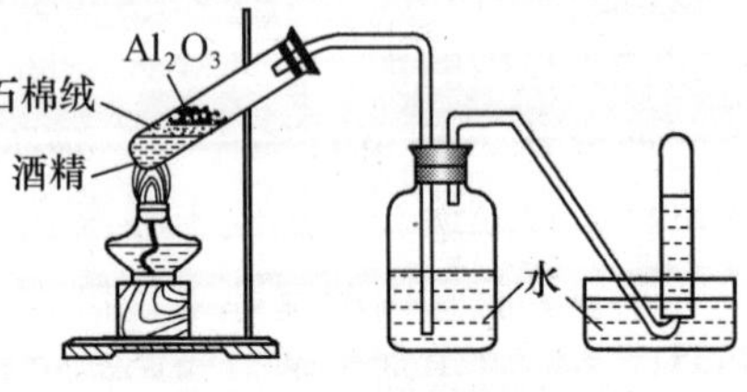


图 4　实验装置

《中学化学教学参考》2009 年第 8 期

## 对“氯化钴溶液颜色的变化”实验的探究与改进

徐 克 林肃浩

“氯化钴溶液颜色的变化”实验是浙江省教育厅教研室编写的普通高中新课程《实验化学》模块的实验手册（2008 年 6 月第 1 版）专题 4“化学反应条件的控制”课题 3“反应条件对反应平衡的影响”中的内容，学生按原实验设计步骤操作，无法完成实验原因：书本未明确指出，随着实验次数的增加，$CoCl_2 \cdot 6H_2O$ 质量和 95%乙醇体积应该如何改变。若 $CoCl_2 \cdot 6H_2O$ 质量和 95%乙醇体积未确定，则蒸馏水的滴数也不能确定，最终也不能确定变色点温度和三者的关系，导致学生无法完成实验。为了达到实验目的，且使实验现象明显，容易操作，将实验做了如下的改进：向试管中加入 2 mL 无水乙醇，再加入少许 $CoCl_2 \cdot 6H_2O$ 固体，振荡后溶液呈蓝色，然后逐滴加入蒸馏水（一般不超过三滴）使之变成红色。

《中学化学教学参考》2009 年第 12 期

## 浓硫酸蔗糖反应的实验改进

孙 杰

上海化学二期课改第一册第四章关于浓硫酸与蔗糖反应的实验，即验证浓硫酸的脱水性：取 20 g 蔗糖与 500 mL 烧杯中，加入 2 mL 水，搅拌均匀。然后再加入 50 mL98%的浓硫酸，迅速搅拌后，静置。观察到的现象是蔗糖逐渐变黑，体积膨胀，形成疏松多孔的海绵状炭黑。这个实验不仅能看到有海绵状炭生成，还会产生大量的刺鼻性气味气体——二氧化硫，从而造成空气污染。因此，设计了一套实验装置，这套装置不仅解决了二氧化硫的污染问题，同时还可以检验二氧化硫、二氧化碳的存在。

《中学化学教学参考》2009 年第 12 期

## 影响化学反应速率因素实验的改进

曹 葵 陈瑞芝 牛恒云

作者找到了更为简单的实验方法来比较反应进行的速率：利用 $Na_2S_2O_3$ 与 $I_2$ 进行反应。研究浓度对反应速率的影响及反应级数时，对碘离子和双氧水的浓度进行调节；研究温度时，保持试剂不变，把它们置于不同的温度下，进行研究比较。最后对实验进行总结。得出此实验的先进之处。

《化学教学》2009 年第 1 期

## 对 $Al(OH)_3$ 制备实验方案设计的实证探索

刘怀乐

该文认为教材所提供的三种制备 $Al(OH)_3$ 的设计方案不够完美。提出了 Al 与盐酸反应时提供 $Al^{3+}$ 的最佳方案。

《化学教学》2009 年第 1 期

## 乙醇在活性氧化铝催化下脱水制乙烯的实验研究

周仁鸽

作者探索了乙醇在 $Al_2O_3$ 作用下发生脱水反应的具体条件与实验的装置，设置的实验装置为：

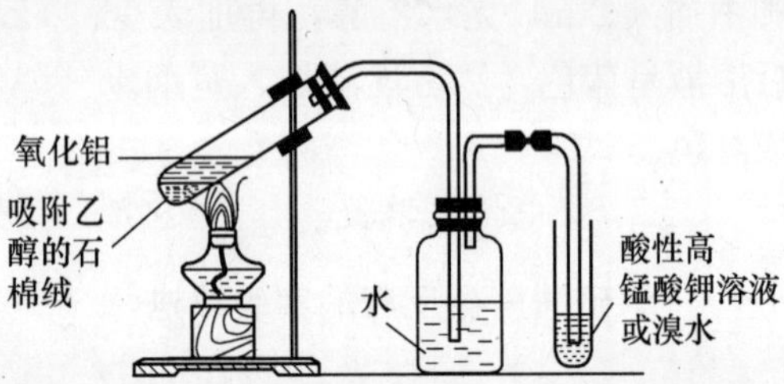


该实验的优点在于：①装置简单；②操作简单，没有安全隐患；③几乎无副反应发生，没有碳化现象；④反应速率快，实验效率高；⑤更环保，该实验充分反应后，乙醇会完全消耗，颗粒状的活性氧化铝，很容易与石棉绒或其他载体分离，可回收与重复使用，因此无废弃物产生。

《化学教学》2009 年第 2 期

## 过氧化钠与二氧化碳反应的实验创新设计

左东方

笔者补充设计人教版化学必修 1 第二章第二节钠的化合物部分过氧化钠与二氧化碳反应的实验，能很直观地证明过氧化钠与二氧化碳反应是一个放热反应，并且反应中生成氧气。该实验特别适合学生的实验探究或者随堂演示。

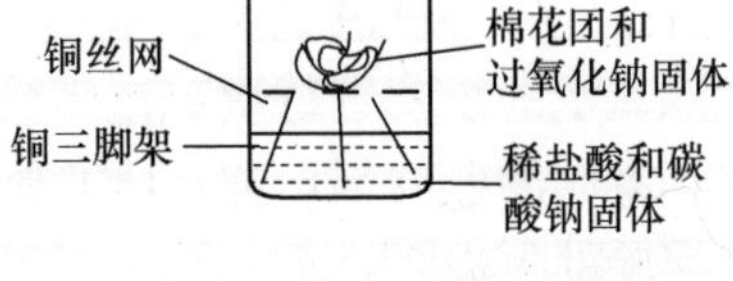


《化学教学》2009 年第 3 期

## 蔗糖与浓硫酸反应实验的改进——“雾中赏花”

贾爱梅　刘艳莉

为了消除二氧化碳的污染，并进一步增强实验的趣味性，笔者将此实验作了改进，效果很好。

《化学教学》2009 年第 3 期

## 对铝热反应实验装置的创新设计

王光大

实验改进铝热反应实验装置设计:(1)装置小巧质轻，便于携带。装置简洁、明快、美观。(2)实验操作简便、安全。实验现象可视性强。(3)制作仪器的材料为废弃物利用，易得、易制作。仪器坚固耐用，成本很低。

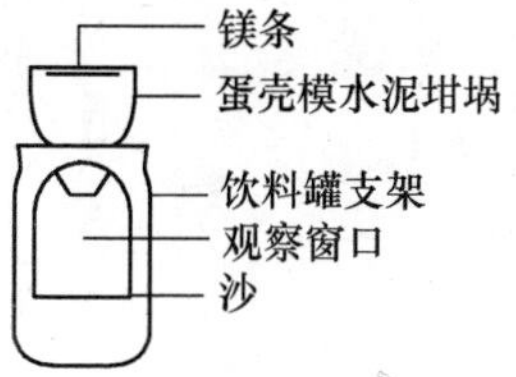


《化学教学》2009 年第 3 期

## 空气组成测定实验的改进

王国峥

针对初三《化学》中“空气中氧气体积含量的测定”实验存在的不足进行了改进，并对改进后设计的实验进行反思：追求改进的“过程”比获得精确的结论更为重要。

《化学教学》2009 年第 3 期

## 铜与稀硝酸反应的实验改进

李明亮　朱方仕

本实验改进了铜和稀硝酸反应装置:(1)实验操作简单，且实验现象非常明显。实验过程的操作仅仅是对注射器活塞的推拉。如刚才我们观察到的，实验现象非常明显。(2)所用的仪器和药品均为常见仪器和药品。(3)可以广泛应用于中学化学的课堂教学中。(4)实验装置微型化，实验设计绿色化。(5)该实验设计具有很高的趣味性。

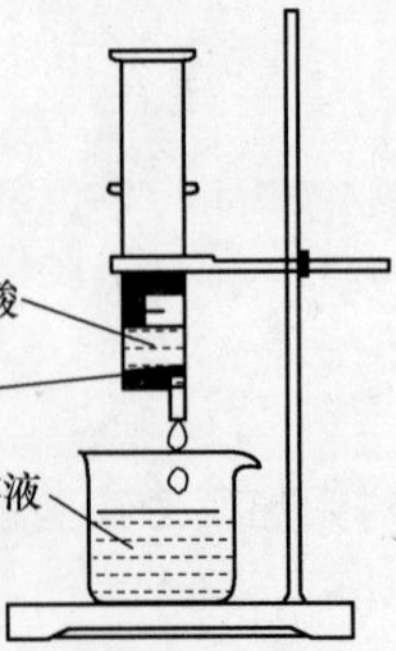


《化学教学》2009 年第 4 期

## 粉尘爆炸实验的改进

彭笑法　万如锴　邓朝辉

改进了粉尘爆炸实验装置:(1)原理更加充分，排除了其他引爆嫌疑，可信度高；(2)选用颗粒细、易吹散的生粉（玉米粉）替代普通面粉，颗粒小更易燃，成功率高；(3)采用透明塑料瓶作反应装置代替原金属罐，现象直观明显，方便学生观察实验的全过程；(4)增大反应空间（用 2.5 L 饮料瓶），使支持燃烧时间更长，便于操作，安全性好；(5)改进点火位置在容器中部进行，轻松插入即可，使操作简便，且烛焰不易熄灭；(6)重复用该装置做第二次实验只需等瓶内的废气换为空气即可，并且本实验对装置气密性要求不高。

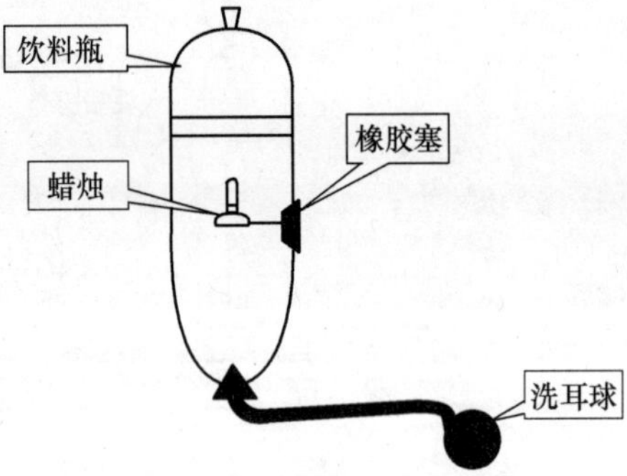


实验装置示意图

《化学教学》2009 年第 4 期

## 推荐一种化学实验减压过滤装置

谭建红　张庆云

提出利用医用“负压引流器”代替真空抽气机或减压水泵的化学实验过滤装置。该装置所用的仪器简单、成本低、效果好，操作方便。

《化学教学》2009 年第 4 期

## 乙醇催化氧化实验的改进

蔡 晶 陈磊磊

笔者根据中学化学实验的安全性原则、目的性原则、简易性原则、直观性原则、可靠性原则、科学性原则，对苏教版高中化学教材中乙醇催化氧化实验进行了改进。

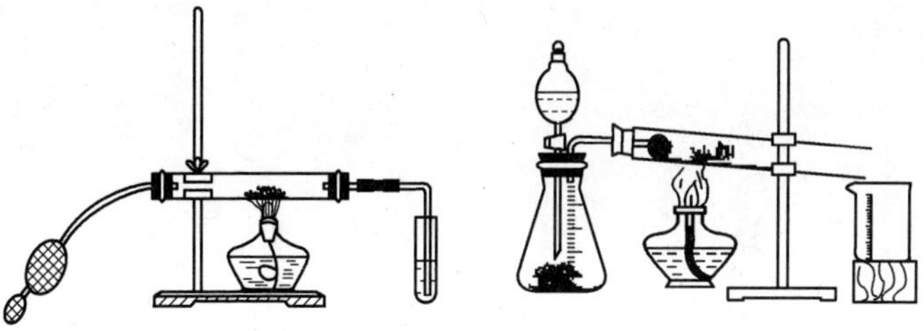

《化学教学》2009 年第 5 期

## 铝在氧气中燃烧的实验设计

颜炳忠

采用三个实验进行探究。1.利用铝粉进行实验；2.利用 0.2 mm厚度的铝箔进行实验；3.利用 0.025 mm 厚度的极薄铝箔进行实验。

《化学教学》2009 年第 5 期

## 论高一化学“粗盐提纯”实验的不足

许晨恋

对上海市二期课改修订版高一化学学生实验“粗盐提纯”在实验目的、实验内容上的不足提出了修改。

《化学教学》2009 年第 5 期

## 利用套管装置的一组实验改进

周 虹 夏 昕

利用套管装置将高中化学实验中操作烦琐、污染性较强的 10 个实验进行了改进：甲烷的氯代实验，二氧化硫与硫化氢气体反应的实验，二氧化硫的性质实验，氯气的性质实验，浓硝酸与铜反应的实验，稀硝酸与铜的反应实验，氨气的性质实验，硫化氢的性质实验，乙炔的性质实验，二氧化碳的性质实验。

《化学教学》2009 年第 6 期

## 介绍一种能做多项气体制备及性质实验的简易装置

林尤宏

金属与溶液反应产生气体或电解某溶液产生气体再验证气体，并利用生成的气体或空气进行后续反应，是中学常见探究化学反应的实验。该文介绍了一种能做多项气体制备及性质实验的简易装置。

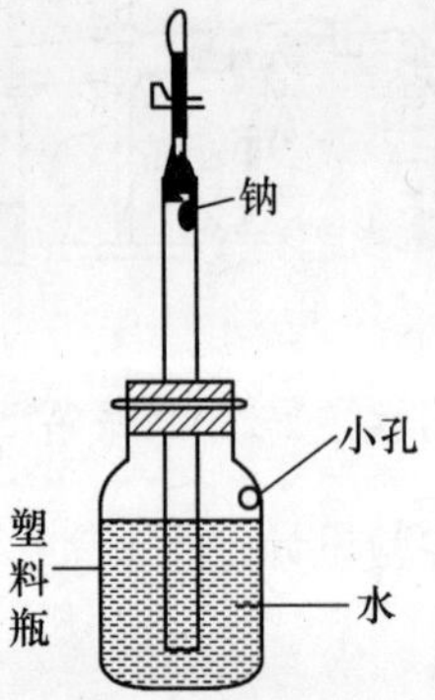


图 1　装置图

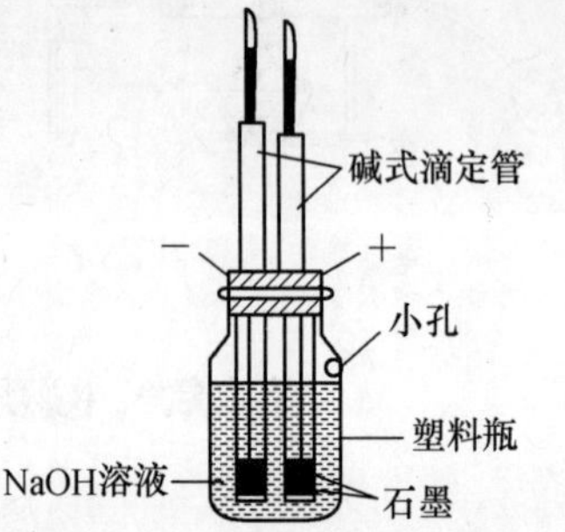


图 2　装置图

这些方法的优点包括：节省器材（只需废滴定管和废塑料瓶）、药品；操作简便（只要挤压塑料瓶和开闭活塞，就能控制反应的进行和转换）、安全；实验功能多、应用范围广；现象明显、趣味性强；无空气干扰、制得的气体纯净；制气量、出气量可控制，不污染环境；成功率高，可重复使用。

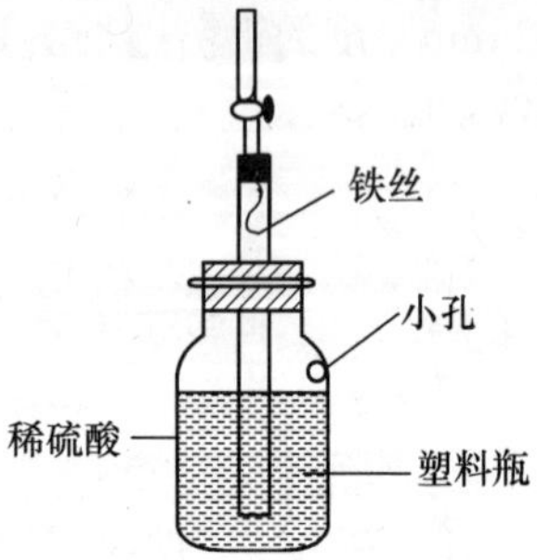


图 3　装置图

《化学教学》2009 年第 6 期

## 化学实验教具创新的实践研究

张丽敏

针对教材中常见仪器的缺点，研制出创新型化学实验仪器。例如针对测定常温下氢气的摩尔体积的装置以及碳酸钠碳酸氢钠固体混合物中各成分含量的测定装置。

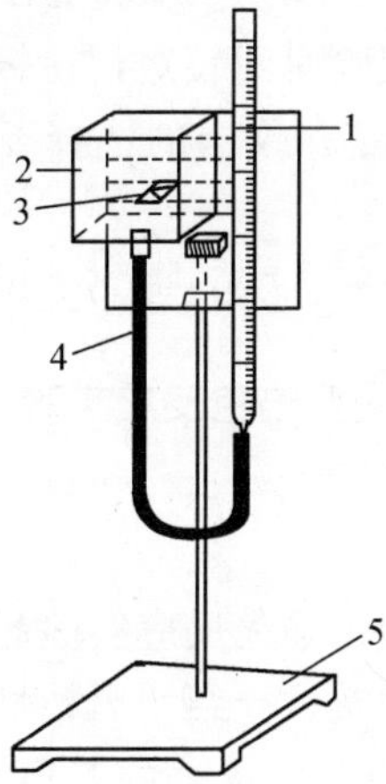


图 1

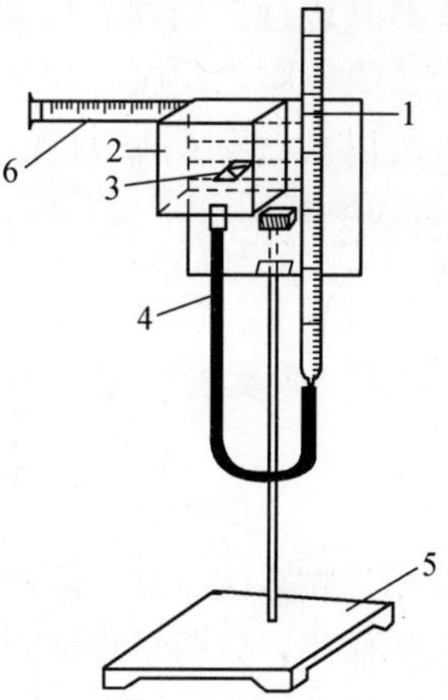


图 2

1. 滴定管；2. 反应器；3. 有凹槽的活塞；4. 橡胶管；5. 铁架台

《化学教学》2009 年第 6 期

## 乙二酸使墨水褪色实验新设计

蒋楚力　肖小明　李跃春　刘　芬

分析了教材中“乙二酸使蓝墨水褪色实验”中的不足，提出了新的实验设计，使整个实验省时省料，装置简单、实验效果更佳。根据教材叙述，实验装置设计为（见下图）：

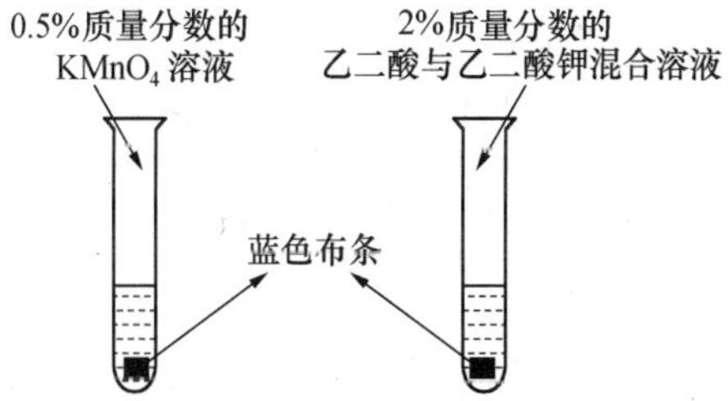


《化学教学》2009 年第 6 期

## 吸氧腐蚀实验的改进

陶俞佳　李桂林

实验原理：金属的电化腐蚀是由于各种原因构成的原电池（微电池）而引起的腐蚀作用。吸氧腐蚀实验对实验仪器与药品，实验过程进行改进。实验改进后的优点包括可以直接观察到吸氧腐蚀实验有一定体积的氧气消耗，根据小气泡的多少还能判断反应的快慢。实验选用普通的还原铁粉和石墨粉即可进行实验，不需要对其进行再处理。检验溶液的 pH，可以进一步验证试管中发生了吸氧腐蚀反应。改进的实验所需实验时间较短，在一分钟内就可以观察到明显的现象。实验对药品和仪器的选择要求较低，成功率高。

《化学教学》2009 年第 6 期

### 用“喷雾法”在“废旧石棉网”上演示焰色反应实验

张帮程

用“喷雾法”在“废旧石棉网”上演示焰火反应实验起到了放大的作用，取得了良好效果。现行中学教材介绍用酒精灯提供火焰，用铂丝棒蘸取试剂。这样做的缺点是：火焰的黄色太重、焰色反应的时间短。根据这个原理，我们进行了一些改进，并对这些改进作出解释。

《化学教学》2009 年第 6 期

### 铝热反应实验的改进

林　敏

该实验设计除克服了课本原实验的不足外，还有节约药品、操作方便、现象明显、实验时间短等特点，所以适合学生课后的家庭小实验。

《化学教学》2009 年第 7 期

### 优选法探讨硫磷混合酸制备乙烯

霍爱新

应用优选法之一的黄金分割法探讨了硫磷混合酸制备乙烯的最佳实验条件，以提高产率，减少炭化，提高实验教学的效果。

《化学教学》2009 年第 7 期

### “探究铁、铜、银的活动性强弱”实验改进

徐佳凤

上海市九年级化学教材第二学期第六章中关于金属活动性的内容中的学生实验：探究铁、铜、银的活动性强弱。无论是在教师演示还是学生实验时经常会出现异常现象。该文指出如果适当控制反应条件：减小盐溶液溶度、控制盐溶液酸性程度、增大金

属材料表面积、提高反应温度等，从而也就控制了反应速度，这样实验效果将大大改善。

《化学教学》2009 年第 7 期

## 铜与浓硝酸反应的简易装置

万竹青

改进后的实验，操作简便，可随时停止反应，实验现象明显，既可以演示也可以分组实验。这样实验能有效防止二氧化氮对空气的污染，也有助于同学们增强环保意识。

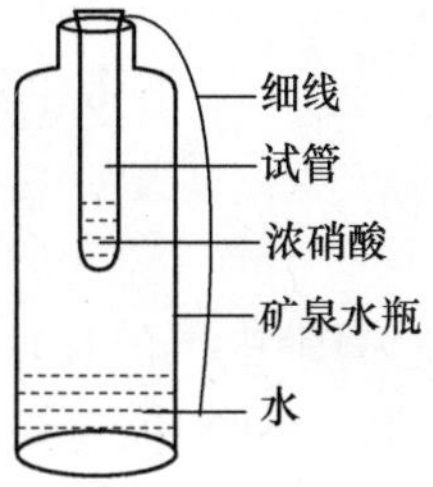


《化学教学》2009 年第 7 期

## 氨气催化氧化实验的分析及改进

王 屹

氨气催化氧化是高中化学教学中的一个重要实验，该实验的成功与否受到若干实验条件的控制，如原料气中氧和氨的比例、水蒸气的影响、催化剂的制备、催化温度的控制，等等。本文将对实验成败的关键再做研究，并对实验装置做出部分改进。

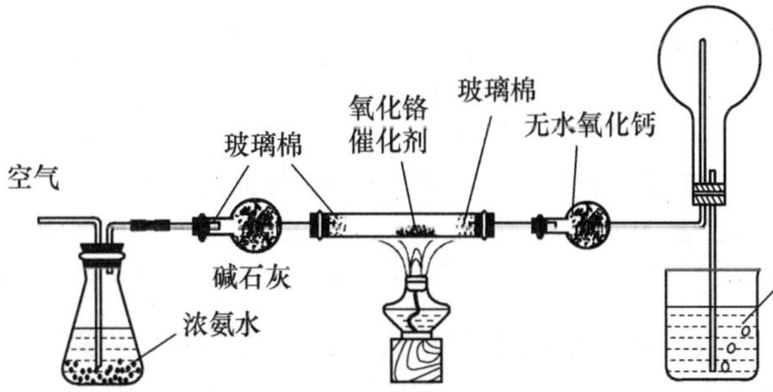


《化学教学》2009 年第 8 期

## 浓硫酸与蔗糖反应的实验改进

李飞波

针对高一化学新教材（苏教版必修一）专题 4 第一单元——含硫化合物的性质和应用中有关浓硫酸的特性观察与思考中实验

的缺点做了改进：(1)用小烧杯代替试管做过实验后的器材因口大便于洗涤，不会造成实验器材的无谓浪费；(2)在小烧杯上盖一个大烧杯使产生的气体能与培养皿中的溶液充分地反应和吸收，从而减少了环境污染，整个实验过程中就讲台上有点气味，学生基本闻不到；(3)装置简单，操作方便，现象明显，更适于课堂演示。

《化学教学》2009 年第 8 期

## 海带中碘的提取实验改进

丁小勤

该文对海带中碘的提取实验进行了一系列改进。改进之后，浸泡变软的海带可以完全被粉碎机绞碎，海带的量也可以自由控制，滤液中的碘离子量较多，经氯水氧化后，加入有机试剂，实验现象非常明显，实验的成功率极高，操作简单，时间相对较短，具有很高的使用价值。

《化学教学》2009 年第 8 期

## 高效节能酒精灯

李连国

在有些学生分组实验中，如还原氧化铜、还原氧化铁，需要温度较高，用普通酒精灯加热耗时长，这不仅会造成浪费，而且还影响实验效果。为弥补普通酒精灯的不足，笔者对普通酒精灯进行了改进，研制出高效节能酒精灯。

《化学教学》2009 年第 8 期

## 浅谈两个课堂实验的操作细节和实验建议

张建波

本文首先对用径向纸上层析法分离并检验 $Fe^{3+}$ 、$Cu^{2+}$ ，卤代烃的消去反应这两个实验进行背景介绍与问题说明，然后对上述两个实验提出操作建议或实验改进。

《化学教学》2009 年第 9 期

## 溴与苯反应实验的改进

林美凤

本文列举了人民教育出版社出版的高中化学课本中、上海的高二现行新教材以及2005年全国高考上海卷化学考题26B中制取溴苯装置以及各自的优缺点。通过解决加液问题，减少污染、解决吸收问题有效证明溴化氢生成、解决生成物倾倒时污染，有效观察溴苯的生产促进生成，最后呈现了如图改进后的实验装置图。

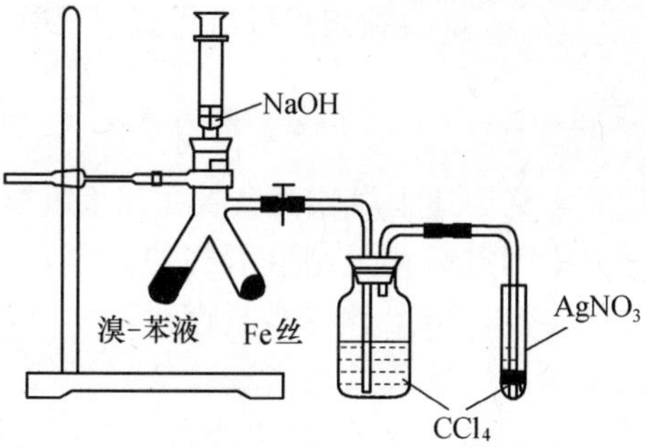


《化学教学》2009年第9期

## 氧气的性质实验改进

许纪芬

本文对初中化学实验教学氧气的性质实验进行了实验仪器、药品实验仪器装置图及仪器、实验操作等一系列改进。节约了药品，操作简便、现象明显，实验成功率高，绿色环保。

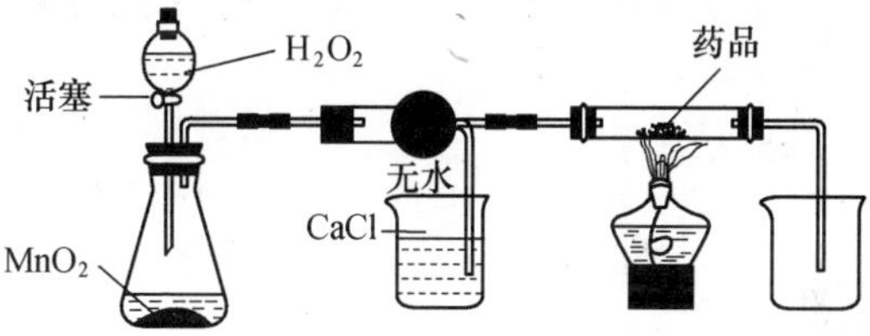


《化学教学》2009年第9期

## 对“镀锌铁皮镀锌层厚度的测量”实验的改进和优化

林　敏

“镀锌铁皮镀锌层厚度的测量”是人教版和苏教版选修教材《实验化学》中的一个重要实验。本文在教材给出的实验方案的基础上进行如下的改进：(1)用3 mol·$L^{-1}$的稀硫酸来代替了盐酸。(2)将反应后的铁片放在烘箱中低温烘干，冷却后称量。(3)将第一次反应后烘干冷却称重的铁片放置于NaOH溶液中一段时间后，取出后洗涤烘干称重，如果两次的质量相差不到0.001 g，则说明锌已经完全反应了，将恒重的概念再次应用于实践。

《化学教学》2009年第10期

## 实验室用过氧化氢制取氧气方法的改进

顾鸣英　丁　伟

本文简述上海教育出版社九年级第一学期（试用本）化学新教材中用过氧化氢制取氧气的操作要点，指出教材实验存在的问题。然后通过正交试验法进行双氧水制氧的方法改进，最后得到比较合适的实验条件：室温下双氧水浓度约10%～15%，固体催化剂中二氧化锰粉末与水泥的质量比1∶2或1∶1。制取装置改用启普发生器。

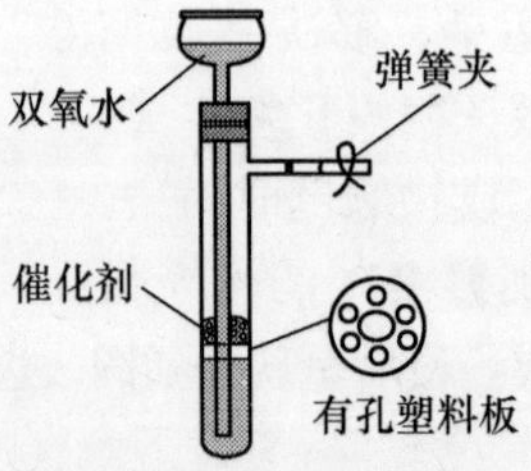

图　简易制氧气装置

《化学教学》2009年第10期

## 钠与水反应实验的新方法

齐俊林　赵立国

钠与水反应实验存在着以下两个方面的不足：其一，钠与水反应生成的氢气收集在试管内很难用一般方法将管口堵住取出。其二，金属钠用铝箔包裹，铝箔与生成的氢氧化钠反应同样也产生氢气，必然会干扰反应结果。本文针对教材中钠与水反应实验的不足，进行改进，实验取材容易，制作简单，操作方便，现象明显。

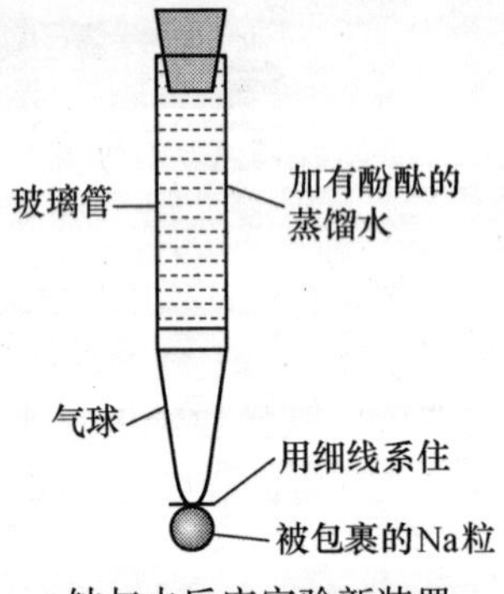

钠与水反应实验新装置

《化学教学》2009年第10期

## 氯气性质实验创新设计

游建军　王方舟　曾庆兵　涂继柏

本文将氯气性质实验进行了改进。(1)操作简单，现象明显，趣味性强；(2)实验微型化，节约药品，仪器廉价易得且能废物利用；(3)制备实验、性质实验、尾气吸收过程一目了然，形成化学实验完整的感知;(4)反应结束后，反应系统形成负压，可使NaOH溶液倒吸入集气瓶中吸收残余$Cl_2$，还能让学生理解倒吸原理，一举多得;(5)将实用电子技术与传统的化学实验相结合，开阔学生的视野，激发学生学习化学的兴趣，培养学生的创新意识。

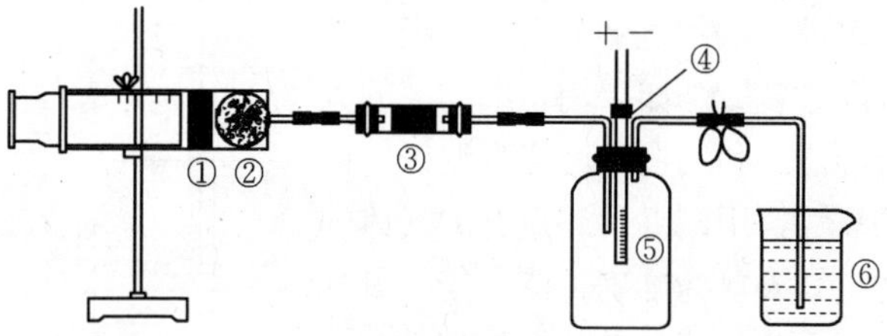


① 干红布团　② 用纱布包裹的无水$CaCl_2$　③ 湿红布团
④ 去底试管　⑤ 螺旋状铜丝　⑥ 氢氧化钠溶液

实验装置图

《化学教学》2009年第10期

## 巧用PVC三通管制作快速加液器

王建民

该文介绍了快速加液器的制作。将PVC三通管与普通漏斗结合在一起，既方便了操作，又解决了添加液体时溶液易洒落到试剂瓶外的问题。因此，利用本教具可实现细口试剂瓶中液体药品的快速添加。当然也可实现其他规格的细口试剂瓶中液体药品的快速添加。也可用于酒精灯添加酒精。

《化学教学》2009年第11期

## 基于电流传感器的$N_A$测定

彭　捷　唐　群

基于电流传感器的电当量法测$N_A$，使用数据采集器自带的积分功能，计算电量$Q$，相比使用电流计（测$I$）、秒表（测$t$）的传统方法，提高了测量的准确性；同时降低了操作难度，不需要严格地同时开始通电、计时。这是物理学科常见传感器用于化学学科的一次尝试，可以视为综合了物理与化学知识的中学实验设计。便携式数据采集系统（包括传感器和数据采集器）使得中学的多种理科定量研究得以简便实现。与之配套的实验数据快速处理系统则可以实现数据存储、绘制图表、数学建模等功能。

《化学教学》2009年第11期

## "空气中氧气含量的测定"实验的研究与改进

尚广斗

空气中氧气含量的测定是中学化学中的一个重要的定量实验。课本上的两种测定方法比较粗略，文章分析了各种改进方法的优缺点，并提出了自己的实验改进装置。如果用粗细均匀的大试管作反应器，利用白磷燃烧耗尽试管内空气中的氧气，用刻度尺测量有关气体的用量，测定结果更为准确，使空气中氧气含量的测定实验由不具备数据处理内容的"半定量"实验成为需要读取、记录、处理数据并可以进行误差分析的真正的定量测定实验。

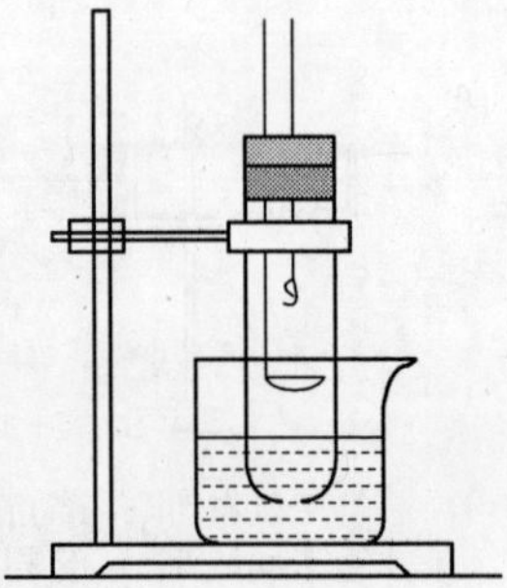

《化学教学》2009 年第 11 期

## 氢气与空气混合气爆炸实验的改进

李少坤

人教版九年级《化学》上册（义务教育课程标准实验教科书）第 66 页设计了氢气与空气混合气的爆炸实验，该实验容易失败，并有一定危险性。该文对此实验进行了改进，取得了很好的效果。(1)实验装置简单、操作方便、现象明显，实验的安全性也非常好。(2)在用排水集气法收集氢气时，可通过调节瓶中空气的体积，达到控制爆炸剧烈程度的目的。该实验装置也可用来探究氢气爆炸极限的一些数据。(3)该改进实验的趣味性强，有利于充分激发学生的学习积极性。

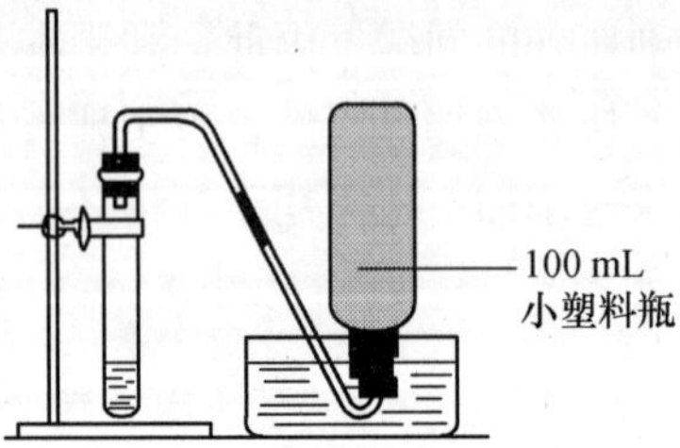


图 1

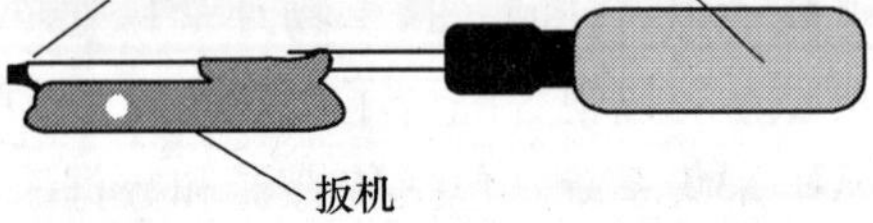


图 2

《化学教学》2009 年第 11 期

## 中学化学气体爆鸣实验探究

曹治淮　郑永信

对现行中学化学气体爆鸣实验进行了改进，并介绍了气体爆炸力度及气体爆炸极限的探究方法，以及模拟煤矿瓦斯爆炸。

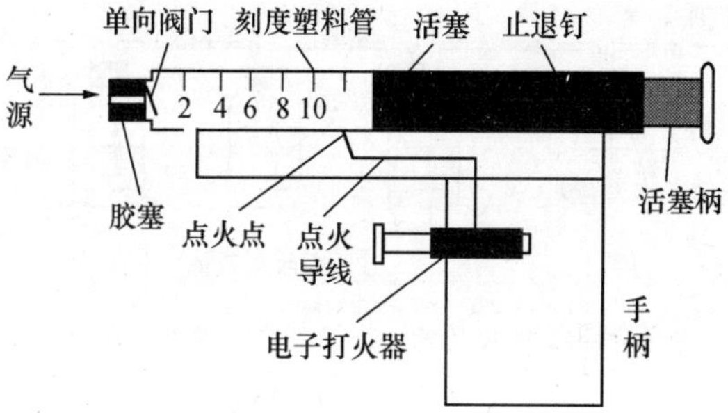


中学化学气体爆鸣实验定量爆鸣枪（结构简图）

《化学教学》2009 年第 12 期

## 自制遥控点火器

游建军　王方舟

该文改进应用现代电子技术自制遥控点火器于化学实验中，使化学实验更安全、更富于趣味性。此装置的材料可以做到废物利用，制作方便，学生都可以动手做，实验便捷、安全、趣味性强。

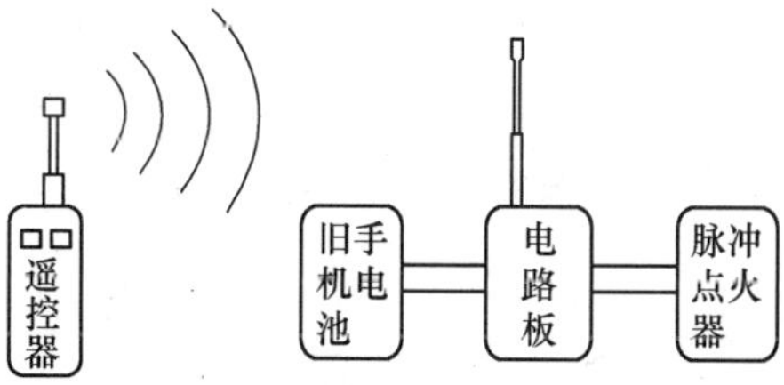


装置示意图

《化学教学》2009 年第 12 期

## 安全环保型水下“定位”燃烧演示器

伍冠雄　李　妍　梅　杰

该文改进了九年级化学人教版“白磷水下燃烧的实验”，介绍了演示器的特性以及它的制作过程和使用方法。演示器由水下“定位”燃烧反应装置和污染物处理系统构成。玻璃导管口的小球冠形不锈钢窗纱罩在水中的白磷上，“固定”了水中的白磷，从而实现了水下“定位”燃烧；污染物处理系统是三套带砂质吸收增效体的洗气瓶。消除了实验中可能存在的安全隐患；解决了水下燃烧的“定位”问题；彻底解决了实验中存在的污染问题；解决了实验现象不明显的问题；送气操作变得非常简便。

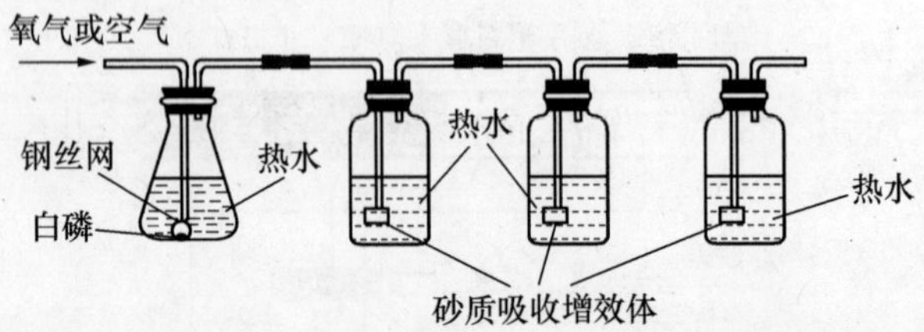


“安全环保型水下‘定位’燃烧演示器”示意图

《化学教学》2009 年第 12 期

## 红磷转变成白磷实验的改进

郭国才

人教版全日制普通高级中学教科书《化学》第二册第 6 页演示实验“红磷转变成白磷”的装置中有两点不足，提出了三点改进意见：① 在长玻璃管的中部放少量红磷，玻璃管一端缠上绝热布条，再套上一个装有氮气的气囊，另一端备好软木塞。②挤压气囊，用氮气排尽玻璃管内的空气，用备好的软木塞塞紧另一端。氮气可由加热亚硝酸钠与氯化铵固体混合物的方法制备。③先均匀加热红磷周围的玻璃管，然后再集中加热红磷所在部位。

《中学化学》2009 年第 1 期

## 重铬酸钾酸性溶液和乙醇反应的实验探究

郝金良　汪　霞

《有机化学基础》(选修 5)教科书第 52 页实验 3－2 介绍了乙醇被酸性重铬酸钾溶液的氧化，说明乙醇具有一定的还原性。但教材对实验介绍过于笼统。经过对比不同浓度的溶液，得出两种更详细的实验操作：(1)将 70％的硫酸溶液和 2％的重铬酸钾溶液按 1∶2～1∶3 的体积比混合得到“强酸性的重铬酸钾溶液”，取这种溶液 2 mL，滴加 2 滴乙醇，不必振荡，就能观察到自上而下逐渐出现蓝绿色的 $Cr^{3+}$ 的全过程，演示效果好。(2)在一试管中取“强酸性重铬酸钾溶液” 2 mL，另取一试管加入0.5 mL（10 滴）乙醇，在酒精灯上稍加热使之汽化，然后用吸管吸取乙醇蒸气，再将蒸气挤入重铬酸钾溶液中（约需 2 吸管），同样能逐渐看到出现蓝绿色的过程。该反应比较灵敏，可用于鉴别司机是否酒后驾车。

《中学化学》2009 年第 1 期

## 乙炔制备和性质实验的组合设计

齐　琳

全日制普通高级中学教科书（必修加选修）第二册中有关乙炔的制备和性质等系列实验，在实际教学中有诸多不便之处。该文提出了改进意见：①用 20%左右的 NaOH 溶液 20 mL（一次性投入）与 2 g $CaC_2$ 反应② 再加上一个除杂装置（浓硫酸）来除去有毒气体。文中列出了四个实验步骤，三个注意事项。

《中学化学》2009 年第 1 期

## 铜催化氧化乙醇实验的创新设计

葛珊珊　何　菲

将实验改为让乙醇蒸气通过热铜丝，能达到实验所需的反应温度，极大提高了反应速率。通过气唧向封闭体系鼓气，对乙醛进行冷却、冷凝和吸收，既防止了有害气体的外逸，有提高了气体的收集率。采取增大反应物浓度（鼓气），增大催化剂表面积（细铜丝团），稳定反应温度（单独加热铜丝）和降低气体温度（较长玻璃管、导管）等措施，优化实验。

《中学化学》2009 年第 1 期

## 四氯化碳萃取碘水中的碘实验改进

何鸿渊

人教版《化学 1》实验 1－4“四氯化碳萃取碘水中的碘”的问题是萃取后水溶液仍呈浅色。改进方法：先用酒精溶解碘，再加水稀释配成碘水，或将碘加入水中并加热制得碘水进行萃取，可得无色水溶液。

《中学化学》2009 年第 2 期

## 乙烯性质实验的改进

张玉鹏

乙烯性质实验无法让学生由现象去分析和理解乙烯与溴的加

成和与高锰酸钾发生氧化还原反应的区别。改进：乙烯依次通入A、B两试管。B试管中装有饱和的澄清石灰水，第一次A试管内装有以石蜡油密封的3～4 mL溴水，第二次装有酸性高锰酸钾溶液。

《中学化学》2009年第2期

### 碳酸钠和碳酸氢钠与盐酸反应的实验研究

谭宗俊　折媛媛　吴德峰　赵锦钰　周思佑

原有实验的不足之处在于两个反应的条件难以同等程度地加以控制。改进：U形管一头扎紧一个瘪气球，另一头用活塞封闭，活塞上戳进一根注射器。注射器里吸入3 mol/L的稀盐酸4 mL。再准备一套相同的装置。一个U形管中装入0.53 g的碳酸钠，另一个装入0.42 g的碳酸氢钠。两套装置并排用铁架台固定，用塑料尺同时下压两支注射器的手柄，并快速依次压到底。效果明显。

《中学化学》2009年第2期

### 氯气性质实验的“绿色”改进

陈　斌

用医用输液瓶、注射器等改进了四个氯气性质的实验：氯气的溶解性、与铁丝的反应、在氯气中燃烧、氢氧爆鸣。

《中学化学》2009年第3期

### 再谈NO的制取与性质实验的改进

邓朝辉　万如锴　廖发清

该实验设计装置简洁、操作方便，现象明显清晰、简约环保。实验现象客观地说明了NO是一种无色易被空气氧化的气体。该套装置适合多班教学。除去有毒气体的方法实用性强，可以推广。

《中学化学》2009年第3期

### 巧做酒精灯的火焰温度差异实验

戚万友

人教版新课标九年级化学教材（上册）第一单元课题3中的实验现象不明显。改用石棉网取代火柴，实验现象十分明显。

《中学化学》2009年第4期

## 苯溴化实验的改进

赵晓青

对苯溴化实验的两种改进，一种改进适用于教师课堂演示实验。另一种适用于学生分组实验。改进后的装置简单易操作，现象明显，验证效果显著，经济环保。用蘸有浓氨水的棉花团不但验证了产物 HBr，而且还吸收了它，减少了环境污染。

《中学化学》2009 年第 4 期

## 乙醇与氧化铜反应的实验改进

吴孙富

将一张完好的小石棉网放在三脚架上，取约 0.3 g 氧化铜粉末放在石棉网的中间并摊平，用酒精灯加热氧化铜粉末约 1.5 分钟，撤去酒精灯，用滴管均匀地将无水乙醇滴加在氧化铜粉末上，两者剧烈地反应，有明显的红热现象，同时可闻到乙醛的刺激性气味，黑色的氧化铜粉末迅速变成了紫红色、海绵状的铜粉。再用酒精灯加热铜粉，铜粉能迅速变为黑色的氧化铜粉末，立刻移去酒精灯，滴加无水乙醇。多次重复上述操作，现象明显。

《中学化学》2009 年第 5 期

## 乙酸乙酯制备试剂加入顺序问题的探讨

胡列扬

根据反应历程推断，正确的试剂添加顺序应该是：将冰醋酸加入浓硫酸中，配成混合酸，再将混酸加入乙醇中加热。

《中学化学》2009 年第 5 期

## 硫酸铜晶体中结晶水含量的测定实验的误差分析

孙忠祥

归纳总结了 12 种误差原因及其对测定结果的影响。

《中学化学》2009 年第 7 期

## 红磷转化成白磷实验的改进

黄　诚　许娄金

改进后的实验一步到位完成红磷转化成白磷、白磷的自燃、五氧化二磷与水的反应三个实验，其中集气瓶装置还可以起到防倒吸的作用。

《中学化学》2009 年第 8 期

## 氮氧化物性质实验设计

王建国　欧香英

本实验有效地实现了 NO 和 $NO_2$ 的相互转化，以及有氧条件下氮氧化物与水的反应。操作简单，安全可靠，现象明显。无污染，设计新颖。

《中学化学》2009 年第 9 期

## “化学反应中能量变化”演示实验的改进

刘文旭

人教版《全日制普通高级中学教科书化学（必修）第一册》“化学反应中的能量变化”一节中的实验有不足之处，改进后操作方法简单，不需要研磨试剂，节约时间和药品，减少环境污染，现象明显。仪器安装拆卸方便。

《中学化学》2009 年第 9 期

## 三则实验的创新改进

李安峰　田冠顺

改进的三个实验是铜锌原电池的工作原理、电化腐蚀与化学腐蚀快慢比较、石灰水的快速制取与长久保存。

《中学化学》2009 年第 12 期

## 实验改进　美学兼收

程德林

本文以各种高中化学中的 6 个重要的实验为案例，来阐述化学实验中的人文科学美、生态和谐美、愉悦探究美。从而指出化学是一门自然科学，以实验为基础是其主要特点。充分突出实验的美育功能，使化学课堂生机盎然，使学生在化学实验中陶冶情操，为可持续发展奠定了夯实的基础。

《教学仪器与实验》2009 年第 7 期

## 粉尘爆炸演示器

丁昭兰

初中化学（人教版）第七单元在介绍易燃物和易爆物的安全知识时，列举了一个粉尘爆炸试验。但由于要求较高和实验室没有现成的设备，很多教师放弃了该实验。本文对比实验设备进行了改进，给出了装置图，并对装置特点进行介绍。并对制作材料、制作方法和制作注意事项进行了阐述。

《实验教学与仪器》2009 年第 7/8 期

## 空气中氧气含量测定仪

黄善宗　朱三定　余丽贤

本文介绍了空气中氧气含量测定仪的制作，分别对仪器装置图，装置的特点和用途，制作方法和使用方法进行了阐述。

《教学仪器与实验》2009 年第 7 期

## 自制精密水电解器

盛再超

针对现行初中化学（上教版）上册第 48 页的电解水的实验装置存在价格昂贵、电解速度慢耗时长等缺点，作者在教学实践中尝试制作了一套简易水电解器：本文对其实验材料、制作方法、实验方法、实验方案的优点和实验说明 5 个方面进行了阐述。

《实验教学与仪器》2009 年第 7/8 期

## 一种实验室快速制取乙烯的方法

胡胜利　张正桦

本文针对高中化学教材中实验室制备乙烯的实验耗时长、副产物多的问题，采用了新的实验药品和仪器，阐述了快速制取乙烯的实验操作过程。并得出操作的结果：1. 大大缩短了乙烯制取时间；2. 乙烯性质演示实验效果好；3. 炭化现象减少。

《教学仪器与实验》2009 年第 8 期

# 微型化学实验

## 绿色中学化学实验的典范——国外微波微型气体实验介绍

徐　惠

该文介绍了国外几例利用微波和微型实验仪器制备中学常用气体的绿色实验，如微波微型气体制备实验。方法主要有：针筒直接制备法和试管间接制备法。

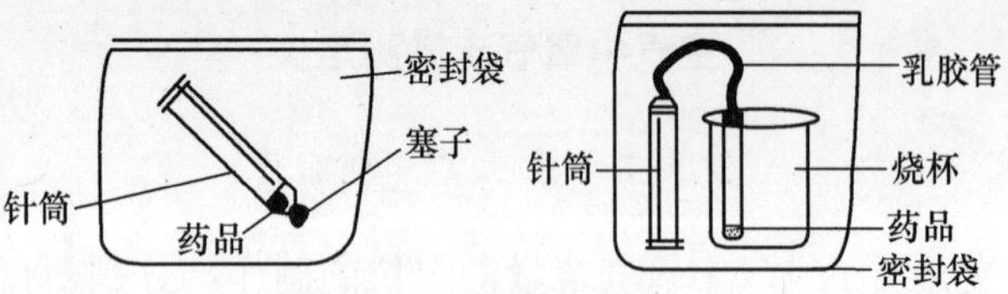


图　针筒直接制备法装置和试管间接制备法装置图

《化学教学》2009 年第 2 期

## 高中化学气体微型实验的探索与实践

朱　恩

针对当前高中化学实验教学的现状，简要介绍了微型化学实验并阐述了借助青霉素瓶、小试管、注射器以及独立研制的系列微型具支试管等器材在高中化学气体微型实验方面开展的若干探索与实践。一、高中化学气体实验教学的现状。1. 试剂用量。①教科书对化学药品用量没有明确规定，有的表述比较模糊。②教科书对化学药品用量表述不适宜。2. 环境为题。化学实验产生的废水、废气、废渣等都会对周围环境造成不同程度的污染。二、高中化学气体微型实验的若干探索与实践。1. 实验主要器材。2. 实验探索。说明了三个微型实验的实验仪器、药品和实验步骤及微型实验的优点。①“氯气制备与性质”的微型实验。②“乙烯的制取与性质”的微型实验。③“乙炔制取与性质”的微型实验。三、高中化学气体微型实验探索与实践的意义。

《化学教育》2009 年第 6 期

## 氨气制备和性质的微型组合实验

赵东洋

利用微型气体实验仪设计了氨气的制备和性质的微型组合实验装置，依次探究了氨气的制备、收集、检验和氨气还原氧化铜、氨气的喷泉实验等，观察到了氨气还原氧化铜的实验现象。具有操作简便，现象明显，安全环保等特点。

一、实验原理。利用浓氨水和生石灰作用产生氨气；再在加热条件下用氨气还原氧化铜。二、仪器药品。三、实验装置。四、操作步骤和实验现象。1. 检查装置的气密性。2. 制取收集检验氨气。3. 氨气还原氧化铜。4. 氨气的喷泉实验。5. 仪器的洗涤。五、注意事项和实验安全。

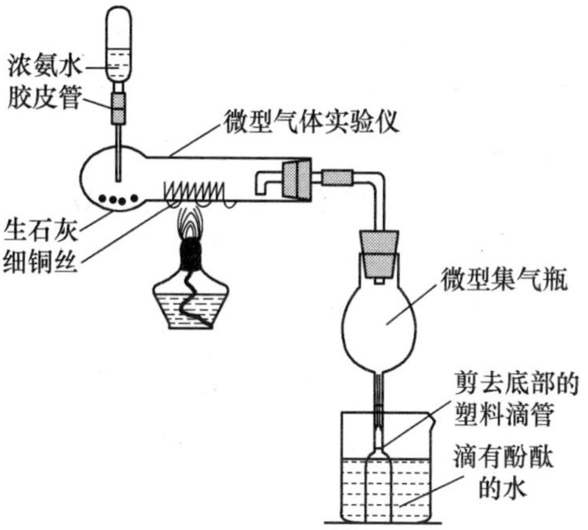


图　氨的组合实验装置图

《化学教育》2009年第6期

## 两种微型化学实验过滤装置

张庆云

在化学实验中，过滤是最常见的分离固—液混合物的基本操作，在微型化学实验中也是如此。目前微型化学实验过滤装置有三种：①微型标准玻璃抽滤装置；②特制的玻璃过滤滴管；③离心试管。这些装置固然可行，但设计均存在某些不足，笔者针对这些装置的弊端，提出两种简易的微型化学实验过滤装置：①注射器与具支试管（或U形管）组合的减压过滤装置；②注射器式加压过滤装置。这两种装置所用的仪器均属普通仪器，成本低，有利于微型化学实验的实施；而且过滤处理操作方便、简单；过滤物黏附损失很少，可保证微型化学实验中物质的产率或回收率不会受到影响；对于没有真空泵的学校，在常规化学实验中，也可以将该装置适当放大，进行减压过滤。

《化学教育》2009 年第 9 期

## 介绍一种新型针筒气体发生器

何天森　何海娟

启普发生器是化学实验教学使用的一种常规仪器，主要用于块状固体和液体反应，属于一种可控制性气体制备实验仪器。文中利用废弃的一次性塑料针筒及输液管，制成一种新型气体发生器，可以代替启普发生器，且易操作可控性强，节省药品，便于学生操作实验，具有很好的课堂推广价值。

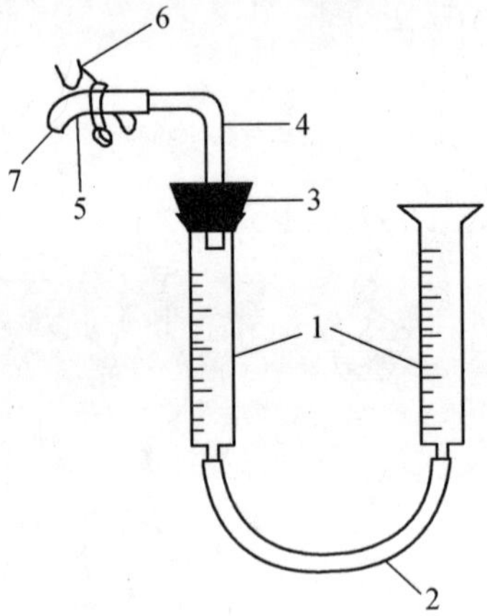


1. 10 mL 塑料针筒；2. 输液管；3. 橡皮塞；4. 直角导管；5. 乳胶管；6. 自由夹；7. 接气体使用

《化学教育》2009 年第 11 期

## 介绍一种多功能绿色环保实验装置

刘宝国

作者提出了一套简易、绿色环保的实验装置，其可以作为：1. 单一气体的制取及性质检验装置；2. 两种气体相互反应的装置（如二氧化硫与硫化氢反应）；3. 氨气与酸反应的装置（如氨气与浓盐酸反应）。该装置可以培养学生的发散性思维能力、创新与实践能力以及树立废物再利用的绿色环保意识和可持续发展观。

《化学教育》2009 年第 12 期

## 微型称量滴定法测定食醋总酸含量

何凤云 龙 琪 杨凤珠 陈 静 朱子丰

高中《实验化学》选修模块中“白醋总酸含量的测定”要求用酸碱中和滴定的方法（容量分析法）进行测定，实验中经常会因漏液、赶气泡、溶液溅出、读数不准、滴过终点等不当操作而引起较大误差，甚至导致失败。另外，滴定管的润洗既麻烦，又浪费试剂。因此，改用称量滴定剂（称量滴定）的思路对此实验做了改进。结果表明，称量滴定方法操作简单，试剂用量仅为容量分析的 1/10，减少了样品和滴定剂的用量，实现了微型化。实验中用一次性注射器代替滴定管，既省去了滴定管的成本，又降低了操作难度。最大的优点还在于注射器的针尖细，滴下的液滴小，临近终点时悬挂的液滴可随意抽吸缩回，终点更容易控制，提高了精密变；降低了读数误差，提高了准确度。

《中学化学教学参考》2009 年第 4 期

## 测定氨气溶解度的实验

赵东洋

气体的溶解性是其重要性质，中学阶段探究气体溶解性的典型实验是喷泉实验。“经实验测定，在常温、常压下，1 体积水中能溶解约 700 体积的氨”，但是根据教材中的实验装置并不能定量地测定氨气在常温常压条件下的溶解度。要测定氨气的溶解度，就要测定出溶解氨气的水的体积和溶解于水的氨气的体积。利用微型气体实验仪设计的微型实验装置可以满足以上要求，测定出常温常压下氨气的溶解度。该设计的原理在于，测定氨气在常温常压条件下的溶解度，实际上就是要测定水的体积和被水溶解的氨气的体积。在微型集气瓶中集满氨气，用 1 mL 注射器定量地向密闭的微型集气瓶中注入微量水，氨气溶解后形成负压，使四氯化碳倒吸进微型集气瓶中形成喷泉，四氯化碳的体积就是溶解于水的氨气的体积。该设计在半开放的仪器装置中完成了氨气的制备、收集、检验和喷泉实验，氨气只有很少的泄露；在微型化的装置中进行实验，所需氨气较少，节约了实验试剂；实现了微型气体实验的定量化，突破了实验难点，有利于培养学生细致认真的实验态度。

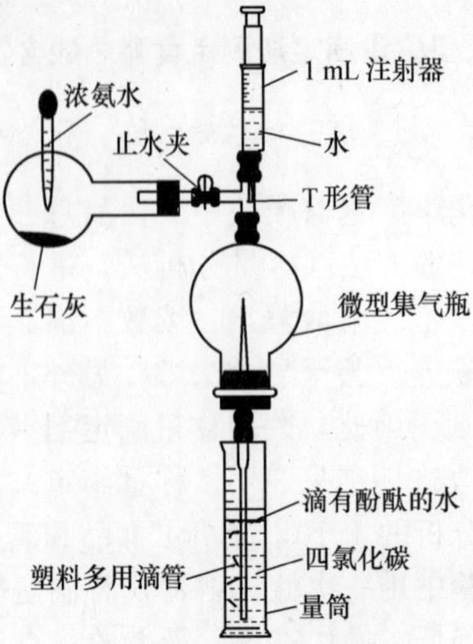


图 测定氨气的溶解度实验装置

《中学化学教学参考》2009 年第 6 期

## 介绍一种简易微型气体实验装置

赵东洋

用微型集气瓶和多用塑料滴管组装成简易微型气体实验装置，用于固体和液体之间反应制取气体，并能试验气体的性质。将一段胶皮管套在塑料多用滴管的中间部分，挤压胶头，在塑料多用滴管内吸入足量浓盐酸，然后将细径塞进微型集气瓶的导管内，使胶皮管和导管密封连接。将上述装置倾斜约 45 度，用药匙把 $KMnO_4$ 添加到装置内，用带有导管的橡皮塞塞紧瓶口，如图所示。把这个装置固定在铁架台上。该装置适用于固体和液体不加热反应制取气体，并能直接用向上排气法收集气体，同时还能探究气体的性质，包括气体和液体的反应，固体在气体中的燃烧等。除了氯气的实验以外，还适用于氧气、二氧化碳、二氧化硫、一氧化氮、二氧化氮等气体的实验，适用范围广泛。

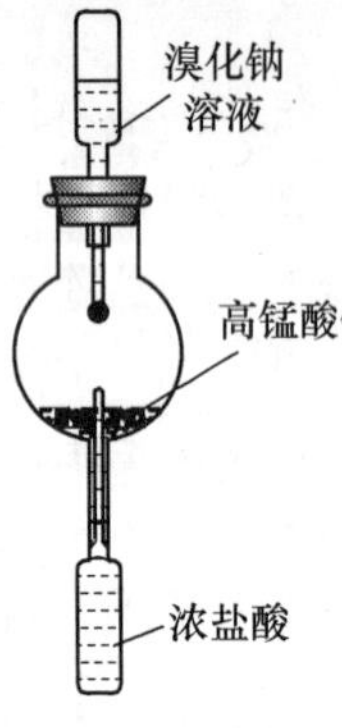


图 简易微型实验装置

《中学化学教学参考》2009 年第 9 期

## NO 气体的微型化实验

靳 跃

对 NO 的制备，人教版高二化学课本中的实验装置，理论上应生成无色的 NO 气体，但实际操作中很难看到 NO 的无色，因此对这一实验进行改进是必要的。在实验室利用微型气体实验装置做此实验收到了很好的效果。

《中学化学教学参考》2009 年第 12 期

## 基于绿色化学实验装置的设计与应用

谢丹敏　夏小琴

从绿色化学理念出发，设计了一套多功能的绿色化实验装置，应用于中学化学多项常规实验中。

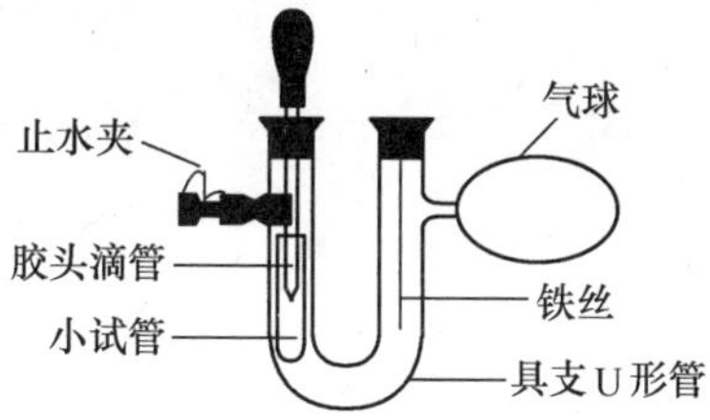


《化学教学》2009 年第 4 期

## 高铁酸盐的微型制备与应用——新课程微型化学实验例谈

赵钧若　陈　凯　朱　媛

以微型化学实验呈现高铁酸盐的制备及其用于污水处理，探讨化学新课程需要的微型实验新体系。

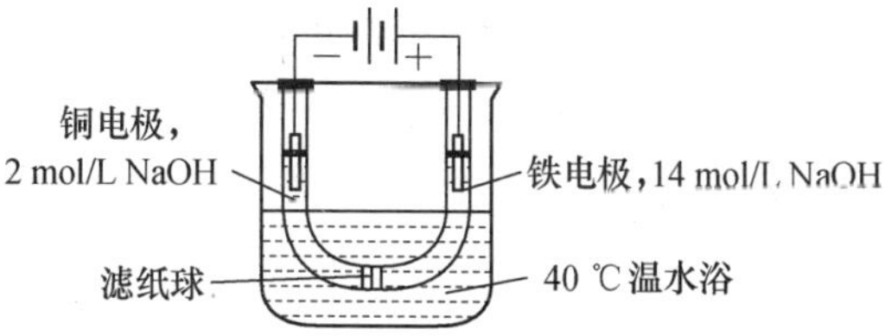


《化学教学》2009 年第 7 期

## 铜与浓硝酸反应环保实验的改进

田宗学

现行高二化学教材（人教版）第 15 页铜和浓硝酸反应的实验存在 4 点不足。该文展示了一套微型环保实验装置，全封闭无污染安全可靠。除了制取 $NO_2$、$NH_3$、HCl 以外，还可以用于制取 $Cl_2$、$SO_2$、$H_2S$ 等气体。

《中学化学》2009 年第 4 期

## 乙烯的制取和性质实验的微型化绿色化

李 旻

人教版高中化学教科书（必修加选修）第二册中关于乙烯的制取和性质实验，有不妥之处：缺少对乙烯的净化处理，实验比较烦琐，实验废液容易造成污染。改成微型化实验后，实现了实验的绿色化、降低了实验成本、节省了实验时间，且实验现象明显。

《中学化学》2009 年第 8 期

## “乙炔的制取与性质”实验的微型化、绿色化

李 旻

一、问题的提出，教科书中的乙炔制取和性质实验存在如下不足：缺少对乙炔的净化处理、实验比较烦琐和实验废液容易造成污染。二、实验的改进：实验用品、实验装置、实验操作步骤。三、改进后的效果：节约了药品、实现了实验的绿色化、耗时短和现象直观明显。四、实验注意事项：实验装置的气密性要好、将双孔橡胶塞上的导管和医用注射针头距离拉开以防乙炔燃烧的火焰影响导气管、此实验装置可以放在试管架上操作。

《实验教学与仪器》（长沙）2009 年第 1 期

## 中学化学实验的微量化研究

王世朋　王程杰

本文基于目前微型实验的优点和不足，对中学化学实验中的几个实验进行微量化改进研究，进行实验探究活动，得出比较合理的实验设计和操作过程，以使微量化实验在中学化学教学中更好地发挥作用。

《教学仪器与实验》（京）2009 年第 2 期

## 中学化学新课程微型实验设计的若干案例

王 静　王 辉　朱 恩

本文分别从设计意图、实验装置和实验说明对如下几个微型化学实验进行了设计：1. 钠与水反应；2. 喷雾式焰色反应；3. 氢氧化亚铁制备；4. 氯化氢喷泉实验；5. 氯气喷泉实验；

6. 常温下1摩尔氢气体积测定实验。

《实验教学与仪器》2009年第3期

## 趣味化学实验

### 在凝胶中的趣味电解实验

陈　凯　赵钧若　张丽娜　胡应杰

笔者分别采用果冻和琼脂作为凝胶载体设计成微型电解实验，探究电解过程中两极发生现象的原理。一、果冻中的电解实验。1. 药品与材料。电池、铜导线，鳄鱼夹，铅笔笔芯，果冻，紫甘蓝，蒸馏水等。2. 试验过程与现象。用连接导线的鳄鱼夹各夹住一根铅笔芯电极，将电极一端插入果冻中，待导线分别与电池两极相连，记录实验现象。3. 讨论和思考。①凝胶具有典型的电导和扩散作用。②紫甘蓝汁能作为酸碱指示剂，可清晰反映凝胶中水的电解反应。③还可在紫甘蓝汁中分别添加酸和碱，使液体变成相应的红色和绿色，再分别将果冻浸入其中“染色”。二、琼脂中的电解实验。1. 药品与材料。电池，绝缘铜导线，鳄鱼夹，铁钉，培养皿，琼脂，铁氰化钾，酚酞溶液等。2. 实验过程与现象。首先制作凝胶，然后用连接导线的鳄鱼夹各夹住一根铁钉，将电极一端插入琼脂凝胶中，待导线分别与电池两极相连，记录现象。3. 讨论与思考。阐述了在琼脂中的反应原理并对产生该实验现象的原因加以分析。

《化学教育》2009年第7期

### 绿茶汁鉴别碳酸钠与碳酸氢钠溶液实验及机理探讨

龙　琪　朱子丰　王　林

为了增加该实验的趣味性和生活性，笔者采用绿茶汁鉴别$Na_2CO_3$与$NaHCO_3$溶液。一、实验步骤与现象。绿茶汁滴入$NaHCO_3$溶液显浅茶色，再滴加稀硫酸颜色不变，有大量气泡产生。绿茶汁滴入$Na_2CO_3$溶液显清亮的深茶色，再滴加适量的稀硫酸以后，颜色突然变浅，有大量气泡产生。二、机理探讨。1. 绿茶汁的变色原理。绿茶的主要成分为茶多酚、氨基酸、咖啡碱等有机酸碱，当溶液的pH改变时，其本身结构发生变化而引起颜色改变。2. $Na_2CO_3$溶液与$NaHCO_3$溶液pH的计算。$Na_2CO_3$溶液的pH大于10。$NaHCO_3$溶液的pH基本稳定在8.3

左右。3. 对绿茶汁鉴别 $Na_2CO_3$ 与 $NaHCO_3$ 溶液实验现象的解释。$NaHCO_3$ 溶液的 pH 在 8.3 附近，绿茶汁的 pH 变色范围是 8.1～8.2，因此 $NaHCO_3$ 溶液恰好使绿茶汁显浅色。而 $Na_2CO_3$ 溶液的 pH 处于使绿茶汁显深色的 pH 范围，因此向 $Na_2CO_3$ 溶液滴入绿茶汁显深色。

《化学教育》2009 年第 7 期

## "水中花园"实验的新改进

王都留

本文针对化学教材中"水中花园"实验，都要求在 250 mL 的烧杯中进行，效果虽然较好，但试剂用量太大，浪费严重的现象，而改用 10 mL 的试管替代原有的烧杯，在试管底部铺一层洗净的细河沙，倒入约 7 mL 25%的硅酸钠溶液，依次向试管中加入极少量的硫酸铜、硫酸锰、硫酸镍、硫酸亚铁、硫酸镁、氯化钴等盐的微小晶体颗粒，将试管放在试管架上，一会儿美丽的"水中花园"形成了。这样的做法不但节约试剂，降低了实验成本，实验效果明显，细微的变化也能观察到，而且此实验既安全又简单，实验材料很容易找到，可作为小学新课程"科学课"教学的一个普通实验加以推广。

《化学教育》2009 年第 8 期

## 氢氧化铁胶体新制法的实验研究

黎茂坚

本文通过对氢氧化铁胶体形成的实验研究，得出用适当浓度的 NaOH 溶液与适当浓度的 $FeCl_3$ 溶液直接进行反应，制取 $Fe(OH)_3$胶体的方法，及用这种方法制取 $Fe(OH)_3$ 胶体，所需的 NaOH 溶液和 $FeCl_3$ 溶液配制的具体操作。最终得出 30 mL 蒸馏水中分别加入 10%NaOH 溶液 1～5 滴所得的 NaOH 溶液，与 30 mL蒸馏水中分别加入 10% $FeCl_3$ 溶液 2～8 滴所得的 $FeCl_3$ 溶液直接反应，都可以制得理想的 $Fe(OH)_3$ 胶体。

《化学教育》2009 年第 9 期

## 水-四氯化碳液液两相阳离子交换电解食盐水

王继璋

本文针对高中化学电化学部分用阳离子交换树脂隔膜电解槽电解饱和食盐水时，由于各地学校条件不同，并非各个学校都具备教材所讲的阳离子交换树脂隔膜电解饱和食盐水装置的现象，设计了具有同样阳离子交换功能的——将硬脂酸钠溶解在四氯化碳中配成的饱和溶液与食盐水组成的两相体系。如图加入 3 mL 硬脂酸钠-四氯化碳饱和溶液于具支 U 形管中，再加入饱和食盐水，并在 U 形管两管中分别滴加 2 滴酚酞。用石墨棒作阳极，铁作阴极，通 12 V 直流电进行电解。如果模拟氯碱工业，可以在 U 形管的阴极室加入稀 NaOH 溶液，阳极室加入饱和食盐水进行电解，阴极室的氢氧化钠可以达到很高的浓度，阳极室的氯气也不被碱吸收。

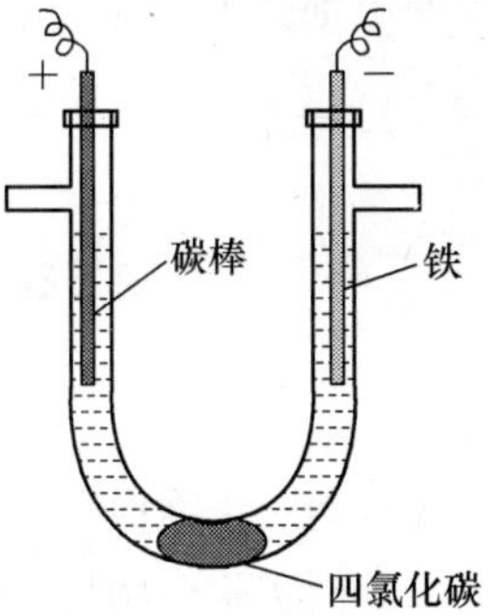


《化学教育》2009 年第 9 期

## 指导学生研究“沸腾可乐”的成因

张　弛

近来网络上兴起了一种和食品有关的新型游戏——“沸腾可乐”。所谓“沸腾可乐”，就是在可乐中置入曼妥思糖后，可乐中会瞬间逸出大量气体并形成泡沫，在气体推动下，液体夹杂着泡沫形成了一定高度的“喷泉”，仿佛可乐沸腾了一般。资料和实验都表明，同时喝可乐和吃曼妥思糖是危险的，但这主要是物理原因。人们担心误食“沸腾可乐”对健康产生影响，主要还是担心发生了化学反应，形成了对健康不利的有害物质。通过试验和分析得出结论：“沸腾可乐”直接与曼妥思糖的表面结构有关。由于学生尚未学习液体表面张力等知识，对深层次的原理尚不能自行得出，于是提供了一些介绍液体表面张力知识的资料让学生先行阅读和初步了解，再带领学生一同分析出“沸腾可乐”最可能的成因——曼妥思糖的粗糙、疏松、多孔结构破坏了液体的表面张力和气体的溶解平衡，使得原溶有的过饱和二氧化碳气体瞬间大量逸出，形成了泡沫状的液柱。

《中学化学教学参考》2009 年第 5 期

## 铝电池小探究

楼　帅　卫泽敏

该实验电压示数较稳定，操作非常简便，可以作为课堂演示实验，有利于激发学生求知欲。同时，如果以此为基础带领学生做原电池探究实验，培养学生的实验探究能力，具有一定的创新意义。

《化学教学》2009 年第 5 期

## 鸡蛋在酸溶液中沉浮实验的再探究

许小忠

针对鸡蛋在白醋、稀盐酸溶液中能否产生沉浮现象展开实验探究，分析实验成功与失败的原因，提出实验建议和实验改进方法。

《化学教学》2009 年第 6 期

## 化学“鸡尾酒”趣味实验的创设和评析

俞晨秀　张镜如

介绍化学“鸡尾酒”实验的创设思路、构建过程、实验现象及教学评价。化学“鸡尾酒”的趣味性主要表现在：①色：可以依据化学知识，根据需要调配成丰富多彩的颜色，引起学生视觉上的高度注意，产生感知兴趣。②层：可以根据化合物的密度、相溶性、稠度等，调配成奇特的多层状态，增加学生的感知兴趣。③变：可以根据溶液中组分的性质，通过改变试剂、加入方式和剂量，延长放置时间等，产生现象的变化，增添神秘感，引发探究兴趣。④ 异常：由于不断的试剂加入，溶液是多组分复杂体系，加入某些试剂，可能会出现意想不到的现象，分层现象也会出现与预期不符的情况，这些都激发学生对问题的探究，形成探究兴趣。⑤ 创造：可以自行设计，选择不同的试剂及加入顺序，得到不同的外观，形成创新。化学“鸡尾酒”实验知识涵盖广，变通性强，呈现方式新颖、亲切，现象直观、美观，易于教学互动，操作简单、方便；能充分激发、推动、强化、维持调整学生的情感活动、认知活动和实践活动，培养创新精神、造就创新能力，促进学习效能的生成。

《化学教学》2009 年第 11 期

## 氢气与氯气混合爆炸的实验改进

黄　诚　许娄金

高中化学人教版（必修加选修）第一册第四章“卤素”中的氢气与氯气混合爆炸实验的前期准备工作量大，而且操作复杂，成功率不高。改进实验采用的实验原理是镁和氯酸钾与浓盐酸分别反应产生氢气和氯气，同时放热，使混合气体受热爆炸。实验装置简单，材料取自生活，节约时间和试剂，成功率高。

《中学化学》2009 年第 4 期

# 探究性实验

## 碳酸钠、碳酸氢钠与盐酸反应过程热效应的实验探究

熊言林　徐泽忠　张　燕　黄　萍

新课标人教版高中化学教科书中有关碳酸钠、碳酸氢钠分别与盐酸反应实验涉及反应速率和反应温度的变化，并用手触摸 2 个实验中试管的温度变化情况，但未能就 2 个实验过程温度变化的原因进行探究。作者设计了简便、易懂的实验探究方案，通过实验过程温度变化的测定，从溶解热效应、反应热效应、稀释热效应的整体视角进行分析，对碳酸钠、碳酸氢钠分别与盐酸反应过程进行了较为深入的探究，从而探究出 2 个实验过程中温度变化的原因。

《化学教育》2009 年第 1 期

## 蔗糖催化燃烧的实验探究设计

赵　琦

苏教版高中选修教材《实验化学》提出了“蔗糖的燃烧”探究实验，但是教材中没有给出实验操作方案，也没有参考结论。本文通过草木灰催化蔗糖燃烧实验，探究并分析了催化剂种类、反应物混合比例和催化剂颗粒大小对实验效果的影响。通过该实验的研究，向学生传递化学实验结果受多种因素共同作用的思想；引导学生控制相关变量，对单一实验变量进行探究的科学方法，结合蔗糖自燃的案例，加深学生的消防意识。

《化学教育》2009 年第 1 期

## 氟化铵溶液与氯化铝溶液混合有没有沉淀生成

杨广斌　何新伟　侯淑芳

对于苏教版《实验化学（选修）》教材中的“氟化铵溶液与氯化铝溶液反应”这一实验，《教参》认为氟化铵溶液与氯化铝溶液反应没有沉淀生成，即 $(NH_4)_3AlF_6$ 是易溶于水的配合物，作者以氟化铵（分析纯），结晶氯化铝（化学纯），盐酸（分析纯），氢氧化钠（分析纯）为实验原料，对于该氟化铵溶液与氯化铝溶液反应究竟有无沉淀生产进行了三组实验探究，以水解理论并结合文献的记在，进行初步的猜想，经过多次实验证明，该

反应有白色的六氟铝酸铵沉淀生产，从而否定了教学参考书有关该反应无沉淀的论点。

《化学教育》2009 年第 1 期

## 锌与硝酸铜溶液反应的实验探究

朱华英

Zn 与 $Cu(NO_3)_2$ 溶液发生反应，Zn 置换 $Cu(NO_3)_2$溶液中的 Cu，生成 Cu 和 $Zn(NO_3)_2$，这似乎是理所当然的简单反应，但实验的现象却不是想象的那么简单。在反应中出现了如下的异常现象：除有大量 Cu 生成外，还有明显的气泡产生；反应开始不久后溶液颜色由蓝色逐渐变为绿色；反应后期，试管底部有大量呈灰白色的沉淀物生产，带着对这些现象的疑问，作者设计了四个实验进行探究。

《化学教育》2009 年第 2 期

## 探寻“二氧化碳有害浓度检验方法”的实验设计

李德前

根据二氧化碳“不燃烧不助燃”“不能供给呼吸”“能与石灰水反应生成沉淀”“能与水反应生成酸”这 4 条化学性质，作者猜想出在没有测量二氧化碳浓度的专业仪器时，可采用的简易方法有“灯火检验法”“动物检验法”“石灰水检验法”“石蕊溶液检验法”。通过设计探究性实验证实，用石灰水检验二氧化碳的有害浓度，不仅准确，而且方便；而一些书刊上介绍的羽毛检验法、灯火检验法和动物检验法，虽然简便，但不够准确，存在很大的安全隐患。

《化学教育》2009 年第 2 期

## 溴乙烷消去反应的实验探究与反思

王金龙　丁爱军

溴乙烷的消去反应作为卤代烃重要的性质之一，是课堂教学不应回避的演示实验，本文提出了几种不同教材对该实验的处理情况，并给出了一些决定卤代烃发生消去反应限度的因素，如反应物的结构、离去基团的性质、试剂的碱性、溶剂的碱性、溶剂的极性、反应温度。作者对提高与溴乙烷消去反应的限度进行了猜想，并用实验进行验证。最后，由溴乙烷消去反应的实验教学出发，作者提出了几点反思和建议：求真的理念，严谨的学风，务实的态度，应是我们在新课程教学实践中必备的科学素养；一线教师既是教材的实践者，也是教材的建设者，更应该是教材的创造者。我们不仅需要变换教学模式，更需要亲身实践，创造性地使用课程资源。

《化学教育》2009 年第 2 期

## 高锰酸钾加热分解过程研究

黄晗达　李友银

高锰酸钾受热分解产生氧气是初中课本上介绍的一种实验室制取氧气的简便方法。本文通过测量氧气产率，采用 TGA（热重分析）技术研究了高锰酸钾热分解的过程；利用 XRD（X-射线衍射）测试技术对反应物和加热后的产物混合物进行了物相分析，依据实验事实提出了新的高锰酸钾加热分解制取氧气的主要反应：

$$6KMnO_4 \xrightarrow{\triangle} 2K_2MnO_4 + K_2MnO_8 + 4O_2\uparrow \text{ 和}$$

$$KMnO_4 \xrightarrow{\triangle} KMnO_2 + O_2\uparrow$$

按照该反应方程式的理论产气率为 13.43%～20.15% ，与实际产气率 13%～19%十分吻合。最后，作者对产气率不稳定的原因进行了如下的分析：(1)用酒精灯加热，高锰酸钾受热不均匀，且高锰酸钾加热分解过程中出现迸溅，导致分解反应不完全，不同学生的操作和同一学生不同实验过程中的操作都有可能产生操作误差；(2)在实验过程中，加热环境不稳定，试管内物料受热程度和升温速率不一致；(3)TGA 测试过程中，样品高锰酸钾受热均匀，升温较快。

《化学教育》2009 年第 2 期

## 钠在空气中燃烧产生的黑色颗粒究竟为何物

朱方仕　李明亮　唐　明

在按照人教版高一教材（2003 年版）“钠”一节教学时，按演示实验 2-2 的实验步骤做了钠在空气中燃烧的实验，作者观察到的实验现象不仅仅有淡黄色的固体产生，还有大量的黑色颗粒产生，笔者采用实验设计对该黑色颗粒是何物质进行了探究。实验探究发现黑色颗粒的成分主要存在两者种情况，一种是以炭为主要组成的炭和铁的氧化铁组成的混合物；另一种情况是铁的氧化物。为了在演示实验中避免生成大量的黑色颗粒状物质，作者提出了改进实验的方法。

《化学教育》2009 年第 2 期

## 氯水和溴化钾、碘化钾溶液反应现象的探讨

宋志贵

苏教版中学化学教材《化学 1（必修）》中溴、碘提取的活动与探索中有 2 个化学实验：氯水与碘化钾溶液反应、氯水与溴化钾溶液反应，作者在做这两个实验时发现，氯水和 KI 溶液反应后的溶液用 $CCl_4$ 萃取生成的碘，水层并没有变为无色而是棕黄色，针对实验中出现的现象，作者通过设计实验进行了探讨，分析得出氯水和 KI 溶液反应后用 $CCl_4$ 萃取生成的碘时出现异常现象的原因是，KI 的存在影响了 $CCl_4$ 对水溶液中碘的萃取。最后，作者提出，氯水和 KI 溶液反应的实验，为了得到满意的实验结果，关键是保证 KI 完全被 $Cl_2$ 氧化生成 $I_2$。

《化学教育》2009 年第 3 期

## 钠在空气中燃烧制过氧化钠的再实践和再认识

刘怀乐

用 Na 燃烧制 $Na_2O_2$ 这个实验在中学化学教材已经出现很多年，许多教师也就该实验的相关问题进行了教学研究，这个实验还不够成熟，还有一些理论和实际问题没有得到解决，致使实验多少带些盲目性。本文首先谈论了目前，钠在空气中燃烧实验的教学现况并且就钠在空气中燃烧作了一些实证探索和理性思考，以期对这个实验的实际操作能有一个理性的提升，作者指出，钠在空气中燃烧要得到淡黄色的 $Na_2O_2$ 需要在 Na 燃烧的一开始，通过限制空气的进入量，进而限制反应温度的过度上升。

《化学教育》2009 年第 3 期

## 金属和金属氧化物热反应的实验探究

戚万友

一、提出问题。金属粉末在高温下都具有较强的还原性，金属能将其他金属从氧化物中还原和金属自身的活泼性是否有关系。二、实验材料。玻璃管 7 支、Na、Mg、Fe、Zn、Cu、Al、CuO、$Fe_2O_3$、稀盐酸、酒精灯、漏斗、研钵、磁铁、小烧杯。三、实验探究及现象。介绍了多种金属和金属氧化物之间热反应的实验步骤和实验现象。四、实验结果总结。一种金属都能在高温下夺取另一种金属性比它弱的金属氧化物中的氧，能够将另一种金属从氧化物中还原出来，只是金属性强弱程度不同，反应的

剧烈程度有所差别。

《化学教育》2009 年第 4 期

## 氮元素正价变化组合实验探究

熊言林　张　敏

本文介绍了将二氧化氮的制备、二氧化氮溶于氢氧化钠溶液形成喷泉、一氧化氮被氧气氧化为二氧化氮等实验进行巧妙的整合实验方案，由此形成固定的实验装置，可实现含氮的化合物中氮元素正化合价循环变化，可用于含氮化合物知识与预防其污染的探究教学。该实验方案中，氮元素首先由正五价转变为正四、正二价，然后氮元素由正四价转变为正三、正五价，最后氮元素由正二价转变为正四、正五价。

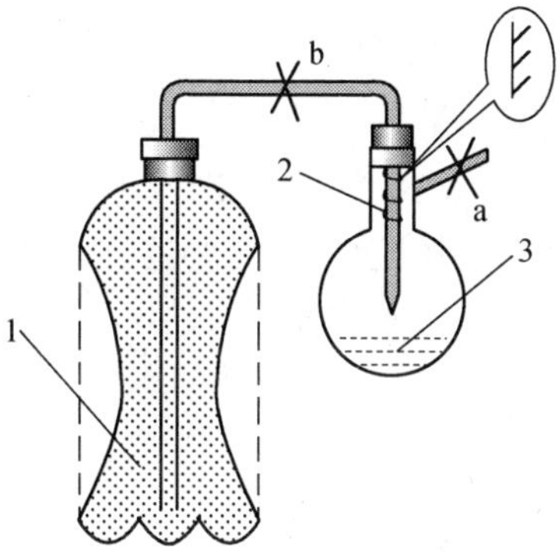


图 1　$NO_2$ 的制备及喷泉实验装置

1. NaOH 溶液（5%）　2. 细钢丝

3. 浓硝酸

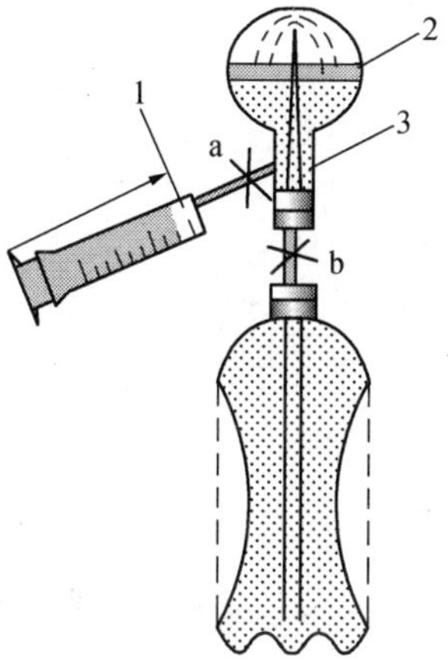


图 2　组合实验装置

1. 氧气　2. $Cu(OH)_2$ 沉淀

3. $NaNO_3$ 和 $Cu(NO_3)_2$

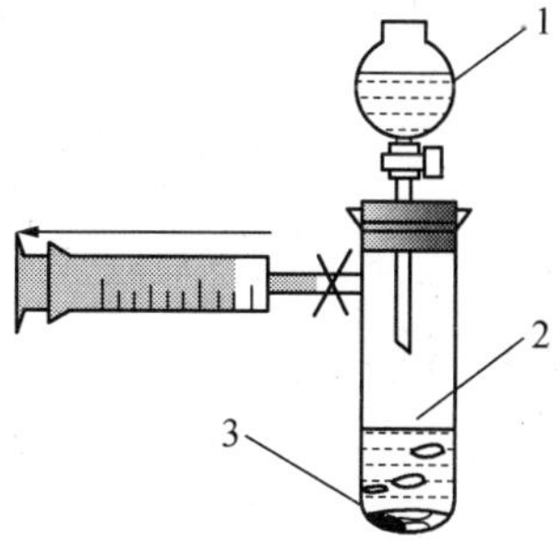


图 3　氧气的制备与收集

1. 过氧化氢溶液（10%）　2. 氧气　3. 二氧化锰

《化学教育》2009 年第 5 期

## 探究钠与酸溶液的反应速率

刘文芳

通过固定钠块的质量，将钠分别投入浓盐酸、预先配置好的各种稀盐酸、醋酸和水中，分别计时。实验证实钠投入盐酸中的反应速率随盐酸浓度的增大先增大后减小，当盐酸的浓度大于1 mol/L时，反应速率较钠投入水中的反应速率要慢。钠在溶液中的反应速率与产物的扩散速率有关。

《化学教育》2009 年第 5 期

## 温室效应的实验探究——广为流传且错误的探究

谭宗俊　向雪皑

由于广为流传的温室效应探究实验存在严重的科学性错误，故本文重新阐述这个实验的原理和装置，并对温室效应探究实验的名称提出了建议。一、文献中设计的各种装置。列出了文献中出现的各种探究温室效应实验的装置，基本都是将空气和二氧化碳隔绝开，同样条件下，二氧化碳上升的温度比较高。二、实验原理。阐述了温室效应产生的真正原理。三、探究实验准确的称呼。文章所列的实验探究的正确名称应是“二氧化碳是温室气体的验证”。

《化学教育》2009 年第 5 期

## 氮的氧化物系列实验再探究与再思考

王金龙　鞠东胜　葛珊珊

文章对氮的氧化物一些重要实验进行了再反思，并就探究性实验教学提出了几点建议。一、氮的氧化物系列探究实验。1. 红棕色气体成分探究。2. 红棕色气体溶于水异常现象探究。3. 一氧化氮制取、氧化组合式创新设计。4. 平衡移动实验探究。二、对探究性实验教学的思考。1. 化学是建立在大量实验事实基础上的成熟的自然科学。2. 实验创新要体现在研究者对变化本质的再认识。3. 遵循“化学是实验的科学，只有实验才是最高法庭”。

《化学教育》2009 年第 5 期

## 碱性介质中 $S^{2-}$ 与 $Fe^{3+}$ 反应的实验探究

吴　星　吕　琳　徐丹悦

在 $Na_2S$ 或 $(NH_4)_2S$ 溶液中滴加 $FeCl_3$ 溶液的实验表明，

$Fe^{3+}$与$S^{2-}$在碱性溶液中的反应是一个比较复杂的反应，本文对碱性介质中$S^{2-}$与$Fe^{3+}$反应进行实验探究。一、问题的提出。二、实验探究。1. $Na_2S$或$(NH_4)_2S$溶液中滴加$FeCl_3$溶液的实验探究。在$(NH_4)_2S$溶液中滴加少量$FeCl_3$溶液反应生成的黑色沉淀主要是FeS和单质硫。2. $Na_2S$溶液中滴加$FeCl_3$溶液产生的绿色溶液的实验探究。在$Na_2S$溶液中滴加少量$FeCl_3$溶液反应得到的黑色沉淀和墨绿色溶液可能分别是$Fe_2S_3$固体和胶体。3. $(NH_4)_2S$溶液中滴加$FeCl_3$溶液生成的黑色沉淀颜色转变的实验探究。潮湿的FeS在空气中放置能与空气中的氧气发生氧化还原反应生成$Fe(OH)_3$和单质硫。三、结论。

《化学教育》2009年第5期

## 高中化学探究性实验设计一例——含磷洗衣粉对水藻生长的影响

刘东方　林承志

结合高中新课程教科书，设计高中化学探究性实验——含磷洗衣粉对水藻生长的影响，通过实验原理、方法和具体实验过程得出结论，有效地促进了学生对化学知识的理解和掌握，培养学生实验设计和探究能力，达到知识、能力、情意目标。一、知识背景。1. 高中化学新课程。2. 资料背景。二、探究性实验的目标。1. 知识目标。2. 能力目标。3. 情意目标。三、实验设计——含磷洗衣粉对水藻生长的影响。1. 实验原理。磷是水藻生长的主要营养物质，不同含量的磷对水藻生长影响不同。利用水藻溶液吸光度的测定，了解水藻生长情况。2. 实验方法。用天平称取含磷洗衣粉溶于蒸馏水中，定容；取绿藻水若干；混合绿藻水和洗衣粉溶液；将烧杯放置于相同光照处，观察；两周后进行测量。3. 实验预期。含磷洗衣粉加速水藻生长，并伴有剂量效应。4. 实验仪器。5. 主要试剂。6. 实验结果。用表格说明含磷洗衣粉中水藻生长情况观察结果和水藻生长两周后吸光度值。7. 实验结论。随洗衣粉含量增大，溶液中水藻繁殖增多，吸光度值提高。但当洗衣粉浓度过大时，水藻的生长又被抑制，吸光度值降低。此时水藻死亡后会在水中腐烂，使水质更加恶化。四、探究实验取得的收获。

《化学教育》2009年第6期

## DIS 探究苯酚与溴水反应类型

江　军

本文采用 DIS 实验技术，通过电导率传感器实时检测稀苯酚溶液和浓溴水反应过程中溶液的电导率，借助计算机直接绘制出反应过程中溶液的电导率变化曲线，从而为推测出苯酚与溴水反应是取代反应还是加成反应提供依据。

一、问题的提出。数字化信息系统实验室是由“传感器＋数据采集器＋实验软件包＋计算机”构成的新型实验系统。用电导率传感器来测量溶液的电导率，即反映了溶液的导电能力。二、实验过程。1. 试剂与仪器。

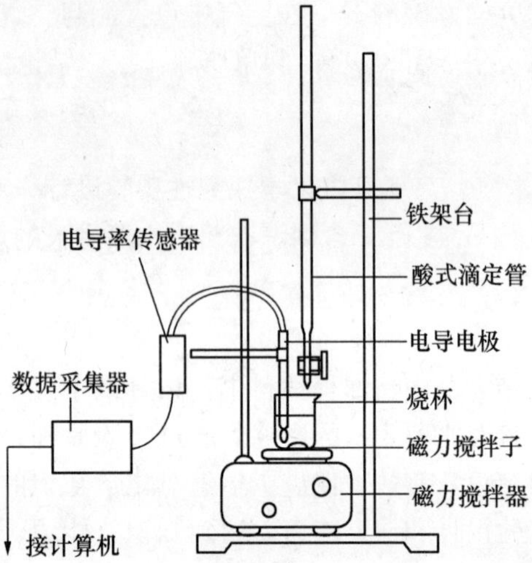


图　实验装置图

2. 实验步骤。三、结果分析与讨论。通过电导率传感器实时检测稀苯酚溶液和浓溴水反应过程中溶液的电导率 $\kappa$，并由计算机直接绘制出反应过程中溶液的电导率 $\kappa$ 随时间 $t$ 的变化曲线，即可便捷、直观地反映出该反应过程中电导率的变化情况。四、结语。DIS 实验技术的应用，使许多原来不能做的实验可以做了，许多原来只能定性的实验可以定量分析了，能将许多短时间完成的化学反应的实验数据记录下来仔细分析了，测出来的数据以数字、图表形式，更客观、真实地展现实验过程。

《化学教育》2009 年第 6 期

## 用 DIS 探究甲烷与氯气反应情况

胡爱彬

借助 DIS 探究甲烷与氯气反应的类型以及外界条件对反应的影响。通过比较实验研究数据表明：甲烷与氯气发生了取代反应，光照有利于甲烷取代反应的进行。

一、DIS 实验探究。1. 实验药品与仪器设备。①药品；②实验仪器与设备。2. 实验原理。$CH_4$ 与 $Cl_2$ 通过光照反应分 4 步转化成 $CCl_4$ 和 HCl。3. 实验过程。二、结果与讨论。1. 甲烷与氯气光照反应后溶液 pH 与氯气空白实验 pH 的比较。证明甲烷与氯气发生了取代反应。2. 不同强度的光照条件对反应的影响。光照强度在一定的范围以内，光照强度越强，越有利于甲烷与氯气取代反应的进行。3. 不同光照时间对反应的影响。光照 6 min 后，甲烷与氯气取代反应达到较好反应效果。三、结论。采用 DIS 探究甲烷与氯气的反应情况，通过 pH 传感器测量反应后溶液的 pH ，从而确定反应的类型——取代反应。与以前用 pH 试纸测量 pH 方法相比，该方法准确度高，科学性强。

《化学教育》2009 年第 6 期

## 加入生石灰和尿素制取乙烯气体的正交实验研究

胡胜利　刘学利

用生石灰和尿素代替沸石加入到乙醇和浓硫酸反应混合物中，并用正交实验方法进行设计和分析，寻找浓硫酸、乙醇、尿素和生石灰的最佳配比。一、实验。1. 实验指标。2. 实验方案。①实验因素和水平的选取。本实验仅选取浓硫酸的用量、95%乙醇的用量、生石灰的用量和尿素的用量 4 个因素进行研究，每个因素选择 3 个水平。②正交实验方案设计。采用 L9(34) 正交表 [5] 进行实验设计。3. 实验仪器与药品。介绍了实验仪器及操作过程。二、结果与讨论。1. 实验结果。2. 实验结果分析。3. 实验最佳配比的确定。4. 采用最佳配比实验后的效果。①乙烯产量高，纯度好。②大大缩短了实验反应时间。③乙烯性质演示实验效果好。④炭化现象减少。三、氧化钙和尿素作用的探讨。1. 加生石灰的作用。①有利于硫酸氢乙酯的生成。②使反应体系温度

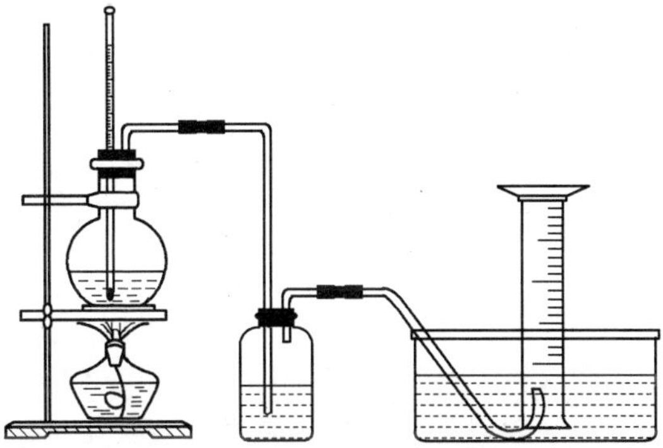

图　实验室制取乙烯的装置

迅速升高。③减少了浓硫酸的氧化作用。2. 加尿素的作用。①能使反应体系温度迅速升高。②可减少浓硫酸的氧化作用。

《化学教育》2009 年第 6 期

## 用石墨作电极电解氯化铜溶液现象的探讨

宋志贵

通过实验探究了电解 $CuCl_2$ 溶液阴极析出物质的位置和析出物质的成分，对演示实验中出现的“异常”现象作出了合理解释。一、问题的提出。二、实验探究。1. 石墨碳棒上析出“铜”的位置探究。2 个实验说明了电极下端边缘处析出物质是由碳棒底端处电荷密度最大造成的。2. 阴极碳棒上析出物质的成分探究。①阴极碳棒上析出物质的成分猜想。用石墨碳棒电解 $CuCl_2$ 溶液，在阴极碳棒上 $Cu^{2+}$ 被还原析出红色的物质可能是 Cu 或 $Cu_2O$ 或 Cu 和 $Cu_2O$ 的混合物，白色物质应为 CuCl。②实验探究过程。③实验现象及分析。三、结论。通过对电解饱和 $CuCl_2$ 溶液阴极碳棒析出物质的实验分析，得出，在阴极碳棒下端边缘处有“铜”析出的是铜和 CuCl。

《化学教育》2009 年第 6 期

## 美国《化学教育》“JCE Classroom Activity”栏目内容简介与启示——以铁的氧化速率的实验探究为例

熊言林　马善恒　徐泽忠　雍玉梅　朱小丽

本文介绍了美国《化学教育》“JCE Classroom Activity”栏目中历年的内容主题和其特点：趣味性足、直观性强、生活味浓、前沿性新。并对铁的氧化速率的实验探究进行了分析，从而得出对我国化学实验教学的一些启示：1. 应挖掘活动中的乐趣，使学生愉快地学习；2. 应创设活动表现方式，使学生直观地学习；3. 渗透生活中的化学，使学生体验化学价值；4. 把握新时代的潮流，使学生体验科技魅力。

《化学教育》2009 年第 8 期

## 对蛋白质变性中一些问题的探究

董素英　马红勇　王笃年

本文针对学生长期以来一直有着：1. 蛋白质变性后就会沉淀，并且因变性而沉淀的蛋白不会溶于过量的水；2. 蛋白质的变性是不可逆的，这样认识的现象。对蛋白质变作了详细的介绍：蛋白质的变性起因于其结构的改变。蛋白质变性主要表现为生理活性的丧失，而与蛋白质是否沉淀没有必然的联系。并且，蛋白质变性是否可逆与引起蛋白质变性的条件有关。所以，仅仅通过蛋白质沉淀来判断蛋白质是否发生变性并不科学。另外，更不能不考虑蛋白质的变性条件而笼统地说蛋白质的变性是不可逆的。

《化学教育》2009 年第 8 期

## 对锌铜硫酸原电池负极产生气泡因素的探究

谭小林　唐伟宪

本文从实验的角度探究影响锌铜硫酸原电池负极产生气泡的常见因素：影响负极锌片上产生气泡多少的主要原因是锌片的纯度，另外，还与锌片表面粗糙程度、硫酸浓度等因素有关。并介绍减少负极产生气泡的方法：适当降低锌铜硫酸原电池中硫酸的浓度，采用 5%～10%的稀硫酸作电解质溶液，用纯度高、表面光滑的锌片作负极，可以减少负极锌片上的气泡。如果对原电池作进一步处理，用酸清洗锌片表面，再把锌片浸入硝酸汞稀溶液中，使之汞齐化（时间不要过长），然后将汞齐化的锌片作为原电池负极，则会观察到在负极锌片上产生的气泡很少。

《化学教育》2009 年第 9 期

## 设计探究“铝配合物的生成”

汤小梅

本文通过 X 射线粉末衍射分析了在 $AlCl_3$ 溶液中加入 $NH_4F$ 所产生的沉淀的成分，以及加入 $NH_3 \cdot H_2O$ 后所得沉淀的变化。并通过实验研究了六氟合铝酸根的性质：1. 向 1 mL 1 mol/L $AlCl_3$ 溶液中滴加 2 mL 饱和的 NaF 溶液后，生成稳定的六氟合铝酸钠，溶液中无多余 $Al^{3+}$ 与氨水反应产生氢氧化铝沉淀。2. 向1 mL 1 mol/ L $AlCl_3$ 溶液，先滴加 1 mL 3.0 mol/L $NH_3 \cdot H_2O$，待生成氢氧化铝白色沉淀后，再滴加 2 mL 饱和的 NaF 溶液，发现氢氧化铝白色沉淀溶解，现象表明，即使有难溶的氢氧化铝生成，也能在饱和的氟化钠溶液中转化为更稳定的六氟合铝酸钠。进一步证明六氟合铝酸根配合物的稳定性。

《化学教育》2009 年第 9 期

## 氮化镁的制取及其性质实验

吴孙富　余彩铃　姚连平　等

镁条在空气中燃烧可以生成 MgO 和 $Mg_3N_2$，由于镁条在空气中燃烧生成的产物中所含 $Mg_3N_2$ 的量极低，所以很难据此实验说明 $Mg_3N_2$ 的性质。笔者经反复研究，确定了在中学化学实验室中简易可行的制取氮化镁及证明氮化镁性质的实验方案。此实验方案的优点有以下四点：一是操作简便，现象明显，便于观察；二是可重复性强，不会出现实验失败的现象；三是安全性好，不会损坏实验仪器；四是较好地说明了氮化镁的制取方法和性质。

《化学教育》2009 年第 9 期

## 对氮化镁制备及性质的再探讨

王金龙　王辉林

基础化学教育界对于镁在空气中燃烧是否有氮化镁生成存在争议；对于观察不到氮化镁的解释，更是众说纷纭。笔者通过探究实验，结合文献资料，认为镁与氮气反应生成氮化镁是不容置疑的事实，但氮化镁质量太少、在高温下易升华和易被氧气氧化是难以观察和检验氮化镁的主要原因。

《化学教育》2009 年第 9 期

## 铜与浓硫酸共热现象及原因分析

翟菊红

本文针对普通高中课程标准实验教科书《化学 1（必修）》（人教版）第四章第四节“氨硝酸硫酸”的演示实验，若按教材中的方法和装置进行实验，很难得到蓝色的溶液，而出现黑色沉淀的现象，进行了实验探究。结果发现：低温时主要生成 $Cu_2S$ 沉淀；高温主要生成 CuS 及微量的 $Cu_7S_4$。从而导致热的 $CuSO_4$ 在产物中显示灰白色而不是白色。并且通过实验得出：铜与浓硫酸共热，当浓硫酸浓度在 16～17 mol/ L，先加热浓 $H_2SO_4$ 至产生白色烟雾，再插入适量粗铜丝，效果最好，此时几乎不会出现黑色浊液。

《化学教育》2009 年第 9 期

## 二氧化硫对不同植物生长影响的实验探究

熊言林　张　燕　徐泽忠　等

二氧化硫是形成“酸雨”的主要成分，是空气中的污染物之一，可以对植物的茎叶造成直接的伤害，严重时可以导致植物死亡。二氧化硫对不同植物生长影响的情况，可设计为课堂中的探究性实验，让学生直观地感受其危害，使教学更加贴近新课标的要求，培养学生的环境保护意识和科学素养。

由这堂课让学生了解到，(1)二氧化硫的浓度越大，对植物的影响程度越大；(2)植物吸入二氧化硫的时间越长，气害（有害气体对植物的危害）越深；(3)相同浓度的二氧化硫对于不同植物的影响程度不相同。

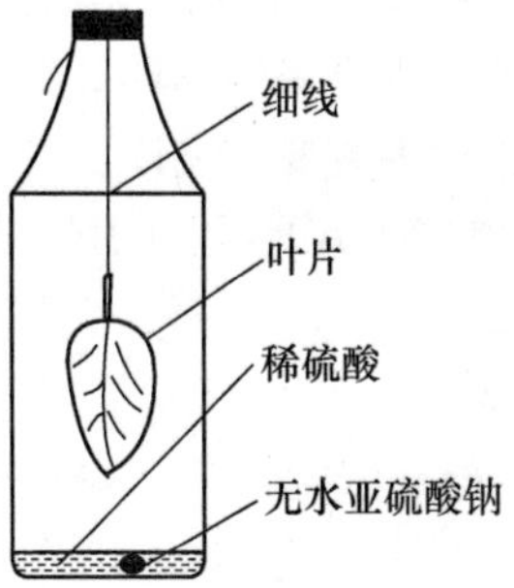


图　二氧化硫对植物生长影响的实验装置

《化学教育》2009 年第 10 期

## 用铜电极电解饱和食盐水实验的深度研究

杨　帆　张凤桂　袁廷新

用铜电极电解饱和食盐水，是苏教版《实验化学》材料中专题 5 的一个拓展实验。该实验选自于刘怀乐老师的《电解饱和食盐水的趣味实验》，实验中发现不利于有些现象的观察。笔者对该实验的装置进行了改进，并对电解产生的沉淀物的性质进行了研究和分析，得出：1. 用蒸馏水洗涤 $CuO$、$Cu_2O$ 沉淀时，一定要洗涤干净，否则加入稀硫酸时仍会生成白色浑浊；2. 往黄色沉淀中加入的稀盐酸浓度要小，要逐滴加入，才能观察到黄色沉淀转化为白色浑浊，继而溶解得澄清溶液的现象；3. 将电解后的溶液放置 12 h 以上，整个溶液会变为蓝色溶液；4. 铜电极电解饱和食盐水的实验也可改用有盐桥的电解池装置，可观察到阳极的白色浑浊不会转化为橙黄色沉淀，且阳极溶液变蓝的现象更明显。

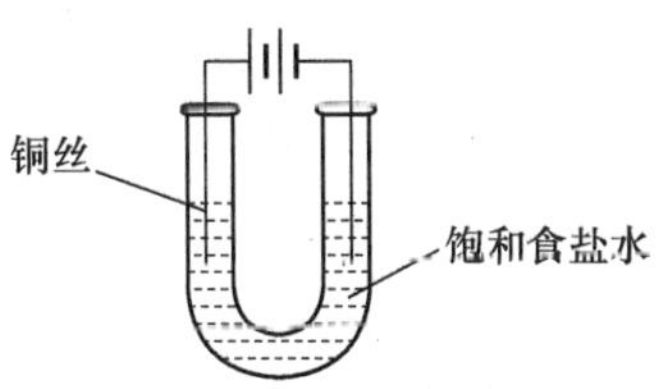


《化学教育》2009 年第 10 期

## “铝配合物的生成”异常实验现象的研究

包朝龙　郑志信　蒋念龙　等

高中化学新课程“物质的性质探究”中铝配合物的生成，其中“$Al^{3+}$ 与 $F^-$ 形成配离子的实验”，整个实验预期的过程是没有明显的现象，却与实验中实际观察到的现象不符。实验预期是没有沉淀产生，但在实际实验过程中加入 $NH_4F$ 溶液，立即产生浑浊，若加入更多的 $NH_4F$ 则产生更多的沉淀，再加入氨水，沉淀量没有太大的改变。设计 3 组对比实验，对生成沉淀的分析主要分为 3 点：(1) $Na_3AlF_6$ 是可溶性的盐，而 $(NH_4)_3AlF_6$ 是难溶性的盐。(2) $Na_3AlF_6$ 和 $(NH_4)_3AlF_6$ 难以相互转化。(3) $Na_3AlF_6$ 溶于水却难电离。将其进行如下改进，即可产生没有沉淀的预期现象：$AlCl_3$ 溶液浓度要低，一般不高于 0.1 mol/L；用 NaF 溶液代替 $NH_4F$ 溶液，这样加入 1 mL 3.0 mol/L 氨水，振荡试管，没有沉淀产生。

《化学教育》2009 年第 10 期

## 烃类性质及鉴定实验的探讨

张　霞　周晓红

“烃类性质及鉴定”是一个基础化学实验。这类实验所观察到的现象一致，但对于所作出的解释却分歧很大，针对这类问题，笔者进行了一些探索得出以下结论：1. 环己烯被高锰酸钾氧化的产物是己二酸；2. 萘被高锰酸钾溶液氧化的产物是 1,4 -萘醌；3. 甲苯与溴的反应是 α - H 取代生成了溴化苄；4. 甲苯的硝化反应只停留在一硝化反应得到硝基甲苯。

《化学教育》2009 年第 10 期

## 基于手持技术环境的化学研究性学习例析——影响氯化铁水解条件的探究

邓　峰　钱扬义　钟映雪　等

文章选取化学新课程必修模块中的“盐类水解的影响因素”作为研究性学习主题，结合建构主义学说，由“提出-建构”“检验-冲突”“同化-顺应”3 个阶段，探讨手持技术在学生理解“影响 $FeCl_3$ 水解的主要因素”时所起的“支架”作用。研究表明手持技术在化学研究性学习中不仅可以引导学生更多地参与更高级别的认知活动，还可以作为探究工具与认知工具帮助学生建构对化学概念及原理的理解。

《化学教育》2009 年第 11 期

## 利用现代传感技术演示放电制备一氧化氮

董金水

当我们在教学演示时，放电产生的 NO 很稀少，实验现象很不明显。笔者主要介绍利用 pH 传感器，在计算机上清晰显示 pH 的变化，以此来证明放电管中确实有一氧化氮的生成有关的实验装置。文章从实验设计原理、仪器药品及实验装置、实验设计准备、操作步骤及其现象、实验注意事项等几个方面对实验作了论述。并且实验结果表明该方法非常适用于现代课堂演示实验教学。

《化学教育》2009 年第 11 期

## DIS 探究酒精灯火焰的温度

江　军

使用DIS实验技术，通过高温传感器实时测量酒精灯火焰不同位置的温度推测出酒精灯焰心、内焰和外焰三层的温度的大小关系是：焰心＜外焰＜内焰。通过实验和理论分析可知：用酒精灯给试管加热的效率既和火焰温度有关，也和试管受热时被火焰包住的面积有关。加热效率最高的操作为“倾斜试管约 45°，让试管底部在内焰中部加热”。

《化学教育》2009 年第 11 期

## 酒精灯加热效率的实验探究

王立平　卢玉妹　王咏梅　等

酒精灯各层火焰温度的高低，是外焰＞内焰＞焰心，但影响加热效率的因素不仅仅是火焰温度，其他的如火焰和试管接触的面积、火焰和试管接触后火焰的形状改变等因素也是非常重要的。作者通过实验探究得出：(1)同组实验在允许的误差范围内。加热效率：内焰＞焰心＞外焰。(2)小试管垂直加热比倾斜 45°时加热效率稍高，大试管除焰心外，倾斜 45°比垂直加热时效率高，这主要是由试管被火焰包住的面积不同引起的。

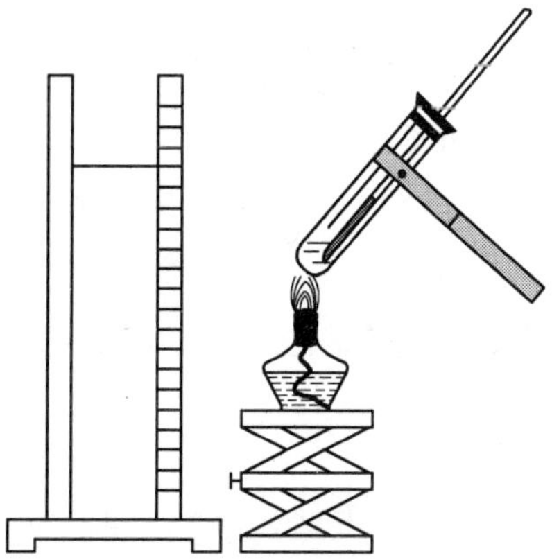

《化学教育》2009 年第 11 期

## 微波辐射条件下锌与氯化铁溶液反应的研究

季晓亮　王锦华

通过微波实验方法和正交实验设计，将影响该反应的各种因素和水平：1. $FeCl_3$溶液浓度；2. 反应物物质的量之比；3. 微波功率；4. 反应时间，进行了科学、全面、均衡的安排，根据定量实验数据，得出了：$7Zn+6FeCl_3+6H_2O=2Fe(OH)_3+2Fe+7ZnCl_2+2FeCl_2+3H_2\uparrow$的实验结论。

《化学教育》2009 年第 11 期

## 电解浓氯化铜溶液出现“黑色”现象的探究

彭　俊

本文通过实验验证在电解浓的氯化铜溶液时，并不存在微小的铜粒，从而说明在该电解实验中关于“黑色”是由铜或者不溶性物质产生的推测不可靠。进一步的理论分析和设计实验两个方面分析验证得出产生深棕褐色的原因可能与 $Cu^+$ 的络合离子的生成有关，且生成的白色不溶物为 CuCl。文章的最后对 1. 产生棕褐色物质；2. 深棕褐色溶液加水稀释出现白色沉淀；3. 白色沉淀加浓盐酸溶解三种实验现象进行解释从而提出避免出现“黑色”现象的措施。

《化学教育》2009 年第 11 期

## 一种有效的实验研究模式——利用传感技术对吸热反应热效应的实验研究

朱鹏飞　马宏佳　杜　静

利用传感技术对“氢氧化钡晶体和氯化铵晶体反应”过程中能量的变化进行实验探究，根据实验结果进行分析并结合理论对结果进行解释，并通过热效应相关知识的理论计算得到了证明。

《化学教育》2009 年第 12 期

## 再谈合成乙酸乙酯的催化剂选择

曾　艳　邹晓川

介绍了质子酸为催化剂和路易斯酸为催化剂两种情况，并对催化的机理进行讨论。结果得出，用路易斯酸为催化剂合成乙酸乙酯，其催化活性高，廉价易得，并且可以连续使用多次，对环境友好，与其他的催化剂相比，优势明显。

《化学教育》2009年第12期

## 溴水与苯酚反应产物的探讨

周改英

对2,4,6-三溴苯酚的溶解性进行实验探究，并从理论上探讨苯酚与溴水反应的机理以及生成一元溴代苯酚、二元溴代苯酚的条件与实证，指出了苯酚与溴水反应的产物是2,4,6-三溴苯酚。

《化学教育》2009年第12期

## 由过氧化氢清洗银镜“绿色实验”引发的探究

杨晓丽　高兴邦

化学新课程中把“发展科学探究能力”作为一个重要目标，而化学实验是进行科学探究的主要方式，因此科学探究性实验的设计与教学是贯彻新课程理念的重要途径。我们根据网上对俄罗斯核潜艇“库尔斯克号”失事原因——双氧水接触银剧烈反应引发连锁爆炸的报道，完成了一则“绿色化学”的探究实验——用双氧水清洗试管内壁上的银。设计意图：消除传统方法清洗试管内壁上的银时产生的有毒气体污染环境，体现“绿色化学”的理念。激发学生的学习热情和探究欲望，引导学生掌握科学探究的一般方法：观察思考现象——思考分析并设计实验验证探究——再观察思考现象——再设计实验验证探究——综合分析得出结论。引导学生综合运用所学的元素化合物的知识和胶体的知识分析解决问题，以达到灵活运用所学知识解决实际问题的教学目的。

《中学化学教学参考》2009年第3期

## 对氧化银与过氧化氢反应的探究

林肃浩　杨　琦　杨易安

在研究氧化银与过氧化氢的氧化还原反应时，反应产生的氧气的体积大大超出理论值。为此，在学校实验室内，利用现有的仪器，设计了一个以控制变量法为基础的速率测定实验，试图通过动力学手段来分析存在的化学反应与各反应在时间和物质上的关系。就这一问题进行了分析，作出假设，并利用动力学实验手段探究其反应机理。该反应刚开始时有一个第一步与第二步同时进行的过程，即氧化银被还原为单质银的同时，新产生的单质银已经开始催化过氧化氢的分解了。

《中学化学教学参考》2009 年第 5 期

## 二氧化硫学生分组探究实验改进

全　鹏

在元素化合物学习中，尽量把课堂演示实验改为学生分组实验，尽量结合教学内容增设性质探究实验，对激发学生兴趣，培养学生思维、动手、创新能力意义深远，但现行新教材“硫和氮的氧化物”一节课本的实验安排，由于二氧化硫有刺激性和毒性，使学生分组实验探究有很大难度。通过在教学实践中摸索，给予改进，收到事半功倍的效果。改进后的实验有如下优点：操作简便，现象明显，效果显著。学生自己动手操作、观察、归纳、总结，既巩固了双基，又极大地激发了学生学习化学的兴趣。涉及有毒气体的操作始终在密闭系统中完成，进一步培养了学生的环保意识，也有利于师生的健康。就地取材，废物利用，打破用正规仪器做实验的常规，既培养了学生的节约意识，又拓宽了学生的视野。省时省力，节约时间，节约药品，提高了教学效果。收集一瓶气体，可供几个小组实验使用，做完这些实验，时间累计不超过 10 min。

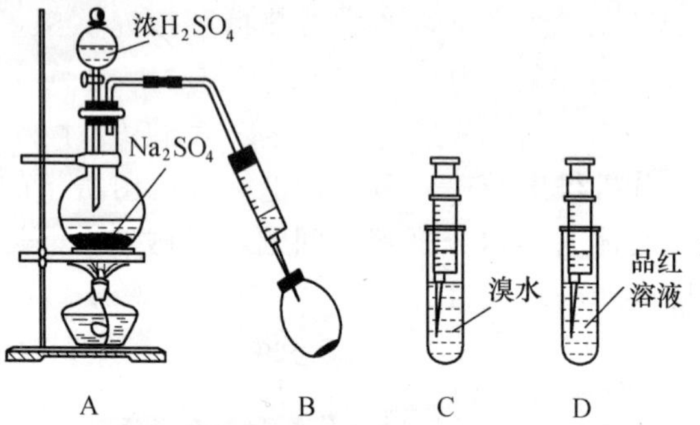


图　实验装置

《中学化学教学参考》2009 年第 5 期

## 正交试验法探究制备透明皂的最佳条件

曹　静

“肥皂的制备”实验是高中生在学习有机部分“油脂水解反应”内容以后一个能够较好帮助学生认识醋化反应、深化对 STS 理念认识、促进形成热爱化学情感的重要实验。在此次新课改中已经列入了不同版本的化学教材中，如山东科学技术出版社出版的化学教材，将“肥皂的制备”作为“实验室制备日用化学品”课题的第一个实验；再如人教版化学教材，在有机化学部分也涉及了肥皂的制备实验。但是由于一般的有机化学实验需要的时间较长，装置比无机实验复杂，所以很多教师倾向于将该实验省略不做。但要关注到社会的发展，透明皂（也称甘油皂）因其性能温和、泡沫丰富，外观晶莹剔透，易于添加各种营养功能性成分，又易降解，已经成为人们清洁洗涤的首选物品。透明皂加工方法特殊，可方便地加工成各种造型，这在课标教材中也有所呈现。透明皂的制备原理源自化学教材，其制备的工艺技术又体现了时代的要求与技术的发展。使用正交试验法探讨制备透明皂的最佳条件，以期促进该实验的开展与研究。从试验结果看，实验5效果最好，即皂化温度为75 ℃，皂化时间为60 min，乙醇用量为9 g。

《中学化学教学参考》2009年第6期

## 探究镁与氯化铵溶液的反应

罗华荣　彭晓玲

用实验证实了Mg与$NH_4Cl$溶液反应可产生$H_2$和$NH_3$两种气体以及$Mg(OH)_2$沉淀。指出该反应不宜简单地从$NH_4{}^+$的水解使溶液呈酸性的角度解释，溶液中的$NH_4^+$和$Cl^-$以及反应后期明显的热效应是致使该反应在溶液呈中性甚至碱性时能继续发生的有利因素，本质仍为铁与水发生置换反应。

《中学化学教学参考》2009年第8期

## 有氧及无氧条件下Zn与$FeCl_3$反应产物的研究

季晓亮　王锦华

为了解决Zn与$FeCl_3$溶液在有氧及无氧条件下反应到底生成什么产物的问题，文中通过正交试验方法，将影响该反应的各种因素、水平进行设计、实验，获得了定量实验数据，实验得出：氧气的存在与否对于反应产物的影响极小。

《化学教学》2009年第2期

## “氢氧化铁胶体净水”实验条件的探索

汪肖楠　张贤金

该文对氢氧化铁胶体净水实验进行了探索。一。实验因素的选择和分析：(1)选取不同的悬浊液，(2)调节悬浊液的pH；实验表明：不同悬浊液的实验效果不明显，对于实验改进不明显；用河泥配制悬浊液，不同的pH下的实验表明：不同pH的悬浊物的沉降速度不同，另外悬浊物沉降彻底有差别，得到的液体澄清度也不同。由此，作者建议教师选择pH 4～5之间的悬浊液进行实验。

《化学教学》2009年第2期

## 铝片长毛实验中几个问题的解惑

王程杰　李桂林

本文解答了"铝片长毛"实验中为什么要先将铝片浸入硝酸汞溶液中，为什么会这么快地长出白毛，这白毛是什么晶格的氧化铝，等问题。并就中学化学实验中作为催化剂的活性氧化铝之特性、实验室制备作了介绍。

《化学教学》2009年第4期

## 钠燃烧生成过氧化钠的最佳实验条件探究

吴先强

通过正交方法设计研究活泼金属钠与氧气进行反应过程，得出该反应的最佳实验条件。在实际教学中，为了节约教学时间，使得实验过程更加简化，以提高教学效率，我们可以将实验条件调整为："酒精灯加热、黄豆粒大的钠块、烘干钠块表面的煤油、在空气中加热"。

《化学教学》2009年第4期

## $Na_2O_2$ 与 $SO_2$ 反应产物的实验探究

张文华

针对学生提出的 $SO_2$ 能否与 $Na_2O_2$ 发生氧化还原反应的问题，从分析可能发生的反应情况入手，指导学生自主设计实验方案，自主选择所需仪器、药品，并进行实验探究，通过实验探究

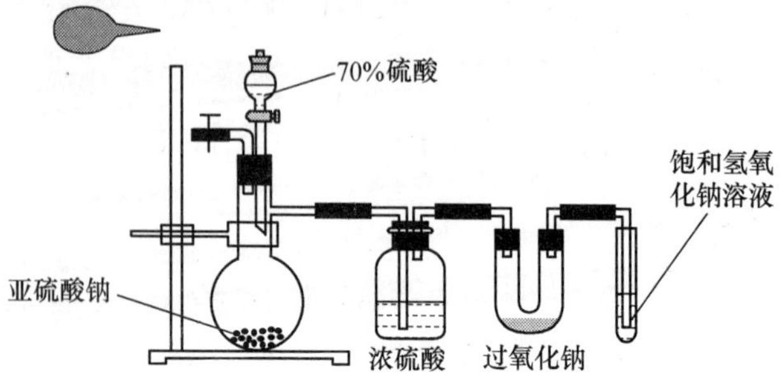

得出实验结论。

《化学教学》2009年第4期

## 人教版“电解污水实验”若干问题探究

李胜荣　殷菊香

针对人教版《实验化学》教材的“电解污水实验”，进行探究：为什么阳极发生的是Fe的溶解而不是$O_2$或$Cl_2$的析出？阳极生成的$Fe^{2+}$是如何转化为$Fe(OH)_3$沉淀的？阴极附近发生了哪些反应？为什么要选用铝片作阴极？电解前后污水的pH变化吗？浮选和凝聚各能除去水中哪类污染物？

《化学教学》2009年第4期

## 三种物质使变红后的酚酞褪色机理的再探讨

张贤金　汪肖楠

NaOH、$H_2O_2$、$Na_2O_2$三种物质在一定条件下均可使变红后的酚酞褪色，笔者通过理论和实验相结合的方式对此问题进行了再探讨，以期为中学化学教师在这个问题上的理解提供较为科学的、完整的、可信的解释。

《化学教学》2009年第4期

## 酒精蒸气和空气混合爆炸实验的研究

冷国平

本装置利用盛固体药品的塑料瓶和衬盖、滴管的胶头、自行车内胎的气门嘴。可反复使用，实验时操作简便安全，成功率高，学生印象深刻，不仅可帮助学生解决酒精灯不能用嘴吹熄的疑惑，还可以帮助学生理解加油站要严禁烟火的问题，可以大大提高学生的消防意识。

《化学教学》2009年第5期

## 制作绿色燃料电池的新实验

袁青云

本文设计的氢氧燃料电池，使用的电解能源来自太阳能电池。利用改良式氢氧燃料电池，具有可作为水电解及燃料电池供电的双重示范效果，改良后的实验装置兼具环保理念，实验成本低，环境污染小，安全系数高，仪器精巧，实验更容易开展，节约时间，教学效果好，比起其他常规实验更加简单易行，安全可靠。

《化学教学》2009 年第 5 期

## 对亚铁盐溶液保存方法的研究

李俊生

不同方法配制的亚铁盐溶液保存的实验结果研究表明，溶液的 pH 是影响亚铁盐溶液稳定性的重要因素，显然研究溶液 pH 是如何影响亚铁盐溶液稳定性的理论基础是非常重要的。

《化学教学》2009 年第 5 期

## Na 能置换 $CuSO_4$ 中的 Cu 吗

刘怀乐

在 Na 与无水 $CuSO_4$ 粉末的反应中，笔者注意到，在一块刚切下的新鲜钠表面上布撒一些无水 $CuSO_4$ 粉末，用玻璃棒把 $CuSO_4$ 粉末碾压在钠的表面内，外层用塑料薄膜覆盖，让 Na 与空气隔绝。即使相隔多时，也不见有反应的迹象发生。由此证明，Na 与无水 $CuSO_4$ 粉末在通常条件下是没有反应发生的。综上可见，Na 能置换 $CuSO_4$ 中的 Cu 是有条件的，Na 不能置换 $CuSO_4$ 中的 Cu 也是有条件的。

《化学教学》2009 年第 5 期

## 铁与水蒸气反应实验的探究

谭宗俊　向雪皑　樊　敏

某学生课外实验探究小组的同学看到老师在演示教材上铁与水蒸气反应的实验需要的时间相当长，且不易成功，他们分析了实验不易成功的原因，设计和改进该实验装置：

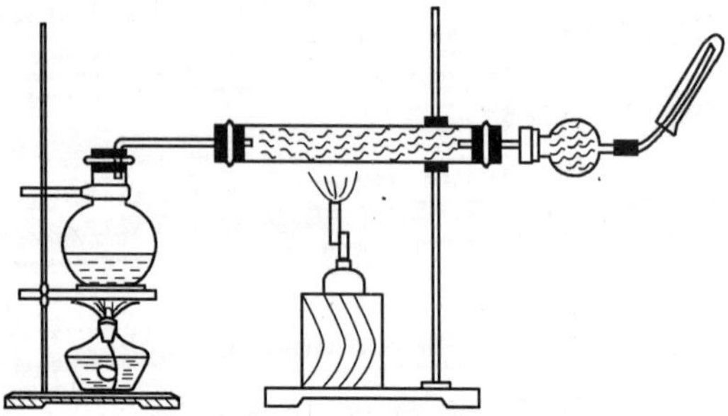

图　铁与水蒸气反应的装置

《化学教学》2009 年第 5 期

## 铝与硫酸铜反应异常实验探究

陈磊磊　蔡　晶

苏教版《实验化学》选修模块在专题2中设置了一个比较新的实验——“铝表面氧化膜的实验探究”，但是文献上及中学教学实际中均有该实验现象不明显的报道。笔者对该实验进行了探究从而得出结论认为如果按照书本上的步骤和要求做该实验，现象不明显的原因很有可能是铝片的纯度不够和氧化膜处理并不彻底。

《化学教学》2009年第6期

## 溴乙烷消去反应的实验条件探究

周仁鸽

以反应的机理入手，在前人研究的基础上，从反应物的剂量、加热速率、反应温度及不同碱的影响等方面对溴乙烷消去反应实验进行了探究。研究的结论指出应增大反应物剂量，减少反应物挥发，提高反应温度，增加反应体系的碱性。若为验证实验，在现象明显的前提下，尽可能降低酸性高锰酸钾或溴水的浓度。

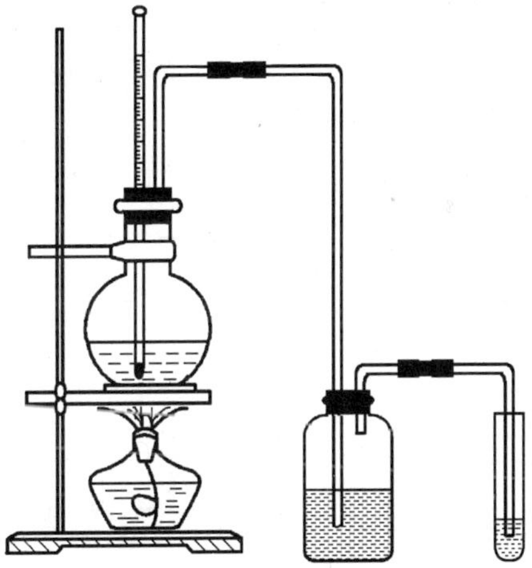

《化学教学》2009年第8期

## 关于苯酚和碳酸钠反应的再探讨

魏　钊　林　丹

设计一组实验，观察苯酚晶体或苯酚乳浊液在加入滴加了两滴酚酞的饱和碳酸钠溶液和不同浓度的稀碳酸钠溶液中的反应现象。通过平衡常数的计算并从理论上进行分析和讨论。

《化学教学》2009 年第 8 期

## 以木炭还原氧化铜探究固相反应机理及反应条件

卫泽敏　吴先强

从木炭还原氧化铜的实验研究可知，对于可自发进行的固相反应而言，反应温度、反应混合物的干燥及机械加工程度是影响反应速度的主要因素。

《化学教学》2009 年第 8 期

## 中学实验室制作太阳能电池的尝试

徐　惠　甘玉琴

本文在中学实验室进行染料敏化太阳能电池的制作并在以下三方面进行了探索：1. 不同有机染料的比较；2. 不同涂膜面积的比较；3. 不同光强度的比较。

《化学教学》2009 年第 9 期

## 乙醇与苯酚分子中羟基上氢原子活动性比较的实验探究

杨海丽　付衣平

本文通过选择合适的试验条件，探究影响乙醇及苯酚与钠反应速度的实验条件，以此验证乙醇与苯酚分子中羟基上氢原子活动性的差异。得出以下实验结论：(1)乙醇和苯酚均能与钠反应产生气体，在 50 ℃～80 ℃条件下，乙醇与钠反应的速率快，即无水乙醇比液态苯酚更容易与钠反应。(2)乙醚，甲苯等有机溶剂与钠不反应。(3)乙醇的乙醚溶液和苯酚的乙醚溶液均能与钠反应产生气体。

《化学教学》2009 年第 9 期

## 苯酚与水及一些盐溶液密度的比较

王莉莉

本文对于苯酚混合于水或一些盐溶液，分层后究竟是在上层还是下层进行探究。结论分析：对于苯酚在水中无论是固体还是液体都在下层，即苯酚的密度比纯水的密度大：而苯酚在盐溶液中到底在上层还是在下层取决于盐的浓度，盐的浓度大时密度大则苯酚在上层，而盐的浓度小时密度小则苯酚在下层。

《化学教学》2009 年第 9 期

## “水的电解实验”中几个值得探究的问题

钱　胜

该文对以下几个问题进行了探究：1. 电解质溶液的选用；2. 电极材料的选用；3. 实验装置的改进；4. 如何使氢气和氧气体积比最接近2∶1。

《化学教学》2009年第9期

## 用无定形 $Al(OH)_3$ 除掉乙烯混合气中的 $SO_2$

吴孙富

实验室制乙烯时，用溴水除掉混合气体中的 $SO_2$ 试剂用量大，污染严重，实验成本高。该研究用无定形 $Al(OH)_3$ 的悬浊液可以除掉实验室所制乙烯混合气中的 $SO_2$，除掉 $SO_2$ 气体后，就可以很方便地用澄清的石灰水检验实验室所制乙烯混合气中的 $CO_2$。

《化学教学》2009年第10期

## 硝酸不稳定性的探究实验

赵中华　伍举培

该文通过硝酸不稳定性的科学探究实验，呈现给学生科学探究的一种模式：提出问题→猜想与假设→制订计划→进行实验→搜集证据→解释与结论→反思与评价→表达与交流，从而培养学生的科学素养。本实验创新点：通过加热砂粒来达到硝酸在加热条件下的分解。对于硝酸在光照下的分解，运用自制的紫外线箱和白炽灯箱，既实现了硝酸在光照下的分解，又对比探究出硝酸分解主要是紫外线的作用；克服了通常情况下，在阴天和雨天（缺乏阳光）不能完成此实验的不足，并使学生获得科学探究的一些思维方法。

《化学教学》2009年第10期

## 乙酸乙酯制备中催化剂的探讨

王海勋　薛德兴

本文对乙酸乙酯制备中催化剂的选择进行了如下探讨：1. 用盐酸作催化剂；2. 用硫酸氢钠作催化剂；3. 用氯化铁作催化剂。得出以下结论：(1) 缺电子试剂（路易斯酸）能够诱导吸引乙酸羧基氧的孤对电子，从而使羰基被亲核的醇进攻发生加成反应，在酸作用下脱水成酯。(2) 硫酸氢钠、氯化铁在酯化反应催化过程中，升高温度时副反应少，可使乙酸乙酯及时蒸出，有利于酯化反应的进行，是比较理想的酯化反应催化剂。(3) 硫酸氢钠，氯化铁价廉易得、使用方便，后处理简单，易分离，减少了设备的腐蚀和环境污染，同时该催化剂可以重复利用，因此这是一种具有较好工业应用价值的催化剂。

《化学教学》2009 年第 10 期

## 乙酸乙酯合成实验的拓展

张道年

乙酸乙酯制备实验是大多数高中化学教材中都有的基础性实验之一。有机相和水相有分层现象，实验所得混合体系中滴加石蕊溶液后将会出现三层，并且颜色不同，称之为“三色环”。该文结合乙酸乙酯制备实验对“三色环”进行探究，这也是探究教学的一个重要的切入点。

《化学教学》2009 年第 12 期

## 对钠分别与乙醇、苯酚反应异常现象原因的探究

夏立先

苯酚中的羟基比乙醇中的活泼，且苯酚呈弱酸性乙醇呈中性。理论上讲苯酚与钠的反应更剧烈。实验结果却正好相反。研究发现，苯酚的黏度大不利于气泡逸出，且苯酚钠不能溶解在苯酚中，这两点阻碍了钠和苯酚的继续反应。而乙醇的黏度小且乙醇钠可以溶解在乙醇中，所以钠在乙醇中反应更快。

《中学化学》2009 年第 3 期

## 对铝与氯化铜和硫酸铜反应速率不同的实验探究

李文财

涉及多组对比实验，发现①铝与铜盐反应时，铝表面氧化膜的多少对反应的影响较小，究其原因可能是铜离子水解产生氢离子足以破坏铝的氧化膜。②铝与氯化铜的反应更快是因为氯离子的催化作用。③氯离子还可以催化铝与氢离子的反应。

《中学化学》2009 年第 3 期

## 对常温下铜和浓硫酸反应的研究

李俊生

常温条件下，长时间观察铜和浓硫酸反应实验现象为：开始铜片以及浓硫酸溶液无明显变化，然后铜片变黑，溶液颜色变深呈棕色。铜片继续变黑，溶液也变黑。黑色物质增多且溶液呈现黑色，最后铜片完全转化为黑色物质沉淀于试剂瓶的底部并和溶液分层，溶液呈现淡蓝色，整个过程没有闻到刺激性气味。对黑色物质进行 X-射线相分析发现，黑色物质主要为硫化亚铜。

《中学化学》2009 年第 5 期

## 铁跟硫酸铜反应的实验探讨

刘加虎

将两个粗铁丝绕成螺旋状插入硫酸铜溶液中，放置 5～6 天。生成的铜非常地膨松多孔，具有很强的吸附性，将溶液中的亚铁离子绝大部分吸附在上面，所以溶液中很难看到颜色。长时间放置后，亚铁离子被氧化成铁离子，所以上层清液显示黄色。该实验中铁铜以及铁与其中的杂质会构成原电池反应。铜树表面覆盖的一层红褐色的“霜”就是铁与杂质碳构成的原电池反应生成的氢氧化铁。

《中学化学》2009 年第 6 期

## 关于铝箔在浓硝酸溶液中钝化情况的实验研究

李俊生

通过实验发现，整个过程的主要产物是二氧化氮，形成的钝化膜的质量比较高，而且长时间把铝箔放置在浓硝酸溶液中会出现铝箔全部溶解的情况，时间越长溶液形成的颜色越绿。

《中学化学》2009 年第 8 期

## 铜作阳极电解硫酸钠溶液电解产物的探讨

吕效波　文　丽

通过采用 U 形管和烧杯进行电解实验发现，电解池装置的形式是影响电解产物的重要因素，当我们不了解电解池装置的形式时难以判断电解产物究竟是什么。分析了 U 形管和烧杯作电解池对电解产物造成影响的原因。

《中学化学》2009 年第 8 期

### 铜和浓硫酸反应实验的探究

叶 勇

针对人教版《必修 1》中铜与浓硫酸反应的实验进行改进，分析铜和浓硫酸的反应机理，探究出适宜的反应条件，从而得出改进后的实验装置和操作步骤。

《中学化学》2009 年第 10 期

### “绿色实验过氧化氢洗银镜”探究

赵 鉴

洗去银镜反应中残留银的公认方法是用浓硝酸，但会产生二氧化氮气体污染环境，经探究发现，用 30%双氧水溶液也可以洗去残留银，并对其原理作了深入探究。

《中学化学》2009 年第 11 期

## 化学信息技术进展

2009 年电子白板、Producer、Chime 插件、交互仿真智能型课件逐渐进入化学课堂。信息技术在化学课堂中的应用不只局限于课件的演示，而且还融合入分子可视化、合作学习、化学游戏等形式，充分发挥了技术的情境工具、交流工具、评价工具和认知工具等作用；随着 Web2.0 的发展，将 Java 技术用于资源搜索、物质结构显示与分析、化学信息数据库开发成为化学远程教育新动向。WIKI 技术更好地帮助国际化学教师进行信息交流、资源共享。研究者介绍了各种新型化学软件的应用及其教学功能的开发，总结了对因特网化学教育资源获取与应用的方法。

### 使用电子白板提高化学教学有效性的实践与思考

房 宏

电子白板是一种新的高科技电子教学系统，在计算机软硬件支持下工作，既具有普通白板和联网多媒体计算机功能，又可以实现普通白板、计算机、教育资源的多重交互。本文就化学教学中如何使用电子白板的功能来提高教学的有效性进行了阐述：(1)简便的操作性，教师由“点击”者转化为“点拨”者；(2)高效的交互性，学生由“旁观”者转化为“参与”者；(3)优势的整合性，实现信息技术与化学课程整合的突破；(4)特殊的保存程序，有利于师生对课堂教学的回顾与反思。总之，电子白板不仅延续了教师边讲解、边书写的授课习惯，而且使数字化的内容得以呈现，使信息技术与课程整合不再抽象，为教师提供了一种方便有效的呈现材料和演示软件的手段，为学生提供了更多的参与机会，有效地促进了师生之间的交互，提高了课堂教学的有效性。

《化学教育》2009 年第 1 期

## 全面激活化学结构——基于 Chime 插件的动态可视化交互技术

唐 律 麦裕华 肖 信

Chime 插件是一种显示和渲染分子结构及其信息的网络插件。它以分子结构模拟软件 Rasmol 的开放源代码为基础，进一步改进、提升演示功能，更加适合化学信息的网络交流和可视化。本文结合使用实例介绍了 Chime 插件的使用属性参数、使用 Rasmol Script 脚本和使用触发按钮这三种使用属性参数。最后，作者对于 Chime 插件的应用进行了展望，如果充分结合 Chime 插件编程技术和 JavaScript 语言，可以将分子可视化技术推向一个全新高度。

《化学教育》2009 年第 2 期

## 搭载远程教育网的“藏汉双语无机化学”交互式积件课程模式研究及意义

莫尊理 史华锋 陈 红 郭瑞斌 牛贵平

“藏汉双语无机化学”与多媒体教学把培养学生对语言的实际应用能力放在首位，这是时代发展的必然要求。为了藏族文化遗产的继承和推广，制作搭载远程教育网“藏汉双语无机化学”课程多媒体课件具有深远的意义。本文以搭载远程教育网的“藏汉双语无机化学”交互式积件课程模式为研究目标，系统地阐述了该课程模式的开发背景、研究目标、内容并且阐明了开展“藏汉双语无机化学”远程教育的重要意义。

《化学教育》2009 年第 3 期

## 用 Producer 打造在线课堂

汪纪苗

新课程强调一个人的学习是终身学习，而信息技术的发展，使人们的学习和交流打破了过去的时空界限，为人类的提高和发展带来了新的空间。本文介绍了 Microsoft Power Point 中免费附加的组件——Microsoft Producer。通过 producer 把老师上课用的 PPT 课件和后期解说有机地整合起来做成多媒体简报的形式发布到网上，打造在线课堂，学生可以突破时间限制随时进行自主学习。本文具体介绍了用 producer 打造在线课堂的步骤，并阐述了使用 producer 的优点，它可以让课堂教学具有重复性、选择性、自主性，教学方法和教学内容与受教育者的个体差异相适应，真正实现“因材施教”，体现了自主学习的特点。

《化学教育》2009 年第 3 期

## 有机化学双语教学网络资源分类介绍

陈 博 龙 琪 宋 怡 王冬黎

在化学双语教学的研究与实践中可发现，充分利用国外的网络课程，可以极大丰富教学资源，提高双语教学质量。本文精心筛选出一些较为实用的有机化学网络资源，并分别从 Power Point 课件、教学视频、电子教材、练习与实验、试卷库 5 个方面分别介绍各网站的结构、内容和下载方法。一、Power Point 课件。美国西部华盛顿大学有机化学课程资源网。二、教学视频。美国哈佛大学有机化学网络课程主页面。三、电子教材。美国密歇根州立大学有机化学课程网。四、练习与实验。1. 练习。美国俄亥俄州立大学有机化学资源网站。2. 实验。美国阿克伦大学的有机化学实验网站。五、试卷库。美国哥伦比亚大学有机化学资源网。

《化学教育》2009 年第 5 期

## 应用交互仿真性课件提高课堂教学效率的尝试

黄红梅 娄珀瑜 严海林 王聪聪 冉 鸣

论述了提高课堂教学效率的重要性以及实际课堂教学中存在的不足和局限，提出了用交互仿真性教学课件解决上述问题，并用“实验室里制取 $CO_2$ 的研究与实践”案例诠释该类课件在优化课堂教学过程、提高课堂教学效率中的具体应用。一、传统课堂教学的解决方法。多采用“灌输式”教学方式。二、课件的设计思路及实现方法。设计 5 个场景。1. 向学生展示实验内容和实验原理等，以使学生在做“实验”时心中有数。2. 给学生提供可供选择的实验仪器，以利于学生自由组装。3. 给学生提供多种正确的实验装置图。4. 给学生提供关键步骤的正确操作及现象，以加深印象。5. 给学生提供可能合理的药品，让学生自主选择，独立实现意义建构。三、课件的优越性。说明课件存在交互性、仿真性、可重复性的多种优点。

《化学教育》2009 年第 6 期

## 中学社区化学课程资源电子分布图的绘制及其使用

何　松　李远蓉　常　雯

社区化学课程资源的开发和利用是课程改革中颇具特色的部分。本文整理出重庆市北碚区各社区存在的化学课程资源，并绘制出电子分布图，再进一步指出该电子分布图的使用方法及使用建议。一、中学社区化学课程资源。社区化学课程资源是指社区内一切可以形成、组织、开发和使用的学校化学课程的因素来源和与之相关的实施条件。二、北碚区社区化学课程资源。1. 北碚区概况与社区划分。2. 北碚区中学化学课程资源概括。三、北碚区中学社区化学课程资源电子分布图的绘制。1. 信息整理。2. 在个人地图网站新建多点地图。3. 定义地图。4. 在地图上进行标注。5. 生成地图网页。四、北碚区社区中学化学课程资源电子分布图的使用。1. 使用流程。2. 使用流程剖析。①依据教材内容初步制订教学计划。②使用课程资源分布图，选取课程资源。③教师实地考察。④如果可行，进行教学设计。⑤如果不可行，重复之前步骤。3. 使用的建议。①先确定所需课程资源。②就近原则。③专家需当面邀请。④联系单位要有初步的计划。⑤充分利用图书馆和博物馆。

《化学教育》2009 年第 7 期

## 运用“手持技术”在校本课程中实施研究性学习——新安中学数字化学习活动的组织与实施

高妙添

本文介绍了新安中学运用“手持技术”开展研究性学习活动的新进展，包括活动开展的各个阶段：1. 研究性学习的准备阶段。教师以现行高中教材为基础，发挥手持技术的优势，制订活动计划，并对学生进行培训，使其熟悉手持技术。2. 研究性学习的实施阶段。在探究活动中，学生主动地搜集资料、实地考察、采集样本、进行实验、分析结果，最后得出实验结论并提出建议，让学生亲身体验学科学、“做”科学的历程。3. 研究性学习的总结阶段。教师通过对活动进行经验总结，并在此基础上总结出新的有关研究性学习的教学方法与策略，为下次开展研究性学习提供有益的参考，同时也为中小学运用“手持技术”开展研究性学习提供参考与借鉴。

《化学教育》2009 年第 8 期

## 化学教师如何开发精品课件——以全国特等奖课件为例

郑小军

课件是信息化教学的基础，课件质量直接关系到信息化教学的质量。本文以全国多媒体课件大赛普教组特等奖课件为例，介绍了作者开发精品课件的经验和技巧，并且提出了若干建议。一、培养课件开发的精品意识。二、理解精品课件的属性。三、重视课件选题。四、重视组建高效、互补、默契的开发小组。五、开发流程要科学，注意技术与思想的融合。六、抓好课件设计这个关键环节。1. 导入方式新颖，创设的学习情境有利于激发学习兴趣。2. 课件教学设计全面、内容丰富、重点突出。3. 课件导航清晰，交互性强，使用方便，界面简明、素雅。4. 课件注重学法引导和思维培养，合理运用多媒体和多种教法，较好地解决了教学重点和难点。5. 以新课程理念为指导，注重教学内容与生活的结合，加强信息能力和探究能力的培养。6. 课件设计多样化、交互性强、具有一定智能性的形成性练习，吸引学生主动参与。7. 课件重视运用小结帮助学生建立完整的知识结构。七、采用先进技术，凸显课件特色。

《化学教育》2009 年第 7 期

## 基于信息技术的 CTS 信息获取

赵钧若　陈　凯　柳闽生

本文针对 CTS 信息资源获取与利用的必要性：课程标准的要求和课堂教学的需要、真实性化学问题命题研究的需要、教师知识多元化和科学素养提高的需要、大众生活品质提高的需要。介绍了基于网络搜索的 CTS 信息获取方式：1. 初步搜索。初步搜索是在一定的化学信息应用需求下，主要利用具体信息的关键词对网页、新闻、博客、论坛和图片等进行搜索。2. 深度搜索。知识搜索引擎、百度知道、网络百科全书。3. 专业搜索。专业搜索是建立在数据库基础上以获得深入的专业知识的搜索方式，权威性较高，科学性强，适合教学科研活动时作为信息依据。和基于思维导图的CTS信息整合方式，将思维导图的放射性结构用于展现CTS信息寻求与利用过程中思维延伸的路径，凸显了思维的层次型与联想性。

《化学教育》2009年第8期

## 运用Excel软件绘制晶胞直观图

徐守兵

本文利用大家都比较熟悉的Excel软件，根据立体几何斜二测画法的规范要求，精确画出中学常见的一些晶胞直观图，以满足化学新教材选修3《物质结构与性质》“晶体结构与性质”一章中，在课堂教学和试题命制时晶胞示意图的绘制需要。很好地解决了在用Word绘制一些简单的示意图时出现的粒子相对大小及相对位置不够精确，复杂的晶胞难以入手等问题。本文具体介绍了直观图斜二测画法的基本规则，直观图Excel画法的基本原理，以及常见的金属晶体晶胞、原子晶体晶胞、离子晶体晶胞的Excel直观图。

《化学教育》2009年第8期

## 化学教师创建个人数字化教学资源库初探

郑小军　王屹　石鹏

数字化教学资源是信息化环境下化学教师进行信息化教学的基础。个人数字化教学资源库是指教师利用各种途径获得的各种有组织的多媒体、数字化教学资源的集合，是化学教师进行个人知识管理的重要工具。笔者认为建好和用好个人数字化教学资源库将成为信息时代化学教师的基本功，化学教师应开阔视野、拓宽渠道，利用各种途径获取各类数字化资源，并且通过科学分类、合理组织创建个人数字化教学资源库，为开展富有个性的信息化教学打下坚实的基础。

《化学教育》2009年第9期

## 交互仿真智能性课件在实验教学中提升学生科学素养

蒋红霞　陈琰君　张淑华　冉鸣

以“原电池实验”为例，深入诠释了交互仿真智能性课件在实验教学中培养学习者科学素养的具体体现。指出教师要合理地应用教育信息技术，突现出此类新型课件在化学实验教学中的意义和价值。1. 利于科学知识和技能的培养；2. 有助于科学探究能力的培养；3. 利于科学精神的培养。

《化学教育》2009 年第 10 期

## 利用化学实验图库绘制实验装置图

崔书华　于金秀

介绍了用 Windows 画图板绘制常见化学实验仪器图。一、几个典型化学仪器的绘制方法和技巧。1. 直角弯管的画法；2. 广口瓶、洗气瓶的画法；3. 分液漏斗的画法；4. 烧瓶的画法；5. 锥形瓶的画法；6. 干燥管的画法；7. 酒精灯的画法。二、建立化学实验装置图库的做法和要求。三、利用图库中的化学仪器组合图片绘制化学实验装置图的方法。

《化学教育》2009 年第 11 期

## 超越技术　深入学科——对分子模拟技术融入化学教学的思考

麦裕华

分子模拟技术在学生形成心像、微观思维能力和有效实现表征转换能力的培养这一教学过程中起到关键的媒介作用。分析了：1. 微观思维能力和表征转换能力的内在特点。2. 国外分子模拟技术在国内存在科技扩散困境是影响使用分子模拟技术的因素，并提出了：(1) 重视微观思维能力和表征转换能力的作用；(2)选择适用的分子模拟软件和注重教学设计；(3)开展分子模拟技术融入日常教学的行动研究作为消解分子模拟技术在科技扩散过程中出现的障碍的建议。

《化学教育》2009 年第 12 期

## 浅谈化学教育仿真软件培养学生自我效能感

蒋红霞　冉　鸣

自我效能感是个体以自身为对象的一种思维形式，指个体在执行某一行为操作之前对自己能在什么水平和能力上完成该行为活动所具有的信念、判断或主体自我感受，同时，它也是促使知识能力运用的重要因素。在化学实验中，学生的专业知识和技能水平尽管相似，但由于受到自我效能感的影响，他们的实际表现有着很大的不同：高自我效能感的学生刻苦努力、沉着稳重、有条不紊；而低自我效能感的学生因为学习信心不足，所以心浮气躁、手忙脚乱，甚至竭力逃避实验。应用化学教育仿真软件培养学生的自我效能感：1. 提供“实验”探究的环境，使学生获得成功的喜悦和失败的经验，为自我效能感的形成创设条件。2. 激励学生进行自我强化，促使学生形成自我效能感。3. 营造自由和谐的氛围，为自我效能感的形成提供保障。

《中学化学教学参考》2009年第5期

## 数码拍摄在高中化学辅助教学中的应用

虞 丽 刘长林

大多数品牌的数码相机都具备如下功能：适合不同环境下的照片拍摄，短时间动态影像拍摄，近距离文本、图片和实物拍摄，LCD显示器播放和数字信息传输等。主要从以下几方面将数码相机作为多媒体辅助教学的新工具，使其服务于新课程的教学实践：记录实验过程，链接实验时空；将不能在教室进行的实验展现在课堂上；记录并展示教师的实验研究过程，激发学生的学习兴趣；记录并展示学生研究性学习的精彩画面；在日常生活中拍摄积累化学影像素材，开发课题资源。将数码相机作为多媒体辅助教学的新工具，应用于辅助教学实践是信息时代优化教学手段，提高教学质量的一种尝试，随着新课程改革的不断深入和信息技术的不断发展，有理由相信这种尝试将迎来更为广阔的发展前景。

《中学化学教学参考》2009年第8期

## SPSS在化学教学评价中的应用

张 敏

通过运用SPSS对命题质量的评价、对学生考试情况的评价以及对学生成绩影响因素的分析，介绍SPSS在化学教学评价中的运用。一、对试题命制质量的评价。二、对学生答题情况的评价。三、其他因素是否对学生化学成绩产生影响。

《化学教学》2009年第2期

## 应用交互仿真智能性课件对学生进行“问题意识”的培养

蒋红霞 张淑华 冉 鸣

以“原电池实验”为例，诠释了应用交互仿真智能性课件在培养学生“问题意识”方面的作用和方法。应用交互仿真智能性课件培养学生的“问题意识”，提供实验探索的环境，为“问题意识”的形成创设条件；营造自由和谐的氛围，为“问题意识”

的形成提供保障；创设问题情境，设置悬念，形成“问题意识”。

《化学教学》2009 年第 3 期

## ChemBioOffice Ultra 2008 在中学有机化学教学中的应用

黄 鹏

该文为我们分别介绍 ChemBioOffice Ultra 2008 其中的 ChemBioDraw 和 ChemBio3D 两款软件在中学有机化学教学中的辅助应用。

《化学教学》2009 年第 8 期

## 网络视频技术在中学化学教学中的应用探讨

李安徽

本文对网络视频技术应用于化学教学的优越性、存在的问题、实际应用操作进行了探讨。阐明优越性：(1)突破地域限制；(2)突破时间 ；(3)突破内容限制。存在的问题：(1)对网络教育应用的优势认识不够；(2)重视硬件建设，轻视软件建设；(3)网上教学资源缺乏，形成“有枪无弹”的奇怪现象。并分析了实际应用操作的可行性：(1)网络视频教学硬件分析；(2)视频文件格式的可传播性分析；(3)网络视频教学资源制作的可行性。

《化学教学》2009 年第 9 期

## CAI 课件辅助中学化学课堂教学的有效功能之管见

赵立胜

该文阐述了 CAI 课件整合中学化学教学信息功能的理论支撑主要是建构主义学习理论和“最近发展区”理论。分析了 CAI 课件有效整合中学化学知识信息的功能：(1)激发学生兴趣，提高学习效率。CAI 课件由文本、图形、动画、声音、视频等多种媒体信息组成，可以创设信息量大、富于启发性的问题情境来展示问题，激发学生的学习兴趣。(2)突破教学难点，启发学生思维。CAI 课件具有动画效果好、交互性强的优势，可使抽象的理论具体化；间接的问题直接化。帮助学生从感性认识上升到理性认识，从而有效地突破化学教学的难点。(3)应用交互方式，有利于自主学习。CAI 课件的超文本结构提供多种学习路径，便于学生进行联想思维。(4)创设动态情境，调动学生学习内动力。CAI 课件通过仿真的模拟、逼真的动态演示，唤起了学生的参与意识，可以充分调动学生的学习内动力；动态学习情境的创设，可以提高学生的学习热情，使得抽象的概念具体化，复杂的结构直观化。最后指出了 CAI 课件整合中学化学教学信息的注意问题：(1)CAI课件设计制作的“因材施教”,(2)教师的课堂行为不能受 CAI 课件左右,(3)CAI 课件不能完全替代传统教学手段,(4)CAI 课件不能使化学实验“屏上谈兵”。

《化学教学》2009 年第 11 期

## 中外化学实验网络资源的现状分析与优化策略

王后雄　尹文静

一、中外实验网络资源设计的现状分析：网络资源的呈现方式有文本描述型、动画模拟型、视频演播型、软件交互型和手持技术型。从数量上看，文本描述型最多，动画模拟型居其次。国外多按照物质的字母顺序或反应类型编排，并设有搜索功能，方便查询。国内则按照教科书的章节顺序来安排对应的实验，便于教学同步。国外网站的语言亲切且具有启发性，国内网站更注重语言的规范性。二、化学实验网络资源应用的策略：了解各种网络资源呈现方式的优缺点，有针对性地选用。开发和完善实验网络教学的资源。了解实验网络教学资源对教师和学生的高要求。网络实验教学不能取代传统的实验教学，只能是“协同”地位。以学生为中心的化学网络课堂教学模式，顺应了现代教育改革的方向。有关网站：网址一 http：//chem. cersp. com/HXJS/

网址二 http：//genchem. chem. wisc. edu/demonstration/Default. htm

网址三 http：//www. e－huaxue. com/file9/index319. htm

网址四 http：//www. sciencecourseware. org/

网址五 http：//www. lab8. cn/Index. html

网址六 http：//dvaction. northwestern. edu/index. html

网址七 http：//www. modelscience. com

《中学化学》2009 年第 1 期

## 虚拟实验软件在化学教育中的价值及问题探讨

张贤金　黄　静

介绍了几个常用的虚拟实验软件，分析了其教育价值主要体现在以下优势：①实验过程的可控性、可重复性。②避免了实验的危险和毒性。③虚拟实验软件确保了实验的成功率。④更加高效。指出了虚拟实验软件在应用中存在的主要问题有：①应用停留在较低层次上。②功能被过分夸大。③大量使用不利于学生实验操作技能和实验思维能力的培养。④使用中没有关注到学生个体的差异。⑤缺少与传统实验的有效整合。

《中学化学》2009 年第 9 期

### 高中化学“生命的基础——蛋白质”web quest 网络探究课案例设计

白春章　王　野

本文基于 web quest 网络探究教学模式，从学习需要分析、确定教学目标、教学重难点、选择教学模式、教学媒体和教学环境选择以及教学环节设计 6 个方面设计了高中化学《生命的基础——蛋白质》一节的教学案例。并对此课程界面进行了介绍。

《中小学教学研究》2009 年第 8 期

# 化学课程资源开发

2009 年一线教师提供了丰富多彩的化学课程资源，其中体现生活、社会与化学联系的科普介绍类文章最多，为化学教学情境创设、实验设计、考试命题提供了丰富的素材。主题主要集中在营养健康、日化用品、环境保护、能源燃料、新型材料等方面。公共安全领域中的化学问题持续地受到重视。2009 年化学史主题文献不多，主要介绍了一些化学史上重要的化学物质发现或经典理论、学说的发展过程等，论文内容都和中学化学教材联系紧密。另外，研究者们还密切关注化学领域的一些新发现、发明与技术，并探讨了将其转化为化学教学内容的可能性与方法。

## 化学社会生活

### 烟花爆竹漫谈

吴国英　卢　伟

本文简要介绍了我国烟花爆竹的简史和我国烟花爆竹的现状。我国烟花爆竹生产存在不少问题，整体而言，生产设备落后，工艺不合理，自动化水平低，特别是造粒、装药、混药、干燥等高危工序，仍然停留在手工作坊阶段，加之工人整体素质偏低，不严格执行操作规程，安全事故时有发生。作者还探讨了烟花爆竹中的化学，从氧化剂、可燃物、着色剂、特殊效应物质和溶剂这五个方面对目前烟花爆竹中所含有的化学成分进行了归纳。根据烟花爆竹所含有的化学成分，作者对燃放烟花爆竹可能产生的化学污染进行了分析。最后，作者对于烟花爆竹未来的发展进行了展望，作者认为需要从科技入手来全面解决燃烧烟花爆竹带来的环境问题，将现代CAD计算机辅助设计、PDM产品数据管理和专家系统仿真技术运用到烟花爆竹的制造中能对产品质量的改善起到不可估量的作用，另外，我们还可以找到更安全、更环保的替代品。

《化学教育》2009年第1期

## 化学农药的现代化发展历程

朱　琳　吕海平　彭蜀晋

本文介绍了现代化学农药从天然农药经人工合成有机农药向着“超高效、无毒、无污染”的绿色化学农药方向发展所历经的3个主要发展阶段：20世纪40年代初期以前，是以无机化合物及天然植物源为代表的第一代农药（又叫天然农药）时期；40年代中期到60年代末是以有机氯类、有机磷类、氨基甲酸酯类为代表的人工合成有机农药发展时期，即第二代农药；80年代以后则进入了以“超高效、高选择性、无公害”为特征的第三代农药发展时期。本文还探讨了这3个主要发展阶段中代表性农药的性质及其特点。

《化学教育》2009年第2期

## 烟花中绽放北京奥运理念——绿色化学诠释新北京新奥运

阙荣辉　张　镇

节日庆典燃放烟花爆竹，在我国已有两千多年的历史，而烟花自诞生之日发展到现在，一直都跟化学紧密相关，随着化学科学和整个科学技术的进步，烟花技术也得到了长足的发展。本文就此介绍了中国烟花发明和发展的历史梗概，以及烟花中的化学知识和化学反应原理。本文还阐述了北京奥运会和残奥会上烟花所体现出来的“科技奥运”“绿色奥运”和“人文奥运”的理念，诠释并展现了绿色化学的新视野。

《化学教育》2009年第3期

## 认识“碳足迹”——倡导低碳生活

王　秋　施　阳

温室效应及温室气体的排放是全球气候变暖的重要原因，“碳足迹”是近年来国际环保组织及研究者为了形象而准确地衡量温室气体排放对气候以及人类生活的影响提出的新概念，用于测量人类活动中产生的全部温室气体，并以二氧化碳作为等价物，以吨（或千克）为单位计算温室气体的量。这一概念促使人们认识到，在现代生活中每一个人都在这个世界上留下了“碳足迹”，减少“碳足迹”，倡导低碳生活人人可为，有利于唤醒人们的环境意识与责任。本文介绍了“碳足迹”的含义及计算方法，讨论了个人生活与“碳足迹”的关系，从“碳中和”、做出承诺、节能减排、支持新能源的开发与应用等方面提出减少“碳足迹”的建议。

《化学教育》2009 年第 3 期

## 化学与麻醉剂

刘德智　刘翠萍

简单介绍临床常见麻醉剂的类型、化学组成与结构。一、全身麻醉剂。作用于中枢神经，可使用药者在一定时间内丧失意识、反应和感觉。按照给药方式分为吸入性麻醉药和静脉麻醉药。二、局部麻醉药。作用于外周神经，阻断神经冲动的传导，使用药者在意识保持清醒的情况下，局部组织失去痛觉。根据其结构可分为：苯甲酸酯类和酰胺类等。

《化学教育》2009 年第 4 期

## 防污涂料进入“无锡”时代

陈书兵　宋相珠　王旭东　闫海鹏

本文简单介绍了防污涂料的作用和发展历程并对防污涂料进入“无锡”时代进行展望。一、防污涂料进入“无锡”时代。1. 降低舰船航速。2. 增加燃料消耗。3. 加速基材的腐蚀。使用防污涂料能防止海洋生物污损海洋设施。二、防污涂料的发展历程。1. 有毒“杀生”时代。以氧化亚铜、有机锡为主。2. “无锡”环保时代。三、“无锡”时代防污涂料的发展现状及展望。1. 低公害防污涂料。主要为复合配方氧化亚铜防污涂料和自抛光防污涂料。2. 无公害防污涂料。研究方向主要是生物、仿生、导电防污涂料。

《化学教育》2009年第4期

## 谈谈化学与地震

刘建廷

本文分析了地震发生前地壳内部地球化学场前兆现象及认为反映了地震前兆的灵敏化学物质的变化，用以帮助预测地震。一、深部信息。岩层变形，出现地热、地气以及水质成分和放射性同位素突变现象。二、由地形变化引起的地震前兆。水位明显下降，水质成分也明显变化。三、不同含水层沟通的地震前兆。四、应力作用的地震前兆。岩石中的水和气在形变压力作用下也发生明显的变化。五。孕震过程中比较活跃的地球化学物质。介绍了二氧化碳、氢、氦、氡、汞、硅、氟7种物质在地震预报中的作用。

《化学教育》2009年第4期

## “部分酸、碱和盐的溶解性表”的教学资源开发

谢永侠

“部分酸、碱和盐的溶解性表”是化学教学中十分重要的工具。除了在教学中揭示部分酸、碱和盐的溶解性的规律性信息的核心功能外，本文挖掘并利用这一图表所蕴涵的多种资源，实现图表资源效用最大化。1. 标识元素符号功能。2. 蕴涵化学式书写功能。3. 熟悉常见原子团功能。4. 承载物质分类识别功能。5. 明示离子符号功能。6. 明析离子方程式功能。7. 强化电离方程式书写功能。8. 盐的水解阐释功能。9. 离子共存解释功能。

《化学教育》2009年第4期

## 蛋壳中的化学

姚成立　朱金苗　徐汪华

本文以常见的禽类蛋壳为对象阐述蛋壳中存在的化学知识。一、禽蛋的形成过程。禽蛋的形成大致分3个过程：卵细胞的生长、成熟和排卵，蛋的成形，蛋的产出。二、蛋壳的化学成分组成。蛋壳主要由无机物构成，约占整个蛋壳的94%～97%。有机物约占蛋壳的3%～6%。三、蛋壳的结构。蛋壳部分包括外蛋壳膜、石灰质蛋壳和蛋壳下膜3部分。四、蛋壳的作用。厚蛋壳既

能抵抗病菌，又能预防蛋破碎。五、蛋壳的形成机理。生物体吸收食物中的钙-骨骼中沉积-血液输送到产生蛋的部位-蛋壳的形成-再从食物中吸收钙。六、影响蛋壳质量的因素。遗传、营养、疾病、环境和管理等诸多因素都会影响蛋壳质量。七。蛋壳的应用。蛋壳可作肥料，或研究蛋壳的仿生原理。

《化学教育》2009 年第 6 期

## 21 世纪的绿色食品包装材料——可食性包装材料

赵仲丽　莫尊理

本文介绍了新型绿色环保可食性包装材料的特性及分类，并对其现存问题及发展趋势作了概要阐述。一、可食性包装材料的特性。具有阻气性、保香性、水汽渗透性、阻油性、稳定性、营养性、风味性、无毒无害性等特点。二、可食性包装材料的分类。按其制备来源，分为蛋白质型、多糖型、脂肪型、复合型、蔬菜型，并用表格介绍了可食性包装材料各类型的特性及应用。三、存在的问题。1. 性能有待提高。2. 工艺有待完善。四、发展趋势。

《化学教育》2009 年第 6 期

## 烟草植物在有机医药和农药中的应用

魏荣宝

烟草植物富含优质蛋白质和生物碱，具有很高的药用价值。本文对近年来烟草植物在有机医药、农药方面的应用进行了总结，对烟草的应用前景进行了展望。一、吸烟有害健康。二、烟草植物浑身是宝。1、绿色的烟草杀虫剂。2、烟草中的尼古丁可制成治疗疾病的医药。①尼古丁可治疗老年痴呆症。②抗癌烟草药物。③转基因烟草药物。三、优质的烟草植物蛋白。四、烟草鼠。烟草是首种用作实验研究的模范植物。三、医药和农药中的烟碱衍生物。利用烟碱的生理活性，人们合成了大量含有烟碱结构单元的医药、农药。四、展望。

《化学教育》2009 年第 7 期

## 阿魏酸的合成和应用

赵　琳　张英锋　马子川

阿魏酸因其独特而优良的药理活性在食品、保健品、化妆品、医药等方面有着广泛的用途。本文介绍了阿魏酸的结构、性质、合成方法，其中生物合成法具有广阔的开发和应用前景。一、阿魏酸的结构和性质。二、阿魏酸的制备。1. 植物提取。2. 化学合成法。主要应用的有机反应有 Wittig-Hormer 反应和 Knoevenagel 反应。3. 生物合成法。三、阿魏酸的应用。1. 在保健品和食品领域中的应用。2. 在化妆品中的应用。3. 在药品中的应用。四、结论与展望。

《化学教育》2009 年第 7 期

## 生物柴油简介

陈明华

生物柴油作为可再生的清洁能源，已在美国和欧盟等多个国家和地区推行使用。本文介绍了生物柴油作为燃料的性质、制备生物柴油的原料和生产方法。一、生物柴油的主要成分、性质和原料。1. 生物柴油的成分和性质。生物柴油是生物质油脂与甲醇经酯交换反应生成的高级脂肪酸的甲酯。2. 生物柴油的原料。生物柴油的原料包括植物原料、动物原料和微生物原料。植物原料主要是植物的种子或果实；动物原料主要是餐饮业中废弃的动物脂肪和动物质食品加工业中的下脚料等；微生物原料主要是微藻。二、生物柴油的生产方法。生物柴油的制备方法有掺和法、热裂解法、微乳法和酯交换法。三、结束语。

《化学教育》2009 年第 7 期

## 食品添加剂之膨松剂简介

孙玉婷　林　丹

本文针对《普通高中化学课程标准（实验）》中选修课程“化学与生活”的内容标准关于“知道常见的食品添加剂的组成、性质和作用”的要求，所以作为常见的食品添加剂之一的膨松剂，有必要让学生更深入的了解。膨松剂一般分为生物膨松剂和化学膨松剂，不同膨松剂的使用原理是一致的。常用的膨松剂是含铝的泡打粉，而饮食中铝的含量过多会减退人的记忆力和抑制免疫功能，所以无铝膨松剂将是膨松剂新的发展趋势，无铝膨松剂的优点很多，安全、高效、方便，适应消费者的需求，也是近年来食品膨松剂的主要发展趋势，会逐步成为食品企业使用膨松剂的首选。

《化学教育》2009 年第 8 期

## 人体中影响心理健康的一些内源性化学物质

任奋兰　周天泽

好斗、逃学等不良行为的产生不但是一种心理的作用，而且还与人体内的一些化学物质有关。本文针对这种现象着重介绍一些影响心理健康的内源性化学物质：钙可使人镇静；镁能减轻心理压力；锌与记忆和智力有关；铁参与输氧；碘可以防止智力障碍，有助于消除紧张、帮助睡眠；硒可以调节抑郁症患者的情绪，还可缓解抑郁症状，减轻病痛折磨，提高生活质量；5－羟色胺和梅拉多宁影响情绪；多巴胺能使人产生快感等。作为一种具有高等智慧和高度社会化的生物，人的心理健康除了会受到体内这些微量化学物质的影响外，还与他人、社会等外界多种因素息息相关。

《化学教育》2009 年第 9 期

## 化学与防火涂料

王媛原　王炳强

本文通过介绍当前我国防火涂料的种类：钢结构防火涂料、饰面型防火涂料、电缆防火涂料、预应力混凝土楼板防火涂料。用途及使用对象，揭示其中的化学知识，对当前我国防火涂料的发展现状进行了分析：不断研制新型防火涂料、开发多功能防火涂料、不断更新防火涂料生产工艺、积极开发环保型防火涂料，并根据防火涂料的发展现状对其今后的发展方向进行了探讨：我国防火涂料的发展将向着品种丰富、功能齐全、环保的方向发展，且不断更新生产工艺，提高生产水平。从而弥补我国当前防火涂料发展现状中不完善的地方，并使防火涂料生产技术水平得到提高、产品高效、功能齐全、环保。

《化学教育》2009 年第 9 期

## 食用油中非食用油的检验

解洪伟　彭友舜　谷海军

油脂是人类的重要营养物质，食用油的质量与人们的身体健康密切相关。本文介绍了食用油中含有的桐油、大麻油、蓖麻油、巴豆油、棉籽油及矿物油等非食用油的检验方法，简便易行，对食用油中含有的非食用油的检验有一定参考作用。

1. 混入桐油的检验（GB/T5009.37—2003）：亚硝酸法、硫酸法、三氯化锑法，检出限量为0.5%。

2. 混入大麻油的检验（GB/T5009.37—2003）：对二甲胺基苯甲醛法。

3. 混入蓖麻油的检验（GB/T5009.199—2003）：颜色反应、无水乙醇法，检出限量为5%。

4. 混入巴豆油的检验（GB/T5009.37—2003）：混合氢氧化钾溶液加热法，检出限量为2.5%。

5. 混入棉籽油的检验（GB/T5539—1985）：哈尔芬试验检验，检出限量为0.2%。

6. 混入矿物油的检验（GB/T5009.37—2003）：皂化反应，检出限量为0.5%。

《化学教育》2009 年第 10 期

## α-萘乙酸：植物生长的调节剂

林海斌

α-萘乙酸是应用广泛的植物生长调节剂，它可以促进作物生长、疏花蔬果、保花保果、促进生根等。介绍了α-萘乙酸的性质、合成方法、降解途径以及在农业生产上的应用和合成新型的植物生长调节剂。

《化学教育》2009 年第 10 期

## 避孕药中的化学

马子川　张英锋　郑晓珍　赵　琳

本文介绍了避孕药的种类以及成分并将几代避孕药中孕激素比较显示第二、第三代孕激素优于第一代孕激素。主要介绍避孕药的避孕机理并且详细介绍几种常见避孕药　1. 探亲避孕药丸。2. 安婷紧急避孕药。3. 悦可婷长效口服避孕药。并说明了在服用避孕药后的一些副作用以及服用后补充维生素。在文章的最后还介绍我国的科学家黄鸣龙和周维善在这方面的研究成果和贡献。

《化学教育》2009 年第 11 期

## 再谈脲醛树脂胶黏剂

杨明生　邱　寒

介绍了常见的甲醛系木材胶黏剂以及脲醛胶的改性。从1. 板材中游离甲醛的产生；2. 降低板材中甲醛释放量的方法；3. 消除甲醛污染技术；4. 防止甲醛污染的办法四个方面介绍游离醛的产生及减少危害的办法。

《化学教育》2009 年第 11 期

## 肥皂上的白霜

肥皂放久了表面会“冒汗”，还会结一层“白霜”，这是怎么回事？生产肥皂，是在很大的煮锅里加入油脂，加热熔化，再慢慢加入烧碱（氢氧化钠），让油脂与烧碱进行化学反应。反应的结果就“诞生”了肥皂与甘油，它们是浆状混合物。接下来是将混合物中的肥皂与甘油分离开来，于是就往里面加盐进行盐析，混合物顿时分为两层：上层是白花花的膏状物，即肥皂与水的混合物；下层是水、甘油、食盐和烧碱残留物。然后将上层的青状物提取出来，滤去水分，用模具压成成品肥皂。在分离和提取的青状物中，仍然含有少量甘油、食盐与烧碱。肥皂“出汗”和“结霜”，就是这些成分所致。甘油很喜欢水，它会从空气中吸收水分。肥皂中的甘油含量多了，甘油一吸水，肥皂表面便“冒汗”。一般的肥皂中都含有少量的盐，肥皂放久了，水分蒸发，于是盐析出，肥皂就被上了一层白衣。它“结霜”的另外一个原因，是烧碱发生了化学变化，吸收了空气中的二氧化碳，变成碳酸钠，析出白色结晶。摘自《少年百科知识报》

《中学化学教学参考》2009 年第 1/2 期

## 去除锰混合物污迹实验

张　翼　蒯世定

用高锰酸钾制氧实验是初中化学实验教学的重点之一，但学生做这一实验始终存在一种缺憾，那就是实验完成后，试管洗不干净，往往由老师课后代洗。该实验可以很好地解决这一问题：加入适量的 3% $H_2O_2$ 溶液，并加入 2～3 mL 白醋，振荡，试管壁上的锰迹立刻消失，并伴有大量气泡。该实验如果运用在初中化学的教学中将很有意义，因为它符合新课程改革的要求，具有装置和方法简单、易普及、效果明显等特点，具有一定的探究性、引导性和创新性。

《中学化学教学参考》2009 年第 8 期

## 20 年后我国将成无稀土国

有“工业维生素”之称的稀土，具有优良的光电磁等物理特性，能与其他材料组成性能各异、品种繁多的新型材料，其最显著的功能就是大幅度提高其他产品的质量和性能——比如大幅度提高用于制造坦克、飞机、导弹的钢材、铝合金、镁合金、钛合金的战术性能，大幅提升军事实力。中国稀土资源丰富，可用储备占世界一半左右。稀土本应贵过黄金，但由于国内中小企业混乱无序开采，互相压价，“稀土”在国际市场被卖成“黄土”，价格低廉，结果不仅导致我国丧失稀土定价权，而且大量稀土企业亏损。与1998年相比，2005年时中国的稀土出口量增长了10倍，但价格却降低了36%。而亏损更加剧了中小企业的疯狂开采，结果恶性循环，造成我国稀土资源的巨大浪费。十一届全国人大代表、湖北省人大常委会副主任周洪宇在自己的议案中说：“按照目前的开发速度，再过二三十年，中国就会成为稀土小国或者是无稀土的国家。”他警告说：“二三十年之后，我们将不得不花费巨资从外国进口稀土，西方国家就会牢牢掐着中国的脖子，遏制中国的发展。”摘自2009年8月18日《华商报》

《中学化学教学参考》2009年第9期

## 石化技术自主创新之路的探寻

闵恩泽

该文阐述了自主创新的体会：(1)原始创新必须有转移技术的科学知识基础。(2)创新来自联想，要博览古今中外的论文、专利、著作；要汲取前人的精华，还需要开拓创新；要到国家政府部门、技术工厂、企业工厂、产品用户中去了解国家和市场需求。(3)自主创新需要各显所能、组成团队、历经艰险、终攀高峰。介绍了原始创新、集成创新的案例以及引进装置消化、吸收、再创新的案例。

《化学教学》2009年第1期

## 三聚氰胺——食品与饲料加工中的非法添加剂

石海信

该文概述了三聚氰胺的理化性质，介绍了合成工艺路线：(1)双氰胺法，(2)尿素法。生物学毒性及检测方法：通常有酶联免疫吸附法（ELISA）、高效液相色谱法和气质联用（GC-MS）法等三种。

《化学教学》2009年第1期

## 有关"融雪剂"的高中化学习题

李永红　张海洋

该文介绍了融雪剂种类及融雪原理:(1)以醋酸钾为主要成分的有机融雪剂。(2)以"氯盐"为主要成分的无机融雪剂。阐述了融雪剂对环境的危害。梳理了在"融雪剂"的过程中涉及的主要知识点包括:(1)与生产、生活、社会、环境等方面的相关知识。(2)由盐类对植物的危害迁移到分散系、渗析和胶体等。(3)由醋酸盐迁移到盐类水解和甲烷的制取等。(4)由钢铁腐蚀迁移到原电池等方面。(5)由各种类别的盐迁移到物质的检验、混合物的分离和提纯等方面的知识。

《化学教学》2009 年第 1 期

## 溴酸钾简介

林志杰

该文对溴酸钾的物理性质、溴酸钾作为面团改良剂的原理、溴酸钾的禁用及后溴酸钾时代进行了介绍。

《化学教学》2009 年第 1 期

## 应用催化——从实验室到工业化

林励吾

该文讲述了作者如何克服催化发展的瓶颈——实验室走向工业化。作者举了例子表明他的研究里真正能实现工业化的有三个反应。一、运用自主创新解决国家急需，在没有国外资料和技术的支持下实现用大庆油加氢异构裂化制航空煤油。二、从 20 世纪 50 年代到 80 年代很长时间在研制合成油，这项技术的工业化有特定的机遇的。三、催化裂化干气烷基化制乙苯，这项技术更新换代，不仅实现工业化，而且还产业化扩大了国内市场。

《化学教学》2009 年第 2 期

## 牛奶漫谈

解洪伟

本文对牛奶进行了多方面的介绍。一、牛奶的化学成分；二、牛奶中各种成分的存在状态。三、牛奶的理化性质。四、牛奶的营养价值和保健功能。

《化学教学》2009 年第 2 期

## 神奇的形状记忆高分子

楼 帅 蔡 晶

本文从介绍热致形状记忆高分子的记忆机理入手，以具体形状记忆高分子作为研究对象，对不同高分子进行特性分析，并着重介绍了该种材料在医疗、纺织等行业的具体应用。应用展望：在环保方面有积极作用，减少电子废弃物的环境污染。

《化学教学》2009 年第 2 期

## 碳纳米管——纳米时代的弄潮儿

任国兰

该文介绍了碳纳米管的分类及性质，碳纳米管具有优良的力学性能，独特的电学性能。并列举了碳纳米管的应用。

《化学教学》2009 年第 3 期

## 智能涂料简介

林 丹 孙玉婷

智能涂料是能以一种可控的方式和再现的方式来感受并回应环境中的一些变化，并以改变温度、电场、压力、声音、亮度以及颜色等形式显现出来。该文介绍了智能涂料的制备方法、功能及类型。

《化学教学》2009 年第 3 期

## 拯救蓝天，保护臭氧层

柴 勇

该文说明了臭氧层的破坏现状，阐述了臭氧层破坏原因及其影响。介绍了保护臭氧层的对策，并进行了相关化学试题的分析。

《化学教学》2009 年第 4 期

## 手性，手性药物及手性合成

胡文浩 周 静

手性是自然界的属性，也是人类赖以生存的本质属性之一，在生命过程中发生的各种生化反应过程均与手性的识别和变化有关，从而联系到药物的手性，由于手性药物的对应异构体的药效也有差别，导致在药物合成过程中不对称合成成为重中之重。该文以乌苯美司为例，介绍了原料手性诱导合成和不对称催化合成方法，提出了不对称多组分反应在乌苯美司合成中的新应用。

《化学教学》2009 年第 5 期

## 一氧化碳的工业来源及其应用

陈正林

工业上 CO 的主要来源是水煤气和烃等。广泛用于有机合成的 CO 还可由 $CO_2$ 气体和灼热的石墨反应制备。CO 的重要应用包括用于工业燃气和民用燃气，作燃料电池的燃气，用于化工原料，用于冶金工业的还原剂，制备光降解塑料，制备金属羰基配位化合物，除此之外，CO 还可用作石化工业聚烯烃塑料生产反应中的中止剂、半导体工业多晶碳钻石膜生产中化学气相淀积工艺的碳源、激光气体组分等。

《化学教学》2009 年第 5 期

## 科学认识食用油

刘建廷　班德利

本文介绍了植物油的成分以及植物油的提取和精炼工艺。

《化学教学》2009 年第 5 期

## 食品中的防腐剂

刘　宁　盛国定

该文介绍了食品防腐剂的作用机理和常见的几种化学类防腐剂：酸型防腐剂，酯型防腐剂，无机盐防腐剂。防腐剂的发展趋势逐渐从化学类发展为天然防腐剂，更加健康无害。

《化学教学》2009 年第 6 期

## 介绍一种健康的饮料——葡萄酒

余本丽

该文介绍了葡萄酒的主要化学成分，葡萄酒的营养，葡萄酒的医疗保健功能和葡萄酒的选择。

《化学教学》2009 年第 7 期

## 西兰花中硫代葡萄糖苷的抗癌药理

申树芳　张英锋　马子川

实验表明长期食用西兰花可减少乳腺癌、直肠癌及胃癌等癌症的发病几率。该文综述了硫代葡萄糖苷抗癌药理，说明了硫代葡萄糖苷的化学结构，人体内硫代葡萄糖苷的降解。最后进行了应用前景展望。

《化学教学》2009 年第 7 期

## 超声技术处理水中有机污染物

白林灵　王明召

为配合高中化学新课标“化学与生活”与“有机化学基础”模块教材中有机污染物处理内容的教学，该文介绍一种新型污水治理技术——超声处理污水中有机污染物的原理及应用，供一线教师用作学生阅读材料，让学生了解与所学知识相关的研究前沿，激发他们学习化学的兴趣。

《化学教学》2009 年第 8 期

## 松针的化学成分及应用

申树芳　张英锋　马子川

本文概述了松针提取物的药用价值以及近年来对松针的化学成分及药理活性的研究进展。松针的主要化学成分有挥发油类、色素及维生素类、氨基酸、多元酚类、黄酮类化合物。松针有降血脂及血糖、抗衰老、抗疲劳、抑菌、镇痛作用。

《化学教学》2009 年第 9 期

## 面粉中增白剂含量的简易测定

谷海军　解洪伟　刘　霞　董淑荣

面粉中过量添加增白剂，不仅会破坏面粉中的维生素 A、维生素 E、维生素 $B_1$ 等营养成分，降低面粉质量，而且长期食用增白剂超标的面粉，会造成人体慢性苯中毒，损害肝脏。本文从实验原理、实验具体操作、实验分析结果等方面介绍了一种面粉中增白剂含量的简易测定方法。

《化学教学》2009 年第 10 期

## 绿色荧光蛋白中的化学问题

肖中荣

2008 年度诺贝尔化学奖授予了美国华裔化学家钱永健、OsamuShimomura 和 Martin Chalfie，他们研制和发明多色荧光蛋白标记技术，将为细胞生物学和神经生物学发展带来一场革命。本文主要将与绿色荧光蛋白有关的化学问题编制成例题，并给予解答。

《化学教学》2009 年第 10 期

## 智能型水凝胶

闫有旺

智能型水凝胶对于外界微小的物理化学刺激，如温度、电场、磁场、光、pH、离子强度或压力等能够感知并在响应过程中有显著的溶涨行为或响应性，作为智能型材料，具有良好的应用前景。本文重点介绍了智能型水凝胶的类型以及其在药物控释、组织工程、活性酶的固定、调光材料等方面的应用。

《化学教学》2009 年第 10 期

## 加碘食盐有关问题的调查与研究

何双安

该文完成了对加碘盐的碘含量的测定、碘缺乏或不足引起的疾病的影响和预防、人们对碘盐和碘相关疾病的了解情况等的初步研究。研究过程中除采用文献法和访谈法外，主要采用了实验法和调查法。经过了实验——加碘食盐中碘含量的测定；走访专家——来到市疾病预防控制中心；问卷调查——走向社会街头，最终得到一系列相关结论。

《化学教学》2009 年第 11 期

## 备受青睐的新能源——锂离子电池

何爱平　左香华

由于锂离子电池具有电压高、比能量高、充放电寿命长、无记忆效应、对环境污染小等优点，且安全性能好，使其在便携式电子设备、电动汽车、空间技术、国防工业等多方面具有广阔的应用前景，成为近几年广为关注的研究热点。该文就为何命名为锂离子电池，锂离子电池的组成、工作原理、电动势及与锂离子电池相关的高考化学试题作了介绍。

《化学教学》2009 年第 11 期

## 新课标高中化学阅读材料——聚合物固体电解质简介

秦　晋　王明召　张　博

本文扼要介绍聚合物固体电解质的知识，可供一线教师选作新课标高中化学“化学反应原理”模块课程中电池内容的补充材料。聚合物固体电解质 SPE 又称高分子固体电解质，主要由聚合物和金属盐混合形成。聚合物相当于溶剂，“溶解”金属盐形成固溶体网，离子在其中可以定向迁移，具有导电性。SPE 既克服了电解质溶液流动和挥发的缺点，又具有聚合物质量轻、易成薄膜的特色，由它制成的电化学装置耐压、耐冲击、成本低、易于加工。此外，SPE 制成的电源功率高，能量密度高，寿命长，低温性能良好，尤其适用于移动电话、笔记本电脑、电动车及其他移动电子装置。

《化学教学》2009 年第 11 期

## 毛细管电泳分析方法在食品安全监控中的应用

叶建农

由于毛细管电泳具有分离效率高、分析速度快、所需样品量少、分析成本低等优点，毛细管电泳作为气相色谱和高效液相色谱的替代分析方法，几乎可以分离除挥发性和难溶物之外的各种化合物，从而在食品安全监控中发挥越来越大的作用。

《化学教学》2009 年第 12 期

## 棉酚与“橡皮蛋”

沈　峥

介绍了棉酚的性质、应用、提取及含量测定方法，还介绍了棉酚的毒性及如何脱除毒性。指出“橡皮蛋”的形成主要是由家畜喂养饲料中含有过多含量的棉酚所致。值得提醒的是，由于食物链的作用，棉酚的毒性可能会影响到人类的健康安全。

《化学教学》2009 年第 12 期

## 生物柴油和燃料乙醇

王晓波　马子川　张英锋

石油产品一直是汽车的主要燃料，但石油资源紧缺及其使用所带来的一些环境问题使人们不得不去努力寻找新型可再生能源，生物质能源就是其中的一种。本文介绍了生物柴油和燃料乙醇的性能，以及用酯交换法和发酵法生产生物柴油和燃料乙醇的方法。

《化学教学》2009 年第 12 期

## 蜡、石蜡与酯和烃

李亚策

蜡按来源可分为植物蜡、动物蜡、矿物蜡和合成蜡。植物蜡、动物蜡的化学成分是以酯为主的混合物，矿物蜡和合成蜡的主要成分是高级烃、卤代烃或合成树脂等。石蜡的化学成分是高级烃的混合物。虽然化学成分属于不同类型的物质，但蜡与石蜡的性质却比较相似：油腻、可熔具有蜡光、常温时呈现固态，不溶于水，能溶于苯等有机溶剂。能燃烧，化学性质相当稳定。

《中学化学》2009 年第 1 期

## 三聚氰胺引发的化学思考

罗金强

利用三聚氰胺思考物理性质、分子结构、化学性质以及名称的由来，编制了一系列联系生活的思考练习题。

《中学化学》2009 年第 1 期

## 震后食品卫生、水净化和消毒处理

张英锋　张永安　马子川

一、食品卫生：对细菌性食物中毒，固体食品可煮沸 15～30 分消毒，液体食品用漂白粉消毒后废弃。餐具物件可煮沸 15～30 分消毒，或采用漂白粉消毒。环境消毒可喷洒过氧乙酸。引起化学性或有毒动植物食物中毒的有毒物应进行深埋处理。二、饮水卫生：建立临时水处理设施。煮沸是有效的饮水消毒灭菌方法。也可加消毒剂，放置 30 分后检验含氯量应达到 0.7 mg/L。三、病媒生物防治：喷洒杀虫剂。四、消毒处理：列举了一般用具和食具、墙壁、地面、粪便、瓜果蔬菜、手的卫生消毒剂。五、化学中毒预防和处理：化学性中毒预防要关注潜在危害源。对中毒患者的处理原则是脱离接触，冲洗消毒，应用特效解毒治疗。

《中学化学》2009 年第 2 期

## 漫谈“食总管”——醋

常艳华　孙广荣

介绍了醋的历史和文化、性能、种类与生产方法、用途（烹饪、人体健康、美容）以及食醋的禁忌（胃溃疡和胃酸过多患者不宜、正在服用某些西药时、服用“解表发汗”中药时、对醋过敏者及低血压者、空腹不宜、不能大量饮用）。

《中学化学》2009 年第 3 期

## 金属中的新秀——钛

刘水峰

介绍了钛的物理性质及其多方面的用途，包括军用装备、化工石油、民用领域（建筑材料、人造骨、洗衣机材料、涂料）。还介绍了钛的储量与提炼。

《中学化学》2009 年第 4 期

## 防治二氧化硫污染的方法

张　逵

主要方法包括：①对煤进行脱硫处理。②烟气脱硫：湿法脱硫（石灰乳法、氨法、钠碱法、氧化镁法、海水脱硫工艺）、干法脱硫（吸附法、化学吸收法、催化氧化法）。

《中学化学》2009 年第 5 期

## 2008 年度国家最高科技奖与稀土

柴　勇

徐光宪院士获得此项殊荣。他的科研成果使中国从稀土资源大国变成为生产应用大国。该文介绍了稀土元素的成员、分类、性质、应用、生产及分离与串级萃取理论。

《中学化学》2009 年第 6 期

## 浅谈石油加工过程中发生的化学反应

李亚策

石油的化学加工主要有以石油或石油产品为原料的裂化（包括热裂化、催化裂化）、裂解（包括浅度裂解、深度裂解）和重整（包括铂重整、铂铼重整等）共三种，这些过程包含的主要化学反应有六类：氢解反应、脱氢反应、烷基化反应、重排反应、氢转移反应、异构化反应。

《中学化学》2009 年第 6 期

## 美容新宠——“肉毒毒素”简介

刘　岩

介绍了肉毒素的毒性、来源、制备、生产、管理，重点介绍了肉毒素在美容行业的使用疗效。其毒性比氰化钾强一万倍，其销售管理非常严格，如果随便一家美容院就有这种产品是不正常的。

《中学化学》2009 年第 7 期

## 成语中的化学知识

马亚楼　李连军

列举了十三个蕴涵化学知识的成语：杯水车薪、釜底抽薪、沙里淘金、点石成金、滴水穿石、滴水成冰、火树银花、炉火纯青、水火不容、抱薪救火、百炼成钢、水乳交融、如胶似漆。

《中学化学》2009 年第 7 期

## “甲型 H1N1 流感”与达菲、莽草酸

刘　军　赵斯红

介绍了甲型 H1N1 流感的名称来源、危害、特点、症状、预防。详细介绍了治疗这种流感的药物达菲的化学名称、结构、作用机制、副作用以及从莽草酸中提炼达菲的过程，并介绍了莽草酸的基本化学信息。

《中学化学》2009 年第 8 期

## 浅谈仿瓷餐具与三聚氰胺

朱怀义

真正安全合格的仿瓷餐具就是用三聚氰胺和甲醛生产出来

的。文中详细介绍了几种仿瓷餐具的材料及其使用注意事项。

《中学化学》2009 年第 8 期

## 常见生产、生活中的化学 50 例

田宗学

归纳了 50 条涉及人们衣食住行以及生产实践中涉及的化学知识。

《中学化学》2009 年第 8 期

## 火焰的颜色

明立平　李广洲

分析了火焰的本质，指出影响焰色的内因是物质本身的性质，外因是氧气是否充足以及燃烧时周围环境的温度。给出了此研究对教学的启示。

《中学化学》2009 年第 9 期

## 绚丽多彩的有机象形分子

江锡钧　唐　涛

详细介绍了四类有机分子，它们的形状类似体育上的奥林匹克五环和足球，宗教人物释迦牟尼，动物形象牛、狗、猪、始祖鸟、企鹅以及建筑物庙宇、窗户等。

《中学化学》2009 年第 9 期

## 人体健康　缺硒不可

苏莉娜　段卫东　王　芬

硒的生理功能有抗氧化作用、免疫能力、解毒作用、抗癌作用。重点介绍了硒的抗衰老作用。

《中学化学》2009 年第 11 期

## 认识 SC 科学防晒

张兰英　常艳华

SC 是防晒化妆品的英文缩写。本文介绍了紫外线对肌肤的影响、SC 的种类和防晒机理，解释了 SC 的 SPF 值和 PA+的含义。

《中学化学》2009 年第 12 期

# 化学史及其教育功能

## 维生素研究大师——福克斯

郭晓强　张海龙

维生素的研究是 20 世纪上半叶生物化学和有机合成化学研究的主流，尤其是 1948 年结构最复杂的维生素 $B_{12}$ 的纯化和结晶使维生素研究达到一个顶峰。维生素 $B_{12}$ 是结构复杂的维生素，在治疗恶性贫血等方面具有重要应用。本文介绍了维生素研究领域的大师——福克斯的科研历程，重点阐述 1948 年维生素 $B_{12}$ 的纯化及结晶过程，以纪念这位科学家。

《化学教育》2009 年第 1 期

## 中国近代科技教育先驱——上海格致书院中的化学教育考略

江家发　雍玉梅

上海格致书院开创中国科技教育之先河，突破了旧式教育之樊篱，成为中国近代新制教育之滥觞，是我国第一所专门进行科技教育的新书院，她对我国近代科技教育、化学教育的形成和发展具有深远的影响。格致书院开创的化学教学方法和考试制度，使我国近代化学教育一开始就与世界教育方法接轨，为传播近代化学、化工知识，培育化学、化工技术人才作出了开拓性的贡献。本文从化学课课程设置、化学科教学方法、化学科考试制度以及化学教习与学生这四个方面介绍了上海格致书院。

《化学教育》2009 年第 1 期

## 中学化学史教育教学问题及影响因素分析

王秀红　于建军

本文通过化学史教育教学功能的认识以及化学史教育教学的实施这两个方面，对当前中学化学史教育教学的开展状况进行了描述，并且提出中学化学史教育教学过程中存在如下的问题：化学史教育教学地位边缘化；化学史教育教学功能片面化；化学史教育教学形式单一化。作者从化学史教育教学理论研究的影响、教师自身化学史知识的影响、现行考试制度的影响、化学史教育教学资源的影响这四方面的影响因素，对上述问题进行了深入的分析。基于当前我国中学化学史教育教学开展不容乐观的局面，作者强调，我们需要进一步加强化学史教育教学的理论研究，提升化学教师化学史知识理论水平，充实化学史教育教学资源，扭转化学史教育教学开展的不利局面，以充分发挥化学史独有的教育价值。中国近代教会大学早期化学课程与教材。

《化学教育》2009 年第 2 期

## 略谈中国古代炼丹术对金属性质的探索

江家发　徐龙胜　雍玉梅

通过对我国炼丹著作的分析研究，简要地介绍了我国古代炼丹术作为化学的原始形式，对人们认识金属、合金的性质，对冶金学的发展起到的推动作用。一、金属性质的初步认识。通过摘录古代炼丹家著作中对各种金属的描述说明炼丹家们很早就对金属的性质有所了解。1. 对金性质的认识。2. 对铅性质的认识。3. 对汞性质的认识。二、冶金学上的成就。1. 对冶金原理进行总结。促进了金属冶炼业的发展。2. 对冶金方法进行完善。3. 对冶金装置进行改进。三、合金学上的成就。1. 对合金制备方法进行描述。2. 对合金性质进一步认识。

《化学教育》2009 年第 4 期

## 科学史融入教学对初中学生理解科学探究方法影响的实证研究

徐创新　孙金林　邓小丽

以初中 8 年级两个班学生为研究对象，从浙江省现行科学教材中选取 3 个主题，在实验班中将这 3 个主题结合科学史料进行科学史融入教学，以考察科学史融入教学方式对初中学生理解科学探究方法的影响。一、研究设计与实施。1. 研究对象。2. 研究工具。自编科学探究方法调查问卷。问卷的编制包含确定初中生对科学探究方法应达成理解的评价指标和问卷的编制修订两个过程。3. 研究过程。①前侧。②教学实验。③后测。4. 数据的收集与分析。二、结果与分析。1. 组间独立样本 T 检验结果及分析。2. 组内相关双样本 T 检验结果及分析。三、研究结论。1. 科学史融入教学比传统式教学更有利于学生对科学探究方法的理解。2. 科学史融入教学对学生理解科学探究方法有极其显著的影响。3. 短时间内科学史融入教学难以让学生对科学探究方法的理解达到理想水平。

《化学教育》2009 年第 5 期

## 化学史上的重大事件与化学科学发展的主要线索

江玉安

本文对化学科学发展的主要线索进行了阐述，并对化学历史上的重大事件作出评价。一、公元前5～前4世纪，留基伯和德谟克利特：给出了原子论的最初说明。德谟克利特的原子论是哲学思辨，是前化学时代的哲学思想。二、公元前3～前2世纪：炼金术诞生。炼金术士做了大量的实验，积累了许多化学变化的知识和实践经验，是现代化学实验的先驱。三、1661年，罗伯特·玻义耳：出版《怀疑派的化学家》一书，奠定了现代化学的基础。至此，化学脱离宗教神学的樊篱，成为一门独立的学科。是为真理而真理，有了自己研究内容的科学。四、1769年，拉瓦锡：在化学研究中，养成了定量检测的良好习惯，并将化学研究提高到定量分析的水准，提出物质燃烧的“氧化说”。五、1800年，伏打：发明电池，开创了电化学。六、1808年，约翰·道尔顿：出版了《化学哲学新体系》，提出原子的思想，并讨论了原子的结合。道尔顿从微观的物质结构角度揭示了宏观化学现象的本质。七、1828年，弗里德利奇·维勒：首次在实验室内合成尿素，打破了生命与非生命界的绝对界限。八、1869年，门捷列夫：公布了他的《元素周期表》。门捷列夫的发现使纷繁芜杂的化学知识有了内在的联系，元素化学成为真正的系统科学。九、1897年，约瑟夫·约翰·汤姆生：发现了电子。这是化学家能够从微观的角度和更深的层次上来研究物质的性质和化学变化的根本原因。十、1930年，莱纳斯·鲍林：将量子力学引入了化学。十一、1995年，玻色—爱因斯坦凝聚态在实验室问世。

《化学教育》2009年第7期

## 近30年我国化学教学艺术研究的反思与展望

刘一兵

本文介绍近30年，我国化学教学艺术围绕教学技能的娴熟化和艺术技巧两个层面取得的重大发展，同时探讨化学教学艺术研究存在的主要问题是：教学艺术形成机制的研究缺失、理论基础较为薄弱、缺乏学科特征性、教与学的关系失衡、研究方法单一。以及要走出化学教学艺术研究的困境，应该拓展研究疆域和拓宽研究方法。

《化学教育》2009年第9期

## 中国古代化学史研究的拓荒者——张子高

江家发　王　平

本文全面介绍我国老一辈化学教育家和古代化学史研究的拓荒者——张子高教授。介绍他为我国早期化学教育作出的卓越贡献：在教学中紧紧跟随当时世界化学学科前沿，向学生传授最新的科学成就；治学严谨，要求学生具有实事求是、认真细心的科学态度。介绍他开创性地使用现代化学研究方法对我国古代化学史进行研究以及所取得的标志性成果：1. 对古代青铜器的出现、演变和发展进行了客观性研究；2. 对古代钢铁冶炼发展和金属工艺进行了开创性研究；3. 对古代钢铁冶炼发展和金属工艺进行了开创性研究；4. 对中国古代炼丹术化学史进行了透彻性研究。

《化学教育》2009 年第 9 期

## 燃烧问题——波义耳与燃素学说

刘　瑞　郑长龙　白玉琴

波义耳把化学确立为科学，被誉为“化学之父”。燃素学说产生于欧洲大陆的科学氛围下，而波义耳对空气的性质十分熟悉，在这个阶段，波义耳的工作与燃素学说是平行地发展。金属煅烧后质量增加这一实验现象，让波义耳与燃素学说对金属煅烧问题有完全相反的解释。面对挑战，波义耳用精确的定量实验给予了证明，燃素学说结束了对其长达一个世纪的统治。但其后百余年，化学一直在燃素学说的影响下徘徊发展，主要原因：其一，虽然波义耳对亚里士多德的四元素说和炼金术士的三要素说提出了严厉的批判，但这并没有被大多数化学家所接受；相反，当时众多受过药学教育的医药化学家选择了集成传统，而燃素学说正是在这一背景下发展起来的；其二，波义耳亦受其所处时代和自身哲学信仰的限制；其三，燃素学说具有体系优势。

《化学教育》2009 年第 10 期

## 为什么普里斯特利至死捍卫燃素说

袁振东

发现氧气的普里斯特利终生坚信燃素说，反对拉瓦锡的氧化学说。回到当时的历史语境中对普里斯特利及其科学研究工作进行考察和分析。1. 普里斯特利的宗教信仰和科学信仰；2. 不惧权威，不畏强势，坚持信仰；3. 执著追求，至死捍卫燃素说。因此，至死捍卫燃素说并不全是由于他不客观或头脑不开放，而是由于当时的氧化学说尚不完善，还不能真正驳倒他。相反，普里斯特利为证明燃素说所做的实验研究却为氧化学说的发展提供了证据，促进了氧化学说的完善。

《化学教育》2009 年第 11 期

## 化合价的历史演变

朱玉军　李宗和

本文从经典化合价概念的发展、基于现代化学键理论的化合价规则、化合价（原子价）概念的分裂、徐光宪的原子价新概念几个反面来回顾了化合价概念的发展历史，其中包括化合价概念的提出、化学结构理论的创立、化合价的电子理论的发展、基于现代化学键理论的化合价规则等。介绍了区别化合价与氧化数的相关论述，以助于对化合价概念的理解。

《化学教育》2009 年第 11 期

## “原子-分子”论的创立及其对我们的启迪

张玉春

从 1. 道尔顿的原子论：“原子-分子”论的基石和近代化学新时期的标志；2. 道尔顿与盖·吕萨克的学术争鸣：原子论的内在矛盾及外化；3. 阿伏加德罗的分子学说：“原子-分子”论的完善；4. 坎尼扎罗的“原子-分子”论：道尔顿原子论与阿伏加德罗分子学说的有机整合几个阶段来考察分析“原子-分子”论创立过程。并得出几点启示：1. 科学理论的曲折发展规律；2. 科学理论的“继承—创新”辩证发展规律；3. 科学理论发展的内在矛盾动力；4. 科学理论发展的内在矛盾外化。

《化学教育》2009 年第 12 期

## 重新认识元素周期律

王秉珍

与众多化学定律和理论相比，元素周期律以其形式简明、内涵丰富、预见精妙无与伦比地居于中心地位。大凡涉及化学知识的领域，一般都会有它的用武之地，因而它理所当然地受到人们的推崇，长期以来成为化学基础教育重要内容。但是，从元素周期律发现至今已有一百多年，其间化学发展的丰富内涵已不是几条理论或定律能说得清，当然已远非一个元素周期律所能概括。今天，重新认识元素周期律，对它有个准确的定位，对其作用和意义既不盲目夸大也不轻易贬损，不仅对元素周期律本身及其发现者体现公平和尊重，而且对树立科学态度、培养科学精神具有重要意义。元素周期律的重要意义在于揭示了元素性质间的联系；指导了新元素的发现；推动了原子物理学的发展；在自然科学领域证明了量变质变规律。但同时也出现了元素周期律的误解：归功于门捷列夫一人，元素周期律是在许多前人研究的基础上完善的，是几代人坚持不懈的结果；作用被不恰当地夸大，与元素周期律的不断发展与完善相对应的是，随着新物质、新材料的发现和合成，元素周期律的缺陷也日益显露；有本末倒置现象。

《中学化学教学参考》2009 年第 1/2 期

## 化学史教育功能的思考

陈新峰

对化学史教育功能的换位思考和逆向开发，可使其具有培养学生知识产权的保护意识、独立自主的自我意识、巧借外援的“拿来”意识、正确的灵感意识、知识的发展意识、不唯权威的质疑意识、平等的争鸣意识、坦诚的协作意识等现代教育功能。

《中学化学教学参考》2009 年第 10 期

## 化学史中的归纳推理与现代教学启示

邱道骥　孟献华

归纳推理是从实验和观测的事实材料及实验数据出发，推导出理论性的一般结论的一种逻辑思维方式或推理形式，对于以实验为基础的自然科学而言，发展之初通常是以归纳推理的形式获得其理论基础的。这也就为将归纳推理应用于探究教学提供了依据。学生事先没有掌握有关抽象的科学知识，诸如科学概念、科学原理或理论，只有在观察和分析了具体资料后，对相关概念或原理进行推测、解释或讨论等活动，这样才更有利于学生观察、分类、提出假说、预测以及推理等过程性技能的形成。

《中学化学教学参考》2009 年第 12 期

## 三种中等化学教学类期刊化学史研究分析

习书秀　刘敬华

该文以《化学教育》《中学化学教学参考》《化学教学》三种中等化学类期刊为研究对象，对 1998～2007 年 10 年间发表的有关化学史的论文进行分析，主要从论文分布年代、作者所在的区域、作者单位、作者合作情况、论文内容5个方面做了统计分析和评价。结论指出，随着新课改的推进，大家逐渐意识到化学史对提高学生科学素养起着举足轻重的作用。化学史也同时促进教师专业化发展。在论文内容方面，将研究重点放在了化学史教育的形式、途径与方法和化学史的教育功能研究上，且化学史研究领域逐渐扩大。分析探讨了我国化学史的研究现状以及尚存的问题，化学史课程资源的开发迫在眉睫及发展极不平衡。

《化学教学》2009年第1期

### 原子理论的发展——纪念道尔顿原子理论发表200周年

江玉安

该文回顾了原子理论的发展历程，并评述了原子理论的发展过程。1. 古典原子论。2. 道尔顿原子模型。3. 现代原子理论。(1)汤姆逊原子模型；(2)卢瑟福原子模型；(3)玻尔原子模型；(4)现代原子模型。

《化学教学》2009年第1期

### 中国化工工业的先驱——范旭东

蔡　晶

通过介绍我国第一个精盐厂、第一个碱厂、第一个硫酸铵厂以及第一个化工研究社的创建，介绍了化工工业先驱范旭东的辉煌一生。

《化学教学》2009年第8期

### 苯的发现和苯分子结构学说简介

江玉安

本文详细描述了苯的发现和苯分子结构学说。简述了关于凯库勒悟出苯分子的环状结构的经过。

《化学教学》2009年第9期

### 湿法炼铜中的三个问题

苏爱娣

解释了如下三个问题：①为什么铜器时代要比铁器时代早，但湿法炼铜却出现在铁器时代？②已有火法炼铜为何还出现湿法炼铜？两者原理有什么区别？③现代工业还用湿法炼铜吗？现代湿法炼铜技术有哪些发展？

《中学化学》2009 年第 12 期

## 化学前沿知识

### 绿色荧光蛋白质——2008 年诺贝尔化学奖成果介绍

杨　梅　刘艳梅　刘克文

本文介绍了 2008 年诺贝尔化学奖得主下村修、马丁·查尔菲和钱永健 3 位科学家在绿色荧光蛋白质（GFP）的发现和开发方面的卓越贡献并阐述了绿色荧光蛋白质的结构、性质以及应用等。GFP 的立体结构是由 11 条 β 桶状结构（βbarrel）绕成的一个圆柱体，1 条 α 螺旋缠绕在圆柱体的轴位置。生色团附着在 α 螺旋上，几乎完美地包埋于圆柱体中心。因为这种独特的 β 罐结构，GFP 表现出以下独特的性质：(1)性质稳定，不易变性；(2)生色团的光谱特性与它的包埋方式相关；(3)GFP 的独特三维结构不会被融合蛋白破坏；(4)GFP 能与多种蛋白质的 N 末端或 C 末端融合而不失去天然蛋白质的特性。目前，绿色荧光蛋白质正受到科学界越来越广泛的关注，GFP 的应用主要有以下几个方面：(1)作为转基因植物和动物的筛选标记；(2)用于定位标记；(3)跟踪观察微生物；(4)发育机理的研究；(5)用于细胞筛选；(6)用于免疫学。

《化学教育》2009 年第 1 期

### 阿斯巴甜的合成及应用

赵　琳　张英锋　马子川

阿斯巴甜（Aspartame，APM），俗称天冬甜素、甜味素，化学名称为 α-L-天门冬氨酰-L-苯丙氨酸甲酯，是由 L-天门冬氨酸和 $L_2$ 苯丙氨酸甲酯构成的二肽类甜味剂。阿斯巴甜作为一种新型甜味剂具有许多优点，备受食品专家的推荐与厚爱。其主要特点如下：甜美度高、味美；热量低；安全性高；价格较其他甜味剂低。作者就阿斯巴甜的发展及广阔的应用前景进行了阐述。目前，在自然界中还没有发现阿斯巴甜，因此都采用人工合成的方法，合成方法大体可分成 2 种：化学合成法和生物合成法，其中，化学合成法又主要包括内酐法和内酯法，作者对于国内外阿斯巴甜的合成方法进行了具体的评述。

《化学教育》2009 年第 3 期

## 有机光致变色材料

张长瑞

光致变色简单地说就是光诱导的可逆的颜色改变。有机光致变色材料作为一种新型功能材料，已应用在高科技领域和民用领域。本文简单介绍它的光致变色机理、主要的光致变色体系和有机光致变色材料在各种领域的应用。一、有机光致变色材料的光致变色机理。绝大多数光致变色体系基于单分子反应，即 $A \underset{h\nu_2\text{ 或}\triangle}{\overset{h\nu_1}{\rightleftharpoons}} B$。二、有机光致变色体系。有机光致变色体系主要包括螺吡喃类和螺噁嗪光致变色体系、俘精酸酐光致变色体系和偶氮苯类化合物等系列。本文只介绍了螺吡喃类光致变色体系。三、有机光致变色材料的应用。光致变色材料除了在高科技方面有重要的潜在应用价值外，在民用行业如塑料、涂料、服装等行业也有广泛的应用前景。

《化学教育》2009 年第 4 期

## 生命内部世界变得五颜六色——绿色荧光蛋白质改进者钱永健简介

郭晓强

本文对发明了 $Ca^{2+}$ 染料，在绿色荧光蛋白质改进方面做出重要贡献的 2008 年诺贝尔化学奖获得者钱永健的生平进行简单介绍。一、崭露头角。介绍了钱永健的出生、家庭背景、求学经历、对化学产生兴趣的过程及研究的方向。二、$Ca^{2+}$ 染料的发明和应用。由于钱永健将化学知识熟练地应用于生物学领域，他设计出一种 $Ca^{2+}$ 结合指示剂，开发出 cAMP 分子感受器，并研究开发了遗传编码的生物大分子指示剂，这项研究使他分享了 2008 年的诺贝尔奖。三、GFP 作用机制的阐明和改进。钱永健制备出蓝色荧光蛋白质（BFP）和黄色荧光蛋白质（CFP），使荧光蛋白质的适用范围大大拓宽。四、当前研究和重大荣誉。目前钱永健的研究重点在于癌症的成像和治疗。他的出色科学成就也使得他获得包含诺贝尔奖在内的大量荣誉。

《化学教育》2009 年第 4 期

## 螯合剂 EDTA 简介

程　艳　高　静　徐红纳　田语林

EDTA 是一种高效螯合剂。本文对 EDTA 的结构、性质、应用、污染及含 EDTA 废水处理研究现状等进行了简要介绍。

一、EDTA 的性质。二、EDTA 的应用。1. 锅炉去垢。2. 化学分析。3. 合成洗涤剂。4. 纺织印染工业。5. 造纸工业。6. 金属去锈和电镀。7. 橡胶。8. 动植物油。9. 污染土壤修复。10. 材料制备。11. 其他方面的应用。如血液抗凝剂、食品添加剂、防腐添加剂等。三、EDTA 的污染。含有 EDTA 的工业废水流入江河、湖泊，污染环境、危害人类健康。四、含有 EDTA 的废水处理研究现状。1. 生化法。2. 氧化法。包含光氧化法、电化学法及其他化学氧化法。3. 化学氧化+生化法。

《化学教育》2009 年第 5 期

## 美国“总统绿色化学挑战奖”近十年获奖回顾与启示

闫蒙钢　朱小丽　张占丽

本文在介绍美国“总统绿色化学挑战奖”评选标准的基础上，通过列表统计的形式回顾了 1999 年至 2008 年以来更新合成路线奖、改进溶剂和反应条件奖、设计更安全化学品奖、绿色化学学术奖和小企业奖的获奖情况，并分析得出发展绿色化工在化学工业中占有头等重要地位的认识，提出绿色化工将是未来我国化学工业发展的必然选择。

《化学教育》2009 年第 5 期

## 极具潜在应用价值的催化剂——N-杂环卡宾金属配合物

孙　影　贾卫国

本文针对 N-杂环卡宾的反应性能较高，与周期表中几乎所有的金属都能发生反应形成稳定的配合物的特点，介绍合成 N-杂环卡宾金属配合物的方法：质子消除法、银卡宾法、直接金属化法等，以及 N-杂环卡宾金属配合物的应用：催化 C-C 偶联反应、催化 C-N 偶联反应、催化烯烃复分解反应、催化硅氢化反应。随着对氮杂环卡宾配合物在其他领域的深入研究，氮杂环卡宾不再仅仅是金属有机化学家的宠儿，它将成为有机合成化学家手中的优良催化剂，得到更为广泛的应用。

《化学教育》2009 年第 8 期

## 氢键在现代化学中的作用

陈晓峰　姜大炜　施　莉

本文介绍氢键在现代化学领域中的作用：1. 通过氢键形成超分子。通过氢键形成的超分子有很多，利用不同分子中所能形成氢键的条件，可以组装成多种多样的超分子。2. 通过氢键进行分子识别。由于氢键具有方向性，因此可以设计出具有特殊形状的受体，从而实现高度的专一性识别。3. 氢键型晶体工程。通过调节氢键使其在晶体中具有最优的几何构型和空间方向，可以获得优良材料。4. 通过氢键进行自组装。氢键强度介于化学键和范德华力之间，其特殊的几何构型和方向性，使得它在超分子自组装过程中起着关键的作用。5. 氢键在材料化学中的作用。利用氢键结合单元之间的可逆性，可以设计环境响应（诸如 pH 响应性、光响应性、压力响应性、生物分子响应性、电场响应性等）的连续动态材料。6. 氢键的催化作用。氢键在加速各种反应（如酰基、磷酰基转移、羰基加成、周环反应等）中均起着中心作用。

《化学教育》2009 年第 8 期

## 非常规有机化学反应介质简介

陈 婷

绝大多数的有机化学反应都是在有机溶剂中进行的。很多有机溶剂都有不同程度的毒性，大量有机溶剂的使用，容易造成环境污染。近年来，随着人们环境保护意识的增强，越来越多的科学家将有机合成的研究重点放在绿色合成上。如何寻找传统有机反应溶剂的替代品，使化学反应高效、有序地进行已经成为有机化学的一个研究热点。笔者基于绿色化学理念，简要介绍了水、超临界流体、离子液体、氟相介质等作为非常规有机化学反应介质的研究进展。

《化学教育》2009 年第 9 期

## 中学化学与现代化学的一个结合点——掺杂银纳米二氧化钛材料的抗菌机理

蒋 涛 王明召

介绍了 $TiO_2$ 的光催化原理，并从 1. $Ag^+$ 静电接触抗菌机理；2. $Ag^+$ 溶出抗菌机理；3. 掺杂 $Ag^+$ 后纳米 $TiO_2$ 的光催化抗菌机理三点来论述掺杂 Ag 后纳米 $TiO_2$ 材料的抗菌机理。这一现代化学研究内容，作为高中阅读材料，可以供一线教师选用。

《化学教育》2009 年第 11 期

## 超越分子概念的化学：超分子化学的基础与应用

刘志莲 于永水 崔 玉 王志玲 孟平蕊 刘思全

超分子化学（Supramolecular Chemistry）就是以非共价键弱相互作用力键合起来的复杂有序且具有特定功能的分子聚合体的

化学。文章从1. 超分子化学的起源与发展；2. 超分子体系的分类；3. 超分子体系的功能与应用等几个方面阐述了超分子化学，并做出其具有广阔的应用前景和重要的理论意义的展望。

《化学教育》2009年第12期

## 2009年美国“总统绿色化学挑战奖”获奖成果简介

张画花　闫蒙钢

简要介绍了2009年美国“总统绿色化学挑战奖”的5个获奖项目：伊士曼化学品公司获得更绿色合成路线奖；世界微波化学技术的领导者CEM公司获得了更绿色反应条件奖；Procter &Gamble和Cook Composites & Polymers公司共同分享了设计更绿色化学品奖；绿色能源系统公司获得小企业奖；卡耐基一梅隆大学Matyjaszewski教授获得学术奖。这些都可以让我们看出，当代世界的化学工业正努力地朝着一条更清洁、更经济、更健康的方向持续地发展。

《化学教育》2009年第12期

## 绿色荧光蛋白——2008年诺贝尔化学奖简介

黄　波　吴　祺　曾成鸣

2008年诺贝尔化学奖揭晓，美国伍兹霍尔海洋生物学实验室和波士顿大学医学院的日籍科学家下村修（Osamu Shimo-mura)、美国哥伦比亚大学的马丁·沙尔菲（Martin Chalfie）和美国加州大学圣迭戈分校的钱永健（Roger Y. Tsien）因发现和改进了绿色荧光蛋白而获得该奖项。三位科学家的贡献分别是：下村修在20世纪60年代首先从一种名为Aequorea victoria的水母中分离出了一种蛋白，发现该蛋白在紫外线下会发出明亮的绿光，命名为绿色荧光蛋白（Green ffuo-rescence protein，GFP)。沙尔菲则是率先将GFP移植于一种线虫休内，利用GFP的发光性能对线虫进行遗传标记。钱永健的主要贡献在于阐明了GFP产生荧光的化学机制，并通过改变GFP的化学结构，拓展出能够产生不同颜色的荧光蛋白，使科学家能够对各种蛋白质及其所在的细胞施以不同的色彩。在这些荧光蛋白质的帮助下，研究人员可以通过跟踪某些特定的分子，观测生物过程是如何进行的，例如大脑中神经细胞的发育，癌细胞的扩散，以及信号分子的运动等等。并且可以利用不同颜色的荧光标记，在同一时间跟踪多个不同的生物过程。本次诺贝尔化学奖展示了分子生物学家精湛的分析检测技术，这使我们深切地感到，化学已经超越了其经典内容。不了解生物学知识，不懂得应用生物学方法，将是化学家的一大缺憾。显然，这次奖项不但是对化学教育的一次挑战，也指明了今后化学教育改革的方向。

《中学化学教学参考》2009 年第 5 期

## 化学小分子探针在药物发现中的应用

仇文卫　汤　杰

当今创新药物的发现越来越依赖于靶点的发现以及靶点与活性化合物作用模式的确定，化学小分子探针在这两方面的特出优越性使其成为药物化学的研究热点。

《化学教学》2009 年第 9 期

## 绿色荧光蛋白的发现与发展——2008 年诺贝尔化学奖简介

朱　杰　吴　平

生物发光是一个很普遍的生物学现象，但从不同生物体内提取的荧光蛋白的结构、性质不尽相同。该文回顾了研究 GFP 的时间线索。并指出随着生物技术的发展，对 GFP 的基础理论研究的进一步深入和新型突变体的不断出现，有理由相信这些问题终将会得到解决，从而使 GFP 更好地为科学研究服务。

《化学教学》2009 年第 1 期

## 2008 年十大科学发现

本文对美国《时代》周刊 12 月 9 日评选的 2008 年度十大科学发现进行了介绍。一、大型强子对撞机启动。二、凤凰号登陆火星北极。三、科学家创造出完整人造染色体。四、中国宇航员太空漫步。五、现有大猩猩存活数量超预期。六、发现并拍摄到太阳系外行星。七、隐形斗篷即将问世。八、复活史前猛犸象成为可能。九、科学素养明显提高。十、发现石器时代"核心家庭"。

《化学教学》2009 年第 2 期

## 食品分析中的传感技术与仪器

金利通　曲云鹤

介绍了课题组在三个方面的研究工作：1. 食品中细菌快速检测的传感技术和应用；2. 食品中重金属快速检测的传感技术和应用；3. 食品中农药残留快速检测的传感技术和应用。

《化学教学》2009 年第 4 期

## 对石墨转化金刚石反应条件的讨论

高晓伟　孙闻东

本文从定性分析和定量计算两个层次讨论石墨变为金刚石的转化条件，其中定性分析立足于高中化学课程的知识程度，适合于中学作为化学反应原理的应用案例；而定量计算则是在定性分析的基础上，从大学知识的角度进一步论证和延伸。

《化学教学》2009 年第 5 期

## 链接化学及其应用

鲜跃仲　冉　琴

链接化学是诺贝尔化学奖获得者 Sharpless 教授所提出的一套快速、高效、几乎定量地合成新化合物的实用方法，本文主要介绍了链接化学的基本概念、几种常见的反应类型以及一些实际应用，并对其发展前景进行了展望。

《化学教学》2009 年第 6 期

## 化工过程强化与微反应技术——构筑高效、节能、清洁的未来化工厂的新技术

路　勇

本文主要介绍了：1. 化工过程强化正在孕育化学工业的变革。2. 微反应器技术—化工过程强化新设备。3. 化工过程强化的成功例证：例 1：有机物的硝化反应，例 2：Grignard 试剂酮还原反应。4 微纤维复合材料—发展过程强化设备的新结构和新材料。

《化学教学》2009 年第 7 期

# 学　科　动　态

## 概　述

2009年，化学教育界举办了丰富多彩的会议的交流活动。主要组织者是中国教育学会化学教学专业委员会和中国化学会。广州召开的第四届全国化学教师教育学术研讨会、杭州举行的全国化学特级教师杭州论坛暨化学教学专业委员会第十三次学术年会、郑州举行的第四届全国实验区高中化学新课程实施成果交流大会是2009年比较有影响的会议活动，对于新课程的推进和化学教育的发展具有深远意义。

重大课题方面，高级别的国家级课题不是很多，公开研究成果的更是屈指可数。

化学教师教育是研究者关注较多的研究领域，关于化学教师的知识结构、教学技能、科研素养等主题的研究比较丰富。

研究者对于中国港澳台地区的课程教学动态的研究非常少，但是对于国外的化学教育动态却研究得很多，主要涉及美国、英国、澳大利亚、加拿大、新加坡、芬兰等国家。研究内容主要涉及课程教材比较。关于美国化学周的介绍文章相对较多。

## 会议和交流活动

### 中国教育学会化学教学专业委员会<br>2009年组织的会议和交流活动

3月25日至27日，由该会主办，杭州外国语学校、浙江省教育学会中学化学教学分会承办，浙江省教育厅教研室、浙江省特级教师协会协办的“全国化学特级教师杭州论坛暨化学教学专业委员会第十三次学术年会”在杭州召开。出席会议的有来自全国各地的化学特级教师、化学骨干教师和教研员的代表近400人。这次论坛和年会的主题是：课程改革与化学教学改革。会议研讨的重点是：减轻过重学业负担，提高教学质量，推进素质教育。孙元清、李桢在大会上分别作了主题报告。刘红梅、唐灵生、夏建华、魏荣梅、徐伟念、龙官吾、吴思杰等特级教师、骨干教师、省教研员分别在“课堂教学有效性”“化学探究教学”“教师专业化发展”“教学评价改革”等四个论坛上作了主题发言，与大家面对面交流，并对有关问题进行研讨。会上，浙江省提供了六位优秀化学教师不同类型的化学课堂教学现场课，供观摩、点评和研讨。这次年会收到各地学会择优推荐的交流论文239篇，经大会评委会评审，评出一等奖57篇、二等奖113篇、三等奖63篇。为了纪念该会成立25周年，该会表彰了学会系统先进工作者198名和优秀化学教研员314名。甘肃金东升和湖北孙旭分别代表获奖的学会先进工作者和优秀教研员发言。会前，该会还召开了常务理事扩大会议。据该会秘书处初步统计，截至2009年3月15日，全国（除广东、西藏未报外）化学特级教师为807人。（该会秘书处）

3月，由该会秘书处编辑的中国教育学会化学教学专业委员会成立25周年纪念文集《改革进取开创化学教育新局面》，已由人民教育出版社出版，正在征订发行。（吴海建）

4月12日，由该会主办的第19届“全国初中化学素质和实验能力竞赛（天原杯）活动”在全国近20个省市自治区举行。

（陈晨）

8月14日至16日，由该会主办，安徽师范大学化学与材料科学学院承办的“第二届全国化学教育硕士教学技能大赛决赛”在芜湖市举行。来自全国各地的75名化学教育硕士和10所高等院校的17位专家、教师参加了本次会议。本次大赛的说课、实验设计和论文具有“起点高、有创新、重规范”的特点，充分展示了近年我国化学教育专业硕士研究生的培养成果，交流了经验，有利于进一步提高化学教育硕士的培养质量。大赛评委对经过初赛推选出来的教育硕士研究生的说课、实验设计和论文等进行了认真评审。最后共评出大赛决赛特等奖10名，一等奖59。

（毕华林）

8月25日，该会2009年工作会议在吉林省珲春市召开，吉林省化学教学专业委员会承办。出席本次会议的有该会主要领导张健如、王晶、徐远征、王艳春、夏正盛、魏现洲、陈晨，18个省级化学教学专业委员会的秘书长（或化学教研员）和有关代表共30余人。会议期间，该会还举办了化学教育智力支边（延边朝鲜族自治州）义务讲学活动，自治州组织了全州200多位化学教师与会听讲。这次义务讲学活动是：1. 安徽省宣城中学优秀化学教师戴雯婷作了“对竹筒内存在什么物质?”的探究观摩课；2. 江苏省如东县实验中学副校长、化学特级教师缪徐作了“教学和研究——教师专业成长的必由之路”的专题报告。这次活动对一线化学教师更新教学理念、改进化学教学方法，促使教师专业成长，具有一定的启示作用。此外，在该会倡导下，人民教育出版社、重庆市教科所、《化学教学》编辑部等有关单位和个人，向当地教育部门赠送了一些中学化学教学参考书刊。

（该会秘书处）

9 月 15 日，该会发出《关于举办“2010 年全国初中学生化学素质和实验能力竞赛”（第二十届天原杯）活动的通知》（化专会［2009］5 号），对竞赛活动的目的和组织、奖励办法等提出了要求，并决定 2010 年 4 月 11 日（星期日）上午 9：30～11：30 举办竞赛活动。（陈晨）

12 月 5 日至 6 日，由该会主办，华南师范大学化学与环境学院承办，广州市第六中学和深圳市新安中学协办的“第四届全国化学教师教育学术研讨会”在广州举行，来自内地 26 个省市自治区 60 余家高等学校及有关单位的 180 余位代表以及台湾彰化师范大学和香港中文大学的专家、学者出席了会议。此外，新加坡南洋理工大学的代表也出席了本次大会。

该会理事长张健如致开幕词，华南师范大学副校长吴颖民研究员出席了会议并致欢迎词，华南师范大学化学与环境学院彭伟忠党委书记介绍了该院的发展情况及本届会议的筹备情况。

本届会议的主题是“信息技术支持下的化学教师教育能力培养与科学（化学）学习”。大会上有 8 位代表分别作了专题报告，有 20 位代表围绕“信息技术与化学教学”和“信息技术与教师培训”两个专题，进行了分会场交流和讨论。大会还分别设立了教师论坛和研究生自由论坛，多位教师和研究生代表在论坛上畅谈了自己对化学教学研究与改革的看法。大会共收到论文 115 篇，内容主要涉及信息技术支持下的化学教师教育能力培养、化学教学与研究以及化学实验教学等方面。该会副理事长郑长龙对会议作了总结，并致闭幕词。会议期间，郑长龙副理事长主持召开了化学教师教育研究中心第 2 次工作会议，通报了有关情况，研究和讨论了“化学教师教育研究中心”的职责和近期工作。会议决定 2010 年在西南大学举行第 3 次全国化学教育专题研讨会，主题为“基于化学学习规律的课堂教学策略研究”；同时还决定第3次专题研讨会期间还将举行“第二届全国高校化学师范生教学素质大赛”。闭幕式上，西南大学李远蓉教授介绍了美丽的重庆，代表东道主诚邀同行莅临会议。（毕华林）

11月15日中国教育学会成立30周年纪念会在教育部报告厅举行。会议宣读了对第五届“科研成果奖”获奖者进行奖励的决定，该会常务理事、东北师范大学附中校长李桢的论文：《问题解决的心理机制及其教学意义》荣获二等奖；同时还表彰了“2004～2009年度中国教育学会系统先进单位和先进工作者”，该会被评为先进单位，王晶被评为先进工作者。张健如代表该会出席纪念大会。（该会秘书处）

11月26日，该会发出关于“全国中学化学教研工作研讨会”准备工作的通知（化专会［2009］6号）。为促进中学化学教研的开展，交流教研工作经验，决定于2010年3月在江西召开全国中学化学教研工作研讨会。会议主要内容包括：研讨新形式下如何开展中学化学教研工作；优秀教研员经验交流；表彰优秀教研员。（王晶）

12月，该会秘书处正在积极筹办初等教育教师化学教学专题研讨会，拟于2010年下半年开会。（冷燕平）

## 中国化学会2009年国内外学术会议计划

· 第十七届全国色谱学术报告会及仪器展览会

时间：4月19日—22日　地点：湖南省长沙市　预计参加人数：500人

土题：色谱及其相关技术的新进展

内容及范围：1. 我国在气相色谱、液相色谱、毛细管电泳等色谱及其相关技术分离分析领域的研究包括新固定相：新检测方法；样品制备；联用技术；多维分离；小型化、微型化色谱；痕量分析；自动化；化学计量学。2. 色谱应用。包括基因组学/蛋白组学；代谢组学；要去代谢；生命科学、生物分析；生物技术工业中的分离科学；HPLC柱表征；环境和有毒物分析；生物医学和药物应用；天然产物和食品分析；石油和工业应用；单细胞的应用。

承办单位：中国化学会色谱专业委员会

会议主席：张玉奎（中科院大连化学物理研究所）

会议负责人：许国旺（中科院大连化学物理研究所）

会议联系人：侯晓莉（中科院大连化学物理研究所）

通讯地址：大连市中山路457号中科院大连化学物理研究

所；邮编：116023

联系电话：0411－84379520　电子信箱：hx18110@126.com

· 第五届全国环境化学大会（2009）

时间：5月9日—12日　地点：辽宁省大连市；预计参加人数：600人

主题：环境化学——机遇与挑战

内容及范围：近年来，国内外环境化学研究发展非常迅速，我国在有毒化学污染物的检测、环境行为、演变趋势、生态效应、健康风险和控制技术等若干方面已取得了一系列创新性成果。随着国家对环境保护的重视，我国环境化学的发展仍面临重大的机遇和挑战。因此本次大会主要内容有：1. 大气污染化学与控制技术；2. 水污染化学与控制技术；3. 土壤污染与修复、固体废物处理；4. 生态毒理与健康效应；5. 理论环境化学、环境模型；6. 环境分析方法与标准；7. 污染控制化学、环境友好过程与绿色化学；8. 环境管理与政策。

承办单位：1. 中国化学会环境化学专业委员会　2. 大连理工大学

会议主席：欧进萍（大连理工大学）

会议联系人：陈景文（大连理工大学）

通讯地址：大连市凌工路2号大连理工大学

联系电话：0411－84706269

电子信箱：jwcen@dlut.edu.cn

· 持久性有机污染物论坛2009暨第四届持久性污染全国学术研讨会

时间：5月17日—19日；地点：浙江省宁波市　预计参加人数：150人

主题：履行POPS公约带来的机遇与挑战

内容及范围：POPs分析方法、POPs环境存在、POPs毒理效应、POPs控制技术、履行POPs公约对策、新POPs物质筛选、POPs宣传与教育。

承办单位：1. 清华大学持久性有机污染研究中心　2. 宁波环境检测中心

会议联系人：刘意成

通讯地址：清华大学环境科学与工程系

联系电话：010－62795556

· 2009分子筛学术年会

时间：7月13日—17日；地点：吉林省长春市　预计参加

人数：100～200人

主题：多孔材料的合成、制备及应用

内容及范围：多孔材料的合成、结构、表征、改性及应用；主客体化学和先进材料；多孔材料的吸附、分离和扩散；多孔材料的催化；多孔材料的理论与模拟。

承办单位：

1. 吉林大学　2. 无机合成与制备化学国家重点实验室

会议联系人：闫文付

通讯地址：长春市前进大街2699号

联系电话：0431－85168609

· 第八届全国微型化学实验研讨会暨第六届中学微型实验研讨会

时间：7月15日—18日；地点：内蒙古通辽市　预计参加人数：120人左右

主题：ML在生态文明建设中的作用，ML与创新教育，ML的新进展

内容及范围：具有推广价值的微型实验新方案，新仪器（含无机、有机、高分子、分析、物化和中小学自然科学的新ML的软硬件）；微型实验在科学研究与工农业生产中的应用；在教学中采用ML经验总结与问题探讨；微型实验的新进展；深化ML的研究和加快ML推广应用步伐的有关问题的探讨。

会议联系人：徐良（内蒙古民主大学化学学院）

通讯地址：内蒙古通辽市霍林河大街西536号

联系电话：0475－8314842

· 化学类专业研究生化学课程与教学研讨会

时间：7月18日—21日 地点：上海市　预计参加人数：200人

主题“1. 研讨化学类专业（有机、无机、分析、物化、高分子化学与物理、应用化学等方向）研究生课程设置　2. 研讨化学类专业研究生教学与改革　3. 研讨化学类专业研究生教材的使用与编写

内容及范围：此次研讨会邀请“十一五”国家重点图书《化学与应用化学丛书》的13本研究生教材的主编与化学类专业各方向讲授研究生课程的一线教师和研究生导师，共同研讨研究生课程的设置、研究生教材的编写与使用等内容。

会议联系人：刘强、胡景、陈新征（华东理工大学）

通讯地址：上海市梅陇路130号研究生楼12层

联系电话：021－64252174

· 中国化学会第六届全国有机化学学术会议

时间：8 月 12 日—16 日；地点：陕西省西安市　预计参加人数：1 300 人

有机化学人才交流和工作机会的平台，化学企业展示的平台。内容范围主要设计：有机合成化学；天然产物化学；物理有机化学；元素与金属有机化学；生物有机化学；有机分析化学；药物与制药化学；不对称催化；化学教育；其他相关领域。

承办单位：西北大学　陕西师范大学

会议联系人：李剑利（西北大学化学系）

通讯地址：西安市太白北路 229 号西北大学化学系

联系电话：029－88303805

· 2009 全国高分子学术论文报告会

时间：8 月 20 日—24 日　地点：天津　预计参加人数：1 200 人

主题：新型高分子材料的合成、结构、性能、功能及其加工

内容及范围：1. 高分子的合成、表征和性能；2. 高分子凝聚结构和性能；3. 功能高分子及生物医用高分子；4. 高分子材料的改性、复合及共混；5. 高分子材料成型加工新方法、新工艺和新制品。

承办单位：1. 南开大学　2. 天津大学　3. 天津工业大学　4. 河北工业大学　5. 天津理工大学　6. 天津科技大学

会议联系人：张政朴

通讯地址：天津卫津路 94 号南开大学高分子化学研究所

联系电话：022－23501386

· 第二届“公共安全领域中的化学问题”学术研讨会

时间：8 月—9 月 地点：待定　预计参加人数：100 人

主题：化学与公共安全

内容及范围：1. 公安领域中的化学问题；公安领域中的新概念化学问题；警务装备中的化学问题；侦查和物证鉴定中的化学问题；禁毒中的化学问题；消防中的化学问题；重大活动安全中的化学问题。2. 安保领域中的化学问题；安保中的新概念化学问题；侦检炸药、毒品等危险品中的化学问题；恐怖预警与危害评估中的化学问题；食品安全中的化学问题；人身防护材料中的化学问题。3. 防化领域中的化学问题，防化中的新概念化学问题，防护技术发展中的化学问题，反化学恐怖技术中的化学

问题；化学事故中的化学问题；化武履约技术中的化学问题。4. 化学研究、生产等领域安全这讴歌的化学问题。

承办单位：1. 北京微量化学研究所　2. 中国人民解放军防化研究所　3. 中国人民公安大学　4. 首都师范大学

会议联系人：吕强（北京微量化学研究所）

通讯地址：北京市海淀区新建宫门路 15 号

联系电话：010－62861820

· 全国第八届有机固体电子过程学术讨论会

时间：9 月 26 日—30 日　地点：陕西省西安市　预计参加人数：250 人

主题：有机固体电子过程

内容及范围：有机电荷转移复合物，导电聚合物，有机铁磁体，有机光导体，有机非线性光学材料，C60 和碳纳米管，有机光电信息材料与器件，纳米材料与器件。

承办单位：1. 中国科学院化学研究所　2. 陕西师范大学

会议联系人：刘云圻、白凤莲

通讯地址：北京中关村北一街 2 号

联系电话：010－62613253

· 第十届中国化学会分析化学年会暨第十届全国原子光谱学术会议

时间：10 月　地点：江苏省扬州市　预计参加人数：600 人

主题：化学与公共安全

内容及范围：POPs 分析方法、POPs 环境存在、POPs 毒理效应、POPs 控制技术、履行 POPs 公约对策、新 POPs 物质筛选、POPs 宣传与教育。

承办单位：扬州大学

会议联系人：朱霞石、徐琴

通讯地址：扬州大学

联系电话：0514－87972034

· 第十一届全国计算（机）化学学术会议

时间：10 月 23 日—25 日　地点：浙江省杭州市　预计参加人数：300 人

主题：计算（机）化学发展趋势与战略

内容及范围：1. 计算化学及其在结构与性能研究等领域的应用；2. 计算化学及其在材料与药物分子设计等领域的应用；3. 化学计量学；4. 计算机应用。

承办单位：浙江大学

会议联系人：吴韬、王勇

通讯地址：浙江省杭州市浙大路 36 号

联系电话：0571－87952424

· 第六届全国化学生物学学术会议

时间：11 月 1 日—4 日　地点：福建省厦门市　预计参加人数：500 人

主题：中国化学生物学的发展与未来

内容及范围：1. 小分子与生物大分子结构与功能；2. 小分子与生物大分子之间的相与作用；3. 化学基因组学；4. 细胞位单元的化学时间；5. 生民过程中的化学问题；6. 其他。

承办单位：厦门大学化学化工学院

会议联系人：陈静威

通讯地址：厦门大学化学生物学省重点实验室

联系电话：0592－2184085

·第九届全国发光分析和动力学分析学术研讨会

时间：11 月 20 日—24 日　地点：福建省厦门市　预计参加人数：100～150 人

主题：发光分析与生民、健康和环境

内容及范围：荧光分析；磷光光谱；超微弱生物发光和电致发光；动力学分析新方法。发光材料和新发光试剂的合成及应用研究计算机技术及化学计量学在发光分析和动力学分析中的应用研究。

承办单位：厦门大学化学化工学院

会议联系人：吴玲玲

通讯地址：厦门大学化学化工学院

联系电话：0592－2186401

国际会议

· 第十三届亚洲化学大会

时间：2009 年 9 月 13 日—15 日　地点：上海　预计参加人数：600 人

承办单位：中科院上海有机化学研究所

会议联系人：吕龙

电话：021－54925210

· 第六届持久性有毒化学污染物国际研讨会

时间：2009 年 9 月 1 日—4 日　地点：北京　预计参加人数：120 人

主题：1. Emerging Chemical Congress

2. Heavy Metal ollution and Element speciation
3. Regional PTS Pollution
4. PTScontrol technique and remediation

承办单位：中科院生态环境研究中心

会议联系人：吴菁京

电话：010－62849339

· 第二十四届微尺度生物分离国际会议

时间：2009 年 10 月　地点：大连　预计参加人数：400 人

承办单位：中科院大连化学物理研究所

会议联系人：吴仁安

电话：0411－84379576

## 《化学与社会》教学培训暨研讨会在武汉大学举行

中国化学会和美国化学会联合主办，武汉大学化学与分子科学学院承办的《化学与社会》教学培训暨研讨会，于 2009 年 10 月 24 日—26 日在武汉大学举行。美国化学会教育部主任 Mary Kirchhoff 女士和中国化学会副秘书长清华大学化学系帅志刚教授向会议介绍了两会的合作项目，培训由克莱姆森大学的 Lucy Eubanks 教授和密苏里大学的 Steven Keller 教授作为主讲嘉宾，北京大学、清华大学、南京大学、中山大学、吉林大学等 22 所高校的 43 名专家及百余名学生参加了会议。

在社会与科技迅猛发展的当今，为了培养基础扎实、知识面宽、综合素质高、具有创新精神和创新意识的专门人才，各高校不断地加大通识课程的比重，引导学生广泛涉猎不同学科领域，构建合理的知识结构，从而实现素质教育与专业教育、人文教育与科学教育的有机结合。武汉大学将通识课程教学作为深化本科教学改革，推进素质教育，提高人才培养质量的一项重要举措。《化学与社会》课程的开设不仅使非化学学科的学生学习化学基础知识，了解化学与社会的紧密联系，拓宽他们的知识，还着重培养学生的科学思维和理念。武汉大学是国内较早开设《化学与社会》课程的学校之一，在教学中已取得了不少经验。

《化学与社会》研讨会的召开，对加强国际高校间的合作，更好地交流教学过程、方法和经验，提高我国化学与社会课程的教学水平，改善教学方法，强化教学效果是非常有意义的。会议中，两位教授分别进行了演示性授课，他们授课语言风趣，教学方法灵活、生动，师生频繁互动，深深地打动了与会代表和学生。课后与会代表就《化学与社会》课程的教学经验、授课方式及问题进行了专场交流与热烈的讨论。与会专家一致认为，该次会议的召开将对促进我国通识教育，改善教学方法，提高教学效果将会起到十分重要的促进作用。对化学人才培养和社会科学文明的进步具有积极的指导作用。

### 《化学教学》创刊 30 周年活动纪要

今年是中华人民共和国成立 60 周年，也是《化学教学》创刊 30 周年纪念年，化学教学编辑部于 2009 年 9 月 19 日在华东师范大学开展《化学教学》创刊 30 周年纪念会议，这次活动由化学教育编辑部副主编徐承波策划组织。来自上海 50 位资深的化学专家、《化学教学》的老编委参加了本次活动。

### 全国初中化学优质课观摩评比暨教学改革研讨会纪要

由中国教育学会化学教学专业委员会主办，安徽省化学教学专业委员会、黄山市教育科学研究所、黄山中学、屯溪六中承办的“全国初中化学优质课观摩评比暨教学改革研讨会”于 2008 年 11 月 5 日至 7 日在安徽省黄山市隆重召开。会议旨在总结和交流初中化学课堂教学改革的经验，促进我国初中化学教学改革的科学健康发展。会议进行了初中化学优质课现场教学观摩评比和录像课评比，开展了教学改革研讨活动，对优秀者进行了奖励。并且表彰了一批在新课程改革中表现突出、成绩显著的初中化学教学改革的先进教师共 502 名。

### 第 20 届国际化学教育会议概况

本次大会的主题是信息和通信技术（ICT）时代中的化学。专题演讲皆以此次大会主题为核心，强调信息与通信技术与化学教育的关系，也突出了科技在现在与未来的化学教育中都扮演着相当重要的角色。热点议题有：①化学教育与信息技术的整合。②不同层次化学教育的进展。③关注环境保护和绿色化学。

## 重大课题介绍

### 2009 年教育部人文社会科学研究项目

1. 王后雄，国家考试制度公平标准及评价体系研究，教育学

规划项目，华中师范大学

2. 胡志刚，教学最佳时机的理论与实践研究，教育学规划项目，福建师范大学

3. 任红艳，中学化学教学专家系统的设计与开发，教育学青年项目，南京师范大学

### 中国教育协会立项课题

1. 徐睿，上海市教委教研室，新课程背景下青年化学教师专业提升途径的研究

2. 卫端丽、赵宁，吉林省长白山市教师研修院、吉林省教育学院，农村化学教学资源的研究与开发

3. 孙旭、夏正盛，湖北省教学研究室，湖北省农村初中化学教师与新课程适应性的研究

4. 徐晓雪，重庆市教育学会化学教学专业委员会，初中化学新课程教学模式研究

5. 黄建国，江西省教育教材研究室，初高中化学教学的衔接

6. 孙旭、蔡玺祥，湖北教学研究室、武汉教科院教研室，高中化学教学与学生探究能力的发展

7. 崔海林，山西太原市教科中心，化学学习与学生情感、态度和价值观的发展

8. 曹发根，江西省吉安市教研室，初中化学探究式典型课例实验

9. 王顺，甘肃省兰州一中，“情景探究教学”在高中化学课堂教学中的构建与实施

10. 王翎，青海省中小学教研室，经济欠发达地区初中化学实验教学的问题与对策研究

# 化学教师专业发展

## 新课程背景下化学教研组开展校本教研的思考与实践

陈　方

新课程背景下，建设一个教师、备课组、教研组互相贯通、协调、互动的学习研究型的制度文化——“点、线、面”式的教研组制度文化建设，可以提高化学学科校本教研的实效，促进化学教师专业的成长，提升化学教研组的核心竞争力，本文就此进行了具体的阐述。作者给出了某学校高二化学备课组杨老师的“卤代烃”（第一课时）这一内容的研究课案例，并结合该案例指

出了校本教研中一些值得大家思考的问题：校本教研的主体是教师，教师即研究者；校本教研是在教育教学情境中生成的教学研究，是基于自身的课堂而进行的实践性教学研究；研究对象是教学中亟待解决的“小问题”，是教师自己的问题、真实的问题和实际的问题；自我反思、同伴互助应始终贯穿在研究过程之中。

《化学教育》2009 年第 1 期

## 浅谈化学教研论文的选题

杨明生

化学教研论文重在选题，只有选对了题，才有内容可写，也才能写出有价值的化学教研论文。作者结合自身撰写教研论文的经验与体会，从以下 5 个方面讨论了化学教研论文的选题：(1) 在化学教学实践中选题；(2) 从时势新闻背景中选题；(3) 从学生提出的问题中选题；(4) 在重要会议议题中选题；(5) 在课程改革过程中选题。当然，选题再准，也离不开活跃的思维，敏锐的洞察力。同时还必须勤思考、动脑，尤其是善于思考，善于发现问题，特别是要能从纷繁的现象中发现问题，并提出自己解决问题的思路。

《化学教育》2009 年第 1 期

## 化学教师专业发展的切入点与有效方法

王希俭

教师专业发展是指把教学工作视为一种专门职业，把教师视为一个履行教育教学工作的专业人员。化学教师专业发展的切入点是课堂教学，遵循教学规律、探索教学技巧，或为提高教学质量而采取的诸如提问、课外练习等做法，则均称得上是一种高级的教学活动，即一般情况下所谓的教研或教改。从众多有成就的教师的经验中看出，他们的成功主要是从自身所处的环境，结合面对的学生及教师本人对外来教法、经验的文化水平，经过自己长期不懈的努力才取得的。作为化学教师，必须特别关注以下三个问题：(1)加强理论学习，潜心教育科研；(2)勤学多思，撰写反思札记；(3)听课观摩，相互交流。总之，广大一线教师都应当认准“教改”这一大方向，抓住机遇，立足实际，选准突破口，定好课题，扎实有效地开展教学研究，为素质教育的发展而努力奉献。

《化学教育》2009 年第 2 期

## 化学教研成果转化的理论与实践

熊言林

化学教研成果转化到教学中对提高化学教学质量具有至关重要的作用。构建“教学、教研、成果转化与评价”的循环体系，可保证化学教研成果的有效转化，本文就教学研究成果转化的实践途径进行了探讨。就高师院校化学课程与教学论教师而言主要有：(1)在理论课教学中转化，优化教学理念；(2)在实验课教学中转化，更新实验内容；(3)在指导第二课堂活动中转化，培养动手能力；(4)在指导教育实习中转化，丰富实习资源；(5)在指导毕业论文中转化，提高创新能力；(6)在考核学习成绩中转化，完善评价手段；(7)在为基础教育服务中转化，引领中学化学教学；(8)在对外交流中转化，展现学校风采。

《化学教育》2009 年第 2 期

## 有效教研模式——“主题课例式研训结合”教师培养策略

刘莉莉

“课例分析”是以课例为载体的听课、评课的教研模式，以解决课堂教学中存在的问题，提高教学质量，这种教研形式的确能帮助授课教师发现问题。但在新课改的理念下，“课例分析”为载体的教研活动已显示出它的一些弊端，为此，南京栖霞区化学教研活动在“课例分析”的基础上进行了理念上更新，模式上创新，提出有效教研模式“主题课例式研训结合”教师培养策略的研究，并进行了有意义的尝试。通过一年多“主题课例式研训结合”教师培养的研究，栖霞区化学教师能从课堂上发现，从研讨中明白，从培训中提高，从反思中悟出，提炼出一些有价值的课例，同时又催生出新反思，取得了一定的成效。

《化学教育》2009 年第 3 期

## “教学反思”在中学化学教学中的运用

曾雪飞

教学反思是教师对自身教学行为的监控，善于反思可以不断提高自身的教学水平和业务素质。教师做好教学反思必须要做到课前反思、课中反思和课后反思，使自己的教学过程成为不断完善教学反思和在教学反思指导下完善的过程。作者结合了具体教学内容的实例，从课前反思，优化设计；课中反思，关注生成；

和课后反思，指导实践这三个方面对中学化学教师“教学反思”的运用进行了研讨。

《化学教育》2009 年第 3 期

## 新课程背景下中学化学教师知识结构与能力结构的研究

蔡文联　饶志明　陈　烨

新课程对化学教师提出了新的挑战，随着教师角色的转变，化学教师要在知识与能力结构上有所更新才能适应新课改。本文通过问卷与访谈的方式，调查与分析了目前教师的知识与能力结构的现状。针对调查结果分析发现的问题，作者认为，在新课程背景下只有那些具有扎实宽厚的基础知识和基本技能，具有合理的知识结构和能力结构的教师才能适应新课改，并得以发展。作者针对新课程对化学教师的新要求提出了若干建议与应对措施，以期为高师教育和中学化学教师提供有益的借鉴。

《化学教育》2009 年第 3 期

## 新课程背景下的有效课堂——高中化学课堂教师教学行为有效性访谈

卢颖智

新课改的过程中，自主探究、合作互动、共同发展等新课程理念为课堂教学注入了新的活力，但是，这些新的教学观念是否已经有效地转化为广大教师实实在在的教学行为？笔者通过对某市几所高中学校教师与学生的访谈，就高中化学课堂教师有效教学行为的现状、存在问题进行分析，为教师在新课程改革中反思与调节自身的教学活动提供依据，也为教师行为的应然提供事实依据。一、问题的提出。二、高中化学课堂教师教学行为的有效性调查。1. 研究方法。采用个别访谈的方法。2. 研究过程实录。包括了学生访谈实录的一部分和教师访谈实录的一部分。3. 研究结果分析。①学生与教师的关注点存在异同。②中级教师与高级、特级教师在具体实施上存在差异。③高中化学课堂教学行为有效性的思想误区。两个误区是：有效课堂是否等同于学生全程探究；有效课堂是否拒绝讲述为主的教学行为。三、反思与展望。一堂有效的课不在于热闹，不在于表演什么，不是为了证明教师有多少能耐，而在于实在、高效、促进学生的全面发展。

《化学教育》2009 年第 5 期

## 专家—新手教师化学课堂教学对话特征的比较研究

盖立春　郑长龙　王　宇

采用专家—新手比较研究方法，对专家教师和新手教师化学课堂教学对话的内容和方式进行了比较。一、问题的提出。二、研究方法。1. 被试的选取。2. 课堂对话的编码。从对话的内容和方式两个维度对专家和新手教师化学课堂教学对话的特征进行考查。3. 数据来源。以 32 节常态课作为研究样本，按评分规则打分。三、研究结果。用 3 张图表说明了研究结果。四、讨论与思考。1. 两类教师化学课堂教学对话的性质和特征。专家教师的课堂对话属于“以问题为中心的互动式对话”，具体表现为“教师提问—学生陈述—师生质疑—共同评价”；而新手教师的课堂对话属于“以教师为中心的问答式对话”，具体特征表现为“教师提问—学生回答—教师评价”。2. 对提升化学课堂教学中对话质量和水平的思考。

《化学教育》2009 年第 5 期

## 初中化学课程资源开发利用现状教师问卷调查琐议

杨　芳

文章针对甘肃省 A 县初中化学教师在化学课程资源开发利用现状调查问卷作答中出现的一些问题及对教师问卷的分析，提出了看法和建议。一、种种表现。1. 顾及颜面，不知为知之。有的老师不知道课程资源为何物，在问人之后，就填写知道。2. 概念不清，盲目追赶时髦，涉“网”必选。将拥有设备和使用设备混为一谈。3. 不顾实际，追求完美。部分教师将自己不知道的或模糊的，查资料或相互“借鉴”都写入问卷中。4. “不由自主”，替学生补充答案。个别任课教师给学生问卷补写回答。二、问卷反应出的一些共性问题。1. 对化学课程资源的认识不够。2. 客观条件和主观因素。客观上的困难时经费少、教师精力有限。主观因素是教师开发利用课程资源意识淡薄，能力和手段有限。3. 教师对待问卷的态度。三、启示和建议。1. 加强教师培训，让新课程理念深入人心。2. 淡化对考试分数和教师位次的偏执追求，放开教师手脚，殊途同归于“人的全面发展”。3. 不仅要在观念上重视化学课程资源的拥有，更要重视具体的应用与实际的效益。4. 尊重、信任、理解、关心教师，充分调动教师的积极性，激励教师发扬优势，发挥潜能。5. 以化学课本为蓝本，以当地资源为依托，开发本地新的化学课程资源。

《化学教育》2009 年第 5 期

## 中学化学教师创意教学行为调查研究

张　莹

在分析化学教师创意教学行为内涵的基础上，了解中学化学教师创意教学行为的现状，并且分析影响教师创意教学行为的外在因素。一、化学教师创意教学行为的含义。指化学教师依据全新的教学理念，通过有创意的设计，采取多样的教学模式、方法等，以培养学生的科学素养等综合素质为目标的课程实施过程。二、研究方法。本研究主要采用谈话和问卷调查相结合的方法，以辽宁西部地区中学化学教师作为被试对象。三、统计分析。1. 中学化学教师创意教学行为的现况。教师不太愿意创新，担心自己的创意教学行为会影响教学质量。同时创意教学行为也需要教师花费大量的时间与精力等。2. 不同背景下中学化学教师创意教学行为的差异分析。教龄对化学教师教学方法的多样性存在显著影响，性别、班主任对教师创意教学行为无明显影响。四、结束语。

《化学教育》2009 年第 6 期

## 有效研修活动组织的策划与路径选择——高中化学备课组研修活动组织与开展情况调查报告

江旭峰　仰东英

把备课组研修活动组织好，变制度性的强制教师学习为教师内在的自我需求，充分调动教师自主研修的积极性、主动性、创造性，才能真正达到提高研修效率的目的。本次调查基于探索符合新课程与教师需求的研修形式和规律，对改进备课组研修活动的组织方式与路径提供建议，以提升教师队伍的研修能力。

一、研修活动调查情况。制定相应的调查问卷，以浙江省湖州市为样本研究。研究对以下 5 个方面进行了调查。1. 研修活动次数。2. 研修活动形式。3. 研修活动有效性。4. 研修活动的针对性。5. 研修活动教师的参与度与积极性。二、分析和反思。1. 活动缺少主题或主题过于单一。2. 研修活动缺乏相应的工作机制。3. 有效研修的理念淡薄。4. 研修内容缺乏深度、问题意识较差。5. 行为跟进的意识淡薄。三、路径选择建议。1. 活动时间的灵活性。2. 确立鲜明的活动主题。①活动主题的针对性。

②解决实际问题的建设性。3. 采用恰当的活动形式。①形式为目的服务。②形式多样而丰富。4. 研修内容要体现细微和深度。①提倡教师参与备课管理，集体备课、群体交流备课。②做好课堂教学的反思与交流。③在案例分析中优化课堂教学。④对作业有效性的反思。5. 关注后续行为的跟进。

《化学教育》2009 年第 6 期

## 农村化学教师化学核心概念理解调查研究

梁永平　尤月红

教师对化学核心概念的深层理解是学生理解化学核心概念的必要条件。本文通过对农村化学教师化学核心概念的理解情况进行了调查，表明农村化学教师对化学核心概念的理解处于较低水平，对此进行反思。一、调查方法。1. 调查目的与内容。原子概念、原子结构以及化学键概念及其理论。2. 调查对象。52 名专升本函授学习的农村初中化学教师。3. 调查工具。围绕调查内容进行设计的 4 个问题。4. 调查的实施。5. 数据分析。二、化学核心概念理解水平评价标准的确定。教师对于科学理论形成深刻理解的标志是对于理论能够进行 WWHW 的认识论思考。根据该规则，制定原子概念、原子结构以及化学键概念及其理论的各认识层次的评价标准。三、调查结果与分析。就教师对原子概念、原子结构、化学键概念和化学键理论理解具体作答情况进行了详细分析，得出结论：大部分教师对于原子存在的认同是盲目的，对于原子结构示意图的理解处于牛顿式思维水平，且不能区分化学键概念和化学键理论。四、结论与反思。1. 将观察和微观认识推论加以区别。2. 对于科学理论合理性评价的思维方式有助于教师把握科学理论的本质。3. 每当新的化学概念出现，就要思考化学概念对于“物质及其转化”认识有何深化。

《化学教育》2009 年第 7 期

## 农村初中化学骨干教师培训的实践与思考

张世勇　胡乔生

实施教师培训是促进农村中小学教师发展的一条主要途径。本文通过分析参加农村初中化学骨干教师培训的学员情况，对农村初中化学骨干教师培训进行实践，并就提高初中化学骨干教师培训成效提出措施。一、培训学员基本情况。介绍了参加培训的

45 名教师的年龄、性别、教龄、学历、职称、职务的情况。二、培训的实施。1. 培训课程设置与教学安排。培训模块分为理论与技能、实践与考察、校本研修三部分，就每个模块的具体内容进行了阐述。2. 培训模式。3. 培训考核。三、总结与反思。1. 培训内容要更加贴近实际。2. 课程资源开发利用要更重视本地化。3. 开辟农村初中化学实验新途径。4. 为教师创设信息技术与网络资源的新平台。

《化学教育》2009 年第 7 期

## 实现“内容”与“过程”的统一——刘知新教授过程化教学设计思想探析

毕华林　宋焕刚

本文介绍以“内容”与“过程”有机统一为核心的刘知新“过程化”教学思想，分析了这一思想在化学课程与教学设计中的体现和应用：1. 课程教学设计思想的过程化。当前，在科学中主要是强调它的实践定向性，这已导致科学教育的新的目标，即更强调科学是一种过程。2. 确立课程教学的过程目标。课程目标作为课程价值取向的基准性的规定，起着龙头和导向作用，重视“过程目的”的落实，关注内容目的与过程目的统一。3. 重视启发式教学的综合运用。逐渐从传统的教授法转向更多地采用指导发现法（启发法），特别是传统启发式教学与发现法、探究法的结合运用上。4. 全程评价与评价手段过程化。考核内容要逐步体现对过程目标的考核，加强体现“过程目标”实现程度的态度、情意项测量的研究。

《化学教育》2009 年第 9 期

## 初中化学课堂教师提问的实证分析及其教学启示

邱道骥　孟献华

对一节具有典型意义的初中化学课堂，《铁的性质》课例的教学中教师的提问进行全息性记录，从提问数量、认知层次、复杂性以及教师提问技巧等方面加以实证分析，寻求其成功与值得改进之处，对教学的反思与启示提出两点概括性的建议。（1）对提高教师提问行为效度的建议。（2）对立足课堂实际研究的反思，以期在教师提问水平与行动教研两方面提供值得借鉴的经验。

《化学教育》2009 年第 10 期

## 高师化学教育实习资源库开发与思考

陈 凯 龙 琪 薛蒙伟 马美华

结合师范生教育实习面临的问题，介绍了开发高师化学专业教育实习资源库的方法和经验，探讨了资源库在师范生教学技能训练、教育实习中的必要性和重要作用，并对其教育实习资源库的应用进行了展望。

将搜集所得的化学教学资源尤其是优秀的教学设计案例有效地组织成资源库，不仅帮助了师范生尽快熟悉实习过程以及日后的教学实践，更加为他们开展深入的实践学习、教学研究提供必要的支持、引导、管理和帮助，这是建设教育实习资源库的必要性和重要性。教育实习资源库的资源来源主要来自互联网下载、数字媒体获取、资源交流、实习生反馈。在资源库的初步建设阶段，已经完成了教案库、课题库、试题库、素材库、案例视频库等分类。在实践资源库的过程中将其扩展为以下几个方面：(1) 强化实习前的多维度培训，突出师范生成长的关注；(2) 大力开辟网络教学平台，支持师范生教育实习期间的教学工作；(3) 注意实习后的反馈总结，关注师范生实习得失。

《化学教育》2009 年第 10 期

## 勒夏特列原理对教师理解化学平衡的负面影响

廖 梁 张善培

笔者通过实验调查研究证明，勒夏特列原理会削弱高中化学教师解决化学平衡问题的能力。教师自身的学科内容知识不足，将对高中学生学习化学平衡产生一定的影响。因此，当务之急是让更多化学教育界人士关注到勒夏特列原理的缺点，从而对高中化学平衡的课程内容进行一定的改善，进而改善高中化学教育的效果。

《化学教育》2009 年第 11 期

## 制约青年化学教师教学能力提高的原因探讨

戴志群

笔者认为：1. 教学模式化；2. 教学效仿化；3. 过度强调教学预见性；4. 片面理解课堂教学的双向性；5. 忽视课堂教学的后续性是课堂教学层面制约青年化学教师教学能力提高的原因。为了改变上述问题，笔者做了如下建议：1. 注重化学教育理论的学习、研究及内化；2. 加强“交流”实现“共进”；3. 带着批判的眼光组织教与学。

《化学教育》2009 年第 11 期

## 新课程理念下科学课教师基本素养调查与继续培训研究——以宁夏灵武市课改试点学校为例

吴茂江

以灵武市的回民中学、第二中学、新华桥中学、梧桐树中学、东塔中学 5 所初级中学老师为实地调查对象（其中 2 所为城市学校，3 所为乡镇学校），对现任科学课教师的年龄与教龄结构、学历与职称结构、能力与水平结构、所学专业及任教态度等基本素养进行了调查分析，提出了对科学课教师继续培训及保证科学课程体制发展的建议：1. 转变教育观念是关键；2. 提高综合能力是核心；3. 补充后续师资是基础；4. 创设和谐环境是保证。

《化学教育》2009 年第 11 期

## 校本教研网络直播——化学学科“主题课例式研训结合”教研活动案例

刘莉莉

有效的校本教研能提高学校教学质量，能提高我区化学教师专业素质和研究水平。“主题课例式研训结合”教研模式能体现两个特点：一是将主题、课例、研讨、培训 4 者有机结合；二是以主题统领“教—研—训”整个过程。“网络直播观摩教研方式”可以使老师“足不出户，低成本、高效、省时的观摩、学习校本教研、全区观摩”等优点。本文从活动的前期准备、活动方案设计和大致策略两方面说明了活动的方案，并从说课过程、研讨过程、讲座过程、专家点评、教学实践等几个方面对活动过程进行描述。最后论述了活动的成效与反思：1. 更新教研员的理念；2. 具有一定的实效性、针对性；3. 促进了学校校本教研的开展。

《化学教育》2009 年第 12 期

## 中学化学教师学科知识结构调查研究

冯　翊　李广洲

笔者对江苏省部分中学化学教师的学科知识结构从物质结构

基础、化学热力学基础、水溶液化学原理等几方面进行了问卷调查及研究，发现目前江苏省中学化学教师在学生时代所接受的化学专业教育大致相同，同时在学科知识结构上还存在不容忽视的“漏洞”：1. 中学化学教师在化学学科知识领域中所处位置的高度不够，视野不够宽阔；2. 对电子云、阿伏加德罗定律等大纲要求为“理解”的内容的实际掌握情况欠佳；3. 由符号表征向微观表征转化的能力较为薄弱，并且大部分教师对化学物质的成键方式把握不住；4. 实验意识较为淡漠；5. 对于化学学科的前沿动态了解不多。

《化学教育》2009 年第 12 期

## 关于高中化学教师教科研的调查与思考

陈　益

通过对南京高中教师的问卷调查和分析发现高中化学教师教科研存在的一些主要问题：一是教师总体上教科研意识还不够强，说明教师对教科研的价值认识有待提高；二是教师教科研基本上是一种自发式、随机式、经验性的个人研究，研究的计划性、系统性和深入性还不够，说明教师教科研的内容和方式有待改进。同时，提出了几点思考：1. 提高对教科研的价值认识；2. 改进教科研的内容和方式。

《化学教育》2009 年第 12 期

## 新课程背景下“学科教学论”该扮演什么样的角色

陆国志

我国新一轮基础教育课程改革对教师教育的冲击和挑战是前所未有的，作为教师教育特色学科的“学科教学论”该扮演什么样的角色，恐怕是值得研究的课题。通过回顾学科教学论的历史沿革，提出从最初的“教授法”到“学科教材教法”再发展为今天的“学科教学论”，这绝不是“学科教学论”名称的简单变化，而是体现了作为跨学科、交叉学科的“学科教学论”与其学科科学发展共生的演进过程。对学科教学论的定位问题提出了四方面的认识：学科与学术定位；理论价值定位；实践价值定位；教师专业化价值定位。并结合教师教育及基础教育改革实际，探讨了新课程背景下“学科教学论”该扮演的角色：为基础教育课程改革提供强有力的学科教学指导；努力引领教师教育类特色课程的建设与发展；提升高师毕业生在严峻的市场就业中的竞争力；为教学研究型教师的专业成长奠基。

《中学化学教学参考》2009 年第 1/2 期

## “沉淀溶解平衡概念应用”教师课堂教学行为的比较

黄　捷　郑长龙　盖立春

新教师的成长问题一直受到普遍关注，课堂是新教师成长的主阵地。为了能够更加细致地探查新教师的成长轨迹，进而更有针对性地对新教师的成长提供切实可行的意见和建议，适应高中课程改革，选定高中课程标准实验教科书选修内容《化学反应原理》（苏教版）专题 3 第四单元“沉淀溶解平衡概念的应用”为课例，采用课堂观察和弗兰德斯互动分析系统（FIAS），对新课程背景下“沉淀溶解平衡概念应用”教学中两位新手教师的课堂教学行为进行了比较。通过对课堂语言结构、教师倾向或风格、教师与学生情感气氛、行为曲线及教学片段的比较分析，发现新手教师课堂教学行为本质特征相似，但由于具有不同的培训经历，导致他们的课堂教学行为存在差异。

《中学化学教学参考》2009 年第 4 期

## 细说“听课与评课”

姚佩梅　荆秀玲

听课与评课是进行教学研究的重要手段，也是教师专业化成长的重要途径。特别是新课程实施的今天，听课更有利于学习他人的教学经验、教学方法和教学策略；评课更有利于对教学的总结、整理与反思，从而提升教研教学能力及水平。因此，积极地组织好听课与评课活动，是打造高效课堂的有效手段。关于怎样听课要能做到：明白角色、有备而听、察记结合。关于怎样评课要做到评课要点、评出特点、评课艺术。最后应以平和的心态，本着学习和交流、资源共享、共同提高的出发点进行听课和评课，使听课活动真正发挥出积极的作用，使上课人和听课人通过交流、碰撞、研讨，达成共识，达成双赢，从而让课堂真正成为师生喜欢的、有效的、促进其共同发展的艺术殿堂。

《中学化学教学参考》2009 年第 4 期

## 在教研路上孜孜求索

李明亮

从华中师范大学毕业后 3 年多的时间内笔者公开发表论文十

余篇，大部分是发表在国家级刊物上。获得各种奖项十余次，大部分奖是省级以上。可以说是取得了一定的成绩，是什么让笔者取得了这样的成绩呢？笔者把自己的心得记录了下来主要有：勤于学习、锤炼自己，经常反思、勇于创新，注意细节、把握灵感，善于归纳、勤于总结，合作交流、共同成长，厚积薄发、持之以恒。教育科研是教师在教学过程中把实际的问题提炼升华的过程，一名教师如果仅仅关注教学能力而缺乏教育科研的投入和关注，在专业上就会显得苍白而缺乏内涵，而教育科研并不是那么地高不可攀，它源于对教育教学的思考，如果再加上勤奋，就可以做一名很好的具有教育科研功底的教师。相对于众多优秀的教师而言，并没有什么特别出众的地方，只不过是在教育科研方面先行一步而已。愿我们每一位青年教师都成为在教育科研路上的求索之人。

《中学化学教学参考》2009 年第 4 期

## 浅谈化学教师专业化发展

严忠义

教师的专业化是教师专业知识不断积累、专业技能不断提高、专业情意不断完善的过程，是一个由不成熟到成熟的过程。作为教师，知识是容易传授的，技能是容易训练的，但促进学生精神和灵魂的成长却需要“一棵树摇动另一棵树，一朵云追逐另一朵云，一个灵魂唤醒另一个灵魂”。教育的伟大就在于利用大多是过去的经验和知识，通过培养人才以面对和解决现在乃至未来的新问题。教师专业化主要体现在以下几方面：具有宽厚的知识基础，包括专、精的学科专业知识和教育科学知识；具有长期复杂的训练过程，包括教师技能训练和教学实践活动的训练；具有教师职业道德观；具有教学反思能力等。化学教师专业化发展应在下列诸方面作出努力：拓宽知识结构、更新教育理念、重视教学实践和创新、提升教学反思能力。

《中学化学教学参考》2009 年第 6 期

## 我区高中化学教师课堂教学调查及启示

胡贺冰　张　勇

亳州市地处安徽省西北部，属经济欠发达地区，2008 年 11 月—12 月，亳州市教育局组织了高中教学视导活动，视导的重要形式之一是随机听课。为了解当前课程改革背景下，经济欠发达地区高中化学教师课堂教学的状况，设计了一份《新课程课堂教学评价表》，并依据该表所列指标体系对化学教师的课堂教学进行评价。我们共计听课 63 节，被听课教师的基本情况是：男教师 39 人，女教师 24 人；在年龄上，35 岁以下的教师有 39 人，36～45 岁之间的教师有 19 人，45 岁以上 5 人，基本上是中青年教师；在职称上，初级职称占 30 人，中级职称占 19 人，高级职称占 14 人。视导结束后，我们对 63 节新授课的评价表进行了七个方面的统计和分析：教学目标方面；教学内容方面；教学过程方面；学习活动方面；教学方法方面；教学效果检测与评价方面；教师的教学素养方面。提出一些建议：加强理论学习；加强同行交流；加强教学研究。总之只有建立"学习、研究、教学"三位一体的职业生活方式，才能提高化学教师的专业化水平，增强化学教师课堂教学的实践能力。

《中学化学教学参考》2009 年第 6 期

## 走出教学反思的误区——促进教师专业化成长

肖红梅

新一轮基础教育课程改革不仅赋予学科教学许多新的内涵，也对教师的专业素养提出了许多新的要求。随着化学新课程在全国各地的普遍实施，被认为是教师专业发展和自我成长核心要素的教学反思，越来越受到广大化学教师的关注和重视。一方面，不少教师在实践新课程的同时，也在不断地反思着自己的教学理念和教学行为，教学反思已成为化学教师立足学科教学，提升专业素养的最基本途径；另一方面，各学校正积极开展以教学反思为主要方式的校本教研，教学反思已成为学校引领教师专业成长，造就一支高素质教师队伍的最有效方法之一。然而从教学反思的现状看，许多教师在教学反思方面还存在着一定的问题，致使教学反思难见成效。问题主要有：叙事记录多，理性思考少；独立自省多，互动交流少；重教轻学多，综合分析少；失败教训多，成功经验少；关注课后多，重视课堂少。应对措施主要有：提高认识，以积极的情感投入反思；努力学习，用先进的理论指导反思；加强研究，用辩证的观点引领反思。教学反思是促进教师专业化发展的决定因素，善于反思并勤于反思已成为教师专业成长的重要标志。广大化学教师应积极参与以教学反思为主要方式的校本教研，经常地并自觉地用心对自己的教学实践进行反思，努力提高教学反思的水平和能力，努力实现由经验型教师向专家型教师的转变。

《中学化学教学参考》2009 年第 8 期

## 课程改革下的新型中学化学教师

韩　敏

课程改革明确提出要培养学生的创新精神与实践能力，提高学生的综合素质。而这一目标的实现，需要广大教师转变观念，积极探索相应的教学方法。新课改的实施对教师的自身素质提出了新的挑战。教师自身教育理念先进与否、素质高低直接关系到课程改革能否顺利进行。要实现教育观念的转变：由“教师教、学生学”向“师生互动、生生互动、主动探求”转变；由“以知识为本”向“以发展为本”转变；要拓宽和发展智能结构；要具有高水平的教育研究能力；要有良好的协作精神与合作能力；要有评价、选用教材，创造性使用教材以及开发校本课程的能力；要有进行课堂教学评价的能力；总之，为了贯彻新课改的精神，广大教师要认真学习《基础教育课程改革纲要解读》和相应学科的《课程标准》，相互交流、讨论、切磋，切实理解和领会并自觉地渗透到教学实践中去，做新课程改革的积极参与者、真正的实践者。在教学实践中不断加强自身的创新精神和实践能力，不断提高自身的综合科学素养，努力完成基础教育课程改革中所要求的提高所有学生科学素养的目的。

《中学化学教学参考》2009 年第 8 期

## 普通高中备课组建设的实践与思考

杨小燕

备课组是学校教学和教研的基本单位，是教师交流教学经验、共享教学智慧和提升教学技能的重要平台，是加强教学管理、提高教学质量的最基本环节，备课组同时也是教师专业成长的重要基地和摇篮。普通高中新课程面临着教育目标和理念、教学行为和方式、教学评价和管理等方面崭新的挑战，这就对学科教师的教学功底提出了更高的要求，同时也对中学备课组建设提出了更高的要求。新课程背景下的备课组建设应找准目标，科学设计，力求达到最大的效益。结合绍兴县普迅中学化学学科备课组建设的多年实践，提出学科备课组建设的主要任务和途径。由于普通高中教师普遍工作任务较重，因此备课组活动不宜太频繁。对于各部分教学目标的把握可放在学期初的教师集中培训阶段进行；每学期可安排两到三节典型课例的解剖研究，以达到举一反三的效果；而通过学科竞赛辅导等手段开展的学科功底提升则可贯穿于学期的始终。这样，备课组教师就能在一种良好的学习和研究的氛围中不断进取，同步发展。

《中学化学教学参考》2009 年第 9 期

## 新课程下青年教师课堂教学需要“过五关”

曲雪梅　刘成坤

加强对青年教师课堂教学能力的培养，使他们尽快走向成熟，进而提高课堂效率，已是当前新课程改革中的一项首要任务。具体应当要求和指导他们做到“过五关”：一备课关——上好课的坚实基础。1. 明确备课要领，写好精品教案；2. 认真学好新课标，熟练把握新教材；3. 克服就题论题、照本宣科现象，创设问题情境；4. 加强教材处理方法，注重因材施教。二学情关——上好课的先决条件。1. 深入了解学生已有的知识基础状况；2. 深入了解学生的学习能力状况；3. 深入了解和倾听学生的心声。三教法关——上好课的艺术先导。1. 定向自学，教师引领。2. 预习交流，导学结合。3. 因材施教，机动灵活。四电脑关——上好课的有效“助催剂”。五反思关——上好课的“前车之鉴”。

《中学化学教学参考》2009 年第 10 期

## 新课程背景下中学化学教师专业发展的促进——谈化学学科组（教研组）如何促进教师专业水平的发展

解吉普

结合我国的教育现状和学校的办学现状以及教师的素质，笔者觉得有必要从学科组（教研组）角度对如何促进教师的自主发展提出具体的途径与措施，进而形成新课程背景下的新的教学模式，从根本上解决某些地区教师与教材、教师与学生“不匹配”的现状。教师的专业自主发展的积极性与所在学校“校策”是分不开的。化学教师的专业发展热情与化学学科组（或教研组、备课组）的“组策”密切相关。笔者从事了多年化学学科教研组的组织工作，认为化学学科组对化学教师队伍的建设可以运用“目标激励、活动带领、骨干引路、青蓝结对、学习培训、评价激励”等策略。

《中学化学教学参考》2009 年第 11 期

## 在反思中前进

赵虎林

反思是教师以自己的职业活动为思考对象，对自己在职业中所做的行为以及由此产生的结果进行审视和分析的过程。教学反思被认为是教师专业发展和自我成长的核心因素。教学前反思要明确教学目标，把握相关教材，制定教学策略，具体要研究教材，确定教学目标，研究学生，制定发展目标。教学中反思要注重学生反馈，控制教学进程，优化师生行为，具体要营造学习气氛，优化学习过程，发展自学能力。教学后反思要小结教学得失，关注过程效果，提高师生素养，具体要做到教学是过程与效果的统一，教学是师生共同发展的过程。教学是教与学的交往、互动，师生双方相互交流、相互沟通、相互启发、相互补充，在这个过程中教师与学生分享彼此的思考、经验和知识，交流彼此的情感，从而达成共识、共进，实现教学相长和共同发展。

《中学化学教学参考》2009年第11期

## 不要随意回答学生提出的疑难问题——给青年教师的一点建议

吴孙富

本文介绍了笔者通过查阅资料、进行实验等相关工作回答“氧化还原反应是不是比复分解反应优先发生?”这一问题的经历，指出中学化学教师在化学教学中存在这样两个问题：一是在没有任何依据的情况下随意回答学生提出的疑难问题，随意编造不科学的规律性结论。二是有些化学老师不善于在教学中学习和研究，对个人的业务成长是很不利的。并且给青年化学教师提出两点建议：1. 要欢迎、鼓励学生提出各种各样的疑难问题。2. 要正确对待学生提出的疑难问题。

《化学教学》2009年第9期

## 上海基础教育专讯

徐　睿

上海市第六届青年化学教师研修班结业典礼于2008年10月7日至10月8日进行。培训过程中，请掌握系统教育教学理论和教学研究能力的专家团队作引领。为学员提供理论学习书籍，引导学员自主研修、自主反思、同伴互动、网络沙龙等形式开展学习，转变教师学习方式。学员定期的行为研究：定期教学研讨开展实践研究，以教学实践中的共性问题和突出问题为切入点，让每一位学期工作总结员完成一节公开课和一个科研课题。这种培训的开展逐渐积累了大量新教材实践的资料与素材，形成研修成果，也为青年教师成长提供了很多的实证材料。

《化学教学》2009 年第 1 期

## 新课标下化学教师角色意识和课堂行为的定位

蒋 涛 周中石

本文提出化学教师要从激发学生的学习兴趣、巧妙设计教学过程、注重方法指导三方面着手，实现新课标下教师角色意识和课堂行为的定位。学习是学生的活动，学生是主体，但是，学生能否学得生动活泼，能否得到发展，教师的主导作用是不能忽视的。主导作用表现在要激发学生强烈的学习兴趣，使学生爱学；培养学生良好的学习习惯，使学生能学；教会学生掌握科学的方法，使学生会学。

《化学教学》2009 年第 5 期

## 浅谈中学化学教师探究能力的提高途径

刘玉军

阐述了提高中学化学教师探究能力的五条途径：①通过研读课程标准提高探究能力。②通过学习化学知识提高探究能力。③通过研究化学教学提高探究能力。④通过解决日常问题提高探究能力。⑤通过参加科技活动提高探究能力。

《中学化学》2009 年第 8 期

## 化学实验“教学观念”与“教学行为”的专家—新手比较研究

吴秀明 王 丽

本文通过 5 个化学实验教学案例，对实习教师和专家教师的化学实验教学观念和教学行为进行了比较研究。具体实验教学和差异对比如下：一、氧气的化学性质——“统筹规划”与“就事论事”的差异；二、启普发生器的使用原理——“循序渐进”与“一步到位”的差异；三、一氧化碳的毒性——“照本宣科”与

"灵活变通"的差异；四、钠的密度——"一带而过"与"深入挖掘"的差异；五、氯气的实验室制法——"学术化"与"生活化"的差异。

《现代中小学教育》（长春）2009 年第 6 期

# 中国港澳台地区课程教学动态

## 中国澳门高中化学课程发展和课程特点

阮邦球

以澳门高中化学课程为对象，介绍其课程目标、结构和内容，以探讨澳门化学课程的特点和发展。一、澳门高中化学课程大纲。1. 课程宗旨。2. 课程目标。3. 课程内容。4. 课程编排。二、高中化学的课程架构。1. 教学主题。2. 课时分配。3. 主题和权重。三、高中化学的课程实施。高中化学的课程实施指引包括目标、内容、工作建议和评价 4 个部分。1. 教学指引。2. 课堂评价方式。3. 课程评价指引。四、澳门高中化学的课程特点。1. 配合高中学制的要求。2. 培养学生的科学素养。3. 面向复合型人才的需要。4. 强调科学、技术和社会的融合教育。5. 采用外地教科书。五、高中化学课程的展望。

《化学教育》2009 年第 4 期

## 中国香港高中化学课程 2 版"指引"的比较研究

陈碧华　王祖浩

本文从课程目标、课程内容和课程实施三方面对香港地区 2002 年和 2007 年编订的化学课程及评估指引（ 中四至中五）进行比较，从中分析香港地区新高中化学课程改革的若干特点，以期为推进大陆高中化学课程改革提供借鉴。

一、香港高中化学课程目标建构。化学课程目标从知识和理解、技能和过程和价值观和态度三个方面进行建构。该部分通过表格对 2002 版和 2007 版中的一些主要的课程目标的不同进行了比较，并指出了 2007 版所体现出的新理念。二、香港高中化学课程内容组织。2007 版指引对原来的课程主题进行了重新组合与调整，课题划分更加明确，内容更加丰富。三、香港高中化学课程的教学实施。2007 版指引大大扩展了学与教的范畴，并提出了学与教的 3 种取向，同时介绍了诸多学与教的具体活动方式，这为教师把握新课程提供了方法论指导。四、香港高中化学课程改革的启示。1. 强化学习目标的操作性。2. 注重通过多种活动学习化学。3. 突出化学课程与本土 STS 的融合。4. 倡导化学教学方式的多样化。5. 重视化学课程的进展性评估。

《化学教育》2009 年第 5 期

# 国外化学教育动态

## “精英教育”的化学课程内容及评价方案改革——2008 年新加坡 GCE 化学 A 水平考试大纲解析

李南方　王祖浩

自 2006 年起，新加坡对化学 A 水平课程进行了改革，本文从 A 水平化学课程目标和 A 水平化学课程的 3 个层次这两方面介绍了新加坡化学 A 水平课程体系，又从 GCE 化学 A 水平的评价目标、GCE 化学 A 水平的评价方案这两方面介绍了 GCE 化学 A 水平的评价方案。作者基于对新加坡 2008 新课程 GCE 化学 A 水平考试大纲的课程内容、考试目标、内容组成、试卷结构进行的分析，总结出新的 GCE 考试大纲化学 A 水平考试的一些特点及其所蕴涵的思想：(1) 评价的多元化和层次性以考查不同学生的能力；(2) 评价内容的丰富性将知识、能力的考查融为一体；(3) 考核从关注核心知识扩展到与社会、生活的联系；(4) 内容的广度和水平设计充分体现“精英教育”理念。作者提出，新加坡的 GCE 化学 A 水平课程符合发达国家或发展中国家高中“分流”教育的需要，为理科教育中实施“精英教育”提供了方法论依据，对我国目前高中理科选修课程的教学和考试评价改革有直接的借鉴意义。

《化学教育》2009 年第 2 期

## 新加坡 GCE 化学 O－Level 考试评介

邓　峰

作者从考试目的、评价目标、考试内容与考试方案这四个方面介绍了新加坡的 GCE 化学 O-Level 考试大纲。GCE 化学 O-Level考试包括选择题、信息给予题、实验与探究题等，作者结合具体的试题阐述了 GCE 化学 O-Level 考试的试题特点。最后，文章讨论了 O-Level 考试对我国化学考试改革的一些启示：我国化学中、高考可以采取纸笔测试与实验操作分开进行的方式，并赋予实验操作一定的分值权重；我国化学中考可以考虑对某些重要化学概念或理论进行适当难度的考查；我国化学考试可以降低客观题的数目，并适当提高问答题与信息给予题的比例。我国化学考试应该强调的是学生如何运用信息解决问题的能力而非其对大量事实性材料的记忆能力。

《化学教育》2009 年第 3 期

## 2008 年加拿大国家化学周实验活动简介与启示

熊言林　马善恒　蒋业健　郑　楠
周红丽　王　华　田　玮

简要介绍了加拿大国家化学周的发展历程和 2008 年加拿大国家化学周的实验情况，通过分析加拿大国家对中小学化学实验的层次划分，并与我国作了比较，从中分析对我国化学教育的启示。一、加拿大国家化学周的概况。二、加拿大国家化学周的实验举例。加拿大国家化学周主办者设计适合 1～3 年级、4～6 年级、初高中年级 3 个阶段学生的化学实验共计 60 个。笔者从各层次中分别列举了两个典型实验，供大家参考。三、加拿大国家化学周的实验部分对我国化学教育教学的启示。1. 对加拿大国家化学周的简要分析。①精心设计组织，实验内容涉及面广。②仪器药品简单安全、生活化。③社会参与度高。2. 加拿大国家化学周实验部分对我国化学教育教学的几点启示。①着眼于提高学生对化学实验的兴趣。②着眼于关注学生的化学基础知识提前教育。③着眼于逐步培养学生的创新能力和动手能力。④着眼于普及国民的化学基础知识教育。

《化学教育》2009 年第 5 期

## 尽情享受化学——2008 年美国国家化学周活动简介

张四方　马善恒　熊言林

本文结合 2008 年美国国家化学周的几个典型实验案例，简要介绍了美国国家化学周的概况、特点。2008 年的活动主题为“尽情享受化学”。一、美国国家化学周化学实验活动案例。1. 铁含量的测定。2. 测量运动饮料中的电解液。3. 消失的雕塑。4. 氯对细菌生长的影响。二、美国国家化学周化学实验活动的特点及启示。1. 注重学科综合，强调交融。2. 实验取材简单，易于操作，趣味性强，充分体现了“从生活走向化学，从化学走向生活”的基本理念。

《化学教育》2009 年第 6 期

## 纽约州中学化学教师（7～12）资格制度的特点及启示

王星乔　梁德娟　滕瑛巧

本文介绍了纽约州中学化学教师资格证书制度在证书的种类、获取途径、资格标准、认证考试及更新与晋级等方面的特点，以期为我国化学教师资格制度乃至整个教师资格制度的改革与完善提供借鉴。一、多样化的资格证书种类。证书分为常规证书和特殊证书，具体有实习证书、初级教师资格证书、专业证书、永久证书、补充证书、过渡证书等。二、开放性、灵活性的获取途径，标准化、规范化的资格认证要求。有传统教师培养、独立审查、独立评估审查、州际互认多种获取途径。三、“三位一体”的资格考试体系。四、以资格证书更新与晋级推动教师专业化发展。五、借鉴与反思。1. 资格证书制度应为化学教师专业化的发展提供重要制度保障。2. 化学教师资格证书制度的改革和完善应根植于基础教育的需求之中。3. 资格证书要有弹性，不能因标准化而僵化。4. 加强研究，注重资格证书制度的实效性。

《化学教育》2009 年第 7 期

## 中澳高中化学课程标准比较

王　佳　吴　星　吕　琳　潘洪建

本文从课程标准的结构、课程基本理念、课程目标、课程内容、培养目标、评价体系等方面，对中澳（以新南威尔士州为代表）两国的高中化学课程标准进行了比较，分析了两国高中化学课程标准的异同，为我国高中化学课程改革的实施和化学课程标准的完善提供借鉴：1. 将化学与真实而具体的应用情境相结合；2. 在技能培养上，将调查研究、证据的收集和加工、设计和实施放在重要的地位，并在课程目标、课程理念和评价体系中给予充分的强调和保障；3. 将化学学科体系隐藏在以社会为中心的多个专题中，让其知识不仅与化学有关，还涉及与化学相关的其他学科。

《化学教育》2009 年第 8 期

## 美国纽约州奥辛宁高中化学教学的特色研究

刁启棠

本文介绍美国纽约州奥辛宁高中，分析了该校的化学教材内容：化学教材内容多而且深，既有化学知识的发现过程，又有在各个社会领域的广泛应用。还介绍了该校的教学实施：教学过程更重视学生思维的自主性，鼓励学生标新立异。在教学方法上强调教无定法，教师把学生作为教学主体，鼓励学生参与教学过程，甚至鼓励学生向学术权威提出挑战。在这种自由宽松的环境中，学生会更积极主动地学习，这种方式能够比较好地让学生在快乐中自主学习，但是也往往会因为过分轻松和松散而降低了教学的效果。教学特色：有满足学生需要的得到企业赞助的科学研究项目和值得我国学习借鉴的评价制度（包括高考选拔和录取）。

《化学教育》2009 年第 9 期

## IBDP 化学与 AP 化学对比分析

杨永珍

为了给计划开设国际课程的中国学校提供国际课程实施经验，笔者对 International Baccalaureate Diploma Program ( IBDP ) 与 Advanced Placement (AP) 化学从教学目标、评价方式、课程内容、教学方法进行对比分析，得出 IBDP 化学是在 IB 课程整体框架下实施的，课程实施者需要有先进的教育、教学理念做支撑，AP 化学是独立的学科，由于时间的限制、评估方式的因素，AP 化学是一种内容驱动的教学。

《化学教育》2009 年第 12 期

## 美国教科书《化学：概念与应用》建构主义思想分析——以物质的量概念系统为例

梁德娟　张文华　王星乔

结合建构主义理论，从编排顺序、特点、知识发展关系等方面对美国教科书《化学：概念与应用》中的“物质的量概念系统”的建构进行探讨，研究表明美国教科书在引导学生进行知识的意义建构方面独具匠心：一是编排顺序符合建构主义理论；二是情境创设丰富巧妙；三是建立交流协作的自然环境，有效完成知识意义建构；四是强调知识应用，形成概念系统。

其突出的优点是：1. 学生有正确且透彻的原子论观点作为知识准备；2. 为学生实现意义建构提供丰富资源，奠定基础；3. 注意概念的理论性与实践性相结合。而我国教科书在这些方面略显不足，虽然进行了较大的变革，但是还需要在实践模式上不断发展和完善。

《化学教育》2009 年第 10 期

## 美国化学会 2009 年“世界地球日”活动简介与启示

马善恒　熊言林

美国的“世界地球日”由哈佛大学法学院学生将美国民主党议员的提议变成了一个在全美各地展开的大规模社区性活动，历经 20 年后得到联合国肯定确立世界地球日。每年的“世界地球日”没有统一的特定主题，“只有一个地球”始终是它的总主题。化学实验活动一直是美国化学会“世界地球日”活动期间的一个重要组成部分，主要针对大中小学生推出的。其中典型的案例有利用理想气体常数测量气球重量。美国化学会 2009 年“世界地球日”活动的特点主要有：(1)活动形式多样；(2)活动内容丰富；(3)活动操作简便。我国为“世界地球日”活动做出了大量的工作，然而和美国化学会推出的活动相比，我国所推出的内容相对单调，对于强化公众动手能力重视程度不高，活动期间所指定一系列长效计划不能很好地落实，最主要的一点是我国全民性保护环境的氛围不足。

《化学教育》2009 年第 10 期

## 快乐化学　伴你成长——读美国高中化学教科书有感

赵　丽

作者在阅读由浙江教育出版社引进的，由 McGrawHill 出版集团出版、在美国使用广泛的高中科学教科书《化学：概念与应用》，发现了它的许多精彩与独到之处：一、让学习成为一种享受。耳目一新的目录，匠心独具的栏目设计，丰富的实验，贴近生活的讲解使人们有很强的实在感。二、像科学家那样思考、探究与发现。文中的栏目设计、章节总结等都是以学生为主体，引导学生自己去思考、去探索。而这些都是值得广大的一线教师在工作中借鉴的地方。

《化学教育》2009 年第 11 期

## 美国《化学教育》Classroom Activity 栏目内容呈现形式与启示

熊言林　马善恒

介绍美国《化学教育》JCE Classroom Activity 栏目。栏目内容呈现形式：一、指导者用书所包含内容。1. 背景资料（Backgroud）；2. 融入新课程（Integrating the Activity into Your Curriculum）；3. 活动相关信息（About the Activity）；4. 问题的答案（Answers to Questions）；5. 参考文献（References and Additional Related Activities）。二、学生用书所包含内容。1. 引言；2. 实验探究（Try This）；3. 问题（Questions）；4. 来自相关网络信息（Information from the World Wide Web）。三、活动所需条件。对实验设备要求尽量降低。栏目的特点：一、相关学科的关联性。二、网络资源的有效性。三、语言表述的详细性。四、活动内容的生活性。同时，从该栏目中得出对我国的化学教育的几点启示：一、加强学科之间联系，培养学生综合能力；二、有效利用网络资源，提升学生网络技能；三、详细描述实验步骤，确保实验的成功率；四、紧密联系社会生活，强化学生动手能力。

《化学教育》2009 年第 11 期

## 美国 AP 化学课程中国开展现状

宗　华

介绍国内 AP（Advanced Placement Program）化学课程开展概况，说明参与 AP 化学课程的学生主要有为出国留学作准备、为国内大学的自主招生考试增加筹码、提前为大学学习作准备、纯粹出于兴趣四类。着重介绍 AP 化学课程教师从教材编排优点、教材对教师的影响这两个方面对教材的评价。并论述了 AP 化学课程在中国的发展趋势。

《化学教育》2009 年第 12 期

## 化学元素周期表——2009 年美国国家化学周活动简介及启示

戈益超　马善恒

简要介绍美国国家化学周活动的概况以及美国国家化学周的历年活动主题，着重介绍 2009 年美国国家化学周实验案例：1. 糖密度的实验探究；2. 神奇的食盐晶体花园。发现美国国家化学周实验活动具有：1. 实验用品源于日常生活；2. 实验内容涉及的知识面广；3. 实验过程强调激发探究等特点，同时得到几点启示：①着眼于激发学生学习化学的兴趣；②着眼于培养学生的实验动手能力；③着眼于挖掘学生的实验探究能力。

《化学教育》2009 年第 12 期

## 化学前沿学科知识在美国化学教材中的体现

王瑞政　周　青　阙丽丽

该文介绍了美国教材中关于药物化学、酶化学、基因化学知识与基础化学知识的三种融合方式。(1)利用药物化学、酶化学和基因化学知识导出基础化学知识。(2)基础化学知识作为药物化学、酶化学和基因化学知识的背景。(3)药物化学、酶化学和基因化学知识作为基础化学知识的拓展。并指出这种融合为教师教学提供丰富的素材，有利于学生的 STS 教育，有利于培养学生的综合素质。

《化学教学》2009 年第 1 期

## “与化学一起狂欢”——2008 年美国国家化学周实验活动简介

王娟娟　陈　凯

丰富多彩、形式多样的实验活动一直是美国国家化学周活动的亮点，每年化学周的实验活动都紧扣年度主题，以其原料简单易得，实验操作简单和趣味性强而深受化学教育工作者的关注。2009 年实验活动以运动项目及器材中的科学原理为设计原则，从不同角度出发揭示了各种奥林匹克运动项目的神秘面纱，加深了民众对运动的了解，更揭示了化学在人类发展中的重要作用。

《化学教学》2009 年第 3 期

## 加拿大高中化学教材习题编制的比较分析

陆　真　杜　娟　郁　云

《Chemistry 11》习题以丰富的科学文化背景、新颖的能力内涵、多样化的编排方法，充分反映了当代加拿大的科学教育理念和方法，了解其编写方式、要求层次和栏目特征，对我国当前新课程化学实验教材中习题的编写与实现有相当好的借鉴和启示意义。中加两国都强调通过习题来发展学生的化学能力，重视“趣味化学”“生活化学”类型的习题采集。但是在处理方法以及内容的选取上，各有不同的侧重点：我国重视“双基”的培养，加拿大注重化学知识的应用性；我国注重化学习题的教学作用，加拿大注重习题背后的内涵和潜在作用；加拿大在习题创设上能多方面地做到开发和利用。

《化学教学》2009 年第 4 期

## 美国高中化学教材中科学本质的呈现研究简介

严文法　李彦花

基于 Khalick 的研究，对美国高中化学教材中科学本质的呈现进行了介绍，以期对我国高中化学教材科学本质有关方面的呈现有所启示。

《化学教学》2009 年第 6 期

## 美国中学化学竞赛地区选拔赛及 2008 年试题概况

王　敏　王后雄

该文介绍了美国中学地区选拔赛的宗旨，进行了 2008 年地区选拔赛试题分析，指出了 2008 年地区选拔赛试题特点。

《化学教学》2009 年第 7 期

## 中美化学入门教材比较

刘　敏

该文通过教材比较，以一个侧面揭示了中美基础化学教育的差异。1. 教材结构主线安排不同；2. 教材的广度与深度不同；3. 教材知识点呈现方式不同；4. 习题解答思维方式不同；5. 教材与其他科目的相关性不同。给我国的教学改革提供一些启示：吸收国外教材在培养科学的思想方法，培养科学探究精神，以及科学精神与人文精神的融合等方面的优点。

《化学教学》2009 年第 9 期

## 芬兰高中化学课程介绍与评析

任雪明

本文从课程体系、模块设置、课程目标、内容标准等层面对芬兰高中化学课程标准进行了介绍与评析，芬兰的高中化学课程教学目标比较关注教学的人本属性，即以学习个体为中心的多个方面，如化学与人的健康及生活、化学与自然现象及环境、化学与工业及环境工程技术，以及学习者在学习过程中的体验、评价等多个方面。必修和专业选修模块功能清晰：重视提升素养，轻视物质；重视理论学习，轻视计算；重视有机化学，轻视无机化学；重视评价，轻视记忆。在此基础上总结出一些对我国高中化学课程的启示。

《化学教学》2009 年第 11 期

## 中美化学教科书《电化学》实践性习题比较分析

梁德娟　蔡红悦

新课程改革背景下，集情境性、真实性、实践性于一身的实践性化学习题受到越来越广泛的关注。该文首先对实践性化学习题进行了概述与分类，以美国《化学：概念与应用》和人教版《化学》必修及选修中的《电化学》内容为例，进行典型实践性化学习题的分析、对比，并总结了对我国新课程实践性习题编写的启示：问题表征多样化；问题情境生动化；应用素养深广化；科学品质潜移默化；能力培养多元化。

《化学教学》2009 年第 12 期

## "YAC 化学亲善大使活动"介绍

陈　凯　张　青

YAC（Young Ambassadors for Chemistry）是"国际纯粹与应用化学联盟"所支持的一个全球性化学推广宣传计划，IUPAC 的化学教育委员会中的"大众了解化学"分会通过和"环球科学"计划的合作，举办 YAC 亲善大使活动，其目的是以"工作室"形式培养一定数量的推广化学、宣传科普的教师，同时提升化学教师科学教学知识、教学创新与实践能力，推动大众对化学与生活密切关系的认识，达到激发大众对化学的理解与兴趣的目的。YAC 化学亲善大使活动内容不只限于化学，还渗透了物理、人文、生物等多方面知识；活动形式多样化，调查、讨论方便开展，实验、模型简单易操作，所用的主要素材大多来自于日常生活，不仅开阔了学生视野、提高了他们动手能力，更能使孩子们对化学产生浓厚兴趣，使公众重新认识化学，充分体现了其"亲善"特色，真正做到了"让化学走向公众”；活动编排者、组织者策划周全，充分考虑到所有活动在中小学的可操作性，提供了充足的资料给予师生全面的参考，利于化学普及化。以“生活中的化学”和“谈论世界上的遗传学”两个主题为例，详细介绍YAC化学亲善大使活动的由来、活动形式和活动内容，探讨该活动对我国基础化学教育的借鉴之处。

《中学化学教学参考》2009年第6期

## 英国A Level体系中化学实验设置及内容研究

马艳芝

A Level是英国公开的大学入学考试，也是全球所有大学普遍接受的入学资格，是大学入学前的一种全面准备教育。学生在学校第一年称为AS LEVEL，相当于我国的高二，学习四至五门课程，到了第二年称为A2 LEVEL，相当于我国的高三，学生可从中选择三门课程继续学习。学生最后凭考试成绩可报读英国的任意一所大学，并有机会进入世界排名最前列的国际著名大学。英国A Level化学课程非常注重实验研究和实验操作，在其化学学科课程标准中就明确指出：“化学实验课时须占到整个化学学科学习时间的20%，化学实验就是要培养学生独立思考问题及实验动手的能力。”在整个高中阶段，每周都会有固定的化学实验课，学生根据所学内容进行化学实验操作，观察实验现象，进行数据记录、数据整理以及数据分析及处理。在这样一个环境下，学生的动手操作能力会有很大程度的提高。英国A Level化学课程实验包括了定量分析和定性分析两个方面，而其实验包含的内容有：滴定实验（包括酸碱中和滴定，氧化还原反应滴定），速率测定实验，焓变测定实验，物质加热实验（包括测定结晶水含量和碳酸盐中的金属的相对原子质量），物质检验（包括离子检验和物质检验）。

《中学化学教学参考》2009年第8期

## 让化学教育走近学生的生活——评美国哥伦比亚地区高中化学课程标准的活动特色

吴先强　王祖浩

通过对美国哥伦比亚地区2006年颁布的高中化学课程内容标准的研究，试图从化学学习活动的内容选择和过程设计的角度为化学课程标准的修改和化学教学提供一些参考。美国科学教育强调的是对科学探究方法和核心科学概念的学习，教学过程注重学生对科学的理解，而不是简单的知识识记。这种理念对世界范围内的科学教育改革都产生了深远的影响。哥伦比亚地区作为美国的政治和文化中心，它先进的科学和化学教育经验值得加以借鉴。基于以上思考，我们选取了该地区最新的化学课程标准（2006 年颁布）加以研究，希望能对我国的化学课程改革有所借鉴。时代的变迁迫使化学教育也要做出相应的调整。在强调“三重表征”化学学科知识体系的同时，需要拓展自己的教育视野，加强化学与其他学科的融合，用“人类发展”要素来统领化学课程内容的选择和探究活动的设计，让学生能够轻易地利用自己身边的材料来探究化学世界和学习化学知识，以理解化学对于生活和人类发展的意义。

《中学化学教学参考》2009 年第 9 期

## 俄罗斯中等教育化学课程标准述评

曾　涛　肖伯灵　王祖浩　白美玲

2004 年 3 月俄罗斯联邦教育部颁布了俄罗斯教育发展史上的第一个国家课程标准：《中等（完全）教育国家课程标准》（以下简称标准）。本文对该课程标准的结构进行了分析，结合课程标准的内容提出了几点启示：1. 科目设置凸显高度的综合性和选择性；2. 课程内容的深广度有所降低；3. 完全教育持之以恒；4. 引入化学科学方法教育；5. 渗透人文主义教育内容。

《中学化学教学参考》2009 年第 10 期

## 共性中凸显个性　严谨中透射活力——亲历感受英国中学理科教学的特点

李惠娟

英国——诺贝尔奖梦想者的天堂。它的国土面积不足 25 万平方公里、人口约 6 000 万，却已诞生了 100 名诺贝尔奖获得者，总排名为世界第二，其中绝大部分都是科学奖项，包括世界有名的青霉素发明者、DNA 发现者等。英国为什么会取得这样令世人羡慕的成就？是什么造就了英国教育的成功？中英两国基础教育的主要差异在哪里？也许有不少教育界的同行、朋友与我有着同样的不解之惑和探寻之梦。在 2008 年 10 月—11

月，笔者有幸参加了江苏省化学骨干教师团在英国的短期学习交流，虽然无缘拜访顶尖的科学家和一流实验室，但还是参观了不少不同层次的大、中、小学校，也走进了一些中、小学的课堂和实验室，零距离地与英国的教师、学生及管理者接触交流，收获匪浅。

《中学化学教学参考》2009 年第 11 期

# 学 术 机 构

## 江苏省化学化工学会

学会现属江苏省科学技术协会领导，具有独立法人资格，接受中国化工学会、中国化学会业务指导，同时对全省 13 个市化学化工学会有业务指导关系。江苏省化学化工学会现有会员中高级职称以上工程技术人员 8 000 余人、团体会员单位近 500 家。学会下设 1 个秘书处、22 个专业（工作）委员会、各市化学化工学会 13 个（均设置在各市化工局或集团公司内）。学会现有常务理事 31 名，理事 95 名。省石化资产管理公司（原江苏省石油化学工业厅）、南京大学、南京工业大学、南京理工大学、扬子石化公司、金陵石化公司、仪征化纤公司、南化（集团）公司等单位董事长、校长分别为学会执行理事长。

学会下设 22 个专业（工作）委员会：组织工作委员会、学术工作委员会、科技咨询工作委员会、科学普及工作委员会、无机化工专业委员会、有机化工专业委员会、分析化学专业委员会、物理化学专业委员会、化工机械及设备专业委员会、化工计算机应用专业委员会、化肥专业委员会、农药专业委员会、设备腐蚀与防腐蚀专业委员会、化学工程专业委员会、化学教育专业委员会、高分子材料专业委员会、精细化工专业委员会、石油化工专业委员会、化工自动化仪表专业委员会、化工企业现代化管理专业委员会、环境保护专业委员会和江苏省高中生化学奥林匹克竞赛领导小组。学会日常事务工作由学会秘书处负责处理。

学会主要工作：举办各种形式的学术报告会、学术经验交流会；举办企业与高等院校、科研院所的技术洽谈、技术服务、技术咨询、技术转让和专题讲座；举办国际科技交流，国际、国内化学化工展览会，研讨会；开展科学普及、推广先进技术、进行继续教育和培训工作，参与举办各种社会公益性活动；接受国家、省有关政府部门委托的各种科技攻关项目论证、工程中心和企业技术中心评价、科技成果评审、高新技术及高新技术企业认证、化学化工行业软课题等项工作。面向江苏省化工及相关企、事业单位开展各类行业信息服务。

## 福建省化学会

福建省化学会，是福建省化学工作者依照国家法律自愿组成的学术性、公益性的法人社会团体。该会的宗旨是“团结、组织全省化学工作者，促进我国、福建省化学科学和技术的普及、推广、繁荣与发展，提高社会成员的科学素养、促进人才的成长，发挥化学在促进国民经济持续发展和高新技术创新中的作用，为使福建省化学科学跻身国内、国际先进行列而不懈努力”。该会接受福建省科学技术协会的领导，是福建省科协的组成部分。福建省化学会的前身是福建省化学化工学会，1985 年 8 月分为福建省化学会和福建省化工学会两个学会。

福建省化学会挂靠在厦门大学化学化工学院，学会的领导机构为理事会，理事会每四年改选一次，现任为第八届理事会。

## 浙江省化学化工学会

浙江省化学化工学会是由浙江省从事化学化工工作的科技工作者自愿参加的学术性群众团体，依法成立并受浙江省科学技术协会主管的全省性科技社团。其宗旨是团结和动员化学化工工作者以经济建设为中心，坚持科学技术是第一生产力的思想，实施科教兴国和可持续发展战略，宣传科技创新和高新技术，促进浙江省化学化工事业的繁荣和发展，促进化学化工人才的成长和提高，反映化学化工科技工作者的意见，为全省的化工企业和化工科技工作者服务。

学会自 1950 年组建到 2006 年，已有 56 年的历史，先后召开了九次会员代表大会，选举过九届理事会。目前有个人会员 1 025 人，团体会员 32 个，涉及无机化学、有机化学、分析化学、高分子化学、化学工程、生物化工、催化、农药、环保、涂料、化工自动化、化工机械、医药化工、化工技术经济和化学教育等多个化学化工学科和专门技术。

学会活动内容包括组织国内、国际学术交流，学术会议和专题研讨会；开展化学化工继续教育和技术培训；普及科学知识，传播先进技术；提供化学化工专家评估、技术咨询、决策论证等技术服务；推荐、表彰和奖励化学化工优秀人才；学术期刊为《浙江化工》。

学会设立浙江省化学工业科学技术奖，每年评奖一次，奖励浙江省在化学工业科技工作中作出创造性贡献、取得良好经济效益和社会效益的个人和单位，促进科技进步。学会办公地点在杭州市浙江大学玉泉校区。

# 学 术 期 刊

## 课程·教材·教法

期刊名称：课程·教材·教法

刊期：月刊　创刊日期：1981 年

主管单位：教育部

主办单位：课程教材研究所

主编：魏国栋　吕　达

通讯地址：北京市海淀区中关村南大街 17 号院 1 号楼

邮政编码：100081

联系电话：010－58758977

国内统一刊号：CN 11－1278/G4

国际标准刊号：ISSN 1000－0186

本刊为初、中等教育专业刊物。其宗旨是推动中小学课程。教材和教法的理论研究，总结和交流改革中小学课程及各科教材教法的经验，探讨教学理论与教学规律。主要内容有：课程教学研究、教学改革、教学方法、国内外教育改革动态、教材建设、师范院校课程设置等。读者对象为广大中小学教师、教育科研工作者及师范院校师生。

## 中学化学

期刊名称：中学化学

刊期：月刊　创刊日期：1983 年 6 月

主管单位：黑龙江省教育厅

主办单位：哈尔滨师范大学

编辑出版：中学化学编辑部

通讯地址：黑龙江省哈尔滨市和兴路 50 号哈尔滨师范大学

邮政编码：150080

电子邮箱：zxhx@hubnu. edu. cn

联系电话：0451－6329591

国内统一刊号：CN 23－1187/O6

国际标准刊号：ISSN 1007－8711

《中学化学》全部文章均以中学化学教材，课程标准为科学依据。它是教师发表教学研究成果的园地，指导教师如何教好化学；介绍化学知识，解答疑难问题；指导学生学好化学，介绍实用的解题方法和新颖的解题技巧。主要读者对象为广大中学教师和中学生。

主要版块栏目：教学研究、教材研究、化学与社会、学习园地、备课札记、实验研究、方法与技巧、试题研究、复习与练习、竞赛园地。

# 中 学 名 校

## 安徽省合肥市第一中学

校训：怀天下抱负、做未来主人。

合肥一中前身是庐州中学堂，由李鸿章之子李经方光绪二十八年（1902 年）创办，是合肥地区最早、历史最久远的一所新式学校。学校百年来风雨沧桑、几经更名、几易校址，到新中国成立后方定名为安徽省合肥市第一中学。1955 年定为省重点中学，1995 年成为联合国教科文组织俱乐部成员，2000 年定为省级示范高中。2007～2009 年，合肥一中已整体搬至滨湖新区办学，成为一所寄宿制的高级中学。

学校现有学生近 6 162 人，教职员工 500 余人，特级教师 8 人，高级教师 100 多人，名师荟萃，在职教师中获国家级表彰 3 人，享受国务院津贴 1 人，省政府津贴 2 人，省级教坛新星 7 人，获省学科优质课评比一等奖 5 人，被合肥市政府授予“先进教师”称号和“先进工作者”5 人，合肥市“拔尖人才”3 人。合肥一中化学教研组有教师 11 人，其中特级教师 2 人。

学校以“全面施教、广育英才”为办学宗旨，以“怀天下抱负、做未来主人”为校训，在各项教育教学活动中努力培养学生具有渊博的学识，闪光的才智，庄严无畏的独立思想和洒脱自信的人生态度。多年来，合肥一中为国家、社会培养学子万千，有中科院院士 7 人，著名物理学家、诺贝尔物理奖获得者杨振宁教授，联想集团有限公司执行董事总裁兼首席执行官（CEO）杨元庆等一批杰出的校友。

在党和国家领导人以及省市各级领导的关爱、支持下，合肥一中不断铸造新辉煌，受到了社会的高度评价。近几年来学校高考成绩骄人。涂昊、朱亮、曹珊、司玉洁等同学相继成为安徽省高考状元；学校高分段人数、一本率、二本率均遥遥领先省内其他同类学校。

以培养高素质人才著称的合肥一中始终重视对学生综合素质的培养：鼓励他们勇攀科学高峰，放眼世界，面向未来，精益求精，不断探究新知识、新领域，学生在国内外各类学科大赛中不断取得骄人的成绩，继林儆同学获得第22届国际奥林匹克化学竞赛金牌之后，周謇同学获得第18届国际中学生生物奥林匹克竞赛金牌、李晶晶同学获得第15届国际中学生生物奥林匹克竞赛银牌；重视对学生创新精神和实践能力的培养，重视对学生现代前沿技术和综合素质的培养，学生在国家级及省级举办的各种科技创新大赛中，取得了优异成绩，多次在国家级及省市级电脑机器人大赛中创造佳绩；重视学生关注社会、面对现实、分析和解决实际问题的能力，通过开展丰富多彩的社会实践活动，提高了学生的社会素养，学生在各类活动中表现突出，受到了社会的一致好评；重视营造浓郁的校园学术氛围，不断邀请专家、学者开展普及性讲座和学术讲座，开设百家讲坛：重视学生文体素质的培养提高，通过各种学生社团、形式多样的课外活动、校园文化艺术节为同学施展才情、放飞理想搭建一个宽阔的舞台，学生在省市级的合唱比赛、篮球、乒乓球等多项赛事上取得了优异成绩；重视学生良好的心理素质的培养，开展各种形式的心理健康教育，成立合肥一中阳光心理活动中心，鼓励学生追求健康心理，创造美好青春；重视拓展学生的视野，海外交流频繁，为莘莘学子搭建了与世界互动的广阔舞台……

目前学校正在向着“省内领先、国内一流、国际有一定影响的名校”的办学目标努力拼搏。合肥一中的历史是厚重的，学校广大师生决心在新的机遇和挑战中昂首阔步，奋勇前进，继续书写学校新世纪又一个百年辉煌！

## 安徽省芜湖市第一中学

校训：励学、远志、修身、笃行。

芜湖一中是一所具有悠久办学历史和光荣革命传统的百年老校，安徽省老牌重点中学（1958年），省首批示范高中。它的前身系创建于清乾隆年间的中江书院（1765年）。1903年，中西文明交汇，中江书院改制更名为皖江中学堂，开始进入办新学的历史过程。“新学百年”有如下重要阶段：皖江中学堂、省立五中、省立七中、省立芜湖中学、省立芜湖高级中学、芜湖市中、芜湖市第一中学等。在两个多世纪的历史风云中，许多知名教育家、思想家、革命家、学者，如中国近代启蒙思想家、教育家、1905年皖江中学堂的监督（校长）严复；中国新文化运动的旗手、中共早期党的领袖陈独秀（在皖江中学堂执教）；著名教育家、爱国知识分子、省立五中校长刘希平；“十月革命”思想的传播者、中共早期党员、省立五中教导主任高语罕、革命家恽代英、沈泽民；中国无产阶级革命文学的先驱、文学家、省立五中的学生会主席蒋光慈；北伐名将、省立五中的学生会干部曹渊；北大著名教授、红学家吴组缃等，无不在芜湖一中的历史上乃至中国的近现代史上留下光辉业绩。

新中国成立后，芜湖一中为社会主义革命和建设培养了一大批优秀人才，如中国著名数学家钟家庆（56 届校友）；中国科学院院士卢强（54 届校友）；中国科学院院士、清华大学校长顾秉林（65 届校友）；中国科学院院士吴奇（72 届校友）；中国科学院院士周远（55 届校友）；西昌卫星发射中心总指挥唐贤明将军（67 届校友）等，以及一大批在各级国家机关中尽职的领导者和教科研单位的专家、学者、精英，为社会主义物质文明和精神文明创造出无数辉煌的成就，而受到党和人民的赞扬。

现在的芜湖一中，现有在职教职工 188 人，其中有享受国务院专家津贴 2 人，全国劳模 2 人，省劳模 5 人，市劳模 8 人，省特级教师 5 人，省教坛新星 9 人，市教坛新星 14 人，省师德先进个人 1 人，省德育工作优秀教师 1 人，市师德标兵 2 人，市师德先进个人 2 人，市优秀园丁 27 人，市骨干教师 18 人，全日制硕士研究生 5 人，教育硕士（含在读）12 人。芜湖一中先后获得全国教育系统先进集体等众多国家级和省级荣誉称号。

芜湖一中以“校园文化立校、名师群体兴校、规范管理治校”为战略目标，追求教育教学的高质量与高品位。近十多年来，学校培养了多名高考全省状元，为一流大学输送了众多优秀人才，其中清华大学 107 人，北京大学 47 人，中国科技大学 166 人，复旦大学 80 人，南京大学 101 人。有众多同学在全国各类学科竞赛中获奖，学校信息学代表队连续七次以校队代表省队参加全国信息学比赛，六次获团体总分前三名，其中两次全国夺冠。在国际奥赛中，学校选手共夺得金牌 2 枚，银牌 6 枚，铜牌 1 枚；另有部分同学直接被国外名校如耶鲁大学、美国麻省理工学院和加拿大多伦多大学全额奖学金录取。

现任芜湖一中党委书记、校长庞定亚，男，安徽省化学特级教师，全国劳动模范，享受国务院的政府特殊津贴。芜湖一中化学教研组组长沈克明，男，中学高级教师。

### 安徽省马鞍山市第二中学

校训：厚德、励学、敦行。

安徽省马鞍山市第二中学创建于 1957 年，是全国精神文明建设先进单位，教育部全国百所重点联系学校之一，全国中小学现代教育技术实验学校，安徽省重点中学，安徽省第一所示范高中，安徽省精神文明建设标兵单位。

马鞍山二中全面贯彻党的教育方针，积极推行素质教育，大胆探索改革创新，教育教学环境宽松。学校长期坚持“全面发展、优化个性、培养特长”的办学目标，走“以德育为核心、一体两翼五基地”的办学路子，构建了“2311”素质教育模式（“品学双优”“会英语会话、会电脑操作、会人际交往”“具备一个健康的心理和一副健壮的体魄，具备一样特长或一种技能”，共七项指标，简称“2311”），并采取“一证五卡”的方式激励学生努力实现上述指标。在此基础上，学校取得了丰硕的成果，先后荣获“全国德育工作先进集体”等国家级表彰 21 项和“安徽省文明单位标兵”等省级表彰 20 项。安徽省教育厅曾专门发出通知，在全省推广学校办学经验与成果，赞誉学校为“城市中学一枝花”。

学校领导班子成员精通高中教育教学，具有高度的责任感和团结协作、新校区奋斗精神。学校拥有一支素质过硬、能吃苦耐劳、学识水平高、业务能力强、实力雄厚的师资队伍。他们爱岗敬业，教书育人，用自身的人格魅力和学术魅力培养和影响着一代又一代的学生。现有在职教师 231 人，其中特级教师 9 人，高级教师 116 人，省教坛新星 14 人，市学科带头人 7 人，市级骨干教师 27 人，具有研究生学历的 31 人，学校有 10 位中青年教师代表安徽省参加全国中青年教师课堂教学大奖赛，6 位教师荣获一等奖。教师中有 60 多人参与了国家级和省级课题研究。

学校现有高中教学班 50 个，学生 2 714 人。举办有“安徽省理科实验班”“中新友好实验班”“志诚名师网校”，开展有 AFS 项目、新加坡留学项目等对外交流教育项目，参与举办成功学校、当涂分校和马鞍山二中实验学校。其中理科实验班每年面向全省招生 40 名学生。学校第一届省理科实验班已有 14 位同学保送至北京大学、清华大学等名牌高校，各学科竞赛成绩名列全省第一。2003 年，学校开始步入国际教育的舞台，引进外教资源，创办了“中国・新西兰友好实验班”，每年面向全省招收 100 名学生。2004 年高考又写下了学校办学新纪录，单单被北京大学、清华大华这两所学校录取的学生就有 13 位。近十年中，累计向全国高校输送合格新生 3 000 多名，他们当中有伍健、王亚伟、张文静、秦敏、姜韬五位安徽省高考文、理科状元。学校参加国家级、省级学科竞赛获一、二等奖的近 400 人次，他们中有奥林匹克金牌和理论特别奖得主周沛等。另有一批学生他们有的获得了国家发明专利，有的个人演唱录制成光盘公开发行，钢琴、手风琴、二胡达10级的学生累计达30多人，还有一些学生达到了国家二级运动员水平，他们多次打破省、市中学生运动会纪录。独具特色的育人环境使二中的学生形成了富于理想、个性活泼、视野开阔、善于合作、敢于创新的特点，在大学学习和工作中具有美好的发展前景。

马鞍山二中生化教研组中有化学教师9人，生化教研组组长庄严，男，化学高级教师，市骨干教师。化学教师中有省特级教师、市优秀专家1人，市化学学科带头人1人，市骨干教师4人，省教坛新秀2人，市劳动模范1人，高级教师7人。两名青年教师都是教育学硕士学历。

## 天津南开中学

校训：允公允能，日新月异。

天津南开中学原名天津南开学校，始创于1904年，是由我国著名爱国教育家严范孙和张伯苓创办的南开系列学校的发祥地。天津南开中学现所在地即天津南开学校旧址，以“中国近现代重要史迹”被国务院列为全国重点文物保护单位。1937年“七七”事变后，主要校舍被日本侵略军的飞机炸毁，部分师生迁到英租界内的耀华中学，大部分师生内迁到重庆南开中学，直到抗日战争胜利后才回到天津。1978年天津南开中学被教育部确定为全国重点中学，现为天津市教委直属的国家级示范高中。

天津南开中学的校训：“允公允能，日新月异。”倡导并培养爱国、爱群之公德，服务社会之能力；不断奋斗，不断发展。南开精神的核心是爱国主义精神。2004年10月17日是天津南开中学百年华诞。百年积淀了天津南开中学的学校文化，“巍巍我南开精神”历代传承。学校具有浓厚的爱国、乐群、敬业的公德价值观氛围，师生有强烈的崇尚科学，追求卓越，服务社会的责任感。以此形成南开中学的办学特色：浓厚的人文、科学精神氛围，科学和人文相得益彰。形成“爱国乐群、严谨务实、蓬勃向上、艰苦创新”的校风。

办学历史的积淀，在校友中涌现了以敬爱的周恩来总理为杰出代表的一代又一代对国家有突出贡献的知名人士。温家宝总理、邹家华副总理、李鹏副总理，9位全国人大副委员长和全国政协副主席，40余位我国省部级领导干部；57位中外著名科学家。在教育界中以三任清华大学校长为代表的一批教育家，曹禺等一批知名文化界人士，一批医学界、外交界等知名校友使学校享誉海内外。正如 1997 年李鹏同志任总理期间，给天津南开中学的信中所说："南开中学为中国的革命事业和建设事业，为科学进步培养了大批优秀人才，英雄辈出，功不可没。"

天津南开中学设有高中部、国际部。高中部学生毕业后 100％进入大学本科，其中 99％进入全国各重点大学。高中部每年招收部分外省学生，同时招收中国香港、中国澳门、中国台湾学生进行学历教育；国际部除对外国学生进行中学学历教育外，同时为短期来华来津的外国学生进行汉语与中国文化的短期教育。

天津南开中学的现岗教师均接受过大学以上的本科教育或研究生教育，同时还有一批从大学及有关单位聘请的客座教授队伍及外籍教师队伍。"敬业、爱生、奉献"是天津南开中学传统的教风，以高尚的师德、高超的教育能力回报社会是学校教师队伍建设的主旋律。近几年，百余人次教师被评为全国级及市区级优秀教育工作者，百余人次获全国、市、区研究课、创优课奖励，一批青年教师脱颖晋升为高级、特级教师。教师队伍建设着力于教师专业要素的提升，培养教育科研型教师，教师掌握信息技术并应用在教学实践中。承担或参与多项全国级及市级教育科学"十五"规划课题，其中"天津南开中学与高质量中等教育的研究"是国家级科研课题中唯一与学校名称相联系的课题。近三年 130 多篇论文获市区级奖励。

天津南开中学与时俱进，以"整体高素养教育"为办学的主导思想，形成具有现代南开特色的办学理念和实践体系。整体的内涵是要把握教育的整体性、办学的整体性。学校的育人目标是"使南开的学生具有强烈的社会责任感，具有健全的身躯及心理品质，科学素养、人文素养兼备，创新思维、实践能力两翼齐飞，为祖国的繁荣、世界的和平与发展培养创新型、拔尖型后备人才"。以"以德立教，严谨治学，学生为本，注重创新"为治校方略，并以把南开中学努力建设成具有中国教育特色的国际著名一流学校作为奋斗目标。

天津南开中学有优良的德育传统，同时又依据时代特点，不断地发展和创新，形成了南开特色的德育实施网络。使学校成为训练、陶冶学生思想品德的熔炉。学生有法纪，有道德，有理想。使学生养成"以周总理为楷模"的人生观与价值观。

教学工作从改革教与学的观念入手，树立以终身学习为内涵的大教育观。以课程改革为核心，以提高课堂教学效益为重点，训练、积淀科学素养、人文素养，建设数字校园，提高信息技术水平，以培养学生的思维品质、实验动手能力、双语双文能力、信息技术能力、自主学习能力、创新潜能为目标。学校除必修课程外，还开有校本课程供学生选择。引入“高中学年学分制”，构建与新课程计划相匹配的教学管理模式。重视研究性学习课程，培养学生的探究学习能力，形成了“勤学、好问、理解、会用、创见”的学风。

在整体高素养教育办学理念下，倡导学生自学、自治、自律的主动发展机制的体验教育中，大批学生成为理科特长生、文学特长生、体育特长生、艺术特长生。例如，自 1997 年以来，连续五年获四块国际奥林匹克竞赛物理、化学金牌，一块信息技术银牌；2004 年又有学生入选国家奥赛集训队。在科技创新大赛上获全国科技发明展金牌、国际发明展银牌。2003 年第十八届全国青少年科技创新大赛上生物科技小组获一等奖，2004 年获“宋庆龄”少年儿童发明奖金牌。学校亦是全国体育工作先进学校、艺术特色学校、全国现代教育技术实验学校、中央教科所科研基地，各类社团课外活动丰富多彩，学校男子篮球队、民乐队、合唱团、铜管乐队在中学界十分活跃，具有较高的专业水平。

学校的国际交往日益活跃，已与五大洲中的 20 个国家的学校建立了友好交流关系，努力使学校成为中外基础教育交流借鉴的桥梁。

## 天津市耀华中学

校训：勤朴忠诚。

天津市耀华中学是天津市教委直属的公立重点高级中学，位于和平区南京路 106 号。耀华中学以历史悠久、校风淳朴、英才辈出享誉于世，耀华中学还是一所融中西文化为一体，富有爱国主义精神和光荣革命传统，享有崇高声誉的学府。建校至今，已为国家培养了四万名高质量毕业生，有相当数量已成为国家栋梁，其中两院院士有 13 位。近几年，耀华中学每年为全国各类高等学校输送 700 多名优秀毕业生，数量居全市中学之冠，高考录取率均达到本科率 100%，重点率 97%以上，现有教学班 83 个，在校生 4 500 余人。

1927 年，庄乐峰先生创办天津公学。1934 年更名为耀华学校，取“光耀中华”之意，提出“尚勤尚朴，惟忠惟诚”的校训和含义深刻的校歌。历史的积淀、文化的传承，耀华中学逐渐形成了“治学严谨、管理规范、崇尚民主，广育良才”的办学特色，深得社会信赖。1952 年改名为天津市第十六中学，1988 年复名为“天津市耀华中学”，同年创办超常教育实验班。1994 年，创办民办公助初中校“华星中学”。2003 年与北京加成通业信息咨讯有限公司实行股份制合作办学，将“华星中学”改名为“天津市耀华嘉诚国际中学”，2003 年开始耀华中学面向全国招收高中学生。

一代代耀华人牢记“勤朴忠诚”校训、肩负光耀中华的历史重任，开拓进取，勇于创新，建校至今，已为国家培养了四万名高质量毕业生，有相当数量已成为国家栋梁，其中两院院士有 13 位，他们是郝诒纯、张金哲、梁思礼、朱起鹤、于敏、王夔、周尧和、金怡濂、孙家钟、王越、王静康、冯士笮、冯培德，还有世界著名计算机专家、世界第一台电子计算机制造者美籍华人朱传榘，清华大学原副校长、党委书记方惠坚，外交部副部长、新华社原驻香港分社社长周南，中央党校原常务副校长郑必坚，天津市原市长、人大常委会主任聂璧初，美国加州蒙特利花园市前市长（美国历史上第一位华裔女市长）陈李琬若女士，以及著名书画家王千、陈骧龙、韩文来，著名歌唱家蒋大为、刘欢等。早在三四十年代，著名物理学家钱伟长先生和著名音乐理论家张肖虎先生曾在耀华任教。

2000 年以来新一届领导班子秉承耀华中学 70 多年丰厚的积淀，确定了“为成功的人生奠基”的工作主旨。在办学理念上逐步实现六个转变：即由追求办成国际知名学校转变为办成人才辈出的学校；由追求象牙塔式的高雅转变为向社区开放，贴近民众的朴实；由以约束为主的制约机制转变为以褒奖为主的激励机制；由催生和包装少数骨干教师成为名师转变为创设人才成长的环境，促进所有教师自我成长、自主成才；由年级组长、班主任负责德育转变为全体教职工全员育人；由注重艺术、体育特长生培养转变为促进全体学生艺术、体育素养的普遍提高。

耀华中学拥有一支师德高尚，业务精湛，治学严谨，敬业乐群的教师队伍。现有教职工 284 人，其中 15 名特级教师，89 名高级教师，国家级、市级骨干教师、名教师 10 余人，市级十佳青年教师 5 人，双本科学历 13 人，硕士学位 26 人，硕士课程班结业 110 人，出国进修三个月以上的 12 人。现有教学班 83 个，在校生 4 500 余人。

1998 年、1999 年、2000 年连续三年的天津市高考理科状元张颖、杨帆、周鹏都出自耀华中学，特别是 2000 年，耀华学生包揽了全市理科高考的前 4 名。2001 年王欣获高考理科第二名，2002 年雷浩获高考理科第二名，2003 年王月清获高考市内六区理科第一名，巩金麟获文科第一名，2004 年刘爽获天津市文科状元，2006 年刘伦获天津市理科状元，2007 年陆宇衡获天津市理科状元，2009 年常洪获天津市理科状元。一批批学有特长的学生在全市、全国历年的各种竞赛中捷报频传：1991 年吕强获第 22 届国际物理奥林匹克竞赛金牌，2003 年李伊邙获第八届国际天文奥林匹克竞赛铜牌，2004 年李纯毅、张宇辰、任庆春等六位同学获全国数学奥林匹克竞赛冬令营两块金牌、两块银牌、两块铜牌，2005 年、2006 年任庆春同学两次代表中国参加国际奥林匹克数学竞赛并连续两次获得金牌。近六年中，有 600 多人次获全国高中数学、物理、化学、生物、外语、计算机竞赛天津赛区一、二、三等奖；100 人次获高中奥林匹克竞赛全国一、二、三等奖。2003 年胡晓峰同学获第十八届全国青少年科技创新大赛一等奖，薛滕、吴念众同学的“纳米技术”应用获二等奖。为学生成功的人生奠基是耀华中学的办学目标，学生的成功、成才是耀华中学的成功。

耀华中学以开放的姿态广交朋友、缔结友谊，加强国内外的沟通与交流，接待国内外兄弟学校参观学习，并与所在社区互动交往。近年来先后与日本 、澳大利亚、新加坡、美国、加拿大、英国、德国、挪威、马来西亚等国家及中国台湾、中国香港地区进行密切交往，并与新加坡、日本、美国、加拿大、澳大利亚等国家之间互派留学生或选派外语教师赴国外进行语言培训。

## 天津市第一中学

校训：坚定正确的政治方向，艰苦奋斗的作风，自理自学的能力。

天津市第一中学组建于 1947 年 9 月，原名为天津市立中学，新中国成立后改名天津市第一中学，简称天津一中。它是天津市教委直属的重点中学，是联合国教科文组织亚太地区教育革新为发展服务计划联系中心。

“育人为本，教学为主，全面发展，学有所长”是一中的办学宗旨。围绕这一宗旨，学校党政领导班子及广大教职工辛勤耕耘，注重全面培养学生高尚的思想道德情操，丰富的文化知识及良好的实践动手能力。“敬业，爱生，奉献”的精神是天津一中教师师德的集中体现。学校重视不断在教师队伍中注入这种精神，使教师形成共向合力的教育集体。教师师德水平高，教育集体凝聚力强，教育教学效果好，培养的学生能力强，已为社会所公认。

韦力，云南华坪人。1948 年毕业于北京中法大学文史系。

1949 年加入中国共产党。新中国成立后，历任津沽大学讲师、天津市第一中学首任校长、全国教育学会第一届管理学会常务理事。特等劳模，联合国教科文组织亚太地区中国唯一普通教育专家。

天津市第一中学办学思想：育人为本，坚持全面发展，培养个性特长，为使学生成为 21 世纪拔尖人才，奠定坚实的基础。

天津市第一中学培养目标：具有强烈的历史使命感和社会责任感，不满足优秀，崇尚创新，追求卓越。

解放初期的天津市立第一中学是全市仅有的几所公立学校中最优秀的一所，是一所只招收男生的学校。天津市内家庭贫寒的孩子都争相通过自己的努力考取这所教学水平一流、学费低廉的学校，那时的同学们衣着朴素，吃喝节俭。许多同学白天到校上课，放学后在路边卖报纸助学。因此，从那时开始一中就形成了"学习上比刻苦、生活上不怕艰苦"的好传统。许多家境贫寒的穷孩子正是在一中这片沃土上汲取营养，砥砺意志，放飞理想。

解放初期的一中校舍原为英国兵营，铁皮屋顶，阴暗潮湿，冬冷夏热，设施简陋，条件艰苦。但就是在那样艰苦的条件下，迎着共和国成立的曙光走进一中的人们革命热情、学习热情无比高涨。在一中的学生中，有代表全市学生参加开国大典受到毛泽东等党和国家领导人接见的代表，有一批在抗美援朝战斗中屡建战功的英雄，有在 1963 年抗击津门特大洪水的战役中敢打硬仗的模范集体，有在校读书期间就已闻名全国的高水平运动员，有当时是校园文艺骨干后来则成为享誉全国的艺术家。这些优秀的一中学子每当忆及自己的成长经历，都从内心感受到一中对自己的培养。

天津市第一中学现岗教师 218 人（含干部兼课），其中高级教师 80 人；特级教师 5 人；45 岁以下的具有本科学历的 98 人正在进行教育硕士研究生班的深造学习。天津一中具有研究生学历和具有研究生学历水平的教师占教师总数的 60%；一中的教师队伍坚持以师德为本，以学识为本，以教书育人为本，先后涌现出众多的教书育人的楷模，很多老师的事迹由《天津日报》、天津电视台、中央电视台等媒体报道，在社会上有很大影响。

天津一中与国际多所学校一直保持着友好往来。从 1987 年起，一中成为第一个参与国际文化交流协团（AFS）的学校，多次派出教师、学生前往欧美等多个国家进行交流，并接待国外交流师生 500 余人。通过这些活动，促进了一中的全面工作，增进了天津及一中在国际上的影响。

多年来，在正确教育思想的指引下，天津一中对教育教学及管理进行了一系列全面改革，并取得了丰硕成果，教育教学质量一直保持在全市高水平上，高中会考合格率 100%，体育合格率 100%。自 1994 年以来，高考一次上线率均为 100%，升学率及升重点大学率均居全市中学前列。近三年升重点大学率均在 99% 以上，2002 年高考理科前十名学生中天津一中的学生有五名，其中前三名均为一中学生。天津一中多次出现理工类与文史类状元。建校以来天津一中为高等学校输送了上万名高素质学生。一批有特长的学生多年来在全国省、市各学科奥林匹克竞赛中均取得优异成绩：焦宇辰同学 1995 年荣获第 27 届国际化学奥林匹克竞赛金奖；安金鹏同学 1997 年荣获第 38 届国际数学奥林匹克竞赛金奖（均代表国家参赛），为天津市数学学科作出了贡献，也提高了天津一中的知名度。与此同时，天津一中一贯重视培养数理化特长生，并拥有一批极富经验的特级、高级专业辅导教师——在师生共同努力下，天津一中每年都涌现出大量在各学科竞赛取得优异成绩的学生，并直接保送重点大学继续深造。

化学学科组现岗教师 22 人，实验教师 5 人，其中特级教师 1 人，高级教师 10 人，高级实验教师 3 人，市级劳动模范 1 名，区级学科带头人 2 名。化学学科组组长刘艳琴，女，化学高级教师，中国化学学会会员，区级学科带头人，区级兼职教研员；张思纶，女，化学特级教师，天津市劳动模范、天津市优秀教师，获天津市“九五”立功奖章，现为天津市教育教学研究室化学学科兼职教研员，天津市中学教师高级职务评审委员会专家库成员。学科组全体教师敬业、爱生；有着踏实、进取的工作精神；为人师表的教师风范；创新、奉献的拼搏精神。曾获得市级先进集体、区级文明学科组的称号。学科的教学风格严谨，教师教学基本功扎实，在市级双优课、创优课、电教课中多次获一等奖。并为人教社、国家电教馆录制教学示范课光盘。中考、高考、化学奥赛成绩均在全市名列前茅。近十年在全国化学奥林匹克竞赛中获全国一等奖 11 人次，其中 3 人进入国家集训队，1 人进入国家队并获国际金牌。获市级一等奖近百名。

## 天津市实验中学

校训：励志、修身、求知、健体。

天津市实验中学是一所具有 80 余年历史的老校。创建于 1923 年，前身是由法国天主教耶稣教会创办的天津市工商学院附属中学，曾更名为津沽大学附中、师范学院附中等，是天津市一所知名的老校。1954年迁入现址天津市河西区平山道一号。1981年改名为天津市实验中学，是天津市教育委员会直属重点中学之一。

学校始终继承着“敬业、爱生、严谨、探求”的教风和“勤学、善问、博闻、务实”的学风，为祖国培养了大批栋梁之才，如世界著名核物理学家袁家骝博士、著名红学专家周汝昌、艺术家沈湘、歌唱家娄乾贵、中国工程院院士著名医学家石学敏、中国工程院院士郭应禄以及现任国务院新闻办公室主任赵启正、体操运动健将鲍乃健、世界网坛冠军刘树华等，被誉为“津门名校、沽上之光”。

学校把“为学生终身发展奠基”作为办学理念，大胆探索，1998年在天津市政府、市教委的支持下，率先进行示范校建设，校园环境优美、高雅，为培养个性特长突出且全面发展的合格人才提供了坚实的基础。

为实现“为学生终身发展奠基”的办学理念，天津市实验中学不断锤炼教师队伍。目前拥有分布在6个学科的12名特级教师，有已获得或正在攻读硕士学位的教师87名，有研究生课程班毕业的教师90余位。有市级学科带头人12名。拥有市十佳青年教师5人，市十佳班主任3名，有全国优秀教师2名。1994年成立了以著名数学特级教师王连笑为首的数学奥林匹克教练组，经中国数学奥委会评定，现有高级教练员2名、一级教练员6名、二级教练员4名，名列天津市之首，其实力在全国的中学处于领先地位，数学组还被评为全国劳动模范先进集体、天津市“工人先锋号”。为培养个性特长突出且全面发展的合格人才提供了雄厚的师资力量。

为实现“为学生终身发展奠基”的办学理念，天津市实验中学不断探索素质教育模式，设立有数学、英语、艺术特长班，中新合作双语班，IB国际文凭项目实验班；组建有全市较高水平的各类学生艺术社团10余个；开设有种类繁多、内容新颖的活动课、选修课近百项，为培养个性特长突出且全面发展的合格人才创设了丰厚的物质环境。近五年来，共有11人进入中国数学奥林匹克冬令营，90余人被北京大学、清华大学、浙江大学、上海交通大学、南开大学、天津大学等全国名牌高校提前保送录取，400余人通过大学英语四级考试，在全国数学、物理、化学、生物、计算机等奥林匹克竞赛中一等奖获奖总人数始终位于全市前列。近三年来，高考本科一次上线率达100%，重点大学上线率达95%以上。同时还培养了大批富有专长的体育、艺术、科技人才，先后被北京大学、中国人民大学、浙江大学、中山大学、天津大学、南开大学等著名高校破格录取。

为实现“为学生终身发展奠基”的办学理念，向国际一流水平学校迈进，天津市实验中学在全市最先成立了国际部，至今已与 26 个国家和地区的 29 所学校建立了友好关系，每年有十几位教师和百余名学生出国学习访问。曾成功举办了三届国际教育论坛，并创办了对外汉语教学“泰国分校”，为培养新世纪全面发展的合格人才搭建了通向世界的平台。

实验中学正朝着建设“高质量、有特色、开放型、现代化、国内一流、国际知名的优质名牌中学”的宏伟目标，大步前进。

天津市实验中学化学组是一个年龄结构和知识结构合理、学历层次较高、充满活力、蓬勃向上的集体。全组共有 21 名教师，其中特级教师 1 人，高级教师 6 人，一级教师 9 人，中高级教师占 72%，其中近 60%接受研究生教育，8 人获得或即将获得硕士学位。近几年涌现出市级学科带头人 1 人，区级学科带头人 2 人。

化学组在学校“以人为本”“教育为学生终身发展奠基，促进学生协调、全面、健康发展”的办学思想与教育理念引领下，创新务实地干好教育教学工作，以“自我反思，协作互助，专业引领，求真重效”为学科组工作的总体思路。大力加强先进的教育教学理论的学习，不断提升每位教师的教育理念，提高自身的综合素质，充分调动教师的积极性，注重教师能力发展，形成有自己个性特征的教学风格。依靠集体的智慧，扎扎实实搞好教学工作，同时，积极鼓励教师参与教科研活动，争做专家型、学者型、科研型的教师。

近些年，许多中青年教师在参加市、区、校级创优课、观摩课的比赛中脱颖而出并获得奖励。许多教师教育教学文章发表在国家级、省市级核心教育期刊上。许多科研论文获市、区、校奖励。近三年，在全国高中化学竞赛中，7 人获得一等奖，其中 1 人进入冬令营，名列市重点校前列；在全国初中化学竞赛中，获得一等奖的学生 10 多名，特别是 2009 年有 6 名同学获得一等奖，居全市之首，为学校、地区争得了荣誉。

几年来，全组教师齐心协力、共同奋斗，教研互动打造出一支为人师表、业务过硬的队伍，使学校化学教学质量稳步提高，中、高考化学成绩稳步提高。

## 辽宁省东北育才学校

校训：为中华之崛起而读书。

东北育才学校是 1949 年由张闻天、徐特立等老一代无产阶级革命家创建的一所具有光荣革命传统的学校，也是周恩来总理少年读书的地方，是沈阳市教育局直属的省重点中学，省政府命名的模范学校，辽宁省首批示范性高中。

近年来，学校坚定创建世界名校的办学目标，打造东北育才优才教育、国际教育、集团教育品牌，在巩固中发展，在发展中创新，以科学发展育才观为统领，坚持做大、做强、做出质量，重点下气力解决发展方式、发展品位问题，办学成果突出。

在发展方式上，从扩大规模的线性发展，转向形成格局的立体发展，高规格地打造育才名校形象，实现育才事业的全面协调可持续发展。目前，学生总数达到万人，教职员工千余人，办学体系更加完善，品牌优势更加突出，实现国有资产的大幅度增值。形成了从学前教育到高中教育相互衔接，公办、民办、联合办学形式相互促进的全面和谐的办学格局，并为学校、家庭、社会教育相互结合，学历教育、业余培训、远程教育相互沟通的办学格局的创建进行了理论探索和初步实践。

在发展品位上，积极转变质量提升方式，坚持内涵建设，实现育才学校的全面和谐发展。学校坚持“以人为本”，把内涵发展的注意力放在优才教育模式的构建和育才核心精神的培养上。在探索完善符合素质教育要求的优才教育理论体系和实践模式中，逐渐树立起了全面优才教育观。即在优才的培养过程中，内容上，把各界领军人物所应具备的领袖素质的培养摆到突出位置。对象上，按照优才教育全面、充分、和谐、有个性发展的要求，关注每一个教育群体，坚持对资优学生实施高起点教学；对常态学生注意发掘潜能、培养特长、张扬个性；对学困学生注意打牢基础，发展个性特长优势，通过有效迁移，扬长补短。为每一个学生成为优才提供机会和条件，人尽其才、各展才华。

为落实全面优才观的思想，学校把德育处改为学生发展指导处，强调为学生服务的意识，帮助学生解决其心理、选课、升学、就业、生活等成长中遇到的问题。还根据学生学段、生理等特点，建立并完善了突出领袖资质培养的 360 度课程体系，建设了气象站、天文台、信息艺术中心、科学实验中心、高新农业科普基地、心理辅导中心、陶艺室、茶艺室、射击馆等一批配套的科学实验基地和实践中心，形成了有育才特色的必修课、选修课和活动课三位一体的课程体系。相继开发了 100 余门选修课，建立了只要有 5 个以上的学生有学习哪门课程的愿望，就组织力量开课的制度；形成了以专家学者报告、讲座为主要形式的微型课程体系。并以“发挥创新潜质，历练领袖素质”为指导思想，开展了丰富多彩的社团活动，为学生提供了全方位、多层次的自我发展的舞台，张扬了学生的个性特长，使学生能飞的飞，能跑的跑。多年来，学校还在学分制、研究性学习、双语教学、分层次教学、信息技术与学科教学整合、优秀学生导师制、学困学生辅导制、跑课制、考试评价等方面进行了积极探索和改革。

近年来，学校办学质量和效益不断提高。育才学生在国内外中学生学科竞赛中独占鳌头。1994 年夺得首枚国际中学生信息学奥林匹克竞赛金牌，实现了辽宁省参加国际中学生学科奥林匹克竞赛夺牌零的突破，2002 年在国际中学生学科奥林匹克竞赛中同年一举夺取两枚金牌。目前学校在国际中学生学科竞赛中已取得了 14 金、7 银、7 铜（其中国际中学生学科奥林匹克竞赛 8 金、2 银、1 铜）的骄人成绩。

在全国青少年科技创新大赛中已经取得了 8 金、9 银、8 铜的好成绩。2007 年以来，先后有三个科研项目参加了英特尔国际科学与工程学大赛，分获二、三等奖。

今天，东北育才在创建世界名校的道路上已经取得了突破性进展和令人瞩目的成绩，学校每年都有一批学生考入世界名校，为国际、民族培养大批国家化的一流人才打下了坚实的基础。2000 年至今，学校共有 400 余名学生考入哈佛、耶鲁、牛津、剑桥、东京大学等世界名校，另有 200 余人在国内高考中考入清华大学、北京大学。2003 年以来，先后有四名毕业生获得“全球百名青年领袖殊荣”。

学校的品牌形象得到提升。近几年，学校的社会影响不断扩大，平均每年接待国际来访 200 余人次，与世界各地的 14 所友好学校保持着每年一次的交流互访。2005 年以来，仅教师参与国际交流的人数就达到 250 余人次，其中有 53 人参与的是一个月以上的交流和学习。学校还为国内外同类优秀学校提供示范性经验。每年到育才参观、学习的国内外著名学校百余所以上，每年育才为国内外重大教育论坛提供的材料及报告都引起重大反响。

育才的办学成果在国内外得到广泛赞誉，日本议会议员、美国芝加哥市市长、澳大利亚前首相等世界各国知名人士都给予了高度赞扬，美国芝加哥市市长戴利在考察学校后说：“从东北育才的学生身上我看到了下一代中国人的生活质量。”日本《朝日新闻》连续两年对学校的优才教育成果给予专题报道，文中写道：“对向日本输送 7 万 7 千名留学生的中国来说，像这样的学校也是绝无仅有的。”国务委员陈至立在校视察期间评价道：“这是在国内从硬件条件、从老师、从教学改革来讲都走在前沿的学校。”

东北育才学校化学教研组中有四位中青年化学教师的事迹，在学校网站的“教师风采”栏目进行专题介绍。其中有市学科带头人、区骨干教师。从2000～2006年间，辽宁省共有28名省队选手参加冬令营，东北育才学校的学生为14名，占50%，获金牌数占辽宁省的66%，进入国家集训队的选手占辽宁省的50%。

### 辽宁省大连市第二十四中学

大连市第二十四中学创建于1949年9月，是由培养烈士子女和干部后代的摇篮——育才学校发展而来，它与共和国一起诞生，一起沧桑，一起辉煌。大连市第二十四中学1962年被确定为辽宁省重点中学，2004年被评为辽宁省示范性高中。六十载荣耀历程，六十载文化积淀，书写了二十四中不朽的诗篇，二十四中一路走来，秉承卓越完美的气质，赢得了“东北小清华”的美誉。

本着“为学生的发展而设计”的育人理念、“科学与人文兼修，合格与特长并重”的育人原则，近几年来，大连市第二十四中学共有500余人次在国家级和省级各科竞赛中获奖，其中有近300人次获得了国家级初赛一等奖（省级赛区），并有35人进入辽宁省代表队并参加全国决赛，获得金牌9枚，银牌13枚，铜牌11枚。先后有5人进入国家集训队，创造了奥林匹克竞赛大连市最好的成绩。近几年，第二十四中学在科技创新大赛中共有38个项目获省一等奖，其中有7个项目入选辽宁队，参加全国决赛。

恢复高考以来，第二十四中学的高考成绩一直处于省市前列。20世纪90年代以来，学校先后为大连市培养出了18名省、市高考状元，有261名学生考入清华大学、北京大学、香港大学等一流学府，总人数在辽宁省名列前茅。第二十四中学不仅重视学业优秀，更强调发展全面，大力发展学生党员，自1997年以来学校发展了135名学生党员，营造了积极要求入党的浓郁氛围。

与此同时，为切实提高教师的专业水平，学校领导大力改革，评出专业突出的“首席教师”“骨干教师”；为激励年轻教师尽快成长，评出“青年优秀教师”；并将师德放在首要位置，评出“双热爱好园丁”“仁爱之师”等。

化学组队伍平均年龄45岁，成熟富有教学经验同时又不乏活力和朝气，是领导放心、家长满意、学生喜欢的一支队伍。在

12 名教师中，有高级教师 11 人，中级教师 1 人，研究生学历 4 人，有 9 名中共党员；3 名中层干部，3 名班主任；3 名市级骨干教师，2 名区级骨干教师，2 名校首席教师，2 名校骨干教师，2 名大连市名师工作室成员，化学教研组强大的整体实力由此可见一斑。化学组教育教学成果显著，一人为特级教师，三人为省级优秀教师，两人被评为大连市优秀班主任，两人为市级优秀教师。国家级优质课两次，省级优质课六次，市级优质课十余次，省级论文二十余篇。

另外，学校还坚持“走国际化之路”，除多年坚持聘请外国教师在学校任教之外，在对外交流与合作方面，已逐步走向制度化、规范化，形成了自己的特色。自 1997 年起，大连市第二十四中学先后与美国拉玛高级中学、澳大利亚卡洛中学成为友好学校，并和多个国家的教育交流机构进行了广泛的教育合作。

## 辽宁省大连市育明高中

校训：民族、理想、荣誉。

大连育明高中建于 1998 年秋，是由大连市政府投资兴建、大连市教育局直属的公办的省级重点高中，省级示范高中。学校由现政治局委员薄熙来同志（时任市长）亲自命名。

学校坐落在学府集中的文化气氛浓郁的大连高新技术园区，地理位置和教学环境极为优越。现任校长刘春普是大连市业绩卓越的教育专家，曾获得全国优秀教师、中国教育发展研究员、百位德育科研专家、辽宁省先进教育工作者、大连市劳动模范等荣誉称号。学校领导班子成员精通高中教育教学，业务上十分成熟，具有高度责任感和团结协作精神，被誉为“专家型领导班子”。带领全校教师锐意进取，确立了全新的办学思路：在传承中巩固，在巩固中发展，在发展中提升，在提升中超越。学校领导旗帜鲜明地主张育明高中要抢占基础教育的制高点，办出特色教育，高端教育，使育明高中迅速跃升为全国知名重点高中。

学校现有从全国各地选优来的教职工 166 人。一线教师 129 人，其中特级教师 6 人、全国优秀教师 7 人、省级优秀教师 11 人、市级优秀教师 18 人，省级以上学科带头人 6 人；高级教师 88 人，构成了一知名教师最多、骨干教师最多、最优秀的、最具战斗力的教师队伍。

2008 年高考，共有 32 名同学升入清华大学和北京大学，还有 14 名同学考进了国外和香港的名牌大学，创造了建校史上的第二个辉煌！育明高中正在以其过硬的办学实力向“全省领先，全国一流，世界知名”的办学目标大步迈进。

育明高中建校以来仅有 9 届毕业生，却成绩骄人，令人瞩目：先后考出了两届高考省状元，4 人次获得高考市状元；共有 253 人升入清华、北大；两千余人考入全国排名前十位的名牌大学；5 400 名毕业生全部升入高等院校；还先后有 400 多人就读于哈佛大学、麻省理工学院、宾夕法尼亚大学、澳大利亚皇家理工学院、墨尔本大学、牛津大学、斯坦福大学、加州大学、多伦多大学、剑桥大学、东京大学、早稻田大学、新加坡国立大学等世界知名大学。

育明高中建校十年来，参加全国奥林匹克竞赛，五个学科几乎包揽了全省第一，多次刷新大连及辽宁省纪录。到目前为止，获国家级一等奖总人数已达到 450 人次，获国际奥赛金牌 1 枚，获亚洲奥赛金牌 1 枚，获全国总决赛金牌 13 枚，银牌 29 枚，铜牌 20 枚；进入中国代表队 2 人，进入国家集训队 11 人，进入省代表队 43 人。2006 年，徐黎蕾同学在亚洲中学生物理奥林匹克竞赛中夺得金牌，并取得女子组第一名，这一成绩不但打破了大连地区新中国成立以来无大洲奖牌的纪录，还同时打破了亚洲近十年来没有女同学获得物理奥赛大洲金牌纪录。2008 年，毕震同学代表国家队参赛，一举多得了国际金牌，填补大连市教育史乃至辽宁教育史上的一个空白，产生了巨大的轰动效应。

特色办学见成效的同时，学校还运作着更先进的办学理念——走开放办学的内涵发展之路，加强了与日本、韩国、新加坡、澳大利亚等国家的相互学习和交流，还与多个国家的学校建立了留学直通车道。2006 年学校被省教育厅批准为“招收外国留学生特许校”；2008 年被国家汉办正式命名为“国家汉办基地校”（孔了空中课堂），每年接受外国留学生 10 人左右，学校每年也有 50～100 名学生顺此申请出国留学；很有影响的国际性办学组织“安生——剑桥考试中心”也将学校设立为基地校。这些优越的政策和机遇都将给开放的育明高中带来新的活力，也给更多的学生拓宽了求学的渠道。

育明高中化学组是一支充满激情与活力的队伍。在组长任长春老师的带领下，无论是教育还是教学或是竞赛均走在全省前列。全组共有 18 位教师，党员 15 名，占 83%。其中硕士 4 名，研究生课程班结业 1 名。拥有特级教师 1 名，高级教师 12 名，一级教师 5 名。其中班主任最多 12 名占 68%，是学校最突出的教研组。由于思想素质和专业素质过硬，爱岗敬业，工作中他们有激情、有活力，肯于吃苦，勇于拼搏，个个争当骨干，争当先进，业绩突出。化学组被大连市总工会评为“三育人先进集体”称号、“巾帼文明示范岗”称号、“市教育局优秀党小组”。同时涌现出一批先进人物，全国优秀教师 1 名，全国师德先进教师 1 名，国家级竞赛教练员 6 名，省级优秀教师 2 名，省级优秀共产党员 1 名，省五一劳动奖章获得者 1 名，省教育系统劳动模范 1 名，大连市劳动模范 3 名，大连市优秀专家 1 名，市优秀教师 5 名，市十佳教师 1 名，市首批名师 1 名，市三育人先进个人 1 名，市职业道德先进个人 1 名，市三八红旗手 1 名，省教育科研骨干 1 名，省骨干教师 1 名，省级竞赛教练员 10 名，大连市骨干教师 6 名，市学科带头人 1 名，大连市优秀班主任 1 名，市优秀党员标兵 1 名，市直机关优秀党员 3 名，大连市“优秀团干”1 名，市青年突击手标兵 1 名。区优秀教师、区优秀共产党员、区优秀青年教师、区骨干教师多名。化学教研组科研成果突出，多次参加国家级和省、市级科研课题的研究工作。国家级课题 1 项，省级重点课题 3 项。市级重点课题多项。近两年来，全组在国家、省、市各级报纸、杂志上发表专业论文 100 多篇，国家、省、市各级获一、二等奖或者交流的专业论文 30 多篇，全国、省、市各级公开课获奖 10 多节，在学校各教研组人均名列前茅。一分耕耘，一分收获。在 2000 年以来的全国高中生化学竞赛中，成果累累。获冬令营金牌 2 人，获银牌 10 人，获全国一等奖 96 人，全省状元 2 人。2000 年以来历年获全国高中生化学竞赛团体省第 1 名。辽宁省独占鳌头。

## 辽宁省实验中学

校训：明心知往，力行求至

辽宁省实验中学位于辽宁省沈阳市，是辽宁省教育厅直属的学校，是辽宁省首批示范性普通高中。前身为东北实验学校，创建于 1949 年 5 月 4 日，她是由林枫、车向忱、董纯才、郭明秋等老一辈无产阶级革命家亲手缔造的新中国第一所实验学校。第一任校长由当年的辽宁省副省长、著名教育家车向忱担任。建校以来，在全省始终发挥着实验性、示范性作用，享有“辽宁第一校”的美誉。

学校现有 42 个教学班，2 000 多名学生，176 名教师，其中特级教师 13 名、高级教师 80 名、外籍教师 4 名。教师中有研究生 86 人，博士 3 人。实验中学校园布局合理，格调高雅，功能齐全，设备一流，是一个充满文化科学底蕴和体现育人功能的著名学府。

建校六十年来，全体实验人不断发扬“团结、爱校、敬业、奉献”的实验精神，锐意进取，奋力拼搏，成就辉煌。学校先后获得“全国文明单位”“全面贯彻教育方针示范学校”等20多项国家级奖励。高考成绩在全省始终名列前茅，考入北大、清华、美国麻省理工等国内外名牌大学的学生逐年增加；学生特长突出，成绩优异，在各种大赛中多次夺得全国乃至国际金银牌。学校成为培养优秀人才的摇篮，为国家培养了近四万名优秀毕业生。他们中有院士6人，有中共中央委员、全国人大、政协常委，有国家部长级干部，有著名科学家、艺术家、企业家、军事家、教育家，有全国劳动模范和先进工作者等。

学校成为我国教育对外开放的窗口。先后与国内五十多所著名学校及美国、英国、德国、加拿大、澳大利亚、日本、韩国、新加坡等许多国家的中学、大学建立了校际协作关系。为了充分发挥实验中学示范辐射作用，满足社会对优质教育的需求，创建了辽宁省实验中学合作学校、辽宁省实验中学营口沿海产业基地分校等。目前，全校师生正朝着国内著名、国际知名的现代化、国际化、实验性、示范性的全国一流名校目标努力奋斗。

实验中学化学教研组现有15人，具有本科学历12人，研究生学历2人，研究生在读1人；教学一线教师13人，实验员2人，其中高级教师6人。全组教师教育教学经验丰富，团结协作，工作热情饱满。2006年全国第九届化学实验教学创新交流研讨会，曾在辽宁省实验中学举行，实验中学化学教师杨宝臣获得一等奖。还有多人次在全国级和省级教学评比中获得一等奖等奖次。现任化学教研组组长丛丽萍，女，高级教师，东北师大化学系教育硕士，全国化学教学专业委员会会员，辽宁省化学会理事，辽宁省中小学双语教学实验优秀教师。目前，实验中学化学组正在进行国家级和省级的相关教育教学课题研究，重视常规教学和突显本学科特色，为逐步成为一个省内著名、国内知名的教研组，形成特有的团队风格，积累素材团结奋斗。

## 辽宁省本溪市高级中学

本溪市高级中学始建于1953年，位于本溪市平山区东明路91号。是新中国成立后本溪市创办的第一所独立高中，是辽宁省首批重点中学之一，在本溪教育发展史上占有特殊地位。1999年被辽宁省政府授予“辽宁省模范学校”，2003年被辽宁省教育厅批准为“辽宁省首批示范性普通高中”。

本溪高中党政领导班子认真贯彻执行党的教育方针，以“三个代表”的重要思想为指南，不断用先进的教育思想和教育理念武装头脑，办学方向明确。在深化教育改革，全面推进素质教育的进程中，紧密联系本校实际，制定了“全面提高素质，强化重点意识，突出中心工作，明确育人目标，争创名牌学校”的办学目标。以团结，求实，开拓，进取的校风；以高尚，奉献，严谨，创新的教风；以文明守纪，自强，拼搏的学风作为准则；把“德有不高者羞为本校学生；智有不优者，愧为本校学生；体有不健者，难为本校学生”作为学校育人的标准。在德育管理上达到了教书育人，管理育人，服务育人，环境育人。在教学上实行了以教师为主导，以学生为主体，以训练为主线，以能力为目的的原则。从而使高中成为近年来全省乃至全国的知名学校。

学校有 55 个教学班，学生 3 300 名。其中，高一共计十七个班，高二、高三各十八个班。有教职工 235 人，其中特级教师 4 人，高级教师 89 人，师资力量雄厚，在校园里有全国教育系统劳动模范，全国优秀教育工作者，享受国务院特殊津贴专家；特级教师，有省市优秀教师，优秀党员，劳动模范，拔尖人才，名师，学科带头人等比比皆是，呈现出一派教学高手如云，师资水平上乘，与考入著名学府、名校的优秀学子相映生辉。人们由衷地感到，只有一流的学校，才能培养出气质高雅，底蕴丰厚，谦恭有礼，追求卓越，品学兼优的优秀学子。

随着该校教育教学质量不断提高，广为社会关注的高考成绩十分显著，自 1999 年以来，该校学子考入清华大学、北京大学、科技大学等著名学府的优秀学子逐年增多，本科录取率由原来的 95％达到了 100％，重点大学录取率由 62％，上升到了 84％。尤为令人骄傲的是 2003 年高考，创下了高中建校史上最为辉煌的纪录，在辽宁省重点高中协作校排名中获得了高考总平均分第一，600 分以上高分人数第一的好成绩。

辽宁省高考状元刘洪强和省第三名刘思妍均来自该校考生，分别被清华、北大录取。2003 年 7 月，辽宁省省长薄熙来同志光临本溪，亲切接见了该校校长庞鸣嵘同志及两名优秀学子，并对本溪高中的教育教学工作给予了高度评价和赞扬。6 年来共入选清华、北大 124 名，特别是近三年来输入清北 108 人，被老百姓称为状元基地。

## 浙江省杭州外国语学校

校训：为祖国而学习，为未来作准备。

杭州外国语学校创建于1964年，是浙江省教育厅直属的省一级重点中学、浙江省第一批重点特色学校、教育部认定的享有20%保送生资格的全国17所著名外语学校之一。

60年代初，为适应我国各项事业迅速发展、国际交往日益扩大的形势需要，周恩来总理和陈毅外长决定创办外国语学校，以培养高级的外语人才。1963年，上海、北京、天津、南京等八所外国语学校成立。浙江省教育厅受教育部的委托，负责在杭州筹办杭州外国语学校。1979年，开始招收小学毕业生。2003年9月，为了更好地适应学校发展和"二次创业"的需要，学校整体搬迁至环境幽雅的小和山高教园区。学校现有正式教职工330人，其中省特级教师12人，高级教师103人，省级教坛新秀14人，有5位教师被高校聘为硕士研究生导师。

杭外有化学特级教师3人，林卫民，男，籍贯浙江玉环，1963年出生，硕士，中学高级教师，中共党员，1998年被评为第六批浙江省特级教师；现任杭州外国语学校校长；曾当选为省九届人大代表；兼任浙江省特级教师协会副会长，浙江省人民政府督学，浙师大硕士研究生导师，浙江省高中课改专家组成员。胡列扬，男，安徽省安庆市枞阳县人。1955年9月出生，全国教育系统劳动模范，全国优秀教师，浙江省第六批化学特级教师。陈贵新，男，高级讲师，现任杭外化学教研组组长，浙江省教坛新秀，全省中小学骨干教师高级访问学者项目培养对象，浙江省第十批化学特级教师。

杭外以"为祖国而学习，为未来作准备"为校训，弘扬"宽容大气，严谨笃学"的校风，秉承"以人为本"的办学理念，形成了自己鲜明的办学特色。在教学上，"外语特长，文理兼优"，提高学生以"创新能力"为核心的综合素质，营造"自主创新"的校园文化氛围，培养"合作共享"的现代意识，修习"宽容大气"的良好心态，形成了独特的教育教学模式。在这方沃土上成长起来的杭外人，是承继传统精髓的知识人，是具备公民意识的现代人，是具有国际视野的中国人。

杭外是全国各重点大学在浙江省招收保送学生的主要基地之一，每年有50%左右的高三毕业生被保送和提前录取进入名牌大学。在高考中，学校亦屡创佳绩，杭外学生多次获得浙江省高考第一名的好成绩，近几年一本上线率达90%以上。历年来还有相当数量的杭外毕业生以"托福""雅思"及综合测试的高分进入哈佛大学、剑桥大学、牛津大学、普林斯顿大学、约翰·霍普金斯大学、宾州大学、耶鲁大学、密歇根大学、麻省理工学院、诺丁汉大学、圣·安德鲁斯大学等世界一流大学。

杭外学子在各类竞赛中均有突出表现，大批学生进入全国各类学科竞赛前列。据不完全统计，近几年来，学校学生在全国高中数学联赛等各级各类数学知识竞赛中有近 50 人次获一等奖；在全国中学生物理竞赛等各级各类物理知识竞赛中共有 40 多人次获一等奖；在全国中学生生物学联赛等各级各类生物知识竞赛中有近 12 人次获一等奖；在全国中学生奥林匹克化学竞赛等各级各类化学知识竞赛中有近 15 人次获一等奖；在全国青少年计算机奥林匹克竞赛等各级各类信息学竞赛中共有 17 人次获一等奖；杭外学生还曾获得省首届中学生电视辩论赛冠军，省中学生英语电视辩论赛冠军；在全国中学生英文写作大赛、中央电视台“希望之星”英语风采大赛等各级各类英语竞赛中获一等奖 18 人次。

2004 年，学校开设了少数语种课程，标志着杭外多语种教学的起步。2004 年与浙江大学合作，开办了“浙江大学少数语种实验班”。

近二十年来，勇于进取和开拓的杭外人，在致力于创建国内一流学校的同时，将目光投向了世界。本着“拓宽学生和教师的国际视野，培养丰富的国际交流能力，增强对各民族文化了解”的目的，积极开拓国际的交流和协作，努力与国际教育接轨。学校常年聘有外籍教师专职任教。自 1985 年以来，有来自美、澳、英、加、南非等国的外籍教师共计 106 人，在学校任教半年或一年；1998 年以来，杭外先后与英国嘉德中学、澳大利亚那拉邦达学院、德国纽芬堡中学、美国华盛顿特区西维尔学校等学校建立了长期的师生互访与交流联系；每年也有许多国家和地区的师生访问团和考察团来学校访问交流，如美国、澳大利亚、英国、加拿大、德国、韩国、日本、新加坡以及非洲国家等；每年学校均派出师生团赴美、英、德等国家的姐妹学校交流访问，至今学校已经有 262 位教师出国考察访问，2007 年学校和法国凡尔赛荷西中学及德国柏林的一所中学建立姐妹学校友好关系。这些都促成了杭外人世界性的眼光，着眼未来，志存高远。

在长期的教学工作中，学校坚持走“科研兴校”的道路，涌现出一大批科研型教师，取得丰硕的教科研成果。近几年来，由学校教师主编、参编并正式出版的专著、教材、译著达 300 余部，发表教育论文 600 余篇，其中获得国家级一等奖 7 篇，省级以上 70 篇。先后承担并完成了国家级课题和省级重点课题近 11 个，为学校教育改革的深入和教学质量的全面提高打下了坚实的基础。

## 浙江省杭州学军中学

校训：立德树人。

杭州学军中学（原杭大附中）创建于1956年，1978年被省政府批准为浙江省首批办好的重点中学，1995年被省教委确认为浙江省首批一级重点中学，1997年被教育部确定为全国中小学现代教育技术实验学校。学校还是国务院侨办华文教育基地、浙江省和杭州市重点涉外单位。

学军中学坚持“立德树人”，立人先立德，树人先树品。重视对学生综合素质的培养，重视以开拓创新的精神从事教学改革，重视教育教学质量的高标准，重视学生兴趣特长的培养与学生个性的发展，重视创设浓厚的校园文化氛围，把学校办成一所高水平、现代化、在全国具有较高知名度的一流学校，使之成为教学改革和科学研究的实验性学校、教育教学示范性学校、对外开放的窗口学校。学校素以教学设施精良、师资队伍强、教学质量好、学生品德优秀蜚声省内外，先后被评为浙江省文明单位、教育部首批全国现代教育技术实验学校评估成果突出学校、联合国教科文组织环境人口与可持续发展项目实验学校。

为促使学校实现从“优秀”走向“卓越”的持续发展，在秉承科学化、规范化、严格化管理特色的基础上，学军中学确立了更新、更高的办学目标——“开拓创新，和谐发展，永争第一”。为此，学校构建以“和谐快乐、自主高效”为内涵的新课程改革背景下的教学模式：营造和谐快乐的学习氛围，打造自主高效的学习模式，创造全面发展的学习乐园，铸造“永争第一”的学军精神。学校明确以“质量为本、规范为重、学术立身、文化立校”为核心的新时期学校的发展思路：质量为本，本在品质；规范为重，重在过程；学术立身，立在内涵；文化立校，立在发展。

学军中学十分重视教育改革。三年来，该校学生在省级以上竞赛中获奖400余次。2001年高中数、理、化、生等学科竞赛均获省级团体优胜，其中陈凯亮荣获全省物理竞赛第一名，并入选国家集训队，王旌荣获全国数学竞赛浙江赛区个人第1名，钟雨柔获中央电视台等单位举办的英语大赛全国中学组第一名，周正瑜获“全球华人少年写作大赛”银奖。该校还被评为浙江省曙光计划示范学校、省德育工作先进单位；近几年的省、市中学生运动会上该校均取得较好的成绩。1998年学校推出的弹性教育改革也引起了良好的社会反响，先后被新华社、《光明日报》、《中国教育报》、《文汇报》、《报刊文摘》等多家新闻媒体报道宣传。

近 3 年来，学军中学教师在省级以上刊物发表及论文评比获奖达 400 余篇，其中《中学英语 TSC 教学法实践研究》教学成果分别获浙江省、杭州市人民政府颁发的首届基础教育成果一等奖，《学校整体德育工作格局初探》获省教育科学优秀成果二等奖，该校的环保课题《轮状环境教育——校本综合课程的开发和实现》获杭州市第十五届优秀教研成果一等奖、省优秀教科研成果二等奖；《环境教育》校本课程的开发与实践获“九五”浙江省教育规划重大研究成果二等奖。

学军中学是杭州市政府确定的杭州市首批重点涉外单位，浙江省对外开放最早的“窗口学校”。自 1972 年至今，学校已接待了 58 个国家和地区的外宾 45 000 余人，并和美国、英国、德国、日本、澳大利亚等学校建立相互交流、互派师生的友好合作关系。近两年，学校师生出访美国、英国、德国、日本、澳大利亚等国达 12 次，出访人员达 270 人次。

学军中学现有教职工 210 名，其中特级教师 11 名，高级教师 70 名，一级教师 51 名。学军中学化学组现有教师 14 人（本科学历 13 人，研究生学历 2 人)，实验主管技师 1 人。其中化学特级教师两人，高级教师 8 人，一级教师 3 人，二级教师 3 人，见习教师 1 人。全组教师贯彻学校德、智、体、美、劳全面发展的方针，坚持“尊重学生自主，倡导有效教学，重视环境熏陶，强调联系实际”的教风，以“正己、敬业、爱生、务实”的工作态度，为培养科学素质和人文素质高，具有创新精神和实践能力的栋梁之才努力地工作着。化学教研组组长蔡建萍，女，1988 年至今担任化学教研组组长；曾任杭州市第七届政协委员；任第七届、第八届、第十届、第十一届杭州市化学大组成员；第三届、第五届杭州市化学会理事。1994 年被杭州市破格晋升为中学高级教师。陈进前，全国优秀教师，浙江省特级教师。杭州市高中化学教研大组组长，《高中化学课程标准》试验教材（苏教版）的编委，杭州市新课程高中化学评价组成员。任学宝，男，1962 年 10 月出生，本科学历，中共党员。现任杭州学军中学党总支书记，兼任学军中学副校长，浙江省第四届中小学教材审查委员会学科审定委员、浙江省“5522”名师名校长工程导师团成员、浙江省教育厅教研室兼职教研员。杭州市十佳青年教师、浙江省教坛新秀、全国优秀教师、浙江省特级教师。

## 浙江省杭州第二中学

校训：高、正、实。

杭州第二中学，为历史文化名城杭州建立最早的现代中学。其前身为私立蕙兰中学和国立浙江大学附属中学。1951 年 8 月，两校在“蕙兰”原址合并，改称现名。1963 年，成为浙江省教育厅直属实验中学；1978 年，被定为浙江省重点中学；1980 年，经省政府批准，列入首批办好的浙江省 18 所重点中学之一。1995 年，被认定为浙江省一级重点中学。2001 年，杭州二中跨江发展，如今已成为拥有 4 个校区的现代教育集团。深厚的历史文化积淀了优秀的育人传统。从“蕙兰”的校训“诚、勤、爱”，到竺可桢的训词“立志、努力、为公”，现代“二中人”认准了自己的追求方向——“高”（高目标、高境界）、“正”（树正气、走正道）、“实”（说实话、做实事）的“二中精神”，“追求卓越，创造一流”始终是“二中人”追求的目标。学校先后获得国际奥林匹克物理、化学、生物、信息学竞赛金牌。学生在省级、全国级学科知识竞赛中获奖近 2 000 人次，以较大优势连年位居杭州市各校之首，领先省内。学校以培养高素质的优秀毕业生为己任，每年向北大、清华等名校保送优秀毕业生近 30 名；进入全国各重点大学深造的优秀毕业生比率居省内前茅。百余年间，学校累计培养初、高中毕业生 4 万余名。

在学校百年历程中名师荟萃，有历尽千辛万苦创办了国立浙大附中的著名科学家、教育家竺可桢教授，有在附中兼课的著名数学家苏步青教授，有在民族危亡之际以音乐之声激荡学子赤子之心的袁箴华老师，有作为蕙兰中学第一位华人校长从严治校享誉杭城的徐钺老师，有作为蕙兰校董任教蕙兰、后又因倡导“好学力行”学风而获江泽民同志亲笔题词肯定的赵传家老师，有创作了成名作《大堰河，我的保姆》后不久赴蕙兰任教的著名诗人艾青老师，有带领刘长春代表中国首次参加奥运会的著名体育教育家宋君。

杭州第二中学人才辈出，校友遍布海内外。历届校友中有著名教育家陈鹤琴，著名作家郁达夫、陆蠡，著名文学翻译家、散文家冯亦代，著名体育教育家宋君复，著名画家董希文、吴山明，中央乐团著名作曲家刘庄，著名园林建筑学家陈从周；有化学家苏元复、水利专家钱宁、材料物理学家周本濂、环保专家金鉴明、航天航空软件专家何新贵 14 位院士；有荣获国务院特殊津贴的各类专家 60 余人。还有担任重要领导工作的高级军政干部，以及为保护国家资财英勇献身的烈士……校友们在各自的岗位上建功立业，为后学诸子树立了榜样。

近年来，一大批年轻学子继往开来，佳绩再创。进入高校后，他们可持续发展的能力突出，有被评为“清华十杰”的，有被评为“上海市十大三好学生标兵”的。1998 年吴欣安同学勇夺第 29 届世界中学生奥林匹克物理金牌；2000 年汤砚蔚同学荣获第 32 届世界中学生奥林匹克化学金牌；1999 年，陈立先同学入选中国少年科学院首批十三个小院士之一，2001 年，又有郭晟同学荣获“小院士”称号。两位同学分获首届宋庆龄发明金奖、银奖（全国共 5 金 10 银）。2005 年王澜同学勇夺国际生物奥赛金牌；2008 年俞华程以总分全球第一取得国际信息学奥赛金牌；还有数千名优秀的年青一代校友活跃在世界各国的多个领域。不久前，卢征天校友更以其杰出的科研成果荣获了美国“总统奖”。

现在，学校已形成了一支业务精湛、师德高尚、结构合理的师资队伍。学校先后涌现省特级教师 20 名，其中，徐承楠、林肃浩老师曾分别指导学生吴欣安、汤砚蔚荣获世界中学生奥林匹克物理、化学竞赛金牌。目前，教师中有博士 1 名，在读博士生 1 名，硕士近 20 名，研究生课程班结业的近 30 名。为建立高学历、高水平教师的引进和培养机制，和华东师大联合创办了“未来教育家学校”，正在参加该校课程研究生班学习的教师近 60 名。学校有正教授高级教师 2 名（全市共 9 名），有全国先进教育工作者、全国教育系统劳模、全国优秀教师以及杭州市“十佳杰出青年”各 1 名。省教坛新秀 13 名，市教坛新秀 31 名；有杭州市一、二层次跨世纪学科带头人 17 名，他们分布在各学科，发挥了骨干作用。教师中担任市、省、国家级各学会理事的有 10 余名；教师积极著书立说，有一大批教师应邀到全国各地讲学。杭二中化学组有化学特级教师 4 人。林肃浩，男，化学特级教师，享受政府特殊津贴，杭师院硕士生导师，浙江省中学化学教学研究会理事，杭州市化学会副理事长、杭州市特级教师协会理事、杭州市化学大组组长；冯德炳，男，1939 年 11 月生，中学化学特级教师，担任过化学教研组组长，兼任杭州市化学教研大组副组长，杭州市化学会理事等；张永久，男，1963 年生，浙江省特级化学教师，享受国务院津贴；李蓉，女，第十批浙江省特级化学教师。

### 浙江省镇海中学

校训：励志、进取、勤奋、健美。

镇海中学位于浙江省宁波市镇海区，濒临东海，创建于 1911 年，为浙江省首批十八所重点中学之一。校门口上悬挂“浙江省镇海中学”招牌，为郭沫若先生所题。学校素以严谨治学蜚声省内外，为国家培养了一大批杰出人才。中科院院士李志坚、贺贤土、沈自伊，著名美籍华裔作家于梨华等人士均毕业于此。

1911 年，镇海县中学堂正式创建。后称县立初级中学。1956 年与私立辛成中学合并，建成完全中学，名为浙江省镇海中学。1960 年，由于办学成绩卓著，学校出席了全国文教战线群英大会，被授予“全国先进单位”的称号。翌年郭沫若同志亲笔为学校题名。1978 年成为浙江省十三所重点中学之一，1981 年被列为浙江省首批十八所重点中学，1991 年以来，陆续成为浙江省第一所通过评估的合格重点中学（1991 年），第一所实施高中会考全科免试学校（1994 年）和第一所通过评估的一级重点中学（1995 年）。目前，镇海中学在科学的办学理念指导下，拓宽思路，务实创新，正向着建立高效率的管理机制、造就高水平的师资队伍、营造高品位的校园文化、建设高标准的教育设施、培养高素质的年青一代的目标迈进，力争首批进入全国示范性高中行列。

学校坚持教科研兴校思想，不断加强教科研领导力量，积极培养教科研骨干力量，大力强化全体教师教科研意识，取得了令人瞩目的成果。“学生最优发展模式”“课堂—网络整合”超课堂教学模式的探索两个重大课题，先后荣获省人民政府第一、二届基础教育教学成果一等奖。目前，又有二个国家级课题“融人文与科技　营造个性化校园”和“基于现代信息技术环境下学与教的理论与实践研究——应用现代信息技术培养学生创新精神的实验研究”即将结题。另据不完全统计，近三年来教师在省级以上刊物共发表论文 160 多篇，市级以上获奖达 165 篇。

学校紧紧依托校内浓厚的历史文化底蕴，积极发挥德育基地的作用，新生入校第一课就是参观德育基地，学习校本德育教材，开展形式多样的德育活动。使学生一进校就强烈地感受到一种浓郁的历史文化的氛围，得到一种无形的激励和情操的陶冶。同时，学校还通过业余团校、业余党校、学生社团、网络交流、周末文化及爱教月、科学月、艺术节，编辑出版《镇海中学》报、《梓荫》杂志，参加农科园实践等活动，丰富学校文化内涵，使学校德育工作摒弃了空洞的说教，对学生立志成材，发奋学习及文明行为的养成产生潜移默化的影响。

学校坚持素质教育，努力减负增效，培养创新人才，成效显著。学校涌现出一批具有鲜明个性特长和创新能力的优秀学生。周晴杰同学在高中阶段就开发出“中华学习机工具箱软件”，获“省青少年亿利达发明奖”；孙杰、陈雪丽同学在全国“挑战杯”大中学生新世纪主题设计大赛中分别荣获全国最佳设计奖和制作奖；夏方方等同学相继获得全国信息学奥林匹克竞赛浙江赛区一等奖，全国银奖；葛俊等同学在 1999 年全国数学奥林匹克竞赛中夺得第一、二名，随即又获全国银奖。2000 年赵方杰同学又获得全国物理竞赛金奖，有四位同学获该赛事浙江赛区一等奖；五人获全国数学竞赛浙江赛区一等奖。2001 年学校获得数理化和信息学奥林匹克竞赛浙江赛区一等奖的就达 20 人之多，居全省之首，一人参加全国冬令营。近三年有 50 余名学生在全国性的学科竞赛中获一等奖，有 8 人次进入相关学科的国家集训队和冬令营，王魏刚同学还成为第 34 届国际物理奥林匹克竞赛国家队队员。

近几年，出现徐一剑、高巍、李闽溟、顾凌华等一批省十佳中学生和省青少年英才奖获得者，这些品学兼优的同学是学校发展学生个性，开展素质教育的缩影；2006 年周超、常翔宇同学被评为浙江省三好学生。此外，学校每年培养出多名声乐、器乐、舞蹈、美术人才，在各级各类比赛中频频获奖，学校是宁波市首批艺术特色项目学校——金京、胡蕴文在第 16 届全国中学生文化艺术冬令营、胡哲毅等同学在 2006 年全国重点高校艺术冬令营中取得非常好的成绩，同时在“首届全国校园才艺选拔赛”中，胡哲毅同学获得高中声乐组美声、通俗两项一等奖，成为唯一一位获两项一等奖的选手；吕思聪同学参加 CCTV《三星智力快车》节目获周、月双料冠军。2006 年 7 月在斯洛文尼亚举行的第 47 届国际奥林匹克竞赛中，学校 2005 级学生沈才立同学荣获金牌，这是我省中学生选手中首位参加国际数学奥林匹克（IMO）比赛的学生。

同时，镇海中学高考成绩一直处于省、市领先地位。2008 年高考成绩创历史新高，陈琨、许颖桦同学分别以 703 分、701 分获得理科全省第一、二名；王平、李宜轩同学分别以 639 分、637 分获得文科全市第一、二名。重点率高达 91.8%，600 分以上达 57.3%，二本率达 98.6%，理科全省前 100 名占 17 人，文科全省前 100 名占 6 人，此前已有 6 名同学被保送到北大、清华。

教师是镇海中学最宝贵的财富。学校长期致力于建设一支师德高尚、业务精良，教学型、研究型、创新型相结合的师资队伍，成效显著，涌现出包括全国劳模、全国优秀教师、全国模范教师、省特级教师、省市名师、教坛新秀、教坛中坚等一批先进典型。学校现有教职工120余名，中高级职称占82%以上，特级教师12名，省、市教坛新秀30多名。获全国级和省级劳动模范、先进教师等荣誉称号10余名。镇海中学化学教研组共有15位教师，有区化学学科带头人1人，化学教研组组长顾松挺、副组长张明。

## 浙江省舟山中学

校训：从严求实、开拓创新。

浙江省舟山中学前身为定海公学，创建于1921年，由舟山籍爱国实业家刘鸿生先生捐资创办，是舟山市历史上最早的中等学校。在80余年的历程中，学校几经易名，1952年与定海县立中学合并为“浙江省定海县中学”，1959年改为“舟山县第一中学”，1962年定为现名。1960年列为省重点中学；1981年被列为省首批办好的18所重点中学之一；1996年，经省教委评估，认定为省一级重点中学。

学校坐落于定海城区人杰地灵的镇鳌山下，校园面积29 552平方米，校舍建筑面积34 200平方米（其中海洋科技大楼13 000平方米）。校园内既有现代化建筑风格的15层海洋科技大楼，又有具有80余年历史的具有深厚文化底蕴的“思刘堂”。校舍设施完善，教育设备先进。

学校（集团）现有42个教学班，在校学生2 336名（其中本部1 259名、舟山市镇鳌学校864名，南海实验学校舟中教学点213名）。师资力量雄厚，176名教职工中有专任教师151名，其中特级教师5名，市学科带头人12名，具有高级职称83名。获硕士学位研究生学历的3名，在读研究生3名。舟山中学化学教研组有教师8人，其中，高级教师6人，市学科带头人1人。

80余年来，学校素有“从严求实”的校风，经历代舟中人的辛勤耕耘，教育质量在省内外享有很高的声誉。1999年学校启动二次创业活动以来，高考成绩不断攀升，2001年以来高考重点率突破75%，2003年以来在全省高考前十名考生中榜上有名，2005年高考重点率又突破80%。近几年在全国、省数理化各科竞赛中获大奖的每年达到150人次以上，尤其在全国化学奥林匹克竞赛（浙江赛区上）独占鳌头。

学校领导班子精干高效，团结协作，结构合理，以身作则，务实创新。学校行政内部机构设置有办公室、教务处、政教处、教科室、总务处，学术委员会6个部门及11个教研组。2005年，舟中组建教育集团，下设舟山市镇鳌学校和舟中新城分校。

目前，学校正以科学发展观与教育创新理念为指导，坚持“从严求实谋质量，开拓创新求发展，不断进取图卓越”的办学理念和“质量立校、师资兴校、科研强校、特色亮校”的办学策略，实施“内涵提升与外延拓展”教育战略，打造“科学教育与人文教育相统一”的办学特色，着眼于争创“全国闻名”精品学校奋斗目标，着力于改造舟中教育生态，积极推进教育现代化和其他改革与发展工作，谋求学校跨越式发展和新的突破。

## 浙江省慈溪市慈溪中学

校训：爱国、求真、执著、创新。

1956 年 9 月创办，曾易名慈溪县浒山中学、浒山镇“五七”中学、慈溪县建筑工程公司“五七”中学等，1979 年恢复今名并确定为县重点中学。1981 年成为省重点中学，1996 年初认定为浙江省一级重点中学。

学校原址浒山镇环城北路 110 号，初建时占地 30 亩，建筑面积 6 092 平方米，到 1995 年占地 54 亩，建筑面积 19 968 平方米。1996 年 9 月迁址浒山街道北二环东路，占地 105.9 亩，建筑面积 3 437 平方米。

创办时为完全中学，招收高、初中学生各 3 班，共计 294 人。1998 年 9 月成为高中。现有 31 个班级，学生 1 623 人；教职工 147 人，专任教师 116 人，其中高级职称 68 人，中级职称 27 人，高、中级职称人员占教师总数 81.9%。教师中先后评上省功勋教师 1 人，省特级教师 10 人，宁波市享受教授级待遇高级教师 4 人，获全国、省级荣誉称号 25 人次。慈溪中学化学教师中有省特级教师、教授级高级教师 1 人，宁波市教坛新秀 1 人。

学校办有业余党校、中学生团校和家长学校，建立社会实践和青年志愿者活动基地，2000 年在市内率先配备专职心理教师、开设心理咨询室、开通心理热线。每年都有优秀学生被吸收为中共预备党员。

近三年高考升学率 100%，平均重点大学上线率 86.8%，本科上线率近 100%。1998 年茹立云获省高考理科第一名。周纲在第 21 届国际中学生物理奥林匹克竞赛中，为浙江省首夺金牌，受到江泽民、李鹏等中央领导的接见。数学、物理、化学和生物等学科奥林匹克竞赛均获省团体优胜。1982 年创办初航文学社，有数百篇作品公开发表或在各级竞赛中获奖，已结集出版作品 5 本。教师科研成果先后获省人民政府基础教育教学成果奖 4 项，宁波市人民政府基础教育教学成果奖 15 项。

学校于 1986 年被评为慈溪县文明单位，1994 年评为宁波市文明单位，1998 年评为浙江省文明单位。为全国婚育新风进万家活动先进单位、省首批文明学校、省人口教育先进单位、省人防教育先进单位、省体育锻炼“达标”先进学校、省师资扶贫优秀学校、省教科研先进集体、首批省级绿色学校、省首批依法治校示范校、省首批和谐校园。

## 浙江省金华第一中学

校训：勤奋、严谨、朴实、进取。

金华第一中学创建于 1902 年，原校址在金华酒坊巷，校名先后为金华府中学堂、浙江省立第七中学、金华中学等。几经更名，数度搬迁，现名为金华第一中学，坐落在金华市东区光南路 1588 号。学校成为浙江省首批一级重点中学、浙江省模范集体、浙江省文明单位，在浙江省教育史上写下了光辉的篇章。

学校环境幽雅，绿树婆娑，香飘四季。十年来，除市政府专项拨款补助外，学校自力更生，艰苦创业，办学规模逐步扩大，现有 53 个教学班，是学子梦寐以求的修业求学场所，被誉为“大学生的摇篮”。

校风淳朴。早在 20 世纪 30 年代，金中人就以纯朴的优良品质和出色的学生，多次在全省统考中夺魁，让人刮目相看。60 年代，校长王宗元倡导“讲准、讲对、教懂、教会”八字教学要领，1960 年至 1962 年连续三年获全省高考成绩第一。90 年代，在以高亚军为核心的新领导班子带领下，狠抓教育质量，全面推进素质教育，以“勤奋、严谨、朴实、进取”为校训，用新教育理念治校，承先启后，形成了鲜明的校风特色，高考升学率一直名列全省前列。

管理规范。学校于 1995 年推出“军营式管理，开放式教学”，有政教处—生活指导组—班主任—学生会—班干部的学生学习生活管理网络，制度健全，管理科学、严格。针对学生全部住校，实施校长办公会议制度。下设校长办公室、教务处、政教处、教研处、总务处等科室，逐级管理，部门通力合作，教学上有教务处—年级组—教研组—备课组—学生会学习部的质量管理控制体系，形成全校一盘棋的传统模式，向管理要质量，规范有序。

师资精良。学校通过多种渠道，广纳贤才。现有教职工 247 人。其中特级教师和全国优秀教师 3 人，省教坛和省优秀教师 8 人，省名校长培养对象 1 人，省名师培养对象 6 人，参加硕士研究生、研究生班进修 22 人，参加跨世纪骨干教师培训 3 人，奥林匹克一级教练员 4 人、市级教坛新秀 13 人。高级职称 50 人，中级职称 44 人。教师中获省市级以上荣誉的有 42 人次。金华一中化学组有浙江省特级教师、教授级高级教师、浙江师大教育硕士指导教师 1 人，化学学科带头人、市名师培养对象 1 人，浙江省教坛新秀 1 人，现任化学组负责人（学科主任）林根清，男，金华市民盟优秀盟员，化学学科带头人，市名师培养对象。

教学开放。学校把“勤奋、严谨、朴实、进取”作为校训，坚持德、智、体、美等全面发展，逐步形成了艰苦奋斗、严谨朴实、勤奋好学的校风。特别是近年来学校注重现代教育理念，积极推进素质教育；强化德育，加强校园文化建设；培养青年教学骨干，实施名师工程。确立了“树好名校旗帜，打好名校品牌；走活办学路子，搞活办学机制；增强办学实力，提升办学层次”的发展思路，实施“多样化办学，多元化发展，创特色、树品牌”的发展战略，实现了学校跨越式发展。学校是中央教科所外语教育中心的“英语教学实验学校”。同时，经浙江省教育厅和加拿大大安大略省教育厅批准，学校于 2003 年与加拿大多伦多五湖学院合作创办了“中加课程班”，为学生走出国门、继续深造打开了绿色通道。

名人辈出。江山代有才人出，各领风骚数百年。建校百多年来，学校已为国家培养毕业生 35 000 多名。我国新闻学创始人邵飘萍，诗坛泰斗艾青，著名史学家吴晗，著名教育家陈望道，著名经济学家千家驹，著名画家张书旂，著名文艺理论家冯雪峰等都是本校校友。校友中有科学院学部委员、科学院院士和工程院院士 17 人，专家、学者、教授 3 000 多人。

成果辉煌。一分耕耘，一分收获。学校教科研课题“学案导学法”获得了浙江省基础教育科研优秀成果一等奖，浙江省第三届教育科学优秀成果一等奖，浙江省第二届基础教育教学成果一等奖。高考上重点线比例达 83.6%（2006 年）。2007 年数、理、化、生奥林匹克竞赛获全国一等奖总人数达 31 人，居全省第一。2005 年叶倩倩获国际生物奥林匹克竞赛金奖，走上了国际领奖台。

### 福建省福州第一中学

校训：植基立本，成德达材。

福建省福州第一中学是福建省教育厅唯一直属管理的一所完全中学，原国家教委确认的中国名校，以建校历史悠久、办学效益卓著、学生素质全面、校友英才辈出而蜚声中外，在福建省近现代教育史上占有重要地位，长期以来一直是福建基础教育的一面旗帜。学校以校友林觉民的名言“为天下人谋永福”为办学宗旨，以“植基立本，成德达材”为校训，以校友邓拓名言“坚持真理，疾恶如仇；铁骨铮铮，宁折不弯”为精神楷模，以“心术端正，文行交修，博通时务，讲求实用”为育人目标，以“基础扎实，素质全面，志向高远，风仪端朴”为学子风范，历久形成“勤奋、严谨、竞取、活跃”的优良校风，教风以“严、实、细、活”著称。确立了福州一中育人宗旨八大支柱，即国家责任、独立人格、学会学习、健体怡情、服务意识、国际视野、实践能力、自力自治；以“Moral（道德）、Modesty（谦逊）、Multiplicity（多样化）”为福州一中校标（3M 造型）阐释。

学校前身是创建于清嘉庆二十二年（1817 年）的凤池书院和同治九年（1870 年）的正谊书院。1902 年，位于福州三牧坊两侧的“凤池”“正谊”两书院合并改建，更名为“全闽大学堂”，开八闽兴办新学之先河，成为福建省最早的一所公立学校。1951 年改定为现名。

引领时代教育潮流的福州一中，早在 20 世纪初，就得到社会的广泛关注。1921 年，著名教育家杜威在福州一中做专题演讲，为世瞩目；1938 年，学校被列为全国最优秀的十所中学之一，受到当时教育部的传令嘉奖；1940～1944 年，连续四年参加全国会考，成绩被各大学公认为全国中学之冠；1957～1959 年，连续三年获得全国高考红旗；1960 年，获“全国文教系统先进单位”荣誉称号；1963 年 6 月 5 日《人民日报》头版头条刊发题为《坚持不懈地好好组织学生参加生产劳动》的社论，对福州一中学生的社会实践活动给予高度评价；1979 年，学校以办学成绩优异受到国务院通令嘉奖；1986 年荣获“全国教育系统先进集体”光荣称号；2007 年 9 月，中华人民共和国人事部、教育部再次授予“全国教育系统先进集体”光荣称号。

百年薪传，英才辈出。校友中有为民族解放而献身的仁人志士，如林觉民、陈盛馨等；校友中有 13 位院士，11 人先后当选两院院士，他们是邓拓、冯端、陈彪、田昭武、唐崇惕、陈可冀、林群、王乃彦、王任享、刘应明、李幼平，此外还有“台湾中央研究院”院士黄周汝吉；校友中还涌现出许多政治、经济、军事等方面的杰出人物，如林纾、陈衍、朱谦之、梁遇春等；校友中有多人入选 IEEE 院士，如程代展、林间、卢建宇、姚新等。

福州一中在学生历年高考成绩以及参加国内外各项竞赛成绩始终保持领先的情况下，始终注重学生各项素质的全面提升，重视教师教育视野的不断拓展，积极创造既统一而又独具个性的教学风格，深入探索具有一中特色的新课程体系，广泛开展国际教育交流合作。学校成功主办或承办了“2003 亚洲城市数学邀请赛”“2004 全国中学数学青年教师说课大赛”“2006 中国数学奥林匹克”“2007 全国青少年信息学奥林匹克”等多项大型教育赛事，在海内外赢得了很高的声誉。

长期以来福州一中历任校长一直都坚持着当时最先进的办学理念，知名的校长中有前清溥仪的帝师陈宝琛，有被联合国亚太教科文组织列为当代教育家的陈君实，有被评为福建省科技管理专家、部级劳模、享受国务院政府特殊津贴专家的朱鼎丰，有“新世纪百千万人才工程”国家级人选（我国基础教育界获此荣誉的第一人）、享受国务院政府特殊津贴专家并被评为省优秀专家的现任校长李迅。学校名师荟萃，一批学者型、专家型的教师已构成师资的核心力量。福州一中化学教研组有特级教师 2 人，马秀发，女，1987 年被评为中学特级教师；任心琴，女，1994 年被评为特级教师。

## 福建省厦门第一中学

校训：勤、毅、诚、敏。

厦门一中创办于 1906 年，当时称厦门中学堂。厦门中学堂前身是玉屏书院，建于 1751 年，是厦门最早的中学。厦门第一中学是福建省首批办好的重点中学暨福建省普通中学一级达标学校，是福建省省级文明单位。

学校坚持邓小平理论和“三个代表”的重要思想，深入贯彻党的方针政策，走素质教育之路，谨记“勤、毅、诚、敏”的校训，以“强素质、求质量、树形象”为工作指导思想，全面推进素质教育，始终站在教育教学改革前沿，与时俱进，开拓创新，“德育为首、教学为主”，着力打造“人文创新型”的全新校园。

厦门一中建校已逾百年。百年来，一代又一代的园丁在这里辛勤耕耘，一届又一届的莘莘学子在这里汲取知识的营养，一批又一批优秀人才从这里源源不断地输出。优秀校友遍布海内外，可谓英才辈出，涌现了一批政治家、科学家、教育家、体育明星等。原全国人大常委会副委员长叶飞，原全国政协副主席、中科院院长方毅，全国人大常委会副委员长卢嘉锡，国务委员、原教育部部长陈至立，工程院院士李幼平，前世界乒乓球冠军郭跃华等，就是优秀校友中的杰出代表。

学校全面推进素质教育，以培养创新精神和实践能力为重点，着力培养综合型一流人才、创新型一流人才和特长型一流人才。创新教育是学校教育的重要组成部分，学校积极激发学生创新精神，引发学生创新动力，培养创新意识，科技成果层出不穷。信息学奥林匹克竞赛、机器人工作室、生物基地和科技发明基地是学校创新工作的四大亮点。

学校保持传统项目优势的同时，不断开辟新的教育领域。艺术教育硕果累累。近三年来学校学生体育运动一直领先八闽，充分领会素质教育精神实质，率先开设选修课，“能运动、会游泳、体能好、形体美”是校本体育课程的显著特色。

在厦门市的各类文艺会演及竞赛中，学校的节目不但是最吸引人的，而且获奖率也是最高的。课余时间，校内各种文艺活动，全省第一家中学生电视台在这里开播，书法、美术展览等异彩纷呈，学生高雅的艺术殿堂中，不断提高艺术素养……组织参加厦门市中小学生合唱比赛和厦门市万人献爱心合唱比赛，均取得厦门市一等奖非专业组第一名和优秀组织奖。承办市第三届群众艺术节，市直属中学舞蹈、曲艺、小品比赛，学校参赛的小品、舞蹈、戏剧等作品分获高、初中组一等奖的好成绩，学校80％以上的学生基本掌握一项专长，如音乐识谱、视唱、使用器乐、美术绘画、文艺表演等。

学校历年高中考成绩优异，多项指标达到全省前茅、全市最高。2007年高考成绩再创历史新高：应涵同学理科总分695分，名列全市第一；范予泽、吴诗卉作文获得满分；黄若飞、缪慧凌两位同学数学双获文、理科满分。2007年中考再获大丰收，稳居全市前三名，再次以优异成绩获得“厦门市初中教学质量优秀奖”。

学校积极推进课程改革，探索构建新的教学模式。始终把课堂教学作为课改和提高教学质量的主阵地。在高中课改实验推进过程中，各教研组根据模块教学的特点，实现教师教学方式和学生学习方式的转变，凸现课堂教学特色。学校被授予“厦门市基础教育课改先进集体”光荣称号。

各类学科竞赛频频夺冠，生物、化学、计算机、发明创造等屡获国际、国家金牌，其中化学奥赛金牌曾是厦门市中学生参加国际奥林匹克学科竞赛金牌“零”的突破，近年来物理、化学、生物、计算机等学科竞赛更是战果辉煌，频频以绝对优势高居全省之冠。学校逐渐成为北京大学、清华大学等著名高校的优秀生源基地校。

学校师资力量雄厚，教学质量稳居省市前茅。现有特级教师

9名（其中2人享受国务院政府津贴），市拔尖人才3人，奥赛国家级金牌教练12人，省市学科带头人13人，省市优秀青年教师40人，硕士研究生49人，市级以上骨干教师50余名。厦门一中化学教研组有着和百年一中同样悠久的光荣历史，积淀了丰厚的化学组特有的文化底蕴和教学教研风格。现有高级教师12名，其中特级教师2名，享受国务院津贴教师1名，全国优秀教师1人，福建省杰出人民教师1名，有多名市学科带头人和市骨干教师，主持省、市级科研课题6项，是全市各中学化学教研组师资最优秀的教研组。教育教学成绩显著，在高考中多次取得全省第一名和全省化学单科状元的好成绩，曾经指导学生获得国际中学生奥林匹克竞赛金牌，英特尔国际科学与工程大奖赛三等奖，8人进入化学奥赛国家集训队等显著成绩。在新课程改革中，化学组成果领跑全国，获得“全国高中化学新课程实施先进学校”，并经教育权威部门批准，在厦门一中承办“第三届全国实验区高中化学新课程实施成果交流大会”。多次被评为校优秀教研组及市高中新课程改革实验先进教研组。现任化学教研组组长郭源利。

## 福建省厦门双十中学

校训：勤、毅、信、诚。

厦门双十中学创办于1919年。校庆日定为10月10日，取名“双十”，是为了纪念辛亥革命。创办人是爱国华侨马侨儒先生。最早的校址在霞溪路口，校名是厦门双十乙种商业学校，马侨儒先生为首任校长。1923年菲律宾华侨林珠光捐巨资买下箭场地皮，学校迁至鸿山北麓，即现在镇海校区所在地。1925年正式更名为厦门双十中学。

1938～1946年抗战爆发，内迁平和小溪8年。在1956年以前的47年间，厦门双十中学是侨办的私立学校，1956年起改为公办学校，仍用旧名。1965年改称“厦门八中”，1983年又恢复双十中学校名。1996年4月通过省一级学校达标验收。2005年9月，枋湖高中新校区建成并投入使用，首批高一800多名学生到新校就学。高中新校向高水平、有特色、现代化、开放性的国内一流国际知名的示范性窗口学校的办学目标挺进。

2006年，海峡两岸仅有的两所取名为“双十”的中学——福建厦门双十中学和台湾台中市双十中学结成友好学校，并且联合组成一个学生合唱团参加了当年的在厦门举办的第4届“世界合唱比赛”，开展了师生互访、暑期夏令营等活动。

近十年（1999年至今）来，双十中学的教育教学得到了飞速发展，成为福建省文明学校、福建省素质教育先进校和福建省高中新课程样本校。

学校高考成绩连续十年居厦门市第一，四年居福建省第一，十年间共有 150 多名优秀毕业生考入或保送北京大学、清华大学。此外，学校每年都为全国各地的其他重点高校和中国香港、新加坡等名校输送一大批优秀的毕业生。

学校各学科的奥林匹克竞赛和青少年科技创新大赛的成绩也位居福建省前茅，特别突出的有：罗陀平同学获第 39 届国际化学奥赛金牌，方兴同学获第 59 届英特尔国际科学与工程大奖赛工程类一等奖并为中国勇夺首个大赛特等奖，郑深迪同学获第 14 届世界航海模型仿真锦标赛金牌。获奖的学生多被北京大学、清华大学等高校录取。

学校的文体活动成绩斐然，合唱队曾获全国一等奖，舞蹈队曾获全国二等奖，学校艺术团还与台中双十中学艺术团联合参加第四届世界合唱比赛开幕式表演，得到海内外好评。学校男女学生篮球队一直蝉联厦门市中学生篮球联赛冠军，学生航模队成绩喜人，仅 2008 年就有一名同学获国家运动健将称号，九名同学获国家二级运动员称号。

学校关注学生的生命成长和人生发展，努力将校园建设成为师生共同的精神家园。积极开展各种活动，丰富学生的文体生活，篮球联赛、足球比赛、天文观测、学生合唱团、铜管乐队、室内乐队、舞蹈队、航模小组、学生网站、歌手大赛等都是学生课余乐于参加的社团活动。现在学校校园文化氛围活泼浓厚，师生精神面貌明朗健康。学校致力于“为学生一生奠基，对民族未来负责”的教育埋想，正朝着“高水平、有特色、现代化、开放性的国内一流国际知名的示范性窗口学校”的办学目标迈进。

在“追求极善、勇为最先”的双十精神的鼓舞下，厦门双十中学化学教研组人与时俱进，不断创新，积极参与新课程改革，积极参与的国家级、省级、市级课题的研究，取得了许多宝贵的经验，不少老师的教学论文在全国、全省各种刊物上发表，有的还是在全国的核心刊物上发表。“与新课程同成长”在我们厦门双十中学化学教研组这里绝不是一句空话，新课改已然成为厦门双十中学化学教研组建设有“双十”特色教研组的催化剂，让厦门双十中学化学教研组的教育、教学水平在新课改中升华吧！

厦门双十中学化学教研组人才济济，目前共有 26 位教师，其中特级教师 2 人（刘艳丽、肖培林），高级教师 11 人，省市级学科带头人、骨干教师 5 人（刘艳丽、蔡前兵、杨兴郭、阙锦南、包秀英)，市级劳模 2 人（蔡前兵、李康），30%的老师具有研究生学历，青年教师成长迅速，有的入校工作不久就成为独当一面的备课组组长、竞赛指导教师。

化学组不仅是个人才辈出的教研组，也是个团结奋进、硕果累累的教研组，在中考、高考（连续多年名列省、市前茅）、化学竞赛（2000 年全国一等奖并进入国家集训队、2001 年国际金牌、2002 年全国二等奖、2003 年省一等奖 5 人、2004 年全国一等奖并进入国家集训队、2005 年全国一等奖、2006 年全国一等奖、2007 年全国二等奖)、教学改革、教育科研都取得优异的成绩，有许多老师在各级、各类比赛（论文、创新课、教学设计、说课比赛、课件制作等）中获奖，有许多老师参与编写多种学科的教辅书籍，在全国、全省出版发行，为深化教育教学改革作出了突出的贡献。

## 厦门外国语学校

校训：进德修业

厦门外国语学校创办于 1981 年，是福建省一级达标中学，享有 20%应届毕业生保送进入全国重点外国语大学或综合大学外语系资格的全国 16 所外国语学校之一。

学校确立“以学生为本，面向全体学生，促进学生全面发展”的办学理念，坚持“突出外语，文理并重，全面发展”的办学指导思想，全面实施素质教育，扎实推进课程改革，致力于培养“中国灵魂，世界胸怀”的高素质国际性复合型人才。

作为福建省教育厅批准教育部备案成立的省第一所外国语学校，全国外国语学校理事学校，外语师资阵容强大、名师辈出。80 多位外语教师占全校教师总数的 30%，其中硕士研究生 11 人、研究生课程班学习或毕业生 19 人；另有来自母语国家的外籍教师 8 人。除英语课程外，学校还开设日语、法语和德语等外语专业课程。学校对外交流活跃，每年均有来自美国、加拿大、英国等知名高校的教授或官员来校参观访问，学校每年均有师生赴美国、加拿大、澳大利亚、德国学习外语，体验异国文化。学校积极为学生创建有利于外语学习的环境和气氛，以“营造语言文化氛围，提高外语应用能力，发展精品校园文化”为宗旨，举办外语节，学生通过参加口语大赛、外文歌曲比赛、英语跳蚤市场、各国文化展、新年外语文艺会演，锻炼了外语综合能力，开阔了视野，感受了文化的魅力。

实施名师工程取得明显效果。2005 年 8 月，学校和北师大联合举办的研究生课程班顺利结业。到目前为止，学校有 54 人具有博士、硕士研究生学历，96 位研究生课程班毕业；有 114 位教师参加国家、省、市骨干教师培训。三年来，参加厦门市专家型教师培训对象 5 人；被评为福建省学科带头人 8 人；厦门市学科带头人 6 人。一支以国家、省、市培训的骨干教师、学科带头人、研究生为中坚力量，师德高尚、业务精良、科研水平高的教师队伍基本形成。厦门外校化学教研组有省学科带头人 1 人，市学科带头人 1 人。

近年来，学校教育教学质量一直在较高水平上运行。1999～2008 年十年中 7 次夺得高考市状元，其中林惠斌同学还夺得 2000 年高考文科省状元。2004～2006 年连续三年蝉联高考理科总均分全省第一，理科英语单科、理科综合单科全省第一。2008 年高考学校再创辉煌：迟卉同学获得厦门市高考文科状元；有 21 位同学考入清华大学、北京大学、香港大学、香港中文大学。厦门市高考理科总分前 10 名占 7 人，厦门市高考文科总分前 10 名占 5 人；福建省高考理科总分前 100 名占 11 人，福建省高考文科总分前 100 名占 8 人；125 位同学保送北大、清华、北外等 40 多所全国重点大学；50 多位同学考取美国、英国、加拿大、日本、澳大利亚、新加坡等国外著名大学。

学生在全国性各类大赛中荣获金牌 5 枚、银牌 2 枚、铜牌 3 枚。学校申请国家发明专利 26 项，已成功转让 5 项。其中周倩倩、黄晨琦、王禹、黄奕祺同学分获第十三届、第十四届、第十五届全国发明展览会金奖，并获“明天小小科学家”提名奖。朱亦博同学获中国数学奥林匹克竞赛金牌并作为福建省唯一选手入选国家集训队。2008 年学校被评为福建省科技创新大赛组织奖，首届“卢嘉锡科技教育奖”，全国数学联合竞赛（福建赛区）团体总分第一名。

学生参加北京大学、上海复旦大学、北京外交学院等高等学府国际中学生模拟联合国大会获得好成绩。李哲远同学获得“最佳代表奖”、谢宇翔同学获“最佳区域合作奖”、周宇获“最佳外交风采奖”、何璐珺获“最佳国家立场奖”、邱悦鑫获“荣誉提名奖”，学校荣获最佳组织奖。

学校学生具有出色的领袖才能和较高的综合素质。李哲远同学 2009 年 1 月作为两位中国优秀青年的代表之一，出席在英国举行的“伦敦世界青年峰会”。蒋艺同学作为 2008 年北京奥运火炬手参加了北京奥运青年营活动，被评为福建省优秀学生，厦门团市委授予“厦门奥运青年特使”称号。

学校高中部位于厦门“未来海岸”的西南角，与大屿岛白鹭自然保护区、“海上花园”鼓浪屿隔水相望，北眺海沧大桥，东看白鹭翱翔，具有独特的山、海、湖景观。高中部占地 81 000 平方米，建筑面积 73 000 平方米，拥有现代化的办公楼、教学楼、科技楼、现代教育技术中心、图书馆、艺术楼、体育馆、游泳池、400 米塑胶跑道、男女学生宿舍、教工宿舍、外籍教师楼等设施，绿地率达 50%。校区环境幽雅、设备先进、设施完备、分局合理、资源丰富、生活便利，充满现代气息和丰富文化涵养，是学生成才的乐园。

学校获福建省教育厅、福建省人民政府对外办公室、福建省公安厅联合授权，享有接受外国学生资格，是厦门岛内唯一获得此资格的中学。

2005 年 9 月，学校在福建省率先承办了新疆内高班，目前已有 120 名新疆学生与汉族学生一起学习生活，共同成长。

2009 年 5 月，经福建省教育厅批准，学校与美国林登高中创办中美高中实验课程班。

近几年，学校荣获全国优秀外国语学校、全国外国语学校工作研究会理事校、全国外语教研工作示范学校、全国现代教育技术实验学校、福建省文明学校、福建省“五一”劳动奖状单位等众多省级以上称号。

## 华东师范大学第二附属中学

华东师范大学第二附属中学（No. 2 Secondary School Attached to East China Normal University）创建于 1958 年，是华东师范大学的教育实验基地。1963 年成为上海市重点中学，1978 年成为教育部直属重点中学。是经教育部批准有高中理科实验班办学资格的全国四所中学之一。学校是上海市文明单位、全国中小学现代教育技术实验学校、上海市科技特色学校和联合国教科文组织“亚洲教育革新为发展服务计划联系中心”（APEID）成员单位。

自建校以来，学校一贯重视贯彻党和国家的教育方针，坚持教育教学改革，形成了“勤奋、求实、开拓、进取”的校风和“严谨、扎实、灵活、创造”的教风，有效地促进了学生在德、智、体诸方面生动活泼的发展。

20 世纪 90 年代以来，学校全面实施上海市课程教材整体改革试验方案。制定了“追求卓越、培养创造未来的人”的办学目标，形成了“坚持科技教育与人文教育相结合、坚持共性要求与注重个性发展相结合、坚持学科教学与实践活动相结合”的办学策略。

华东师大二附中十分重视学生德育工作，强调学生的自我教育和主动发展，成立青年党校，近年来共有75位学生光荣加入中国共产党。学校对不同年级学生提出不同层次德育目标，构建了“寓德育于教学之中”的育人模式和基础型课程、拓展型课程、研究型课程相结合的课程结构，重视因材施教，提倡研究型学习，开展社团活动，特别注重培养学生的创新意识和创造能力。近几年被北大、清华、复旦、上海交大录取的学生超过学校毕业生数的60%。1991～2007年，有20多位学生在国际中学生奥林匹克学科竞赛中荣获了19枚金牌、4枚银牌和2枚铜牌；有7位学生分别在第51届、52届、53届英特尔国际中学生科学与工程大赛中获8个奖项。最近几年来每年都有学生入选国家队，为祖国争得了荣誉，被誉为“金牌学校”。

学校重视国际交流。1986年起先后有美国、日本、澳大利亚、韩国等外国留学生来校学习，成为上海市最早招收外国留学生的中学之一。1999年经上海市教委批准成立国际部。学校与美国、日本、英国、澳大利亚、法国、德国、新加坡等国十余所中学建立了友好关系，有一百多位教师和数百名学生先后赴国外考察、进修或短期留学，拓展了国际视野。

江泽民同志为华东师大二附中题词“尊师重教”激励着广大师生追求卓越，再创明日辉煌，决心把学校办成在国际、国内中等教育界有重要影响的一流校，教育教学改革的实验校，辐射素质教育成果的示范校。

华东师大二附中出版的专用理科教科书：《数学（高中上册）》、《物理（高中上册）》、《化学（高中上册）》、《数学（高中下册）》、《物理（高中下册）》、《化学（高中下册）》，编著：张大同，上海教育出版社。

华东师大二附中拥有一支学历层次较高、年龄结构合理的师资队伍，建校以来先后有20多位教师被评为上海市特级教师。2000年，学校首创首席教师制度，首批聘任8位教师为首席教师，发挥他们在教学、科研中的表率作用，激励更多的中青年教师向学者型教师目标努力。现已有一批青年教师脱颖而出，成为全国、市、区的骨干教师。目前120多位在职教师中，有特级教师12位，国家级骨干教师12位。华东师大二附中化学教研组有教师7人。其中，化学特级教师1人，高级教师6人。施华，男，九三学社社员，化学特级教师，高级教师，化学奥赛教练，中国化学会会员。

## 上 海 中 学

校训：读书　明理　做人　成才

上海中学是历史悠久的著名中学，古为江南四大名中之一（民国时期，江苏省立的苏州中学、上海中学、扬州中学和浙江省立的杭州高级中学，以教学卓著，并称为“江南四大名中”，又称“江浙四大名中”），也是上海四大名校之一。上海中学是上海市教委直属的大型寄宿制示范校，创始于 1865 年（清同治四年）的龙门书院。学校占地面积 340 余亩，绿化覆盖率达 42%，堪称绿色校园之典范。现有教学班 90 多个，中外学生 2 950 余名，其中有来自 53 个国家和地区的 1 750 余名国际部学生。

学校素以管理严谨、名师荟萃、教育高质、英才辈出而饮誉海内外。历届校友中有以国家副主席曾庆红为代表的现任或曾任党和国家省部级以上领导 90 多位，两院院士 49 人，中国人民解放军将领 29 人。

学校被誉为“一流大学的摇篮”。本部学生重点大学录取率超过 99%。2006 年考入北大、清华、复旦、上海交大四所名校的学生超过 60%，2007 年达到 65.5%。每年本部同学考入国外一流大学的有二十多人，大部分考入大学后出国。如愿意签署协议放弃国内高考，则有机会在学校内完成 AP 课程的学习。国际部学生报考国内外大学录取率 100%，报考北大、清华等中国重点大学录取率超过 95%，报考海外一流大学录取率超过 90%。2005 年毕业生报考海外一流大学录取率达 94%，报考美国大学的学生中，被前 20 名顶级大学录取率达 37.5%。一批学生进入耶鲁大学、哈佛大学、麻省理工学院、斯坦福大学、普林斯顿大学、哥伦比亚大学、密西根大学、华盛顿大学、约翰霍普金斯大学、波士顿大学、康奈尔大学、纽约大学、芝加哥大学、南加州大学、多伦多大学、早稻田大学、法国巴黎音乐学院、香港大学等世界名校深造。在以上统计中，大多数名校录取学生都是转学去美国读高中的学生。

近年来，本部学生获世界数学奥赛与世界中学生乒乓球锦标赛金牌 22 枚，银牌 9 枚。2003～2006 年获世界、全国、上海市各类竞赛奖项 700 多个。其中有获世界英特尔大赛、中国青少年科技创新奖（邓小平奖）等高层次奖多项。

学校坚持“乐育精英”办学理念，与时俱进，不断创新，形成的主要特色有：构建资优生主体发展课程体系；教育的国际化基本形成，是上海最早加入国际文凭组织，是上海唯一的联合国教科文项目联系学校，与美、英、法、德、加、日等国的十余所世界顶级中学建立合作伙伴关系，高绩效管理促进学校可持续和谐发展。

上海中学的学生生活丰富多彩。艺术节是一年一度的学生活动，为期约两周，一般在秋季学期结束之前举行。包括民族舞、现代舞、独唱、小组唱、小品等。最终积分最高的班级将获得艺术节团体奖。艺术节的各项比赛的决赛，尤其是舞蹈比赛和艺术节闭幕式是艺术节的最高潮。闭幕式上高三毕业班全体学生将会上演大合唱，曲目一般是校歌加另两首歌曲，主办单位为上海中学学生会。

科技节包括牢固建筑与桥梁承重、机器人投篮与跑道比赛、Invention 动手创造能力测试、Evolution 科学创意答辩、头脑 OM、计算机 DV 作品制作等。主办单位为上海中学学生会学习部。最受欢迎学生评选为学生会宣传部主办。辩论赛为学生会学习部主办，是高一新生进入上中接触的第一项学生活动。

运动会为期一天，一般是在秋季其中一个星期五举行。主办单位为上海中学学生会。还有源生杯足球赛，本项目由上海中学学生会体育部主办，会聘请体育组的老师做裁判。龙门物语杯全明星足球赛，由上海中学团委主办的全明星足球比赛。SBG 篮球联赛（Shanghai high school Basketball Game），本联赛由学生会体育部主办，一般会聘请体育组的老师做裁判。

上海中学的特色班级。8 班，这是一个竞赛方面非常强的特色班，数理班。每年都有几十个人可以在五大联赛的比赛中获得一、二等奖，也不乏在 C 级别、甚至 I 级别的比赛中获奖的同学。如 2009 届学生牟晓生就获得了世界奥林匹克数学奖赛得满分金牌。每学期会有一定量的同学被淘汰。9 班，2010 届的九班也是数理班。但从 2011 届开始，成立了全国首个科技创新班，着重培养学生的自主创新能力，配备先进的教学设备和最优秀的师资。除了在一年半内完成国内的高中课程以外，还使用美国 Prentice Hall 出版的数理化的教材，采用全英语的方式授课。并另设五门专门课程（工程、计算机、物理、化学、生物），请上海交通大学的教授上课，教授一些前沿科技的知识，帮助拓展课题。每人配有一台笔记本电脑，专供做课题使用。同样实行淘汰制度，招生时严格筛选，只出不进。乒羽班，这是一个体育特色班，在国内外的各个中学生乒乓球、羽毛球比赛中屡获佳绩。2008 年曾包揽世界中学生乒乓球锦标赛的全部金牌。

## 复旦大学附属中学

校训：博学而笃志，切问而近思。

复旦大学附属中学（简称复旦附中），是上海市首批“上海市实验性示范性高中”之一，是一所受上海市教委和复旦大学双重领导的寄宿制高级中学。学校创办于1950年，前身是华东人民革命大学附设工农速成中学，1953年起改属复旦大学领导，之后曾改名为“复旦大学附设工农速成中学”（1953年），“劳动中学”（1957年）、“复旦大学工农预科”（1958年），1962年定名为“复旦大学附属中学”。

复旦附中始终秉承复旦“博学而笃志，切问而近思”的校训，素以教风学风严谨踏实、学生基础厚实闻名。近年来，在继承发扬传统特色的同时，对“基础”的内涵重新研究确定，将教育学生立志报国、持续发展、学会做人、学会关心，正确认识自己，敢于超越自己等作为“基础”的重要内容。复旦附中决心遵循“一切为了学生健康成长”的方针，为学生自主发展和终身可持续发展，创设良好条件，决心坚持和发扬求真务实、勇于革新的办学传统，进一步深化教育改革，建设国内一流、国际闻名的现代学校。经过全校师生员工的努力奋斗，复旦附中已成为蜚声中外的名牌学校。市内外兄弟学校前来观摩交流者络绎不绝，学校还与美、英、德、日、澳、新加坡等国和中国港澳台地区的中等和高等学校有广泛的联系。

学校一贯重视研究性学习，学生的创造才能初露锋芒，在各类竞赛，如立意新颖的作文竞赛、强手如林的国际奥林匹克竞赛、选拔青年科技精英的雷达杯百科知识竞赛、英特尔美国国际科学和工程大奖赛中，在全国长江小学者及明日小小科学家评比中，复旦附中学生表现突出，成果累累，为学校、为上海、为国家赢得了荣誉，也显示了他们勇于探索、努力创新的勇气和才能。这样的学生，普遍受到社会的认可和高校的欢迎。每年的毕业生中，有近70%考入清华、北大、复旦、上海交大等著名高校。另有一部分学生毕业后直接进入海外各校留学深造，如哈佛、耶鲁、牛津、剑桥、普林斯顿、斯坦福、芝加哥、麻省理工、早稻田、东京大学、多伦多大学等。

复旦大学附属中学拥有一批敬业爱生、专业博学、教育特色的高水平教师。在123名现职教师中，高级教师50余名，一级教师51名，先后有13名教师被命名为上海市特级教师。一批有影响力的中青年教师脱颖而出，其中数人被作为全国和上海市学科带头人培养。近年来，学校教师在各类报刊上发表文章数千篇，主编或参编教参、专著数百册，市级科研课题十多项。复旦大学附中化学教研组有教师10人。其中，化学特级教师1人，高级教师5人。王运生，男，化学特级教师，国家《科学》课程标准核心组成员。

# 大 事 记

## 第十三届亚洲化学大会在上海召开

2009年9月14—16日，中国化学会和中国科学院上海有机化学研究所共同主办的第十三届亚洲化学大会在上海国际会议中心隆重召开。中国科学院常务副院长、中国化学会理事长白春礼院士任大会主席，中国科学院上海有机化学研究所吕龙研究员任秘书长。

亚洲化学大会是亚洲化学联合会学术会议，每两年举办一次。此次大会是继1991年第四届亚洲化学大会在中国北京召开后，再一次在中国召开。亚洲化学大会的宗旨是加强世界尤其是亚太地区化学工作者的学术交流与合作，促进亚太地区化学研究的发展。

第十三届亚洲化学大会议题几乎涵盖了化学研究相关的各个领域，有分析与环境化学；物理化学与理论化学；化学生物学和药物化学；有机化学与绿色化学；无机化学与纳米化学；材料化学与聚合物化学；工业化学和化学工程及化学教育共八个分会组成。本届大会还同时举行了第一届中英药物化学讨论会、化学传感器、金属有机化学前沿、农药研究前沿和微型化学实验等多个专题研讨会，《亚洲化学》杂志董事会会议、亚洲化学联合会成立30周年纪念论坛也同期召开。会上，还颁发了四个亚洲化学会联合会奖。中国石化乔金梁教授获经济发展杰出贡献奖。

第十三届亚洲化学大会安排了6个大会邀请报告和近200个邀请报告，吸引了约1 500名化学工作者参加，其中境外代表超过500人，来自41个国家和地区。国际纯粹和应用化学联合会（IUPAC）的主席及秘书长、欧洲化学与分子科学联合会（EuCheMS）主席应邀参会，除亚洲化学会联合会成员国代表团外，美国化学会、皇家化学会和德国化学会等均由主席亲自率队参加。会议期间，中国化学会白春礼理事长等分别与国际纯粹和应用化学联合会（IUPAC），美国化学会、英国皇家化学会、德国化学会就双边合作，尤其是共同推进2011年国际化学年的合作进行了友好的会谈，取得了丰硕的成果。

第十三届亚洲化学大会得到了中国科学院、国家自然基金委、中国石油化工股份有限公司和中国科学院上海有机化学研究所等单位的大力资助。

## 第四届全国化学教师教育学术研讨会会议纪要

由中国教育学会化学教学专业委员会主办，华南师范大学承办的《第四届全国化学教师教育学术研讨会》于 2009 年 12 月 5 日至 6 日在美丽的羊城广州召开。来自内地 26 个省市自治区 60 余家高等学校及有关单位的 180 余位代表以及台湾彰化师范大学和香港中文大学的专家、学者出席了会议。此外，新加坡南洋理工大学的代表也出席了本次大会。

会议开幕式由学会理事、华南师范大学钱扬义教授主持，理事长、人民教育出版社张健如编审致开幕词，华南师范大学副校长吴颖民研究员出席了会议并致欢迎词，华南师范大学化学与环境学院彭伟忠党委书记介绍了该院的发展情况及本届会议的筹备情况。

本届会议的主题是“信息技术支持下的化学教师教育能力培养与科学（化学）学习”。大会共收到论文 115 篇，内容主要涉及信息技术支持下的化学教师教育能力培养、信息技术支持下的化学教学与研究以及信息技术支持下的化学实验教学等方面。

常务理事、华东师范大学王祖浩教授，常务理事、上海师范大学吴俊明教授分别主持了会议的两场大会报告。华南师范大学吴颖民研究员、新加坡南洋理工大学蔡敬新博士、台湾彰化师范大学段晓琳教授和余忠杰博士、北京师范大学刘克文副教授、安徽师范大学江家发教授、华南师范大学钱扬义教授、中国电化教育杂志社朱广艳副编审和东北师范大学盖立春博士 8 人分别作了大会报告，受到了与会代表的好评。

大会围绕“信息技术与化学教学”和“信息技术与教师培训”2 个专题，进行了分会场交流。在分会场上，共有 20 位代表围绕上述专题进行了充分而热烈的讨论。大会还分别设立了教师论坛和研究生自由论坛，多位教师和研究生代表在论坛上畅谈了自己对化学教学研究与改革的看法。常务理事、北京师范大学王磊教授主持了大会交流，2 个分会场和 2 个自由论坛的主持人东北师范大学王秀红教授、河北师范大学王克勤教授、南京师范大学李广洲教授分别汇报了各自会场和论坛的讨论情况。

学会常务理事兼副秘书长、山东师范大学毕华林教授主持了闭幕式，副理事长、东北师范大学郑长龙教授对会议作了总结，并致闭幕词。与会代表对华南师范大学化学与环境学院、广州市第六中学和深圳市新安中学等有关单位的领导和同志们，为大会从人力、物力和财力等方面所给予的大力支持和所付出的辛勤劳动表示衷心的感谢。

会议期间，郑长龙副理事长主持召开了化学教师教育研究中心第 2 次工作会议，通报了 2009 年 8 月在安徽师范大学举行的“第二届全国化学教育硕士研究生教学技能大赛”的有关情况，研究和讨论了“化学教师教育研究中心”的职责和近期工作。会议决定 2010 年在西南大学举行第 3 次全国化学教育专题学术研讨会，主题为“基于化学学习规律的课堂教学策略研究”；同时还决定第 3 次专题会期间还将举行“第二届全国高校化学师范生教学素质大赛”。

闭幕式上，西南大学李远蓉教授介绍了美丽的重庆，代表东道主诚邀同行莅临会议。

## 全国化学特级教师杭州论坛暨化学教学专业委员会第十三次学术年会隆重举行

由中国教育学会化学教学专业委员会主办，杭州外国语学校、浙江省教育学会中学化学教学分会承办，浙江省教育厅教研室、浙江省特级教师协会协办的“全国化学特级教师杭州论坛暨化学教学专业委员会第十三次学术年会”于 3 月 25 日至 27 日在杭州隆重举行。出席会议的有来自全国各地的化学特级教师、化学骨干教师和教研员及会刊等相关媒体的代表近 400 人。

会议开幕式由中国教育学会化学教学专业委员会副理事长兼秘书长王晶主持。出席开幕式的贵宾有浙江省教育厅副厅长张绪培、浙江省中学化学教学分会会长陈才铸、杭州外国语学校校长林卫民等。张副厅长就浙江省教育改革与发展以及教学改革等问题作了重要讲话，林校长致欢迎词，化学教学专业委员会理事长张健如致开幕词。

这次论坛和年会的主题是：课程改革与化学教学改革。会议研讨的重点是：减轻过重学业负担，提高教学质量，推进素质教育。化学教学专业委员会副理事长、上海市教研室原主任、特级教师孙元清和常务理事、东北师大附中校长、特级教师李祯在大会上分别作了“论化学教育改革的创新与继承”“对课堂教学有效性标准的实践反思”的主题报告。化学教学专业委员会副理事长郑忠斌、常务理事王艳春、魏现州及浙江省中学化学教学分会会长陈才铸分别主持了“课堂教学有效性”“化学探究教学”“教师专业化发展”“教学评价改革”四个论坛，天津市教研室刘红梅、湖南长沙市稚礼中学唐灵生、安徽省教科所夏建华、河南省洛阳市五十一中魏荣梅、北京景山学校徐伟念、海南省教育培训院龙官吾、杭州市普通教育研究室吴思杰等特级教师、骨干教师、省教研员分别在论坛上作了主题发言，与大家面对面交流，并对有关问题进行研讨。会上，浙江省提供了杭州外国语学校刘凌、浙江大学附中顾建辛、台州玉环县楚门中学张礼聪、杭州市富阳中学董君、宁波市称州高级中学邹兆宇、温州瑞安市隆山高级中学张克龙六位优秀化学教师关于“强电解质和弱电解质”“化学反应速率”“实验专题复习”等不同类型的化学课堂教学现场课，供观摩、点评和研讨。

这次年会收到各地学会择优推荐的交流论文 239 篇，经大会评委会评审，评出一等奖 57 篇，二等奖 113 篇，三等奖 63 篇。为了纪念化学教学专业委员会成立 25 周年，化学教学专业委员会表彰了学会系统先进工作者 198 名和优秀化学教研员 314 名。

化学教学专业委员会副秘书长陈晨主持了闭幕式。会上，王晶宣布了论文评审及学会系统先进工作者和优秀化学教研员获奖情况，向获奖者颁发了荣誉证书。甘肃省化学教学专业委员会秘书长金东升和湖北省教研室化学教研员孙旭分别代表获奖的学会先进工作者和优秀教研员发言。最后，化学教学专业委员会副理事长郑长龙致闭幕词。

## 2009 年度“中国化学会青年化学奖”获奖人名单公告

根据“中国化学会青年化学奖”条例规定，经中国化学会青年化学奖评审委员会会议审议、遴选，决定授予陆豪杰等十位同志 2009 年度“中国化学会青年化学奖”荣誉称号。现予以公布。获奖人分别是：(排名不分前后，按申请时间顺序排列)

1. 陆豪杰　教授　分析化学　复旦大学
2. 匡勤　副教授　无机化学　厦门大学化学化工学院
3. 何圣贵　研究员　物理化学　中国科学院化学研究所
4. 黄伟新　教授　物理化学　中国科学技术大学化学物理系
5. 张俊良　教授　有机化学　华东师范大学化学系
6. 丁铁　教授　物理化学　山东大学化学与化工学院
7. 魏志祥　研究员　高分子化学　国家纳米科学中心
8. 俞炜　教授　高分子化学　上海交通大学
9. 马宏伟　研究员　生物医学工程　中科院苏州纳米技术与纳米仿生研究所
10. 周明华　教授　环境化学　南开大学环境科学与工程

学院

## 第二届全国化学教育硕士教学技能大赛决赛会议纪要

由中国教育学会化学教学专业委员会主办，安徽师范大学化学与材料科学学院承办的“第二届全国化学教育硕士教学技能大赛决赛”于2009年8月14日至16日在安徽省芜湖市举行。来自全国各地的75名化学教育硕士和10所高等院校的17位专家、教师参加了本次会议。大赛的举行对于展示近年化学教育专业硕士研究生的培养成果，交流培养经验，提高培养质量具有重要意义。

会议由该会常务理事、副秘书长毕华林教授主持。安徽师范大学副校长李琳琪教授、化学与材料科学学院院长魏先文教授等领导与会并致辞。该会副理事长郑长龙教授致开幕词。

会议聘请东北师大郑长龙教授、山东师大毕华林教授、东北师大王秀红教授、安徽师大闫蒙钢教授、安徽师大江家发教授、苏州大学沈理明教授、福建师大胡志刚教授、华中师大张文华副教授、天津师大李平副教授、安徽师大熊言林副教授、河北师大刘敬华副教授和首都师大董素静副教授为决赛评委，对经过初赛推选出来的教育硕士研究生的说课、实验设计和论文等进行了认真评审。最后共评出大赛决赛特等奖10名，一等奖59名。

此次参加决赛的说课、实验设计和论文具有以下突出特点。一是起点高，都十分重视教育教学理论的指导，具有较高的化学教学素养；二是有创新，都能体现化学新课程理念，进行创新性教学设计和研究；三是重规范，教学设计的基本环节科学合理，具有较为扎实的化学教学技能。

会议闭幕式上，王秀红教授、江家发教授、熊言林副教授分别对各赛场的说课和实验设计进行了精彩点评，毕华林教授对大赛进行了总结。会议期间，与会的教师代表还参观了安徽师范大学化学教育研究所，对于该所的硬件设施、师资队伍以及近年来取得的丰硕成果给予较高评价。

与会代表对安徽师范大学的有关领导以及化学与材料科学学院给予本次会议的大力支持，对大会会务组同志的辛勤劳动表示衷心的感谢。

## 化学教育智力支边讲学活动

2009年8月24日，中国教育学会化学教学专业委员会2009年度工作会议暨化学教育智力支边讲学活动在吉林省珲春市隆重召开。学会理事长张健如先生、北大化学学院严宣申教授、学会秘书长王晶、副秘书长陈晨、各省市化学教研员、江苏省如东县实验中学副校长、特级教师缪徐以及安徽省宣城中学戴雯婷老师等共计三十多人参加了会议。

会议开幕式由陈晨主持，首先由延边州教育学院院长沈松哲讲话，然后珲春市教育局副局长金在虎致欢迎词，理事长张健如致开幕词。最后学会还对延边朝鲜族自治州中学捐赠了化学教育类书刊。

会议讲学活动首先进行的是来自安徽省宣城中学的戴雯婷老师所做的一节初三化学课，课题是“竹子里究竟有哪些气体”。这节课选题不仅新颖独特，而且源于生活，充分体现了“从生活走向化学，从化学走向社会”的课改理念。戴老师将一节节真实的竹子带入课堂，以学生感兴趣的问题作为探究的起点，通过小组合作、教师提示、实验验证等方式，将竹子里究竟有哪些气体的问题逐一解决，并留有进一步思考的空间。整个课堂学生学习兴趣浓厚，思维活跃，时常会有学生提出高质量的问题来。课堂切实体现了“知识与技能、过程与方法、情感态度价值观”的三维目标，并落实的很好。湖南省教科院基教所所长、特级教师徐远征对该课做了详细的点评。

随后，江苏省如东县实验中学副校长、特级教师缪徐作了“教师专业成长的必由之路”的专题报告。报告由“上好课是成长的基础”“会研究是成长的关键”“成长三步曲”等内容组成。缪徐说，作为一名教师首先要上好课，而上好课一定要练好说功、吃透文本，并学会磨课，让课的水平不断地提高。他列举了上课曾获得过的奖项。他还说，教师要不断成长，一定要学会研究教育教学中的规律和问题，并将研究成果文字化。最后，他总结了自己成长的三步曲：在教学基本功方面挑战自我、在教学技能的提高上挑战自我、在教学风格的形成上挑战自我。正是缪徐老师不断地超越自我，才铸就了他辉煌的成就。

工作会议，张健如理事长总结了过去一年学会所做的工作和今后工作的计划。他特别肯定了在去年黄山召开的全国初中化学优质课评比的会议，办的特别成功。会议决定明年要举办全国第二届高中化学优质课评比活动。会上各省市教研员对明年工作的计划发表了自己的观点，并进行了深入的讨论和交流。8 月 26 日，会议圆满闭幕。

## 第四届全国实验区高中化学新课程实施成果交流大会

为了推进高中化学新课程的实施与研究，促进教师更深层次的认识与理解高中化学新课程，并为大家提供更多的经验展示与学习交流机会，由中国化学会化学教育委员会、北京师范大学化学教育研究所主办，由《中国化学课程网》、《化学教育》杂志、北京凌伊动力教育科技有限公司共同协办的第四届“全国实验区高中化学新课程实施成果交流大会”于 2009 年 3 月 7—8 日在河南郑州外国语中学举办，并取得圆满成功。

每年一度的“全国实验区高中化学新课程实施成果评比及交流活动”已经成功举办了四届。本届交流大会是历届大会中空前盛大的一次，来自全国实验区的近 1 000 名教师云集一堂，展示、交流丰富的教学实施和研究成果，为推进和深化高中化学课程改革起到了积极的促进作用。

3 月 7 日，大会开幕式在郑州外国语中学报告厅举行，部分与会代表在分会场观看现场直播。海南省教育科学研究院原院长、教育部及山东省高中新课程远程培训项目首席专家蒋敦杰先生，河南省基础教育教学研究室主任邵水潮同志，河南省基础教育教学研究室副主任魏现州同志，郑州市教育局副局长田保华同志，郑州市教育局教学研究室主任娄季俭同志，郑州外国语学校书记郭强同志，中国化学会化学教育委员会副主任委员教育部初高中化学课程标准制定组组长北京师范大学化学教育研究所所长王磊教授，北京大学教授无机化学专家严宣申先生，河北师范大学教授化学教育家潘鸿章先生，北京大学教授物理化学专家新课程模块教材主编高盘良先生等领导和专家学者出席了开幕式。开幕式结束后，蒋敦杰先生作了题为《高中新课程与教师专业发展》的大会报告，为新课程的实施以及教师发展进一步指明了方向。

本次大会以研究性和引领性为突出特色，北京师范大学化学教育研究所推出了四个高品质的专题发言。向大家展示了北师大化学教育研究所近年来在化学教育研究方面的研究成果，以及开展“高端备课”研讨活动的反思与成果总结。这四个专题发言均具有实践研究、教学实验、调研取证以及理论提升的特点，像这样集中、高密度推出如此高质量的研究报告在历届类似会议中还是第一次，在与会代表中引起强烈反响。

大会还推出了 20 节现场展示课，其中部分来自北师大化学教育研究所近年来“高端备课”研讨活动的成果，其余为各实验区选送的优质课。20 节展示课涉及高中化学新课程全部模块，出众的教学设计、精彩的教学现场给听课教师留下了很深的印象，为展示新课程教学成果、推广新课程教学经验起到了重要的作用。

本次大会还对新课程实施的优秀集体成果和个人成果进行了评选和表彰。大会共收到各类个人和集体成果共531项，其中个人成果包括论文、教学设计、教学课件、习题等，集体成果包括精品模块课程、优秀教学团队、优秀教学团队建设奖、高中化学新课程实施先进单位等。大会组委会经过严格、公正、公平的评审，评选出个人一等奖181项、二等奖222项、三等奖38项。集体奖中评选出：精品模块课程3个、优秀教学团队12个、优秀教学团队建设奖9个、高中化学新课程实施先进单位38个。

3月8日下午，部分实验区代表介绍了新课程实施中教学以及教研的经验，王磊教授做了精彩的总结发言，并预报了下一届会议的主题和会议地点。最后，大会举行了颁奖仪式。来自全国各地的代表带着收获和喜悦满载而归，大会胜利闭幕。

# 著作、论文索引

## 著 作 索 引

1. 闫蒙钢著．中学考试学概论．合肥：安徽人民出版社．2009.
2. 龙琪著．理科双语教学．北京：科学出版社．2009.
3. 杨国斌等主编．初中化学疑难全解（新课程）．南京：南京师范大学出版社．2009.
4. 王后雄主编．新理念化学教学论．北京：北京大学出版社．2009.
5. 王祖浩等主编．化学课堂教学行为研究及案例．南昌：江西教育出版社．2009.
6. 刘知新主编．化学教学论（第 4 版）．北京：高等教育出版社．2009.
7. 李振国等主编．新课程高中化学疑难全解．南京：南京师范大学出版社．2009.
8. 郑长龙等主编．化学实验课程与教学论．北京：高等教育出版社．2009.
9. 王磊主编．中学化学实验及教学研究．北京：北京师范大学出版集团．北京师范大学出版社．2009.
10. 北京市教育技术设备中心、北京师范大学出版集团主编．新课程标准实验系列丛书·实验技术与装备（高中化学）．北京：北京师范大学出版社．2009.
11. 陈晨，李松华、人民教育出版社教学资源编辑室等主编．义务教育课程标准情景要素教学资源库：化学．北京：人民教育出版社．2009.

## 论 文 索 引

### 化学课程研究

1. 曾懋华，温舒艺．高中化学新课标对师生心理影响的调查．化学教育.2009(6).

2. 蔡碧霞.新课程背景下初高中化学教学衔接问题的优化之初探.化学教育.2009(7).
3. 胡久华，王磊，王秀忠.高中化学新课程面面观.化学教育.2009(9).
4. 陆军，姚天勇.高中化学选修课程的实施现状与改进策略.化学教育.2009(9).
5. 吴江明.皖中地区高中化学新课程实施情况的调查.化学教育.2009(12).
6. 崔广杰.利用校本课程培养学生的探究精神.中学化学教学参考.2009(11).
7. 陈凯，张青."YAC 化学亲善大使活动"介绍.中学化学教学参考.2009(06).
8. 李惠娟.共性中凸显个性　严谨中透射活力——亲历感受英国中学理科教学的特点.中学化学教学参考.2009(11).
9. 马艳芝.英国 A Level 体系中化学实验设置及内容研究.中学化学教学参考.2009(8).
10. 吴先强，王祖浩.让化学教育走近学生的生活——评美国哥伦比亚地区高中化学课程标准的活动特色.中学化学教学参考.2009(9).
11. 王青岗.校本教研从"我"做起.中学化学教学参考.2009(11).
12. 王立达.实施高中化学新课程容易出现的问题及应对策略.中学化学教学参考.2009(1/2).
13. 王后雄.高中化学新课堂教学现状、困惑与对策.中学化学教学参考.2009(4).
14. 徐月新.新课程视域中化学教学的生命关怀.中学化学教学参考.2009(1/2).
15. 徐丽.从"做"中来——小析在"研究型课程选题"中呈现情感态度价值观目标.中学化学教学参考.2009(9).
16. 杨剑春.论新课程高中化学课堂教学内容的整合.中学化学教学参考.2009(5).
17. 张克龙.关于新课程实施中的异变及防范策略.中学化学教学参考.2009(11).
18. 曾涛，肖伯灵，王祖浩，白美玲.俄罗斯中等教育化学课程标准述评.中学化学教学参考.2009(10).
19. 宋心琦.对中学化学教育和教学改革的启示——《化学家想知道什么》一文读后感.化学教学.2009(11).

20. 宋心琦．化学家想知道什么——什么是化学学科的大问题．化学教学．2009(3)．
21. 吴俊明．化学教学与科学素质教育——纪念《化学教学》创刊三十周年．化学教学．2009(8)．
22. 何如涛．缄默知识理论在化学教学中的运用．化学教学．2009(11)．
23. 沈峥．运用无意注意规律实施化学有效教学．化学教学．2009(11)．
24. 吴雪梅，徐峥嵘．对化学教学的人文思考．化学教学．2009(12)．
25. 高兆芬．浅谈"比较教学模式"在化学教学中的应用．化学教学．2009(12)．
26. 何建军．刍议"互动式"化学教学的策略．化学教学．2009(9)．
27. 韦斯林，贾远娥，唐力．基于认知计算建模技术的科学探究活动模型构建研究．化学教学．2009(9)．
28. 林在昶．浅谈化学教学"同理心"．化学教学．2009(9)．
29. 沈峥．加强人文素质教育遏制"反化学"蔓延．化学教学．2009(10).
30. 苗培玉．高中化学课堂教学ATDE模式的应用及案例研究．化学教学．2009(1)．
31. 李小君，刘曼．化学教学中动态生成课程资源的开发和利用．化学教学．2009(1)．
32. 陈心忠．新课程背景下高中化学开放性课堂教学的实践与研究．化学教学．2009(5)．
33. 王春．化学新课程教学中实施绿色化学教育的策略探讨．化学教学．2009(7)
34. 孙元清．论化学教育改革的创新与继承．化学教学．2009(8)
35. 苏香妹．新课程理念下高中化学教学培育学生情感目标的策略．化学教学．2009(7)．
36. 常雯，袁晓平．农村地区化学课程资源的现状调查及开发对策——以酉阳地区农村中学为例．化学教学．2009(1)．
37. 杨芳．九年级化学课程资源利用现状和学生意向的调查与分析．化学教学．2009(1)．
38. 张海洋．对高中化学新课程实施情况的调查．化学教学.2009(9).
39. 陆光海．乡土课程资源在中学化学教学中的渗透现状调查及对策．化学教学．2009(4)．
40. 吴江明．皖中地区高中化学新课程实验教学的现状调查．化学教学．2009(8)．
41. 蒋涛，周中石．新课标下化学教师角色意识和课堂行为的定位．化学教学．2009(5)．
42. 任雪明．芬兰高中化学课程介绍与评析．化学教学．2009(11)．
43. 熊示荣，肖小明．对高中化学“过程与方法”目标的认识．中学化学．2009(10)．
44. 关广鹏．《普通高中化学课程标准》的“终身学习”思想浅析．中学化学．2009(11)．
45. 张彩霞，胡志刚，王锋．生命教育视野下的“化学与生活”模块教学（一）．中学化学．2009(12)．
46. 李旻．化学新课程中要注意“四个转变”．中学化学．2009(1)．
47. 周艳，魏志刚．高中化学探究式教学初探．中学化学．2009(1)．
48. 李高艳，王存宽．中学化学演示实验的教学原则．中学化学．2009(2)．
49. 张章录．论新课程背景下化学教学创新发展的途径．中学化学．2009(2)．
50. 王佳佳．《学记》中的启发式与中学化学教学．中学化学．2009(4).
51. 李文福．让化学课堂焕发“思辨”的魅力．中学化学．2009(6)．
52. 陆军．《化学 1》中元素化合物知识的教学设计．中学化学．2009(7).
53. 苏香妹．情感目标达成的有效策略．中学化学．2009(9)．
54. 寇悦朝．谈对课堂教学中教师的主导作用和学生的主体地位的认识．中学化学．2009(10)．
55. 何正堂．“化归”“类比”“集合”在“物质的量”概念教学中的应用．中学化学．2009(2)．
56. 黄璨，龚娟熙．理解概念重在建立恰当的心理表征．中学化学．2009(3)．
57. 盛锡铭．建模思想在化学教学中的应用．中学化学．2009(3)．
58. 蒋赵军．浅议化学课堂教学中学生问题意识的培养．中学化学．2009(3)．
59. 熊言林，张剑锋，徐泽忠．试论图示理论在化学概念教学中的应用．中学化学．2009(5)．
60. 马力，王后雄．试论化学符号语言的特征及其教学策略．中学化学．2009(6)．
61. 周业虹．思维导图教学策略在化学教学中的应用．中学化学．2009(8)．

62. 李海波．演示实验教学的要点与改进．中学化学．2009(4)．
63. 黄璨，沈丹玲．新课程背景下化学实验课程资源的开发与利用．中学化学．2009(7)．
64. 邓育红．让生活走进化学实验教学．中学化学．2009(7)．
65. 应化德．课堂教学实验创设方式的探讨．中学化学．2009(12)．
66. 袁野，吴星．$Fe^{3+}$比$Fe^{2+}$稳定吗．中学化学．2009(1)．
67. 吕效波．同素异形体间的转化一定是化学变化吗．中学化学．2009(2)．
68. 王启迪．含有手性碳原子的分子就一定是手性分子吗．中学化学．2009(2)．
69. 吴孙富．氧炔焰温度高的原因探究．中学化学．2009(3)．
70. 张志英，张晓燕，陈力玛斯．谈金属、非金属在气体中燃烧反应条件的确定．中学化学．2009(3)．
71. 刘全明．CO是酸酐吗．中学化学．2009(3)．
72. 王海富．铁丝在氯气中燃烧的产物是$FeCl_3$的原因．中学化学．2009(3)．
73. 吕效波．同位素形成的单质是否为同素异形体．中学化学．2009(4).
74. 朱庆斌．对物质熔沸点递变不一致现象的解释．中学化学．2009(5).
75. 张茹英，汤伟．对几例中学化学典型现象的定量解释．中学化学．2009(5)．
76. 赵玉泉．值得再探究的几个问题．中学化学．2009(5)．
77. 周启燕．高中化学中常见“反常”及原因探究．中学化学．2009(7).
78. 刘全明．盐溶液中通入$CO_2$生成弱酸的原理是以强制弱吗．中学化学．2009(7)．
79. 李敬侠．化学教学中必须明晰的几个问题．中学化学．2009(8)．
80. 万如锴，曹桂能，邓朝辉．原电池教学中几个异常问题的探讨．中学化学．2009(8)．
81. 陈雷．褪色与漂白．中学化学．2009(10)．
82. 包朝龙，郑志信．《实验化学》模块教学困惑及其对策．现代中小学教学．2009(7)．
83. 胡久华，王磊．“对高中化学新课程的课程内容的探讨”．教育科学研究．2009(1)．
84. 孙丹儿，王祖浩．“化学教师实验研究选题的新视角”．上海教育科研．2009(2)．

85. 李兴武．新课程背景下化学教学内容的加工和呈现策略．教育理论与实践．2009(3B)．
86. 陆真，沈婷，钱海滨．从点缀到主角——新世纪科学教育中STSE的课程形式与功能演进．课程教材教法．2009(5)．
87. 赵凤玲．新课程背景下高一化学基础知识教学研究．教育与教学研究．2009(6)．
88. 费伦猛．“铁的重要化合物”初高中课堂衔接教学．现代中小学教学．2009(7)．
89. 陈加柱．提高中学化学课堂教学有效性的新思路．中小学教学研究．2009(8)．
90. 舒友忠．中学化学解题中的思维艺术——有序思维．高中数理化．2009(2)．
91. 舒友忠．中学化学解题中的思维艺术——逆向思维．高中数理化．2009(3)．
92. 晏乐华．类比推移——突破有机问题的金钥匙．数理化学习（高中版）．2009(5)．
93. 钟家福．数学思想在有机计算题中的应用．理科考试研究（高中版）．2009(2)．
94. 王后雄．从生活经验到科学概念：化学教学起点的教学策略．教育科学研究．2009(4)．
95. 沈旭东．新课程背景下高中化学课堂教学结构模型探析．现代中小学教育．2009(3)．
96. 邱道骥，孟献华．中学化学中的定义形式及其教学启示．中小学教师培训．2009(4)．
97. 鲍农农，赵雷洪．基于认知策略的“物质的分类与提纯”教学模式与实践．中学教学参考．2009(3)．
98. 穆玉鹏．有机计算题型及解法．中学生理科应试．2009(3)．
99. 肖蔚．实施观念建构教学　关注学生认识发展．中学教学参考（理科）．2009(4)．
100. 吴良根．化学“启发点”的选择及启发方式的运用．湖北教育．2009(4)．
101. 张明月，胡志刚，叶兆举．熵理论在中学化学新课程中的融合运用．福建基础教育研究．2009(5)．
102. 黄书升．人教版化学必修模块教材插图的运用策略．教学与管理．2009(1)．
103. 黄亚婷．初高中化学知识衔接教学问题初探．上海教育科研．2009(3)．

104. 周艺娟，肖开选．高中化学新课改教材中概念呈现方式初探．新课程研究（基础教育）．2009(3)．
105. 冯宇．普通高中化学新课程实施现状与对策研究——来自山西新课程实验区的调研．教育理论与实践．2009(1B)．
106. 周娜，乔金锁．山西师范高中化学教学现状的调查与思考．林区教学．2009(2)．

## 化学教材研究

1. 顾晔．对高中化学新教材中表格资源的挖掘．化学教育．2009(2)．
2. 芮鹏程，江家发．新课程“物质结构与性质”选修模块教学情况调查与分析．化学教育．2009(3)．
3. 朱加贤，蒋小钢．“化学与生活”选修模块的学情调查与分析．化学教育．2009(3)．
4. 廖旭杲．在学习中实践　在实践中反思——苏教版《实验化学》教学有感．化学教育．2009(3)．
5. 魏荣宝．人教版《有机化学基础》教科书中几个问题的探讨．化学教育．2009(3)．
6. 叶静怡，倪姗姗，钱扬义，戚燕妮．中学化学教材内容呈现方式的比较研究——以新课程配套教材《实验化学》为例．化学教育．2009(6)．
7. 彭实，张学运．对山东科技版高中化学教材试剂品种和用量的统计与分析．化学教育．2009(6)．
8. 万莉，彭蜀晋，樊敏．高中化学3套必修教材中化学概念的比较．化学教育．2009(7)．
9. 曹愔荃，沈理明．3套《有机化学基础》选修教材栏目的比较和利用．化学教育．2009(7)．
10. 肖常磊，李琼．高中生对化学教科书插图态度的调查．化学教育．2009(7)．
11. 包朝龙．“实验化学”模块教育价值分析与教学尝试——以苏教版《实验化学》为例．化学教育．2009(8)．
12. 麦裕华，陈徽，钱扬义．“图像类比”在教科书中的应用——以人教版高中化学选修模块教科书为例．化学教育．2009(8).
13. 刘宝剑，任雪明．高中化学课程模块设置的反思及建议．化学教育．2009(10)．

14. 王秀忠，孔令鹏．高中化学新教材宏观层面呈现方式的研究．化学教育．2009(11)．
15. 周鑫荣．高中化学新课程必修与选修的衔接教学．化学教育．2009(12)．
16. 陈懿．高中化学选修模块教学的衔接策略．化学教育．2009(12).
17. 蒋金虎，钱海滨，陆建源．对人教版选修 5“功能高分子材料”中科学探究活动的商榷．化学教育．2009(12)．
18. 蔡文联，饶志明，陈燕华．高中化学选修模块《化学反应原理》与必修模块的衔接及其教学策略研究．中学化学教学参考．2009(4)．
19. 陈献忠．浅谈“物质的量”教学难点及处理．中学化学教学参考．2009(9)．
20. 陈心忠．苏教版“活动与探究”栏目有效教学策略．中学化学教学参考．2009(10)．
21. 陈颖，王磊．从促进学生科学素养发展的视角研究高中化学新课程教材——北师大“新世纪”（山东科技版）《有机化学基础》选修模块教材分析．中学化学教学参考．2009(11)．
22. 陈贵新．新课程理念下新教材处理的策略．中学化学教学参考．2009(12)．
23. 郭琦，俞安雅，刘晓红．高中化学新教材（人教版）栏目对教师教学影响的研究——栏目的增加与教学效果．中学化学教学参考．2009(5)．
24. 胡久华，王磊．基于促进学生科学素养发展的高中化学新课程教材研究——北师大“新世纪”（鲁科版）高中化学必修模块教材分析．中学化学教学参考．2009(9)．
25. 金建忠．新旧教材硫元素内容变化的比较分析及教学建议．中学化学教学参考．2009(7)．
26. 冷燕平．高中化学教材的研究和编制——人教版《化学反应原理》模块的设计思想．中学化学教学参考．2009(3)．
27. 冷燕平．高中化学教材的研究和编制——人教版高中化学选修 6《实验化学》介绍．中学化学教学参考．2009(8)．
28. 刘李治．上教版与人教版初中化学教材的比较研究——从“物质组成的奥秘”内容为例．中学化学教学参考．2009(3)．
29. 刘成坤，王琤．对高中化学新教材《化学与生活》模块的认识．中学化学教学参考．2009(6)．
30. 李俊．高中化学教材的研究和编制——人教版《有机化学基础》模块的使用策略．中学化学教学参考．2009(4)．

31. 李俊．高中化学教材的研究和编制——人教版《物质结构与性质》疑难探析．中学化学教学参考．2009(5)．
32. 潘鸿章．论创造性整合教材．中学化学教学参考．2009(11)．
33. 乔国才，周宇红．高中化学教材的研究和编制——人教版《化学与生活》（选修1）模块教材分析．中学化学教学参考．2009(6)．
34. 邢入德．透过新高考再看新教材．中学化学教学参考．2009(4).
35. 王晶．高中化学教材的研究与编制——人教版高中化学必修模块教材分析．中学化学教学参考．2009(1/2)．
36. 王雪梅，邱道骥．试用“三序结合”分析九年级化学（鲁教版上册）教材的编排．中学化学教学参考．2009(5)．
37. 王汉银．从一道考试题看乙醇与汽油做汽车燃料之优劣——兼谈教材内容如准确表述．中学化学教学参考．2009(8)．
38. 文庆城，高誉，岑春月．“配制一定物质的量浓度的溶液”在三版本新课程教科书中的编排比较．中学化学教学参考．2009(4).
39. 文庆城，高 誉．有关分子极性的教材呈现比较分析．中学化学教学参考．2009(11)．
40. 吴海建．高中化学教材的研究和编制——人教版高中化学选修2《化学与技术》教材分析．中学化学教学参考．2009(7)．
41. 吴海霞．苏教版高中化学新教材中“问题串”探析．中学化学教学参考．2009(5)．
42. 俞巧红．创造性使用教材　不做照本宣科的教书匠——从对苏教版必修1“从铝土矿到铝合金”教材的处理说起．中学化学教学参考．2009(8)．
43. 杨明生．不同版本教科书“原子结构与元素的性质”内容比较及教学建议．中学化学教学参考．2009(10)．
44. 赵河林，齐红涛，王磊．从促进学生科学素养发展的视角研究高中化学新课程案例——北师大“新世纪”（山东科技版）选修模块教材《物质结构与性质》的分析．中学化学教学参考．2009(12)．
45. 周改英．上科版、人教版高中化学选修教材——“烃的衍生物”比较研究．中学化学教学参考．2009(08)．
46. 周仁鸽．从化学的视角看物质世界——论“苏教版”(化学2)教材的建构思路与组织特点．中学化学教学参考．2009(7)．
47. 支瑶，王磊．基于促进学生科学素养发展得高中化学新课程教材研究——北师大“新世纪”（鲁科版）《化学反应原理》

模块教材分析．中学化学教学参考．2009(10)．
48. 朱志江．《物质结构与性质》模块分析及教学建议——基于江苏省实施现状的思考．中学化学教学参考．2009(8)．
49. 宗华．高中化学教材中男性主义倾向的分析．化学教学．2009(7)．
50. 王小莉．浅论使用化学教科书的几个层次和原则．化学教学．2009(7)．
51. 毛东海，陆惠莲，郑娜．高中化学新教材实验教学的调查和研究．化学教学．2009(6)．
52. 麦裕华．对“地球自转”类比“电子自旋”的讨论．化学教学．2009(12)．
53. 储开桂．对高中化学新教材“二次开发”的思考．化学教学．2009(12)．
54. 杨承印，程雷．高中化学教材难度的定量分析与评价——以三套化学教科书选修 4 之“溶液中的离子平衡”主题为例．化学教学．2009(9)．
55. 鲍荣焕，张礼聪．高中化学教材中 STS 内容的构建方式和教学方法探析．化学教学．2009(10)．
56. 吕贤明．一组普通高中课程标准实验教科书外的扩充实验．化学教学．2009(1)
57. 林蕾．用好用活教材中的“资料”栏目．化学教学．2009(5)．
58. 梁德娟，蔡红悦．中美化学教科书《电化学》实践性习题比较分析．化学教学．2009(12)．
59. 王瑞政，周青，阙丽丽．化学前沿学科知识在美国化学教材中的体现．化学教学．2009(1)．
60. 严文法，李彦花．美国高中化学教材中科学本质的呈现研究简介．化学教学．2009(6)．
61. 陆真，杜娟，郁云．加拿大高中化学教材习题编制的比较分析．化学教学．2009(4)．
62. 林捷．新教材“化学与生活”模块的功能优势与教学策略．中学化学．2009(1)．
63. 何鸿渊．课本中“数据信息”的应用．中学化学．2009(1)．
64. 王晓琼，卢伟．化学必修教材“观察与思考”栏目浅析．中学化学．2009(2)．
65. 龙琪．高中（选修模块）化学热力学概念的严密性．中学化学．2009(3)．
66. 王后雄．高中化学新课程教科书栏目情景设计的初步研究．

中学化学．2009(4)．
67. 诸葛淑贞．新课程下新教材教学感悟．中学化学．2009(5)．
68. 符正金．对于《教师教学用书》中教学目标的对照与思考(一)．中学化学．2009(5)．
69. 符正金．对于《教师教学用书》中教学目标的对照与思考(二). 中学化学．2009(6)．
70. 潘银聪．苏教版《有机化学基础》含酚废水处理中三个实验的认识．中学化学．2009(5)．
71. 张颜涛．“金属与金属材料”新旧教材对比与教学建议．中学化学．2009(6)．
72. 李春玲．解析初中化学教材的编写特点．中学化学．2009(7).
73. 张熠岩．新课程　新教材　新栏目．中学化学．2009(7)．
74. 王韬强．高中化学新教材（鲁科版）的特点．中学化学．2009(8)．
75. 朱庆斌．例谈人教版《化学必修模块 1》教材处理策略．中学化学．2009(9)．
76. 林月笑．浅析粤教版初中化学教材特点及教学策略．中学化学．2009(10)．

## 化学教学实践

### 教　学　实　践

1. 于少华，董素静．化学新课程课堂引入时的“猎奇”现象及其对策——新课程实施过程中 2 个实例引发的思考．化学教育．2009(1)．
2. 王远英．“实验化学”模块教学策略初探．2009(1)．
3. 保志明．例谈新课程元素复习课中的整合性教学设计．化学教育．2009(1)．
4. 王祖浩，张文广．模糊表达，准确理解——以教材“卤素单质的化学性质”内容为例解读．化学教育．2009(1)．
5. 黄恭福，黄利华．农村中学化学校本课程的开发、实施与管理. 化学教育．2009(1)．
6. 胡胜利，肖雯，胡建桥．少数民族预科化学教学中引入研究性学习的尝试．化学教育．2009(1)．
7. 陆光海．农村民族学生学习化学的心理动机及对策初探．化学教育．2009(1)．

8. 陈元庆．认识化学假想实验及其危害．化学教育．2009(1)．
9. 何彩霞．化学学科观念建构是单元教学的核心——“物质的分类”单元教学的思考．化学教育．2009(2)．
10. 汪文翔，孙颖．“趣味化学实验与生活化学”校本选修课的开发实践与反思．化学教育．2009(2)．
11. 程同森，盛丽英，刘桂军．回归实验室的化学教学．化学教育．2009(2)．
12. 乌晓璐．一次区优质课后的反思．化学教育．2009(2)．
13. 周雪春．谈谈新课程背景下化学课堂教学的实验探究．化学教育．2009(2)．
14. 林海斌．基于方法训练的氧族元素复习．化学教育．2009(2)．
15. 段昌平，江岚．以浓硫酸与铜共热实验为题材命题中的误解．化学教育．2009(2)．
16. 任红艳，李广洲，付超群．关于电化学错误概念的探查与分析．化学教育．2009(3)．
17. 李明亮，瞿显荣，田棋宏．高中化学习题教学中变式探究学习模式的研究．化学教育．2009(3)．
18. 孙丹儿，张新宇，范艳花．中学化学教师对实验装置研究现状分析与启示．化学教育．2009(3)．
19. 赵小敏，潘洪建，吴星．新课程背景下的化学活动学习．化学教育．2009(4)．
20. 倪姗姗，钱扬义，叶静怡．中学化学教学中学习情境创设的途径及启示．化学教育．2009(4)．
21. 何彩霞．在做学生调研中实现教学的实效性——以“燃烧及燃烧条件”概念教学为例．化学教育．2009(4)．
22. 毛群燕，沈理明．高中生化学探究学习现状的调查分析．化学教育．2009(4)．
23. 林海斌，胡江．基于实验的探究教学开发．化学教育．2009(4)．
24. 王金龙，鞠东胜．江苏省第五届中学化学实验调演分析及反思．化学教育．2009(4)．
25. 杨兵．一次实验调演的启示．化学教育．2009(4)．
26. 艾学富．初中化学实验创新的一次大检阅——湖北省初中化学实验创新汇赛活动观摩小结．化学教育．2009(4)．
27. 苗深花，曹继莲．新课改理念下化学愉悦学习观的培养策略．化学教育．2009(5)．
28. 由佳．主题式情境教学在化学教学中的应用．化学教育．2009(5)．

29. 陈筱勇．中学化学结课语的设计．化学教育．2009(5)．
30. 温恒泰．开发校本课程　培养学生的环保意识——泾河平凉段水污染情况的调查研究．化学教育．2009(5)．
31. 刘一兵，沈戮，李春辉，闫立泽．高中化学新课程的校本化实施．化学教育．2009(6)．
32. 孙震．新课程背景下的元素化合物知识教学．化学教育．2009(6)．
33. 卢巍，尤霞，徐迎春．初中化学教学中运用教育智慧传递学科智慧的探索．化学教育．2009(6)．
34. 吴江明，苏仕标．新课程背景下高中生化学学习心理障碍因素的调查与分析．化学教育．2009(6)．
35. 徐敏，刘春生．化学史教学案例——水分子中的化学史．化学教育．2009(6)．
36. 杨健，吴俊明，骆红山．高中化学合情推理教学的初步研究．化学教育．2009(7)．
37. 王志高．让化学课堂焕发生命教育的活力．化学教育．2009(7).
38. 孟献华，李广洲．江苏省初中化学优秀实验教学课回顾与反思．化学教育．2009(7)．
39. 高妙添．运用“手持技术”在校本课程中实施研究性学习——新安中学数字化学习活动的组织与实施．化学教育．2009(8)．
40. 刘辉波，秦自云．中学化学课堂教学“生成”的价值例谈．化学教育．2009(8)．
41. 孙元亮．引领学生六读“元素周期表”．化学教育．2009(8).
42. 傅兴春．试论高考中化学学习能力的考查与培养．化学教育．2009(8)．
43. 王春．微型实验在中学化学新课程教学中的实践与探索．化学教育．2009(8)．
44. 缪徐．试论初中化学教材中实验内容的处理艺术．化学教育．2009(8)．
45. 王云生．化学探究学习活动设计组织刍议．化学教育．2009(9).
46. 何如涛．化学周记——构建教与学“双赢”的一种新途径．化学教育．2009(9)．
47. 王开科．以“我与化学”为基础的校本课程开发．化学教育．2009(9)．
48. 马志成．高中化学新课程探究学习情况的调查研究．化学教育．2009(9)．
49. 陶秀梅．新课程理念下高中化学实验教学功能的再认识．化学教育．2009(10)．
50. 周业虹．活动元教学设计在化学教学中的应用．化学教育．2009(10)．
51. 关飞鹏，侯跃平．反思课堂教学行为　提高课堂教学效益——由“全国高中化学优质课（东北大区）观摩课暨实施新课程经验研讨会”引发的思考．化学教育．2009(10)．
52. 程俊．动态生成：化学课堂的生命力所在．化学教育．2009(10).
53. 程同森，盛丽英，刘桂军．初中化学教学落实观念教学的探索——“物质是由微粒构成的”教学设计与实施．化学教育．2009(10)．
54. 黄琼，毕华林．中学生物质变化微观认识水平的调查研究．化学教育．2009(10)．
55. 徐守兵．高中学生化学自主学习的现状和优化策略．化学教育．2009(10)．
56. 刘宏霞，李文章．初中化学探究性实验教学的策略．化学教育．2009(10)．
57. 吴长顺．“化学预实验”伴我快乐成长．化学教育．2009(10).
58. 刘怀乐．对若干化学实验疑难问题的实证搜索和理性思考．化学教育．2009(10)．
59. 姜建文．试论化学教学情境创设中人文精神的渗透．化学教育．2009(11)．
60. 季红娟，刘成坤．挖掘新教材习题教学潜在价值的方法研究．化学教育．2009(11)．
61. 谭韶伟，毕华林．化学新课程教学中学生自主学习能力现状调查．化学教育．2009(11)．
62. 刘建祥．高三化学选修班学生对“温室效应”的认知调查．化学教育．2009(11)．
63. 余丽蓉，何彩霞．初三化学作业情况的调查与实践改进．化学教育．2009(11)．
64. 左香华．试论化学教学中影响创新能力的认知特征．化学教育．2009(12)．
65. 张莹．化合物与混合物迷思概念检测工具的发展与诊断．化学教育．2009(12)．
66. 温利广．例谈结合教材栏目指导学生开展化学课外探究活动的策略．化学教育．2009(12)．

67. 陈斌．例谈元素化合物知识总复习的课堂教学模式．化学教育．2009(12)．

68. 韩程明，王素懿．“问题解决”在乙炔制备演示实验中的应用实例评析．化学教育．2009(12)．

69. 徐焱．油脂演示实验优化及学生探究实验活动的设计．化学教育．2009(12)．

70. 边永平．对苯酚实验中有关问题的实证分析．中学化学教学参考．2009(11)．

71. 程结根．沪教版九年级化学家庭小实验实践档案．中学化学教学参考．2009(1/2)．

72. 崔邑诚．总复习中新型讲学案的栏目设计例析．中学化学教学参考．2009(12)．

73. 曹强，黄晚秋．盐酸能作为制备乙酸乙酯的催化剂吗．中学化学教学参考．2009(6)．

74. 陈徐红，何通海．巧用学生资源　促进课堂生成．中学化学教学参考．2009(4)．

75. 杜淑琴，钱博．金属置换酸中氢的速度与酸强度的关系．中学化学教学参考．2009(12)．

76. 丁文楚．借助古诗词点缀化学课堂教学艺术．中学化学教学参考．2009(9)．

77. 丁革兵．促进高三化学学习困难学生自我监控能力发展的策略与实践．中学化学教学参考．2009(12)．

78. 戴巧香．借实验之手　揭开层层面纱——浅谈探究性课堂的化学实验教学．中学化学教学参考．2009(11)．

79. 戴珊玲．在硝酸教学中培养学生学习能力的教学策略管窥．中学化学教学参考．2009(6)．

80. 邓永财．中学化学教学中的概括与其能力的培养策略．中学化学教学参考．2009(12)．

81. 房宏．以学案为载体　提高化学教学的有效性．中学化学教学参考．2009(7)．

82. 高细媛，汪拥军．对化学新课程中知识教学的再认识．中学化学教学参考．2009(6)．

83. 谷拥军．注重实验验证　杜绝主观臆测．中学化学教学参考．2009(9)．

84. 侯嘉梅．高中化学新课程教学设计原则的思考．中学化学教学参考．2009(7)．

85. 何如涛．简约朴实应成为优质常态课的不懈追求．中学化学教学参考．2009(8)．
86. 何刚．空间想象能力影响化学键知识学习的调研．中学化学教学参考．2009(10)．
87. 韩峰，蒋道明．高中化学教学中渗透绿色化学教育理念的行动研究．中学化学教学参考．2009(10)．
88. 韩敏．课程改革下的新型中学化学教师．中学化学教学参考．2009(8)．
89. 黄捷，郑长龙，盖立春．“沉淀溶解平衡概念应用”教师课堂教学行为的比较．中学化学教学参考．2009(4)
90. 胡贺冰，张勇．我区高中化学教师课堂教学调查及启示．中学化学教学参考．2009(6)．
91. 江敏．谈中学化学教学的人文化．中学化学教学参考．2009(8)．
92. 江正玲，林海斌，孙银河，程晓．水溶液中草酸铵的存在形式探讨．中学化学教学参考．2009(12)．
93. 康丽丽．高中阶段常见的有机物分离和提纯的误区．中学化学教学参考．2009(7)．
94. 刘俊博，吴丽萍．温度对化学平衡影响的错例．中学化学教学参考．2009(6)．
95. 刘晓渝．KI 变质和 KI 遇淀粉显色的问题讨论．中学化学教学参考．2009(8)．
96. 刘全明．苯酚性质疑难解释．中学化学教学参考．2009(8)．
97. 乐建吉，秦浩正．淀粉与碘混合液加热褪色机理探究．中学化学教学参考．2009(11)．
98. 陆军．关于化学反应进行方向的几点注解．中学化学教学参考．2009(5)．
99. 缪得林．酸式盐的形成及化学反应规律探究．中学化学教学参考．2009(6)．
100. 李鹏举，张红斌．有关硫元素两例氧化还原反应的分析．中学化学教学参考．2009(6)．
101. 兰建祥．中学化学中的十二个问题．中学化学教学参考．2009(4)．
102. 黎丹．对“执行教案”不顺利现象的几点思考．中学化学教学参考．2009(1/2)．
103. 刘旖洁．影响高一年级学生化学学习的因素及教学建议．中学化学教学参考．2009(7)．
104. 刘仲鹏，莫尊理．高一化学用语教学的调查研究．中学化学教学参考．2009(11)．

105. 刘雅峰．新课程背景下让学生在对比中获取化学知识．中学化学教学参考．2009(11)．

106. 吕效波，文丽．铜作阳极电解硫酸钠溶液电解产物的探讨．中学化学教学参考．2009(6)．

107. 廖旭杲，包朝龙．用哲学思想引领高三化学复习——以“运用矛盾论指导化学复习”一课的教学为例．中学化学教学参考．2009(6)．

108. 李军．从困乏走向丰富　从平淡走向神奇——浅谈初中化学总复习的误区与应对策略．中学化学教学参考．2009(4)．

109. 李家亮．用好三个标志性实验　促使研究性学习产生三次飞跃．中学化学教学参考．2009(5)．

110. 李永红．教学内容与课型选择和谐的思考．中学化学教学参考．2009(10)．

111. 李永红．对新课程课堂教学学生有效学习的思考．中学化学教学参考．2009(6)．

112. 李明亮．在教研路上孜孜求索．中学化学教学参考．2009(4).

113. 陆国志．新课程背景下“学科教学论”该扮演什么样的角色. 中学化学教学参考．2009(1/2)．

114. 陆蓁，韩程明，王毅．采用延迟满足策略提高高三化学复习策略．中学化学教学参考．2009(10)．

115. 林能顶．高中化学学困生学习兴趣的激发．中学化学教学参考．2009(5)．

116. 马志成．化学教学培养学生元认知能力的探索．中学化学教学参考．2009(12)．

117. 毛杨林．新课程化学课堂结尾艺术探微．中学化学教学参考．2009(3)．

118. 聂小燕，陈治仁．浅谈化学探究教学中生成性教学资源的开发．中学化学教学参考．2009(6)．

119. 倪娟，沈健．论中学化学“探究教学”的偏失．中学化学教学参考．2009(7)．

120. 倪娟，沈健．论中学化学教学的人文化．中学化学教学参考. 2009(3)．

121. 牛群．化学实验方案设计特征．中学化学教学参考．2009(1/2).

122. 蒲绪凤，李友银．化学课堂教学中的追问艺术．中学化学教学参考．2009(7)．

123. 彭清华．化学课堂的动态生成是提升思维机智的催化剂．中学化学教学参考．2009(4)．

124. 乔中云．科学教学的人文情怀——新课程理念下的化学教学实践．中学化学教学参考．2009(12)．

125. 曲雪梅，刘成坤．新课程下青年教师课堂教学需要“过五关”．中学化学教学参考．2009(10)．

126. 戚宝华．让实验文化在高中化学课程改革中熠熠生辉．中学化学教学参考．2009(7)．

127. 秦自云．浅谈中学化学课堂教学中“生成”的支点．中学化学教学参考．2009(9)．

128. 沈峥．化学抛锚式教学中的“锚”怎么抛．中学化学教学参考．2009(7)．

129. 宋修明．初中化学启发式教学的策略研究．中学化学教学参考．2009(6)．

130. 佘永．溶液中的质子守恒释疑．中学化学教学参考．2009(1/2).

131. 孙家栋．用辩证思维优化高中化学学习方法．中学化学教学参考. 2009(8)．

132. 莘赞梅．新课程背景下化学实验呈现方式的策略研究．中学化学教学参考．2009(9)．

133. 孙丹儿，王祖浩．基于化学实验思维发展的教材内容体系建构探析．中学化学教学参考．2009(5)．

134. 覃孔彪，陈芹，张蓉．学生自主实验的课题研究与思考．中学化学教学参考．2009(12)．

135. 覃孔彪，刘成光．重视实验的细微操作　培养学生的全面思维．中学化学教学参考．2009(10)．

136. 王春．“任务驱动”教学法在化学教学中的应用．中学化学教学参考．2009(4)．

137. 王春．新课程视角下高考化学实验试题考查动向及复习启示. 中学化学教学参考．2009(9)．

138. 王文阁．利用辩证法思想　提高化学课堂教学质量．中学化学教学参考．2009(5)．

139. 王春新．课程视角下的中学化学概念教学策略研究．中学化学教学参考．2009(7)．

140. 王秉珍．章节绪言的意义及教学策略．中学化学教学参考．2009(9)．

141. 王金峨．使用对比法挑战化学教学难点．中学化学教学参考. 2009(1/2)．

142. 王盛之．科学考试中学生解化学题常见的思维误区分析．中学化学教学参考．2009(4)．

143. 王红新．新课程改革背景下有效的备考策略．中学化学教学参考．2009(1/2)．

144. 王国峥．高效复习课优化策略的设计与思考．中学化学教学参考．2009(5)．

145. 韦作飞．建构主义理论在化学教学中的应用．中学化学教学参考．2009(7)．

146. 温海波．新课改理念下的元素化合物高考复习新思路．中学化学教学参考．2009(1/2)．

147. 魏林明．在初中化学复习中应用概念图教学策略的实践．中学化学教学参考．2009(11)．

148. 吴振强．新课程背景下学生化学创新能力的培养．中学化学教学参考．2009(12)．

149. 徐洪俊．化学课堂教学线索的梳理与构建策略．中学化学教学参考．2009(4)．

150. 徐宾．新课程化学教学方式的基本特征与有效设计．中学化学教学参考．2009(4)．

151. 徐明武．"氯气的生产原理"的探究式教学与思考．中学化学教学参考．2009(6)．

152. 肖红梅．提高新课标下中考化学复习有效性的策略研究．中学化学教学参考．2009(3)．

153. 肖红梅．走出教学反思的误区——促进教师专业化成长．中学化学教学参考．2009(8)．

154. 肖桂林．如何从化学反应中获取信息并进行加工．中学化学教学参考．2009(6)．

155. 薛春兰．化学单元复习课概念图教学模式的构建与实践．中学化学教学参考．2009(10)．

156. 薛春兰．对溶液认识的几个误区及分析．中学化学教学参考．2009(7)．

157. 谢杰妹．情景　建构　生成　多元——《物质的转化与材料利用》复习观摩课引起的思考．中学化学教学参考．2009(7)．

158. 解吉普．新课程背景下中学化学教师专业发展的促进——谈化学学科组（教研组）如何促进教师专业水平的发展．中学化学教学参考．2009(11)．

159. 熊新华．对化学习题变式教学有效性的探索．中学化学教学参考．2009(12)．

160. 杨丽梅．谈谈物质的量的教学．中学化学教学参考．2009(7).

161. 殷志宁．新课程下化学有效教学实施的基本策略．中学化学教学参考．2009(3)．
162. 杨明生．硫元素及其化合物性质的教学．中学化学教学参考．2009(6)．
163. 杨小燕．普通高中备课组建设的实践与思考．中学化学教学参考．2009(9)．
164. 杨剑．新课程下化学实验的拓展教学．中学化学教学参考．2009(11)．
165. 姚佩梅，荆秀玲．细说"听课与评课"．中学化学教学参考．2009(4)．
166. 严忠义．浅谈化学教师专业化发展．中学化学教学参考．2009(6)．
167. 颜建河．有机化学复习中易产生的误区．中学化学教学参考．2009(5)．
168. 杨香涛．新高考下高三化学复习刍议．中学化学教学参考．2009(3)．
169. 俞水泉．从新课标实验区高考化学试题谈新课标下高考化学复习．中学化学教学参考．2009(1/2)．
170. 袁鸿涛，王建．课内打基础 校园练本领 社会显实力——学生自主实验从课内探究发展到课外探究的探索．中学化学教学参考．2009(8)．
171. 殷志宁．略谈化学实验现象的清晰呈现与有效观察．中学化学教学参考．2009(7)．
172. 赵虎林．在反思中前进．中学化学教学参考．2009(11)．
173. 赵玉泉．分类法在化学学习中的运用举例．中学化学教学参考．2009(9)．
174. 张惠，唐羚，杨秀梅，周青，高中化学图表题的类型及教学策略. 中学化学教学参考．2009(1/2)．
175. 张桂珍．新课程应教会学生更多程序性知识．中学化学教学参考．2009(1/2)．
176. 张克龙．化学学习中学生认知建构的过程及教学策略．中学化学教学参考．2009(6)．
177. 张克龙．高中化学教育情感目标的内涵及培育策略．中学化学教学参考．2009(5)．
178. 张红俊．高中化学难点突破——课堂教学片段例谈．中学化学教学参考．2009(9)．
179. 张礼聪．让板书设计成为化学课堂教学的亮点．中学化学教学参考．2009(10)．
180. 张晓，丁成云．研究性学习的重要途径——化学实验．中学化学教学参考．2009(4)．
181. 张勇，袁廷新，江家发．新课程高考化学复习策略．中学化学教学参考．2009(3)．
182. 曾国琼．论新课程理念下的化学教学设计．中学化学教学参考．2009(8)．
183. 钟建喜．高考命题与新课程化学模块教学的设想．中学化学教学参考．2009(12)．
184. 翟远杰．新课程下的化学教学．中学化学教学参考．2009(11).
185. 翟远杰．谈新课程下的化学研究性学习．中学化学教学参考. 2009(8)．
186. 翟远杰．谈新课程下高三化学科复习．中学化学教学参考．2009(5)．
187. 支梅，潘鸿章，黎敏．对比实验在化学新课程教学中的应用. 中学化学教学参考．2009(10)．
188. 郑志信．始于探究 进而创新．中学化学教学参考．2009(12).
189. 郑雅敏，裘建浩．对《铝的性质》“观察与思考”的创造性开发．中学化学教学参考．2009(12)．
190. 周绍深．摒弃形式 注重实效——促进化学课堂有效探究的实践与思考．中学化学教学参考．2009(4)．
191. 周仁鸽，邵庆对．你为意外的精彩做准备了吗——课堂的预设与生成．中学化学教学参考．2009(8)．
192. 周改英．新课程高考化学高效复习教学的新视角．中学化学教学参考．2009(4)．
193. 朱伟琴．点击化学实验把握课改脉搏——落实新课程标准下实验教学的科学发展观．中学化学教学参考．2009(9)．
194. 卓高峰．《实验化学》课题实验高考复习策略．中学化学教学参考．2009(12)．
195. 林赛霞，林海斌．泛黄的笔记，成长的足迹．化学教学．2009(11)．
196. 江正玲．化学“同课异构”析“异”“同”．化学教学．2009(11)．
197. 田长明．化学问题也需谨防“山寨版”．化学教学．2009(11).
198. 周业虹．学案导学教学模式的实践与思考．化学教学．2009(11).
199. 邓继红．与密度相关的几个隐含公式和应用探讨．化学教学. 2009(11).
200. 韩峰，蒋道明. 让化学充满“绿色”——高中化学教学中渗透绿色化学教育理念的行动研究. 化学教学. 2009(12).
201. 胡瑞英. 初高中化学教学衔接问题的思考和建议. 化学教学. 2009(10).
202. 杜稼勤. 化学教学呼唤“真探究”. 化学教学. 2009(10).
203. 高剑南. 关于密堆积原理. 化学教学. 2009(10).
204. 王小莉. 课堂教学中“铺垫”的原则. 化学教学. 2009(10).
205. 陈阿民. 浅谈化学教学中学生创造性思维的培养. 化学教学. 2009(10).
206. 陈筱勇. 书写同分异构体的六种思想. 化学教学. 2009(10).
207. 张燕静. 刍议高中化学教学中的有序思维教学. 化学教学. 2009(2).
208. 何如涛. “问题阅读法”在农村初中化学教学中的运用. 化学教学. 2009(2).
209. 洪燕珍. 浅析中学化学概念转变教学. 化学教学. 2009(2).
210. 程同森，盛丽英，刘桂军. 化学教学实现“双赢”的探索. 化学教学. 2009(2).
211. 冯新平. 如何实现化学课堂的有效提问. 化学教学. 2009(1).
212. 黄志忠. 中学化学问题教学策略的研究. 化学教学. 2009(5).
213. 陆莉. 高中化学探究课中教师引领的三重境界——以“卤代烃”教学为例. 化学教学. 2009(5).
214. 吴孙富. 挥之不去的教学困惑. 化学教学. 2009(6).
215. 郝玉梅，孙长春. 刍议化学课导入的设计. 化学教学. 2009(6).
216. 窦晓明. 实现高效化学课堂教学的几种途径. 化学教学. 2009(6).
217. 陈少康. 重实践重实效致力于能力培养. 化学教学. 2009(6).
218. 段昌平，江岚. 细说氯水. 化学教学. 2009(6).
219. 周业虹. 浅谈案例教学法在高中化学教学中的应用. 化学教学. 2009(5).
220. 张莉，金继波. 整合生活知识促进有效性化学教学. 化学教学. 2009(5).
221. 刘利强. 以任务为中心组织教学，改善教学内容的系统性. 化学教学. 2009(6).
222. 经志俊. 重视板书设计，保障有效教学. 化学教学. 2009(3).
223. 夏光明. 让课堂焕发出生命活力. 化学教学. 2009(3).
224. 李永虹. 化学教学中如何贯穿平衡思想. 化学教学. 2009(4).

225. 董海．论化学教学中对学生定量思想的培养．化学教学．2009(3).
226. 周雪春．谈谈化学知识中的辩证法．化学教学．2009(4)．
227. 秦自云．课堂动态生成需要发散思维的支撑．化学教学．2009(4).
228. 王国华．对“硝酸”一节教学中几个问题的认识．化学教学. 2009(3)．
229. 陈永良．提高课时教学目标有效性的研究与实践．化学教学. 2009(8)．
230. 张宏艳．高三化学教学中“师生有效互动”的探索与实践．化学教学．2009(8)．
231. 陈兴．中学化学教学中提高学生批判性思维能力的实践．化学教学．2009(8)．
232. 叶林美．中化学课堂“生成性”教学的实践和思考．化学教学. 2009(8)．
233. 高剑南．关于分子的对称性．化学教学．2009(7)．
234. 黎丹．对新课程理念下化学教学反馈的几点思考．化学教学. 2009(7)．
235. 黄艳仙．Fischer 投影式和 Newman 投影式的互换方法及其应用．化学教学．2009(7)．
236. 林海斌．是断键释能？还是水解释能？——ATP 的能量来源．化学教学．2009(7)．
237. 朱志江，乔中云．教学资源整合利用中的不当行为．化学教学．2009(7)．
238. 方志坤．化学学习动机的激发和培养．化学教学．2009(10).
239. 杨卫国．激励学生探究性学习的教学策略及其教学行为特征. 化学教学．2009(2)．
240. 张新宇，王祖浩．专家与新手学生化学知识理解水平的比较研究．化学教学．2009(2)．
241. 张顺清．三面延伸突破过氧化钠性质的学习．化学教学．2009(1).
242. 裴燕．小议“酯”与“油脂”的学习．化学教学．2009(5)．
243. 郭君瑞．给学生创造有意义的学习经历．化学教学．2009(3).
244. 周军．非智力因素与幼师化学后进生的相关性研究．化学教学．2009(7)．
245. 郑长龙．论化学学习内容的内化．化学教学．2009(8)．
246. 许振勇．新课程高中化学有效作业观念及实施策略．化学教学．2009(2)．
247. 任雪明．新课程“氧化还原”概念的教学研究．化学教学．2009(5)．
248. 刘开福．探究式学习理论在化学教学中的应用与思考．化学教学. 2009(1)．
249. 陈斌．例谈化学探究式学习中的挫折教育．化学教学．2009(3).
250. 蒋旗军．课堂教学时间的有限性和探究活动的无限性．化学教学. 2009(4)．
251. 薛青峰．让探究教学走向有效．化学教学．2009(7)．
252. 赵华．《化学教学》的实验素材与试题原创．化学教学．2009(11)．
253. 刘怀乐．对试剂 KI 的一些补充认识．化学教学．2009(11).
254. 嵇小堂．“五阶段法”在化学实验教学中的运用．化学教学. 2009(12)．
255. 田巨坤．对“纯碱的生产”中有关问题的探讨．化学教学．2009(11)．
256. 吴国权．化学新教材（人教版）中三个演示实验在教学中的困惑及对策．化学教学．2009(12)
257. 许二新．加强实验教学是提高化学教学有效性的重要途径．化学教学．2009(12)．
258. 白建娥．将“学生演示实验”引入课堂教学的尝试．化学教学．2009(12)．
259. 吴孙富．例谈中学化学实验研究课题的发掘．化学教学．2009(12)．
260. 唐敏．镁和氯化铁反应的实验和讨论．化学教学．2009(12).
261. 周业虹．运用探究性实验进行“引导—发现”教学的尝试．化学教学．2009(12)．
262. 任峰．纯水导电性实验的探讨．化学教学．2009(9)．
263. 魏荣梅，刘桂宾．通过实验落实对初中学生情感态度和价值观的教育目标探究的尝试．化学教学．2009(10)．
264. 李燕琴，赵雷洪．差异性实验及其在化学探究教学中的运用. 化学教学．2009(9)．
265. 陈斐，胡志刚．化学实验教学的最佳时机初探．化学教学．2009(1)．
266. 王刚盛．挖掘实验内涵，培养创新思维能力．化学教学．2009(1).
267. 闫孝平．初中化学实验探究分层教学的几点做法及体会．化学教学．2009(5)．

268. 刘宝国．化学实验中设置问题情景，培养学生的创造性思维能力．化学教学．2009(5)．

269. 彭实，陈允任，张学运，潘娟湘，曾显林，沈立娜．吴良莉．普通高中实验室废液量及其主要污染物的研究．化学教学．2009(6)．

270. 杨文斌．走出化学实验教学的误区．化学教学．2009(3)．

271. 孙丹儿，朱建育，占小红．中学化学实验研究现状探析．化学教学．2009(3)．

272. 秦守进．例谈化学教学中实验探究的着力点问题．化学教学．2009(3)．

273. 潘鸿章．论新课程理念下的化学实验改革．化学教学．2009(8)．

274. 王秀秀．优化实验设计启迪学生思维．化学教学．2009(7)．

275. 黄璨，沈丹玲．关于三种中等化学教学类期刊微型化学实验研究的文献统计分析．化学教学．2009(8)．

276. 陈凯，周志华．基于微型化学实验论文的命题．化学教学．2009(8)．

277. 王以权．重振化学实验教学．化学教学．2009(4)．

278. 夏向东．化学教学中问题情境的创设策略．化学教学．2009(2)．

279. 张弛．情境教学运用于高中化学教学的理论与实践研究．化学教学．2009(2)．

280. 裴燕．课堂教学中化学教师心理换位杂谈．化学教学．2009(6)．

281. 毛云中．新课程化学教学中引领学生进行“再创造学习”的探讨．化学教学．2009(6)．

282. 孙永奕．充分发挥情、知齐动，学用结合的教学情境．化学教学．2009(4)．

283. 吴孙富．不要随意回答学生提出的疑难问题——给青年教师的一点建议．化学教学．2009(9)．

284. 王娟娟，陈凯．“与化学一起狂欢”——2008 年美国国家化学周实验活动简介．化学教学．2009(3)．

285. 王红娟．从“孔雀石中提炼铜”的问题设计探索．化学教学．2009(11)．

286. 沈旭东．化学反应原理模块新增知识点习题命制与析解．化学教学．2009(11)．

287. 林敏．优化化学习题教学设计，构建动态生成的习题课教学．化学教学．2009(11)．

288. 王灿．市级公开课“元素化学知识网络的自主建构”．化学教学．2009(9)．
289. 李明亮．常见物质三角转换关系．化学教学．2009(9)．
290. 曹旭琴．从含铬化合物谈无机信息题的复习．化学教学．2009(9).
291. 龚源，朱永波．光波与声波影响化学反应的习题例析．化学教学．2009(9)．
292. 袁善军．例析数据缺省型计算题．化学教学．2009(9)．
293. 杨立根．一道习题折射的认识误区．化学教学．2009(9)．
294. 罗功举．加强习题讨论 培养思维品质．化学教学．2009(9).
295. 朱志江．转变观念：切实提高高三专题复习课效率——与王晶老师就一节高三复习课的对话．化学教学．2009(10)．
296. 王富龙．充分挖掘教材，深入理解含义．化学教学．2009(10).
297. 刘发初．元素“位、构、性”的密切关系．化学教学．2009(10).
298. 陈春桂．新情境试题的结构特点及解题方法．化学教学．2009(10)．
299. 周改英．源于工业生产的化学计算探究题．化学教学．2009(10).
300. 张昆．一些易错的数形结合题的解题分析．化学教学．2009(1)．
301. 李明亮，田棋宏．一道化学平衡创新题．化学教学．2009(1)．
302. 罗华荣，彭晓玲．氮的氧化物溶于水的计算问题分析．化学教学．2009(2)．
303. 金百莹．利用“叠加反应”进行的化学计算题．化学教学．2009(2)．
304. 蒋念龙，姜妹月．对盐的水解中的几个疑难问题的探讨．化学教学．2009(2)．
305. 李魁云．解读“等电子体”．化学教学．2009(2)．
306. 高剑南．晶胞与晶格是一个概念吗．化学教学．2009(1)．
307. 李先斌．用原子组合法析过氧化钠和碳酸氢盐混合反应．化学教学．2009(5)．
308. 许红梅．电解质溶液中离子浓度比较分析．化学教学．2009(5)．
309. 艾璐．关于“固体物质溶解度曲线”知识的三点归纳．化学教学．2009(6)．
310. 莘赞梅，支梅，秦林，何彩霞．“从海水中提取有用物质”复习课教学设计．化学教学．2009(6)．
311. 林海斌．化学计算：实质与形式的统一．化学教学．2009(5)．
312. 张顺清．一组有关化学炸药的习题分类例析．化学教学．2009(5).

313. 梁颖．“压强差”在初中化学实验题中的应用．化学教学．2009(6)．
314. 王富龙．借助图形计算有关溶液类题目的例析．化学教学．2009(5)．
315. 林在昶．探求有机分子结构的有效方法．化学教学．2009(6)．
316. 朱少祥．初中化学复习备考阶段消除“双峰”现象的对策．化学教学．2009(3)．
317. 刘金辉．探究性化学实验试题．化学教学．2009(3)．
318. 赵华．探究型实验复习课设计应关注的三个问题．化学教学. 2009(4)．
319. 诸全头．高三化学二轮复习．化学教学．2009(3)．
320. 陈进前．假象、错觉、化学解题．化学教学．2009(3)．
321. 李魁云．亚铜的化合物知识要点小结．化学教学．2009(3)．
322. 史新才．pH 的基本计算训练课（一课时）．化学教学．2009(4).
323. 梁峻峰．依托氯化钠的晶体结构模型速解一类晶体结构习题. 化学教学．2009(4)．
324. 刘发初．有机物分子的结构推断．化学教学．2009(4)．
325. 赵华．原创型综合分析题的命制流程解码．化学教学．2009(3)．
326. 刘发初．由“卤块”制“轻质氧化镁”的工艺流程．化学教学．2009(3)．
327. 王明亚，郑学裕．求解开放性化学题的六种策略．化学教学. 2009(3)．
328. 高剑南．有六棱柱体形状的晶胞吗．化学教学．2009(3)．
329. 廉兵．与王建立老师商榷．化学教学．2009(4)．
330. 梁颖．初中化学实验专题讨论复习课的设计．化学教学．2009(8).
331. 陈亚山．线性函数图像在化学计算中的妙用．化学教学．2009(7).
332. 咸秀英．以天平为载体的习题解析．化学教学．2009(7)．
333. 任志强．“原电池”知识复习中应关注的几个“不一定”．化学教学．2009(7)．
334. 蒋赵军．“测定有机物分子结构的常用分析方法”题型几例. 化学教学．2009(8)．
335. 胡列扬．关系推理在化学解题中的应用．化学教学．2009(8)．
336. 张存学．化学实验题解题方法探究．化学教学．2009(8)．
337. 李进庆．谈“离子反应”在图像中的应用．化学教学．

2009(8).
338. 林海斌. 三读“化学教学中值得关注的一些问题”. 化学教学. 2009(8).
339. 李明亮. 镁铝原电池问题. 化学教学. 2009(8).
340. 陈筱勇. 评析一道有机实验组创题. 化学教学. 2009(7).
341. 吴孙富. 电离程度一定随温度的升高而增大吗. 化学教学. 2009(7).
342. 刘怀乐. 解读用重金属盐沉淀蛋白质遇到的几个问题. 化学教学. 2009(8).
343. 谭宗俊, 向雪皑, 万莉. 关于喷泉实验的探究. 化学教学. 2009(8).
344. 韩程明. 一例STSE试题的编制. 化学教学. 2009(3).
345. 刘长军. $Na_2O_2$ 和 $NaHCO_3$ 混合加热典型试题分类例析. 化学教学. 2009(4).
346. 朱少祥. 论化学课外探究活动在学生学业发展中的作用. 化学教学. 2009(2).
347. 柴勇. 氧化还原复习“六步曲”. 中学化学. 2009(1).
348. 廖清泉. 巧用化学方程式叠加法确定化学反应的先后顺序. 中学化学. 2009(2).
349. 李安新. 中学化学中的斜线规律例说. 中学化学. 2009(2).
350. 师殿峰. 有关烃($C_xH_y$)的知识规律. 中学化学. 2009(2).
351. 张东晓, 丁长荣. 中学化学中的三个无穷递缩等比数列. 中学化学. 2009(2).
352. 陈铭阳. 应用守恒法　巧解计算题. 中学化学. 2009(2).
353. 张顺清. 一组有关化学炸药的习题例析. 中学化学. 2009(2).
354. 韩明仁. 例析差量法在解析化学试题中的应用. 中学化学. 2009(2).
355. 颜建河. 化学学科涉及讨论的计算问题讨论策略. 中学化学. 2009(2).
356. 赵国柱, 刘培玲. 关于“过量”化学反应的离子方程式. 中学化学. 2009(2).
357. 杨国明. 物质性质、外界条件对反应“进程”的影响. 中学化学. 2009(2).
358. 刘海清, 孙涌泉. 例谈离子推断题的三处“陷阱”. 中学化学. 2009(2).
359. 谢永侠. 能量图示法在解决热效应问题中的应用. 中学化学. 2009(3).

360. 刘玉军．评析一道数据闲置题．中学化学．2009(3)．
361. 顾晔．平衡移动了吗．中学化学．2009(3)．
362. 王荣桥．例谈化学评价试题的思维角度．中学化学．2009(3)．
363. 冯武安．中学常见物质的分类及依据归纳．中学化学．2009(3)．
364. 谭祈鹏．归纳例析不可类推的离子方程式．中学化学．2009(3)．
365. 徐春荷．有关有机合成问题的复习导航．中学化学．2009(3)．
366. 董占伟，史翠兰．挖掘隐含条件　优化能力品质　培养解题能力．中学化学．2009(3)．
367. 董占伟，史翠兰．挖掘隐含条件　优化能力品质　培养解题能力（续）．中学化学．2009(4)．
368. 王开山．“十析”胶体．中学化学．2009(4)．
369. 和卫忠．谈 $C_xH_y$ 燃烧的耗氧问题．中学化学．2009(4)．
370. 陈炳林．无机元素化合物性质类推易错结论汇编．中学化学. 2009(4)．
371. 陈益．结构相似　性质未必相近——谨防“等电子原理”的泛迁移．中学化学．2009(4)．
372. 蔡国平．金属的钝化．中学化学．2009(4)．
373. 郑眉崇．有机框图推断——“题眼”．中学化学．2009(4)．
374. 王维德．聚焦无机推断题突破技巧．中学化学．2009(4)．
375. 颜见河，杨文东．化学反应方程式的合并及其运用策略．中学化学．2009(4)．
376. 冯新平．一元强酸与一元弱酸的比较方法小结．中学化学．2009(5)．
377. 邵国光，杨香兰．例析化学解题中几种重要的思维方法．中学化学．2009(5)．
378. 蔡国平．走出盲区远离“陷阱”．中学化学．2009(5)．
379. 陈炳林．优先反应规律及条件对其的影响．中学化学．2009(5)．
380. 唐纪轩．从三个方面看水解．中学化学．2009(5)．
381. 王成冠．有机物同分异构体专题复习．中学化学．2009(5)．
382. 陈亚丽．抓住两个字来判断化学平衡状态．中学化学．2009(5)．
383. 李新颖．酯的疑点解析．中学化学．2009(6)．

384. 张新中．原子杂化方式判断五法．中学化学．2009(6)．
385. 孙运利．浅析化学键形成过程的特殊性．中学化学．2009(6)．
386. 于才．解决化学平衡问题时应注意的七个细微差别．中学化学．2009(6)．
387. 宋志贵．关于化学平衡常数的几个问题．中学化学．2009(6)．
388. 颜建河，夏连彬．学科渗透 架桥变通．中学化学．2009(6)．
389. 张高豪．化学反应速率和化学平衡中的常见“错思”．中学化学．2009(6)．
390. 刘福．探究沉淀溶解平衡．中学化学．2009(6)．
391. 袁茂华．初中化学重要知识点集锦．中学化学．2009(6)．
392. 廖清泉，李必强．无机推断题“题眼”集锦．中学化学．2009(6).
393. 张新中，张林．试析配合物．中学化学．2009(7)．
394. 林在昶．有机物最简式与分子式关系的证明．中学化学．2009(7).
395. 任园园．化学解题错因分析．中学化学．2009(7)．
396. 邱绍方．化学平衡常数的几种考查形式．中学化学．2009(7)．
397. 廖清泉．巧用方程式叠加法准确书写电池反应式．中学化学. 2009(7)．
398. 邵国光，邵照宇．例谈化工生产“七化”．中学化学．2009(7)．
399. 许黎明．氢键知识点的考查类型归类及例析．中学化学．2009(8).
400. 张献刚．高中化学中的数学．中学化学．2009(8)．
401. 张顺清，舒中强．联想——突破有机框图推断题的金钥匙（一）．中学化学．2009(8)．
402. 张顺清，舒中强．联想——突破有机框图推断题的金钥匙（二）．中学化学．2009(9)．
403. 陈筱勇，孙根兰．化学反应中的能量变化考点聚焦．中学化学．2009(8)．
404. 曹志虎．中学化学中的“特例”汇总．中学化学．2009(8)．
405. 谭祈鹏，王明生．“不能”的有机之说．中学化学．2009(8)．
406. 陶学兵，程心愿．食品安全在化学教学情景中的应用．中学化学．2009(1)．

407. 赵成胜．新课程标准下化学课堂教学中的新课导入策略．中学化学．2009(3)．

408. 彭炜．初中化学课堂教学问题情境创设例析．中学化学．2009(12)．

409. 钟军．谈研究性学习在化学教学过程中的实施．新课程研究．2009(6)．

410. 苗深花，陈媛媛．新课改理念下学生自主学习观的培养研究．课程教材教法．2009(5)．

411. 郭检来．高中化学“探究”模式的教学实践与思考．当代教育论坛．2009(6)．

412. 郭夏青．高中化学新课程“合作—探究”课堂教学模式初探．新课程研究．2009(6)．

413. 邢建立．在初中化学教学中培养学生的科学探究能力．教学仪器与实验．2009(1)．

414. 吴岫．化学情景教学中如何组织合作学习．现代中小学教育．2009(4)．

415. 张新宇．“元素周期表结构”探究方案的构建．新课程研究．2009(6)．

416. 陈进前．谙熟“一般”与“特殊”的思维线路．教学月刊（中学版）．2009(8)．

417. 张宗成，管毓灵．诠释高中化学重要解题方法——守恒法．数理化学习（高中版）．2009(15)．

418. 郑永艳．实验装置气密性检查的复习教学．中学教学参考．2009(5)．

419. 林正红．论高三化学复习中知识网络的构建．理科考试研究（高中版）．2009(9)．

420. 张友伟．金属单质及其化合物复习导航．中学生埋科考试．2009(1)．

421. 林肃浩．新课标下的化学高考特点与复习策略．教学月刊（中学版）．2009(3)．

422. 卢巍，崔素芳．初中化学复习中“观念为本”教学的探索．山东教育（中学刊）．2009 (1/2)．

423. 沈晓萍，毛杨林．打造高效的化学实验复习课堂．当代教育论坛．2009(2)．

424. 吴良根．新课程中化学习题设计的策略与思考．教育科学论坛．2009(6)．

425. 张高豪．硝酸计算题的典型错误归纳．数理化学习（高中版）．2009(9)．

## 教 学 案 例

1. 白建娥．人教版必修 2“化学能与电能”（第 1 课时）教学设计．中学化学教学参考．2009(11)．
2. 白建娥．新课改下“乙酸”教学设计及点评．中学化学教学参考．2009(9)．
3. 陈文婷．从实验中学化学——《硝酸的性质》教学设计．中学化学教学参考．2009(12)．
4. 陈献忠．“乙醇”必修与选修目标分析及其探究式教学组织的比较．中学化学教学参考．2009(5)．
5. 龚雪冰．注重过程与方法　提升课堂教学有效性——以“金属资源的利用和防护”第一课时教学为例．中学化学教学参考．2009 (1/2)．
6. 黄都，谭燕，黄红梅．走出问题式化学教学设计实践的四种误区．中学化学教学参考．2009(1/2)．
7. 姜妹月．“原电池”探究性教学设计一例．中学化学教学参考．2009(10)．
8. 姜幸光．“牙膏中某些成分的检验”教学设计．中学化学教学参考．2009(9)．
9. 李少坤．优化教学设计的几点策略．中学化学教学参考．2009 (1/2)．
10. 李蓉．在新课改背景下“化学能转化为电能”的创新教学设计．中学化学教学参考．2009(8)．
11. 李惠娟．从生活中感悟化学——“二氧化硫的性质”教学设计案例．中学化学教学参考．2009(9)．
12. 李惠娟．让硅担当起不可或缺的角色——硅的教学议计案例．中学化学教学参考．2009(7)．
13. 李四海．未曾预约的精彩——新课程下课堂生成的探究性教学案例．中学化学教学参考．2009(6)．
14. 缪徐．“二氧化碳制取的研究”教学设计及点评．中学化学教学参考．2009(3)．
15. 缪徐．《绪言》课的教学设计与点评．中学化学教学参考．2009(10)．
16. 马云云．人教版必修 1“分散系及其分类”教学设计及反思．中学化学教学参考．2009(7)．

17. 沈兆刚．与波义耳同行——“溶液的酸碱性”的教学设计与专家点评．中学化学教学参考．2009(4)．

18. 孙运利．“对含氯消毒剂的探究”教学设计．中学化学教学参考．2009(5)．

19. 王磊，黄燕宁．单元教学设计的实践与反思 ——以“氧化还原反应”教学单元为例．中学化学教学参考．2009(3)．

20. 熊士荣，杨承印．促进学生主动参与学习的化学课堂教学设计．中学化学教学参考．2009(6)．

21. 肖丽华．“化学课堂教学因生成而精彩”教学案例．中学化学教学参考．2009(3)．

22. 杨建茸．人教版《化学必修 2》第三章第一节甲烷第二课时烷烃教学设计．中学化学教学参考．2009(10)．

23. 周改英．上科版“化学肥料中的主角——氮气”教学设计．中学化学教学参考．2009(11)．

24. 张红俊．教师如何把握教学难度——例析“水溶液中的离子平衡”．中学化学教学参考．2009(11)．

25. 朱恩．基于先实验后讲课的教学设计．中学化学教学参考．2009(3)．

26. 高兴邦．研讨课“盐类的水解”的教学评析．化学教学．2009(5).

27. 徐泓，夏建华，熊宗齐，吴应枝．安徽省 2008 年初中化学优质课述评．化学教学．2009(7)．

28. 李飞波．溴乙烷水解实验教学案例．化学教学．2009(9)．

29. 查魏林，孙宪启．“联合制碱法”的教学设计．化学教学．2009(11)．

30. 方敏．初中化学“溶液”复习课的教学设计．化学教学．2009(11)．

31. 刘雄．“第二节氨铵盐”第一课时教学设计．化学教学．2009(12).

32. 徐守兵“海水资源的开发利用”教学设计与实践．化学教学．2009(12)．

33. 黄鹏．“牙膏中某些成分的检验”教学设计．化学教学．2009(12).

34. 孙宪启．概念教学中的探究学习课例研究—— 盐类水解教学设计. 化学教学．2009(12)．

35. 李蓉，余观梅．“铵盐”教学设计．化学教学．2009(9)．

36. 陆丽芬．“羧酸”教学设计．化学教学．2009(9)．

37. 范汝广．“反应物如何尽可能转变成生成物”教学设计．化学教学．2009(10)．
38. 沈兆刚，张建祥．“石灰石的利用”教学设计．化学教学．2009(10)．
39. 万长江，王后雄．高三总复习设计：航天化学知识专题．化学教学．2009(10)．
40. 曹旭琴．缓冲溶液中的离子平衡．化学教学．2009(10)．
41. 高修库．“铝的重要化合物“的一种新颖的教学设计．化学教学．2009(1)．
42. 彭伟桥．胶体本质的探究性教学设计．化学教学．2009(1)．
43. 李琮．“走近甲醛”教学设计．化学教学．2009(1)．
44. 张莉．“乙醇分子的组成和结构”教学设计．化学教学．2009(1)．
45. 王绍凯．“探究空气的成分”说课设计．化学教学．2009(2).
46. 刘传友，陈锦．“燃烧和灭火”教学设计（第一课时）．化学教学．2009(2)．
47. 樊梅英．新课改下的“苯酚”教学设计．化学教学．2009(2).
48. 赵冬梅．“二氧化碳的实验室制法”教学案例．化学教学．2009(5)．
49. 马春生．“氧化还原反应”一课的教学设计．化学教学．2009(5).
50. 孔颖．“海水‘晒盐’”第一课时的教学设计．化学教学．2009(5)．
51. 吴兆根．课堂教学中的豹尾设计．化学教学．2009(6)．
52. 潘爱娅．“醇的性质与应用”探究式课堂教学实录．化学教学．2009(6)．
53. 陈益．“萃取”教学设计．化学教学．2009(3)．
54. 肖红梅．上教版初中化学“奇妙的二氧化碳”第一课时教学设计．化学教学．2009(3)．
55. 曹旭琴，毛明．铜及其化合物复习课的教学设计．化学教学．2009(4)．
56. 史中华．引导学生探究的“质量守恒定律”课堂教学设计．化学教学．2009(3)．
57. 叶燕红．“生活中的化学知识”双语教学课案例．化学教学．2009(3)．
58. 侯仕夫，王林兆．“判断化学反应方向的依据”教学实录．化学教学．2009(7)．

59. 林芳兰．“氨的性质及制法的探究”教学设计．化学教学．2009(7)．
60. 卢国锋．人教版“化学计量在实验中的应用”第一课时教学设计. 化学教学．2009(7)．
61. 谢静静，史定海．苏教版必修2“化学能转化为电能”教学设计．化学教学．2009(7)．
62. 姚淑霞．化学键概念教学的创新尝试．化学教学．2009(7)．
63. 丛高．“同分异构体”专题复习教学设计．化学教学．2009(7)．
64. 陈思静．“化学是人类打开物质世界的钥匙”的教学设计．化学教学．2009(8)．
65. 徐守兵．“氯气”（第一课时）的教学设计及案例．化学教学. 2009(8)．
66. 裘建浩．“镁的提取及应用”教学设计．化学教学．2009(8)．
67. 张映林，谢祥林．“硫的氧化物”学案式的教学过程设计．化学教学．2009(8)．
68. 陈峰．“镁、铝的性质”教学设计．化学教学．2009(8)．
69. 杜悦．“酸碱盐”复习课的教学设计．化学教学．2009(4)．
70. 林志建．“食品中的有机营养素”说课．中学化学．2009(1)．
71. 梁峻峰．“等效平衡”知识的渐进学习．中学化学．2009(1)．
72. 林淑清．挖掘课堂教学中生成的“三维目标”．中学化学．2009(4)．
73. 李德前．复习“物质的分类”教学设计．中学化学．2009(5)．
74. 温莉敏．精心预设　精彩生成．中学化学．2009(5)．
75. 陈泉．新课程背景下学生探究活动的课堂实施——“探究质量守恒定律”设计一例．中学化学．2009(8)．
76. 马小彬．《金属的化学性质》（第一课时）教学设计．中小学教学研究．2009(7)．
77. 王锋．“化学与航天”专题复习教学设计．中小学教学研究．2009(1)．
78. 朱红燕．“碳酸钠的性质及应用”教学设计．新课程研究（基础教育）．2009(5)．
79. 吴春萍．从传统中寻求突破——《二氧化硫》教学设计与反思. 中学教学参考（理科）．2009(4)．
80. 王立志．中学化学演示实验的教学设计——以《氯气的制取和性质》为例．教学仪器与实验．2009(5)．

## 化学教学评价

1. 徐创新，邓小丽．试论“中学生理解科学探究”评价指标体系的构建．化学教育．2009(1)．
2. 赵华．原创中考化学试题的 4 个角度．化学教育．2009(1)．
3. 杨帆，张凤桂，袁廷新．新课标高中化学教材习题使用状况的调查分析．化学教育．2009(1)．
4. 杨梓生．对课改实验区高考化学科考试要求的认识．化学教育．2009(2)．
5. 陈益．例谈新课程高考“控制变量法”实验的考查．化学教育．2009(2)．
6. 竺丽英．化学实验报告的 PTA 量表评价．化学教育．2009(2)．
7. 罗秀玲．人教版高中化学新教材习题系统的分析及教学建议．化学教育．2009(3)．
8. 莫尊理，赵仲丽，乔丽君．从化学奥赛保送上大学的人数看东西部素质教育之差距．化学教育．2009(3)．
9. 张红俊．化学考试过失性失分统计分析与解决策略．化学教育．2009(4)．
10. 虞硕铭．高中化学作业优化与改造的实践探索．化学教育．2009(4)．
11. 周鑫荣．化学教学中题组训练和思维发展的整合．化学教育．2009(4)．
12. 薛春兰，李玉秋．探究实验中学生学业评价的实践探索．化学教育．2009(6)．
13. 吴思杰．论笔试型化学实验试题的评价和教学导向功能．化学教育．2009(7)．
14. 程国清．浅析新课程高考对 3 种化学学习能力考查的特色．化学教育．2009(9)．
15. 杨辉祥，张建新，董啸．高考化学选考模块试题“等值”问题的研究．化学教育．2009(10)．
16. 薛春兰．高中学生化学学业评价的研究与实践．化学教育．2009(10)．
17. 朱志江．新课程背景下高考化学复习的思维变革．化学教育．2009(11)．
18. 赵华．从素材到原创试题的几点思考．化学教育．2009(12)．

19. 刘怀乐．化学练习（考试）题的质量安全令人担忧．化学教育．2009(12)．
20. 包宏升．回归教材　把握电化学的高考命题点．中学化学教学参考. 2009(10)．
21. 陈瑞民．化学高考题中屡教不改的错误数据何时了．中学化学教学参考．2009(9)．
22. 丛高．全国理综（Ⅱ）有机化学命题分析及备考策略．中学化学教学参考．2009(10)．
23. 陈新，刘运才．课程改革中对化学练习功能的再认识．中学化学教学参考．2009(12)．
24. 陈益．新课程背景下高中化学习题编制原则初探．中学化学教学参考．2009(6)．
25. 邓继红．化学高考“指挥棒”直指向新课标——一线教师给高考命题工作者提几点建议．中学化学教学参考．2009(10)．
26. 顾晔．从 2009 年高考化学江苏卷 16 题看无机框图题的演变．中学化学教学参考．2009(11)．
27. 贾龙贤，王茜．建模思想在化学竞赛中的应用．中学化学教学参考．2009(5)．
28. 廖旭杲，周行浩．2009 年全国高中学生化学竞赛初赛无机试题赏析．中学化学教学参考．2009(12)．
29. 李萍，刘莉．新课程下课后习题的整合与探究．中学化学教学参考．2009(6)．
30. 林尤宏．学习《中学化学教学参考．2009》提高化学命题的科学性——对忽略氧气氧化性一类命题的商榷及创新．中学化学教学参考．2009(10)．
31. 刘树领，王卫宏，探析涉及 STS 知识高考化学试题的命题特点．中学化学教学参考．2009(4)．
32. 刘翠，潘苏东．运用三因素概念图评价法测评学生化学学习成绩．中学化学教学参考．2009(10)．
33. 刘树领，闫贵珍．以反应热测定实验为背景的试题赏析．中学化学教学参考．2009(7)．
34. 陆军．2009 年新课程高考化学试题的特点与启示．中学化学教学参考．2009(8)．
35. 廖旭杲．瑕不掩瑜——2009 年浙江理综化学试题简析．中学化学教学参考．2009(9)．
36. 骆宏博．对一道高考化学题的质疑．中学化学教学参考．2009(9).

37. 潘民华．2009 年全国高考理综卷（1）化学试题评析．中学化学教学参考．2009(9)．
38. 寿丽霞．曲丰．污水处理试题设计角度剖析．中学化学教学参考．2009(7)．
39. 孙运利，陆蓁，刘岩．对一道中考探究题的编拟与解析．中学化学教学参考．2009(1/2)．
40. 孙成余．初中化学实验题的命制策略例谈．中学化学教学参考．2009(3)．
41. 汪杰英，董君．解析高考试题领悟三维目标．中学化学教学参考．2009(1/2)．
42. 王敏．美国 2008 年全国化学竞赛试题的特点及启示．中学化学教学参考．2009(7)．
43. 徐盼盼，王海涛，刘位德．新高中化学课堂教学中的习题问题与解决策略——以江苏省部分高中为例．中学化学教学参考．2009(4)．
44. 杨军．“S—P”表分析法应用于化学实验教学质量评价．中学化学教学参考．2009(9)．
45. 杨克理．新理念　新教材　新实验——探究近两年高考化学实验题．中学化学教学参考．2009(5)．
46. 姚中奎．新高考化学实验题的特点．中学化学教学参考．2009(9).
47. 严忠义，马平．一道高考题的美中不足．中学化学教学参考．2009(9)．
48. 杨晓清．创新有陷阱　探究须缜密——评 2009 年一道高考化学实验题．中学化学教学参考．2009(9)．
49. 杨小燕．在化学学科竞赛活动中发展学生的智力和潜能．中学化学教学参考．2009(11)．
50. 尹泳一．化学生态化教学评价的探讨．中学化学教学参考．2009(8)．
51. 张宁云，王伟群．中学化学“情感态度价值观”的学习性评价．中学化学教学参考．2009(7)．
52. 张廷国．浅析素质教育背景下化学单元检测题的命制．中学化学教学参考．2009(1/2)．
53. 章尉．延时评价在课堂教学中的实施．中学化学教学参考．2009(5)．
54. 赵华．优化整合素材提升原创试题质量．中学化学教学参考．2009(8)．

55. 郑海波．发现和加工素材　创新命制化学试题．中学化学教学参考．2009(11)．
56. 赵玉泉．对一道高考实验试题的探究与反思．中学化学教学参考．2009(11)．
57. 赵宇．2009年安徽省高考理综化学试题特点分析．中学化学教学参考．2009(9)．
58. 朱红文．新课程背景下化学教学需从“单一测试卷”走向“孪生卷”．中学化学教学参考．2009(10)．
59. 朱圣辉．新课程理念指导下的高考复习题命制原则和策略．中学化学教学参考．2009(8)．
60. 朱怀义．高效安全的饮用水消毒剂二氧化氯——对2009年江苏高考第18题的知识补充与解析．中学化学教学参考．2009(12)．
61. 2009年高考化学复习试题精粹．中学化学教学参考．2009(1/2).
62. 2009年中考化学复习试题精粹．中学化学教学参考．2009(3)．
63. 胡一毅．落实课改的三维目标积极配合二期课改的推进．化学教学．2009(9)．
64. 吴冰，王伟群．新课程理念下不同化学学习方式的评价初探．化学教学．2009(3)．
65. 单旭峰．课程标准高考化学试卷选考模块问题刍议．化学教学．2009(1)．
66. 龙琪．加拿大安大略省化学活动性表现评价案例一则．化学教学．2009(2)．
67. 唐建华．北京市优秀课堂教学设计评比活动的回顾与展望．化学教学．2009(10)．
68. 柴勇．2009年高考电化学类试题大汇题．化学教学．2009(11).
69. 刘怀乐．对2009年全国统一高考理综（重庆卷）27题的教学分析．化学教学．2009(12)．
70. 林敏．对一道高考有机实验题的思考和质疑．化学教学．2009(12)．
71. 柴勇．聚集2009年高考中的STSE类试题．化学教学．2009(12)．
72. 魏启河．分析上海高考卷：探稳中求变新举措．化学教学．2009(12)．
73. 李俊生．对2009年高考全国Ⅰ卷理综化学几个试题的研究．化学教学．2009(10)．

74. 龚铁森．燃料电池的类型与高考试题的考查要点．化学教学．2009(10)．
75. 刘长军．菠萝酯——08 高考热点试题．化学教学．2009(1)．
76. 何爱平，左香华．混沌理论在化学高考答题中的应用．化学教学．2009(2)．
77. 蔡兴锋．08 高考有机化学命题研究及复习策略．化学教学．2009(2)．
78. 俞水泉．新课标新增考点透析．化学教学．2009(2)．
79. 周跃．数轴分析法在化学教学中的灵活应用．化学教学．2009(2).
80. 盛锡铭．中考计算题的新视点．化学教学．2009(5)．
81. 崔书华．咬文嚼字说平衡．化学教学．2009(6)．
82. 张禄．神奇的过氧键试题．化学教学．2009(5)．
83. 周改英．新课改高考化学有效合理复习教学构想．化学教学．2009(6)．
84. 张禄．生命元素之魂——磷考点赏析．化学教学．2009(6)．
85. 张鹏飞．对一道中考模拟题的错误分析．化学教学．2009(6).
86. 张发新．目标指向和思维监控在化学计算题解题指导中的有效应用．化学教学．2009(6)．
87. 张警鹏，郑启跃．高考试题难度的因素分析及难度控制．化学教学．2009(3)．
88. 单旭峰．课程标准高考化学试题科学探究能力考查初探．化学教学．2009(4)．
89. 王显成．苯环——高考命题的切入点．化学教学．2009(4)．
90. 崔邑诚．深入解读高考新图——双纵坐标图．化学教学．2009(4).
91. 于海强．聚焦高考燃料电池电极反应的书写．化学教学．2009(4).
92. 韩程明．对山东省 2008 年高考理综化学第 32 题的商榷．化学教学．2009(4)．
93. 成际宝，柳玲．离子方程式正误判断题经典陷阱例析．化学教学．2009(3)．
94. 肖中荣．有关三聚氰胺的试题分析．化学教学．2009(7)．
95. 张禄，闫翼明，魏运琦．浅析王水超酸超氧酸魔酸．化学教学．2009(7)．
96. 顾素燕．一道竞赛题引出的思考．化学教学．2009(11)．
97. 张命华．英国化学奥林匹克介绍．化学教学．2009(10)．

98. 王晶．对第十九届天原杯复赛附加题的探究．化学教学．2009(1).
99. 杨国俊，钮东方．赏析竞赛题把握稀有气体的性质．化学教学．2009(7)．
100. 王敏，王后雄．美国中学化学竞赛地区选拔赛及 2008 年试题概况. 化学教学．2009(7)．
101. 蔡兴锋．浅谈新课程背景下化学纸笔测试题的功效．中学化学．2009(4)．
102. 苗培玉．与量有关的化学反应在 2008 年高考中的考查方式归类例析．中学化学．2009(1)．
103. 王廷虎，李正负．中考化学框图推断题突破口归类例析．中学化学．2009(1)．
104. 殷从宽．例析化学平衡的考查方式．中学化学．2009(1)．
105. 庄宗成．2008 年高考理综化学第 29 题（1）答案商榷．中学化学．2009(1)．
106. 邵成喜．对 2008 年高考化学试题（全国卷 I）题 29 答案争议的探讨．中学化学．2009(1)．
107. 马会林．从 2008 年高考看盐类水解的考查．中学化学．2009(1).
108. 颜建河．梳理与运用——高考化学“关键”知识点扫描．中学化学．2009(1)．
109. 邵国光，钟文．烷烃分子通式 $C_nH_{2n+2}$ 考查方式．中学化学. 2009(2)．
110. 王荣桥．碳酸钠的中考试题归纳．中学化学．2009(2)．
111. 苗培玉．无机化工框图推断题的特点及突破策略．中学化学. 2009(3)．
112. 王岳军，黄干如．2009 年中考命题的新热点——三聚氰胺．中学化学．2009(3)．
113. 张富强．例谈中考试题中选择题的常见解法．中学化学．2009(4).
114. 盛锡铭．中考计算题命题的新趋势．中学化学．2009(4)．
115. 张新中．新课程新考点——沉淀的溶解平衡．中学化学．2009(4).
116. 王廷虎，古宏清．中考化学源于教材的实验探究题归类例析. 中学化学．2009(4)．
117. 王廷虎，古宏清．中考化学热点事件归类例析．中学化学．2009(5)．

118. 柴勇．金属元素及其化合物专题复习及命题分析．中学化学．2009(5)．
119. 叶春英．高考中同分异构体试题解析．中学化学．2009(6)．
120. 钟文，李红梅，邵国光．例谈高考试题中多官能团有机物的最大耗量问题．中学化学．2009(6)．
121. 汤伟，张茹英．分析电极产物　切莫想当然——几例全国理综卷（I）中的电解题评析．中学化学．2009(6)．
122. 刘韬．例谈中考化学推断题的解题思路．中学化学．2009(6).
123. 孙运利．对一道中考探究题的评析．中学化学．2009(7)．
124. 孙丽丽，柴勇．高考失分原因大盘点．中学化学．2009(7)．
125. 邓发其．透视“金属”探究题．中学化学．2009(8)．
126. 孙玉明．关注重大事件，把握命题热点．中学化学．2009(8).
127. 邓发其．中考试题中的“水”．中学化学．2009(9)．
128. 张红俊．离子浓度大小比较——从一道竞赛题谈起．中学化学．2009(2)．
129. 葛达好．赏析化学竞赛中有关铝的探究试题．中学化学．2009(2).
130. 吴星，吕琳，徐丹悦．$Fe^{3+}$与$S^{2-}$反应生成什么．中学化学．2009(3)．
131. 杨国俊．点击化学竞赛中稀有气体化合物．中学化学．2009(5).
132. 李更生，郑森林．巧写等效分子式　速解化学竞赛题．中学化学．2009(6)．
133. 扶云松．赏析一道 2009 年全国高中化学竞赛决赛题．中学化学．2009(7)．
134. 严忠义，杨辉祥．第十九届天原杯复赛试题附加题的探析．中学化学．2009(8)．
135. 王敏，王后雄．高中化学新课程课堂内质性学生评价途径的设计．现代中小学教育．2009(3)．
136. 王敏．SOLO 分类评价理论在化学试题设计中的应用．中小学教学研究．2009(6)．
137. 刘继鸿．溶液中离子平衡考点探析．理科考试研究．2009(7)．
138. 蔡春燕．化学学科高考备考最后阶段的几点建议．理科考试研究．2009(8)．
139. 周改英．新课改背景下高考化学实验试题的命制特点及教学策略．实验教学与仪器．2009(6)．
140. 王磊，支瑶，孙红保．新课程高考化学试题特点评析．基础教育课程．2009(9)．

141. 舒友忠．中学化学解题的思维艺术——变形策略．高中数理化（高一版）．2009(1)．
142. 伍锡雄．中考化学新题型掠影．理科考试研究．2009(1)．
143. 曾兵芳，陆余平．2008 年全国高考课程标准卷与全国卷中化学实验题分析与比较．教学仪器与实验．2009(1)．
144. 盛锡铭．高考解题中的典型错误及对策．数理化学习（高中版）．2009(5)．
145. 韩忠营．有机合成命题的新走向．高中数理化．2009(5)．
146. 祁雪英．解答高考化学单选题的九种技巧．理科考试研究（高中版）．2009(5)．

## 化学课程资源

### 化学信息技术

1. 房宏．使用电子白板提高化学教学有效性的实践与思考．化学教育．2009(1)．
2. 唐律，麦裕华，肖信．全面激活化学结构——基于 Chime 插件的动态可视化交互技术．化学教育．2009(2)．
3. 莫尊理，史华锋，陈红，郭瑞斌．搭载远程教育网的“藏汉双语无机化学”交互式积件课程模式研究及意义．化学教育．2009(3)．
4. 汪纪苗．用 Producer 打造在线课堂．化学教育．2009(3)．
5. 陈博，龙琪，宋怡，王冬黎．有机化学双语教学网络资源分类介绍．化学教育．2009(5)．
6. 黄红梅，娄珀瑜，严海林，王聪聪．应用交互仿真性课件提高课堂教学效率的尝试．化学教育．2009(6)．
7. 何松，李远蓉，常雯．中学社区化学课程资源电子分布图的绘制及其使用．化学教育．2009(7)．
8. 郑小军．化学教师如何开发精品课件——以全国特等奖课件为例．化学教育．2009(7)．
9. 徐守兵．运用 Excel 软件绘制晶胞直观图．化学教育．2009(8)．
10. 赵钧若，陈凯，柳闽生．基于信息技术的 CTS 信息获取．化学教育．2009(8)．
11. 郑小军，王屹，石鹏．化学教师创建个人数字化教学资源库初探．化学教育．2009(9)．

12. 蒋红霞，陈琰君，张淑华，冉鸣．交互仿真智能性课件在实验教学中提升学生科学素养．化学教育．2009(10)．
13. 崔书华，于金秀．利用化学实验图库绘制实验装置图．化学教育．2009(11)．
14. 麦裕华．超越技术　深入学科——对分子模拟技术融入化学教学的思考．化学教育．2009(12)．
15. 杨晓丽，高兴邦．由过氧化氢清洗银镜“绿色实验”引发的探究．中学化学教学参考．2009(3)．
16. 虞丽，刘长林．数码拍摄在高中化学辅助教学中的应用．中学化学教学参考．2009(8)．
17. 董金水．现代信息技术在化学考试评价中整合应用的研究．化学教学．2009(4)．
18. 赵立胜．CAI 课件辅助中学化学课堂教学的有效功能之管见．化学教学．2009(11)．
19. 李安徽．网络视频技术在中学化学教学中的应用探讨．化学教学．2009(9)．
20. 张敏．SPSS 在化学教学评价中的应用．化学教学．2009(2)．
21. 蒋红霞，张淑华，冉鸣．应用交互仿真智能性课件对学生进行“问题意识”的培养．化学教学．2009(3)．
22. 黄鹏．ChemBioOffice Ultra 2008 在中学有机化学教学中的应用．化学教学．2009(8)．
23. 王后雄，尹文静．中外化学实验网络资源的现状分析与优化策略．中学化学．2009(1)．
24. 张贤金，黄静．虚拟实验软件在化学教育中的价值及问题探讨．中学化学．2009(9)．
25. 白春章，王野．高中化学《生命的基础——蛋白质》Web quest 网络探究课案例设计．中小学教学研究．2009(8)．

**化学实验改进与创新**

1. 熊言林，徐泽忠，张燕，黄萍．碳酸钠、碳酸氢钠与盐酸反应过程热效应的实验探究．化学教育．2009(1)．
2. 赵琦．蔗糖催化燃烧的实验探究设计．化学教育．2009(1)．
3. 刘加虎，戚万友．巧制硫酸亚铁铵晶体．化学教育．2009(1)．
4. 杨广斌，何新伟，侯淑芳．氟化铵溶液与氯化铝溶液混合有没有沉淀生成．化学教育．2009(1)．
5. 朱华英．锌与硝酸铜溶液反应的实验探究．化学教育．2009(2).
6. 李德前．探寻“二氧化碳有害浓度检验方法”的实验假设．化学教育．2009(2)．
7. 王金龙，丁爱军．溴乙烷消去反应的实验探究与反思．化学教育. 2009(2)．
8. 黄晗达，李友银．高锰酸钾加热分解过程研究．化学教育．2009(2)．
9. 朱方仕，李明亮，唐明．钠在空气中燃烧产生的黑色颗粒究竟为何物．化学教育．2009(2)．
10. 刘湘强．乙醛 2 个特征反应实验应注意的问题．化学教育．2009(3)．
11. 宋志贵．氯水和溴化钾、碘化钾溶液反应现象的探讨．化学教育．2009(3)．
12. 刘怀乐．钠在空气中燃烧制过氧化钠的再实践和再认识．化学教育．2009(3)．
13. 戚万友．金属和金属氧化物热反应的实验探究．化学教育．2009(4)．
14. 刘英杰．铁粉与水蒸气反应实验装置的改进．化学教育．2009(4).
15. 杨绍武．一种简单更高效的木炭还原氧化铜方法．化学教育．2009(4)．
16. 熊言林，张敏．氮元素正价变化组合实验探究．化学教育．2009(5)．
17. 刘文芳．探究钠与酸溶液的反应速率．化学教育．2009(5)．
18. 梁峻峰．$Fe^{2+}$ 与 KSCN 溶液反应的实验改进．化学教育．2009(5).
19. 谭宗俊，向雪皑．温室效应的实验探究——广为流传且错误的探究．化学教育．2009(5)．
20. 土金龙，鞠东胜，葛珊珊．氮的氧化物系列实验再探究与再思考．化学教育．2009(5)．
21. 吴星，吕琳，徐丹悦．碱性介质中 $S^{2-}$ 与 $Fe^{3+}$ 反应的实验探究．化学教育．2009(5)．
22. 刘东方，林承志．高中化学探究性实验设计一例——含磷洗衣粉对水藻生长的影响．化学教育．2009(6)．
23. 赵会科．对氢氧燃料电池实验的研究与改进．化学教育．2009(6).
24. 崔书华，张文彦．氢氧燃料电池演示装置的改进．化学教育．2009(6)．
25. 江军．DIS 探究苯酚与溴水反应类型．化学教育．2009(6)．

26. 胡爱彬．用DIS探究甲烷与氯气反应情况．化学教育．2009(6).
27. 朱恩．高中化学气体微型实验的探索与实践．化学教育．2009(6)．
28. 赵东洋．氨气制备和性质的微型组合实验．化学教育．2009(6).
29. 马红勇，王笃年．检验海带中碘元素实验的改进．化学教育．2009(6)．
30. 白林，韦应虎，张天顺．氨气与氯化氢反应的研究性教学实验．化学教育．2009(6)．
31. 胡胜利，刘学利．加入生石灰和尿素制取乙烯气体的正交实验研究．化学教育．2009(6)．
32. 宋志贵．用石墨作电极电解氯化铜溶液现象的探讨．化学教育．2009(6)．
33. 陈凯，赵钧若，张丽娜，胡应杰．在凝胶中的趣味电解实验．化学教育．2009(7)．
34. 陈林英．反应速度实验的改进．化学教育．2009(7)．
35. 熊言林，强世苍．4种气体与空气密度大小比较的实验创新设计．化学教育．2009(7)．
36. 李周平，张乐伟．改进教材中的实验　增强实验趣味性．化学教育．2009(7)．
37. 龙琪，朱子丰，王林．绿茶汁鉴别碳酸钠与碳酸氢钠溶液实验及机理探讨．化学教育．2009(7)．
38. 王锦化，曹连东，杨小会，杨洲．模拟闪电条件下氮气与氧气反应的实验演示装置．化学教育．2009(8)．
39. 雷和平，刘英丽．铁的吸氧腐蚀实验改进．化学教育．2009(8).
40. 刘文芳，杨芳．探究如何更清楚地观察到豆浆的丁达尔效应．化学教育．2009(8)．
41. 吴星，吕琳，谢苏晋．“污水处理——电浮选凝聚法”实验的改进．化学教育．2009(8)．
42. 李忠元．快速铁生锈实验的创新设计．化学教育．2009(8)．
43. 王都留．“水中花园”实验的新改进．化学教育．2009(8)．
44. 陈美英，林海斌．鉴别苯酚应注意的问题．化学教育．2009(8).
45. 董素英，马红勇，王笃年．对蛋白质变性中一些问题的探究．化学教育．2009(8)．
46. 熊言林，马善恒，徐泽忠，雍玉梅．美国《化学教育》“JCE Classroom Activity”栏目内容简介与启示——以铁的氧化速率的实验探究为例．化学教育．2009(8)．
47. 刘英杰．甲烷与氯气取代反应实验装置的改进及反应条件的探究．化学教育．2009(9)．
48. 韩程明．二氧化硫性质演示实验的改进．化学教育．2009(9).
49. 黎茂坚．氢氧化铁胶体新制法的实验研究．化学教育．2009(9).
50. 谭小林，唐伟宪．对锌铜硫酸原电池负极产生气泡因素的探究．化学教育．2009(9)．
51. 张庆云．2 种微型化学实验过滤装置．化学教育．2009(9)．
52. 汤小梅．设计探究“铝配合物的生成”．化学教育．2009(9).
53. 王建民．从苏教版不同的选修模块教材看同一实验的不同演示方法．化学教育．2009(9)．
54. 陈翔．高温灼烧石灰石实验的改进．化学教育．2009(9)．
55. 王继璋．水—四氯化碳液液两相阳离子交换电解食盐水．化学教育．2009(9)．
56. 吴孙富，余彩铃，姚连平，王明锋．氮化镁的制取及其性质实验．化学教育．2009(9)．
57. 王金龙，王辉林．对氮化镁制备及性质的再探讨．化学教育．2009(9)．
58. 翟菊红．铜与浓硫酸共热现象及原因分析．化学教育．2009(9).
59. 熊言林，张燕，徐泽忠，黄萍．二氧化硫对不同植物生长影响的实验探究．化学教育．2009(10)．
60. 王春．铜与浓硫酸反应的实验探究与改进．化学教育．2009(10).
61. 扬帆，张凤桂，袁廷新．用铜电极电解饱和食盐水实验的深度研究．化学教育．2009(10)．
62. 包朝龙，郑志信，蒋念龙，徐素芳．“铝配合物的生成”异常实验现象的研究．化学教育．2009(10)．
63. 项云．分液漏斗在高中化学实验创新中的妙用．化学教育．2009(10)．
64. 宋航行．简易灭火器的实验设计．化学教育．2009(10)．
65. 张玲．火柴头爆炸实验的改进．化学教育．2009(10)．
66. 李海燕．新课标下的氯气漂白性质的实验改进．化学教育．2009(10)．
67. 张霞，周晓红．烃类性质及鉴定实验的探讨．化学教育．2009(10)．
68. 邓峰，钱扬义，钟映雪，谭显华．基于手持技术环境的化学研究性学习例析——影响氯化铁水解条件的探究．化学教育．2009(11)．
69. 董金水．利用现代传感技术演示放电制备一氧化氮．化学教育．2009(11)．

70. 江军．DIS 探究酒精灯火焰的温度．化学教育．2009(11)．
71. 王立平，卢玉妹，王咏梅，万 丽．酒精灯加热效率的实验探究．化学教育．2009(11)．
72. 季晓亮，王锦化．微波辐射条件下锌与氯化铁溶液反应的研究．化学教育．2009(11)．
73. 何天森，何海娟．介绍一种新型针筒气体发生器．化学教育．2009(11)．
74. 赵东洋．探究空气成分的新方法．化学教育．2009(11)．
75. 李周平，张乐伟．乙醇的催化氧化实验改进．化学教育．2009(11)．
76. 彭俊．电解浓氯化铜溶液出现“黑色”现象的探究．化学教育．2009(11)．
77. 朱鹏飞，马宏佳，杜静．一种有效的实验研究模式——利用传感技术对吸热反应热效应的实验研究．化学教育．2009(12)．
78. 伍强，黄永红，彭建波，徐建波．碳酸氢铵分解吸热反应的绿色化研究．化学教育．2009(12)．
79. 向玉耀，万华明．铝热反应实验的改进．化学教育．2009(12).
80. 王方舟，游建军．氯气与氢气反应实验改进．化学教育．2009(12)．
81. 曾艳，邹晓川．再谈合成乙酸乙酯的催化剂选择．化学教育．2009(12)．
82. 冯红霞，钱胜．九年级演示实验改进 3 则．化学教育．2009(12)．
83. 刘宝国．介绍一种多功能绿色环保实验装置．化学教育．2009(12)．
84. 周改英．溴水与苯酚反应产物的探讨．化学教育．2009(12)．
85. 陈志春．浅谈如何做好甲醛的银镜反应．中学化学教学参考．2009(8)．
86. 曹静．正交试验法探究制备透明皂的最佳条件．中学化学教学参考．2009(6)．
87. 蔡云波，刘俊博．关于硫酸铜与氢氧化钙溶液反应产物的讨论．中学化学教学参考．2009(1/2)．
88. 陈益，徐守兵．浓硫酸系列性质实验的一体化和绿色化设计．中学化学教学参考．2009(10)．
89. 崔俊华．铜与稀硝酸反应实验的改进．中学化学教学参考．2009(10)．
90. 方陈结．对高一化学两个实验的改进．中学化学教学参考．

2009(3).
91. 郭宝峰. $FeSO_4$与$HNO_3$反应实验的研究与改进. 中学化学教学参考. 2009(4).
92. 胡祖艳，段昌平. $CH_4$与$Cl_2$取代反应实验的创新设计. 中学化学教学参考. 2009(6).
93. 郝蓓. $SO_2$性质的学生分组实验方法改进. 中学化学教学参考. 2009(7).
94. 何凤云，龙琪，杨凤珠，陈静，朱子丰. 微型称量滴定法测定食醋总酸含量. 中学化学教学参考. 2009(4).
95. 姜国庆. 没有β-氢的醇果真不能发生消去反应吗. 中学化学教学参考. 2009(10).
96. 蒋红霞，冉鸣. 浅谈化学教育仿真软件培养学生自我效能感. 中学化学教学参考. 2009(5).
97. 靳跃. NO气体的微型化实验. 中学化学教学参考. 2009(12).
98. 林肃浩，杨琦，杨易安. 对氧化银与过氧化氢反应的探究. 中学化学教学参考. 2009(5).
99. 林敏. 硫酸铜晶体的制备及结晶水含量的测定. 中学化学教学参考. 2009(10).
100. 罗华荣，彭晓玲. 探究镁与氯化铵溶液的反应. 中学化学教学参考. 2009(8).
101. 李立志，刘自考. 自制灵敏温度计演示压强对化学平衡的影响. 中学化学教学参考. 2009(1/2).
102. 刘玉荣，张阳. $NO_2$的黄蓝喷泉实验——一套装置演示6种喷泉实验. 中学化学教学参考. 2009(3).
103. 刘英杰. 对乙醛和新制的$Cu(OH)_2$反应中有关问题的探讨. 中学化学教学参考. 2009(3).
104. 娄福艳，薛隶敏. 再谈溴乙烷的消去反应的实验改进. 中学化学教学参考. 2009(11).
105. 马艳秋. 可控式喷泉实验. 中学化学教学参考. 2009(8).
106. 毛杨林，吴晓妮. 对苏教版《有机化学基础》模块部分实验的改进. 中学化学教学参考. 2009(8).
107. 马力. 铝热反应的实验改进. 中学化学教学参考. 2009(10).
108. 聂素云. 影响$H_2O_2$分解反应速率的实验改进. 中学化学教学参考. 2009(7).
109. 欧阳叙学，阳征志. 铜与浓硝酸反应及$NO_2$的性质实验的改进. 中学化学教学参考. 2009(4).
110. 戚万友. 巧制固体氢氧化亚铁. 中学化学教学参考. 2009(4).

111. 全鹏．二氧化硫学生分组探究实验改进．中学化学教学参考．2009(5)．
112. 孙杰．浓硫酸蔗糖反应的实验改进．中学化学教学参考．2009(12)．
113. 徐克，林肃浩．对“氯化钴溶液颜色的变化”实验的探究与改进．中学化学教学参考．2009(12)．
114. 谢劲松，丁渝．溴乙烷的消去反应实验创新．中学化学教学参考．2009(5)．
115. 俞红星．“空气中氧气含量的测定”实验改进．中学化学教学参考．2009(4)．
116. 张弛．指导学生研究“沸腾可乐”的成因．中学化学教学参考．2009(5)．
117. 张欣荣，王彦昌，杨承印．“面粉爆炸”实验的改进．中学化学教学参考．2009(3)．
118. 赵东洋．测定氨气溶解度的实验．中学化学教学参考．2009(6)．
119. 赵东洋．介绍一种简易微型气体实验装置．中学化学教学参考．2009(9)．
120. 尚广斗．“空气中氧气含量的测定”实验的研究与改进．化学教学．2009(11)．
121. 李少坤．氢气与空气混合气爆炸实验的改进．化学教学．2009(11)．
122. 彭捷，唐群．基于电流传感器的$N_A$测定．化学教学．2009(11)．
123. 王建民．巧用 PVC 三通管制作快速加液器．化学教学．2009(11)．
124. 伍冠雄，李妍，梅杰．安全环保型水下“定位”燃烧演示器．化学教学．2009(12)．
125. 游建军，王方舟．自制遥控点火器．化学教学．2009(12)．
126. 曹治淮，郑永信．中学化学气体爆鸣实验探究．化学教学．2009(12)．
127. 张建波．浅谈两个课堂实验的操作细节和实验建议．化学教学．2009(9)．
128. 林美凤．溴与苯反应实验的改进．化学教学．2009(9)．
129. 许纪芬．氧气的性质实验改进．化学教学．2009(9)．
130. 林敏．对“镀锌铁皮镀锌层厚度的测量”实验的改进和优化．化学教学．2009(10)．
131. 顾鸣英，丁伟．实验室用过氧化氢制取氧气方法的改进．化学教学．2009(10)．

132. 齐俊林，赵立国．钠与水反应实验的新方法．化学教学．2009(10)．
133. 游建军，王方舟，曾庆兵，涂继柏．氯气性质实验创新设计. 化学教学．2009(10)．
134. 曹葵，陈瑞芝，牛恒云．影响化学反应速率因素实验的改进. 化学教学．2009(1)．
135. 刘怀乐．对 $Al(OH)_3$ 制备实验方案设计的实证探索．化学教学. 2009(1)．
136. 徐惠，绿色中学化学实验的典范——国外微波微型气体实验介绍．化学教学．2009(2)．
137. 周仁鸽．乙醇在活性氧化铝催化下脱水制乙烯的实验研究．化学教学．2009(2)．
138. 颜炳忠．铝在氧气中燃烧的实验设计．化学教学．2009(5)．
139. 蔡晶，陈磊磊．乙醇催化氧化实验的改进．化学教学．2009(5)．
140. 许晨恋．论高一化学“粗盐提纯”实验的不足．化学教学．2009(5)．
141. 周虹，夏昕．利用套管装置的一组实验改进．化学教学．2009(6).
142. 林尤宏．介绍一种能做多项气体制备及性质实验的简易装置. 化学教学．2009(6)．
143. 张丽敏．化学实验教具创新的实践研究．化学教学．2009(6).
144. 蒋楚力，肖小明，李跃春，刘芬．乙二酸使墨水褪色实验新设计. 化学教学．2009(6)．
145. 陶俞佳，李桂林．吸氧腐蚀实验的改进．化学教学．2009(6).
146. 张帮程．用“喷雾法”在“废旧石棉网”上演示焰色反应实验．化学教学．2009(6)．
147. 张建波．关于“卤代烃中卤原子检验”的实验反思与教学设想．化学教学．2009(4)．
148. 夏磊．高中化学新教材演示实验的创新与优化探索．化学教学．2009(7)．
149. 林敏．铝热反应实验的改进．化学教学．2009(7)．
150. 段昌平，江岚．对有关铜实验中几个疑点问题的剖析．化学教学. 2009(7)．
151. 徐佳凤．“探究铁、铜、银的活动性强弱”实验改进．化学教学．2009(7)．
152. 王屹．氨气催化氧化实验的分析及改进．化学教学．2009(8).

153. 丁小勤．海带中碘的提取实验改进．化学教学．2009(8)．
154. 李飞波．浓硫酸与蔗糖反应的实验改进．化学教学．2009(8).
155. 万竹青．铜与浓硝酸反应的简易装置．化学教学．2009(7)．
156. 李连国．高效节能酒精灯．化学教学．2009(8)．
157. 霍爱新．优选法探讨硫磷混合酸制备乙烯．化学教学．2009(7).
158. 左东方．过氧化钠与二氧化碳反应的实验创新设计．化学教学．2009(3)．
159. 贾爱梅，刘艳莉．蔗糖与浓硫酸反应实验的改进——“雾中赏花”．化学教学．2009(3)．
160. 王国峥．空气组成测定实验的改进．化学教学．2009(3)．
161. 李明亮，朱方仕．铜与稀硝酸反应的实验改进．化学教学．2009(4)．
162. 彭笑法，万如锴，邓朝辉．粉尘爆炸实验的改进．化学教学. 2009(4)．
163. 谭建红，张庆云．推荐一种化学实验减压过滤装置．化学教学．2009(4)．
164. 王光大．对铝热反应实验装置的创新设计．化学教学．2009(3).
165. 赵钧若，陈凯，朱媛．高铁酸盐的微型制备与应用——新课程微型化学实验例谈．化学教学．2009(7)．
166. 谢丹敏，夏小琴．基于绿色化学实验装置的设计与应用．化学教学．2009(4)．
167. 俞晨秀，张镜如．化学“鸡尾酒”趣味实验的创设和评析．化学教学．2009(11)．
168. 楼帅，卫泽敏．铝电池小探究．化学教学．2009(5)．
169. 许小忠．鸡蛋在酸溶液中沉浮实验的再探究．化学教学．2009(4).
170. 张道年．乙酸乙酯合成实验的拓展．化学教学．2009(12)．
171. 王莉莉．苯酚与水及一些盐溶液密度的比较．化学教学．2009(9).
172. 杨海丽，付衣平．乙醇与苯酚分子中羟基上氢原子活动性比较的实验探究．化学教学．2009(9)．
173. 徐惠，甘玉琴．中学实验室制作太阳能电池的尝试．化学教学．2009(9)．
174. 钱胜．“水的电解实验”中几个值得探究的问题．化学教学. 2009(9)．
175. 赵中华，伍举培．硝酸不稳定性的探究实验．化学教学．2009(10)．

176. 王海勋，薛德兴．乙酸乙酯制备中催化剂的探讨．化学教学．2009(10)．
177. 吴孙富．用无定形 $Al(OH)_3$ 除掉乙烯混合气中的 $SO_2$．化学教学．2009(10)．
178. 高剑南．为什么 $^{35}Cl$ 的相对原子质量小于它的质量数．化学教学．2009(2)．
179. 季晓亮，王锦华．有氧及无氧条件下 Zn 与 $FeCl_3$ 反应产物的研究．化学教学．2009(2)．
180. 汪肖楠，张贤金．“氢氧化铁胶体净水”实验条件的探索．化学教学．2009(2)．
181. 冷国平．酒精蒸汽和空气混合爆炸实验的研究．化学教学．2009(5)．
182. 袁青云．制作绿色燃料电池的新实验．化学教学．2009(5)．
183. 李俊生．对亚铁盐溶液保存方法的研究．化学教学．2009(5).
184. 刘怀乐．Na 能置换 $CuSO_4$ 中的 Cu 吗．化学教学．2009(5).
185. 陈磊磊，蔡晶．铝与硫酸铜反应异常实验探究．化学教学．2009(6)．
186. 李胜荣，殷菊香．人教版“电解污水实验”若干问题探究．化学教学．2009(4)．
187. 王程杰，李桂林．铝片长毛实验中几个问题的解惑．化学教学．2009(4)．
188. 周仁鸽．溴乙烷消去反应的实验条件探究．化学教学．2009(8).
189. 魏钊，林丹．关于苯酚和碳酸钠反应的再探讨．化学教学．2009(8)．
190. 卫泽敏，吴先强．以木炭还原氧化铜探究固相反应机理及反应条件．化学教学．2009(8)．
191. 张贤金，汪肖楠．三种物质使变红后的酚酞褪色机理的再探讨．化学教学．2009(4)．
192. 张文华．$Na_2O_2$ 与 $SO_2$ 反应产物的实验探究．化学教学．2009(4).
193. 吴先强．钠燃烧生成过氧化钠的最佳实验条件探究．化学教学．2009(4)．
194. 郭国才．红磷转变成白磷实验的改进．中学化学．2009(1)．
195. 郝金良，汪霞．重铬酸钾酸性溶液和乙醇反应的实验探究．中学化学．2009(1)．
196. 齐琳．乙炔制备和性质实验的组合设计．中学化学．2009(1).
197. 葛珊珊，何菲．铜催化氧化乙醇实验的创新设计．中学化学. 2009(1).
198. 何鸿渊．四氯化碳萃取碘水中的碘实验改进．中学化学．2009(2).
199. 张玉鹏．乙烯性质实验的改进．中学化学．2009(2).
200. 谭宗俊，折媛媛，吴德峰，赵锦钰，周思佑．碳酸钠和碳酸氢钠与盐酸反应的实验研究．中学化学．2009(2).
201. 陈斌．氯气性质实验的“绿色”改进．中学化学．2009(3).
202. 邓朝辉，万如锴，廖发清．再谈NO的制取与性质实验的改进．中学化学．2009(3).
203. 戚万友．巧做酒精灯的火焰温度差异实验．中学化学．2009(4).
204. 赵晓青．苯溴化实验的改进．中学化学．2009(4).
205. 吴孙富．乙醇与氧化铜反应的实验改进．中学化学．2009(5).
206. 胡列扬．乙酸乙酯制备试剂加入顺序问题的探讨．中学化学．2009(5).
207. 孙忠祥．硫酸铜晶体中结晶水含量的测定实验的误差分析．中学化学．2009(7).
208. 黄诚，许娄金．红磷转化成白磷实验的改进．中学化学．2009(8).
209. 王建国，欧香英．氮氧化物性质实验设计．中学化学．2009(9).
210. 刘文旭．“化学反应中能量变化”演示实验的改进．中学化学．2009(9).
211. 李惠元．确定乙醇结构式实验的再改进．中学化学．2009(10).
212. 常艳华．白磷的制备及性质实验方案设计．中学化学．2009(10).
213. 叶勇．铜和浓硫酸反应实验的探究．中学化学．2009(10).
214. 李安峰，田冠顺．三则实验的创新改进．中学化学．2009(12).
215. 田宗学．铜与浓硝酸反应环保实验的改进．中学化学．2009(4).
216. 李旻．乙烯的制取和性质实验的微型化绿色化．中学化学．2009(8).
217. 黄诚，许娄金．氢气与氯气混合爆炸的实验改进．中学化学．2009(4).
218. 夏立先．对钠分别与乙醇、苯酚反应异常现象原因的探究．中学化学．2009(3).
219. 李文财．对铝与氯化铜和硫酸铜反应速率不同的实验探究．中学化学．2009(3).
220. 李俊生．对常温下铜和浓硫酸反应的研究．中学化学．

2009(5).

221. 刘加虎.铁跟硫酸铜反应的实验探讨.中学化学.2009(6).
222. 李俊生.关于铝箔在浓硝酸溶液中钝化情况的实验研究.中学化学.2009(8).
223. 吕效波，文丽.铜作阳极电解硫酸钠溶液电解产物的探讨.中学化学.2009(8).
224. 叶勇.铜和浓硫酸反应实验的探究.中学化学.2009(10).
225. 赵鉴."绿色实验过氧化氢洗银镜"探究.中学化学.2009(11).
226. 程德林.实验改进　美学兼收.教学仪器与实验.2009(7).
227. 丁昭兰.粉尘爆炸演示器.实验教学与仪器.2009(7/8).
228. 黄善宗，朱三定，余丽贤.空气中氧气含量测定仪.教学仪器与实验.2009(7).
229. 盛再超.自制精密水电解器.实验教学与仪器.2009(7/8).
230. 胡胜利，张正桦.一种实验室快速制取乙烯的方法.教学仪器与实验.2009(8).
231. 赵琦.微型实验与《实验化学》创新教学.教学月刊（中学版）.2009(9).
232. 王世朋，王程杰.中学化学实验的微量化研究.教学仪器与实验.2009(2).
233. 王静，王辉，朱恩.中学化学新课程微型实验设计的若干案例.实验教学与仪器.2009(3).
234. 朱恩.高中化学新课程低成本实验研究.教学仪器与实验.2009(3).

## 化学史及其教学功能

1. 郭晓强，张海龙.维生素研究大师——福克斯.化学教育.2009(1).
2. 江家发，雍玉梅.中国近代科技教育先驱——上海格致书院中的化学教育考略.化学教育.2009(1).
3. 王秀红，于建军.中学化学史教育教学问题及影响因素分析.化学教育.2009(2).
4. 江家发，徐龙胜，玉梅.略谈中国古代炼丹术对金属性质的探索.化学教育.2009(4).
5. 徐创新，孙金林，邓小丽.科学史融入教学对初中学生理解科学探究方法影响的实证研究.化学教育.2009(5).
6. 江玉安.化学史上的重大事件与化学科学发展的主要线索.化

学教育．2009(7)．
7. 江家发，王平．中国古代化学史研究的拓荒者——张子高．化学教育．2009(9)．
8. 刘瑞，郑长龙，白玉琴．燃烧问题——波义耳与燃素学说．化学教育．2009(10)．
9. 袁振东．为什么普里斯特利至死捍卫燃素说．化学教育．2009(11)．
10. 朱玉军，李宗和．化合价的历史演变．化学教育．2009(11).
11. 张玉春．“原子— 分子”论的创立及其对我们的启迪．化学教育．2009(12)．
12. 陈新峰．化学史教育功能的思考．中学化学教学参考．2009(10)．
13. 姜建文，黎国华．利用化学史资源从情感维度优化中学化学教学．中学化学教学参考．2009(7)．
14. 邱道骥，孟献华．化学史中的归纳推理与现代教学启示．中学化学教学参考．2009(12)．
15. 王秉珍．重新认识元素周期律．中学化学教学参考．2009(1/2).
16. 江玉安．苯的发现和苯分子结构学说简介．化学教学．2009(9).
17. 习书秀，刘敬华．三种中等化学教学类期刊化学史研究分析．化学教学．2009(1)．
18. 江玉安．原子理论的发展——纪念道尔顿原子理论发表 200 周年．化学教学．2009(1)．
19. 蔡晶．中国化工工业的先驱——范旭东．化学教学．2009(8).
20. 苏爱娣．湿法炼铜中的三个问题．中学化学．2009(12)．

## 化学社会生活

1. 吴国英，卢伟．烟花爆竹漫谈．化学教育．2009(1)．
2. 杨梅，刘艳梅，刘克文．绿色荧光蛋白质——2008 年诺贝尔化学奖成果介绍．化学教育．2009(1)．
3. 朱琳，吕海平，彭蜀晋．化学农药的现代化发展历程．化学教育. 2009(2)．
4. 曾国平，陈建萍．组合化学的研究进展．化学教育．2009(2)．
5. 阙荣辉，张镇．烟花中绽放北京奥运理念——绿色化学诠释新北京新奥运．化学教育．2009(3)．
6. 王秋，施阳．认识“碳足迹”——倡导低碳生活．化学教育．2009(3)．
7. 赵琳，张英锋，马子川．阿斯巴甜的合成及应用．化学教育．

2009(3).

8. 刘德智，刘翠萍.化学与麻醉剂.化学教育.2009(4).
9. 陈书兵，宋相珠，王旭东，闫海鹏.防污涂料进入“无锡”时代.化学教育.2009(4).
10. 刘建廷.谈谈化学与地震.化学教育.2009(4).
11. 张长瑞.有机光致变色材料.化学教育.2009(4).
12. 谢永侠.“部分酸、碱和盐的溶解性表”的教学资源开发.化学教育.2009(4).
13. 郭晓强.生命内部世界变得五颜六色——绿色荧光蛋白质改进者钱永健简介.化学教育.2009(4).
14. 程艳，高静，徐红纳，田语林.螯合剂 EDTA 简介.化学教育.2009(5).
15. 闫蒙钢，朱小丽，张占丽.美国“总统绿色化学挑战奖”近十年获奖回顾与启示.化学教育.2009(5).
16. 姚成立，朱金苗，徐汪华.蛋壳中的化学.化学教育.2009(6).
17. 赵仲丽，莫尊理.21 世纪的绿色食品包装材料——可食性包装材料.化学教育.2009(6).
18. 魏荣宝.烟草植物在有机医药和农药中的应用.化学教育.2009(7).
19. 赵琳，张英锋，马子川.阿魏酸的合成和应用.化学教育.2009(7).
20. 陈明华.生物柴油简介.化学教育.2009(7).
21. 孙玉婷，林丹.食品添加剂之膨松剂简介.化学教育.2009(8).
22. 孙影，贾卫国.极具潜在应用价值的催化剂——N-杂环卡宾金属配合物.化学教育.2009(8).
23. 陈晓峰，姜大炜，施莉.氢键在现代化学中的作用化学教育.2009(8).
24. 任奋兰，周天泽.人体中影响心理健康的一些内源性化学物质.化学教育.2009(9).
25. 王媛原，王炳强.化学与防火涂料.化学教育.2009(9).
26. 陈婷.非常规有机化学反应介质简介.化学教育.2009(9).
27. 解洪伟，彭友舜，谷海军.食用油中非食用油的检验.化学教育.2009(10).
28. 罗璇，林丹，孙玉婷.点击化学简介.化学教育.2009(10).
29. 林海斌.α-萘乙酸：植物生长的调节剂.化学教育.2009(10).
30. 马子川，张英锋，郑晓珍，赵琳.避孕药中的化学.化学教育.2009(11).

31. 蒋涛，王明召．中学化学与现代化学的一个结合点——掺杂银纳米二氧化钛材料的抗菌机理．化学教育．2009(11)．
32. 杨明生，邱寒．再谈脲醛树脂胶黏剂．化学教育．2009(11).
33. 刘志莲，于永水，崔玉，王志玲．超越分子概念的化学：超分子化学的基础与应用．化学教育．2009(12)．
34. 张画花，闫蒙钢．2009 年美国“总统绿色化学挑战奖”获奖成果简介．化学教育．2009(12)．
35. 杜淑琴．蛋白质性质在烹饪中的应用．中学化学教学参考．2009(10)．
36. 黄波，吴祺，曾成鸣．绿色荧光蛋白——2008 年诺贝尔化学奖简介．中学化学教学参考．2009(5)．
37. 张翼，蒯世定．去除锰混合物污迹实验．中学化学教学参考．2009(8)．
38. 何爱平，左香华．备受青睐的新能源——锂离子电池．化学教学．2009(11)．
39. 何双安．加碘食盐有关问题的调查与研究．化学教学．2009(11).
40. 秦晋，王明召，张博．新课标高中化学阅读材料——聚合物固体电解质简介．化学教学．2009(11)．
41. 叶建农．毛细管电泳分析方法在食品安全监控中的应用．化学教学．2009(12)．
42. 沈峥．棉酚与“橡皮蛋”．化学教学．2009(12)．
43. 申树芳，张英锋，马子川．松针的化学成分及应用．化学教学．2009(9)．
44. 肖中荣．绿色荧光蛋白中的化学问题．化学教学．2009(10).
45. 谷海军，解洪伟，刘霞，董淑荣．面粉中增白剂含量的简易测定．化学教学．2009(10)．
46. 闫有旺．智能型水凝胶．化学教学．2009(10)．
47. 闵恩泽．石化技术自主创新之路的探寻．化学教学．2009(1).
48. 石海信．三聚氰胺——食品与饲料加工中的非法添加剂．化学教学．2009(1)．
49. 李永红，张海洋．有关“融雪剂”的高中化学习题．化学教学．2009(1)．
50. 林志杰．溴酸钾简介．化学教学．2009(1)．
51. 林励吾．应用催化——从实验室到工业化．化学教学．2009(2).
52. 解洪伟．牛奶漫谈．化学教学．2009(2)．
53. 楼帅，蔡晶．神奇的形状记忆高分子．化学教学．2009(2)．

54. 胡文浩，周静．手性，手性药物及手性合成．化学教学．2009(5).
55. 陈正林．一氧化碳的工业来源及其应用．化学教学．2009(5).
56. 刘建廷，班德利．科学认识食用油．化学教学．2009(5)．
57. 刘宁，盛国定．食品中的防腐剂．化学教学．2009(6)．
58. 任国兰．碳纳米管——纳米时代的弄潮儿．化学教学．2009(3).
59. 林丹，孙玉婷．智能涂料简介．化学教学．2009(3)．
60. 柴勇．拯救蓝天，保护臭氧层．化学教学．2009(4)．
61. 余本丽．介绍一种健康的饮料——葡萄酒．化学教学．2009(7).
62. 申树芳，张英锋，马子川．西兰花中硫代葡萄糖苷的抗癌药理．化学教学．2009(7)．
63. 白林灵，王明召．超声技术处理水中有机污染物．化学教学．2009(8)．
64. 仇文卫．汤杰．化学小分子探针在药物发现中的应用．化学教学．2009(9)．
65. 朱杰，吴平．绿色荧光蛋白的发现与发展——2008 年诺贝尔化学奖简介．化学教学．2009(1)．
66. 鲜跃仲，冉琴．链接化学及其应用．化学教学．2009(6)．
67. 高晓伟，孙闻东．对石墨转化金刚石反应条件的讨论．化学教学．2009(5)．
68. 金利通，曲云鹤．食品分析中的传感技术与仪器．化学教学．2009(4)．
69. 路勇．化工过程强化与微反应技术——构筑高效、节能、清洁的未来化工厂的新技术．化学教学．2009(7)．
70. 李亚策．蜡、石蜡与酯和烃．中学化学．2009(1)．
71. 罗金强．三聚氰胺引发的化学思考．中学化学．2009(1)．
72. 张英锋，张永安，马子川．震后食品卫生、水净化和消毒处理．中学化学．2009(2)．
73. 常艳华，孙广荣．漫谈“食总管”　醋．中学化学．2009(3)．
74. 刘水峰．金属中的新秀——钛．中学化学．2009(4)．
75. 张逵．防治二氧化硫污染的方法．中学化学．2009(5)．
76. 柴勇．2008 年度国家最高科技奖与稀土．中学化学．2009(6)．
77. 李亚策．浅谈石油加工过程中发生的化学反应．中学化学．2009(6)．
78. 刘岩．美容新宠——“肉毒毒素”简介．中学化学．2009(7)．
79. 马亚楼，李连军．成语中的化学知识．中学化学．2009(7)．

80. 刘军，赵斯红．“甲型 H1N1 流感”与达菲、莽草酸．中学化学．2009(8)．
81. 朱怀义．浅谈仿瓷餐具与三聚氰胺．中学化学．2009(8)．
82. 田宗学．常见生产、生活中的化学 50 例．中学化学．2009(8)．
83. 明立平，李广洲．火焰的颜色．中学化学．2009(9)．
84. 江锡钧，唐涛．绚丽多彩的有机象形分子．中学化学．2009(9)．
85. 杨亚丽，闫蒙钢，张艳华．最苦的苦味剂——苦精-S．中学化学．2009(10)．
86. 苏莉娜，段卫东，王芬．人体健康　缺硒不可．中学化学．2009(11)．
87. 张兰英，常艳华．认识SC　科学防晒．中学化学．2009(12).